新疆维吾尔自治区重大科技专项(2022A03010-5、2022A03014-4、2023A03002-2)
新疆维吾尔自治区重点研发任务专项(2023B03006)
第三次新疆综合科学考察项目(2022xjkk1301-17)
新疆维吾尔自治区"天山英才"计划(第三期)(2022TSYCCX0040)
新疆维吾尔自治区地质矿产勘查开发局项目(XGMB2018006、XGMB202251)

联合资助

新疆周边国家主要矿产资源潜力分析与选区研究

XINJIANG ZHOUBIAN GUOJIA ZHUYAO KUANGCHAN ZIYUAN QIANLI FENXI YU XUANQU YANJIU

主　编：赵同阳
副主编：韩　琼　李　平

中国地质大学出版社
ZHONGGUO DIZHI DAXUE CHUBANSHE

内容简介

本书以新疆周边国家矿产资源为研究对象,在充分收集各国区域地质矿产、地球化学、地球物理、矿产资料以及矿产资源矿业管理体制与矿业政策的基础上,以资料的综合研究为手段,开展成矿地质背景、成矿条件的总结与分析和跨境成矿带与典型矿床的对比研究,系统总结成矿规律,划分找矿远景区,进行资源潜力分析。结合国家矿产资源需求,在客观评估不同国家投资环境的基础上,提出近期可以开展勘查的主攻矿种、成矿类型和勘查靶区等,为实施境外勘查提供决策依据。本书较为系统、全面反映了新疆周边国家地质矿产的勘查开发现状及资源潜力,对境外矿产资源勘查、开发利用及综合研究具有重要的参考价值,具有很强的实用性和科普性,适合从事矿产地质调查、矿产勘查、资源潜力评价的广大科研、教学、技术人员。

图书在版编目(CIP)数据

新疆周边国家主要矿产资源潜力分析与选区研究/赵同阳主编. —武汉:中国地质大学出版社,2024.7. —ISBN 978-7-5625-5926-9

Ⅰ.F426.1

中国国家版本馆 CIP 数据核字第 20240L409R 号

新疆周边国家主要矿产资源潜力分析与选区研究	赵同阳	主　编
	韩　琼　李　平	副主编

责任编辑:谢媛华	选题策划:段　勇　江广长	责任校对:张咏梅
出版发行:中国地质大学出版社(武汉市洪山区鲁磨路388号)		邮编:430074
电　　话:(027)67883511	传　　真:(027)67883580	E-mail:cbb@cug.edu.cn
经　　销:全国新华书店		http://cugp.cug.edu.cn
开本:880毫米×1230毫米　1/16		字数:547千字　印张:17.25
版次:2024年7月第1版		印次:2024年7月第1次印刷
印刷:武汉精一佳印刷有限公司		
ISBN 978-7-5625-5926-9		定价:198.00元

如有印装质量问题请与印刷厂联系调换

《新疆周边国家主要矿产资源潜力分析与选区研究》出版编撰委员会

主　编：赵同阳

副主编：韩　琼　　李　平

编　委：靳刘圆　　郑加行　　孙耀锋

　　　　杨　硕　　陈　川　　王　威

　　　　张　静　　刘　洋　　何　橄

　　　　贾　健　　段旭杰　　李雪薇

前 言

新疆是我国与中亚、西南亚、中东以及欧洲联结的重要通道,我国"一带一路"毗邻国家的32个重要成矿带有16个延入新疆境内,属世界能源矿产重要富集区和超大型金属矿集中区。在以往的研究工作中,对于新疆周边国家的研究主要集中在成矿地质特征、构造带划分、跨境成矿带对比研究以及大型一超大型矿床的研究,但是对于矿产资源潜力分析及勘查选区方面的研究较为薄弱。随着工作程度的不断提高,一系列的创新性认识和成果涌现,特别是在大数据驱动下,需要对新疆周边国家的矿产资源现状、矿产资源开发前景、矿产资源潜力等进行综合评价分析。笔者在近年来从事中亚国家矿产资源综合研究的基础上,运用多元信息集成方法,开展数据集成、潜力分析和选区研究,为科研单位、矿山企业等开展科学研究、风险勘查提供数据支撑和决策依据。

本书绪论由赵同阳、靳刘圆、郑加行编写;第二章由李平、赵同阳、刘洋、孙耀锋、杨硕编写;第三章由韩琼、刘洋、王威、滕宇翔、张静编写;第四章由韩琼、赵同阳、何橄、李雪微编写;第五章由陈川、贾健、段旭杰编写;第六章由赵同阳、陈川、韩琼、李平编写;结语由赵同阳、韩琼、李平编写;相关图件由韩琼、靳刘圆、何橄编绘。

作者团队研究成果得到新疆维吾尔自治区重大专项(2022A03010-5;2022A03014-4;2023A03002-2)、新疆维吾尔自治区重点研发项目(2023B03006)、第三次新疆综合科学考察项目(2022xjkk1301-17)、新疆维吾尔自治区地质矿产勘查开发局项目(XGMB2018006、XGMB202251)、新疆维吾尔自治区天山英才计划(第三期)(2022TSYCCX0040)等项目的联合资助。

本书的研究得到新疆维吾尔自治区地质矿产勘查开发局冯京教授级高级工程师、徐仕琪高级工程师,新疆维吾尔自治区地质调查院朱志新教授级高级工程师、陈刚教授级高级工程师、涂其军正高级工程师,新疆维吾尔自治区地质矿产研究所杨再峰教授级高级工程师、刘少帅高级工程师,新疆地矿局第十一地质大队杨震高级工程师的帮助和指导,另外,新疆大学新疆中亚造山带大陆动力学与成矿预测自治区重点实验室、中国地质调查局西安地质调查中心为本次研究提供了大力支持,在此一并表示感谢。

由于作者水平有限,书中不足之处在所难免,敬请广大读者批评指正。

作 者
2024年2月于乌鲁木齐

目 录

第一章　绪　论 …………………………………………………………………………………… (1)
   第一节　研究区概况 ……………………………………………………………………… (1)
   第二节　研究思路和技术路线 …………………………………………………………… (4)
   第三节　以往地质工作 …………………………………………………………………… (6)

第二章　地质背景及成矿条件 …………………………………………………………………… (12)
   第一节　主要板块特征及发展演化 ……………………………………………………… (12)
   第二节　大地构造单元划分 ……………………………………………………………… (15)
   第三节　成矿区(带)划分 ………………………………………………………………… (26)
   第四节　境外优势矿产资源概况 ………………………………………………………… (32)
   第五节　重点国家地质矿产特征 ………………………………………………………… (45)

第三章　跨境成矿带对比研究 …………………………………………………………………… (81)
   第一节　概　述 …………………………………………………………………………… (81)
   第二节　重点成矿带对比研究 …………………………………………………………… (81)

第四章　典型矿床对比研究 ……………………………………………………………………… (89)
   第一节　海相沉积型锰铜矿 ……………………………………………………………… (89)
   第二节　造山型金矿 ……………………………………………………………………… (109)
   第三节　沉积型铅锌矿 …………………………………………………………………… (122)
   第四节　斑岩型铜矿 ……………………………………………………………………… (147)

第五章　空间数据库建设 ………………………………………………………………………… (156)
   第一节　小比例尺地质图数据集与成矿地质背景空间数据集 ……………………… (156)
   第二节　中亚1∶100万～1∶20万地质矿产数据集 …………………………………… (156)

第六章　重点目标国成矿预测与靶区优选 ……………………………………………………… (160)
   第一节　资源预测与靶区优选方法、原则 ……………………………………………… (160)
   第二节　成矿预测 ………………………………………………………………………… (161)
   第三节　优势矿产资源潜力分析——以哈萨克斯坦为例 ……………………………… (218)

结　语 ……………………………………………………………………………………………… (265)

主要参考文献 ……………………………………………………………………………………… (266)

第一章　绪　论

新疆地理位置优越,成矿地质条件复杂,中亚多个巨型成矿带延入我国,境内外显示较大的找矿前景。本次研究在全面收集新疆周边的蒙古、俄罗斯、哈萨克斯坦、吉尔吉斯斯坦、塔吉克斯坦、阿富汗、巴基斯坦、印度(北部)8个国家成矿地质背景、矿产资源、成矿规律等方面信息的基础上,以资料综合研究为手段,围绕新疆周边国家,以区域优势矿种和成矿类型为重点,开展成矿地质背景、成矿条件的总结与分析。结合境内外典型矿床研究,并与新疆相同(近)成矿带上的典型矿床开展对比研究,总结成矿规律、划分找矿远景区,提出勘查靶区和勘查对策等。

第一节　研究区概况

一、研究区范围

研究区涉及新疆周边8个国家,主要包括蒙古、俄罗斯、哈萨克斯坦、吉尔吉斯斯坦、塔吉克斯坦、阿富汗、巴基斯坦、印度(北部)。研究区范围大致为东经45°00′—120°00′、北纬30°00′—50°00′(图1-1)。

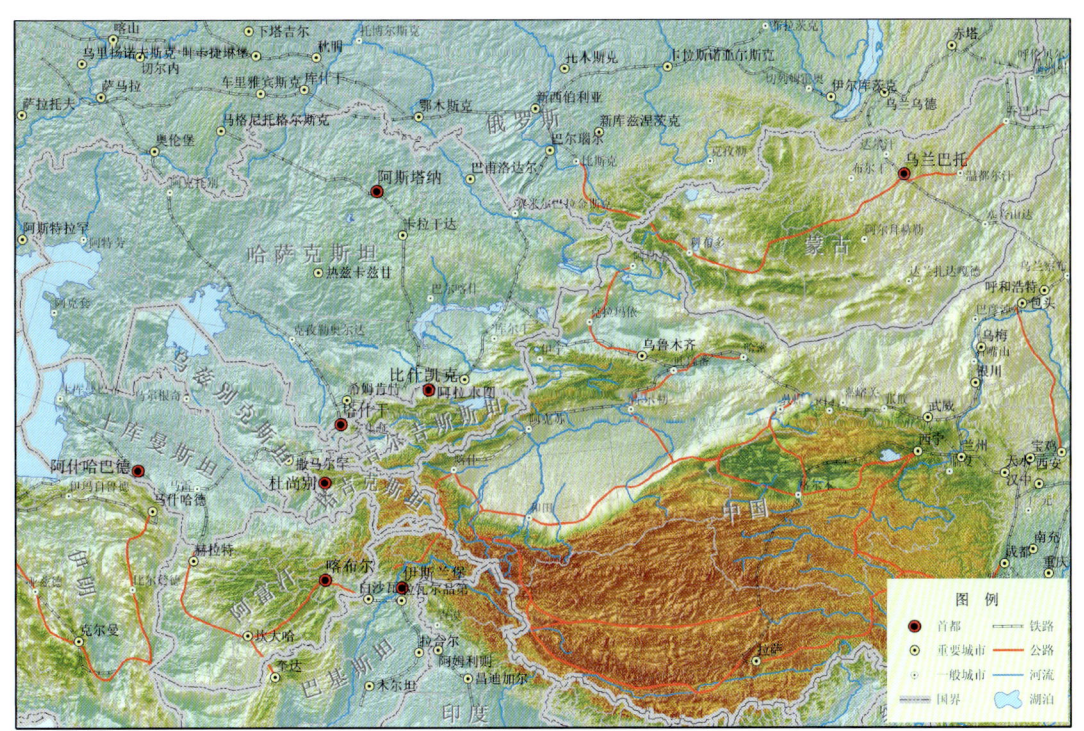

图1-1　研究区范围示意图(据赵同阳,2020)

二、自然地理

研究区地处欧亚大陆腹地,是古丝绸之路必经之地,区内地势以高山、丘陵、平原为主,由东南向西逐渐变低,图兰平原是中亚最大的平原,天山、帕米尔高原则由新疆横跨至中亚等国。区内以大陆性气候为主,冬冷夏热,降水稀少,植被以荒漠、草原为主。区内矿产资源丰富,矿产种类多,储量较大。主要的金属矿有铜、铁、铅锌、金等;非金属矿以煤、石油、天然气等为主。

(一)地形地貌

区内地貌总体上东南高、西北低。塔吉克斯坦帕米尔地区和吉尔吉斯斯坦西部天山地区山势陡峭,海拔4000～5000m,其中海拔7495m的共产主义峰和7134m的列宁峰是世界上著名的山峰。在哈萨克斯坦西部里海附近卡拉吉耶洼地发现有俄罗斯陆上低于海平面132m的最低点。在这东西之间广阔地区,荒漠、绿洲海拔在200～400m之间,丘陵、草原海拔在300～500m之间,而东部山区海拔在1000m左右。中亚地区绵亘着温带最壮观的山地,冰川超过4000条,总面积达11 000km^2,其中最大的费德钦科冰川长71km,它包括33条支流,面积达900km^2,而山脚下却是一片一望无际的干旱炎热的荒漠,荒漠的水平线在弥漫如烟的粉尘黄土中渐趋消失,而崇山环抱的山谷盆地和分布在广袤荒漠中的绿洲则是中亚最富有生命力的地方。

(二)山脉和山谷盆地

塔吉克斯坦境内的帕米尔高原号称"世界屋脊",是中亚的制高点。它的东部占优势的是剥蚀高原和垄岗地形,这里的山脉相对高度不大,徐缓地向绝对高度3500～4000m的山间谷地倾斜。它的西部占优势的是切割剧烈的高山地形,狭窄而幽深的峡谷。帕米尔高原北缘是两座平行的高山——阿赖山脉和外阿赖山脉,由西向东倾斜。阿赖山在5301m的伊格拉峰附近又分成平行的3支山脉——突厥斯坦山、泽拉夫尚山和吉萨尔山,继续向西倾斜而最终消失在撒马尔罕绿洲附近的荒漠。阿赖山向东北方向延伸为巍峨的天山山脉,西部天山的主峰是中国、哈萨克斯坦和吉尔吉斯斯坦交界处海拔6995m的汗腾格里峰。由汗腾格里峰往西又有两支平行的天山支脉——昆格阿拉套-吉尔吉斯山和捷尔斯克依阿拉套山,环抱着高山湖泊——伊塞克湖。在天山隘口中国通往吉尔吉斯斯坦口岸吐尔尕特附近,又有一支脉费尔干纳山往西北延伸再转西南恰特卡尔-库拉明山,圈出中亚最著名的盆地——费尔干纳盆地。费尔干纳盆地东西长300km,南北最宽150km,形如一只巨大的椭圆形碟子,缓缓地由西向东倾斜。哈萨克斯坦东部边缘地区有阿尔泰山、塔尔巴哈台山、阿拉套山几组平行山脉,在哈萨克斯坦与俄罗斯交界线上的别卢哈峰海拔也达4506m。在中亚的西南缘土,库曼斯坦的科佩特山是由帕米尔向东南延伸出的兴都库什山的余脉,其高峰卡拉古拉峰海拔仅有1977m。哈萨克斯坦西部还有几座山,但与东部的高山相比就微不足道了。

(三)河流和湖泊

关于自然地理,对于中亚来说,它的所有河流都没有通向大洋的出口,河水除了被引走用于灌溉外,或者消失于荒漠,或者注入内陆湖泊。锡尔河是流经中亚最长的河流,全长3019km(含上游纳伦河),发源于天山山区西部。它所灌溉的费尔干纳和塔什干绿洲,是中亚最重要的经济区。千百年来勤劳的中亚各族人民充分利用了锡尔河及其支流的水,创造出费尔干纳绿洲繁荣富庶的景观:枝繁叶茂的果园、碧绿的田野和银练似的渠道。阿姆河全长 2394km（含上游喷赤河），是中亚水量最充沛的大河，发源于帕米尔山区，落差大，拥有丰富的水电资源，其上游建成最大的努列克水电站，装机容量达 270 万 kW。锡尔河、阿姆河这两条大河最终注入中亚最大的湖泊——咸海。咸海面积约 6.4 万 km^2，按面积来说，它是世界第四大湖，但由于过度滥用这两条大河的河水，咸海的水位已急剧下降，悲观者认为它将因水源枯竭而迅速消失，由此产生咸海生态危机。阿姆河与锡尔河之间的泽拉夫尚河是一条重要的河流，它发源于阿赖山。"泽拉夫尚"意即含金的。它哺育着中亚腹地美丽的绿洲——撒马尔罕绿洲和布哈拉绿洲，没于克孜尔库姆沙漠。阿姆河左方有两条河——卡拉捷詹河和穆尔加布河，它们发源于伊朗、阿富汗高原，滋润着土库曼斯坦的阿什哈巴德绿洲和马雷绿洲。锡尔河的右方有发源于吉尔吉斯斯坦天山山区的两条河——塔拉斯河和楚河。楚河灌溉着比什凯克附近的沃土，它在西岸与中亚最美丽的高山湖泊——伊塞克湖仅距 3km 擦肩而过。伊塞克湖为高山深水湖，已知最大深度为 702m，在欧亚大陆的所有湖泊中仅次于贝加尔湖。伊塞克湖以其巨大的容水量影响着湖区的气候，它虽然高踞海拔 1600m，但即使在隆冬也不结冻，因此又以"热海"闻名于世。在哈萨克斯坦东、西两端有两条重要的河流——伊犁河和乌拉尔河。伊犁河发源于我国新疆天山深处，全长 1439km，在哈萨克斯坦境内长 802km，注入巴尔喀什湖。巴尔喀什湖面积 1.7 万～2.2 万 km^2，它的奇特景观是西半部淡水，东半部咸水，其间仅有极窄的水道相通连。流入巴尔喀什湖的至少有 7 条较大的河流，因此这一地区又被称作谢米列契（七河）地区。乌拉尔河发源于俄罗斯的南乌拉尔山，在哈萨克斯坦境内长 1084km，注入里海。里海面积 37.1 万 km^2，低于海平面 28.5m，沿岸有哈萨克斯坦、土库曼斯坦、伊朗、阿塞拜疆、俄罗斯五国。

在北哈萨克斯坦有一条大河——额尔齐斯河，发源于我国阿勒泰山区，携带其支流伊希姆河、托博尔河汇入俄罗斯的鄂毕河而最终注入北冰洋。额尔齐斯河全长 4248km，在哈萨克斯坦境内长 1400km，它河道平稳、水量充足，在航运、灌溉、城市供水方面有着重要的经济意义。

（四）荒漠和草原

荒漠、半荒漠和草原占据从里海到天山山地之间的巨大面积。阿姆河和卡拉捷詹河之间的卡拉库姆沙漠（面积 35 万 km^2）和阿姆河与锡尔河之间的克孜尔库姆沙漠（面积 30 万 km^2）是中亚最大的沙漠，地势平坦，海拔在 300m 以下，大部分为沙垄、龟裂地，间有闭塞的洼地和孤山，极度干旱、贫瘠，缺少植被，如克孜尔库姆沙漠东南部就被称为"饥饿草原"。在哈萨克斯坦，草原覆盖在长 1200km 的哈萨克丘陵和长达 630km 的图尔盖谷地，海拔在 300m 左右，由于受到北冰洋湿气影响，比起中亚腹地的荒漠要湿润一些。在北部台地、丘陵与南部沙漠之间的是别克帕克达拉草原，其地貌处于草原、半荒漠、荒漠的过渡地带，是分布在荒漠中的绿洲，拥有丰富的栽培植被，它的翠绿色彩在荒漠灰黄底色衬托下显得格外赏心悦目。1954—1960 年中亚哈萨克斯坦、里海沿岸低地开展大垦荒，使那里出现了大片农田，这是人类与自然斗争创造的新的地理景观。

（五）气候

因处于欧亚大陆腹地，尤其是东南缘高山阻隔印度洋、太平洋的暖湿气流，该地区气候为典型的温带沙漠、草原大陆性气候，它的突出特征如下：第一，雨水稀少，极其干燥。一般年降水量在 300mm 以下，咸海附近和土库曼斯坦的荒漠年降水量仅为 75～100mm，而山区年降水量为 1000mm，费尔干纳山西南坡甚至可达 2000mm，但山地中也有雨量少于沙漠的地区，如帕米尔的年降水量仅 60mm。第二，日光充足，蒸发量大。经科学测试，中亚北纬 40°地区夏季所获阳光照射量并不逊于热带地区。且中亚空气极其干燥，高温引起大量的蒸发，阿姆河三角洲水面的年蒸发量达 1798mm，即比这里的降水量高 21 倍。第三，温度变化剧烈。许多地方白天最高气温与夜晚最低气温之间可相差 20～30℃，在帕米尔高原则有日温差 40℃的记录。从哈萨克斯坦最北端到土库曼斯坦最南端，纵跨北纬 57°到 35°，表现为寒温带经温带向亚热带过渡,在盛夏7月,除山区外平均气温一般在26~32℃之间,而在隆冬1月,平均气温由北端的-20℃到南端的2℃过渡。

(六)矿产资源

区内各种矿藏丰富,特别是哈萨克斯坦矿藏品种比较齐全,煤探明储量为1624亿t,集中分布在卡拉干达、埃基巴、马斯图兹、图尔盖、日兰奇克、楚河、伊犁河大型煤田。此外,还有铁矿、锰矿、铜矿、钾盐等矿藏,其中铬铁矿探明储量有2亿t,仅次于南非、津巴布韦,居世界第三。吉尔吉斯斯坦的有色金属、黑色金属,特别是稀有金属汞、锑的储量可观。乌兹别克斯坦的矿产资源主要是铜矿、铅锌矿、钼矿、钨矿。此外,费尔干纳的石油以及布哈拉和希瓦的天然气有比较丰富的储藏,不过石油、天然气最丰富的储藏在土库曼斯坦和哈萨克斯坦。塔吉克斯坦和吉尔吉斯斯坦的水电资源丰富,尤其是塔吉克斯坦的水电资源达6400万kW。

三、人文地理

中亚地区的地形地貌和经济发展等因素决定了它的人口分布及构成的突出特点如下:第一,人口密度很小,平均仅12人/km²。第二,人口分布极不均匀。山区只有1~2人/km²,哈萨克斯坦中部和荒漠几乎是渺无人烟,而绿洲及大城市周围密集了大量人口,如富庶的费尔干纳盆地高达300~400人/km²,吉尔吉斯斯坦首都比什凯克所在的楚河盆地仅占共和国国土面积的1/12,却集中了共和国35%的人口。第三,出生率和自然增长率高。中亚各国出生率普遍在30‰以上,自然增长率在2.5%左右。这一情况与经济发展情况是不适应的。第四,20世纪以来,特别是近二三十年,人口绝对数量增加迅速。以吉尔吉斯斯坦为例,近30年人口翻了一番。第五,20世纪以来城市化有长足发展。城市人口由原来的10%左右增长到40%左右,其中哈萨克斯坦的一些地区城市化水平最高,如卡拉干达州、热兹卡兹甘州、曼格斯套州城市居民已经占这些州总人口的80%~90%。20世纪70年代以前城市人口增长主要来自欧洲地区的移民,70年代以后主要是共和国内部人口流动。然而,中亚有些地区,如塔吉克斯坦,由于农村人口的自然增长率大大超过城市人口的自然增长率,近年来城市人口的比例有所下降。

20世纪初中亚的主要民族有哈萨克、乌兹别克、吉尔吉斯、土库曼、塔吉克等。苏维埃时期,随着中亚地区社会主义经济建设事业的发展,有大量俄罗斯及其他斯拉夫居民迁入。据苏联1989年人口统计资料,在中亚地区生活的有130多个大小民族,典型的多民族国家,其中主要有乌兹别克、哈萨克、吉尔吉斯、塔吉克、土库曼、俄罗斯、乌克兰、白俄罗斯等民族,还有鞑靼、卡拉卡尔帕克、朝鲜、犹太、阿塞拜疆、亚美尼亚、维吾尔、巴什基尔、土耳其、东干、格鲁吉亚等民族。

中亚五国的经济自1991年独立以来可基本分为3个阶段。在经历了第一阶段(1991—1995年)连续5年严重缩退滑坡后,第二阶段自1996年起经济首次止降复增,到1999年连续4年取得经济低速增长,2000年以来,中亚经济发展出现良好的复苏势头,经济增长速度明显加快。

第二节 研究思路和技术路线

以新疆周边8个国家矿产资源为研究对象,以矿产资源潜力评价及选区建议为目标,在充分收集各国区域地质矿产资料、区域地球化学资料、区域地球物理资料、矿产资料以及矿产资源矿业管理体制与矿业政策的基础上,以资料的综合研究为手段,开展成矿地质背景、成矿条件的总结与分析。结合境内外典型矿床研究,并与新疆相同(近)成矿带上的典型矿床开展对比研究,总结成矿规律、划分找矿远景区;结合国家需求,在客观评估不同国家投资环境的基础上,开展选区研究,提出主攻矿种与成矿类型、勘查靶区和勘查对策。研究思路和技术路线如图1-2所示。

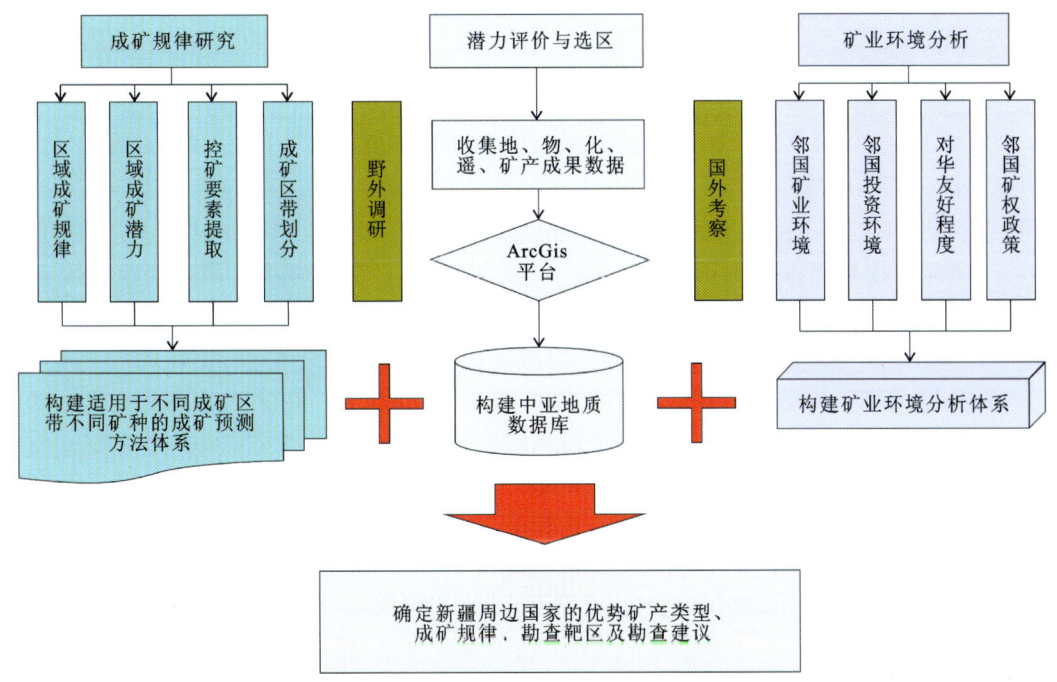

图1-2 研究思路和技术路线图

(一)数据集成

收集新疆周边国家地质、矿产、物探、化探、遥感等多元信息资料,构建新疆周边国家地学信息数据库和成果集成。本次研究工作地质矿产数据在ArcGIS平台进行集成。ArcGIS平台数据视图可以动态实现不同比例尺、不同参照系的转换和集成,操作工具可以实现各类主流空间数据格式和非空间数据格式间的互操作,以及不同国家、不同时期、不同内涵数据之间的关联和转换。实现中国新疆和中亚邻区地质矿产信息集成,内容涉及不同国家、不同时期、不同来源、不同内涵、不同比例尺、不同坐标系以及不同格式的各类数据。

(二)成矿规律研究及选区

以板块构造学和层控热液矿床成矿理论以及"源-运-储-变-保"成矿系统、成矿系列学术思想为指导,选择区内重要的矿床开展典型矿床研究,用"比较矿床学"的理论和方法,通过典型矿床解剖,分析成矿地质环境、控矿因素、成矿机理、空间分布规律等;探讨典型矿床的成矿时代、成因类型以及环塔里木(西南天山、昆盖山北坡)构造演化与成矿作用的关系;结合大型矿区地质研究及勘查成果,总结区域成矿规律和找矿标志,建立典型矿床成矿模式及区域综合找矿模型,对比境内外含矿建造、控矿因素,开展靶区优选,提出境外西南天山金矿带、昆盖山北坡锰矿带勘查部署建议。

第三节 以往地质工作

由于成矿理论、测试手段的差异以及国家历史等原因,新疆周边8个国家工作程度不均,主要国家的工作程度如下:

(1)哈萨克斯坦完成1:20万和1:5万地质填图的面积分别占国土面积的98.7%和40.6%,其中,东哈萨克斯坦研究程度最高(63.4%),其次为中哈萨克斯坦(46.9%)和西哈萨克斯坦(39.1%),再次为南哈萨克斯坦(31.4%)和北哈萨克斯坦(31.1%)。1985年前测量的地质图数量占总数量的40.6%。1:5万地质图修测占国土面积的8.9%。完成的1:5万地球化学调查面积占国土面积的28.3%。其中,地面岩石地球化学调查面积占国土面积的25%,深部地球化学调查面积占国土面积的3.3%。此外,0.8%的国土面积进行了1:1万深部地球化学勘查,0.6%的国土面积进行了同比例尺金波谱测量。总体上,裸露区地球化学调查程度为中等,覆盖区较低。1:20万航空测量和重力测量覆盖全境。1:5万及更大比例尺航空测量覆盖国土面积的50%~55%,其中高精度磁测覆盖40%。裸露和半裸露地区已调查的面积占国土面积的75%~80%,覆盖区研究程度较低。此外,18%的国土面积进行了1:5万地面磁测。各种电法勘探占国土面积的20%。

(2)俄罗斯、蒙古的地质和矿产研究程度较高,目前已全部完成1:20万~1:10万区域地质矿产调查、1:20万重力测量和航磁测量,大部分地区已完成1:100万~1:20万区域化探测量、1:5万~1:2.5万区域地质矿产调查。近十几年来,中亚地区(包括阿尔泰)丰富的矿产资源令世界地质学界和矿业界广为关注,各国科学家纷纷与中亚各国、俄罗斯和蒙古等开展中亚地区地质矿产方面的合作研究,欧盟还专门成立了基金会,重点支持在中亚地区开展地质矿产研究。该基金会由英国科学家牵头、俄罗斯及中亚各国科学家参与合作研究。1996—2006年10年中,IGCP-373、IGCP-473和IGCP-486国际对比研究计划开展,主要进行成矿规律、找矿模型和GIS区域成矿编图,如2003年英国伦敦自然历史博物馆俄罗斯和中亚矿产研究中心编制1:250万、1:150万中亚地质图和矿产图及主要矿床数据库(不包括中国)。Shatov等(1996)主编并出版了《哈萨克斯坦及邻区与花岗岩有关的矿床》。Kremenetsky等(2000)主编并出版了《俄罗斯及邻区含矿花岗岩》。与此同时,西方国家的许多矿业公司纷纷在中亚地区投巨资进行矿产风险勘探,新发现了一大批铜金多金属矿床,同时也推动了中亚重要成矿区(带)的研究水平。

(3)吉尔吉斯斯坦全境已完成了1:20万地质调查,75%的国土面积完成了1:5万地质调查,5%的国土面积完成了1:2.5万地质调查。航磁测量完成国土面积的72%,航空光谱测量完成国土面积的55%,重力测量完成国土面积的67%。全国完成了1:100万地质填图。吉尔吉斯斯坦境内几乎所有盆地都进行了重力、地震、磁法和电法勘探。

本次研究为数据综合集成研究,境外资料收集是本次研究工作的重中之重,各类资料如下。

一、基础地质资料

(一)1:100万及以上地质矿产图

收集到阿富汗1:100万全境地质图、巴基斯坦1:200万全境地质图;塔吉克斯坦1:100万全境地质图;哈萨克斯坦1:200万全境地质图及吉尔吉斯斯坦1:100万地质矿产图。1:250万成矿区(带)图作为本次研究工作的基础地质底图。

(二) 1∶50万地质矿产图

收集到哈萨克斯坦、吉尔吉斯斯坦、塔吉克斯坦、阿富汗1∶50万成矿规律图件。该图件是该区域最为详尽、可靠程度最高的基础地质资料,可供系统开展成矿规律、成矿预测研究工作使用。

(三) 1∶25万地质矿产图

仅收集到巴基斯坦1∶25万地质图8张,主要集中在西部查盖地区。

(四) 1∶20万地质矿产图

收集到1∶20万地质矿产图680套,除少量未开展工作的区域外,基本覆盖哈萨克斯坦、吉尔吉斯斯坦、塔吉克斯坦、乌兹别克斯坦及境外阿尔泰全部区域,缺少蒙古、印度、巴基斯坦的资料。

二、地球化学资料

(一) 1∶100万地球化学资料

收集到吉尔吉斯斯坦Au、Cu、Pb、Zn等元素的单元素地球化学图29张,单元素异常图20张,Au-Ag、Cu-Cr-Co-Ni、As-Sb-Hg、Mo-Sn-Bi、Pb-Zn-Ag-Ba等组合异常图5张;塔吉克斯坦1∶100万地球化学图册1套,包括Cu、Pb、Zn、Au等69种元素(含氧化物)。

(二) 其他比例尺地球化学资料

收集到哈萨克斯坦1∶50万、1∶20万、1∶10万、1∶5万等各类地球化学图1206张。

三、地球物理资料

收集到1∶20万航磁数据613套,基本覆盖哈萨克斯坦、吉尔吉斯斯坦、塔吉克斯坦、乌兹别克斯坦以及阿尔泰全部区域,缺少蒙古、阿富汗和印度数据。

收集到哈萨克斯坦、乌兹别克斯坦、吉尔吉斯斯坦、塔吉克斯坦1∶100万重力、航磁资料(图1-3)以及蒙古、俄罗斯(南部)1∶100万重力、航磁资料(图1-4、图1-5)。

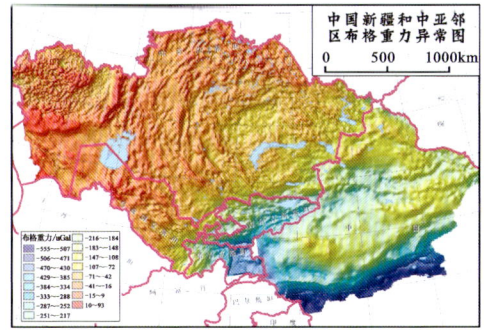
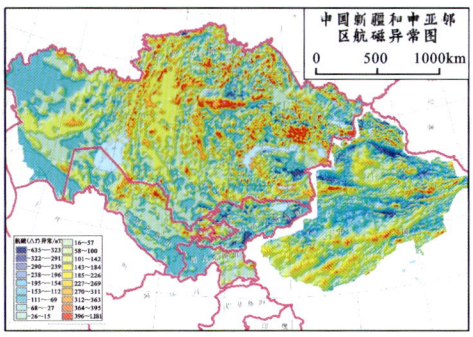

图1-3 中国新疆和中亚邻区物探资料图

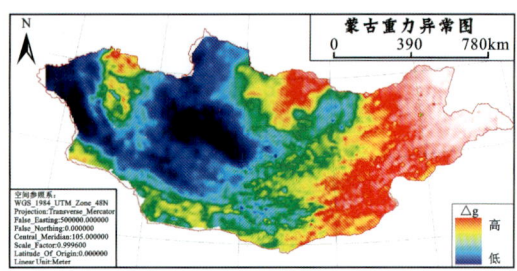
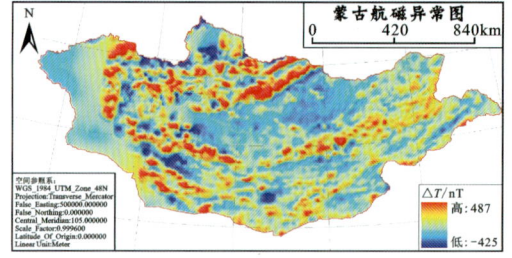

图 1-4　蒙古物探资料图

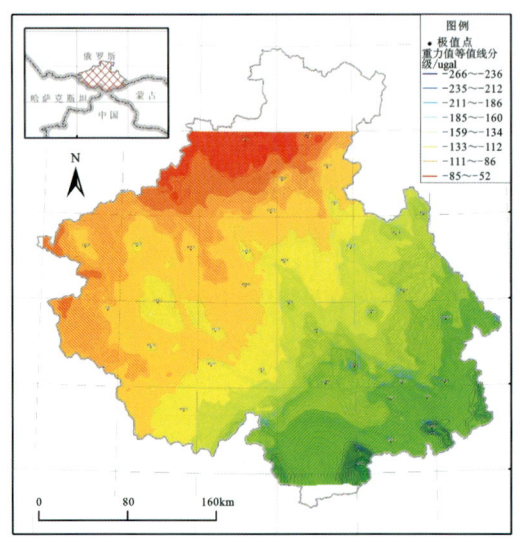
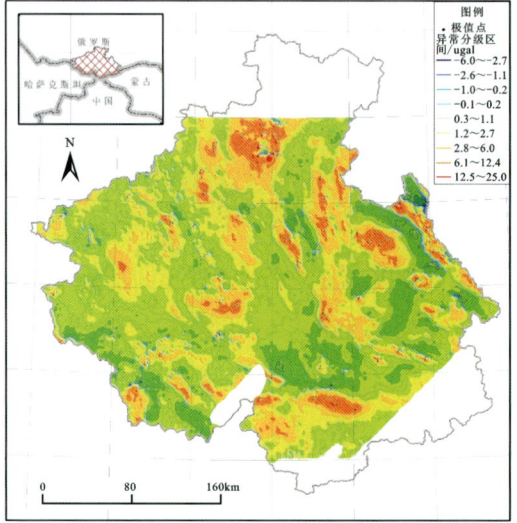

图 1-5　俄罗斯南部物探资料图

四、矿产地质资料

收集到典型矿床资料包含 533 个具有翔实资料的矿床和 886 个较完全资料的矿床（图 1-6），此外，收集到蒙古地质矿产数据库。

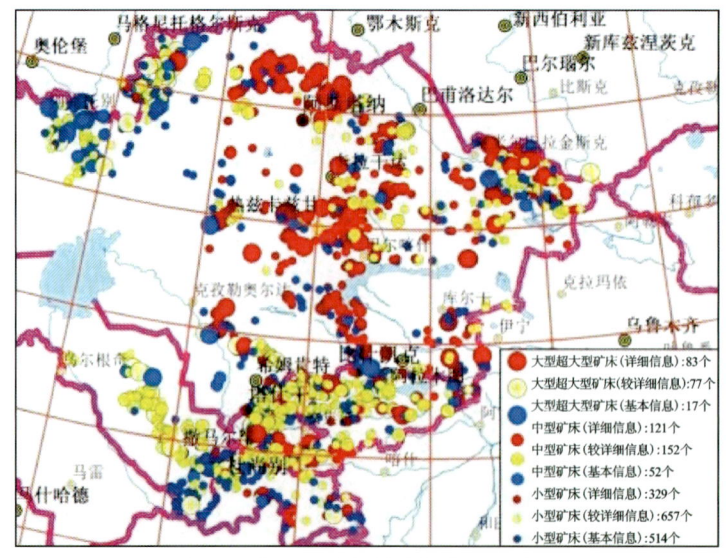

图 1-6　典型矿床资料收集情况示意图

收集到建议开发矿床资料 25 处(图 1-7),建议勘查靶区资料 21 处(图 1-8),这些资料对后续在吉尔吉斯斯坦选区奠定了基础。收集哈萨克斯坦、吉尔吉斯斯坦、塔吉克斯坦、乌兹别克斯坦 4 国矿床数据 2016 个、矿点数据 6244 个、矿化点数据 9432 个。

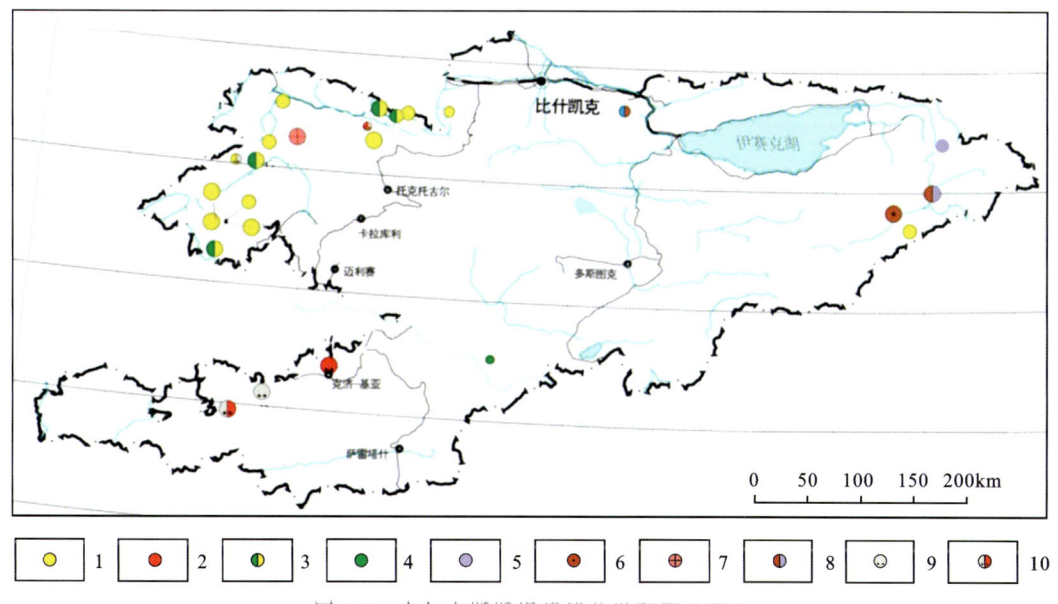

图 1-7 吉尔吉斯斯坦建议开发矿床分布图

1-金矿;2-铁矿;3-铜金矿;4-金矿;5-钨矿;6-钛矿;7-银矿;8-银钨矿;9-稀土矿;10-汞锑矿

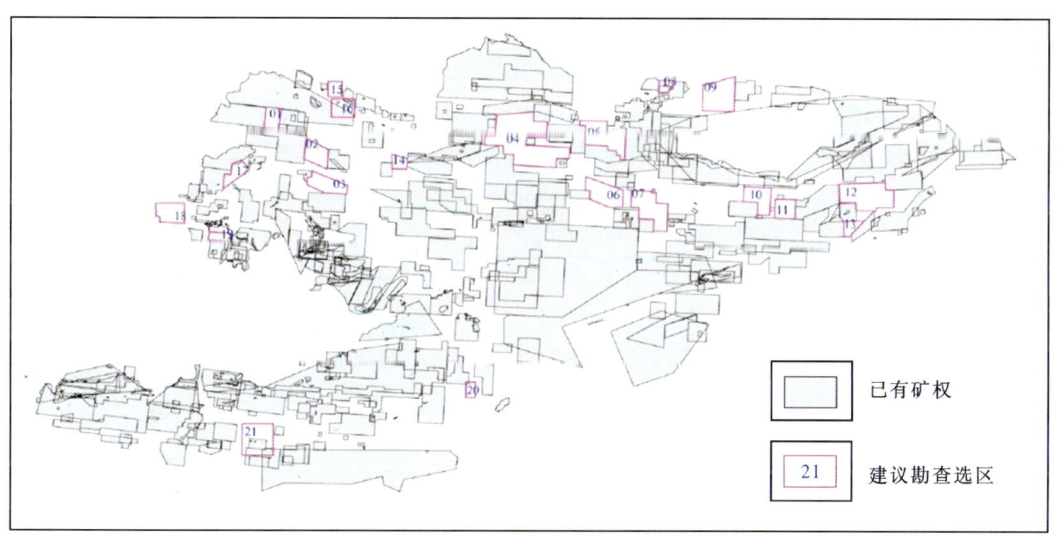

图 1-8 吉尔吉斯斯坦建议勘查选取分布图

五、跨境成矿带资料

收集到兴都库什—西昆仑 1∶100 万地质图、大地构造图和成矿规律图及巴尔喀什—准噶尔地区 1∶100 万大地构造相图。

六、科研工作概况

我国涉及中亚地区全面的地质矿产对比研究工作始于20世纪80年代。

(1) 1983—1984年,由新疆维吾尔自治区地质局地质研究所与国家地质矿产部情报所完成了《中国新疆周边国家矿产地质特征及成矿规律情报调研报告》。

(2) 1984—1986年,新疆维吾尔自治区地质矿产局、新疆有色金属工业(集团)有限责任公司、国家地质矿产部情报所和国家"305"项目等单位对新疆周边国家贵重金属和有色金属矿床进行了研究,并与新疆进行了对比,编制了1:500万地质矿产对比图。

(3) 1988年,新疆有色工业(集团)有限责任公司情报室完成了《中国新疆周边邻国(省)有色金属矿产地质情报调研与对比报告》。

(4) 1985—1988年,国家"305"项目设置了"中国新疆周边国家矿产地质特征及成矿规律"专题,对中亚地区的地质矿产文献、资料及各类图件进行了比较系统的调研,编写了《中国周边国家毗邻地区成矿区(带)地质矿产情报调研专题报告》,按成矿区(带)编译了10本资料汇编(内部资料)。中国科学院科技国际合作局组织开展了类似对比研究工作,编译了《新疆与周边地区地质矿产综合对比研究(1~4集)》(内部资料,1986年)。

(5) 1987—1992年,国家自然科学基金重大项目"中国兴蒙-北疆及邻区古生代岩石圈的形成和演化的研究"涉及新疆及周边地质与成矿对比研究,取得了一系列重要研究成果。

(6) 1993年,国家"305"项目与哈萨克斯坦合作进行了"西天山多金属成矿带情报调研与对比"项目。

(7) 1990—1994年,国家"305"项目与哈萨克斯坦科学院合作完成"中国和哈萨克斯坦阿尔泰多金属矿带地质及成矿对比研究"项目,编制了《中国和哈萨克斯坦阿尔泰多金属矿带地质图(1:50万)》《中国和哈萨克斯坦阿尔泰多金属矿带成矿规律和远景预测图(1:50万)》。

(8) 1992—1993年,新疆维吾尔自治区地质矿产局科研所完成《新疆周边国家铜矿地质特征与新疆对比情报调研报告》,编制了1:250万铜矿分布图。

(9) 1992—1995年,国家"305"项目编制了1:250万《新疆北部及邻区贵重、有色金属成矿系列图及说明书》。

(10) 1996年,成守德等编制了《中国新疆北部及邻区贵重有色金属矿产成矿图(1:150万)(附说明书)》。

(11) 1996—2000年,国家"305"项目0702专题对新疆与周边国家和地区超大型矿床成矿条件进行了对比研究,并预测了新疆找超大型矿床的靶区等。

(12) 1997—2000年,新疆维吾尔自治区地质调查院承担"中欧亚岩相-古地理、构造、复原及地质生态图集"项目,以全球活动论为指导,编制《新疆岩相古地理、构造和地质生态图集》,揭示欧亚中部地壳大洋封闭过程中微型大陆、地体和岛弧形成的过程,把地质事件与地球气候分带和全球沉积建造相联系,用新观点评价矿产成因和分布规律,寻找开辟预测-普查矿产和评价-治理生态环境的新思路。通过国际合作,我国收集了周边国家的地质矿产资料,了解和借鉴了国外先进经验与研究方法,提高了新疆地区编图能力和水平。

(13) 1999年,陈哲夫等出版了《中亚大型金属矿床特征与成矿环境》。

(14) 1999年,任纪舜主编并出版了《1:500万中国及邻区大地构造图及说明书》,涉及新疆及中亚邻区大地构造位置与相关构造带的对比连接。

(15) 2000年,国土资源部信息中心和中国地质调查局共同完成《中国西部和毗邻国家铜、金找矿潜力的对比研究》及《中国西部和邻区铜金构造-成矿区(带)图(1:500万)》。

(16) 2001年,国土资源部信息中心和中国地质调查局组织完成《中国西部和毗邻国家铜金找矿潜力的对比研究》。2002—2006年,实施的"973"计划"中国西部中亚型造山与成矿",提出中亚型造山带是"显生宙增生型造山带",建立了中亚型造山与成矿的理论框架,对中亚造山带地质矿产对比研究有重要意义。

(17)2003年,新疆维吾尔自治区地质调查院提交了中国地质调查局发展研究中心承担的地质大调查项目"周边国家矿产资源现状对比研究"项目的一部分成果《周边国家矿产资源现状对比研究报告(中亚地区)》《中国新疆与中亚各国地质矿产对比研究程度图(1∶750万)》《中亚地区地质工作程度图(1∶750万)》和《中亚地区金属矿床分布图(1∶750万)》。

(18)2003—2005年,新疆维吾尔自治区地质调查院承担"我国与中欧亚七国合作地质编图"项目,在已有工作的基础上,继续开展中欧亚8国(包括我国)合作编图工作,进一步收集中欧亚地区地质、矿产资源等信息资料,系统了解中欧亚7国矿产资源情况及编图的方法技术;与其他7国合作,系统编制中欧亚地区1∶250万(部分成矿带为1∶100万)基础地质和成矿规律、地质生态等系列图件;建立中欧亚地区矿产地数据库,为实施"走出去"战略及我国西北部地区资源评价选区提供信息基础。

(19)2004年,何国琦等出版了《1∶250万中国新疆及邻区大地构造图及说明书》。

(20)2004—2006年,何国琦教授从近20年来发表的大量俄文文献中精心选择重要专著和论文,编译了新疆毗邻地区地质矿产研究新资料两册,比较全面反映了中亚地区地质矿产的研究进展。这些调研成果为新疆维吾尔自治区地质矿产研究提供了重要的参考资料。

(21)2004年,"九五"科技攻关"加速查明新疆优势金属矿产资源及大型矿床的综合研究"项目,对中国新疆及邻区大地构造进行编图,出版了《中国新疆及邻区大地构造图(1∶2 500 000)及说明书》。

(22)2006年,中国地质科学院地质研究所出版了《1∶250万中国西部及邻区地质图及说明书》。

(23)2006年,中国地质调查局国土资源大调查计划项目"中国大陆周边地区主要成矿带成矿规律及潜力评价"委托新疆维吾尔自治区国土资源厅完成《中亚五国矿产资源勘查开发指南》,并于2009年在中国地质大学出版社公开出版。

(24)2008年,中国、哈萨克斯坦、蒙古、韩国、俄罗斯联合编制了1∶250万亚洲中部及邻区地质图、构造图、成矿图以及能源矿产图。

(25)2011年中国地质科学院矿产资源研究所编制了《中亚地区1∶100万大地构造图》,涉及了新疆天山以北和哈萨克斯坦环巴尔喀什湖地区。

(26)2011—2016年,中国地质调查局与塔吉克斯坦地质总局共同实施了"塔吉克斯坦帕米尔地区地球化学调查及资源潜力评价"项目,完成1∶100万地球化学调查面积55 000 km²,1∶25万地球化学调查面积26 000 km²,并且建立了塔吉克斯坦帕米尔地区地球化学数据库,以数据库为依托共编制地球化学系列图件142张,圈定单元素异常817个,组合异常137个,综合异常25个。在此基础上共圈定各类预测区136个。

(27)2014—2015年,中国地质调查局与塔吉克斯坦合作完成了"中塔边界帕米尔成矿带优势矿产资源潜力分析"项目。

(28)近年来,新疆维吾尔自治区地质矿产勘查开发局第十一地质大队、第六地质大队以企业联合的形式开展境外勘查工作。

(29)中国地质调查局西安地质调查中心在塔吉克斯坦、乌兹别克斯坦、巴基斯坦等国开展境外勘查工作。

第二章　地质背景及成矿条件

第一节　主要板块特征及发展演化

一、西伯利亚板块

研究区涉及西伯利亚板块西南缘,包括西蒙、阿尔泰两个微板块,最老地层出露于西蒙微板块的图瓦、桑吉诺一带,由一套古老的变质杂岩组成,在后期构造运动中被许多年轻侵入岩及上覆地层分割为一个个孤立露头,构成古元古代结晶基底。其下部以片麻岩、角闪岩为主,夹规模不等的麻粒岩、紫苏辉石花岗岩透镜体,具有从麻粒岩相退化变质为角闪岩相的特征,并有花岗岩化、混合岩化变质作用。

新元古代末期—早寒武世,大陆边缘裂离,形成了新元古代—早寒武世的蒙占湖区洋盆(萨拉伊尔-蒙古洋),属古亚洲洋北支,这里分布着震旦纪—寒武纪的大洋型地壳,由蛇绿混杂岩,海相基性、中基性火山岩及相应的沉积物质组成,恢复其剖面,底部是以方辉橄榄岩、纯橄岩为代表的变质橄榄岩,向上变为层状(堆晶)辉石岩和辉长岩,其上为复杂的辉长-辉绿岩,顶部为厚达2000m的枕状细碧岩,其间夹石英岩、千枚岩、碳酸盐岩(含化石远古贝类)。

早寒武世后,大洋开始向东(巴彦吾拉一带)俯冲、消减,形成该带的寒武纪岛弧型建造。萨拉伊尔运动造成地壳的强烈挤压,晚寒武世—早奥陶世的下磨拉石建造及酸性钾钠型后成火山岩及英闪岩-花岗岩的侵入,说明古亚洲洋北支已开始关闭。而阿尔泰微板块的山区阿尔泰北坡及蒙古阿尔泰南坡为被动大陆边缘的巨厚类复理石沉积,部分见有前震旦纪变质地块,中奥陶世早期,阿尔泰微板块与西蒙微板块碰撞,萨拉伊尔-蒙古洋(古亚洲洋北支)消亡,晚奥陶世—志留纪出现磨拉石建造,使阿尔泰成为西伯利亚古陆西南缘的增生陆壳。泥盆纪—石炭纪则以上叠火山-沉积盆地为主。

二、哈萨克斯坦-准噶尔板块

哈萨克斯坦-准噶尔板块位于西伯利亚与塔里木两板块之间,是由前寒武纪基底破裂后,漂移于北天山洋(古亚洲洋中支)中的多个陆块拼贴后而形成。哈萨克斯坦前寒武纪基底露头集中在中哈科克切塔夫、乌卢套一带,西滨巴尔喀什地区有阿塔苏-莫印特地块,在北天山、中天山有伊塞克湖地块,在穆云库姆和锡尔河盆地之下也有分布,可能属相同的前寒武纪基底。这些地块形成一向北西凸起的马蹄形构造,其内为加里东褶皱区和泥盆纪陆缘火山岩带,均与马蹄形同时弯曲,中心为泥盆纪—石炭纪残余洋盆,有的整覆于早古生代蛇绿岩之上。

哈萨克斯坦前寒武纪基底在晚里菲期(900~800Ma)破裂,并由裂谷发展为大洋(古亚洲洋中支),大洋岩石组合的蛇绿岩套广泛分布在北天山的早古生代构造带内,时代为晚里菲期—寒武纪。不少资料证明,大陆于晚里菲期时发生裂离,里菲期—文德末期—寒武纪初(800~550Ma)出现洋壳,晚奥陶世末出现磨拉石建造,同时有大量同造山期花岗岩基侵入,北天山早古生代岛弧的碰撞大约结束于志留纪,从而形成北天山早古生代统一大陆。

新疆境内的准噶尔、吐-哈等地块也是漂移于北大山洋(古亚洲洋中支)中的古老地块。该区所见的最老蛇绿岩年龄洪古勒楞为626Ma,阿尔曼太为515Ma,唐巴勒一带为508Ma,说明准噶尔地区在寒武纪—中奥陶世是一个重要的扩张和俯冲期。与哈萨克斯坦一样,早古生代是漂移于北天山洋中的各陆块通过弧盆发展进行增生的主要时期,最后形成统一的早古生代大陆,时限为新元古代末至志留纪末,这时的准噶尔-巴尔喀什微板块、穆云库姆-克孜尔库姆-伊犁微板块已拼贴一起,但局部可滞后到早泥盆世。此时的古亚洲洋已大大缩小并退缩到南、北两侧,北侧为分隔西伯利亚板块的斋桑-额尔齐斯洋盆(属北天山洋的一部分),南侧为分隔塔里木板块的南天山洋(古亚洲洋南支)。

这里的早古生代岛弧大致可分为3期:塔尔巴哈台-阿尔曼特早古生代岛弧西北段的成吉思一带,北侧震旦纪—寒武纪时拉张,早寒武世出现蛇绿岩,中寒武世开始俯冲并发育岛弧型建造,晚寒武世—早奥陶世出现下磨拉石及滑塌堆积并有496Ma花岗闪长岩侵入;南侧岛弧发育于晚寒武世—中奥陶世之间;岛弧东南段的东准噶尔考克塞尔盖可见晚志留世—早泥盆世磨拉石建造不整合于下伏的岛弧型建造及花岗岩之上。

南天山洋(古亚洲洋南支)最晚于晚奥陶世(长阿吾子蛇绿岩439Ma)拉开形成,志留纪时南天山洋已发展成为相当规模的多岛洋,同时开始向北俯冲,形成天山南缘巴音布鲁克组岛弧型火山岩,晚志留世—早泥盆世(穹库什太蓝片岩中的多硅白云母415.37Ma)南天山洋关闭,使哈萨克斯坦-准噶尔板块与塔里木板块碰撞缝合形成那拉提-红柳河板块缝合带。当南天山洋消亡,北部斋桑-额尔齐斯洋盆仍在发育并向南、北俯冲,形成萨吾尔山的晚古生代岛弧,北部使原阿尔泰早古生代稳定陆缘转为晚古生代的活动陆缘,南阿尔泰形成弧后盆地,泥盆纪—石炭纪北天山洋关闭,使西伯利亚板块与哈萨克斯坦-准噶尔板块碰撞,形成了额尔齐斯-布尔根板块缝合带。

晚古生代北部地壳发展演化的基本特征是早古生代浩瀚的古亚洲洋基本关闭或在其残余洋盆的基础上部分软弱地带再次拉张,形成有限洋盆或裂陷槽。如达拉布特-克拉麦里、滨巴尔喀什等泥盆纪—石炭纪残余洋盆,在准噶尔南缘发育有博格达、觉罗塔格等石炭纪裂陷槽及一些上叠火山-沉积盆地。

在哈萨克斯坦,围绕着早古生代岛弧或褶皱带发育了一套泥盆纪陆缘火山岩带,表示又一次新的拉伸作用,晚古生代的主要变形期,发生在萨吾尔—萨亚克运动(C_2—T),塔拉斯-费尔干纳等大型走滑断裂即形成于此时。新疆境内在晚石炭世—早二叠世碰撞造山之后也发生过地壳的再次拉张,形成了富碱酸性岩浆和玄武岩浆的上侵,北山等一带拉伸形成裂谷,至晚二叠世残余的古亚洲洋才基本全部消失。

三、塔里木板块

塔里木板块位于研究区中部。于海峰等(1999)通过对甘肃北山榴辉岩-花岗岩带、柴北缘含柯石英榴辉岩-花岗岩带和阿尔金韧性剪切带岩石构造和同位素年代学进行研究认为,在新元古代,塔里木、华北和柴达木3个地块在中国西部甘肃、青海、新疆交界处逐步汇聚,其中,华北与柴达木在1000~800Ma期间首先汇聚,形成柴北缘含柯石英榴辉岩-花岗岩带。之后,塔里木向东运移并与柴达木斜接,斜接带为具有同剪切伟晶岩脉和岩体(913Ma)的韧性剪切带,即新元古代阿尔金断裂。在880~860Ma,塔里木向东运移到华北边缘,与华北-柴达木地块拼合,在柳园一带形成榴辉岩-花岗岩带。

陈义兵(1999)在"西天山基底演代的同位素地球化学研究"中,提出温泉县南眼球状花岗片麻岩年龄为821±11Ma,"天窗"花岗片麻岩年龄为788Ma,独库公路拉尔敦达板眼球状花岗片麻岩年龄为882±33Ma,南木扎尔特破城子北眼球状花岗片麻岩年龄为707Ma,均具壳源花岗岩特征。这3条花岗岩带

(中天山北缘断裂南、中天山南缘断裂北、塔里木北缘断裂北)代表了新元古代3条碰撞带,可能为准噶尔、伊犁、塔里木3个地块的聚合带。

这些研究成果说明了新元古代联合古陆(罗迪尼亚古陆)存在的可能性。新元古代末期至早古生代联合古陆解体形成了古亚洲洋,从此开始了古生代以来的板块运动。

古生代以来的塔里木板块包括了两个较大的古陆区,因此可分为两个微板块,即塔里木微板块、柴达木微板块。

塔里木微板块的古陆区为塔里木古陆,经历了由太古宙陆核→原始古陆→大陆基底最终形成的3个发展阶段。围绕该古陆的是陆缘区。北部为塔里木北缘古生代活动陆缘,包括南天山古生代边缘海盆(同前述的南天山洋)、艾尔宾山泥盆纪碳酸盐岩台地、迈丹套晚古生代陆缘盆地等。南部为塔里木南缘古生代活动陆缘,包括奥依塔格-库尔良石炭纪裂陷槽及昆中古生代岩浆弧。前者发育于古生界之上,早石炭世强烈拉张,出现深海相枕状玄武岩、放射虫硅质岩及灰岩(铅-铅同位素年龄344Ma),中—晚石炭世为滨-浅海沉积,二叠系下部为陆相磨拉石。后者出露的最古老地层为元古宙变质岩,古生界不整合于上,区内岩浆活动强烈,过去多认为属元古宙及晚古生代,经近年研究证实存在着大量早古生代花岗岩类(480~400Ma),并认为其岩石组合类型与科迪勒拉-安第斯型相似,是以库地蛇绿岩为代表的库地洋盆向南俯冲消减的结果。中—新生代后南部特提斯洋向北俯冲,形成了部分中—新生代岩浆岩,而使该带发展为一多期复合岩浆弧。

塔里木古陆区分别由柯坪、库鲁克塔格、阿尔金、铁克里克4个断隆及敦煌、塔里木中央地块及北山裂谷等组成。4个断隆的共同特点是发育前震旦纪变质基底,古生界为稳定型的盖层沉积。中—新生代以来指向盆地一侧的逆冲推覆构造发育。

北山裂谷发育于古老的前震旦纪基底之上,北带早古生代拉张强烈并出现洋壳,南带晚古生代拉张最强,有基性—超基性杂岩活动。

塔里木中央地块被中—新生界所覆盖,成为一广阔的中—新生代沉积盆地。康玉柱等(2006)研究认为塔里木盆地从震旦纪—新近纪形成多类型原型盆地的叠加,是重要的产油区。

柴达木微板块古陆区相当于现在的柴达木盆地,出露的最老地层为古元古界金水口岩群,为一套中—深变质岩系构成的古元古代结晶基底,中—新元古界具盖层性质,类似华北而与华南有一定区别。古陆区北缘为早古生代活动陆缘,包括北部祁连早古生代弧盆系、中祁连早古生代岩浆弧、南祁连早古生代弧后盆地;南缘为祁漫塔格早古生代裂陷槽,发育有奥陶纪蚀变玄武岩、安山岩及酸性火山岩。盆地南缘岩浆活动强烈,以花岗岩类为主,时代从元古宙至中—新生代,后者与特提斯洋向北俯冲消减有关,盆地内为中—新生代地层所覆盖。

柴达木微板块元古宙时可能为一独立的古陆,中—新元古代时才与华北、塔里木拼贴一起。

晚三叠世末随着南部古特提斯洋的消亡,青藏板块与塔里木板块碰撞形成康西瓦-昆中、鲸鱼湖复杂的板块缝合带。

四、青藏板块

青藏板块在研究区内可划分为松潘-甘孜微板块、羌塘-唐古拉微板块和帕米尔微板块3个微板块。松潘-甘孜微板块仅相当于松潘-甘孜地块的西延部分,由可可西里-大红柳滩三叠纪边缘海盆及南部西金乌兰三叠纪混杂岩带组成,三叠纪末沿康西瓦、大红柳滩断裂及昆中、金鱼湖断裂拼贴于塔里木板块南缘。

羌塘-唐古拉微板块包括了阿克赛钦、乔戈里地块及河尾滩侏罗纪—白垩纪前陆盆地及唐古拉"古陆"的邦达错地块、唐古拉侏罗纪—白垩纪陆缘海盆。唐古拉"古陆"为泛非运动(Z—∈)所固结,而阿克赛钦、乔戈里地块在古元古代固结。该微板块于三叠纪末沿康西瓦、阿克赛钦北缘断裂、西金乌兰混杂岩带南缘断裂与可可西里三叠纪边缘海盆一起拼贴于塔里木板块南缘。

帕米尔微板块（中南帕米尔）北以塔内玛斯逆掩断裂与北帕米尔和塔什库尔干地块相邻，南以瓦济里斯坦-科希斯坦-雅鲁藏布江缝合带与印度板块相邻，形成一向北凸出的弧型褶皱带，其西侧为左旋杰曼平移断裂，东侧被塔什库尔干右旋平移断裂所截。带内逆冲断裂、岩浆活动强烈，表现为一新特提斯洋向北俯冲所形成的中—新生代岩浆弧。

五、印度板块

研究区内印度板块仅占极少部分。上述古特提斯洋于晚三叠世末期消亡后，海水南移形成新特提斯洋，于二叠纪开始拉张至始新世闭合，形成印度河—雅鲁藏布江一带的中—新生代蛇绿岩及蛇绿混杂岩和相应的岛弧火山岩建造，在冈底斯一带形成完整的弧沟盆体系，由冈底斯陆缘火山-岩浆弧中广泛发育的燕山期—喜马拉雅期复合型花岗岩基及同源喷发相的晚白垩世—始新世的火山弧建造、渐新世的各类造山建造及陆壳重熔型花岗岩，说明新特提斯洋已沿科希斯坦—雅鲁藏布江一带俯冲消减，使印度板块拼贴于欧亚大陆之上。

这一碰撞聚合使喀喇昆仑一带褶皱变形，并形成由南向北的推覆构造及韧性剪切带。新特提斯洋关闭后，印度板块仍继续向欧亚大陆楔入，使陆内俯冲及走滑平移断裂进一步发展，由于西昆仑、天山的强烈抬升，并伴随走滑断裂系的活动，盆地相对下沉，形成了由造山带所包围的陆内盆地。

第二节　大地构造单元划分

一、大地构造单元划分方案

中国新疆及周边国家的大地构造，现在公认属于古亚洲构造域、特提斯构造域、西环太平洋构造域3个大构造域，地质构造相当复杂。古亚洲构造域主要是西伯利亚克拉通南部陆缘区和冈瓦纳北部陆缘区，还包括俄罗斯克拉通东南缘小部分，形成了一系列古生代造山带及古陆块。特提斯构造域发育于本区西南部，主要形成了一系列中、新生代造山带和前中生代陆块（断块），以及波及古亚洲构造域中、新生代复合山脉和相关的盆地系统。西环太平洋构造域主要涉及研究区东北的蒙古国东部，形成和叠加了一些燕山期的坳陷槽，叠加在原有的加里东、海西造山带上。

关于古板块及次级构造单元的划分，一般认为一个古大陆岩石圈板块由一个或几个比较古老的大陆和围绕古大陆的陆缘区组成（王鸿祯等，1990）。所谓"比较古老的大陆"指古元古代前发生的陆核（地盾区）和以前寒武纪所发育的陆壳区（地台区）。围绕古大陆的陆缘区发育着古洋及其相关构造。西南部处于特提斯构造域，当北方诸岩石圈板块已经固结和"克拉通化"时的晚古生代末，仍是特提斯洋，在以后的构造演化过程中，才逐渐转化为岩石圈板块。它以中、新生代洋壳活动为中心展开，相互聚合、碰撞的缝合线形成于中生代或新生代，如瓦济里斯坦-科希斯坦-喜马拉雅深断裂带一直到现代都还继续活动着，它是欧亚板块与印度板块的最终缝合带。

由于古大陆的解体和新大陆的聚合，在不同地质历史时期岩石圈板块的划分及其相对的格局大不一样。最理想的方法是制作分阶段的构造再造图，这样就需要复原在地质历史上已经消失了的大洋盆，而且要复原在地质历史上已消失了的大陆块。《新疆维吾尔自治区古地理及地质生态图集》（王福同，2006）按纪或世编制了各个时期的古地理图，对各个时期的海陆分布进行了复原，同时编制了前震旦纪、古生代和中新生代3张构造图。任纪舜等(2002)编制了不同构造时期的4张构造图。

构造单元的划分取决于所遵循的学术思想。一般认为，一个古大陆岩石圈板块由一个或几个比较古老的大陆和围绕古大陆的陆缘区构成(王鸿祯等，1990)，"大陆地台"及其周围的大陆边缘构成相对稳定的整体，这个整体在发展和运移过程中，可以同其他单元相互拼合、碰撞形成统一大陆，也可张裂、分离形成若干陆块。一级构造单元具有全球或区域意义，同一构造单元经历基本相似的时空演化历程。地质历史中同一主构造期大洋或大陆构造体制演化而形成的构造单元集合被称为构造域。二级构造单元是区域性或局域性单元，在大陆增生和洋陆转化机制中形成，划分的主要依据是内部结构和属性基本一致，主体是强烈变形的造山带及其间弱变形的克拉通或微地块。笔者按照构造域、一级构造单元、二级构造单元的次序划分研究区，所划分的板块主要是古生代以来所形成的板块，现已统一成为欧亚大陆的组成部分。

二、大地构造单元特征

根据大地构造单元划分方案，结合区域地质构造演化特征，编图范围涵盖两大构造域，北部为古亚洲洋构造域，南部属特提斯构造域，其间为两大构造域的叠合域。在两个构造域及其叠合域中划分了12个一级构造单元(图2-1)，其中古亚洲洋构造域包括西伯利亚陆块南部边缘(Ⅰ)、中哈萨克-巴尔喀什板块(Ⅱ)、准噶尔板块(Ⅲ)、科克舍套-伊塞克湖板块(Ⅳ)、图尔盖-锡尔河-中天山-克孜勒库姆聚合板块(Ⅴ)、波罗地板块东部边缘(Ⅶ)。特提斯构造域包括特提斯北部活动陆缘(Ⅺ)和特提斯南部大陆边缘(Ⅻ)。两大构造域的叠合域包括卡拉库姆板块(Ⅷ)、塔里木板块(Ⅸ)、柴达木板块(Ⅹ)。分割上述各板块之间的大洋消亡带为缝合带，构造域内发育4条重要的缝合带：额尔齐斯-斋桑缝合带(EBT)、乌拉尔-木扎尔特-红柳河缝合带(Ⅵ)、康西瓦-鲸鱼湖缝合带(KJT)及班公湖-怒江-双湖-龙木错主缝合带。乌拉尔-南天山-木扎尔特-红柳河板块缝合带、康西瓦-鲸鱼湖缝合带是分割两个构造域的界线，其间为两大构造域叠合域。二级构造单元的进一步划分见表2-1。

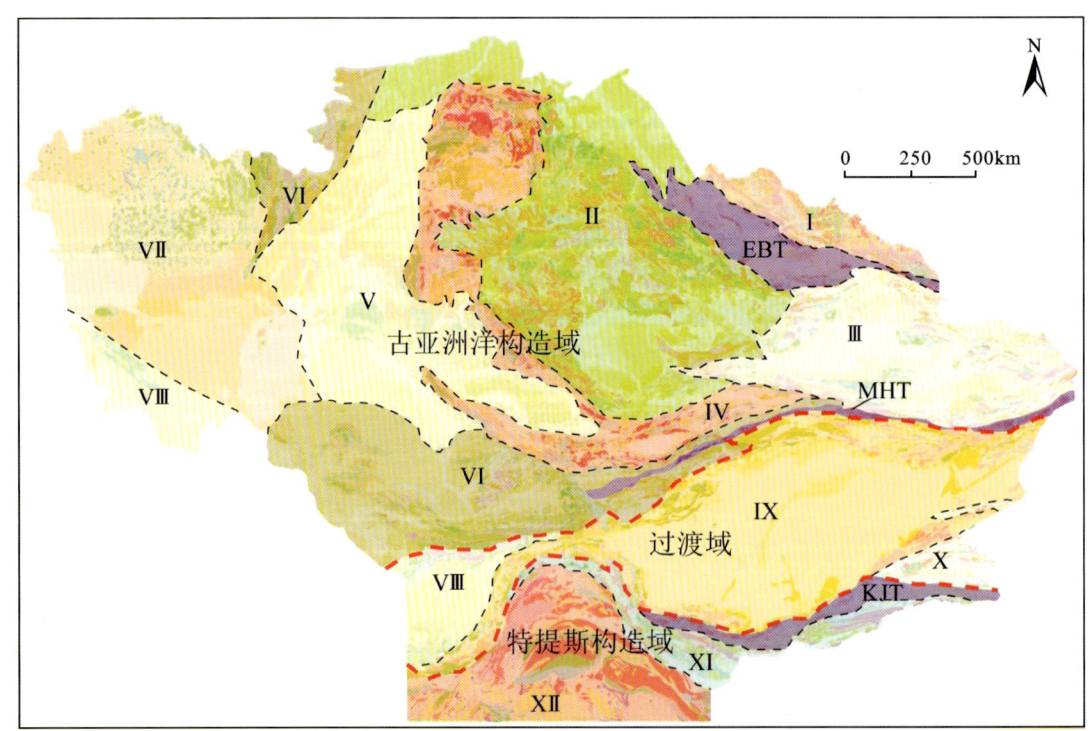

图2-1 中国新疆及中亚邻区构造单元划分图

续表 2-1

表 2-1 中国新疆及中亚邻区构造单元划分

构造域	一级构造单元	二级构造单元
古亚洲洋构造域	Ⅰ 西伯利亚陆块南部边缘	Ⅰ-1 北阿尔泰早古生代活动陆缘
		Ⅰ-2 南阿尔泰晚古生代活动陆缘
	EBT 额尔齐斯-斋桑缝合带	
	Ⅱ 中哈萨克-巴尔喀什板块	Ⅱ-1 中哈斯斯坦早古生代弧盆系
		Ⅱ-2 巴尔喀什晚古生代弧盆系
	Ⅲ 准噶尔板块	Ⅲ-1 准噶尔北缘古生代活动陆缘
		Ⅲ-2 准噶尔陆块及其南缘古生代活动陆缘
		Ⅲ-3 北天山陆块
	Ⅳ 科克舍套-伊塞克湖板块	Ⅳ-1 科克舍套-乌鲁套陆块
		Ⅳ-2 卡拉套-伊塞克湖陆块
	Ⅴ 图尔盖-锡尔河-中天山-克孜勒库姆聚合板块	Ⅴ-1 图尔盖陆块
		Ⅴ-2 楚-希拉库苏达里亚陆块
		Ⅴ-3 中天山地块
		Ⅴ-4 克孜勒库姆地块
	Ⅵ 乌拉尔-木扎尔特-红柳河缝合带	Ⅵ-1 乌拉尔弧盆系
		MHT 木扎尔特-红柳河缝合带
	Ⅶ 波罗地板块东部边缘	Ⅶ-1 前乌拉尔地块
		Ⅶ-2 前里海地块
		Ⅶ-3 前咸海地块
古亚洲洋与特提斯过渡构造域	Ⅷ 卡拉库姆板块	Ⅷ-1 曼格什拉克-乌斯秋尔特地块
		Ⅷ-2 克拉斯诺夫斯地块
		Ⅷ-3 卡拉库姆西部地块
		Ⅷ-4 科佩塔格地块
		Ⅷ-5 卡拉库姆东部微板块
		Ⅷ-6 卡拉库姆北缘南天山大陆边缘系
	Ⅸ 塔里木板块	Ⅸ-1 塔里木板块
		Ⅸ-2 塔里木北缘古生代活动陆缘
		Ⅸ-3 塔里木南缘古生代活动陆缘
	Ⅹ 柴达木板块	Ⅹ-1 柴达木北缘早古生代活动陆缘
		Ⅹ-2 柴达木古陆

续表 2-1

构造域	一级构造单元	二级构造单元
特提斯构造域	XI 特提斯北部活动陆缘	XI-1 西昆仑古生代岩浆弧
		KJT 康西瓦-鲸鱼湖缝合带
		XI-2 塔尼马西山-阿克赛钦陆块
		XI-3 松潘甘孜微地块
	班公湖-怒江-双湖-龙木错主缝合带	
	XII 特提斯南部大陆边缘	XII-1 米特拉姆-红其拉浦地块
		XII-2 加尼兹-迈丹地块
		瓦济里斯坦-科西斯坦-拉达克板块缝合带
		XII-3 喀布尔地块
		XII-4 白沙瓦陆缘盆地
		XII-5 伊斯兰堡中新生代盆地

（一）西伯利亚陆块南部边缘（Ⅰ）

在北阿尔泰地块，寒武系—奥陶系属被动陆缘相，寒武系发育砂岩-粉砂岩组合。奥陶系岩性分布有所不同，其中北阿尔泰地块为被动陆缘相，发育灰岩-粉砂岩夹砂岩组合，缺失下奥陶统，与下伏地层呈不整合接触；在南阿尔泰地块奥陶系发育绿片岩相变质火山岩组合。志留系在卡尔巴-纳雷姆地块部分地区发育，主要为砂岩-粉砂岩-灰岩-火山碎屑岩组合。

泥盆系属陆缘岩浆弧相或弧盆相，发育砂岩-粉砂岩-灰岩-火山碎屑岩组合，与下伏中上奥陶统呈不整合接触。在南阿尔泰陆缘局部地区中泥盆统发育绿泥石片岩及绢云母石英片岩夹钙质片岩。阿尔泰北缘上泥盆统被剥蚀，下石炭统与上泥盆统呈不整合接触。下石炭统发育粉砂岩-灰岩-火山碎屑岩组合，上石炭统发育细砾岩-砂岩-粉砂岩组合。二叠系为内陆盆地相，下二叠统岩性为安山岩-玄武岩及其凝灰岩组合或为杂色砂岩-粉砂岩-安山岩-玄武岩及中基性凝灰岩夹砾岩组合，与下伏呈不整合接触。阿尔泰南缘沉积有所不同，发育砂岩-砾岩-页岩组合，与下伏下石炭统呈不整合接触，局部地区缺失二叠系。

中生界严重剥蚀，被新生界不整合覆盖，出露较少，在南阿尔泰陆缘显示下白垩统岩性为绿色砂岩和黏土岩夹钙质凝灰岩，局部夹红色含石膏层，与下伏呈不整合接触。上白垩统发育粉砂岩-砂岩组合。古新统发育砂岩-粉砂岩-黏土岩组合，始新统发育砂岩-黏土岩组合，渐新统发育砂岩-黏土岩-粉砂岩组合。新近系—第四系为坳陷盆地沉积，中新统发育砂岩-黏土岩组合，上新统发育黏土岩-砂岩-砾岩组合。第四系缺失更新统，全新统为冲积、冲洪积及湖积等松散沉积物。发育志留纪岩浆侵入作用，以斜长花岗岩、花岗闪长岩、石英闪长岩为主，多属Ⅰ型花岗岩。

晚古生代岩浆活动主要分布于南阿尔泰活动陆缘，该区侵入岩以花岗岩为主，其次为闪长岩，分为志留纪—泥盆纪、石炭纪、二叠纪 3 个时期。志留纪—泥盆纪花岗岩由斜长花岗岩、花岗闪长岩、二长花岗岩组成；石炭纪花岗岩由二长花岗岩、花岗闪长岩组成；二叠纪花岗岩中，黑云母花岗岩、花岗斑岩居多，具有高硅富钾特征。

（二）中哈萨克-巴尔喀什板块（Ⅱ）

古元古界为结晶基底，发育绿片岩相—角闪岩相变质火山岩-变质碎屑岩组合，岩性为绢云母石英片岩、二云母钠长石片岩、二云母石英片岩、斜长角闪岩夹黑云母斜长片麻岩、角闪片岩及片麻岩夹大理岩和石英岩等,未见底。中元古界发育绿片岩相变质岩-大理岩组合;青白口系发育白云岩-绿片岩相变质碎屑岩组合,与下伏呈不整合接触。南华系岩性为砾岩、砂岩、层凝灰岩夹冰碛砾岩和粉砂岩,与下伏地层呈不整合接触;震旦系上部岩性为绿色页岩、变质玄武岩、变质安山岩、凝灰质砂-砾岩,下部为千枚岩、石英砂岩夹白云岩等。

寒武系—奥陶系在不同地块沉积不同。在阿塔苏-扎拉伊尔奈曼(Atasu-Zhalairnaiman)地块寒武系为被动陆缘相,下寒武统发育砂岩-玄武岩-细碧岩组合,中寒武统发育低绿片岩相变质碎屑岩组合,上寒武统发育砂岩-细砾岩-硅质岩组合。奥陶系为陆缘弧相,中下奥陶统发育页岩组合,中奥陶统发育碎屑岩-安山岩-玄武岩-火山碎屑岩组合,上奥陶统发育砾岩-砂岩-火山碎屑岩组合。而寒武系—奥陶系在别斯托别-博斯查克尔(Bestobe-Bozschakol)、成吉思-塔尔巴哈台(Chingiz-Tarbagatay)地块为岩浆弧相。上寒武统—下奥陶统发育玄武岩-安山岩-硅质岩-粉砂岩组合,与下伏地层呈不整合接触。中奥陶统发育砂岩-粉砂岩-灰岩-安山岩组合等;上奥陶统发育安山岩-玄武岩-砂岩-砾岩组合。伊犁地块寒武系—奥陶系为俯冲增生杂岩相,发育砂岩-粉砂岩-细砾岩-火山碎屑岩组合,被辉绿岩脉侵入。志留系在阿塔苏-扎拉伊尔奈曼、别斯托别-博斯查克尔、克萨尔(Koksal)地块发育盆地相或陆内裂谷相,发育砂岩-粉砂岩-砾岩组合;在成吉思-塔尔巴哈台、哈萨克斯坦-叶尼塞(Transuralian-Kazakhatan-Yenisei)地块发育岩浆弧相,主要发育陆源碎屑岩-火山碎屑岩组合。

泥盆系在阿塔苏、Tokraus、准噶尔-巴尔喀什、克萨尔、伊犁地块为陆内或陆缘沉积特征,下泥盆统发育砂岩-粉砂岩-灰岩-火山碎屑岩组合;中泥盆统发育砂岩-砾岩-粉砂岩-安山岩-玄武岩-火山碎屑岩组合,上泥盆统发育砾岩-砂岩-粉砂岩-火山碎屑岩组合。其中Tokraus区中上泥盆统与下伏地层呈不整合接触。泥盆系在库斯塔纳、塔城、哈萨克斯坦-尼塞河地块为岩浆弧相。下泥盆统岩性为安山质凝灰岩及玄武质凝灰岩夹安山岩、玄武岩,与下伏地层呈不整合接触;中泥盆统岩性为凝灰质角砾岩、凝灰岩、安山岩、页岩及砂岩;上泥盆统发育砂岩-灰岩组合。石炭系在阿塔苏、Tokraus、伊犁、准噶尔-巴尔喀什、克萨尔地块为陆缘相。下石炭统发育粉砂岩-页岩-砂岩组合,上石炭统发育砂岩-粉砂岩-泥岩组合。而在库斯塔纳、塔城、哈萨克斯坦-尼塞河地块亦为岩浆弧相,下石炭统发育砾岩-砂岩-粉砂岩-火山碎屑岩组合,上石炭统发育砂岩-粉砂岩-细砾岩组合。二叠系主要为内陆盆地相,下二叠统发育砾岩-砂岩-火山碎屑岩组合,中二叠统发育火山碎屑岩-玄武岩-安山岩组合,上二叠统发育火山碎屑岩组合。只在库斯塔纳、塔城发育岩浆弧相,下二叠统也为陆缘岩浆弧相,发育流纹岩-英安岩-火山碎屑岩组合。

三叠系主要为拉分盆地沉积,发育砂岩-粉砂岩-砾岩-火山碎屑岩组合,只在哈萨克斯坦-叶尼塞地块为内陆盆地相,发育火山碎屑岩组合,岩性为流纹质凝灰岩夹流纹岩等,与下伏地层呈不整合接触。在库斯塔纳、塔城、哈萨克斯坦、准噶尔-巴尔喀什等地块不同程度缺失中下三叠统,与下伏地层呈不整合接触。侏罗系亦为拉分盆地,发育砾岩-砂岩-粉砂岩组合,下侏罗统与下伏地层呈不整合接触,局部地区缺失中上侏罗统。白垩系主要发育砂泥岩组合,下白垩统与下伏地层呈不整合接触,局部地区缺失白垩系。

古新统 始新统发育砂岩 黏土岩组合,始新统发育砂岩-黏土岩-石膏-粉砂岩组合,渐新统发育黏土岩-石膏-砂岩组合。新近系—第四系为坳陷盆地沉积,中新统—上新统发育黏土岩-砂岩-卵石砾岩-砂岩组合。第四系缺失更新统,全新统为冲积、冲洪积及湖积等松散沉积物等。古元古代的花岗闪长岩和斜长花岗岩侵入到古元古代绿片岩-角闪岩相变质的碎屑岩组合中。在中哈萨克斯坦地区,早—中寒武世地层发育二长花岗岩和斜长花岗岩,奥陶纪的侵入岩包括闪长岩-石英闪长岩系列,局部出现辉长岩-闪长岩组合;志留系的侵入岩分布较为局限,以闪长岩、二长花岗岩为主;在巴尔喀什地区,早奥陶世地层发育橄榄岩-辉橄岩-辉石岩组合。在中哈萨克斯坦地区,早—中泥盆世发育花岗斑岩-石英斑岩组合,晚泥盆世地层发育石英闪长岩-花岗岩组合,二叠纪地层发育花岗闪长岩-花岗正长岩-石英闪长岩组合;巴尔喀什地区广泛发育晚古生代岩浆作用,中泥盆世发地层育流纹斑岩-英安斑岩组合,晚泥盆世地层发育花岗岩-斜长花岗岩-花岗闪长岩组合,早石炭世地层发育花岗岩-闪长岩-花岗闪长岩-石英二长岩组合,晚石炭世地层发育碱性花岗岩-花岗闪长岩组合,发育早三叠世正长岩、花岗正长岩、花岗斑岩、正长斑岩等。

(三)准噶尔板块(Ⅲ)

在北天山陆块赛里木地块出露古元古界温泉群,主要由角闪片岩、二云母片岩、斜长角闪岩、黑云母斜长片麻岩、云母石英片岩、眼球状片麻岩等组成,主要出露于赛里木湖地块,由产叠层石的蓟县系库松木切克群和青白口系开尔塔斯群组成。前者以泥质-硅质碳酸盐岩为主,后者主要为碳酸盐岩和碳质泥质岩,属于古元古代结晶基底之上的第一盖层。在博罗霍洛地块见有少量长城系—蓟县系,为各种片岩、片麻岩、混合岩,毗邻胜利达坂的韧性剪切带发育糜棱岩。

奥陶系主要在塔尔巴哈台-阿尔曼泰和博罗霍洛地块发育。下奥陶统见于西段,以远洋、深海沉积为主,夹薄层灰岩;中奥陶统在奈楞格勒达坂附近,以中基性火山岩、火山碎屑岩为主;东段可可乃克—巴伦台一带为典型的细碧角斑岩组合,上奥陶统出露较少,为浅海相中厚层状碳酸盐岩组合夹硬砂岩。赛里木地块寒武系、奥陶系不整合或平行不整合于震旦系之上。志留系不整合于奥陶系之上,下统为厚层—块状砂岩、碳质泥岩,中统为碳酸盐岩-陆源碎屑岩、火山碎屑岩,上统为类火山磨拉石组合,夹橄榄玄武岩、安山玢岩及碳酸盐岩。

泥盆系主要在准噶尔北缘出露,谢米斯台-库兰卡孜干地块下泥盆统由滨浅海相中基性、中酸性火山碎屑岩和正常碎屑岩组成,在哈尔里克地块下泥盆统为一套拉斑玄武岩和钙碱性系列火山岩,中泥盆统广泛发育火山岩组合,上泥盆统以中酸性火山岩及碎屑岩为主,其上被下石炭统不整合覆盖。下石炭统发育水下滑塌的深水复理石-火山泥灰岩组合,上石炭统为陆源碎屑岩-火山碎屑复理石组合,上石炭统多缺失。早二叠世在谢米斯台-库兰卡孜干地块为陆相双峰式火山岩组合,晚二叠世为陆相红色磨拉石组合,在博格达和觉罗塔格地块二叠系下部为海相碎屑岩-火山碎屑岩,晚二叠世为海陆交互相或湖沼相沉积。

准噶尔北缘哈萨克斯坦境内,早古生代发育三期岩浆作用,中寒武世地层发育玄武岩-安山岩-流纹岩组合,侵入岩则由英云闪长岩-斜长花岗岩-花岗闪长岩组成;晚寒武世—奥陶纪地层则发育安山岩-玄武安山岩组合,被晚寒武世的花岗闪长岩侵入;中志留世地层发育英云闪长岩-斜长花岗岩-花岗闪长岩组合,该组合侵入到上奥陶统火山岩、陆源碎屑岩中。在准噶尔南缘的赛里木地块,晚奥陶世发育斜长花岗岩、花岗闪长岩,而在博罗霍洛广泛发育晚志留世深成岩浆作用,以花岗岩-花岗闪长岩为主。准噶尔北缘古生代活动陆缘广泛发育早石炭世的花岗闪长岩、斜长花岗岩、二长花岗岩,多为Ⅰ型花岗岩,早二叠世地层发育碱性花岗岩,属非造山期或造山后的产物。准噶尔南缘赛里木地块内也发育石炭纪花岗闪长岩、二叠纪花岗岩。

(四)科克舍套-伊塞克湖板块(Ⅳ)

太古宇为结晶基底,发育角闪岩相变质碎屑岩组合,主要岩性为二云母片岩、片麻岩、角闪岩夹石英岩透镜体。古元古界发育绿片岩-角闪岩相变质碎屑岩组合,岩性为二云母斜长片岩、黑母石英片岩、斜长角闪岩、片麻岩、绢云母片岩、绢云母石英片岩夹石墨片岩等。

长城系发育大理岩-变质碎屑岩组合,与下伏地层呈不整合接触;蓟县系发育砾岩-砂岩-灰岩组合;青白口系发育细碧岩-灰岩-火山碎屑岩组合;震旦系为大陆边缘裂谷沉积,发育变质火山碎屑岩-白云岩组合,并且与下伏青白口系呈不整合接触。在卡拉套地块发育岩性有所不同,中元古界发育砾岩-页岩-灰岩-白云岩-火山碎屑岩组合;新元古界发育白云石大理岩+绿片岩相变质碎屑岩组合。

寒武系为被动陆缘沉积,下中寒武统发育黏土岩-砂岩-砾岩组合,与下伏地层呈角度不整合接触。

中寒武统发育黏土岩-砂岩-灰岩组合。上寒武统发育硅质岩-玄武岩-火山碎屑岩组合，Teniz 地块缺失上寒武统。奥陶系主要为岩浆弧相或陆缘弧相。下奥陶统发育砂岩-粉砂岩-硅质岩-细碧岩组合，中奥陶统发育玄武岩-安山岩-英安岩组合，在楚-肯德克塔斯(Chu-Kendyktas)地块中，下奥陶统与下伏地层呈不整合接触。上奥陶统发育砾岩-砂岩-火山碎屑岩组合。志留系出露较少，主要在伊塞克湖地块。下志留统为前陆盆地相，发育砾岩-砂岩-粉砂岩-火山碎屑岩组合。

泥盆系主要为陆内裂谷相沉积。下泥盆统发育灰岩-砂岩-粉砂岩组合，在楚-肯德克塔斯地块发育砂岩-砾岩-火山碎屑岩组合，与下伏地层呈不整合接触。中泥盆统发育砂岩-粉砂岩-安山岩-流纹岩-火山碎屑岩组合，在 Teniz 地块与下伏地层呈不整合接触。上泥盆统发育砾岩-砂岩-粉砂岩组合。石炭系为被动陆缘相沉积，只在伊塞克湖地块属陆表海沉积。下石炭统发育细砾岩-砂岩-灰岩-火山碎屑组合，在 Teniz 地块与下伏地层呈不整合接触。二叠系为陆内盆地沉积。下二叠统发育砂岩-粉砂岩-泥岩组合，Teniz 地块与下伏地层呈不整合接触。中二叠统发育灰岩-粉砂岩组合，只有在伊塞克湖地块发育砾岩-砂岩-玄武岩-火山碎屑岩组合并且和 Jeskazgan、楚-肯德克塔斯陆块与下伏地层呈不整合接触。上二叠统发育砂岩-粉砂岩-泥岩。

三叠系出露较少，在伊塞克湖地块可以看到，上三叠统为坳陷盆地沉积，发育砾岩-砂岩-粉砂岩组合，与下伏地层呈不整合接触。侏罗系为坳陷盆地沉积，下侏罗统发育砂岩-砾岩-黏土岩组合，与下伏地层呈不整合接触；中侏罗统发育泥质板岩、粉砂岩夹煤层。上侏罗统发育灰岩-黏土岩组合。白垩系主要出露上白垩统，在科克舍套、乌鲁套、卡拉套地块为地表海沉积。上白垩统发育湿润气候环境的黏土岩组合，在 Jeskazgan、楚-肯德克塔斯、伊塞克湖地块为断陷盆地沉积，上白垩统发育砂岩组合，上白垩统与下伏地层呈不整合接触。

古新世—始新世发育黏土岩-砂岩-粉砂岩组合，渐新世发育砂岩-粉砂岩-黏土岩组合。中新世发育黏土岩-砂岩-粉砂岩组合，上新世—更新世发育黏土岩-砂岩组合，在 Jeskazgan、楚-肯德克塔斯、卡拉套、伊塞克湖地块与下伏地层呈不整合接触。第四系为冲积、冲洪积及湖积等，在 Teniz 地块第四系缺失更新统。在科克舍套，新元古代发育超基性岩—基性岩岩石组合，包括纯橄岩、方辉橄榄岩、辉石岩、辉长岩、苏长岩，该区域还发育震旦纪的二长岩-闪长岩组合。在伊塞克湖地块，中元古代蓟县纪发育花岗闪长岩、片麻状花岗岩，新元古代青白口纪发育闪长岩-石英闪长岩组合。

科克舍套地区，早—中泥盆世发育钾长花岗岩、白岗岩等。在卡拉套-伊塞克陆块，早石炭世发育闪长岩-正长岩-花岗闪长岩组合，下—中二叠世发育花岗闪长岩-二长花岗岩组合，晚二叠世发育正长岩-闪长岩组合。早三叠世发育正长花岗岩-正长岩组合。

(五) 图尔盖-锡尔河-中天山-克孜勒库姆聚合板块 (Ⅴ)

古元古界为结晶基底，发育大理岩-角闪岩相变质碎屑岩组合，岩性为角闪岩、黑云母角闪斜长片岩、石榴石黑云母石英片岩、黑云母石英片岩及片麻岩夹大理岩，未见底。

蓟县系—青白口系发育白云岩组合，与下伏地层呈不整合接触。恰特卡尔河陆块青白口系为裂谷盆地相沉积，发育砂岩-玄武岩-流纹岩-火山碎屑岩组合。震旦系主要发育砾岩-砂岩-粉砂岩-火山碎屑岩-流纹岩组合，区域上岩性有差异，在塔拉斯为层凝灰岩、酸性凝灰岩、砾岩、粉砂岩夹砂岩，在卡罗伊区为流纹岩、凝灰岩夹层凝灰岩等。

寒武系与下伏地层呈不整合接触。在楚-萨雷苏河、纳伦、克孜勒库姆等地块寒武系发育灰岩-白云岩组合，恰特卡尔河陆块发育碎屑岩-安山岩-火山碎屑岩组合。在纳伦地块，上寒武统—下奥陶统为俯冲增生杂岩相，发育大理岩-变质碎屑岩组合，与下伏地层呈不整合接触。奥陶系为被动大陆边缘沉积，与下伏地层呈不整合接触，主要发育砂岩-粉砂岩-灰岩组合。在楚-萨雷苏河地块中奥陶统发育碳酸盐岩组合，岩性为深灰色石灰岩夹白云岩，与下伏地层呈不整合接触。下志留统发育灰岩-白云岩-碎屑岩组合，上志留统发育碎屑岩-灰岩-硅质岩组合，与下伏地层呈不整合接触。

中下泥盆统发育砂岩-灰岩(白云岩)-火山碎屑岩组合,与下伏地层呈不整合接触。上泥盆统发育砂岩-粉砂岩-砾岩组合,在恰特卡尔河陆块,上泥盆统为被动大陆边缘相沉积,发育灰岩组合。下石炭统发育灰岩-英安岩-砾岩-页岩组合,阿姆河等地块下石炭统与下伏地层呈不整合接触。上石炭统发育砾岩-粉砂岩-灰岩组合。二叠系为陆内盆地相沉积,下二叠统发育安山岩-英安岩-砾岩-粉砂岩-页岩组合,在楚-萨雷苏河地块岩性有所不同,下二叠统发育粉砂岩-灰岩-蒸发岩组合。中二叠统发育砂岩-砾岩-粉砂岩组合,在楚-萨雷苏河地块岩性区域变化较大,在杰兹卡兹干区为灰岩、红色复成分砂岩和泥质板岩夹石膏,在东-萨雷苏-田吉兹区为杂色砂岩、粉砂岩、泥质板岩夹砾岩等。上二叠统发育砾岩-砂岩组合。

三叠系主要为坳陷盆地沉积,发育砾岩-砂岩-粉砂岩-黏土岩组合,与下伏地层呈不整合接触。侏罗系为走滑拉分盆地沉积,下侏罗统发育砾岩-砂岩-粉砂岩-黏土岩组合,中上侏罗统砂岩-粉砂岩组合。白垩系在北图尔盖、南图尔盖、克孜勒库姆地块、阿姆河、费尔干纳等地块为陆表海沉积,发育砂岩-黏土组合,阿姆河地块下白垩统与下伏地层呈不整合接触,而在达里亚、贝尔套-库拉马(Beltau-Kurama)、恰特卡尔河地块下白垩统为坳陷盆地沉积,发育红色砂岩和黏土岩组合,上白垩统为陆表海盆地沉积,发育砂岩-黏土岩组合。

该区域主要发育晚古生代岩浆作用,早古生代的侵入岩仅出现在中天山地块,表现为奥陶纪—志留纪的斜长花岗岩。在中天山地块中发育晚石炭世花岗闪长岩-花岗正长岩-石英二长岩序列,早二叠世发育闪长岩-石英闪长岩-花岗闪长岩序列,晚二叠世发育石英斑岩-花岗斑岩组合及二长花岗岩-花岗闪长岩-花岗正长岩组合。

(六)乌拉尔-木扎尔特-红柳河缝合带(Ⅵ)

在东乌拉尔,发育新元古代石英闪长岩-花岗闪长岩组合,该岩石组合侵入到以页岩-火山碎屑岩为主的中元古界褶皱基底中。

该区域晚古生代岩浆作用主要发育在马格尼托格尔斯克岩浆弧区和东乌拉尔岩浆弧区。马格尼托格尔斯克岩浆弧区发育中泥盆世斜长花岗岩-辉长岩-苏长岩组合,石炭纪发育石英闪长岩-花岗闪长岩组合。在东乌拉尔岩浆弧区,下泥盆统发育辉长岩,石炭系发育石英闪长岩-闪长岩-正长岩-花岗闪长岩组合。

(七)波罗地板块东部边缘(Ⅶ)

下寒武统为陆缘裂谷相,发育砾岩-砂岩-粉砂岩-火山碎屑岩组合。上寒武统—下奥陶统为弧后盆地相,发育砂岩-灰岩-火山碎屑岩组合,与下伏地层呈不整合接触。中下泥盆统为灰岩-砾岩-砂岩组合,与下伏地层呈不整合接触。上泥盆统发育页岩-灰岩组合。下石炭统发育灰岩-白云岩-砾岩-页岩组合。下二叠统发育黏土-卵石组合。中二叠统发育砾岩-砂岩-火山碎屑岩组合。下三叠统发育碎屑岩-灰岩组合。中上三叠统发育黏土岩-卵石砾岩组合。中下侏罗统为坳陷盆地相,发育砂岩-黏土岩组合。上侏罗统发育砂岩-粉砂岩-灰岩-黏土岩组合。下白垩统发育砂岩-粉砂岩组合,上白垩统发育砂岩-灰岩-黏土岩组合。

古近系为陆表海盆地沉积,其中古新统发育砂岩-黏土岩-砾石岩组合;始新统发育黏土岩-砂岩组合;渐新统发育砾岩-粉砂岩组合;新近系主要为弱固结杂色黏土岩、砂岩及粉砂岩夹砾岩和泥灰岩;第四系为松散沉积砂、亚砂土、亚黏土及卵石等。

(八)卡拉库姆板块(Ⅷ)

太古宇—古元古界为变质基底,发育大理岩-变质火山岩组合,岩性为片岩、片麻岩、白云石大理岩、透辉石大理岩、硅质岩、变粒岩及角闪岩等,古元古界为黑云母石英片岩、绿泥石黑云母石英片岩、绿泥石绿帘石片岩等。

中元古界发育砂岩-低绿片岩相变质岩组合,岩性为千枚岩、千枚状泥质板岩、砂岩夹大理岩。新元古界发育砾岩-火山碎屑岩组合,岩性为杏仁状安山岩、绿帘石化安山质凝灰岩、凝灰岩夹砾岩等,与下伏地层呈不整合接触。吉萨尔、阿富汗塔吉克山间地块震旦系发育变质碎屑岩组合,与下伏地层呈角度不整合接触。

寒武系主要为被动大陆边缘沉积,发育砂岩-页岩-变质岩组合,与下伏地层呈不整合接触;在卡拉库姆中间地块下寒武统底部见有含磷硅质岩组合,平行不整合于含冰碛岩的震旦系之上,科克沙尔地块下寒武统为俯冲增生杂岩相。奥陶系主要为被动大陆边缘沉积,发育砂岩-页岩-变质岩组合,在科克沙尔地块奥陶系为陆缘岩浆弧相,中上奥陶统卡拉多克阶发育砂岩及页岩等碎屑岩,与下伏地层呈不整合接触,上奥陶统发育砾岩-砂岩-火山碎屑岩组合。志留系为被动大陆边缘沉积,下志留统发育砾岩-砂岩-页岩-灰岩-硅质岩组合,与下伏地层呈不整合接触;中志留统发育灰岩-白云岩-砂岩-页岩组合,上志留统发育灰岩-白云岩-砂岩-页岩组合。在卡拉库姆北缘南天山、科克沙尔地块志留系为碰撞岩浆弧,发育砾岩-砂岩-灰岩-火山碎屑岩组合。

泥盆系主要为陆内裂谷相,发育流纹岩-英安岩-安山岩-火山碎屑岩-硅质岩组合。在扎拉夫尚河-吉尔吉斯地块下中泥盆统为大陆边缘裂谷沉积,发育砾岩-砂岩-火山碎屑岩组合,上泥盆统法门阶发育石灰岩及钙质角砾岩。石炭系主要为活动大陆边缘沉积,下石炭统杜内阶发育灰岩组合,在科克沙尔地块与下伏地层呈不整合接触,上石炭统发育玄武岩-安山岩-英安岩-砂岩-火山碎屑岩组合。在科克沙尔地块上石炭统为前陆盆地相,发育砂岩-页岩等组合,与下伏地层呈不整合接触。二叠系主要为内陆盆地沉积,下二叠统发育泥岩-灰岩组合,在扎拉夫尚河地块下二叠统安山岩-英安岩-砾岩-砂岩-火山碎屑岩组合,与下伏地层呈不整合接触。中二叠统发育火山碎屑岩-砂砾岩组合。上二叠统发育流纹岩-火山碎屑岩组合。

三叠系主要为前陆盆地,在 Khaidarkan-Tyuyamuyun 地块为被动大陆边缘沉积,在北阿富汗地台为海相碎屑岩夹火山岩沉积,下三叠统发育红色致密块状砂岩组合,上三叠统发育砾岩-砂岩-黏土岩组合,与下伏地层呈不整合接触。科克沙尔地块缺失三叠系。侏罗系主要是继三叠系的前陆盆地沉积,下侏罗统为砂岩-粉砂岩-黏土岩组合,中侏罗统为砂岩、粉砂岩夹黏土岩;上侏罗统发育黏土岩-灰岩-砂岩组合。只是在科克沙尔地块侏罗系为走滑拉分盆地沉积,下侏罗统发育砂岩-粉砂岩组合,与下伏地层呈不整合接触,中上侏罗统发育砂岩-粉砂岩-灰岩组合。白垩系在曼格什拉克-乌斯秋尔特-克拉斯诺夫斯-科克沙尔地块为陆表海盆地沉积。其中下白垩统为砂岩-粉砂岩组合;上白垩统发育砂岩-灰岩-黏土岩组合。在卡拉库姆西部、科佩塔格、卡拉库姆东部、阿富汗塔吉克、卡拉库姆中间地块、扎拉夫尚河-吉尔吉斯、Khaidarkan-Tyuyamuyun 地块为走滑拉分盆地沉积,其中下白垩统发育砂岩-灰岩-黏土组合,上白垩统发育砂岩-粉砂岩-灰岩-石膏组合。

在科佩塔格地块、卡拉库姆东部微板块、阿富汗塔吉克山间盆地为陆表海沉积,古新统发育中酸性火山岩组合,始新统为灰岩-砂岩-黏土岩组合。而曼格什拉克-乌斯秋尔特、克拉斯诺夫斯、卡拉库姆西部扎拉夫尚河-吉尔吉斯、Khaidarkan-Tyuyamuyun、科克沙尔地块古新统—始新统为灰岩-砂岩-黏土岩组合,克拉斯诺夫斯地块缺失古近系,始新统与下伏地层呈不整合接触,曼格什拉克-乌斯秋尔特地块缺失古近系古新统。始新统为砂岩-灰岩组合。渐新统—中新统发育黏土岩-砂岩组合,在科佩塔格地块、阿富汗塔吉克山间盆地、卡拉库姆中间地块与下伏地层呈不整合接触。上新统发育砾岩-砂岩-灰岩-黏土岩组合,科克沙尔地块与下伏地层呈不整合接触。第四系又转变为坳陷盆地沉积,上新统—更新统发育砂岩-石膏-黏土岩组合,全新统发育冲积、洪积及湖积等沉积。曼格什拉克-乌斯秋尔特、克拉斯诺夫斯、卡拉库姆西部地块、卡拉库姆东部微板块缺失更新统。

(九)塔里木板块(Ⅸ)

北山地块可见长城系白湖群,为浅变质细碎屑岩、碳酸盐岩夹少量中基性火山岩,而在阿尔金断隆地块为双峰式火山岩。蓟县系平头山群为白云岩、灰岩夹砂岩,含丰富的叠层石及微古植物,在兴都库什-昆中地块,中元古界为中压低角闪岩相—角闪岩相的变质岩。青白口系大豁落山群为碳酸盐岩夹少量粉砂岩,含叠层石,多为碳酸盐岩台地相沉积,在阿尔金断隆地块与下伏地层呈不整合接触。震旦纪早期为滨海相冰碛砾岩,不整合于蓟县系—青白口系白云岩之上。晚震旦世该区发育浅海相泥岩、灰岩、白云岩夹硅质岩。

北山北带的寒武系—奥陶系仍多属较稳定的陆源碎屑岩、碳酸盐岩及硅质岩沉积。在塔里木南缘陆缘下—中奥陶统为稳定的台型沉积,志留系具类复理石组合特征。兴都库什-昆中地块中奥陶统及志留系为陆缘型海相变质碎屑岩及碳酸盐岩,不整合于元古宇之上。

晚古生代塔里木板块的不同位置地层特征不同,塔里木南缘陆缘上泥盆统为海陆交互相复陆屑组合、类磨拉石组合,艾尔宾山台地泥盆纪由浅海相陆源碎屑及碳酸盐岩所组成,上泥盆统主要为灰岩、白云岩,东段见有酸性、中性火山岩,为古老基底上形成的碳酸盐岩台地,其中含丰富的腕足类及珊瑚化石。下石炭统为碳酸盐岩、碎屑岩、中基性火山岩。二叠系下部为陆相磨拉石,不整合于石炭系之上。

早古生代岩浆作用主要分布于两个区域:北山北带和西昆仑地区。北山北带的深成岩浆活动以形成花岗岩类岩体为主,主要为晚志留世的英云闪长岩和花岗闪长岩。西昆仑地区早古生代花岗岩极为发育,主要沿库地北构造带南侧分布,时代跨度从早奥陶世至早泥盆世。

敦煌地块发育石炭纪二长花岗岩、花岗闪长岩及二叠纪花岗岩;北山北带的深成岩浆活动以形成花岗岩类岩体为主,石炭纪以花岗岩为主,石英闪长岩次之,二叠纪以形成浅色花岗岩为主,其次为辉长岩、辉绿岩;在塔里木南缘,晚古生代侵入岩沿康西瓦断裂北侧分布,中—晚二叠世发育二长花岗岩、钾长花岗岩、斜长花岗岩等。

沿康西瓦断裂北侧分布着三叠纪的二长花岗岩、钾长花岗岩和斜长花岗岩。

(十)柴达木微板块(Ⅹ)

中昆仑地块出露前长城系野马南山群,下部主要为黑云母斜长片麻岩及各种片岩,中部为大理岩、白云岩、白云质大理岩,上部以多种片岩、大理岩、结晶灰岩为主。长城系不整合于党河群(属前长城系)之上,下部为陆源碎屑岩组合,中部为碳酸盐岩组合,上部碎屑岩组合构成一完整的沉积旋回。蓟县系多整合于长城系之上,部分平行不整合,蓟县系属浅海相碳酸盐岩-陆源碎屑岩或类复理石组合。

青白口系由下而上分4个组:大板组、五个山组、哈什哈尔组、窑洞沟组。其中大板组与蓟县系呈平行不整合接触。青白口纪末期地壳再次隆起并遭受剥蚀。震旦系平行不整合于青白口系之上,岩性下部为方解石绿泥石片岩、绿泥石石英片岩夹中基性火山碎屑岩,中部为砂板岩,基性、中基性火山岩;上部为板岩、千枚岩、灰岩等。

寒武系为一套灰色、灰绿色砂岩、板岩及中—基性火山岩夹少量碳酸盐岩和硅质岩,在甘南-祁连小区缺失寒武系下统及上统,在昌马小区中寒武统不整合于前长城系之上。奥陶系属活动型沉积,以陆源碎屑岩组合、含铁碧玉岩组合、细碧岩组合及碳酸盐岩组合为主。志留系为浅海类复理石组合及滨海碎屑岩组合。

在柴达木古陆的白干湖一带发育中—新元古代岩浆侵入作用,岩石组合包括辉长辉绿岩、闪长岩、英云闪长岩、二长花岗岩、钾长花岗岩,并伴有碱性的二长岩-石英正长岩组合。

在柴达木北缘发育有志留纪碰撞造山期的花岗岩,柴达木古陆的白干湖早古生代岩浆弧中发育震旦系—志留系侵入岩,以基性—酸性的复式岩体、碱性的二长岩-石英正长岩为特征。

(十一)特提斯北部活动陆缘(XI)

天神达坂-阿克赛钦地块出露中元古界长城系,由浅变质的石英砂岩、粉砂岩、硅质条带状大理岩等组成,属浅海陆棚环境的陆源碎屑沉积,长城系顶部被剥蚀。

早古生代地层出露较少,在天神达坂-阿克赛钦地块奥陶系碳酸盐岩不整合覆盖于长城系之上,而在乌孜别里山口-麻扎达坂地块,下—中奥陶统为稳定的台型沉积;志留系具类复理石组合特征。

晚古生代主要出露石炭系,不同地块地层特征不同,在天神达坂-阿克赛钦地块主要出露石炭系,发育连续的以砂岩、粉砂岩、生物灰岩为主的陆表海沉积,上石炭统龙木错群与新疆阿克赛钦和乔戈里地区的上石炭统恰提尔群在岩性和生物群面貌上十分接近,从大地构造位置和地层展布来看,龙木错群应是恰提尔群的东延部分。龙木错群所产化石可同印度拉达克地区含 $Triticites$ 的 Sarchu 石灰岩对应,其与下伏双陷大坂组为整合接触。而在乌孜别里山口-麻扎达坂地块,下石炭统为碳酸盐岩、碎屑岩、中基性火山岩,枕状玄武岩之上为上石炭统—下二叠统的滨-浅海相碎屑岩、碳酸盐岩层,含蜓:$Triticites$、$Schwagerina$、$Pseudoschwagrina$ 等。二叠系中部为陆相磨拉石,不整合于石炭系之上。

中生界主要出露三叠系,在不同地块地层特征不同,在神仙湾-林济塘地块中—晚三叠世发育复理石沉积,下部见有含冷水动物群二叠纪灰岩的外来岩块,在乌孜别里山口-麻扎达坂地块三叠系下部为陆相含煤组合,上部为陆相火山岩,在松潘-甘孜微地块主体为上三叠统冲流沉积,以浅变质泥质长石、石英砂岩为主。侏罗系—白垩系以陆源碎屑岩、碳酸盐岩为主,属古陆边缘海盆沉积,在神仙湾-林济塘地块角度不整合覆于三叠系砂板岩之上,其上又被上白垩统的碳酸盐岩、碎屑岩不整合覆盖。

在特提斯北部活动陆缘的西昆仑地区,基性—超基性、中酸性侵入岩与火山岩成带分布。以库地-其曼于特-祁漫塔格基性—超基性岩带为界,侵入岩分为北、中、南3个亚带。北带的超镁铁质—镁铁质岩具有层状杂岩特征,花岗岩以奥陶纪为主,志留纪较少;中带发育岛弧型岩,奥陶纪花岗岩较发育,志留纪花岗岩发育较少;南带花岗岩分布零星,火山岩主体为洋壳型玄武岩。

昆仑带岩浆岩出露面积大,岩石类型多样。镁铁质岩石出露于东部苦海-赛什塘段(昆南),东、西昆仑交界的苏巴什一带也有大量分布,成岩时限年龄为370~250Ma。石炭纪—二叠纪火山岩集中于昆南和昆中陆块,以岛弧型为主,有少量裂谷-弧后盆地型和洋壳型。三叠纪主体岩石为陆内碰撞型-陆内裂谷型火山岩。泥盆纪、石炭纪花岗岩较少,二叠纪、二叠纪花岗岩发育,以钙碱性为主。在兴都库什-昆中复合岩浆弧中发育中—新生代的侵入活动,被认为与南部特提斯洋向北俯冲消减、印度板块向北俯冲有关。

(十二)特提斯南部大陆边缘(XII)

太古宇主要由角闪岩相和麻粒岩相的区域深变质岩组成,并受后期侵入岩热接触变质的叠加改造。古元古界为片麻岩、混合岩、石英岩、大理岩、角闪岩等。

早古生代地层主要在白沙瓦陆缘盆地出露,寒武系为浅海相砂岩、页岩、黑色页岩、海绿石页岩,含早寒武世三叶虫化石,上部为板状砂岩、页岩、白云质页岩,含石膏及岩盐假晶,为河湖相沉积。奥陶系—志留系为浅海相石英砂岩、泥板岩、千枚岩、灰岩、白云质灰岩等。

晚古生代泥盆系在白沙瓦陆缘盆地出露,以浅海相碎屑岩为主。石炭系—二叠系在白沙瓦陆缘盆地和伊斯兰堡盆地中见冰碛砾岩,而在加尼兹地块和喀布尔地块发育陆源碎屑岩和中—基性火山岩。

三叠系为碳酸盐岩和酸性—基性火山岩组合。侏罗系只在伊斯兰堡地块出露,为海相灰岩、碎屑岩。白垩系在不同地块出露地层亦不相同,在鲁山-明铁盖地块白垩系除个别地区外几乎都不整合于侏罗系之上，其下部为红色、杂色陆源粗碎屑岩，砾岩中含有来自帕米尔的砾岩，上白垩统的下部层位为河湖或浅海陆源-碳酸盐岩组合，晚白垩世晚期地层超覆于下伏地层。而在伊斯兰堡地块白垩系发育，由超基性岩、辉长岩和基性火山岩共同组成蛇绿岩套。

古新统至始新统为浅海或陆相沉积，以大量中—酸性火山岩及粗碎屑岩为主，夹少量的灰岩，不整合于白垩系之上，古近纪发育海相地层及酸性—中基性火山岩。新近系—第四系为洪冲积砂砾岩，第四系为河湖相砂、砾、泥、粉砂及冰川形成的冰碛物。

新太古代的深成岩浆活动发育，岩石组合包括花岗片麻岩、斜长花岗岩、紫苏花岗岩、辉长岩等，这些深成岩侵入到太古宇的结晶基底中。在霍罗格中间地块发育由花岗片麻岩、花岗正长岩、斜长花岗岩、紫苏花岗岩、辉长岩构成的侵入岩组合，各类岩石的同位素数据集中于1600~1400Ma，为中元古代侵入岩。

第三节 成矿区（带）划分

一、成矿区（带）划分原则

成矿区（带）是具有矿产资源潜力的成矿地质单元，同时代的成矿地质单元一般与地质构造单元重合，而多旋回地质构造区成矿区（带）的划分具有一定的人为性。对于多旋回地质构造区采用以区域内目前认识到的成矿作用最强、矿床（类）最多的地质构造旋回所形成的地质构造单元为基础，同时考虑其他地质构造旋回期间形成矿床的空间分布状况及所含矿种，在成矿区（带）的命名上给予必要反映。成矿单元系指对一定构造单元和地质发展历史阶段由沉积、变质、岩浆作用结果形成的地质体范围内，按照对成矿作用及其矿化富集程度进行不同层次和等级的划分，因此成矿单元是成矿意义上的地质单元。成矿单元的正确厘定依赖于区域地质背景和成矿规律的研究成果，同时也是开展成矿预测的前提和重要基础。本次成矿单元厘定境内划分主要参考《成矿地质背景研究工作技术要求（2009）》，境外划分主要参考以中俄等五国为主编制的亚洲东部成矿图。

二、成矿区（带）划分方案

本次工作分为3个一级成矿带，11个二级成矿带，39个三级成矿带（表2-2）。

三、成矿区（带）特征

（一）古亚洲洋成矿域

古亚洲洋成矿域中，主要涉及6个成矿省，分别为西伯利亚陆块南部边缘成矿省、中哈萨克-准噶尔成矿省、科克舍套-伊塞克湖成矿省、图尔盖-锡尔河成矿省、乌拉尔-南天山巨型成矿省和波罗地块东部边缘成矿省，此外还包括了过渡域额尔齐斯-斋桑缝合带——额尔齐斯晚古生代成矿带（EBT），总面积300余万平方千米。显生宙陆壳增生范围分布广泛，发育多期次、多类型的成矿作用，尤以晚古生代大规模成矿为特色。多类型洋盆演化、多块体汇聚，形成多类陆缘成矿系统。优势的矿产资源类型有

表 2-2　中国新疆及中亚邻区成矿带划分表

一级成矿带	二级成矿带	三级成矿带
古亚洲洋成矿域	Ⅰ 西伯利亚陆块南部边缘成矿省	Ⅰ$_1$ 北阿尔泰早古生代活动陆缘成矿带
		Ⅰ$_2$ 南阿尔泰晚古生代活动陆缘成矿带
	EBT 额尔齐斯-斋桑缝合带——额尔齐斯晚古生代成矿带	
	Ⅱ 中哈萨克-准噶尔成矿省	Ⅱ$_1$ 中哈萨克斯坦成矿带
		Ⅱ$_2$ 巴尔喀什-准噶尔成矿带
		Ⅱ$_3$ 准噶尔成矿带
	Ⅲ 科克舍套-伊塞克湖成矿省	Ⅲ$_1$ 科克舍套-乌鲁套成矿带
		Ⅲ$_2$ 卡拉套-伊塞克湖成矿带
	Ⅳ 图尔盖-锡尔河成矿省	Ⅳ$_1$ 图尔盖成矿带
		Ⅳ$_2$ 楚-希拉库苏达里亚成矿带
	Ⅴ 乌拉尔-南天山成矿省	Ⅴ$_1$ 乌拉尔成矿带
		Ⅴ$_2$ 中天山成矿带
		Ⅴ$_3$ 克孜勒库姆成矿带
		Ⅴ$_4$ 南天山成矿带
		MHL 木扎尔特-红柳河金、钨、钼、铝、铀、铁成矿带
	Ⅵ 波罗地地块东部边缘成矿省	Ⅵ$_1$ 前乌拉尔成矿带
		Ⅵ$_2$ 前里海成矿带
		Ⅵ$_3$ 前咸海成矿带
古亚洲洋与特提斯过渡成矿域	Ⅶ 卡拉库姆成矿省	Ⅶ$_1$ 曼格什拉克-乌斯秋尔特成矿带
		Ⅶ$_2$ 克拉斯诺夫斯克盐成矿带
		Ⅶ$_3$ 卡拉库姆西部钾盐成矿带
		Ⅶ$_4$ 科佩特重晶石成矿带
		Ⅶ$_5$ 卡拉库姆东部微板块成矿带
	Ⅷ 塔里木成矿省	Ⅷ$_1$ 塔里木板块成矿带
		Ⅷ$_2$ 塔里木北缘古生代活动陆缘成矿带铜、镍、金、铁、钛、钒、铅、锌、稀土、磷成矿带
		Ⅷ$_3$ 塔里木南缘晚古生代、中生代成矿带
	Ⅸ 柴达木成矿省	Ⅸ$_1$ 柴达木北缘早古生代活动陆缘成矿带
		Ⅸ$_2$ 柴达木古陆成矿带

续表 2-2

一级成矿带	二级成矿带	三级成矿带
特提斯成矿域	X 特提斯北部活动陆缘成矿省	X₁ 西昆中古生代铁、铜、稀有金属成矿带
		KJT 康西瓦-鲸鱼湖缝合带——金、铜、银成矿带
		X₂ 塔尼马西山-阿克赛钦陆块成矿带
		X₃ 松潘甘孜微地块-金、汞、锑、稀有金属成矿带
	BNSLT 班公湖-怒江-双湖-龙木错主缝合带——铁、铜、金成矿带	
	XI 特提斯南部边缘成矿省	XI₁ 米特拉姆-红其拉浦地块成矿带
		XI₂ 加尼兹-迈丹地块成矿带
		WKLT 瓦济里斯坦-科西斯坦-拉达克铜、金、铬成矿带
		XI₃ 喀布尔地块铁、铜、铬银成矿带
		XI₄ 白沙瓦陆缘盆地新生代煤成矿带
		XI₅ 伊斯兰堡中新生代盆地煤成矿带

金、铀、铅锌、铬,此外,铝土矿、磷矿和钾盐储量也很可观。代表性矿床有环巴尔喀什湖—准噶尔地区斑岩型铜钼、稀有金属等多种类型的世界级大矿床,其成矿作用以晚古生代为高峰期。这些大型内生矿床主要集中在环状高磁异常带中,分布范围与大陆地壳大规模垂向增生形成的年轻陆壳成矿省相吻合。在构造体制转换过程中,大量幔源物质添加到地壳中,形成复杂的垂向增生成矿谱系。新疆及邻区古生代与基性—超基性杂岩相关的大型铜镍矿床多产于造山带中,成矿背景独特,有别于产于克拉通背景的同类矿床。

中亚古生代造山作用向中新生代陆内构造体制的转换伴随强烈的大陆改造与成矿作用,形成中新生代环西伯利亚陆内构造体系域,在印度板块与欧亚大陆碰撞远程效应和深部壳幔作用的共同控制下,古亚洲成矿域进入以改造型成矿为主的阶段,对古亚洲成矿域砂岩型铜矿、铀矿和 MVT 型铅锌矿等改造型矿床的形成有重要影响。大型线性构造控矿是古亚洲成矿域的另一重要特征,块体间大尺度的相对运动和大型断裂系统错移已形成的构造单元,控制了金等矿床的时空分布。

铜、铅锌、金和稀有金属是中国新疆及中亚邻区重要成矿带北部的优势矿产。VHMS 铜多金属主要分布在境内外阿尔泰造山带,在哈萨克斯坦主要分布在列宁诺戈尔斯克-济良诺夫斯克和阿列依两个亚带,VHMS 型铜多金属矿床主要分布在北西段,南东段矿化相对较少,出现在断块中。中亚 VHMS 型矿床赋矿地层主要是泥盆系,成矿与双峰式火山作用有关。哈萨克斯坦境内大型矿集区的定位与北西向和近东西向构造带的交叉有密切关系。在中国阿尔泰,矿田的位置与北西向和北北西向构造带的交叉相关。

早古生代斑岩型铜矿带沿巴尔喀什马蹄形构造外缘加里东造山带与古老地块交接处分布,集中在科克切塔夫东缘矿化密集区。晚古生代斑岩铜矿在空间上沿北部的斋桑—额尔齐斯—卡拉先格尔—琼河坝一带、环巴尔喀什—西准噶尔分布。成矿时代集中在 3 个区间,即中奥陶世—早志留世(如博舍库利大型斑岩型铜钼矿床成矿时代为 481Ma)、中泥盆世和中晚石炭世。

剪切带型金矿主要沿额尔齐斯挤压带分布,浅成低温热液型金矿分布在准噶尔,与花岗岩类有关的脉状金矿分布广泛,在北哈萨克斯坦发现了超大型金矿。稀有金属矿产分布在新疆,主要分布在阿尔泰,以可可托海稀有伟晶岩型矿床最为著名。哈萨克斯坦稀有金属主要矿产分布在阿尔泰的卡尔巴—纳雷姆、北哈萨克斯坦和哈萨克斯坦中部。中亚地区与成矿有关的岩体类型多、成岩成矿时代复杂。以下是不同构造单元内的矿床特征。

1. 西伯利亚陆块南部边缘成矿省(Ⅰ)

研究区只涉及阿尔泰成矿带,该成矿带是中亚地区最主要的块状硫化物型铜、铅锌多金属成矿带,进一步划分为北阿尔泰早古生代活动陆缘成矿带和南阿尔泰晚古生代活动陆缘成矿带。北阿尔泰早古生代活动陆缘成矿带进一步分为一个喀纳斯-可可托海早古生代 Fe、MR(稀有金属)及多金属成矿区,南阿尔泰晚古生代活动陆缘成矿带进一步划分克兰泥盆纪—石炭纪弧后盆地铅、锌、铁成矿区,卡尔巴-纳雷姆石炭纪—二叠纪岩浆弧多金属、铁成矿区,西卡尔巴石炭纪弧前盆地铅、锌、多金属成矿区3个次级成矿带。

阿尔泰成矿带属于早古生代被动陆缘褶皱-推覆系,其主体分布在俄罗斯,在哈萨克斯坦仅分布于北东边境地区,由前寒武纪结晶基底、古生代俯冲-增生杂岩和广泛分布的岩浆弧组成。哈萨克斯坦境内该成矿带前寒武纪主要形成铬、镍、铂等矿产。加里东早期形成铁、铜、铅、锌,中期是铜、铅、锌、金和砷的重要成矿期,晚期在西部和北部出现了与花岗岩有关的钨、钼矿化,其类型主要有矽卡岩型、伟晶岩型、云英岩型、网脉型、石英脉型。海西早期形成铁、铜、铅、锌矿产,中期为铜和金成矿期,晚期形成与花岗岩有关的钨、钼和稀有金属矿化。该成矿带在哈萨克斯坦发现的矿床较少,有科克萨、因斯克等铁矿和希尔盖塔等小型多金属矿。

在新疆喀纳斯一带发育热液型铜和钼矿化点,如那伦上游铜矿点、卡拉卡达依北铅铜矿点,在阿尔泰市以东盛产白云母(陈毓川等,1995)。泥盆纪造山期花岗岩类发育,其次为石炭纪、石炭纪—二叠纪后碰撞花岗岩类发育,伴有与岩浆热液活动有关的铁、铅、锌、金的矿化,如把斯铁列克铁矿点、诺尔特北金矿、阿克提什坎小型金矿、芒代恰铜矿点、库马苏中型铅锌矿。尽管目前在我国境内该带中铁、金和稀有金属矿产还未取得重大突破,但在稀有金属找矿上取得了重大发现。

新疆的该成矿带以发育稀有金属闻名于世,形成了以可可托海为中心的稀有金属成矿集中区,十几万条一定规模的伟晶岩脉构成了我国乃至世界上极为罕见的稀有金属矿产资源的成矿集中区。以可可托海3号脉为代表的伟晶岩型矿床不但是我国锂、铍、铌、钽等稀有金属的主要产地之一,也是我国白云母资源的最重要提供者,同时还产出珍贵的宝石、矿物资源(王登红等,2002)。稀有金属和白云母矿化集中区有加曼哈巴、齐林姆塔尔、齐背岭、大哈拉苏、卡拉塔斯、喀拉额尔齐斯、青格里等,其中喀拉额尔齐斯矿化集中区最为重要。产出伟晶岩型锂、铍、铌、钽、铷、铯、宝石矿床和白云母矿床、蚀变花岗岩型铍-钼-铌、铍-钨-铌和铍-铌矿床、石英脉型铍矿床和接触交代型钨矿床,形成了库威矿田、可可托海矿田、阿克布拉克矿田和阿尔沙特等矿田。

2. 中哈萨克-准噶尔成矿省(Ⅱ)

中哈萨克-准噶尔成矿省(Ⅱ)是中亚最主要的铜、金成矿省,包括准噶尔、中哈萨克斯坦、巴尔喀什-准噶尔3个成矿带,其中前者主体位于中国新疆境内,这里只介绍中哈萨克斯坦和巴尔喀什-准噶尔两个成矿带的成矿特征。中哈斯克斯坦成矿带以有色金属、金为主,包括3个亚带和19个成矿区,其地质背景属于早古生代弧盆系,泥盆系—石炭系大陆边缘弧火山岩分布广泛,成矿时代上具有西部以早古生代为主、东部成矿时代逐渐变新的特点。巴尔喀什-准噶尔成矿带是重要的稀有、有色金属成矿带,包括4个成矿亚带和24个成矿区,其地质背景多属晚古生代的弧盆系,二叠纪碰撞后中酸性侵入岩广泛分布。成矿时代主体为石炭纪—二叠纪。

3. 科克舍套-伊塞克湖成矿省(Ⅲ)

科克舍套-伊塞克湖成矿省(Ⅲ)不仅是主要的有色金属成矿省,而且稀有金属、铀、金也有显著的优势。该成矿省包括科克舍套-乌鲁套和北天山两个成矿带、8个成矿亚带和46个成矿区。其中科克舍套是中亚最为重要的3个铀成矿亚带之一,有著名的Kosachinoe网脉状铀矿。卡拉套成矿亚带是磷矿最为集中的地区。该成矿省是在前寒武纪地块基底上,经过早古生代的大陆边缘、主体在奥陶纪—志留纪进入陆内演化。有色金属和磷矿主要是早古生代成矿，铀、稀有是晚古生代成矿。

4. 图尔盖-锡尔河成矿省（Ⅳ）

图尔盖-锡尔河成矿省（Ⅳ）是中亚最主要的铀成矿带之一，包括2个成矿带、4个成矿亚带和8个成矿区，除了铀矿外，还有铝土矿和钛、锆矿。该成矿省地质背景总体特征是具有前寒武纪基底，南华纪—古生代主体为稳定型沉积，早中生代早期显示活动背景，侏罗纪以来沉积厚度小。铀矿成矿时期可能为渐新世。

5. 乌拉尔-南天山成矿省（Ⅴ）

乌拉尔-南天山成矿省（Ⅴ）可分为4个成矿带、11个成矿亚带。该成矿省内矿产资源丰富。在西乌拉尔成矿亚带分布着中亚地区最重要的铬、铁黑色金属成矿区。其中铬镍矿集区位于北纬50°—52°，南部以铬镍为主，北部少量铜锌。铬矿与寒武纪—奥陶纪蛇绿岩有关；镍矿与早古生代基性—超基性岩有关，属风化壳地幔型，与之伴生的还有铁、钛、钒等矿床。铜锌矿与上志留统—下泥盆统的火山沉积建造关系密切，属于块状硫化物型。在恰特卡尔河成矿亚带内分布有重要的有色、稀有金属和金矿集区。金为网脉状和热液型。有色铅锌银南部为热液型，北部为层状碳酸盐岩赋矿，稀有金属、锡、铋为脉状。西北大部围岩为石炭纪—早三叠世的大陆磨拉石建造，东南小部分为泥盆纪—早石炭世的碳酸盐岩-陆源碎屑复理石建造。在中克孜勒库姆成矿亚带有最重要的金成矿区和铀成矿区。其中金成矿集区以金、银为主，其次钨、钼，少量铁、锰和铀。金、银矿均为网脉状，钨、钼均为矽卡岩型，铁、锰为风化壳地幔型。铀矿矿集区以铀为主，部分伴生有金矿和磷矿，以氢渗入渗出型为主，沉积型较少。沉积型铀矿围岩为寒武纪—奥陶纪的洋壳碎屑-硅质沉积盖层，氢渗入渗出型围岩复杂，有早古生代的复理石，有晚古生代的弧火山-沉积组合。

乌拉尔-南天山成矿省分布着 Molodiezhnoe 铬铁矿、Sarbai 矽卡岩型铁矿、卡尔马克尔（Kalmakyr）斑岩型铜-金矿、库木托尔金矿、穆龙套金矿、乌奇库杜克（Uchkuduk）砂岩型铀矿等世界著名的矿床。

6. 波罗地地块东部边缘成矿省（Ⅵ）

波罗地地块东部边缘成矿省（Ⅵ）包括3个成矿带，以磷和盐类矿产为主。该成矿省目前出露地质体主要为中新生代地层，基底为东欧陆块（波罗地陆块），古生代受古亚洲洋发展演化影响，多属于被动大陆边缘，石炭纪—二叠纪乌拉尔洋盆闭合-碰撞阶段，属于前陆盆地，其后进入陆内盆地演化阶段。

（二）古亚洲洋与特提斯过渡成矿域

古亚洲洋与特提斯过渡成矿域包括卡拉库姆成矿省（Ⅶ）、塔里木成矿省（Ⅷ）、柴达木成矿省（Ⅸ）。

卡拉库姆成矿省（Ⅶ）涉及阿富汗北部、塔吉克斯坦西部、吉尔吉斯斯坦南天山部分地区及我国新疆部分地区。该成矿省在阿富汗境内主要以砂金矿床为主，沿喷赤河水系分布于下游地段，以贾尔巴希大型砂金矿床为代表。研究认为，金主要来源于该水系上游老基底和古生代含金地层、岩体，经后期构造破碎作用，搬运、再沉积而形成。因此，阿富汗境内主要以寻找砂金矿床为主。吉尔吉斯斯坦境内主要以热液型矿床为主，优势矿种为金、钨锡、汞锑矿、铅锌矿，还分布有一些斑岩型矿床及稀有金属矿床。塔吉克斯坦西北部主要矿床类型为与岩浆作用有关的矿床，优势矿种有金、钨锡、铅锌、汞锑、铝土矿等。矿床类型主要为矽卡岩型及热液型矿床。矽卡岩型矿床主要有金、铅锌（银）、钨锡矿床，产在中酸性岩体与早石炭世碳酸盐岩层位接触带部位，成矿时代现有资料将其定为海西期，例如塔吉克斯坦境内的塔罗尔铜金矿床和吉拉乌金（钨）矿床。热液型矿床主要有汞、锑、金矿床，受岩浆构造活动控制明显。

塔里木成矿省（Ⅷ）主要矿产有铁、铜、铅锌、金、银、铝土、锂、铍、钽、铬、镍、锰等，主要矿床类型有岩浆型矿床、接触交代型矿床、热液型矿床、海相火山岩型矿床、沉积型矿床及斑岩型矿床。

柴达木成矿省（Ⅸ）已发现的矿产有铜、铅、锌、金等近50种。其中具有较大的找矿和资源开发潜力的矿产主要为有色金属（铜、铅、锌、钨、锡、镍、锑、汞等）、贵金属（金、银、铂、钯）、铁、稀有金属（锂、铍、铌、钽）等。近年来，喀腊大湾铜多金属矿、维宝铅锌矿、白干湖钨锡矿和黄羊岭锑矿等一系列找矿发现已展示该区找矿潜力巨大。

（三）特提斯成矿域

研究特提斯南部区主要涉及特提斯北部活动陆域成矿省（Ⅹ）、班公湖-怒江-双湖-龙木错主缝合带—铁、铜、金成矿带（BNSLT）以及边缘成矿省（Ⅺ）的部分区域，面积约70万 km^2。古生代的大陆边缘演化及其早古生代、晚古生代以及中生代3个不同时期的多岛弧-盆系构造格局奠定了该区成矿的基础，新生代以来印度与欧亚大陆的碰撞导致青藏-帕米尔高原形成，高原边缘及其内部的挤出-走滑构造系统决定了该区矿床的分布状态。优势的矿产资源类型有铁、铅锌、铜、钾盐和金。

从目前的资料来看，该区铁和铜主要形成于前寒武纪成矿期，主要集中在阿富汗境内中东部喀布尔及巴米扬地区。铜矿主要分布于喀布尔地块老基底建造内，以艾纳克超大型铜矿区为典型代表。铁矿沿巴达赫尚断裂呈带状分布于元古宇内，以哈吉加克铁矿为代表。塔吉克斯坦中帕米尔星罗棋布的铁矿点、新疆塔什库尔干铁矿整装勘查区成矿期主体也为前寒武纪。古生代是区内最重要的成矿时期，贯穿卡拉库姆-塔里木、兴都库什、帕米尔及西昆仑等地区，形成了比较丰富的矿产资源，贵金属、黑色金属、有色金属、稀有金属矿产均广泛分布。形成的主要矿种有铜铅锌、钨锡、金银、锑汞及铝土等。代表性矿床有亚尔肯特河砂金矿（大型）、切列克其铁矿（大型）、布穷铜矿（大型）、卡兰古铅锌矿（中型）、扎雷奇诺埃锡矿床（中型）、德伊尔加库尔铝土矿（小型）等。中—新生代成矿期主要形成与岩浆成矿作用有关的一系列矿床，伴随大规模中生代（三叠纪）、新生代（古近系—新近系）构造-岩浆活动，形成了一系列黑色金属、稀有金属矿产，主要有铬铁、铁、铝土、锂钽等矿产。代表性矿床有卢格尔铬铁矿（中型）、阿帕里克铁矿（小型）、帕斯古什塔锂矿（大型）及纳拉格铝土矿点等。

1. 特提斯北部活动陆缘成矿省（Ⅹ）

特提斯北部活动陆缘成矿省（Ⅹ）北为阿克赛钦北缘断裂，向东接郭扎错-若拉岗日断裂，向西与康西瓦断裂相会合，其西段被塔什库尔干右行走滑断裂所截，可进一步划分为塔尼马西山-阿克赛钦陆块成矿带和松潘甘孜微地块-金、汞、锑、稀有金属成矿带2个成矿带，塔尼马西山-阿克赛钦陆块成矿带进一步划分为天神达坂-阿克赛钦地块铁、铜、钨、稀有金属成矿亚带，神仙湾-林济塘新生代前陆盆地铅、锌成矿亚带，乌孜别里山口-麻扎达坂地块铁、铜成矿亚带，南羌塘西段铜、金、铅、锌成矿带4个成矿亚带。

特提斯北部活动陆缘成矿省（Ⅹ）在乌兹别克斯坦境内分布有最重要的钾盐矿集区，该矿集区有4个大型钾钠盐矿，8个小型磷矿，1个大型石膏矿。此外，还有一个矿集区以铅锌为主，其次是铝土矿及少量的铜和萤石矿。铝土矿均为风化壳型，铅锌矿为层控碳酸盐岩赋矿。围岩为侏罗纪以来的沉积盖层，厚度具有向西变厚趋势（从小于1km到约5km）。该成矿省也有较多有色金属和贵金属矿产资源分布。

2. 特提斯南部边缘成矿省（Ⅺ）

特提斯南部边缘成矿省（Ⅺ）进一步划分为6个成矿带，5个成矿亚带，该成矿省内矿产资源丰富，主要优势矿种有金、铜、铁、铅、锌、钨及稀有金属。此外，在白沙瓦新生代陆缘盆地和伊斯兰堡中新生代盆地是2个大的煤的成矿带。

第四节 境外优势矿产资源概况

中亚地区成矿地质条件优越,矿产资源丰富,特别是石油、天然气、贵金属和有色金属非常丰富,与我国在矿产资源上有很强的互补性。哈萨克斯坦矿产品种比较齐全,煤探明储量为1624亿t,还有铁矿、锰矿、铜矿、钾盐等矿藏,其中铬铁矿探明储量有2亿t,仅次于南非、津巴布韦,居世界第三。吉尔吉斯斯坦的黑色金属、有色金属特别是金属汞、锑的储量可观。乌兹别克斯坦的矿产资源主要是铜、铅、锌、钼、钨。此外,费尔干纳的石油以及布哈拉和希瓦的天然气有比较丰富的储藏。石油、天然气最丰富的储藏在哈萨克斯坦。塔吉克斯坦和吉尔吉斯斯坦的水电资源丰富,尤其是塔吉克斯坦的水电资源达6400万kW。总之,我国国民经济发展急需和短缺的铁、铜、铝、镍、铬、铀和钾盐等矿产,在中亚地区都有较为丰富的资源,与我国形成良好的资源优势互补,对比分析新疆周边国家优势矿产资源(表2-3),在分析我国矿产资源需求的基础上,确定锰、金、铅、锌为主攻矿种,塔吉克斯坦、吉尔吉斯斯坦、巴基斯坦矿产为主要研究对象。

表2-3 新疆周边国家优势矿产资源一览表

序号	国家	优势矿种
1	哈萨克斯坦	石油、天然气、铁、锰、铬、镍、钴、铜、钼、铅、锌、铝土矿、金、铀
2	塔吉克斯坦	铀、汞、褐煤、铅、锌、锑、钨、银、金
3	吉尔吉斯斯坦	金、稀土金属、铅、锌、汞、铋、霞石
4	蒙古	铜、钼、萤石、金、石油
5	俄罗斯	石油、天然气、煤、锰、铬、钨、锡
6	阿富汗	铁、铜、煤、石油、天然气、宝石
7	巴基斯坦	天然气、石油、煤、铁、铝土矿、铬、铜、花岗岩、大理石、宝石
8	印度	铬铁矿、铝土矿、铅、锌、铜
9	乌兹别克斯坦	天然气、石油、煤、金、铀、银、铜、铅、锌、钨、钼

一、塔吉克斯坦

塔吉克斯坦共和国是典型的山地国家,山地面积占全国总面积的93%,经济基础较为薄弱,在中亚五国中属于贫穷国家。塔吉克斯坦能源资源短缺,金属矿产丰富,但开发利用程度低,目前塔吉克斯坦燃料依赖进口,水力发电是塔吉克斯坦的主要能源,占国内能源消费总量的80%。《塔吉克斯坦2015年经济发展规划》提到,实现能源自给是塔吉克斯坦发展的重要任务,这关系到塔吉克斯坦国民经济的整体发展。

塔吉克斯坦金属矿产资源丰富,目前已发现70多种矿产,查明了400多个矿床,优势矿产包括金、银、铜、铅、锌、钨、锑、锡、铀等。目前正在开发的有60多个矿床,约占全国已勘探矿床数的15%,由于缺乏资金和技术支持相应的矿产资源勘探与开发,塔吉克斯坦矿产资源总体开发利用程度不高,目前主要是进行简单粗放式的原资料开采,而忽略了集约式加工的精选、精炼环节。

(一)传统优势矿产

塔吉克斯坦传统优势矿种包括金、银、铀、铅、锌、锑、钨、锡等,但大部分地区尚未系统详细填图。铝锭是塔吉克斯坦换取外汇储备的主要矿产品,但是塔吉克斯坦铝矿并不是优势矿种,大量的铝矿是需要进口。

1. 金

黄金在塔吉克斯坦的经济中占有重要地位,塔吉克斯坦计划在近年来使黄金产量翻番,成为中亚地区的产金大国。塔吉克斯坦共发现28处产地,蕴藏约429t。金主要分布于泽拉夫尚-吉萨尔金-稀有金属矿带,包括原生金矿和砂金。原生金矿主要是吉劳金矿(储量60～105.2t,平均品位1.06g/t)、塔罗尔金矿(储量150t,平均品位6g/t)、乔尔德金矿(储量30t,平均品位4.4g/t)、活斯托兹纳亚多瓦金矿(储量28.5t,平均品位3.7g/t)、维尔托尼库玛格金矿(储量31.6～65.4t,平均品位4.2～8.7g/t)。砂金矿主要包括达瓦兹金矿(储量25t)和郎库里金矿(大型)。

塔罗金矿和吉劳金矿是塔吉克斯坦黄金主产区,早在苏联时期该地区就建立了采场,其中塔罗金矿山估计储量150t,矿石平均品位6g/t。目前塔吉克斯坦国家勘探公司正对邻近地区进行勘探,另已探明阿普列夫卡石英脉型金矿(储量8t,金品位5.5g/t)。此外,在达瓦兹地区也已有30年开发黄金历史,该地区在苏联时期每年淘金2.5t,苏联解体后逐渐衰落。目前塔吉克斯坦黄金开采与政府规划相去甚远,为此国家计划着手开发乔尔德和斗巴金矿床,大面积开展全国范围内的黄金勘探工作,以使开采量逐步达到规划要求。

2. 银

塔吉克斯坦白银储量在亚洲国家中占第一位,而且大多数白银矿伴生有铅矿或铅锌矿。已探明的银矿床主要位于塔吉克斯坦北部,即阿尔泰-托普坎矿区和卡拉马扎尔矿区一带。该地区各类采矿企业密布,如阿德拉斯曼采矿场,其地下的银矿藏量丰富。邻近阿德拉斯曼采矿场一线还发现了一巨大型银矿,即大卡尼曼苏尔矿,苏联时期就曾计划在此建立年开采1500万t的采矿场,不但可以加工出583t白银,还能炼出大量的铅、锌、硫酸等。此外,还有噶卓拉矿床,储量575t;切特苏矿床,储量400t;巴亚拉耶克矿床,储量350t;大噶里曼苏拉矿床,储量51 264t;米尔卡特矿床,储量1500t;西米齐矿床,储量2650t;陶库兹布拉克矿床,储量380t。塔吉克斯坦全年产白银1000t。目前塔吉克斯坦正对位于帕米尔高原的阿克吉尔金矿(每吨矿石含银几百克)和位于塔罗尔金矿附近的米尔汗特矿两个矿床进行勘探。该地区地理位置非常适合采矿。

3. 锑

塔吉克斯坦锑储量居中亚第二位,产量在亚洲仅次于中国和俄罗斯。塔吉克斯坦最大的锑矿床为Dzhizhikruskoye锑矿,其次为中部的泽特和孔乔奇矿区。此外,塔吉克斯坦典型锑矿床吉日克鲁特矿矿层深厚,便于开采,且矿石中除富含锑之外,还伴生有汞、金、铊等其他元素。帕米尔山区也发现有锑矿化点。

4. 钨

在距杜尚别市以北80km处,探明并准备开采迈胡拉矽卡岩钨矿床。该矿床已查明工业矿体19个,长度50～425m不等,厚度2～22m。三氧化钨平均品位0.91%,矿石为白钨矿,有少量锡石与黄铁矿、砷黄铁矿缔合,并含有少量金。硫化物形式呈浸染状,矿床锡的平均品位为0.4%。在泽拉夫尚区域发现钨矿床和成矿现象有29个,其中有25个位于槟吉肯特地质经济区,4个分布在艾尼斯克地质经济区。

主要矿物为白钨矿、黑钨矿、锡石、黄锡钛、呈浸染状。三氧化钨品位为4.75%（阿库尔赣），伴生组分有铜(3%)、锡(1.5%)、金(10g/t)、银(120g/t)、铋(0.017%)、砷(31%)。

5. 铅锌

吉尔吉斯斯坦铅锌矿储量较为丰富，居中亚第一，主要分布在卡拉马扎尔地区（塔北部）。仅大卡尼曼苏尔矿和阿尔腾-托普坎矿就蕴藏着10亿t异常的铅锌矿石，而且开采和加工便利。矿石中除含铅、锌、铋、镉外，还可提炼出其他金属，目前，8个矿床已经投产。

6. 铝

铝矿是塔吉克斯坦国民经济的支柱产业，占塔吉克斯坦出口总额的一半左右。铝是塔吉克斯坦外汇收入的主要来源。目前，铝锭销售基本由少量几家外国公司垄断，销售价格以伦敦金属交易所为准。塔吉克斯坦对铝锭出口收取100%预付款。铝锭主要销往欧洲。

塔吉克斯坦缺少铝土矿资源，虽在中部和帕米尔发现中石炭纪和晚三叠世、早侏罗世的铝土矿，但开发价值不大，因此主要利用进口氧化铝炼铝。

（二）新型战略性矿产

所谓新型战略性矿产资源即是与国家利益存在不同程度相关性的矿产。它一方面是反映国家危急时期的战略需要；另一方面体现在国家经济社会发展的重大战略实施时期减少潜在发展危机的战略需要上。本书根据前期积累的资料及生产调查中的第一手材料，对塔吉克斯坦的铀、铁、铜、镍、钴、锂、铌、钽、铍、硼、萤石和铂族元素分布及资源潜力情况归纳如下。

1. 铀

铀是塔吉克斯坦的优势矿种，虽然在塔吉克斯坦境内目前没有发现大型、超大型的铀矿床，但整体铀矿储量客观。塔吉克斯坦已知的铀矿主要分布在恰特卡尔地块南部铀成矿区、塔吉克盆地-拜松克盆地-拜松地块铀成矿区、西帕米尔铀成矿区。

(1)恰特卡尔地块南部铀成矿区。目前该区主要发现4个铀矿点，成矿分为两种类型：一种为与火山作用相关的热液脉、网脉型铀矿，有里扎克、塔里耶坎、凯克塔尔等铀矿点；另一种为与辉长岩、花岗岩有关的热液脉、网脉型铀矿，即额阿德拉斯曼铀矿点。此外还发现3个与火山岩有关的铀矿床和2个小型矽卡岩型铀矿床，这表明恰特卡尔地块南部及周围铀矿找矿潜力巨大，值得进一步部署勘探。

(2)塔吉克盆地-拜松克盆地-拜松地块铀成矿区。存在5个铀矿点，其中4个分布在拜松地块，主要为火山沉积的层状成矿类型，塔吉克盆地杜尚别凹陷中形成1个砂岩型铀矿点。

(3)西帕米尔铀成矿区。铀矿点相对特殊，矿化为液态的湖水，即帕米尔活化区北缘的萨瑟库里湖是帕米尔高原萨瑟库里盆地内最大的堰塞湖，1977年最终确定其湖水中的铀具有工业意义。铀的矿化作用既有表生水淋积，也有地下热水的富集和干旱气候条件下的蒸发作用。湖水及淤泥的铀资源量约510t，矿化年龄为13.6Ma。根据掌握的地质资料，结合国家尺度地球化学调查数据，利用谢学锦院士地球化学块体法对塔吉克斯坦圈定的成矿远景区资源潜力进行评价，在塔吉克斯坦共圈定9个铀矿地球化学块体，主要分布在塔吉克斯坦的中天山、南天山和与塔吉克盆地结合带以及帕米尔地区。

2. 铁

在塔吉克斯坦北部探明有10处小磁铁矿，有工业开发意义的为石乔卡达穆布拉克矿床。矿床除含磁铁矿外，还富含铋、钴、铜、铅、锌、银、金、镓和其他矿物，是具有相当高价值的产地。工业储量为6000万t，预测储量达1亿t，集中在北塔吉克斯坦的库拉马上南坡。丘卡马扎尔和帕米尔的铁矿石预测储量高达5亿t。

3. 镍

塔吉克斯坦已知最大且较富的镍矿分布在奥比胡木鲍区域胡卡斯河右岸。早在1973年，南塔吉克地质队就开始了奥比胡木鲍含镍矿体的勘探工作。现阶段的勘探与镍资源的开发始于2006年，塔吉克斯坦政府授权英国Kryso资源公司并委托其一家子公司对胡卡斯铜镍矿区进行了地质研究。同年，帕米尔地质勘探队成为合作伙伴，并对胡卡斯矿重新取样检测，证实了矿石中铜、镍及钴的品位较高。2007年，在该区域开展探槽施工，并进行了大量物理探矿研究。研究结果显示，在此出现几种异常现象，并证实与赋存于深层的硫化铜镍矿体有关。

4. 稀土和稀有金属（锂、铍、铌、钽）

塔吉克斯坦已知的稀土和稀有金属多与伟晶岩锑的发育有关，主要分布在塔吉克斯坦泽拉夫尚地区（南天山地区）和帕米尔地区。在泽拉夫尚地区已知有4处含有稀土和稀有金属的伟晶岩矿床，在帕米尔地区发育12处含有稀土和稀有金属的伟晶岩矿床。

在塔吉克斯坦的泽拉夫尚区域（南天山地区）已查明的稀土与稀有金属矿物中含有镧、钇、镱、锆、铌、铍、锶、锂。它们赋存在伟晶岩花岗岩（卡拉苏、佩克玛吉多沃耶的成矿现象）、花岗岩侵入围岩或花岗岩（桑基萨费德）接触（矽卡岩）区域、正长岩（阿克塞）和片麻岩（佩克玛吉多沃耶）当中。矿石中金属品位：锆$0.8\%\sim2.8\%$，钇、镱、锂约1%，镧、镓约0.1%，锡约0.9%（卡拉苏），钼约0.13%（阿克塞）。目前的工作重点是以现有成矿现象为基础合理开展普查与评估工作。

调查结果显示，塔吉帕米尔地区12处发育伟晶岩含有的主要有用元素包括钽、铌、铍、铯、锂、锡、铈、钇、钍等，主要分布在西帕米尔纳曼古伟晶岩带、科尔霍扎巴德-塔吉勒加赫伟晶岩带、皮什-希多勒热弗（舒格南）伟晶岩带、韦兹达林伟晶岩带、库鲁斯德克伟晶岩带、波尔朱兹（劳米茨克）伟晶岩带、亚斯诺戈尔伟晶岩带、阿加古伟晶岩带、沙祖德-杜扎赫达琳伟晶岩带、巴克奇吉尔伟晶岩带。

（1）西帕米尔纳曼古伟晶岩带。在海拔2600～3700m向斜中发育三叠纪千枚岩和石英岩。两翼上三叠统沉积岩中侵入有二云母花岗岩，中部为细晶闪长岩岩墙。这些花岗岩掩体为一个大型侵入锑的穿丘，喷赤河左岸侵入体岩绵延数千米至阿富汗境内。纳曼古基岩体的特点是蚀变程度较弱，表明这些花岗岩只在深部为统一的整体，因此深部规模更大，为与岩浆有关的稀有金属盲矿体。全区发育有大量伟晶岩脉和石英脉。上述构造由南向北逆掩推覆太古宇沙赫达林群霍罗阁组。伟晶岩中含有锂辉石、铌、钽等。

（2）科尔霍扎巴德 塔吉勒加赫伟晶岩带。位于舒格南山脉西北麓，圈定了335个条带状伟晶岩带，偶有透镜状伟晶岩带，类型可分为无矿伟晶岩、钠长石-白云母无矿伟晶岩、白云母伟晶岩（铍、钽、铌）、钠长石锂（锂、铍、钽、铌、锡），伟晶岩矿体厚度为1～60m，长度为20～650m。Ta_2O_5的品位为$0.02\%\sim0.029\%$（平均0.024%），BeO的品位为$0.044\%\sim0.054\%$。

（3）皮什-希多勒热弗（舒格南）伟晶岩带。长度为55km，宽度为3～4km。在舒格南带内确定453个伟晶岩岩脉，其中皮什-希多勒热弗斯科矿段最先研究开发，该矿段位于瓦汉斯克山脊分水岭处。在$4km^2$的面积内发现85个伟晶岩岩脉，岩脉的主要类型有无矿微斜长石岩脉、黑云母-白云母岩脉、钠长石-伟晶岩（铍的主要来源）、含金绿宝石的更长石白云母、锂矿（Li、Rb、Be、Ta、Nb、Sn的复合原料）。伟晶岩脉脉体长度从5m到350m不等，厚度2～50m。脉体氧化铍品位为$0.042\%\sim0.55\%$，Nb_2O_5品位为$0.005\%\sim0.006\%$，Ta_2O_5品位约0.005%，Li_2O品位约0.05%，Rb_2O品位约0.06%。

（4）韦兹达林伟晶岩带。位于鲁尚地区，即微泽塔尔河上游左岸，伟晶岩穿插于变质岩地层中。在该地段区域内发现了13条稀有金属伟晶岩脉，矿脉主要有两种类型：白云母-锂辉石和锂辉碱-钠长石。白云岩形成山脉，呈透镜状，具有膨胀矿脉和分支矿脉。矿体的厚度宽1～60m不等，长25～300m。白云母伟晶岩中Ta_2O_5品位在$0.003\%\sim0.008\%$之间，Nb_2O_5品位在$0.006\%\sim0.007\%$之间，BeO品位在$0.01\%\sim0.062\%$之间。锂辉石-白云母伟晶岩中Nb_2O_5品位在$0.003\%\sim0.07\%$之间，Nb_2O_5品位在

0.003%～0.009%之间，Li_2O 品位在 0.006%～0.78%之间。

(5)库鲁斯德克伟晶岩带。位于库鲁斯德克河流河谷左坡，主要发育有巴扎林组片岩和砂岩(C—P)，主要地段位于阿酷布拉山脊东南部，属于库鲁斯德克左岸苏鲁吉尔加河左侧剖面的一部分。地段上具有两种不同的伟晶岩，其中钠长石和白云母-钠长石厚度尚可以发现 0.5～3m，延伸方向上的长度 10～30m。在该在地段发现 47 个伟晶岩脉矿，呈透镜状矿体、层状矿体和岩株状矿体。所有矿脉的矿物质平均含量：Ta_2O_5 为 0.02%，Nb_2O_5 为 0.121 2%，Li_2O 为 0.026%，Rb_2O 为 0.023%。

(6)波尔朱兹(劳米茨克)伟晶岩带。位于波尔朱兹河流上游。主要地段发现 6 个稀土伟晶岩类型的矿体，含白云母钠、无孢子虫和孢子体。伟晶岩呈脉状和透镜体状产出。矿脉中发育有强化变质的砂岩和片岩(C—P)。矿体的厚度为 1.5～60m，矿体的长度为 25～300m。成矿的稀有金属如下：Mn-Ta、Ta-Nb、锡石、Be-Na、磷铝石-羟磷铝锂石、稀有的锂辉石。Ta_2O_5 的品位为 0.017%～0.02%，Nb 的品位为 0.01%。

(7)亚斯诺戈尔伟晶岩带。位于贾兰河流中游，萨瑟克苏河流右岸支流，处于黑云母和黑云母长石片麻岩之间。辉晶岩矿脉含有薄层浸染状钽铁矿、铌铁矿、褐钇铌矿、堇青石和锆石以及锂和铍的矿化。Ta_2O_5 的品位为 0.01%～0.056%，Nb_2O_5 的品位为 0.02%～1.35%；稀土金属的品位为 0.01%～0.3%；锆的品位高达 1%。

(8)阿加占伟晶岩带。位于阿加占-吉尔加河流上游。区域内圈定了 5 个板状和透镜状的伟晶岩，东西向发育，围岩可见石英砂岩。岩脉的厚度变化范围为 7～25m，长度为 50～300m。透锂长石-微斜长石伟晶岩呈中度交代变质，可分为未交代的透锂长石-微斜长石、中度交代变质的透锂长石-微斜长石和强交代变质的透锂长石-微斜长石。稀有金属矿和红土矿化与透锂长石矿的主要组分为钽铁矿、铌钽铁矿和绿宝石。脉岩中 Ta_2O_5 的平均含量为 0.017 4%。

(9)沙祖德-杜扎赫达琳伟晶岩带。距霍洛格市区东部约 102km，位于古恩特和托库兹布拉克区域内。海拔为 3150～4600m，面积为 21km²。伟晶岩带发育在超变质巴乔尔构造中。稀土矿化集中在花岗岩成分交代岩中，在斑花大理岩和暗色混合岩中呈层状和透镜状。交代岩厚度为 0.5～30m(平均厚度为 2m)，长度为 100m(平均长度为 50m)。这些矿体有序分布，稳定发育，近南北向宽 1.2km，长约 7km。稀有金属铈系元素的品位可达 6.1%。在石英脉中 Ta_2O_5 的浓度增加至 0.022%，Ta_2O_5 的品位为 0.025%，Y 的品位为 0.2%，Th 的品位为 0.952%，稀土矿体的总厚度为 200m。

(10)巴克奇吉尔伟晶岩带。位于阿利丘尔—苏卢—塔加尔卡基河流之间帕米尔—舒格南花岗岩体伊什库里侵入体的西南外接触带。该区域内主要有昆图梅什斯克矿段和奥尔托布兹斯克伟晶岩带。昆图梅什斯克带位于同名河流的河谷处，靠近苏鲁-塔加尔基克河的交汇处。在面积为 28km² 的伟晶岩带中发现有 50 多个板状伟晶岩岩体。主要组分为无矿斜长石、钾长黑云母和白云母、微斜长岩、钠长石。伟晶岩中稀有金属矿化与该区域的钠长石有关，矿化主要表现为发育有浸染状绿柱石和铌铁矿-钽矿。Be 氧化物的品位范围为 0.007%～0.014%，平均品位为 0.07%，Ta_2O_5 的品位为 0.002%～0.004%，平均品位为 0.003%；Nb_2O_5 的品位为 0.003%～0.007%。

5. 硼

塔吉克斯坦唯一具有工业价值的硼矿床位于帕米尔，为接触-交代类型。在南塔吉克盆地的一些含水层中也发现具有工业富集的硼矿。

(三)能源矿产

目前，塔吉克斯坦燃料依赖进口，水力发电为塔吉克斯坦的主要能源，占国内能源消费总量的 80%。根据 2004 年 3 月 1 日塔吉克斯坦政府批准的《塔吉克斯坦 2015 年经济发展规划》，实现能源自给是塔吉克斯坦发展的重要任务，要求到 2015 年发电量 299 亿 kW·h，比 2000 年增长 1.1 倍；产煤

81.5万 t,比 2000 年增长 38.6 倍;石油产量达 40 万 t,比 2000 年增长 20.7 倍;天然气产量 5 亿 m^3。

1. 煤炭

塔吉克斯坦的煤炭资源质量较高,储量较丰富,在中亚占据一定地位。苏联时期塔吉克斯坦的煤炭主要依靠其他加盟共和国供应,境内只开采了两个煤矿。一个是北部的舒拉博煤田,储量 1.42 亿 t;另一个是西部的泛-亚格诺布地堑的褐煤煤田,规模较大(年开采量达到 100 万 t)。

2. 石油和天然气

塔吉克斯坦是中亚最缺油气的国家,其石油、天然气均严重依赖进口,进口依赖程度均高达 95% 以上。

塔吉克斯坦的探明石油储量为 1200 万桶,主要分布于费尔干纳盆地西部和塔吉克盆地;天然气主要在杜尚别地区,塔吉克斯坦所需的天然气主要从乌兹别克斯坦及土库曼斯坦进口。

(四)其他矿产

1. 钼

塔吉克斯坦钼集中分布在摩戈尔套山脉、塔吉克斯坦中部和帕米尔的矽卡岩矿床中。其中南扬吉坎钼矿、乔鲁赫-达伊恩的钼钨矿床具有工业意义。

2. 铋

塔吉克斯坦铋矿床分布在卡拉马扎尔、塔吉克斯坦中部和帕米尔。矿床有矽卡岩型和热液型,以脉状、扁豆状和柱状矿体发育在花岗岩类岩体和火山成因杂岩的外接触部分。

3. 锰

塔吉克斯坦锰的产地主要位于伊斯法拉地区的恰吉罗杰克地区。

(五)宝玉石

塔吉克斯坦的宝玉石主要产自帕米尔地区,主要有斜硅镁石、镁橄榄石、贵尖晶石、红宝石、方柱石和石榴石。在帕米尔的一个地区发现了如下一些以前国内未发现的矿物:黄玉、红电气石、多色电气石和海蓝宝石。在帕米尔山和达瓦兹还分布有水晶、玛瑙、蛇纹大理石、蛇纹岩;卡拉马扎尔发育绿松石、黑曜岩、紫水晶和玛瑙矿床;塔中部发育有光玉髓、霰石、方钠石等。青金石、绿松石矿开发年代久远,世界驰名。大部分矿床为火山交代和接触交代成因。主要矿床产于前寒武纪高度变质岩和石炭纪石英斑岩和淡色花岗岩、伟晶岩以及各种岩石的断裂带中。

二、吉尔吉斯斯坦

吉尔吉斯斯坦是一个多山国家,以天山为主的山脉呈弧形自西向东穿越全国,并由盆地或沟谷将其分割成近平行的支脉。境内各期造山运动活跃,地层齐全,因而矿产资源丰富,矿种繁多。已知矿种如下:能源矿种石油、天然气、煤、铀;非能源金属矿种铁、锰、铬、钛、钒、铜、铅、锌、镁、钨、锡、钼、铋、汞、锑;铂族金属金、银、铍、锂;非金属矿产菱镁矿、黏土、高岭土、红柱石、霞石正长岩、白云岩、石灰岩、萤石、云母、硫、蛇纹石、石蜡、石棉、石墨、石膏、饰面建材以及盐类矿产等。其中金、汞、锑、锡、钨、铜、铁为优势矿产。

石油、天然气及煤矿能源矿产均分布在全国各个地势低洼的盆地或坳陷中。其中以费尔干纳盆地为主要分布区,已知油气储量约占全国总储量的36%以上。煤炭资源储量在费尔干纳盆地和伊塞克库里地区的卡瓦盆地已知储量占全国煤炭总储量的62%。

金属矿产基于所处地质环境的不同,各地区均表现出各不相同的成矿特征(张鸿昌等,1986)。以费尔干纳大断裂为界,全国分为东、西两大部分,东部地区从塔拉斯到伊塞克湖一带的北方地区,加里东期运动十分活跃,分布的主要矿除集中了国内所有铜-钼-金斑岩型矿床及矽卡岩型含金铜矿外,也是岩浆热液型铅锌矿的集中分布区。而在共和国东南部和阿克苏地区,都高度集中分布了所有成型锡、钨矿产。南北部之间的狭长中间地带则是吉尔吉斯斯坦最大的金、铁两个矿床的产出区。

费尔干纳大断裂以西地区大体以贾拉拉巴德市为界,北部主要分布矿产有金、铜、铁矿产资源,以南的奥什地区几乎集中分布了该国所有的汞、锑矿产(图2-2)。

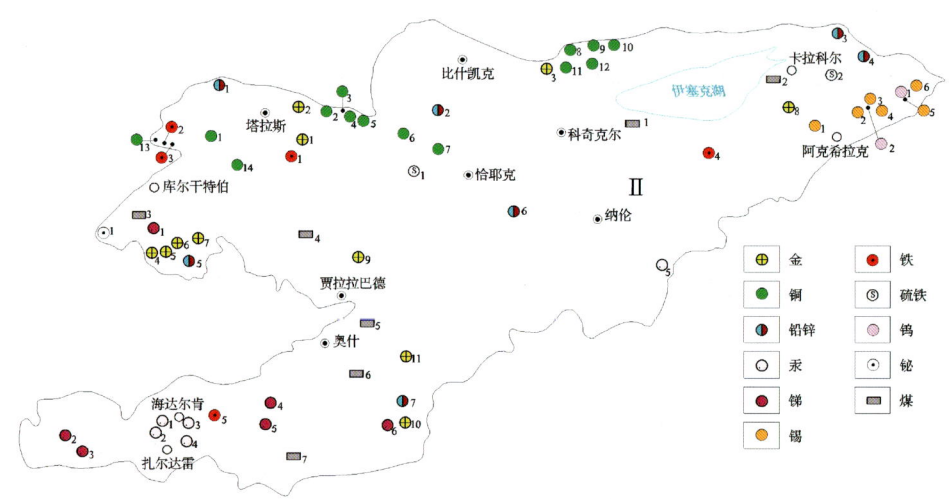

图2-2 吉尔吉斯斯坦主要固体矿产分布简图

(一)传统优势矿产

1. 金

吉尔吉斯斯坦已知原生金矿点2000余处,探明储量700余吨。金矿的形成、产出与其所处地质构造背景密切相关,成矿时代不同,形成的矿床特征亦各不相同。

塔拉斯-卡拉科尔成矿带是吉尔吉斯斯坦的主要金矿成矿区之一,其成矿期又可分为加里东期与海西期,属于加里东期成矿的金矿床有与奥陶纪花岗岩类有关的矽卡岩型金矿和铜-金斑岩型金矿床;属于海西期成矿的矿床有石炭系及更老地层中形成的各种与构造有关的脉状金矿床。该成矿带金的容矿岩石基本可分为两大类,其中奥陶纪—志留纪花岗岩类岩石,约占60%,古元古界沉积-火山岩系岩石占35%,此外,还有少量寒武系的变质片岩类岩石。按成矿作用的不同,该成矿带又可分为下列4种类型:①奥陶纪较小的花岗岩体和闪长岩体侵入寒武系和中奥陶统的含金火山岩系形成的金-铜斑岩型网脉状金矿床,如塔尔迪布拉克和奥克托尔科依两个地区诸矿床;②在靠近大型控矿断裂附近,花岗岩类岩石与具有环形断裂或放射形断裂的陆源火山岩中形成的热液脉状金矿床,如杰鲁伊矿床等;③产于古元古代混杂岩带中的脉状矿化带金矿,如塔尔迪布拉克左岸金矿;④里菲期陆源含金岩系中形成的蚀变岩型金矿,如科马托尔等金矿。

库尔干特伯-纳伦成矿带中金矿床主要有3种成矿类型:①产于文德黑色页岩、冰碛岩系中的网状金矿,如超大型库姆托尔金矿;②产于晚石炭世花岗闪长岩与早石炭世灰岩接触带的矽卡岩型金矿,如库鲁铁格列克金矿;③变质片岩中的黑色页岩型金矿,如伊什塔姆别尔德大型金矿等。

扎尔达雷-阿克希拉克成矿带除在中晚古生代中见到碳质页岩型萨瓦亚尔顿金矿和矽卡岩型的哈尔奎柳克-阿克吉勒尕两个大型金矿外,在其西部奥什州和贾拉拉巴德州境内,还见到10多处热液交代型金矿,但规模均不大。

2. 汞

吉尔吉斯斯坦成型汞矿床(点)有43处,其中有超大型汞矿床2处(海达尔坎、琼科伊)。几乎所有汞矿均分布于南天山成矿区扎尔达雷-阿克希拉克成矿带中,而且除库尔特玛大型汞矿位于纳伦州外,其余均分布于奥什州境内。该成矿带中已知8个成型汞矿床已探明储量约占全国汞矿总储量的93%。

境内汞矿床的成因类型大体可分为3类:①滑石菱镁片岩-热液型,赋矿的滑镁片岩产出于奥菲奥杂岩(蛇绿岩套岩系)陡倾斜的断裂带中,呈层状、柱状或矿化带形态产出,如琼科伊等矿床;②层控-热液似碧玉岩型,含矿层或汞矿体多产出在被似碧玉岩(石英交代角砾岩)覆盖的短轴穹隆构造的顶部,如海达尔坎等矿床;③碳酸盐岩-裂隙型,多为小而富的形态复杂矿体,产出在构造交会的碳酸盐岩和白云岩中的矿体中,如扎尔多布卡等矿床。此外,还有矿化极不均匀的石英-地开石型和产于中性—基性喷发岩、磨拉石中的石英-铁白云石型等矿床类型,但尚未发现成型大矿床。

3. 锑

吉尔吉斯斯坦已知具工业价值的锑矿床21处,其中锑储量大于10万t的大型矿床1处,储量在1万~10万t间的中型锑矿床7处。21处成型锑矿均分布于南天山成矿带,除1处位于贾拉拉巴德州外,其余均位于奥什州内。奥什州内已探明锑矿储量占共和国锑矿总储量的90%以上。吉尔吉斯斯坦锑矿成矿地层时代大多为古生代志留纪、泥盆纪和石炭纪。成因类型主要是热液-石英脉型,产出特征可分为两类:第一类矿体呈整合状产出在穹隆状碳酸盐岩构造与中石炭世超覆页岩或志留纪—泥盆纪逆掩盖层的接触带上,矿床规模较大,以卡达姆赛及阿布什尔等矿床为代表;第二类矿床产于单一的砂泥岩中,或产于晚古生代花岗岩侵入体接触带上,此类矿床组成矿物成分较复杂,并伴生有金、银、锌、砷、铋、钨等元素,如萨瓦亚尔顿矿床。

4. 锡

吉尔吉斯斯坦已知锡矿床(点)100余处,伊赛克库里州、塔拉斯州、贾拉拉巴德州和奥什州均有分布。据官方统计,全国已探明锡金属储量20余万吨。主要锡矿床均分布于扎尔达雷-阿克希拉克成矿带东段的伊塞克库里州境内,尤其是萨雷贾兹锡矿区,是目前中亚地区最大的锡矿产地。该含矿区东西长150km,南北宽20~30km,包括大小6个锡矿床(田),其中特鲁多沃耶、萨雷布拉克、乌奇科什康、阿特加伊利亚乌主要锡矿床均集中于该区。该区共探明锡矿储量之和几乎就是全国已知锡矿总储量。此外,塔拉斯州境内锡矿点也具有一定的成矿前景。锡矿床的成因多为热液型或矽卡岩型,成矿均与晚古生代花岗岩体的侵入有关。

5. 钨

吉尔吉斯斯坦已知钨矿床(点)34处,成型矿床均集中于南天山成矿带的伊塞克库里州、奥什州及纳伦州境内。矿床成因类型以矽卡岩、热液石英脉型和石英岩型为主。共生矿物组合为硫化物-锡石-黑钨矿、白钨矿,萤石-稀有金属-黑钨矿,石英-硫化物-白钨矿,硫化物-辉钼矿-白钨矿,硫化物-电气石-黑钨矿等。目前境内最大的钨矿床为特鲁多沃耶脉状复合型的锡-钨矿床,其次是肯苏钨矿床。

6. 铜

吉尔吉斯斯坦已知铜矿床(点)1000余处,主要分布在塔拉斯-卡拉拜尔成矿带的吉尔吉斯山西段南坡的塔尔迪布拉克斑岩型铜-金矿田、吉尔吉斯山东段南坡的奥克托尔科依斑岩型铜-金矿田、吉尔吉斯山中段的谢维尔诺耶斑岩型铜矿以及库尔干特伯-纳伦成矿带贾拉拉巴德州境内的博吉穆恰克和库鲁捷列克等矽卡岩型铜矿床。上述诸矿床探明储量占全国铜矿总储量的95%以上。除上述主要铜矿床外,在扎尔达雷-阿克希拉克成矿带的费尔干纳山东南端的奥依塔尔河上游,中新生代地层中广泛分布有沉积型含铜砂岩矿床(点),如奥依托尔Ⅰ号、Ⅱ号、铁列克,布拉,乌尊艾列克等小型铜矿床。此类型铜矿的矿体多呈层状或似层状,矿层厚数米至10余米,走向断续延长达数千米。含铜品位1%～3.3%。主要组成矿物除铜蓝、孔雀石外,还有黝铜矿、钒铅锌矿、二水钒铜矿等。矿床规模不大。

7. 铁

吉尔吉斯斯坦现已发现铁矿产地数十处,铁矿产地主要分布在库尔干特伯-纳伦成矿带,在中亚地区仅次于哈萨克斯坦,居第二位。矿床类型有岩浆型、矽卡岩型、沉积型和沉积变质型。矿石类型有磁铁矿、赤铁矿、菱铁矿等。矿石品位多数矿床偏低。主要矿床有位于中天山成矿带纳伦州境内的沉积变质型杰特姆铁矿床,平均含铁品位31.5%。第二大铁矿为北天山成矿带塔拉斯州的巴拉-奇契坎钒钛磁铁矿,TFe品位16.47%,TiO_2品位3.54%,V_2O_5品位0.06%,Co品位0.05%,预测资源量12.5亿t。其次是位于扎尔达雷-阿克希拉克成矿带奥什州的纳吉尔钒钛磁铁矿,以磁铁矿石为主,铁矿石品位44.6%。

(二)能源矿产

煤及油气能源矿产均分布在地势低洼的盆地或谷地中,受含煤及储油气构造的盆地面积所限,吉尔吉斯斯坦尚未发现规模较大的煤田和油气矿田。

1. 油气

吉尔吉斯斯坦的14个主要石油及天然气矿田均分布在费尔干纳盆地中。储油地层均为中生界。已探明60%的石油产于低渗透储集层中,属难采油矿。此外,对东楚伊盆地、伊塞克库里盆地、纳伦盆地、阿克萨依盆地、阿尔宾盆地、塔拉斯盆地、阿赖盆地勘查后,均发现有一定的油气显示。

2. 煤炭

吉尔吉斯斯坦拥有中亚地区75%的煤炭资源。7个产煤区分别是伊塞克库里州的卡瓦克含煤盆地和南伊塞克库里含煤区、贾拉拉巴德州的北费尔干纳含煤盆地和阿拉布卡-恰德尔库里含煤区、奥什州的南费尔干纳含煤盆地和阿赖含煤区,以及乌孜根含煤盆地。吉尔吉斯斯坦的成煤时代均为早—中侏罗世。煤层厚度以1m至10余米居多。煤质以褐煤为主,约占81%,其次是烟煤,无烟煤极少。

3. 铀

吉尔吉斯斯坦的铀矿资源比较丰富。除了开采殆尽的铀-煤沉积型的图拉-卡瓦克矿床、克拉矿床及铀-黏土-碳酸盐型的迈里苏矿床外,近年来又发现了一系列新矿床,其中比较重要的矿床有科克-伊谱克矿床,含铀品位0.1%;乌托尔-龙图克矿床,其矿石由品位较富的非晶含铀-硫化物组成;萨雷扎斯矿床,为铀-钼-钒矿石类型;克孜尔-奥姆托尔矿床,为冲积砂矿床,品位$0.1 \sim 0.13 g/m^3$。

(三)其他矿产

1. 锰

吉尔吉斯斯坦已发现锰矿点10余处,但都是小矿,多分布在贾拉拉巴德州和伊塞克库里州内。已进行过勘查评价的有卡拉-阿尔马、阿尔恰鲁、卡拉吉勒金、托通克尔4个矿床,含锰品位一般为3%～14%。吉尔吉斯斯坦的锰矿床品位偏低,储量较小,工业价值不大。

2. 钒

吉尔吉斯斯坦已知钒矿点10余处,但品位偏低,并多与铀矿伴生,工业价值不大。成因以沉积型为主,并多与古元古界碳质—硅质页岩有关。已工作过的主要钒矿床有位于伊塞克库里州阿克苏地区的萨雷贾兹矿床,该矿由5个矿区组成,断续长15km,单矿体长300～2700m,宽1.27～9.2m,V_2O_5平均品位0.3%,属于碳硅质页岩中的铀-钼-钒复合型沉积矿床。另在通斯地区有库尔敏德矿点,规模较小。塔拉斯州的巴拉-奇契坎矿床为属钒钛磁铁矿类型,V_2O_5平均品位0.06%。

3. 铅锌

吉尔吉斯斯坦已知铅锌矿点数百处,主要成型矿床多集中分布在塔拉斯-卡拉科尔成矿带中,如阿斯巴林、波奥尔杜、吐尤克等铅锌矿床。其中波奥尔杜矿床铅金属储量达26.5万t,平均品位1.6%～2.6%,伴生金储量7.32t,银241.8t,锌8.68万t。赋矿岩石为古生代花岗岩类,成因类型属岩浆热液型。矿体呈脉状或透镜状,矿石类型为硫化物,矿石矿物成分主要有黄铁矿、方铅矿、闪锌矿,以及黄铜矿、毒砂、白铅矿、辉银矿、自然金等。分布于吉尔吉斯山北坡中部的吐尤克铅锌矿,为产于片岩、大理岩与古生代花岗闪长岩和斑状花岗岩接触带的矽卡岩型矿床,其品位分别是Pb 0.03%～9.1%、Zn 0.02%～1.9%、Au微量至36.4g/t、Ag 1.0～2000g/t。估算资源量铅40～60万t,金8～10t,锌20～30万t,银250～350t。此外,科克尔东部的层控型杰尔嘎兰矿群的伊基卡特矿床,估算铅金属储量9.86万t;恰阿尔库杜克铅矿床、铁米尔托尔布拉克矿床等均估算有数万吨储量,在库尔干特伯-纳伦成矿带虽然也发现有不少铅锌矿,但规模均不大,前景不详。

4. 铝土

吉尔吉斯斯坦铝土矿产地均集中分布在费尔干纳成矿带的早石炭世碳酸盐岩和东-滨费尔干纳含煤岩系中,具有工业意义的矿床均产在早石炭世碳酸盐岩地层中。在吉尔吉斯斯坦山区也有不少产地,其中首先应注意萨雷贾兹岩体中的霞石正长岩和南天山晚古生代侵入岩带,尤其是土耳其斯坦—阿赖境内的扎尔达列克、阿克列克、库里普、霍佳阿其坎等霞石正长岩体等,均应引起足够重视。

5. 钼

吉尔吉斯斯坦已知钼矿床(点)23处,其中19处集中分布在塔拉斯-卡拉科尔成矿带。钼矿地质工作程度偏低,其成因类型以矽卡岩型或斑岩型的铜-钼或钨-钼伴生矿产出,品位偏低。

6. 铋

吉尔吉斯斯坦已知铋矿床(点)43处,但成型铋矿多为多金属矿床中的伴生矿。单独进行铋矿床勘探的矿床仅有米罗诺沃斯科伊和乌奇科雄两个矿床。米罗诺沃斯科伊矿床(米罗诺夫)位于楚伊州克明地区,矿床产出在晚古生代片麻花岗岩和晚奥陶世的二长闪长岩、石英二长岩、白岗岩和中晚泥盆世霏细岩小岩体中。矿脉产出受断裂控制,共圈出7个矿体,矿体一般长35～430m,宽0.3～1.2m,倾向延伸60~406m。除铋外,矿石中还伴生有铜(1.4%)、金(1.8g/t)、银(51.7g/t)、铅(1.0%)等。矿床平均含铋品位0.245%,矿床成因属多金属热液型矿床。

三、巴基斯坦

巴基斯坦的地质构造比较复杂,其矿产资源比较丰富,已探明的矿产地有1000处以上。目前已探明的铜、铬铁、铅锌、铁、铝土、天然气、石油、煤、大理岩、花岗岩、宝石等矿藏量较大。其中天然气、铬和大理岩的开采最多,品质也比较高,铜也进入开采阶段。

1. 铜

巴基斯坦铜矿石储量约5亿t,主要集中在俾路支省西部查盖地区的山达克、雷克迪克和西部斑岩杂岩体。

山达克铜矿矿石储量约4.13亿t,铜的平均品位为0.45%,此外还含有大量的金银资源。雷克迪克地区含有丰富的斑岩铜和铜金资源,已知的斑岩铜型铜金矿化带就有16个。西部斑岩杂岩体有一个5km长的矿脉。在巴基斯坦的其他地区还发现有其他类型的铜资源。

2. 铬铁

巴基斯坦铬铁矿主要分布在俾路支省、开伯尔—普赫图赫瓦省,其中俾路支省的穆斯林巴赫矿区最为重要,其次是开伯尔—普赫图赫瓦省的马拉坎矿区。

3. 铅锌

巴基斯坦铅锌矿主要分布在杜达、苏迈、贡嘎、顿格4个地区,其中以俾路支省南部的杜达铅锌矿最具开采价值和最著名,矿脉长1100m,矿层厚度在6.5m以上,资源量约5000万t。

4. 铁矿石

巴基斯坦铁矿石品位一般不高,但矿石储量丰富。矿床主要分布在旁遮普省和俾路支省,其他两省也有少量分布。最大的矿床是位于旁遮普省的卡拉巴赫赤查理铁矿,矿石储量约3.5亿t。

第二大铁矿是位于俾路支省的迪尔邦德铁矿,矿石储量约2亿t,主要由赤铁矿和褐铁矿构成。第三个重要矿床位于诺昆迪铁矿,矿石储量5000万t,铁品位45%~49%。另外还有一些小型铁矿,开采价值不大。

5. 金

巴基斯坦金矿资源潜力较大,重要地区是北部山区和俾路支省西北查盖地区。在北部山区,沿喀喇昆仑山脉延伸带不规则地分布有金矿资源。在开伯尔—普赫图赫瓦省的查盖地区,已经确定了13处不规则的含金地带。另外,在迪尔、斯瓦特和马拉坎地区还确定了9处含金地段。在俾路支省,有与铜共生的大量黄金资源,例如山达克铜金矿和雷克迪克铜金矿。此外,在印度河等部分河流的冲积砂里多处发现砂金,有一定找矿潜力。

6. 石油和天然气

巴基斯坦已探明的石油储量为1.84亿桶,随着对石油资源的不断搜寻和勘探,在一些地区相继发现了一些小型油田,有的已经开采。近年来对其近海进行了初步勘探,石油储量比较可观。巴基斯坦已经探明的天然气资源储量比较丰富,为4920亿m^3,目前正加大开采力度。

7. 煤炭

巴基斯坦煤炭资源比较丰富,根据巴基斯坦地质调查局的估算,巴基斯坦煤炭资源量在 1850 亿 t 左右,主要分布在信德省以及俾路支省、旁遮普省和开伯尔—普赫图赫瓦省。最大的煤田是信德省的塔尔煤田,其次是位于同一省的宋达-萨塔煤田、拉科拉煤田。塔尔煤田是世界上最大的褐煤矿之一。

8. 宝玉石

巴基斯坦宝石资源丰富,其北部地区有"宝石王国"之称,西北边境省和巴控克什米尔地区由于得天独厚的地理条件,成为宝石的主要产地,主要包括绿宝石、红宝石、黄玉、橄榄石、绿电石、绿玉、紫晶石以及各种石榴石。

四、乌兹别克斯坦

乌兹别克斯坦能源丰富,黄金、石油、天然气是其国民经济重要支柱。目前工确定了 2700 多个矿床和矿化点。其中探明矿床 1000 多个,含有约 100 种矿物原料,其中 60 多种矿物原料已经进行工业开采。探明油田、天然气和凝析气田 165 个,煤炭矿床 3 个,贵金属矿床 46 个,有色金属、稀有金属和放射性金属矿床 12 个,黑色金属矿床 3 个,宝石矿床 20 个,建材矿床 184 个。

(一)传统优势矿产

1. 金

乌兹别克斯坦金矿储量居世界第四位,产量居世界第八位。目前乌兹别克斯坦的探明金储量 13 000t,预测总资源量达 20 000t。储量在 100t 以上的大型金矿床约有 10 个。规模最大的是穆龙套金矿,其次是扎尔米坦金矿。金矿主要分布在纳沃伊州中克孜勒库姆地区穆龙套矿集区,其次为撒马尔罕州。矿床主要工业类型为黑色岩系和浅成低温热液型。

2. 铜

乌兹别克斯坦铜矿资源十分丰富,有铜矿床和铜矿点 900 余处,主要集中在阿尔玛雷克斑岩铜矿床,产量约占乌兹别克斯坦铜矿石产量的 85%。铜矿田、矿床和矿化点绝大部分集中分布在塔什干库拉玛地区,矿床主要工业类型为斑岩矿和铜黄铁矿,铜斑岩矿是乌兹别克斯坦最重要的工业类型。

3. 铀

乌兹别克斯坦铀矿主要分布于克孜尔库姆地区,以超大型、大型矿床为主,撒马尔罕州和塔什干州主要分布中小型矿床,矿床主要类型为砂岩型、碳硅泥岩型、火山岩型。

4. 铅锌

乌兹别克斯坦铅锌矿主要分布在吉扎克州吉扎克西部地区及南部吉萨尔山区。

(二)战略矿产资源

乌兹别克斯坦战略矿产资源主要有铀、铁、铜、锂、萤石,未见其余矿种成规模的矿山和矿床报道。

铀矿、铜矿不仅是乌兹别克斯坦的优势矿产,在战略性矿种中也是最为典型的矿种。

1. 铀矿

铀矿主要分布在纳沃伊州的克孜勒库姆地区,该地区以砂岩型铀矿为主,其次为碳硅泥岩型铀矿,矿床规模为超大型,但目前已经采完。其次为中天山恰特卡尔地区中小规模的铀矿床及若干矿化点,矿床类型以火山岩型铀矿为主。

2. 铜矿

铜矿集中分布在乌兹别克斯坦中天山地区阿尔马雷克镇东南部,矿床的主要类型为斑岩型,黄铁矿型也有分布,现有开采铜矿床均集中在阿尔马雷克地区,类型以斑岩型为主。

3. 铁矿

乌兹别克斯坦已知近200个不同成因类型的铁矿小矿床和矿化点。有规模的铁矿仅为中天山地区的苏雷纳塔矽卡岩型铁矿床和卡拉卡尔帕克斯坦自治区的捷米尔坎铁矿。

4. 锂铍铌钽等稀有金属矿产

锂铍铌钽等稀有金属矿产目前仅有沙瓦兹赛锂矿床,位于塔什干恰特尔地区,矿床成因类型属于火山沉积型锂矿,矿化发生在二叠纪高钾酸性、基性火山岩充填的火山口内。Li_2O的平均品位为0.4%~0.6%。其他有利碱性元素的品位不高,其中Rb_2O为0.03%~0.05%,Cs_2O为0.01%~0.2%。围岩中富含锶、硼、砷、钼。此外,在南天山伟晶岩类发育的地区也有显示有一些锂矿化,常与铍铌钽矿化共生。

5. 萤石

乌兹别克斯坦具有工业价值的萤石主要集中在恰特卡尔-库拉玛地区,其中阿加塔-奇巴尔加塔矿床、瑙吉斯肯矿床、奥拉赫马特矿床、肯古坦矿床、克济尔包尔矿床、瑙加尔赞矿床已经采完。苏普帕塔什矿床和沙布列兹矿床计划开始工业开采。矿床成因类型主要有花岗伟晶岩型、云英岩型、矽卡岩型和热液型。

乌兹别克斯坦其他矿种资源量预测如表2-4所示。

表2-4 乌兹别克斯坦其他矿种资源量预测表

矿种	资源量	产地
银	1.32/万 t	纳沃伊州、塔什干州
钼	6/万 t	撒马尔罕州
钨	3.5/万 t	撒马尔罕州
铁	45/亿 t	卡拉卡尔帕克斯坦、塔什干州
萤石	500/万 t	塔什干州
钾盐	30/万 t	苏尔汗河州
煤	70/亿 t	安格连州、苏尔汗河州

第五节 重点国家地质矿产特征

一、塔吉克斯坦

(一)成矿地质背景

塔吉克斯坦位于中亚腹地,是中亚褶皱带的一部分,涉及古亚洲构造域和特提斯-喜马拉雅两大构造域,位于天山、帕米尔、西昆仑、兴都库什和喀喇昆仑的交会处,地质构造复杂,处于南天山造山带,经历了多旋回地质构造,在漫长的地质历史时期内,一些穿透地壳的断裂和活动带多发生活动,岩浆熔融体、含矿流体、热液沿断裂和活动带上升到地壳甚至地表,有利地质条件下形成各种矿床。这些流体决定了一些大型、特大型矿床的形成和分布。而这种长期活动带广泛分布在塔吉克斯坦境内,古生界、中生界及新生界底层均有出露,局部见存在太古宙及元古宙变质结晶基底。塔吉克斯坦岩浆岩广泛发育,晚古生代、中生代、新生代岩浆岩均有发育,岩浆活动具有由北向南逐渐变形的特点,拥有丰富的矿产资源。

(二)区域构造特征

塔吉克斯坦跨越古亚洲构造域和特提斯-喜马拉雅构造域,由哈萨克-准噶尔板块(Ⅰ)、塔里木-卡拉库姆板块(Ⅱ)和土耳其-中伊朗-冈底斯中间板块(Ⅲ)3个构造单元组成,划分为7个二级构造单元、11个三级构造单元(表2-5,图2-3)。

表2-5 塔吉克斯坦构造划分表

构造域	一级构造单元	二级构造单元	三级构造单元
古亚洲洋构造域	Ⅰ哈萨克-准噶尔板块	Ⅰ₁恰特卡尔陆块	Ⅰ₁₋₁卡拉马扎尔火山盆地
		Ⅰ₂费尔干纳陆块	Ⅰ₂₋₂南费尔丁纳陆块
	NTST 南天山缝合带		
	Ⅱ塔里木-卡拉库姆板块	Ⅱ₁塔里木-卡拉库姆北部陆缘	Ⅱ₁₋₁南天山古生代弧前增生楔
			Ⅱ₁₋₂泽拉夫尚陆缘拉伸盆地
		Ⅱ₂塔里木-卡拉库姆陆块	Ⅱ₂₋₁吉萨尔地块(拜松地块)
			Ⅱ₂₋₂卡拉库姆中新生代盆地
		Ⅱ₃塔里木-卡拉库姆南部陆缘	Ⅱ₃₋₁穆克苏伊晚古生代裂谷
			Ⅱ₃₋₂卡拉库里多期复合岩浆弧
	BKT 巴米扬-康西瓦缝合带		
特提斯-喜马拉雅构造域	Ⅲ土耳其-中伊朗-冈底斯中间板块	Ⅲ₁塔尼玛西山-阿克赛钦陆块	Ⅲ₁₋₁中帕米尔地块
		Ⅲ₂米特拉姆-红其拉普陆块	Ⅲ₂₋₁东南帕米尔前陆盆地
			Ⅲ₂₋₂西南帕米地块

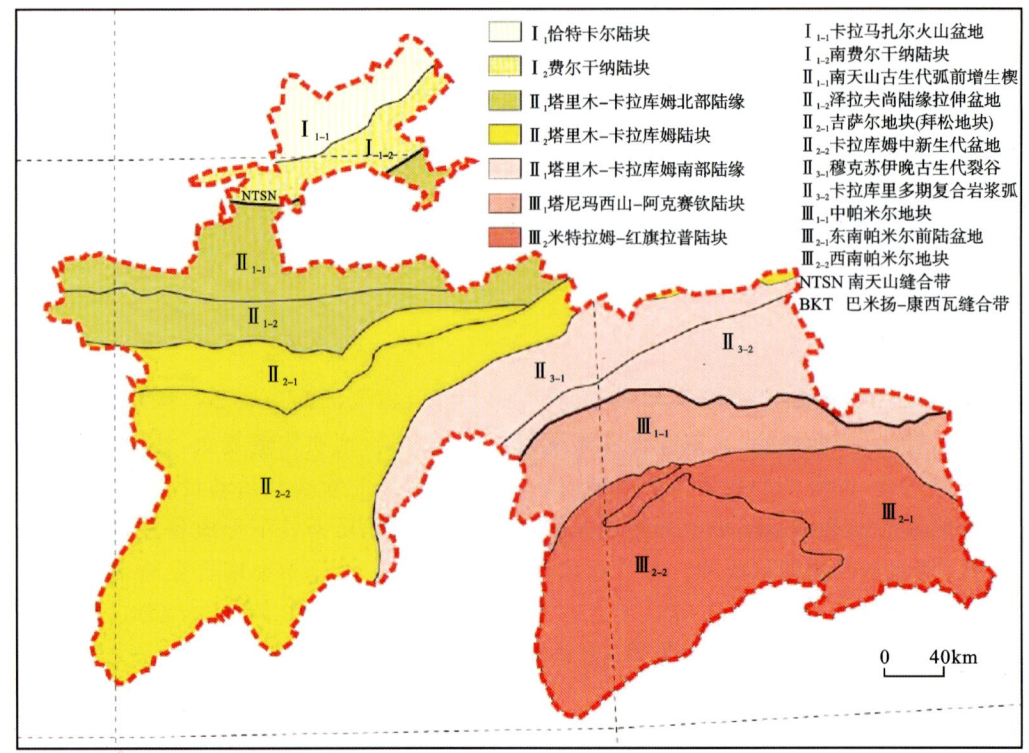

图 2-3 塔吉克斯坦构造单元划分图

1. 哈萨克-准噶尔板块（Ⅰ）

哈萨克-准噶尔板块（Ⅰ）由恰特卡尔陆块（I_1）和费尔干纳陆块（I_2）两个二级构造单元组成，分为两个三级构造单元，分别为卡拉马扎尔火山盆地（I_{1-1}）和由南费尔干纳陆块（I_{2-2}），主要特征如下。

（1）卡拉马扎尔火山盆地（I_{1-1}）。位于塔吉克斯坦北部，南界为阿特巴希-费尔干纳级深断裂（即主乌拉尔-突厥斯坦-阿特巴希-依内里切克缝合带的一部分）。区内发育很厚的中泥盆世—早石炭世碳酸盐和硬石膏相沉积以及石炭纪—早二叠世中、酸性火山岩（安山岩、粗面安山岩、流纹岩、粗面流纹岩）。其上部由二叠纪陆相粗粒磨拉石和流纹质的熔接凝灰岩、凝灰岩、熔岩组成。地层厚达5000～6000m。岩浆岩有海西中—晚期的花岗岩类岩体。构造属于基底断块式的上叠火山沉积盆地。区内矿产主要有矽卡岩型和层控型铅锌银矿等，在相邻的乌兹别克斯坦有著名的阿尔马雷克斑岩铜矿床。

（2）南费尔干纳陆块（I_{2-2}）。分布面积较小，北与卡拉马扎尔火山盆地相连，南以南天山缝合带（NTST）为界。发育中—新生界沉积地层，早期以陆源碎屑充填盆地，白垩纪发育陆相、潟湖相、偶尔为海相的沉积层，厚达1500m，主要为红色砾岩、黏土和砂岩，含石膏、灰岩和泥灰岩的透镜体和夹层。古近纪为潟湖相和海相陆源-碳酸盐沉积，含大量动物化石群，盆地内沉积地层厚度达10～12km，矿产有石油、天然气、岩盐、石膏、煤等。

2. 塔里木-卡拉库姆板块（Ⅱ）

塔里木-卡拉库姆板块（Ⅱ）由塔里木-卡拉库姆北部陆缘（II_1）、塔里木-卡拉库姆陆块（II_2）和塔里木-卡拉库姆南部陆缘（II_3）3个二级单元组成，划分为6个三级构造单元：南天山古生代弧前增生楔（II_{1-1}）、泽拉夫尚陆缘拉伸盆地（II_{1-2}）、吉萨尔地块（拜松地块）（II_{2-1}）、卡拉库姆中新生代盆地（II_{2-2}）、穆克苏伊晚古生代裂谷（II_{3-1}）和卡拉库里多期复合岩浆弧（II_{3-2}），主要特征如下。

（1）南天山古生代弧前增生楔（II_{1-1}）。北以南天山缝合带（NTST）为界，南与泽拉夫尚断裂与泽拉夫尚陆缘拉伸盆地（II_{1-2}）为邻。早古生代早期，作为塔里木古陆及其边缘，沉积了震旦系和寒武系的稳定沉积,其中震旦纪冰碛岩和早寒武世硅质含磷建造与扬子古陆陆缘所发育者十分相似。震旦纪冰川作用及水下喷发,说明此时大陆边缘的裂谷作用已经开始。早古生代南天山洋正在裂开,塔里木古陆北侧由裂离发展到被动陆缘演化过程,在奥陶纪已经完成。在志留纪—早泥盆世,南天山洋在志留纪—早泥盆世闭合,其结果是塔里木板块与哈萨克-准噶尔板块碰撞缝合。

(2)泽拉夫尚陆缘拉伸盆地(II_{1-2})。位于撒马尔罕—萨雷塔什一带,北以深大断裂与南天山古生代弧增生楔(II_{1-2})相邻,南以大断裂与吉萨尔地块(拜松地块)(II_{2-1})相邻,呈向南的弧形,两侧向北延伸至区外。太古宇为黑云母片麻岩、黑云母石榴石矽线角闪片麻岩、白云化大理岩、硅质岩、粒变岩及角闪岩等,元古宇为黑云石英片岩、绿泥黑云石英片岩、绿泥石绿帘石片岩等,寒武系为砂质灰岩、灰岩等,奥陶系由泥质页岩、砂质灰岩组成,含海相化石。志留系为粗砂岩、砾岩、沥青灰岩夹火山熔岩。泥盆系由灰岩、白云岩、白云化沥青灰岩等组成含海相生物化石。石炭系为灰岩、燧石灰岩、页岩、砂岩、砾岩夹火山熔岩。二叠系为酸性喷出岩及凝灰岩等,上石炭统与二叠系、上二叠统与下二叠统、二叠系与三叠系间均为不整合接触。三叠系为湖沼相含煤页岩、砂岩、砾岩,局部见铝、铁氧化层,被侏罗系不整合覆盖。侏罗系为砂岩、砾岩、细粉砂岩,夹煤层,含植物化石,被白垩系不整合覆盖。白垩系为红色岩系的泥岩、砂岩夹石膏等。古近系下部见海相灰岩、泥灰岩、泥岩含石膏,向上渐为陆相红层、砂岩和砂质黏土,古近系—新近系为红色陆相砂岩、砾岩,第四系为洪冲积物。

(3)吉萨尔地块(拜松地块)(II_{2-1})。北与泽拉夫尚陆缘拉伸盆地(II_{2-1})相邻,南以断裂与卡拉库姆中新生代盆地(II_{2-2}),四周多被中新生界覆盖。太古宇、元古宇构成断块状的变质基底,震旦系整个古生界为其盖层,均由稳定的碳酸盐岩及陆缘碎屑岩组成。下寒武统底部见有硅质含磷建造,平行不整合于含冰碛岩的震旦系之上,局部被中新生界覆盖,海西期岩浆活动发育。

(4)卡拉库姆中新生代盆地(II_{2-2})。北与吉萨尔地块(拜松地块)(II_{2-1})相邻,南以巴米扬-康西瓦缝合带(BKT)为界。基底为太古宇、元古宇的变质岩系,盖层为震旦系至整个古生界,均由稳定的碳酸盐岩及陆源碎屑岩组成。下寒武统底部见有硅质含磷建造,平行不整合于含冰碛岩的震旦系之上。

(5)穆克苏伊晚古生代裂谷(II_{3-1})。北与卡拉库姆中新生代盆地(II_{2-2})相邻,南以卡拉库里湖南断裂为界与卡拉库里多期复合岩浆弧(II_{3-2})相邻。基底属于塔里木古陆的一部分,区内出露地层最老为元古宇变质岩系,岩石组合为石英岩、大理岩、片麻岩和片岩组合,在空间上呈断块残片状展布。志留系—泥盆系为浅变质碎屑岩组合的变砂岩、千枚岩、片岩和灰岩。石炭系为一套基性未分的火山熔岩、火山碎屑岩、灰岩和砂岩沉积。该套岩组合中有早石炭世蛇绿岩组合,可能为早石炭世洋盆沉积组合。在石炭系中发育早石炭世花岗闪长岩、闪长岩、斜长花岗岩、斑岩岩墙。二叠系为中基性火山熔岩、碳酸盐岩、页岩、粉砂岩等碎屑岩组合。在卡拉库里湖西边发育三叠纪花岗闪长岩-二长花岗岩等侵入体,由南向北的逆冲推覆构造也较为发育。

(6)卡拉库里多期复合岩浆弧(II_{3-2})。北以卡拉库里湖南断裂为界与穆克苏伊晚古生代裂谷(II_{3-1})相邻,南以巴米扬-康西瓦缝合带(BKT)为界与中帕米尔地块(III_{1-1})相邻。主要发育一套石炭系—二叠系千枚岩、变质砂岩、灰岩,为一套浅变质滨浅海相碎屑岩,岩石组合为砂质板岩-粉砂质板岩-石英砂岩-灰岩等,陆源碎屑物丰富,且内部保存波痕、羽状交错层理等浅水沉积构造组合。区内岩浆岩零星出露,局部辉长岩发育。地层主体向南陡倾,内部发育向南或向北陡倾的褶皱构造,挤压变形特征明显。靠近坦尼马斯逆冲带附近地层向北陡倾,发育由北向南的逆冲推覆构造组合,保留了碰撞造山期的构造组合。

3. 土耳其-中伊朗-冈底斯中间板块(Ⅲ)

土耳其-中伊朗-冈底斯中间板块(Ⅲ)由塔尼玛西山-阿克赛钦陆块(III_1)和米特拉姆-红其拉普陆块(III_2)两个二级构造单元构成,划分为3个三级构造单元:中帕米尔地块(III_{1-1})、东南帕米尔前陆盆地(III_{2-1})和西南帕米尔地块(III_{2-2}),主要特征如下。

(1)中帕米尔地块(III_{1-1})。北以巴米扬-康西瓦缝合带(BKT)为界,南以如山-帕沙尔特缝合带为界,与东南帕米尔前陆盆地(III_{2-1})和西南帕米尔地块(III_{2-2})分开。出露前寒武纪基底、古生代盖层、中生代和新生代岩石组合。前寒武系在该地区北部边缘较为发育,其中中元古界呈不整合接触,下古生界寒武系到泥盆系为灰岩、泥岩、页岩,显示被动大陆边缘组成特征。上古生界石炭系—下二叠统为砂岩、粉砂岩、灰岩、泥灰岩、蚀变喷出岩、少量安山岩,岩石组合指示其为被动大陆边缘或者台地相沉积,上古生界地层不整合于早古生代地层之上。中生代晚三叠世—侏罗纪碎屑沉积岩石不整合于下伏地层之上,主要岩石组合为滨浅海相砂岩、粉砂岩、页岩、礁灰岩、灰岩,其上部碳酸盐岩明显增多。中帕米尔地块整体上岩浆活动较少,在前寒武纪基底岩系内部发育较多淡色辉长岩-闪长岩株,在前寒武纪基底和石炭系中发育中生代以来类花岗岩类,伟晶岩、细晶岩脉侵入。

(2)东南帕米尔前陆盆地($Ⅲ_{2-1}$)。北以如山-帕沙尔特缝合带为界与中帕米尔地块($Ⅲ_{1-1}$)相邻,西以阿里库尔剪切带为界与西南帕米地块($Ⅲ_{2-2}$)相邻。带内上石炭统到下二叠统为硅质碎屑岩沉积组合、厚度变化较大,与下伏地层接触关系不详。中二叠统为碳酸盐岩台地沉积与斜坡、盆地相沉积互层,由生物碎屑灰岩、硅质灰岩、页岩、火山碎屑岩、砂岩和砾岩组成,夹泥石流和滑塌堆积。沉积组合显示中—晚二叠世期间存在一次构造事件,沉积环境有明显变化,水体加深,地壳流动性增强。侏罗系以海相灰岩沉积为主,与下伏地层呈角度不整合接触。主要发育两期岩浆事件,第一期为中二叠世晚期中基性岩脉;第二期为晚侏罗世—早白垩世花岗岩类侵入岩。

(3)西南帕米尔地块($Ⅲ_{2-2}$)。北以如山-帕沙尔特缝合带为界与中帕米尔地块($Ⅲ_{1-1}$)相邻,东以阿里库尔剪切带与东南帕米尔前陆盆地($Ⅲ_{2-1}$)相邻。发育前寒武纪基底地层,其中太古宇为沙赫达林群和戈兰群,主要岩石组合为片麻岩、混合岩、麻粒岩、石英岩、大理岩、角闪岩。古元古界为阿利丘尔群片麻岩、混合岩、大理岩,可能为结晶基底。中元古界不整合于太古宇之上,北为阿利丘尔群片岩、石英质砂岩、大理岩化为灰岩及变辉绿岩的夹层等。在北部地区发育晚古生代石炭纪—二叠纪片岩、页岩、石英砂岩等沉积组合,不整合前寒武纪基底之上。北部发育有一系列中生代和古近纪花岗岩和花岗闪长岩侵入体。前寒武系为结晶基底,内部普遍发育长英质脉体、伟晶岩脉等,脉体常发生韧性剪切变形。

(三)区域成矿特征

在塔吉克斯坦地质背景及成矿规律研究的基础上,根据成矿区(带)的划分可以从全球的成矿域到大区域性的成矿省、区域性的成矿区(带)及地区性的成矿亚区(带)等不同级别。遵循构造单元域成矿作用相结合,含矿岩石建造、成矿时代、主要矿种及其成因类型相结合,以区域成矿地质背景为基础,结合物化遥等资料,根据研究区大地构造单元的划分,考虑已知金属、非金属矿床、矿点及矿化点的空间分布特征,遵循成矿带划分原则,对研究区进行了成矿区(带)的划分。塔吉克斯坦由古亚洲洋成矿域($Ⅰ_1$)和特提斯成矿域($Ⅰ_2$)2个Ⅰ级成矿域组成,划分为7个成矿省,11个成矿带(表2-6、图2-4)。

表2-6 塔吉克斯坦成矿带划分

一级成矿带	二级成矿带	三级成矿带
$Ⅰ_1$古亚洲洋成矿域	$Ⅱ_1$恰特卡尔成矿省	$Ⅲ_1$卡拉马泽尔铅、锌、银、铜、铋、铁成矿带
	$Ⅱ_2$费尔干纳成矿省	$Ⅲ_2$费尔干纳煤、石油、天然气、岩盐成矿带
	$Ⅱ_3$南天山成矿省	$Ⅲ_3$图尔克斯坦金、铅、锌、钨、铝、汞成矿带
		$Ⅲ_4$泽拉夫尚金、稀土成矿带
	$Ⅱ_4$塔里木-卡拉库姆成矿省	$Ⅲ_5$吉萨尔金、钨、锡、汞、锑、铝、铀成矿带
		$Ⅲ_6$卡拉库姆-塔里木铀、石油、天然气成矿带
	$Ⅱ_5$兴都库什-北帕米尔-西昆仑成矿省	$Ⅲ_7$北帕米尔穆克苏伊金、铜、铅、锌成矿带
		$Ⅲ_8$北帕米尔卡拉库里金、银、铜、铁成矿带

续表 2-6

一级成矿带	二级成矿带	三级成矿带
I_2特提斯成矿域	II_6兴都库什-中帕米尔-西昆仑南部成矿省	III_9中帕米尔金、银、铜、铁、铝成矿带
	II_7兴都库什-南帕米尔-喀喇昆仑成矿省	III_{10}东帕米尔金、铁、钨、锡、铌、钽成矿带
		III_{11}西南帕米尔金、银、铅、钼、铍、钛、钽、锂成矿带

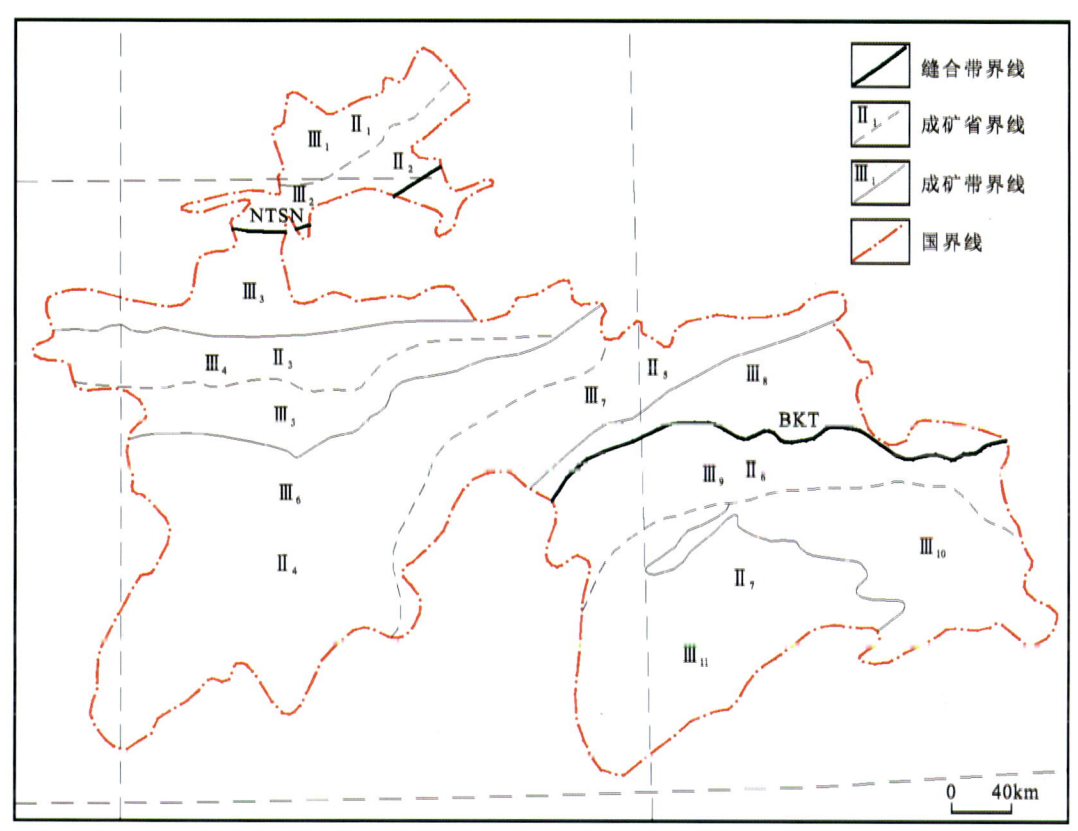

图 2-4 塔吉克斯坦成矿带划分图

1. 恰特卡尔成矿省（II_1）

卡拉马泽尔铅、锌、银、铜、铋、铁成矿带（III_1）位于塔吉克斯坦北部，大地构造位置上属哈萨克斯坦-准噶尔板块中天山造山带南苑，为恰特卡尔陆块的石炭纪—二叠纪火山盆地。该成矿带未见前寒武纪地层出露。下古生界主要由奥陶系—志留系石英砂岩、石英岩、绿泥石化或绢云母片岩组成，具有被动大陆边缘性质。上古生界下部泥盆系主要为厚层状与块状灰岩、白云岩，夹大理岩层、片岩、安山岩、英安岩、安山玄武岩、凝灰岩、凝灰砾岩、砂岩等，具陆缘火山弧性质。晚古生代石炭纪—二叠纪发育强烈的火山活动，自中石炭世后火山活动增强，中石炭统由砂岩、页岩、安山岩、英安岩、凝灰岩、凝灰砾岩、流纹岩、辉绿岩、灰岩以及碎屑岩等组成，同下伏地质体呈区域性不整合接触。至二叠纪，全区发育陆相火山岩，具有陆缘火山岩带性质。中—新生界以河、湖、潟湖相为主并含煤及石膏层。区内侵入岩广泛发育，主要为石炭纪辉长-闪长岩、闪长岩、石英闪长岩、辉长岩、斜长花岗岩、斑状花岗岩、花岗闪长岩、石英二长岩等。此外，该区东部还发育二叠纪正长岩、石英正长岩、三叠纪碱性花岗岩等。区内大量的碳酸盐岩地层的发育和强烈的中酸性岩侵入活动为该成矿带的形成创造了极为有利的成矿条件。

该成矿带主要成矿期为石炭纪—二叠纪,矿床成因类型主要为火山-沉积型、矽卡岩型、热液型,其中以火山-沉积型铅锌银矿床最为重要。矿石呈浸染状、细脉状,矿体呈层状、透镜状产出。矽卡岩型和热液型矿床集中在小侵入体与灰岩接触带,与花岗斑岩、花岗闪长斑岩等次火山侵入岩及脉岩共生。该成矿带重要的矿床有阿尔登-托普坎矿床,为塔吉克斯坦境内最大的铅锌矿床,大卡尼曼苏矿床为中亚第一大银矿床。

2. 费尔干纳成矿省（II_2）

费尔干纳煤、石油、天然气、岩盐成矿带（III_2）横跨3个国家,中心部分位于乌兹别克斯坦的东端,东部和西南部在吉尔吉斯斯坦境内,西北部在塔吉克斯坦境内。

该成矿带基底为古生代火成岩和变质岩系,呈块状结构。上二叠统主要为河流相、湖相、沼泽相的泥页岩、砂岩及含煤沉积。下中三叠统缺失,上三叠统主要为陆相杂色砾岩、砂岩、粉砂岩、砂泥岩、泥岩夹煤层,填充在古生代基底凹陷中,厚700m。侏罗系主要为湖泊相、沼泽相的暗色泥岩、粉砂岩、煤层夹介壳灰岩以及河流相杂色砂岩、砾岩、泥岩,厚度变化较大（0~1000m）。白垩系主要为陆相、潟湖相和海相沉积,为底砾岩超覆在侏罗系或古界之上。其中下白垩统为红色泥岩、砂岩及砾岩,厚25~160m;上白垩统为碳酸盐岩、石膏和灰黑色黏土。在费尔干纳盆地南缘为红色泥岩夹石灰岩与浅白色细粒疏松砂岩互层,厚80~300m。古近系为潟湖-海相沉积,主要为浅绿色泥岩,含石膏及牡蛎化石,夹石灰岩、泥灰岩。从盆地边部到中部由滨岸相、潟湖相过渡为浅海相,厚140~320m。新近系为陆相磨拉石沉积,下部为砖红色瓢土夹砂岩,上部为粉红色黏土夹薄层砂岩和细砾岩,厚120~375m。中生代时期中亚地区广泛遭受海侵,中晚侏罗世和晚白垩世两次规模较大的海侵形成了费尔干纳盆地重要的烃源岩层。

费尔干纳盆地的油气主要集中于4套含油气层系中,即侏罗系、白垩系、古近系及新近系,前两个主要产气,后两个主要产油。目前塔吉克斯坦境内有11个主要油气田分布在该盆地,迄今大部分仍处于生产状态。已发现的油气层基本上位于古近系沉积层中,油气层埋藏深度在100~4800m之间。现存油气田主要位于费尔干纳盆地南侧。该带金属矿产以汞锑矿为特色,其次是铅锌矿、铝土矿、金矿、铬矿等。汞锑矿床主要产于中—上古生界硅质-碳酸盐岩建造的上部。矿化与围岩整合产出,矿化与顺层的石英交代岩-似碧玉岩有关。铅锌矿主要为热液型矿床,主要产在中泥盆世灰岩中。铝土矿产于中石炭统中,为沉积型。金矿仅为一些矿点。铬矿产于白垩系中,为沉积成因。

3. 南天山成矿省（II_3）

（1）图尔克斯坦金、铅、锌、钨、铝、汞成矿带（III_3）。位于塔吉克斯坦中部,呈纬向延展的巨型平缓弧形构造,属于塔里木-卡拉库姆北部陆缘南天山古生代弧前增生楔,北以南天山缝合带为界与费尔干纳盆地相邻,南以泽拉夫尚断裂与泽拉夫尚拉伸盆地相接。作为塔里木-卡拉库姆古陆及其边缘,该区出露最古老的地层为中震旦世冰碛岩和早寒武世硅质含磷建造的稳定型沉积,震旦纪的冰川作用及水下火山喷发,说明此时大陆边缘的裂谷作用已经开始。奥陶系为砂岩、页岩夹灰岩,中—上奥陶统为变质页岩、红色粉砂岩、砂岩、砾岩、灰岩,下志留统为杂色、灰色碳酸盐岩,硅泥质页岩夹杂辉绿岩、凝灰岩等深水斜坡-洋底高原相沉积（硅泥质岩＋洋底火山岩建造）的出现,也说明此时由裂离发展到被动陆缘的演化过程已经完成。总体上,该带在奥陶纪—志留纪处于较稳定的陆棚沉积环境。

中志留世—晚泥盆世发育岛弧火山岩建造（辉绿岩、凝灰岩、中酸性喷出岩组合、黏土质白云石化灰岩、黏土质页岩、粉砂岩、砂岩、砾岩）,说明南天山洋在志留纪时已开始向北俯冲。石炭纪开始进入板内演化阶段,形成具有上叠性质的盆地,下—中石炭统下部为层状灰岩、白云岩、硅质岩、黏土质页岩,上部为砂岩、粉砂岩夹透镜状灰岩。中—上石炭统为黏土质页岩、粉砂岩、砾岩夹少量灰岩,二叠系为杂色砾岩、细砾岩、砂岩,说明这一阶段已经进入陆内演化阶段。

区内岩浆岩主要发育维宪期闪长岩、石英闪长岩、辉长岩，图尔克斯坦期花岗岩，晚二叠世—早三叠世碱性、强碱性正长岩、霞石正长岩。这说明从晚二叠世开始该带已经进入碰撞造山阶段。

该带目前发现的矿产主要有与石炭纪辉长岩、花岗岩类有关的中温热液脉状、网脉状金矿，赋存在中泥盆世碳酸盐岩中的层控型汞矿床以及沉积型层状铝土矿床。

(2)泽拉夫尚金、稀土成矿带($Ⅲ_4$)。属于塔里木-卡拉库姆北部陆缘区泽拉夫尚陆缘拉伸盆地，北以泽拉夫尚断裂为界与南天山古生代弧前增生楔相邻，南以深大断裂为界与塔里木-卡拉库姆陆块吉萨尔地块(拜松地块)相接。基底为元古宇，主要由黑云石英片岩、绿泥黑云石英片岩、绿泥石绿帘石片岩等组成。古生界具被动陆缘性质，在早期基底上拉张开裂，生成巨厚的浅海相沉积，岩浆活动微弱，地层基本上未遭变形，无强烈地震、火山活动和造山运动。中生界为湖沼相含煤沉积。古近系和新近系下部见海相灰岩、泥灰岩、泥岩含石膏，向上渐变为陆相红层、砂岩和砂质瓤土，古近系和新近系上部为红色陆相砂、砾岩，第四系为洪冲积物。

该成矿带为塔吉克斯坦最为重要的成矿带，优势矿种有锑、汞、金、铜、钨、锡等，其中大型金矿床(储量超过20t)6个，分别为塔罗金矿、吉劳金矿、乔列金矿、东杜奥巴金矿、乌奇科尔金矿、上库马尔格金矿；中型金矿床(储量为8～20t)3个，分别是吉日达尔瓦金矿、沙赫巴斯金矿、库姆-马诺尔金矿。该成矿带的矿床类型多为与岩浆作用有关的矿床，主要有矽卡岩型及热液型矿床，其中矽卡岩型矿床主要有金、铅锌(银)、钨锡矿床，产在中酸性岩体与早石炭世碳酸盐岩层接触带部位，其成矿时代与晚古生代岩浆作用有关，如与矽卡岩有关的塔罗铜金矿床和吉劳金矿床等。另外，在研究区的西邻区域有乌兹别克斯坦穆龙套金矿床产出。热液型矿床主要有汞、锑、金矿床，与吉尔吉斯南天山汞锑成矿带一起构成世界上最大的汞-锑成矿带之一。区内汞锑矿床集中，有40多处汞和锑矿床(点)，大型矿床有什格马吉杨锑矿和吉吉克卢特汞锑矿，矿床主要产出于泥盆系与石炭系之间的不整合断裂带附近，其形成与岩浆侵入活动关系不明显，而岩性对汞、锑矿床的分布有着明显的控制作用。因此，本区具有寻找矽卡岩型及热液型金、钨、汞锑矿床的良好前景。

4. 塔里木-卡拉库姆成矿省($Ⅱ_4$)

(1)吉萨尔金、钨、锡、汞、锑、铝、铀成矿带($Ⅲ_5$)。位于塔吉克斯坦中部，塔里木-卡拉库姆陆块吉萨尔地块(拜松地块)上，北界为哈拉峻-阿合奇大断裂，南以断裂与卡拉库姆中新生代盆地相邻，四周多被中新生界所覆盖。太古宇、元古宇构成断块的变质基底，震旦系至整个古生界为其盖层，均由稳定的碳酸盐岩及陆源碎屑岩所组成。下寒武统底部见有硅质含磷建造，平行不整合于含冰碛岩的震旦系之上，局部被中新生界覆盖，晚古生代岩浆活动强烈。

该成矿带是塔吉克斯坦重要的金、钨、锡、汞、锑、铝、铀等矿产地。矿产类型主要为与岩浆作用有关的矿床，矿床类型以矽卡岩型及热液型为主，成矿时代主要与晚古生代岩浆作用有关。除此之外，层控型矿床也是该区重要的矿床类型，如碳酸盐岩容矿的层控型汞、锑矿，砂岩型铀矿等。值得注意的是，该区是塔吉克斯坦重要的砂岩型铀矿产出地。

(2)卡拉库姆-塔里木铀，石油、天然气成矿带($Ⅲ_6$)。位于塔吉克斯坦西南的卡拉库姆-塔里木陆块卡拉库姆盆地上，该盆地为中新生代山间盆地，位丁南天山晚古生代造山带与帕米尔、兴都库什造山带以及土兰地块交会处。基底为古生代变质岩，基底顶部深度在最高隆起带为7km，在坳陷区为11km，最深达18km。沉积盖层可分为侏罗纪—古近纪被动大陆边缘的拉张裂谷沉积建造和新近纪—第四纪造山期的巨厚磨拉石建造，上侏罗统含几百米厚的含盐层系。该区是塔吉克斯坦主要的油气产出地，盆地有3套烃源岩：①中、下侏罗统含煤岩系与晚侏罗世碳酸盐岩层；②白垩系泥岩和碳酸盐岩层；③古近纪泥岩和碳酸盐岩层。

5. 兴都库什-北帕米尔-西昆仑成矿省($Ⅱ_5$)

(1)北帕米尔穆克苏伊金、铜、铅、锌成矿带($Ⅲ_7$)。位于塔吉克斯坦巴达赫尚自治州，大地构造位置上处于塔里木-卡拉库姆南部陆缘北帕米尔穆克苏伊晚古生代裂谷带。北以柯岗-库斯拉普断裂与卡拉库姆-塔里木山间盆地逆冲带相邻；南以卡拉克断裂-布仑口断裂与北帕米尔卡拉库里多期复合岩浆弧相接，向东延伸至中国境内，其基底属于塔里木古陆的一部分。区内出露的最老地层为元古宙变质岩系；下—中奥陶统为稳定的台地型沉积；志留系、中泥盆统具类复理石建造特征；上泥盆统为海陆交互相复陆屑建造、类磨拉石建造；下石炭统为碳酸盐岩、碎屑岩、中性—基性火山岩；中—上石炭统为滨-浅海相碎屑岩、碳酸盐岩层；二叠系下部为陆相磨拉石建造，不整合于石炭系之上；三叠系下部为陆相含煤建造，上部为陆相火山岩。岩浆活动以石炭纪最为强烈。

(2) 北帕米尔卡拉库里金、银、铜、铁成矿带（III_8）。位于塔吉克斯坦东北部，大地构造位置上处于塔里木-卡拉库姆南部陆缘卡拉库里多期复合岩浆弧（P—T）带上，北为穆克苏伊晚古生代裂谷，南为巴米扬-康西瓦板块缝合带，向东延伸至中国境内。区内出露的最老地层为古元古代变质岩系；中元古代中低压低温角闪岩相变质岩为褶皱紧闭的基底隆起；中奥陶统及志留系为陆缘型海相变质碎屑岩及碳酸盐岩，不整合于元古宇之上；上泥盆统为陆相-海陆交互相红色碎屑磨拉石建造；石炭系—二叠系为巨厚的由千枚岩、千枚状页岩、石英砂岩夹杂大理岩化灰岩组成的变质岩建造。区内岩浆活动十分强烈，包括主要分布于该区西部的元古宙片麻状花岗岩类；晚古生代侵入岩在该区分布广泛，以二长花岗岩、钾长花岗岩、斜长花岗岩等为主，同位素年龄值为 277.2～202.3Ma。

该成矿带经历了从古元古代到中—新生代长期的地质构造演化，在不同地质历史时期的不同地质构造部位相应形成了一系列金属矿床。目前该成矿带已知的重要金属矿床主要有元古宙层控碳酸盐岩型铁-铜-金矿床、元古宙火山岩系块状硫化物矿床、显生宙与岩浆侵入活动有关的热液矿床等。

6. 兴都库什-中帕米尔-西昆仑南部成矿省（II_6）

中帕米尔金、银、铜、铁、铝成矿带（III_9）位于塔吉克斯坦东部，大地构造位置上北以巴米扬-康西瓦板块缝合带与北帕米尔卡拉库里多期复合岩浆弧、北帕米尔穆克苏伊晚古生代裂谷相接；南以鲁尚-布沙尔特深大断裂与东南帕米尔前陆盆地、西南帕米尔地块相邻。在什巴德—穆兹库里一带，其基底属于古元古代结晶基底，出露最老地层为元古宙片岩、片麻岩相高变质岩系，其次在万奇地区出露中新元古代片岩、石英岩、变质喷出岩。下寒武统为巨厚灰岩、黏土-碳硅质页岩夹少量的长石石英砂岩，厚度大于 2000m；下奥陶统为灰岩、页岩，厚度大于 1000m，为稳定的地台型沉积；志留系、中泥盆统具类复理石建造特征；上泥盆统为海陆交互相复陆屑建造、类磨拉石建造，标志着一次拉张的结束；下石炭统为碳酸盐岩、碎屑岩、中基性火山岩，枕状玄武岩之上为中—上石炭统的滨-浅海相碎屑岩、碳酸盐岩层；二叠系中部为陆相磨拉石建造，不整合于石炭系之上；三叠系下部为陆相含煤建造，上部为陆相火山岩。该区域内主要发育晚古生代—早中生代岩浆岩，包括石炭纪超基性岩、二叠纪基性—中酸性岩、二叠纪—三叠纪中酸性岩和酸性岩等。

7. 兴都库什-南帕米尔-喀喇昆仑成矿省（II_7）

(1) 东帕米尔金、铁、钨、锡、铌、钽成矿带（III_{10}）。分布于塔吉克斯坦帕米尔地区的东南部，北以鲁尚-布沙尔特大断裂与中帕米尔地块相邻，南进入阿富汗、巴基斯坦境内，以瓦济里斯坦-科希斯坦板块缝合带与印度板块相接，其西侧为阿里邱-库兹克左旋断裂，东侧为帕米尔-喀喇昆仑右旋走滑断裂带（塔什库尔干右旋走滑断裂）。

该区域主要出露石炭纪、二叠纪、三叠纪及侏罗纪地层。下石炭统—下二叠统为类复理石建造，厚度超过 1.5km，主要为石英长石砂岩、粉砂岩、泥质板岩以及石英砂岩、粉砂岩互层，中上部夹透镜状砾岩，只在坳陷中部发育石灰岩，说明该期为广泛接受沉积的海盆；下二叠统—上三叠统为火山-硅质-碳酸盐岩建造，该套岩系通常下部为辉绿岩、凝灰岩等火山岩建造，向上过渡为以生物碎屑灰岩为主的碳酸盐岩建造，再向上为碳酸盐岩-硅质岩建造，总体反映盆地水体加深的过程；白垩系为海盆沉积环境，主要为泥质灰岩、泥灰岩、生物-碎屑灰岩等,除此之外,偶尔可见典型的陆源岩层;晚侏罗世末期东南帕米尔地区略有抬升,海水倒退,在侏罗纪末期及整个白垩纪期间此处已经形成大陆,构造运动强烈,伴随有花岗岩类岩体侵入,带内中—新生代深成岩浆活动及逆冲推覆构造极为发育,是印度板块向北俯冲、推挤的结果。

该成矿带的成矿特征如下:①有与晚古生代沉积作用有关的数个铝土矿床(点)出现,不仅为找矿提供了线索,而且为该带地质构造演化、古气候古地理环境的变迁提供了实证;②金矿、锡矿、钨矿原均为海西期成矿作用的产物,主要分布晚古生代、古近纪、新近纪、侏罗纪地层,有中—新生代中酸性岩浆侵入,属斑岩型的铜金矿床(古尼阿巴伊)、钨矿床(特雷朱贝茨-伊乌比莱瑙埃、阿奎德奇加尔等矿床),成矿时代可能与燕山期—新近纪岩浆作用有关。

(2)西南帕米尔金、银、铅、钼、铍、钛、钽、锂成矿带(III_{11})。位于塔吉克斯坦帕米尔地区西南部,大地构造位置上属于米特拉姆-红旗拉普陆块西南帕米尔地块,为太古宙结晶基底的隆起部分。古陆主要由角闪岩相和麻粒岩相的区域深变质岩组成,并受后期侵入岩的叠加改造,发育白云母大理岩、各种深成岩,包括片麻岩、花岗正长岩、斜长花岗岩、紫苏花岗岩、辉长岩、超基性岩等,各类岩石的同位素年龄数据集中于2700~2400Ma和1600~1400Ma两组,后一组数据是后期构造热事件的反映。古陆周边地区分布有元古宙地层,为一套含较多石英岩的绿片岩相岩系,与太古宇多为构造接触关系。

该成矿带向南延伸至阿富汗境内,除巴尔契矽卡岩型铁锡矿床(小型)和塔格里克-克哈斯铌钽矿床(小型)原被定位晚古生代之外,巴古银矿床(中型)、塔库兹布拉克银铅矿(小型)、伊卡尔金钨矿床(小型)、克霍多尔齐夫被矿床(小型)等均与中生代岩浆作用有关,属岩浆热液(包括斑岩型)型。

二、吉尔吉斯斯坦

吉尔吉斯斯坦由哈萨克斯坦-准噶尔板块和塔里木-卡拉库姆板块构成,并由横贯全境的东西向主乌拉尔-突厥斯坦-阿特巴什-伊尔里切克缝合线所焊接。境内构造线以北西西向和北东东向为主。地层出露齐全,岩浆岩发育(图2-5)。

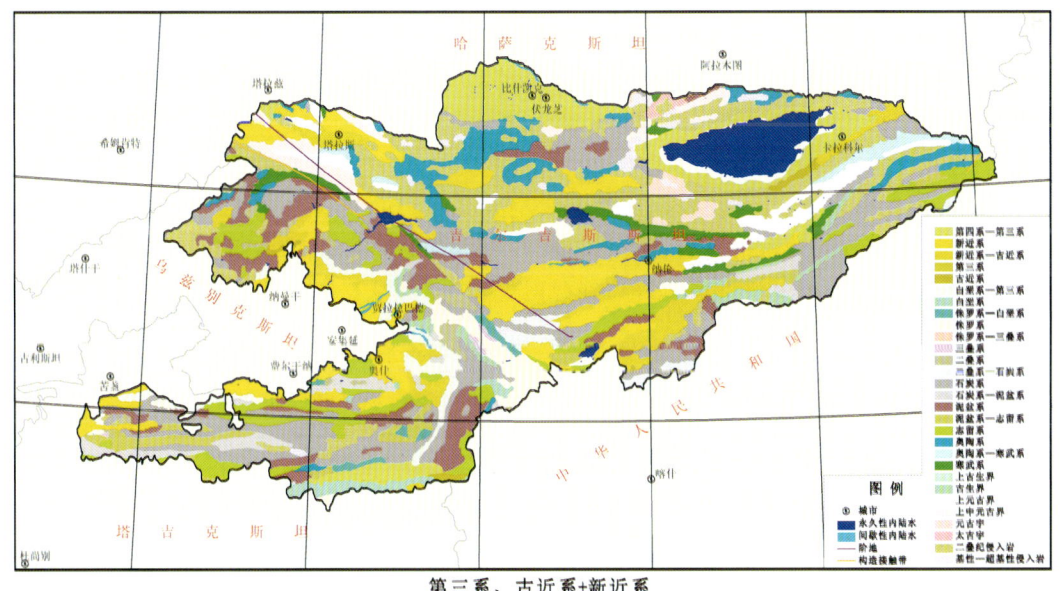

图2-5 吉尔吉斯斯坦地质图

(一)成矿地质背景

1. 地层

(1)太古宇。仅在伊塞克库里州的东部和塔拉斯地分布。主要组成岩性为石榴石-钾长石-白云母片麻岩、大理岩-角闪岩-榴辉石等变质岩系,与古元古界为构造接触。

(2)元古宇。主要分布在纳伦州中部塔拉斯州西部地区,以及南天山局部地区。组成岩性可分为两个变种,其一为片麻岩、石英岩、结晶片岩、大理岩、绿片岩组成的原生沉积和喷发岩变质的一套变质岩系;其二为由原生沉积岩组成的石墨-云母片岩、石榴-角闪片岩、大理岩混合岩系。纳伦地区的超大型金矿和铁矿分别产出在里菲系千枚岩和片麻岩组成的含碳质变质岩和含铁黑色、绿色片岩系组成的文德岩系中。

(3)古生界。在吉尔吉斯斯坦发育较齐全,从寒武系到二叠系均有出露。

(4)下古生界。以分布在北部的塔拉斯州、楚河州及纳伦州的寒武系—奥陶系最普遍。在上述地区的中间地块多形成巨厚的细碧岩-辉绿岩、火山岩-硅质岩等,而在纳伦地区则形成硅质岩-碳酸盐岩建造的陆源沉积。在塔拉斯山南坡及楚河州一带发育的奥陶系多以类复理石建造岩系出现。上志留统主要出露在南天山的奥什州地区,岩性以碳酸盐岩、硅质岩、陆源岩为特征。

(5)新元古界。泥盆系—石炭系主要分布在纳伦以西以及南天山东部地区,岩性以酸性和中性火山岩为主,向上沉积了红色陆源层。而在南天山阿赖地区则分布有以类复理石和类磨拉石建造为主的下石炭统。上二叠统在南天山阿赖地区的残余盆地堆积了陆源层。

(6)中生界。仅在南费尔干纳盆地及北费尔干纳盆地分布有少量侏罗系和三叠系的湖泊沉积岩系。

(7)新生界。只在纳伦和伊塞克盆地及比费尔干纳盆地附近出露有古近系+新近系石膏、盐类碎屑沉积,在比什凯克北的穆云库姆沙漠边缘和境内现代河流中有第四系堆积。

2. 岩浆岩

境内岩浆岩以加里东期侵入岩分布最广,海西期侵入岩不甚发育,多在南天山地区以小规模的中酸性岩出露为特征。

元古宙岩浆岩出露不多,仅在塔拉斯西北部和伊塞克湖附近有少许变质花岗岩和花岗闪长岩分布。

古生代岩浆岩分布甚广,又以北部地区多出露有早古生代的大面积花岗闪长岩、南天山地区多晚古生代花岗岩小岩体出露为特征。早古生代花岗闪长岩主要分布在"尼古拉耶夫线"以北的中、西部地区。岩性有石英岩、石英正长岩、二长正长岩组成的寒武纪—奥陶纪的闪长岩,以及辉长岩-二长岩-花岗闪长岩和花岗杂岩组成的侵入时间稍晚的岩浆岩。晚古生代花岗岩主要以小面积的两种杂岩形式出现,即辉长岩-闪长岩-花岗闪长岩杂岩和碱性岩、霞石正长岩-黑云母花岗杂岩。虽然成分多样,但侵入期多集中在晚石炭世—早二叠世。

3. 构造

横贯全境的东西向主乌拉尔-突厥斯坦-阿特巴什-伊尔里切克缝合线将吉尔吉斯斯坦分割成北部的中天山造山带和南部的南天山造山带;宏大的北西-南东向塔拉斯-费尔干纳大断裂又将上述造山带改造成东、西两大块体,并将西部块体相应北推。

中天山造山带区域构造较复杂,岩浆活动剧烈,地层多被切割地支离破碎,出露最老地层为太古宙变质陆块,其次为元古宙褶皱基底,新元古代—早寒武世地层保存较差,反映了罗迪尼亚古陆的解体,同时形成洋盆。寒武纪、奥陶纪为岛弧发展阶段,志留纪为碰撞期,并伴有岩浆岩侵入活动,碰撞期后形成红色磨拉石建造,泥盆纪形成陆相火山磨拉石沉积。石炭纪则以上叠的火山-沉积盆地显现。

中天山造山带内又以"尼古拉耶夫线"为界,表现出南北不尽相同的地质特征。

"尼古拉耶夫线"北既有前寒武纪中间地块,又有地向斜,在早期沉积阶段,寒武纪—早奥陶世堆积了巨厚的细碧岩-辉绿石和火山岩-硅质岩-陆源岩系,同时伴有超镁铁岩。在晚期沉积阶段,中—晚奥陶世在继承或新生凹陷内形成了巨厚的类复理石或火山熔岩,并伴随有花岗岩基的形成。加里东期褶皱线方向总体呈一向南凸出的弧形,在共和国西部表现为北西向,中部呈东西向,到东部则变为北东向。

"尼古拉耶夫线"南的中天山造山带具有双层结构。在中元古代晚期固结(罗迪尼亚古陆),震旦系—奥陶系、志留系—泥盆系、石炭系—二叠系均为古陆上的盖层沉积。该构造单元内加里东—海西构造活动较强烈,岩石组合为厚度不大的文德系陆缘杂岩和寒武系—奥陶系硅质-碳酸盐岩,到早志留世时,加里东运动以轻微褶皱作用和规模不大的花岗岩侵入而告终。海西期岩石组合分布较广泛,开始为早—中泥盆世酸性和中性火山岩,之后为红色陆缘岩层形成中石炭世,此后该单元一些地区开始沉降,形成复理石和粗屑沉积物,其作用结束于早二叠世,地层发生褶皱。中石炭世—晚二叠世形成火山岩带,同时伴随有闪长岩、花岗闪长岩和碱性花岗岩的侵入。该单元的岩浆侵入活动较"尼古拉耶夫线"北诸单元规模较小,侵入岩主要分布于恰特卡尔地区。构造特点以大断裂最发育,并且在恰特卡尔地区构造方向表现为北东向,而在塔拉斯-费尔干纳大断裂附近则表现为南东向。

WYS缝合线南的南天山造山带,以线型构造、纵向断裂为特征,并以塔拉斯-费尔干纳大断裂为界,分为西部的弧盆带和东部的狭长边缘海的部分。弧盆带发生在志留纪,在里菲期—早古生代硅质岩-白云岩和火山-陆缘建造形成之后。晚志留世形成碳酸盐岩、硅质岩、陆缘岩层、初始火山岩及超镁铁质岩石。晚石炭世和早二叠世仅在个别地区堆积有陆缘岩层。南天山岩浆侵入活动不甚发育,花岗岩浆作用仅在阿赖地区以二叠纪石英闪长岩、花岗闪长岩、二长岩显现。在东南缘地区则以碱性岩和霞石正长岩出露为主,并结束了整个南天山的岩浆侵入活动。

南天山造山带与其北部的中天山造山带的不同之处是,南天山由洋中脊到稳定大陆边缘各种地质环境下形成的几个同时代(中古生代)地层类型组成,出现了推覆构造,强烈的海西造山作用普遍存在。上述特征也充分反映到了该带成矿作用的特殊性上。

(二)区域成矿特征

吉尔吉斯斯坦属古亚洲洋成矿域(I),分为3个二级成矿带,12个三级成矿带(表2-7,图2-6)。

1. 北天山成矿省(II_1)

北天山成矿省位于吉尔吉斯斯坦的北部,包括吉尔吉斯、塔拉斯、苏沙梅尔、朱姆戈尔、扎伊里斯基、昆盖和捷尔斯克伊等山脉。北部和西部边界以哈萨克斯坦为邻,南部由尼古拉耶夫划定的边界与中天山为邻,向东进入我国新疆境内。该成矿省的走向呈向南凸出的弧形。

西部走向为北西向,中部为近纬向,而在东部呈北东向。该成矿省拥有铝(桑德克)、铜(塔尔迪布拉克)、金(杰鲁依、塔尔迪布拉克列瓦别列什尼)、银(库梅什塔格)、砷(乌尊伊姆查克)、铍(卡列塞)和稀土(库杰萨依)等大型矿床。大多数矿床与早古生代和晚古生代岩浆作用有关。北天山成矿省可进一步划分出4个三级成矿带和15个四级成矿带。

(1)吉尔吉斯-昆盖铁铜金银多金属成矿带(III_1)。位于北天山成矿省的北部,地理位置上位于吉尔吉斯山—昆盖山。地层主要由前里菲纪变质岩系、里菲纪变火山-沉积岩系、寒武纪-奥陶纪火山岩系及复理石及泥盆纪陆相火山岩等构成,分别形成于前寒武纪结晶基底、里菲纪大陆裂谷、寒武纪—奥陶纪弧盆系和活动大陆边缘等环境。侵入岩主要是加里东期花岗闪长岩、花岗闪长斑岩、石英二长岩及花岗岩等,形成于俯冲-碰撞环境,其次是海西期花岗岩和碱性岩等,形成于活动大陆边缘和板内环境。断裂构造复杂,有北西向、北东向和近东西向3组。该带的成矿主要与加里期和海西期构造岩浆作用有关,形成以铜、金、稀土、铅、锌等为特色矿产。

表 2-7 吉尔吉斯天山成矿带划分表

一级成矿带	二级成矿带	三级成矿带	四级成矿带
I 古亚洲洋成矿域	II$_1$ 北天山成矿省	III$_1$ 吉尔吉斯-昆盖铁铜金银多金属成矿带	IV$_1$ 塔尔迪布拉克-安达什铜金成矿亚带
			IV$_2$ 扎尔科鲁克什-图尤克金铅金成矿亚带
			IV$_3$ 布拉克希-卡拉库里铜金银铀成矿亚带
			IV$_4$ 阿克丘兹-博尔杜金稀土铍铅锌成矿亚区
			IV$_5$ 阿尔瑟-奥尔托托科依铀铅铁成矿亚区
			IV$_6$ 克明-希尔盖铅金铁铜钼钨成矿亚带
		III$_2$ 伊奇克列套-苏萨梅尔成矿带	IV$_7$ 卡特兰卡-巴拉奇奇坎金锡铁钒成矿亚带
			IV$_8$ 杰鲁依金成矿亚带
			IV$_9$ 库尔干铅锌锡稀土成矿亚带
			IV$_{10}$ 卡拉基切-苏里坦萨雷金成矿亚带
		III$_3$ 朱姆戈尔-捷尔斯克伊成矿带	IV$_{11}$ 乌奇科努尔-桑德克铅铜铝钶成矿亚区
			IV$_{12}$ 克烈盖塔什铅锌稀土锡成矿亚带
			IV$_{13}$ 伊基恰特铅银成矿亚带
		III$_4$ 塔拉斯成矿带	IV$_{14}$ 焦尔赛-库梅什塔格银铍金钼铅锌成矿亚带
			IV$_{15}$ 南塔拉斯金铍成矿亚带
	II$_2$ 中天山成矿省	III$_5$ 恰特卡尔成矿区	IV$_{16}$ 恰拉特-库鲁捷格列克金铜锑成矿亚带
			IV$_{17}$ 捷列克-卡桑金锑汞锡成矿亚带
			IV$_{18}$ 苏姆萨尔铅锌金铜铁钼成矿亚区
		III$_6$ 纳伦成矿带	IV$_{19}$ 马克马尔金钼铁成矿亚带
			IV$_{20}$ 库姆力别利金钨铁成矿亚带
		III$_7$ 杰德姆-库姆托尔金、铁、钨、钼成矿带	IV$_{21}$ 杰德姆铁锰成矿亚带
			IV$_{22}$ 库姆托尔金钨钼成矿亚带
	II$_3$ 南天山成矿省	III$_8$ 迈利苏成矿区	IV$_{23}$ 阿克焦尔金成矿亚带
		III$_9$ 南费尔干纳成矿带	IV$_{24}$ 琼科伊汞成矿亚带
			IV$_{25}$ 海达尔坎-卡拉姆贾伊锑汞金铅锌成矿亚带
		III$_{10}$ 土耳其斯坦-阿赖成矿带	IV$_{26}$ 尼奇克苏-土鲁克金锑锡成矿亚带
			IV$_{27}$ 阿尔琼吉尔加金铝成矿亚带
			IV$_{28}$ 列沃别列-金德克金钨锡铅锌成矿亚带
			IV$_{29}$ 阿克苏尔金成矿亚带
			IV$_{30}$ 奥伊塔尔铜成矿亚区
		III$_{11}$ 东阿赖成矿区	IV$_{31}$ 库尔达马汞锑成矿亚带
			IV$_{32}$ 萨瓦亚尔顿金锑成矿亚带
		III$_{12}$ 阔克萨勒成矿带	IV$_{33}$ 阿特巴什汞铅锌成矿亚带
			IV$_{34}$ 萨雷贾兹钨锡铅铅成矿亚带
			IV$_{35}$ 托戈洛克金稀土成矿亚带

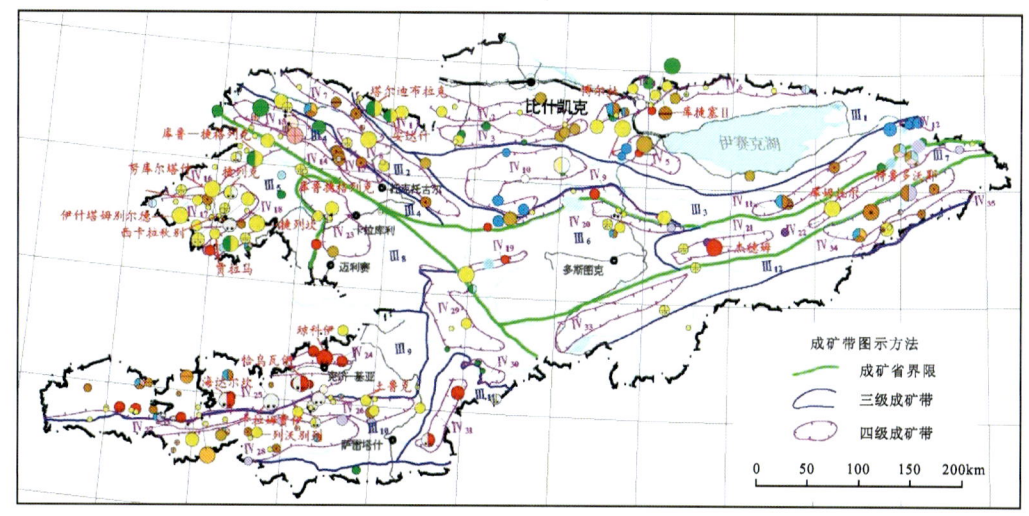

图 2-6　吉尔吉斯天山成矿带划分略图

(2) 伊奇克列套-苏萨梅尔成矿带（Ⅲ₂）。位于北天山成矿省西部，地理位置上沿吉尔吉斯山南坡—苏沙梅尔山分布。出露地层主要是里菲系—文德系、下古生界，其次是前寒武系和上古生界。前寒武系为一套中深变质岩系，构成结晶基底。里菲系—文德系为变质火山-沉积建造，形成于大陆裂谷环境。早古生代寒武纪—奥陶纪有碳酸盐岩建造、陆源建造和火山岩建造 3 种建造，形成于岛弧环境。泥盆系为陆源建造。侵入岩以加里东期为主，有两种组合，一是超镁铁质岩组合，类似于阿拉斯加型；二是花岗岩类，可划分为中—晚奥陶世为花岗闪长岩、英云闪长岩和石英二长岩组合，二是晚奥陶世—志留纪为花岗岩、花岗闪长岩组合，后者出露面积大，分别形成于岛弧俯冲-碰撞环境、碰撞环境。前寒武纪花岗岩出露面积小，岩性主要为似斑状花岗岩、花岗岩、斜长花岗岩等。矿产主要为金、铅、锌、锡、铁、钒等，其形成主要与加里东期岩浆作用有关。

(3) 朱姆戈尔-捷尔斯克伊成矿带（Ⅲ₃）。位于北天山成矿省南部，大体沿朱姆戈尔-捷尔斯克伊山呈展布。中西部为近东西向，东部为北东向。出露地层主要为里菲系、文德系、寒武系—奥陶系、泥盆系和石炭系。里菲系和文德系为一套变火山-沉积岩系，发育双峰型火山岩。寒武系—奥陶系下部为一套火山岩系，上部为陆源沉积地层，形成于岛弧环境。泥盆系主要为砂岩、粉砂岩及砾岩，为碎屑岩建造，石炭系为碳酸盐岩建造，为活动大陆边缘环境。侵入岩主要有 4 期，寒武纪为闪长岩、辉长岩和辉长-闪长岩组合；中—晚奥陶世为花岗闪长岩、英云闪长岩和石英二长岩组合，形成于岛弧俯冲-碰撞环境；晚奥陶世—志留纪为花岗岩、花岗闪长岩组合，形成于碰撞环境；二叠纪为粗晶正长岩，为板内环境。该带的主体为加里东期岛弧。成矿主要与加里东期俯冲、碰撞花岗岩浆作用和二叠纪碱性岩浆火山活动及石炭纪碳酸盐岩建造有关，形成的矿产主要为铅、锌、铜、铝、铷、稀土、锡等。

(4) 塔拉斯成矿带（Ⅲ₄）。位于北天山成矿省的西南部，呈北西向展布，地理位置上大体沿塔拉斯山分布。出露地层较为简单，主要是里菲纪—文德纪火山-沉积岩系及寒武纪—奥陶纪碳酸盐岩建造。出露岩体较少，主要有前寒武纪和加里东期两个花岗岩体。该带以裂谷环境为主，成矿元素以银、铍、金、钼、铅、锌等为主。

2. 中天山成矿省（Ⅱ₂）

该成矿省位于北天山以南，呈近东西向延伸，宽度为20~100km，塔拉斯-费尔干纳横向断裂将其分成纳伦（东部）和恰特卡尔（西部）两个独立部分。中天山北部边界线为尼古拉耶夫线，南部边界线纳伦区以阿特巴什-伊内里切克断裂为界，而恰特卡尔区以卡拉绥断裂为界，向西进入哈萨克斯坦、乌兹别克斯坦境内，向东收缩，急剧变窄，呈楔形延入我国新疆。中天山成矿省形成多种类型的矿产，如铁（杰德姆）、钒（萨雷贾兹）、铜（库鲁-捷格列克、博济姆恰克）、多金属（苏姆沙尔）、锑（捷列克、卡桑）、金（库姆托尔、马克玛尔）、钼（青年）和钨（肯苏）等。中天山成矿省可进一步划分出3个三级成矿带和7个四级成矿带（区）。

（1）恰特卡尔成矿区（Ⅲ₅）。位于中天山成矿省的西部。地层复杂，主要有古元古代片麻岩、结晶片岩、角闪岩、大理岩等，里菲纪—文德纪砂岩、流纹岩、千枚岩、粗面玄武岩和似冰碛岩等，寒武纪—早志留世云母和黏土页岩、灰岩、砂岩、粉砂岩及玢岩夹层，早—中泥盆世安山岩、英安岩、凝灰岩、砂岩和砾岩，中泥盆世—晚石炭世灰岩、白云岩、页岩、砂岩、砾岩，中石炭世安山质-英安质玢岩，晚石炭世—二叠纪英安岩、安山岩、凝灰岩。侵入岩出露志留纪花岗岩、花岗闪长岩，中—晚石炭世辉长岩、闪长岩、二长岩、花岗闪长岩和花岗斑岩，晚石炭世—二叠纪花岗闪长岩、花岗岩、花岗正长岩。该区经历了前寒武纪大陆形成、里菲纪—文德纪大陆裂谷、志留纪碰撞、海西期活动大陆边缘和板内演化等阶段。但主体为海西期活动大陆边缘构造环境。

（2）纳伦成矿带（Ⅲ₆）。位于中天山成矿省的中部，呈北东向展布。该带与恰特卡尔成矿区地质建造基本相似，但以前寒武系不发育和晚古生代岩浆岩出露较少为特点。产出的矿产主要为金、铁、钨、钼等。

（3）杰德姆-库姆托尔金、铁、钨、钼成矿带（Ⅲ₇）。位于南天山成矿省的西部，主要有古元古代片麻岩、结晶片岩、角闪岩、大理岩等，里菲纪—文德纪砂岩、流纹岩、千枚岩、粗面玄武岩和似冰碛岩等，寒武纪—早志留世云母和黏土页岩、灰岩、砂岩、粉砂岩及玢岩夹层，中泥盆世—晚石炭世灰岩、白云岩、页岩、砂岩、砾岩。其中文德系是重要的含矿地层。侵入岩出露中元古代似斑状花岗岩和花岗闪长岩、斜长花岗岩，志留纪花岗岩、花岗闪长岩。该区经历了前寒武纪大陆形成、里菲纪—文德纪大陆裂谷、志留纪碰撞、海西期活动大陆边缘和板内演化等阶段。但主体为海西期活动大陆边缘构造环境。矿床规模大，有两处超大型矿床。

3. 南天山成矿省（Ⅱ₃）

南天山成矿省位于天山南部，费尔干纳将其分为土耳其斯坦-阿赖区（西部）和阔克萨勒区（东部），北部分别以卡拉苏伊（别萨潘-南费尔干纳断裂的一部分）和阿特巴什-伊内里切克断裂与中天山成矿省为邻。南以瓦哈希断裂为界，与北帕米尔相邻，西部与乌兹别克斯坦和塔吉克斯坦的南天山相连，而东南部则与我国的南天山相衔接。地质构造上属海西期造山带。南天山成矿省同样有丰富的金属矿产资源，已发现有锑（卡达姆贾伊、阿布希希）、汞（海达尔坎、琼科依）、金（托赫塔赞、阿尔滕-吉尔加、尼奇克苏、托戈洛克）、钨（特鲁多沃耶、捷列克德）、锡（乌奇科什康、特鲁多沃耶）、铝（扎尔达列克）、铝土矿（卡兰格林、卡特兰巴舍）、锶（卡拉巴克）、铜（奥依塔尔）、铅锌（坎依古特、图拉布拉克）等。南天山成矿省可进一步划分出5个三级成矿带和13个四级成矿带（区）。

（1）迈利苏成矿区（Ⅲ₈）。位于南天山成矿省的北西部，地层复杂，有前寒武系、志留系、泥盆系、石炭系、二叠系、侏罗系等。出露主要地层为前寒武系、志留系—中泥盆统和石炭系等。元古宇为一套结晶片岩。下—中志留统为页岩、碳质页岩、砂岩、凝灰岩、粉砂岩、燧石等，志留系—中泥盆统为火山-陆源建造，其中下志留统—中泥盆统为安山玄武玢岩、英安斑岩、页岩、石灰岩，志留系—中泥盆统为杂色页岩、燧石、石灰岩、玢岩等。石炭系主要为碎屑岩建造和碳酸盐岩建造。该区中古生代基性、超基性岩发育，呈带状产出。晚石炭世—早二叠世岩株状花岗岩体侵入于沉积岩地层中，分布局限，岩性为花岗闪长斑岩、石英闪长玢岩组合。该区构造环境比较复杂，主要是志留纪—早石炭世岛弧和弧后盆地环境。该区产出的主要矿产为金，其次是铀、锆等。

(2) 南费尔干纳成矿带(III_9)。位于南天山成矿省的中部，呈近东西向展布。出露地层主要是古生界，主要为碎屑岩建造、碳酸盐岩建造、火山岩建造及其过渡类型。在矿带北部原定的元古宇可能为下古生界，为一套火山岩系。该带北部发育超基性岩，中酸性岩体不发育，仅为一些小的岩体。该带的成矿环境主要为早志留世—早石炭世岛弧、弧后盆地和阿赖-塔里木北大陆斜坡环境。在成矿上以汞、锑为特色，形成北以汞为主，南以汞锑为主的分带。

(3) 土耳其斯坦-阿赖成矿带(III_{10})。位于南天山的南部，大致沿图尔克斯坦和阿赖山展布。该带的地层仍以古生界为主。下—中志留统为页岩、碳质页岩、砂岩、凝灰岩、粉砂岩、燧石等，志留系泽拉夫尚组岩性为砂岩、页岩夹硅质页岩、页岩夹碳质页岩、绿泥片岩、结晶片岩、片麻岩等，下—中泥盆统为火山建造，岩性为玢岩、凝灰岩夹石灰岩、燧石、页岩等，泥盆系—下石炭统层状白云岩、白云灰岩、石灰岩等，为碳酸盐岩建造，石炭系主要为碎屑岩建造和碳酸盐岩建造。与南费尔干纳成矿带(III_9)不同的是，此带寒武纪火山岩不发育，而泥盆纪火山岩产出较多。该区的岩浆侵入岩较发育时，形成时代为早二叠世和晚二叠世—早三叠世，按岩石组合可分为3类岩体：早二叠世石英闪长岩、花岗闪长岩和二长岩岩体，早二叠世花岗岩、花岗闪长岩、白岗岩岩体，晚二叠世—早三叠世碱性和霞石正长岩。该带的成矿环境包括早志留世—中泥盆世硅铝质岛弧和弧间盆地、阿赖-塔里木南大陆斜坡，以及阿赖-塔里木南部石炭纪滑塌沉积-复理石深海沉积环境和晚二叠世板内环境等。在矿种上以金、锑、锡、铝、铅、锌等为主，大多数矿床的形成与二叠纪二叠纪花岗岩类侵入体有关。

(4) 东阿赖成矿区(III_{11})。位于南天山成矿省的东南部，呈北东向展布，向东与我国新疆的西南天山相连接。带内出露地层主要有志留纪火山岩建造，岩性为玄武玢岩、辉绿岩、凝灰岩、页岩、燧石等；志留纪—泥盆纪陆源建造，岩性为页岩、砂岩、砾岩、燧石、玄武玢岩、凝灰岩、石灰岩等；晚泥盆世页岩-碳酸盐岩建造，岩性为石灰岩、少量泥灰岩、页岩等；石炭纪碳酸盐岩-页岩-碎屑岩建造，岩性为变质砂岩、页岩、砾岩、大理岩化石灰岩、砂岩、粉砂岩、泥质石灰岩、泥质碳质页岩、大理岩、燧石等。该带侵入岩不发育。该带的矿产主要为汞、锑、金及铅锌等。

(5) 阔克萨勒成矿带(III_{12})。位于南天山成矿省的东南部，向东与中国新疆的西南天山相连。地质建造复杂，地层以古生界为主。下志留统属页岩-火山岩建造，而上志留统为页岩-碎屑岩建造，并有志留纪石英-钠长石-云母-蓝闪片岩高压变质岩石出露。上泥盆统亦为火山-沉积建造。下石炭统以碳酸盐岩-陆源建造为主。侵入岩按岩性分为基性—超基性岩和酸性侵入岩两大类。基性—超基性岩分布在该带的北部边缘，时代为早志留世—中泥盆世，可能为洋壳残片。酸性侵入岩主要有晚石炭世早二叠世和晚二叠世—早三叠世两期。晚石炭世—早二叠世岩石类型为黑云花岗岩、淡色花岗岩、钠长花岗岩、斑状花岗岩、花岗二长岩、花岗正长岩等，晚二叠世—早三叠世岩石类型为碱性辉长岩、二长岩、碱性正长岩、霞石正长岩、正长岩。除汞、锑矿产外，区内其他矿产主要与酸性侵入岩有明显时间关系。该带成矿环境包括早志留世—中泥盆世大洋裂谷、早志留世—晚泥盆世岛弧和弧后盆地、阿赖-塔里木北大陆斜坡，以及早志留世—早石炭世大陆环境和晚二叠世板内环境等。矿产种类较多，主要有锡、钨、金、铅、锌、汞、锑等，优势矿种为锡、钨等。

三、巴基斯坦

(一) 地层

在巴基斯坦地层综合研究的基础上，将巴基斯坦地层划分为喀喇昆仑地层区(I)、克什米尔地层区(II)、冈底斯-喜马拉雅地层区(III)、巴基斯坦地层区(IV)、印度河盆地地层区(V)、印度地盾地层区

(Ⅵ)(图 2-7),共 6 个地层大区,15 个地层小区。各地层时空分布规律如下。

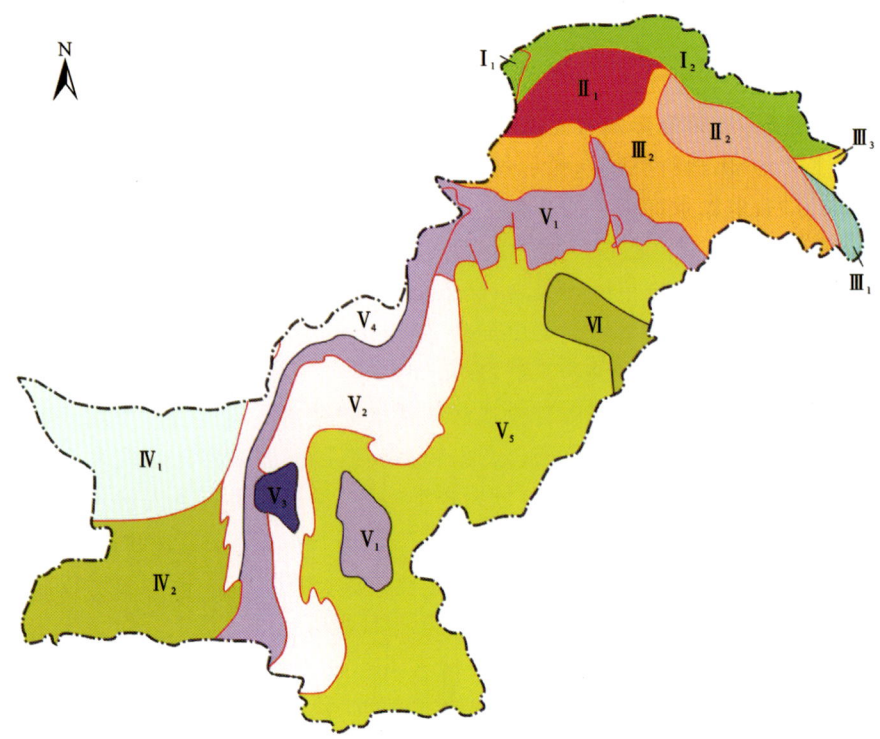

图 2-7 巴基斯坦地层分区图

1. 喀喇昆仑地层区(Ⅰ)

该地层区分布于巴基斯坦最北部,由新疆喀喇昆仑地层分区(Ⅰ₁)和巴基斯坦喀喇昆仑地层分区(Ⅰ₂)组成。

1)新疆喀喇昆仑地层分区(Ⅰ₁)

该地层分区内除个别地区有变质较深的老地层外,只出露了晚古生代以来的新地层。

古元古界仅出露于乔戈里峰一带,由片岩、片麻岩、大理岩等角闪岩相变质岩组成,呈断块状。

上三叠统由砂岩、泥质碳质粉砂岩、泥岩、碳质泥岩组成,具有深水复理石特征。

2)巴基斯坦喀喇昆仑地层分区(Ⅰ₂)

该地层分区出露的地层以晚古生代及其后的地层组成。地层展布与此区带的总体走向一致。

泥盆系分布在本区带的北西部,上覆二叠系—泥盆系,为一套石英岩、灰岩、白云岩、页岩及少量火山凝灰岩组成,为浅海相沉积。

二叠系出露于区域北东的喀喇昆仑一带,与石炭系平行分布其间以断层相隔,以白云岩、灰岩、泥灰岩、砂岩、页岩为主组成,南部以碳酸盐岩为主,向北泥、砂增多,应为浅海相沉积。

侏罗系分布在区域的西部,岩性为绿泥-绿帘-石英片岩及石英砂岩、大理岩、灰质千枚岩和板岩,应为浅海相中变质岩类。

白垩系在喀喇昆仑区西端,主要为灰岩、灰质千枚岩和板岩,为浅海相中变质岩类。

2. 克什米尔地层区(Ⅱ)

该地层区由科希斯坦岛弧区(Ⅱ₁)和拉达克岛弧区(Ⅱ₂)组成。

1)科希斯坦岛弧区(Ⅱ₁)

前寒武系主要出露在马尔德-斯瓦特区东部,近南部的印度板块向北凸出部分西侧,呈寻状分布,由石英岩、千枚岩、碳质板岩、绢云母片岩、大理岩组成。浅海相沉积物中等变质。南部除板岩、千枚岩、石英岩外，见有海藻灰岩。在近寒武纪酸性侵入体的部位，变质程度较深，可形成石榴石-云母片岩类。

寒武系分布在北部和东部，呈不规则状零星分布，由灰岩、白云岩、砂岩、砾岩、红色页岩、火山岩组成，以浅海环境为主。

前寒武系—石炭系出露在马尔德-斯瓦特区的西部，延出国界至阿富汗，在本区中部斯瓦特一带零星出露。西部白沙瓦一带见与下伏前寒武系整合，东部在赛杜附近见与上覆三叠系—石炭系整合。此套岩层由片岩、千枚岩、大理岩、石英岩和白云岩组成，局部见礁灰岩。

三叠系—石炭系分布在赛杜一带，为一套角闪岩（绿片岩），是新元古代裂谷环境的产物，代表这里晚古生代有拉张作用。

三叠系—侏罗系主要分布在北部，与下伏石炭系—三叠系整合，由大理岩、白云质大理岩、石墨千枚岩和碳质片岩组成。

白垩系分布在马尔德-斯瓦特区的东南部，下与前寒武系不整合，上覆古近系，为一套代表洋壳和地幔岩的蛇绿岩片。

第三系在本区的东南部少有分布，为海相灰岩、页岩向陆相红层和煤层的过渡。

第四系为河湖相砂、砾、粉砂、泥。

2）拉达克岛弧区（Ⅱ$_2$）

前寒武系分布在本区中西部，由片岩、千枚状石英岩、千枚岩、碳质板岩、绢云母片岩、大理岩组成。东部为片麻岩、片岩、大理岩。局部夹有海藻灰岩，主要为浅海相。

前寒武系—古生界出露在东部印度-特桑波缝合带南，为白云岩、页岩、砂岩、石英岩、火山岩，属浅海相，为印度板块北部边缘沉积。

泥盆系出露少，主要分布在克什米尔南部地区的西部，岩性为白色块状石英岩与白云岩互层，为浅海相。

石炭系分布在克什米尔南部地区的南部，为含化石的页岩和灰岩，为浅海相。

二叠系出露于本地区中部，岩性为含化石的灰岩、页岩，持续为浅海相。

三叠系分布在克什米尔南部地区北带中部的三叠系，呈环带状，构成与前寒武系共组的背斜的翼。由辉石-安山岩形成的熔岩和含少量石英岩、灰岩、斑岩的集块岩组成。大部分出露在克什米尔南部地区西部的三叠系均由白云岩、页岩组成，为浅海相。

侏罗系在本区北部仅出露一片，主要为构造灰岩。

白垩系仅于克什米尔南部地区东部接近印度特桑波缝合带零星出露，为超基性岩、辉长岩、火山岩共同组成的洋壳和幔源岩残留体。

第三系零星分布在区内西部，盖在不同地层上，下部由灰岩、页岩组成，部分地区由碳质及红色砂、页岩组成，为海陆交互相，总体为浅海向陆相过渡，海水向西退出。上部为受冰川影响的湖相沉积，由黏土、砂岩、粉砂岩和砂、砾组成。

第四系为地表河、湖、砂、砾、泥、粉砂及冰川形成的冰碛物。

3. 冈底斯-喜马拉雅地层区（Ⅲ）

该地层区出露在东南部，南界为喜马拉雅构造缝合带，北界为班怒构造缝合带，向西收敛于喀喇昆仑断裂，与拉达克岩浆弧相邻，向东撒开，分为冈底斯地层分区（Ⅲ$_1$）、西喜马拉雅地层分区（Ⅲ$_2$）、羌塘地层分区（Ⅲ$_3$）。

1）冈底斯地层分区（Ⅲ$_1$）

第四系鱼鳞山组（拉张盆地）分布在革吉、改则、双湖、安多，为火山盆地及其火山岩、火山碎屑岩。

新近系鸟郁群（隆内盆地）分布在申扎、南木林，下部为中酸火山岩；上部为含煤碎屑岩、油页岩。

古近系日贡拉组（山间盆地）分布在南木林、申扎、仲巴等地，为砂岩、凝灰岩。

下白垩统捷哑组(弧后)分布在措勒、申扎,由生物灰岩、酸性—基性火山岩、火山碎屑岩组成。

上侏罗统—下白垩统则弄群(沟、弧、盆火山岩)分布在措勤、申扎、改则等地,岩相上属沟弧盆火山岩。下部为酸性—中酸性火山角砾岩,角砾凝灰岩、熔岩;上部为岩屑砂岩、黑页岩、泥岩、生物屑砂岩、生物屑灰岩。

上二叠统扎弄组出露在措勤等地,为陆相河湖沉积,下部为砂砾岩,中部为泥岩、粉砂岩、煤,上部为黑页岩、细砂岩。

下二叠统下拉组(浅海相)出露在噶尔、革吉、改则等地,由灰岩、生物灰岩、砂质灰、条带灰岩组成。

上石炭统昂杰组(浅海相)出露在噶尔等地,由页岩、粉砂岩、灰岩、砂岩组成。

中石炭统拉嘎组(浅滨海相)出露在申扎县,由砂岩含砾砂、板岩、粉砂岩、页岩夹砾岩组成,含珊瑚、腕足类化石,砾成分杂,具压坑,可能受冈瓦纳冰川影响。

下石炭统永珠组(浅海相)出露在申扎县,由细砂岩、粉砂岩、页岩夹灰岩、钙质砂岩组成,含珊瑚、腕足类、双壳类、三叶虫化石。

上泥盆统、中泥盆统查果罗玛组(浅海、滨海相)出露在申扎县、班戈县、文都县,由灰岩、生屑灰岩、角灰岩、竹叶灰岩组成,含珊瑚、腕足类化石,东厚西薄。

下泥盆统达尔东组(浅海相)出露在申扎县,由灰岩、生屑灰岩、泥灰岩组成,含腕足类、珊瑚、三叶虫、竹节石化石。

上志留统、中志留统扎弄俄玛组(浅海相)出露在申扎县、文部县,为灰岩,含头足类、牙形石、笔石化石。

下志留统德悟卡组(浅海相)出露在申扎县、文部县,由钙质页岩、灰岩、泥灰岩组成,含笔石化石。

下志留统申扎组(浅海相)出露在申扎县,由泥岩、泥灰岩组成,含腕足类、笔石化石。

上奥陶统、中奥陶统冈木桑组(浅海相)分布在申扎,下部页岩与灰岩互层,上部为瘤状灰岩、生屑灰岩。

柯尔多组(浅海相)分布在申扎县,主要由灰岩组成。

基底为新元古界念青唐古拉群,出露在措勤等地,由混合岩、黑云母长石片岩、透辉石-阳起石大理岩、长石石英岩组成。

2)西喜马拉雅地层分区(Ⅲ$_2$)

此分区分布在喜马拉雅山西北段的南西坡,位于西部巴基斯坦的马尔丹市和东部印度实际控制区克什米尔的斯利那加市以北。北以曼特勒缝合带及向东称为印度-特桑波的缝合带为界,南、北分开。南以巴基斯坦伊斯兰堡以北的勃温达瑞断裂为界与印度板块的主体部分相接。地层区以侏罗纪的构造灰岩和白垩纪的蛇绿混杂岩为特点,即侏罗纪—白垩纪为本区的主构造活动期。

喜马拉雅地层区的地层具有长期稳定的浅海沉积环境,其南部紧邻的印度板块为稳定的古陆块。而该地层区与其北侧的克什米尔地层区、喀喇昆仑地层区、兴都库什-西昆仑地层区均有着不同的地层组成和发展历史。这一地区与克什米尔地层区的主构造活动期大致同步,因此认为该地层区为印度板块的北缘浅海沉积区不无道理,其北侧的曼特勒-印度特桑波缝合带应当是北部哈萨克斯坦板块系统和南部印度板块系统的分界。

3)羌塘地层分区(Ⅲ$_3$)

羌塘地层分区夹于拜惹布错-乌兰乌拉湖断裂带和班公错-怒江断裂带之间,南、北羌塘区以龙木错-双湖断裂带分隔为界。北羌塘地层区缺失南华系—震旦系,早古生代北羌塘地层分区发育比较完善,而南羌塘区地层出露零星。晚古生代南北羌塘地层分区均有发育,中生界仅南羌塘部分发育。

第四系全区均以冲洪积等松散堆积为主,加分布较广的冰碛层。南羌塘出露有零星古近系和新近系,为陆相紫红色富含膏盐的碎屑岩。

南羌塘那底岗日组($J_1 nd$)、雀莫错组($J_2 q$)、夏里组($J_2 x$)、雪山组($J_3 x$)是以碎屑岩为主的滨浅海相沉积;布曲组($J_2 b$)和索瓦组($J_3 s$)是以碳酸盐岩为主的浅海开阔台地-浅海陆棚。南羌塘色哇组($J_{1-2} s$)以碎屑岩为主,捷布曲组(J_2j)以碳酸盐岩为主,为潮坪-浅海相沉积。喀喇羌塘南部的阿布山组(K_2a)为山间盆地磨拉石杂色碎屑岩。

南羌塘三叠系结扎群(T_3J)为滨浅海碎屑岩夹火山岩,中部为浅海碳酸盐岩夹碎屑岩、火山岩及石膏,上部为海陆交互相含煤碎屑岩,不含火山岩,显示稳定的构造背景。北羌塘三叠系托和平措群(TT)为浅海碎屑岩、碳酸盐岩与泥质岩;河尾滩群(T_2H)下部为较深水复理石,上部为浅海碎屑岩。

北羌塘二叠系神仙湾群($P_{1-2}Sx$)为斜坡-深水盆地浊积岩,夹火山岩、硅质岩;红山湖组($P_{1-2}h$)为浅海碳酸盐岩;先遣组(P_2x)为浅海-海陆交互相巨厚层碳酸盐岩及少量碎屑岩;温泉山组(P_3w)为浅海碳酸盐岩,不整合于下伏神仙湾群之上。南羌塘二叠系有克勒青土布拉克组(P_1k)、加温达坂组(P_2jw),为白云岩夹少量碎屑岩、灰岩的开阔台地-台地前缘斜坡-盆地边缘相沉积。阿格勒达坂组(P_3a)为灰岩,平行不整合于加温达坂组之上,为浅水高能环境。

北羌塘帕斯群(C_1P)为浅海碳酸盐岩、碎屑岩,局部夹中基性火山岩;卡提尔群(C_2P_1Q)为斜坡相细碎屑岩,夹少量碳酸盐岩。

北羌塘落石沟组(D_2l)为浅海-潮下带磁酸盐岩荚碎屑岩;天神达坂组(D_3t)为滨海-浅海碎屑岩。

北羌塘喀喇昆仑区地层发育较齐全,依次有甜水湖组(ϵt),细碎屑岩和碳酸盐岩;上寒武统,为碳酸盐岩,零星分布;冬瓜山群($O_{2-3}D$),碳酸盐岩夹碎屑岩,零星分布;温泉沟群(S_1W)和达坂沟群($S_{2-3}D$),分布较广,均显示稳定的浅海-台地相沉积。温泉沟群为厚度巨大的碎屑岩,夹少量中酸性火山岩,以斜坡浊积岩相为主;达坂沟群以碎屑岩为主,夹灰岩和硅质岩,为浅海一次深海相,总体显示稳定环境。从南华纪到早古生代末期,喀喇昆仑一带以浅海、滨浅海相沉积为主,火山岩零星分布,是陆表海和被动陆缘沉积组合,总体显示稳定的构造背景。

长城系甜水海岩群主要为硬绿泥千枚岩、片理化泥质板岩、绿泥钙质片岩夹片理化粉砂岩等。原岩为碎屑沉积,代表稳定环境,其下有基底。蓟县系肖尔克谷地岩组零星出露,为碳酸盐岩夹少量陆源碎屑岩。

4. 巴基斯坦地层区(Ⅳ)

该地层区包括查盖地层区(Ⅳ$_1$)和莫克兰地层区(Ⅳ$_2$)

1)查盖地层区(Ⅳ$_1$)

查盖地区出露的地层主要是白垩纪至渐新世(?)的沉积岩和变质岩地层,此外还有一些更为年轻的更新世(?)岩石出露。基底岩石大多被未固结的全新世沉积物所覆盖。沉积岩地层总体主要由页岩、砂岩、粉砂岩和火山岩组成,见含有孔虫目的化石的灰岩和含灰岩的页岩。局部始新世以及更为古老的岩石中,化石含量丰富。

2)莫克兰地层区(Ⅳ$_2$)

莫克兰出露的最老地层为古新统,以后可见连续沉积,从上到下介绍如下。

第四系主要为粉砂、黏土、砾石等,有少量页岩。

晚上新统到早更新统各瓦达组(N_2g)沿着莫克兰西海岸分布,岩性为砂质黏土、砂和砾。恰特组(N_2c)出露于莫克兰沿海地区,为泥岩、细粒状砂岩和泥灰岩。

新近系黑哥拉组(Nh)分布在莫克兰沿海地区,大部分布在东部地区奥纳池-纳尔断裂的两侧,为砂岩、页岩和贝壳灰岩。

中新统赛格鲁组(N_1s)大部分分布于祖布和莎汗东部地区、莫克兰中心地区,含页岩和少量砾岩夹层的砂岩。帕科尼组(N_1p)出露于莫克兰海岸地区,含有粉砂岩薄层的灰色泥岩。

中新统—渐新统科哈加科群(E_3N_1K)几乎出露在整个莫克兰-佐布次级盆地,为浊积岩,砂岩和页岩互层,并有少量泥岩和灰岩的夹层。

渐新统穆格哈法恰载组(E_3m)大部分位于祖布和莎汗地区,为含砂岩和少量贝壳灰岩夹层的页岩。

始新统瓦凯组(E_2w)由若干独立的断块组成,位于莎汗地区西部,邻近巴基斯坦和伊朗边境,主要岩性为灰色礁状灰岩。

古新统勒斯匹坎组(E_1l)沿断层在勒斯匹坎有限出露。

5. 印度河层盆地地层区(Ⅴ)

该地区包括白沙瓦-克什米尔地层分区(V_1)、上印度河盆地地层分区(V_2)、下印度河盆地地层分区(吉尔吉特和苏莱曼地区地层分区)(V_3)、贝拉-瓦济里斯坦地层分区(V_4)、印度河平原地层分区(V_5)。

1)白沙瓦-克什米尔地层分区(V_1)

在哈扎拉北部地区出露地层为阿布奥塔巴德群和塔纳瓦组($\in t$,上寒武统),同时沿着潘佳尔逆断层(印度河盆地)延伸到科哈特—波特瓦省东北部地区。阿布奥塔巴德群主要岩石组成为灰岩、白云岩、红色砂岩、砾岩、砂岩、页岩和砂岩,另外还有石灰岩。上覆塔纳瓦组主要为粉砂岩、砂岩、火山岩,含赤铁矿,见前寒武纪的软舌螺化石。

石炭纪到前寒武纪沉积岩和变质岩出露在斯瓦特和阿陶克—柴拉特山地区,大部分为片岩、千枚岩、大理岩、石英岩和白云岩,部分为礁灰岩;在斯瓦特地区主要为片岩和大理岩及少量的钙质硅酸岩;在白沙瓦东部地区主要为泥质板岩和石英岩、白云岩、千枚岩和灰岩;在白沙瓦西部主要为大理岩、石英岩和灰岩;在阿陶克—柴拉特南部地区,包括泥质板岩、白云岩和厚层泥岩和灰岩,时代约为古生代。

前寒武系—下古生界位于印度喜马拉雅山的印度河缝合带南部,由陆缘沉积相组成,形成印度板块的北部大陆边缘,大部分是白云岩、页岩、砂岩、石英岩和火山岩。在哈扎拉北部地区由中等颗粒到粗粒状变质石英岩、含云母的变质碎屑岩和次生石榴石-云母片岩组成。

2)上印度河盆地地层分区(V_2)

新生界为第四纪泥、砂和砾等。

新近系为陆相的灰色砂岩和含层间砾岩的红色—棕色粉砂岩、灰色砂岩和红色—棕色粉砂岩互层,含有小的砾岩透镜体、砂岩,含有次生粉砂岩和砾岩古近纪浅海相有孔虫灰岩和灰色含化石页岩。

白垩系卡瓦噶组(K_2k)上覆在鲁姆西瓦组(K_1l)之上,与卡库拉姆组(K_1k)都出露在克哈特—波特瓦地区,由杂色页岩、浅灰色石灰岩和棕色砂岩组成。夸特寨特群主要为石英岩和砾岩,夹火成岩。

侏罗系—白垩系契恰锂组(J_3K_1q)由含化石海绿石页岩和砂岩组成。

侏罗系—三叠系包括萨马纳苏克组(J_2s),由灰色至深灰色中层至厚层灰岩组成,含有少量泥灰岩和钙质页岩夹层。西那瓦里组(J_1x)由薄层、层理发育的灰岩构成,含有结核状泥灰岩、钙质和非钙质岩及石英岩、铁质和钙质砂岩。达塔组(J_1d)在跨印度河山脉地区和盐岭地区最为发育,主要由陆源沉积物组成,包括红色、褐红色、灰色、绿色和白色砂岩、页岩、粉砂岩和黏土岩,内部含有不规则分布的钙质、白云质、碳酸盐质、铁质玻璃砂层和耐火黏土层。三叠系肯瑞阿里组(T_3k)由薄层至厚层块状细粒至粗粒浅灰褐色白云岩和白云质灰岩组成。特瑞典恰克贾地组(T_2t)由砂岩和页岩组成,主要是一套块状厚层白色砂岩和页岩,上部含有一些白云岩。缅瓦里组(T_1m)主要岩石为泥灰岩、灰岩、页岩、砂岩、粉砂岩和白云岩,含化石。三叠系在特兰斯—印度地区和萨勒特东部地区出露,另外在卡拉契特地区也有出露。

二叠系扎鲁迟群($P_{2-3}Z$)、迟黑竹组(P_2ch)、瓦哥勒组(P_2w)和阿姆博组(P_2a),其岩性分别是灰岩、泥灰岩和砂岩、灰色灰岩,含化石,含钙砂岩和灰岩。尼拉瓦汉群($P_{1-2}N$)、萨德哈尔组、瓦迟哈组、丹刀特组和陶布拉组岩性为绿色和灰色砂岩、长石砂岩、页岩、冰碛岩、沉积杂岩、砂砾岩。

寒武系出露的是杰鲁姆群、巴哥汉瓦拉组、克黑绍组、竹塔那组、库萨克组和克黑拉组。萨勒特盐岭组是含红色石膏状泥灰岩和白云岩的厚层沉积。少量出露前寒武系哈扎拉组,岩性为厚层泥岩、杂砂岩和灰岩。

3)下印度河盆地地层分区(吉尔吉特和苏莱曼地区地层分区)(V_3)

该地层区最古老的地层是阿拉寨群,仅出现在碰撞带(贝拉-瓦济里斯坦蛇绿岩带),白垩系到侏罗系连续沉积,古新统分布在吉尔特尔省和苏莱曼地区。

全新统为未固结的地表沉积,包括粉砂、砂和砾。

更新统砾石层主要分布在西部地区,主要岩石组成为砾和灰色砂,砾包括石灰岩和砂岩的巨砾及砂砾成分。

新近系大部分是冲积磨拉石系列,同时,一些序列被称为优拉克群和西碧群,未区分开来,在卡沙省被称为曼迟哈组(Tm),在苏莱曼山东部被称为曹德万组(Tc)。下伏利特拉组为灰色砂岩、红色—棕色粉砂岩夹砾岩,在不同的地层层位有厚度不一的互层。

中新统噶杰组(Tg)出露在卡沙省,大部分为海相页岩和灰岩,含化石,最上层为砂岩和河口相页岩,含有大量的软体动物和一些有脊椎动物化石。下中新统维侯瓦组(Tw)和下伏的契塔瓦塔组(Tq)出露于苏莱曼省东部地区,为冲积砂岩和红色粉砂岩,含较小的砾岩,底部呈三角相,时代为中新世早期和中期(含脊椎哺乳动物群)。契塔瓦塔组底部有可能延伸到晚渐新统。

渐新统纳瑞组主要出露在卡沙省,下部主要为含化石灰岩和页岩,上部主要为砂岩和杂色页岩。

始新统(未分的)吉哈日尔组沉积相的变化特征明显。萨黑德盖特组为一套绿色—棕色及深褐色页岩、灰岩,含少量石膏。抓格组为白色或灰色灰岩,夹页岩。套依组出露于苏莱曼山的西部地区,主要为砂岩、含砾粉砂岩岩石组合,含煤层。巴斯卡组出露于苏莱曼山和卡沙省北部,主要岩石组成为绿色页岩和石膏。拉克组主要为含化石灰岩和页岩。套依组与吉哈日杰群是同时期的,出露于 Krthar 省南部地区。卡沙组出露于卡沙和苏莱曼山西部地区,主要岩石组合为页岩夹层含化石的灰岩。道曼达组主要为深棕色、深褐色粉砂质页岩和泥灰岩。皮克赫组主由浅灰色—白色灰岩组成,并含少量泥页岩。道拉因达组由深褐色—绿色含化石页岩和灰岩组成。

古新统拉尼克特群(包括卡德拉组、巴拉组、拉克哈组)、拉克黑-加杰组和克哈道组为页岩、灰岩和含玄武岩夹层的砂岩,大部分是非海相的,为灰色有孔虫灰岩,含页岩和泥灰岩及含灰岩和砂岩的页岩。

白垩系赛姆巴组和高鲁组主要为页岩,含海绿石和磷酸盐岩,上部是页岩和含灰岩的砂岩。帕赫组为灰岩,莫哈尔考特组为灰色页岩,福特蒙拉组为灰色灰岩,帕博组为石英砂岩和页岩,毛拉组为灰色灰岩、页岩和砂质页岩。

侏罗系塔卡图组(J_3t)主要为洋脊生成的块状鲕状灰岩。

三叠系主要为阿拉寨群(TA),仅在碰撞带(贝拉-瓦济里斯坦蛇绿岩带)附近发育海相灰岩和页岩。

4) 贝拉-瓦济里斯坦地层分区(V_4)

贝拉-瓦济里斯坦分区有人称西巴基斯坦褶皱带,也曾称为轴向带(维瑞登伯格,1901)或碰撞带(贝拉-穆斯林巴赫-瓦济里斯坦蛇绿岩带),占据俾路支省东部、信德省西部和瓦济里斯坦部分以及莫克兰复理岩带以东地区,为多山地区,奎达以东地区海拔超过 3000m(扎尔贡山 3562m)。从南到北依次为贝拉、马斯利姆巴格、佐布和瓦济里斯坦蛇绿岩复合体。班内特等(1992)命名此区域为贝拉-瓦济里斯坦蛇绿岩带。

全新统未分的地表沉积为较老的冲积沉积。

更新统 Haro 砾岩位于贝拉西部地区,俾路支盆地的莫克兰中心地区,主要由含巨砾和沙砾的砂岩和石灰岩组成。Bostan 组位于马斯吞县—穆斯林巴赫地区,为固结黏土-粉砂岩、砂岩和砾岩,含石膏,局部是湖相沉积。

新近系 Hinglaj 组位于贝拉西部地区,从莫克兰区域延伸到俾路支盆地,主要岩石组成为砂、页岩和一些含贝类石灰岩,大部分为海相,在北部地区有些是河流相和三角洲相。

渐新统 Nal 组位于贝拉地区北部,主要由浅褐色或棕色礁状、块状石灰岩组成,在上部有少量的砂岩和页岩。

始新统 Nisai 组位于苏拉布—马斯吞和穆斯林巴赫地区,主要岩石由灰色礁状泥质石灰岩组成,含有少量页岩和砂岩夹层。

古新统 GidarDhor 组大部分位于苏布拉—马斯吞南部地区,为不同来源的多种沉积岩和火岩组合。

未分的古新世岩石位于贝拉-瓦济里斯坦北部地区。

贝拉-穆斯林巴赫-瓦济里斯坦蛇绿岩带为古新世蛇绿岩和混杂岩，形成于上白垩统—下始新统，主要出露贝拉岩体（Tb）、穆斯林巴赫岩体（Tm）和瓦济里斯坦杂岩体（Tw）构造为超镁铁质和镁铁质堆积岩，席状岩墙，含铬铁矿和菱镁矿矿化，混杂堆积包括 Olistrome 沉积岩（放射虫硅质岩、深海页岩和石灰岩、海相石灰岩）和镁铁质与超镁铁质堆积岩枕状玄武岩和岩脉。变质岩主要在剪切带上发育。蛇绿混杂分为 $Tb(m)$、$Tm(m)$ 和 $Tw(m)$。

侏罗系—三叠系 Windar 组出现在贝拉地区，主要出露在穆斯林巴赫地区，由一套厚层的石灰岩组成，并含有砂岩和泥灰岩的页岩夹层。

5）印度河平原地层分区（V_5）

该地层分区为整个巴基斯坦印度河流域中下游地区，东部与印度接壤，西部是吉尔特尔和苏莱曼地区地层分区。该分区新生代沉积物以河流相和山前以及相关沉积为主，还有一些阶地沉积、风成沉积。主要有第四纪沉积砂、三角洲沉积物和潮汐沉积物等。

全新统（Qh）为河流相沉积，包括辫状河流沉积、河流沉积和曲流带沉积，泛滥平原。沉积砂为风成砂，多呈新月形的沙丘海滩和海岸沙坝沉积。

更新统（Qp）为山前以及相关沉积。山前沉积由邻近山前产生的粗颗粒碎屑物质、次山前沉积、邻近山地形成的颗粒碎屑沉积物组成。

6. 印度基底杂岩地层区（Ⅵ）

哈扎拉-克什米尔基底杂岩主要岩石类型为长英质片麻岩，包括钠长片麻岩、斜长角闪岩、碳质片岩、绢云母片岩、石英岩和大理岩。侵入体包括花岗岩、花岗闪长岩、正长岩和闪长岩。

契拉那群以石英岩为主，含少量砾岩、安山岩、流纹岩和凝灰岩夹层，被辉绿岩侵入。

那噶帕卡岩块主要由石英岩、长英质岩石、片麻岩、黑云母片岩和角闪片麻岩组成。

前寒武纪火成岩体主要由流纹岩组成，发育有灰色花岗伟晶岩和较年轻的辉绿岩脉。

（二）岩浆岩

巴基斯坦岩浆活动比较频繁，海西期、加里东期以及前寒武纪岩浆岩仅零星分布于西北部与阿富汗和中国边境附近以及巴基斯坦控制的克什米尔地区内，但由于研究程度较低，缺少年代数据，目前尚有争议。燕山期与印支期岩浆岩主要分布在西北部，而新生代岩浆岩广布于中部与西部地区。印支期与燕山期侵入岩以花岗岩类为主，前者多呈岩株、岩床产出在隆起区，同位素年龄值多集中在 220～210Ma，属于印支期中晚期产物；燕山期及印支期侵入体分布广，多侵位于大断裂带侧旁，呈岩基状产出，从目前有限年代数据看，大多数集中在 110Ma 左右，为燕山晚期的产物。

新生代岩浆活动主要集中在古近纪，约有 4 次。第 1 次为晚白垩世晚期至古新世早期，规模较大，通常是先中酸性至中基性火山喷发，然后为岩浆侵入，而在侵入作用中往往是中酸性岩在先，基性、超基性岩在后，其时限大多在 80～60Ma 之间；第 2 次约在始新世早期，以侵入作用为主，特别是在西部贾盖一带，有较广泛的花岗岩类产出；第 3 次相当于渐新世晚期，以中酸性火山喷发为主，但规模与分布范围都比较有限；第 4 次为中早更新世，以基性岩喷发为特征，分布比较零星。

（三）蛇绿岩

雅鲁藏布江蛇绿岩带向西延伸进入巴基斯坦境内，对接印度河缝合带，继续向西连接瓦济里斯坦-穆斯林巴赫-贝拉蛇绿岩带。另外，在巴基斯坦西部地区，查盖-莫克兰汇聚带的北部还出露拉斯科蛇绿岩带（图 2-8）。

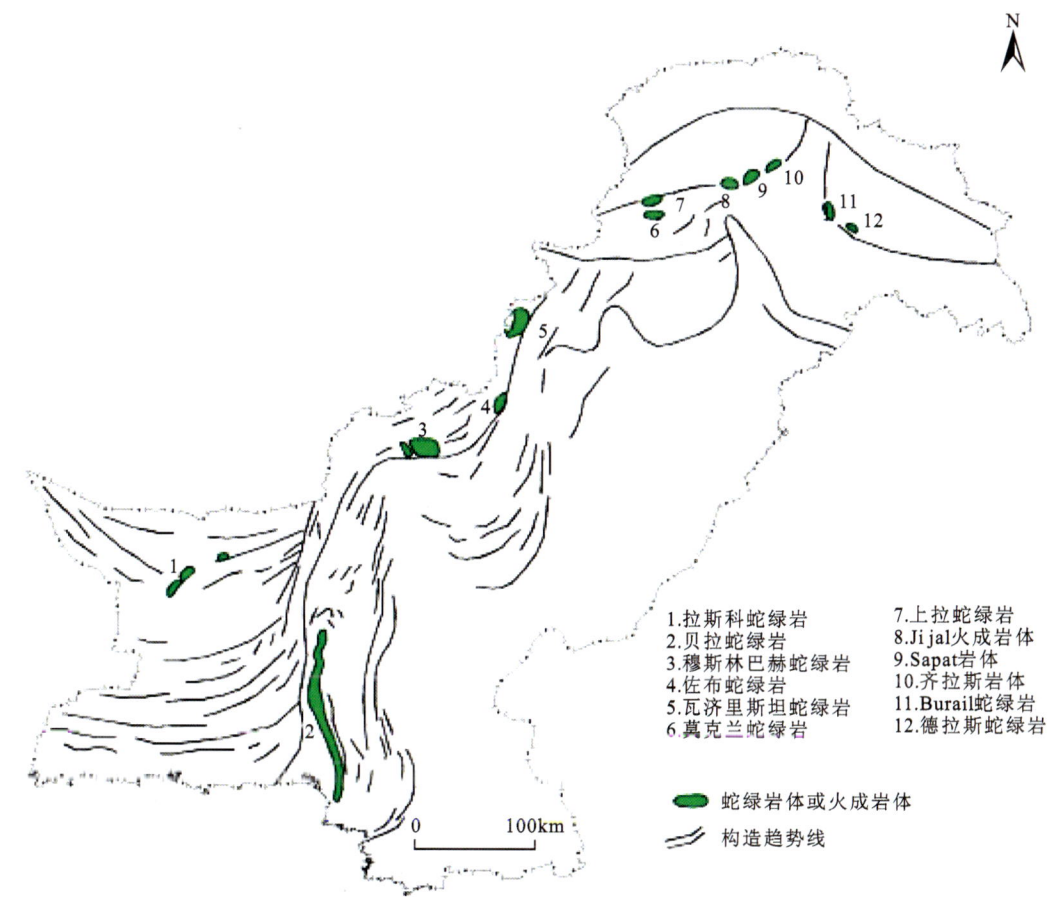

图 2-8 巴基斯坦蛇绿岩分布图

1. 印度河缝合带蛇绿岩

该岩带出露于喜马拉雅碰撞带内,主要发育变质岩系,并发育一系列由北向南的逆冲断裂带。蛇绿岩体沿科希斯坦-拉达克岛弧南侧的主地幔逆冲断裂(MMT)两侧分布,呈蛇绿混杂岩推覆体,形成了印度板块北部的一条重要缝合带,也是雅鲁藏布江蛇绿岩带的西延部分。目前已发现莫克兰蛇绿岩、上拉蛇绿岩、Jijal 火成岩体、Sapat 岩体、齐拉斯岩体、Burail 蛇绿岩、德拉斯蛇绿岩 7 个岩体。岩体出露于白垩纪火山-沉积(页岩、含化石的灰岩)地层内,其上被萨克哈拉世(前寒武纪)花岗岩、花岗片麻岩覆盖,二者之间为逆冲断层接触关系。超基性岩体主要为方辉橄榄岩、蛇纹石化的纯橄榄岩。

根据镁铁质岩石中角闪石 ^{39}Ar-^{40}Ar 测年获得拉达克地区蛇绿岩形成时代为 130~100Ma(Gweltaz et al.,2004),Nindar 蛇绿岩中辉长岩 Sm-Nd 同位素测年结果为 140±32Ma(Ravikant et al.,2004),表明蛇绿岩形成时代与我国雅鲁藏布江缝合带西段的蛇绿岩形成时代大致相当。

2. 瓦济里斯坦-贝拉蛇绿岩带(俾路支蛇绿岩带)

该岩带出露于印度板块西缘,由北向南分可为 3 段:北部马通山区呈近南北走向的瓦济里斯坦岩体,中部近东西走向的穆斯林巴赫岩体,南部船帕普山脉近南北走向的贝拉岩体,更向南可能延至阿拉伯海水域内。整个带总体呈反"S"形分布,长 1000 余千米,宽 50 余千米,是巴基斯坦最大、含铬铁矿矿床最好的蛇绿岩带。穆斯林巴赫为其中最大的岩体群。

1)瓦济里斯坦蛇绿岩

瓦济里斯坦蛇绿岩位于瓦济里斯坦-贝拉蛇绿岩带的北段,出露面积大约 2000km²,由叠瓦状岩块和逆冲岩片组成,其上覆盖侏罗纪—白垩纪沉积岩石。岩石强烈褶皱、错断,局部形成角砾岩。超镁铁质岩石包括方辉橄榄石,为破碎和蛇纹石化纯橄榄岩,包括斜辉辉橄岩,产出有豆荚状铬铁矿,构成了蛇绿岩套的地幔岩部分。辉长岩类(辉长岩-斜长岩)属于地壳部分,都位于有限的范围内,部分发生强烈蚀变。其他岩石包括斜长花岗岩、席状岩墙或岩脉群、枕状熔岩和火山角砾岩。瓦济里斯坦蛇绿岩下部为上麦斯特里希特阶(66Ma)沉积岩,其上被古近纪(55.5Ma)灰岩和页岩不整合覆盖,侵位时代为古新世。从辉长岩内角闪石获得的 ^{39}Ar-^{40}Ar 测定的时代大约为90Ma,被认为是蛇绿岩的形成时间。

2)穆斯林巴赫蛇绿岩

穆斯林巴赫蛇绿岩为其中最大的岩体群(图2-9),由3套构造岩片组成:下部为巴赫混杂岩带,包括三叠纪—侏罗纪沉积岩、侏罗纪—白垩纪基性火山岩以及白垩纪放射虫硅质岩,被蛇纹石化橄榄岩、辉长岩等混杂岩逆冲覆盖;中部为一套绿片岩相-角闪岩相变质岩,呈叠瓦状断续出露,其原始层序因受强烈剪切改造无法识别;上部主要由蛇纹石化方辉橄榄岩、纯橄岩、异剥橄榄岩等超基性岩岩体组成,纯橄岩在方辉橄榄岩中呈透镜体或贯入体产出,发育蛇纹石化。层序向上出现层状辉长堆晶岩和席状岩墙群,大量辉长岩、辉长辉绿岩和少量斜长花岗岩脉侵入。

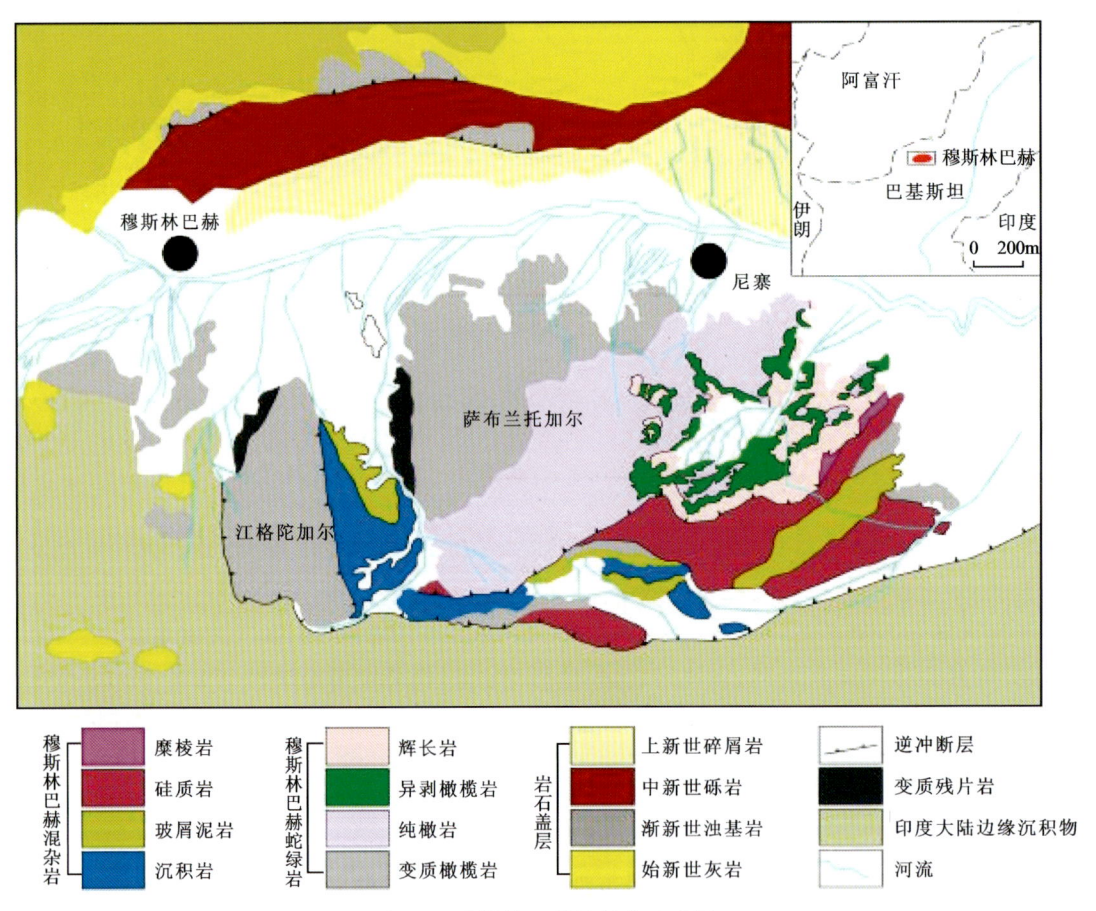

图 2-9　穆斯林巴赫蛇绿岩地质图

Mohammad(2013)对穆斯林巴赫矿区地幔岩开展了比较系统的岩石学研究,主要岩石类型包括方辉橄榄岩、纯橄岩、二辉橄榄岩以及基性岩墙群等(图2-10)。方辉橄榄岩是穆斯林巴赫蛇绿岩中最主要的岩石类型,普遍发育蛇纹石化,风化面深褐色,新鲜面呈墨绿色,中粗粒粒状结构,残熔融余结构、变斑晶结构,块状构造,常见的矿物组成包括斜方辉石(25%~30%)、橄榄石(5%~10%)、蛇纹石(55%~60%)、铬尖晶石(3%~6%),单斜辉石含量较少,一般小于2%。斜方辉石以顽火辉石($En_{90\sim92}$)为主,呈自形—半自形晶,具有波状消光、变形纹和扭折带等特征,部分蚀变成绢石;镁橄榄石($Fo_{91\sim93}$)以半自形—他形为主,普遍蚀变成蛇纹石,蛇纹石还呈网脉状横切橄榄石颗粒。纯橄榄岩也是区内常见岩石类型,风化面呈土黄色,新鲜面呈灰绿色,蛇纹石化强烈者则呈暗绿色,中粗粒结构,块状构造,镜下常见不等粒变晶结构、网格状结构、交代结构、包含结构等,主要造岩矿物为橄榄石+蛇纹石(>95%)副矿物铬尖晶石2%~3%,单斜辉石1%~2%;橄榄石粒径2~5mm,一般呈残核状被蛇纹石网格包围,橄榄石(Fo92~94)部分蚀变为蛇纹石+绿泥石。矿区80%~90%的橄榄岩均发生蛇纹石化,强烈蛇纹石化则称为蛇纹岩,呈黄绿色—淡绿色,主要由蛇纹石(>90%)和少量橄榄岩、铬尖晶石和磁铁矿组成。穆斯林巴赫蛇绿岩的显著特征之一就是出现大量岩脉(岩墙群),遍布整个蛇绿岩体,甚至底部的变质岩,主要为辉长岩、辉绿岩岩墙和少量斜长花岗岩脉。单个岩墙厚度从1m到数十米不等,延伸最长达10km,在萨布兰陀加尔岩体中大量集中,岩墙走向140°~170°。岩脉与围岩接触边界显示明显的冷凝边,并对围岩产生一定的热接触变质作用。岩相学研究显示,辉绿岩具有中细粒结构,镜下观察常见辉长辉绿结构,主要矿物组成包括:辉石(含普通辉石和异变辉石)15%~30%,呈自形—半自形晶;斜长石(An62)55%~60%,通常呈板条状,不定向排列;少量不透明矿物和副矿物。

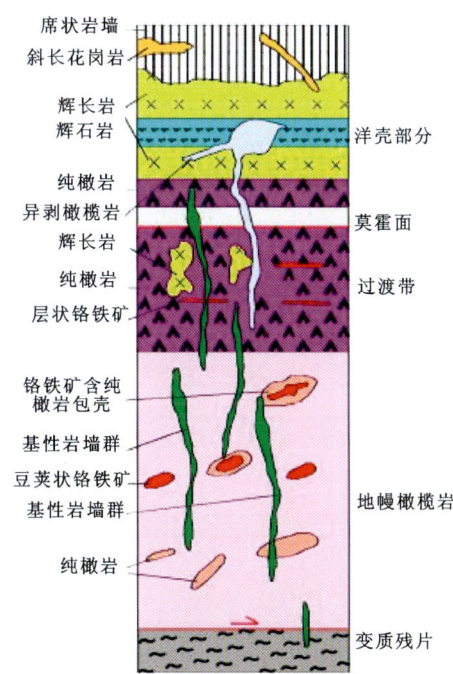

图2-10 穆斯林巴赫蛇绿岩层序示意图

辉长岩:岩石的MgO含量为3.7%~14.4%,主要集中在7.5%~9.5%之间,Sc、Zr、TiO$_2$以及Th元素(或氧化物)含量明显显示随MgO含量增加而增加的趋势,而Co、V、Ni、Cr等元素则随MgO含量的增加逐渐降低,其他元素,包括稀土元素,则与MgO含量变化不显示明显变化规律。在微量元素Co-Th关系图解中(图2-11),辉长岩变化范围较大,从玄武岩到英安岩-流纹岩的成分区都有,但大部分辉长岩的Th含量跟岛弧拉斑玄武岩的特征相似,部分辉长岩Th含量偏高,具有偏钙碱性的特征。在球粒陨石标准化的稀土元素配分图解中(图2-12),大部分辉长岩呈相对平缓的配分曲线,仅部分样品具有轻稀土富集的特征,几个样品还显示Eu的正异常,N-MORB标准化的微量元素蛛网图中,所有辉长岩样品的特征非常一致,并具有Nb-Ta负异常。地球化学特征显示辉长岩起源于大洋中脊环境下,并有俯冲物质的加入。

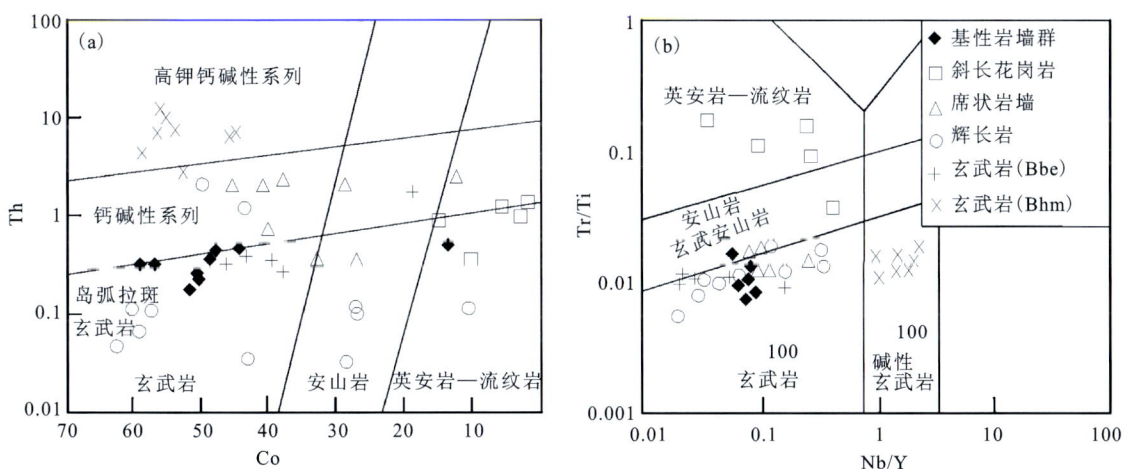

图2-11 穆斯林巴赫蛇绿岩中不同岩石单元Co-Th(a)、Nb/Y-Zr/Ti(b)图解

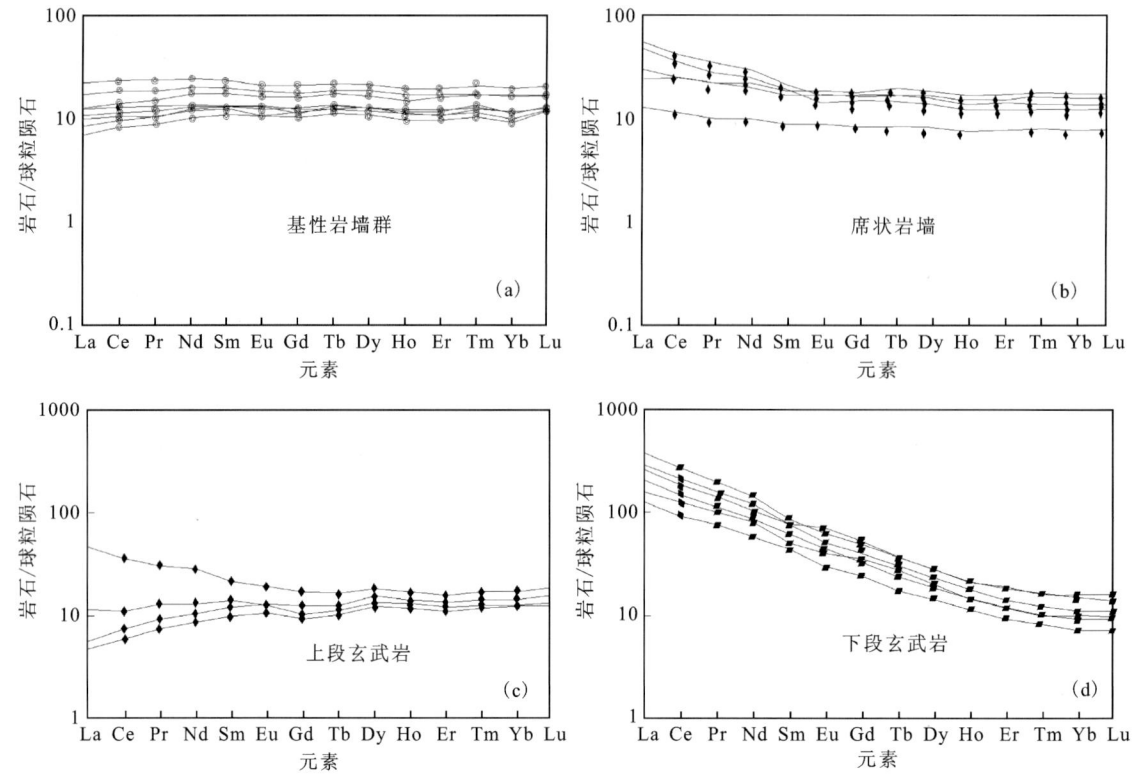

图 2-12 穆斯林巴赫蛇绿岩中不同岩石单元稀土元素配分模式图

席状岩墙和斜长花岗岩：席状岩墙的 MgO 含量变化范围较小，为 4.8%~6.9%，而斜长花岗岩中 MgO 含量全部低于 0.6%。在 Co-Th 分类图解中[图 2-11(a)]，席状岩墙从玄武岩到英安岩-流纹岩的区域都有分布，与辉长岩类似，在 Nb/Y-Zr/Ti 分类图解中[图 2-11(b)]，数据分布相对集中，大部分样品的投点落在玄武岩和玄武安山岩的边界附近。在两类图解中，斜长花岗岩的投点不出意外均落在英安岩-流纹岩的范围内，斜长花岗岩的微量元素含量往往相比偏低。席状岩墙样品的球粒陨石标准化稀土配分曲线呈轻稀土富集、重稀土大致水平的配分模式(图 2-12)，几个样品具有轻微的负 Eu 异常。微量元素 N-MORB 标准化的蛛网图中，总体趋势相对平缓，并显示 Nb、Ta 及 Ti 的负异常。

基性岩墙群：岩石的 MgO 含量在 4.3%~8.0%之间。在 Co-Th 分类图解中(图 2-11)，除个别样品以外，全部落在岛弧拉斑玄武岩区域，MgO 与微量元素的一系列关系图解中，显示相对连续的变化趋势，即随 MgO 含量的降低，La、Zr、Th、Ti 等呈增加趋势。球粒陨石标准化的稀土元素配分曲线总体相对平坦，轻稀土轻微亏损，部分样品具有微弱的负 Eu 异常。微量元素蛛网图中(图 2-12)，基性岩墙样品显示类似 N-MORB 的配分型式，显示 Nb-Ta 的负异常并不如辉长岩样品显著。基性岩墙群起源于类似 MORB 源区，受俯冲带的影响远小于辉长岩以及席状岩墙。

穆斯林巴赫蛇绿岩中斜长花岗岩脉的锆石 U-Pb 年龄为 80.2±1.5Ma，代表了蛇绿岩的形成年龄，变质岩和辉长岩中角闪石、斜长石的 Ar-Ar 年龄为 70~65Ma，代表了洋壳仰冲时间(MehrabK et al., 2007)，北部瓦济里斯坦超基性岩体中花岗岩岩脉的全岩 K-Ar 法结果为 77±2Ma、70±1Ma，构造侵位时间与该带中其他蛇绿岩基本一致(Mohammad Arif, 2006)。

3) 贝拉蛇绿岩

贝拉蛇绿岩分布在巴基斯坦最南部，也是巴基斯坦最大的蛇绿岩带，沿着印度板块的西部边界近南北向延伸。贝拉蛇绿岩中可以识别出的组成部分有超镁铁质岩石，包括残余方辉橄榄岩以及少量纯橄榄岩和二辉橄榄岩，发育不同程度蛇纹石化；基性—中酸性深成岩，包括辉长岩、闪长岩、石英闪长岩和斜长花岗岩。斜长花岗岩获得的锆石 U-Pb 测年表明结晶作用时代在 68±3Ma；辉绿岩和变辉绿岩岩墙分别产生于枕状熔岩的底部和超镁铁质岩石中;火山岩由枕状玄武岩和细碧角斑岩等组成。目前文献中关于贝拉蛇绿岩发展过程中构造环境的研究较少,从岛弧环境到大洋环境的观点都有出现。Alleman(1979)提出蛇绿岩侵位发生在古新世—始新世,岩体底部获得的角闪石^{39}Ar-^{40}Ar测年结果表明侵位时代在65Ma。

3. 拉斯科蛇绿岩带

拉斯科蛇绿岩带位于查盖-莫克兰汇聚带的北部,沿拉斯科山大致呈近东西向、向南凸出的弧形分布,长200余千米,宽50余千米,东端被杰曼走滑断裂所截。拉斯科山主要出露白垩纪到渐新世的海相及熔岩互层沉积。蛇绿岩体构造侵位于上白垩统—古新统雷克包尼组内。该组包括页岩、砂岩、砾岩、灰岩、玄武岩和安山岩等及少量的流纹岩、流纹状火山碎屑岩。蛇绿岩体岩石包括橄榄岩、纯橄榄岩、蛇纹岩、辉长岩和闪长岩。

4. 蛇绿岩与成矿

穆斯林巴赫铬铁矿位于奎达市西北的穆斯林巴赫镇南,于1880年末发现,1915年开始开采,已才铬铁矿石100余万吨。该蛇绿岩体自奎达市北西沿奏布河谷南侧的山脉至奏布市镇附近陆续分布,约有10个规模悬殊的岩体,穆斯林巴赫为其中最大的岩体群,由西向东依次为坎诺赛岩体段,位于穆斯林巴赫以西大约32km处,面积102.4km^2;江格托加尔岩体段位于穆斯林巴赫以南10余千米处,岩体面积128.0km^2;萨布兰陀加尔-尼赛岩体段位于穆斯林巴赫东南,面积460km^2,是该区面积最大的岩体,也是含矿性最好的岩体。

铬铁矿矿体主要产在堆晶岩之下的地幔橄榄岩中,主要为斜方辉橄岩和纯橄榄岩,矿体赋存在纯橄榄岩与斜方辉橄岩接触带附近,且靠近纯橄榄岩一侧内。矿体呈似层状、透镜状、脉状、条带状产出,与围岩的接触关系清楚截然。在江格陀加尔岩体段已发现矿体40余个,单个矿体规模为1000~1500t。矿石主要为半自形—他形粒状结构,致密块状、豆状,其次为浸染状构造。在堆晶纯橄榄岩内,矿体以似层状为主,矿层厚度从几毫米至几米不等,为不同稠密程度的浸染状矿石,多产于纯橄榄岩的顶部。在萨布兰陀加尔-尼赛岩体段,岩性以斜方辉橄岩为主,含有大量纯橄榄岩透镜体,目前已发现70余个矿体,全部赋存在蛇纹石化的纯橄榄岩内,呈豆荚状、铅笔状、团块状和网脉状。

穆斯林巴赫和贝拉岩体除了堆积深成岩体之外,还包含大量的残余地幔橄榄岩,主要组成为方辉橄榄岩和纯橄榄岩。一般大面积出露二辉橄榄岩时,基本不会形成铬铁矿,这与铬铁矿的成因机理有关,原始地幔二辉橄榄岩中,Cr主要赋存在单斜辉石内,地幔部分熔融过程中,单斜辉石熔融释放出Cr,最终形成铬尖晶石(Paktunc et al.,1990;Zhou et al.,1997),所以部分熔融程度增加,地幔岩从二辉橄榄岩—方辉橄榄岩—纯橄榄岩转变,铬铁矿往往跟方辉橄榄岩和纯橄榄岩的岩相组合是伴生的。

巴基斯坦目前最重要的铬铁矿产地就是穆斯林巴赫矿区,已经发现数百个矿体,呈矿群、矿带集中出露。再往南的贝拉蛇绿岩带则工作程度相对较浅,只发现4处矿化,但其成矿潜力不可忽视,是有利的前景区。

从铬尖晶石的成分来看(图2-13),巴基斯坦瓦济里斯坦、穆斯林巴赫和贝拉等岩体的特征非常接近我国的罗布莎岩体,富铬、贫铝、低Fe^{3+}、TiO$_2$,这也是世界上典型阿尔卑斯型铬铁矿的特征(Thayer et al.,1964;Pearce et al.,1984;王希斌等,1992)。这几个岩体中的副矿物铬尖晶石所反映的成矿构造环境是从MOR向SSZ过渡的环境,在SSZ环境,俯冲洋壳所释放出的富含H$_2$O以及大离子亲石元素的流体交代其上部呈地幔楔产出的已亏损地幔橄榄岩,降低了地幔橄榄岩的熔点,且伴随着俯冲带环境的挤压作用,俯冲带之上已亏损的地幔橄榄岩发生再次高度熔融并产生快速上升,加剧了地幔橄榄岩的高度熔融,因而SSZ构造环境是豆荚状铬铁矿形成的有利环境。

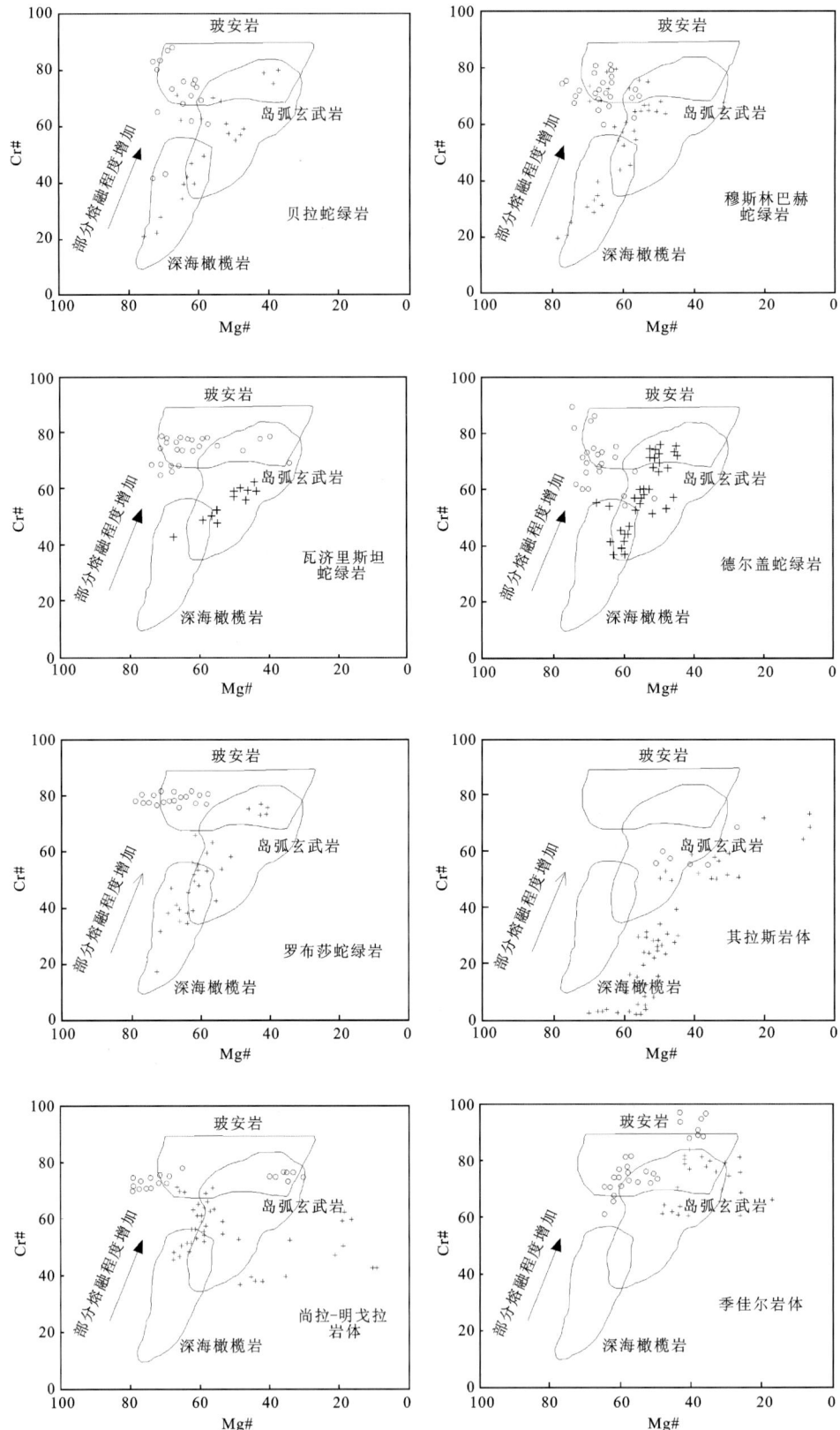

图 2-13 不同岩体中造矿铬尖晶石和副矿物铬尖晶石的 Cr#-Mg# 图解

（四）构造

1. 大地构造位置

巴基斯坦主体位于特提斯构造域的中部，夹持在印度板块和欧亚板块之间，其西部又处于阿拉伯板块与印度板块拼合部位（图2-14）。中生代以前分别属于上述三大板块范畴，中生代以来由于印度板块向西、向北的斜向陆陆俯冲碰撞导致形成现今的大地构造格局。

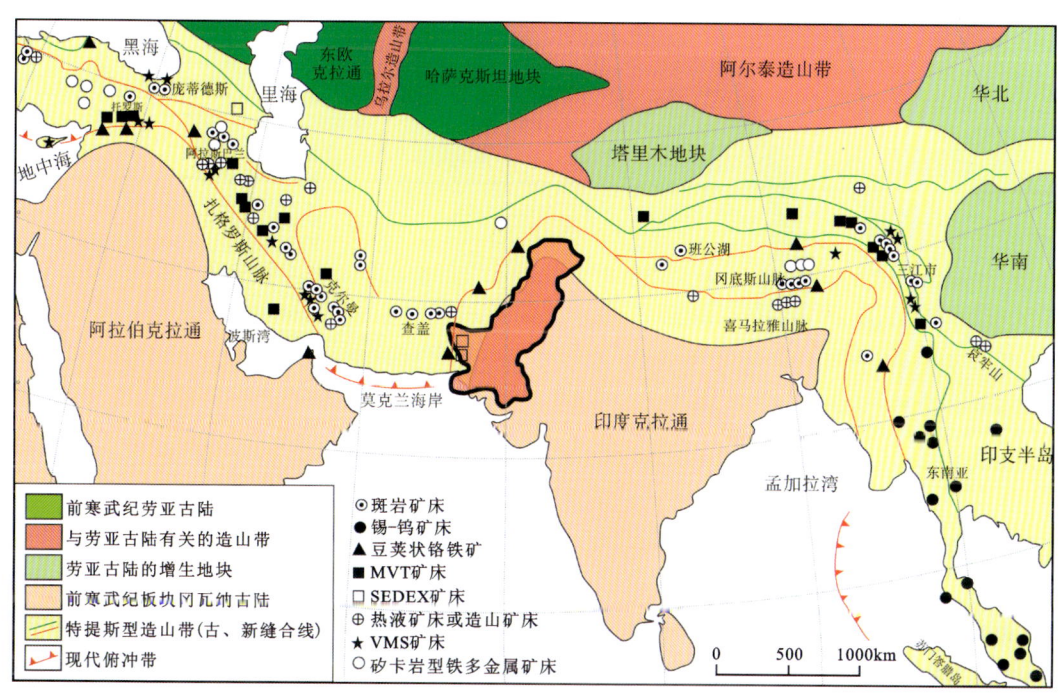

图2-14 巴基斯坦大地构造位置图

2. 构造单元划分

独特的地理位置赋予巴基斯坦复杂多样的构造环境和良好的成矿条件。以主喀喇昆仑断裂（MKT）、主地幔逆冲断裂（MKT）、主边界断裂（MBT）、主前缘断裂（MFT）、杰曼断裂（CF）、奥纳希纳尔断裂（ONF）、番普断裂（PF）、苏莱曼断裂（ST）等为界，巴基斯坦可划分为喀喇昆仑地块（Ⅰ）、科希斯坦-拉达克岛弧带（Ⅱ）、喜马拉雅造山带（Ⅲ）、新生代前缘坳陷带（Ⅳ）、瓦济里斯坦-贝拉蛇绿岩带（Ⅴ）、查盖火山岩浆岩带（Ⅵ）、莫克兰复理石盆地（Ⅶ）、恒河前陆盆地（Ⅷ）、印度陆块（Ⅸ）9个构造单元（图2-15）。

（1）喀喇昆仑地块（Ⅰ）。位于塔吉克斯坦帕米尔地区，该区发育古生代和中生代地层，偶见海相古近系，晚三叠世以前为相对平静的大陆边缘，堆积了陆棚碳酸盐岩建造（寒武系—奥陶系、志留系—下泥盆统、上石炭统—中三叠统）或较厚的陆源碎屑沉积（上—中奥陶统、中—下石炭统）（李宝强等，2013；邱瑞照等，2013）。二叠纪喷出大量基性熔岩；早—中三叠世出现岩相差异，晚三叠世发育较厚的类复理石陆源层；侏罗纪末，中帕米尔地区发生褶皱隆起；白垩系大多不整合于侏罗系之上，其下部为陆源粗碎屑岩，其上为由潟湖或浅海陆源碳酸盐岩建造组成的上白垩统的下部层位，晚白垩世晚期，该区海侵规模最大；古新统—始新统为浅海或陆相沉积，以中酸性火山岩及粗碎屑岩为主，夹少量灰岩；渐新统和中新统为湖相火山-沉积岩。

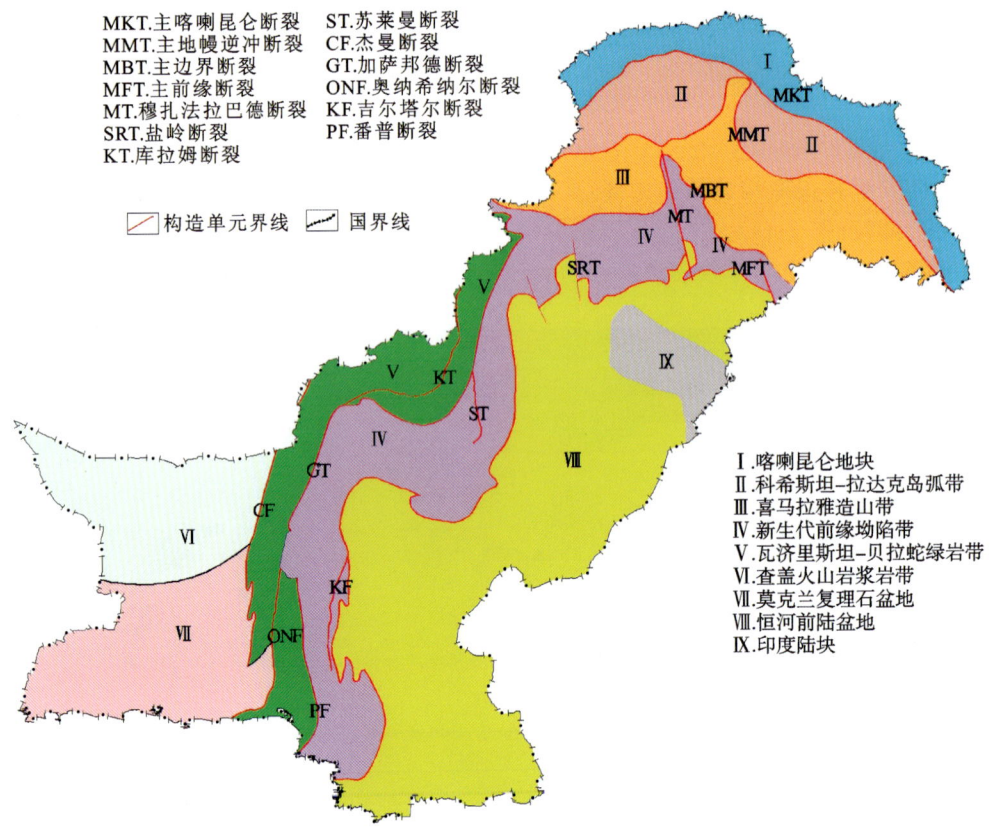

图 2-15　巴基斯坦构造单元划分图

(2) 科希斯坦-拉达克岛弧带(Ⅱ)。西起瓦济里斯坦蛇绿岩带，向北东方向延伸，经科希斯坦岛弧再转向南东方向，经过拉达克花岗岩带后，与西藏的雅鲁藏布江岛弧带相连。该岛弧带以北为喀喇昆仑地块(Ⅰ)(李春昱等，1982)，以南为喜马拉雅造山带(Ⅲ)。印度板块与欧亚大陆之间的岛弧带在巴基斯坦北部以主喀喇昆仑断裂(MKT)和主地幔逆冲断裂(MMT)为界，发育科希斯坦岩基、拉达克花岗岩带、蛇绿混杂岩等(邱瑞照等，2013)。主喀喇昆仑断裂(MKT)由科希斯坦地区的 Shyok 岛弧带再次活化形成，构成了科希斯坦和喀喇昆仑的边界(Coward et al.，1986)；主地幔逆冲断裂(MMT)是雅鲁藏布江岛弧带(YZZ)向西延伸的部分(吕鹏瑞等，2015a)。在欧亚大陆与印度板块碰撞期间，科希斯坦岩基和拉达克花岗岩带沿着主地幔逆冲断裂(MMT)南段向南逆冲，与由北向南的褶皱一起构成了喜马拉雅造山带(Treloar et al.，1990)。

(3) 喜马拉雅造山带(Ⅲ)。位于塔吉克斯坦帕米尔地区以南，以主边界断裂(MBT)和主地幔逆冲断裂(MMT)为南、北界线，分别与新生代前缘坳陷带(Ⅳ)、科希斯坦-拉达克岛弧带(Ⅱ)相邻。前寒武系主要在盐岭地区出露，其下部以基拉那群千枚岩、板岩、石英岩为主，夹安山岩及其凝灰岩；其上部为盐岭组含石膏黏土岩，含厚盐层及石膏白云岩、页岩、砂岩及油页岩等(李宝强等，2013)。寒武系为浅海相砂岩、页岩、海绿石页岩，含早寒武世三叶虫化石，其上部为潟湖相板状砂岩、页岩、白云质页岩，含石膏及盐岩假晶。奥陶系—志留系为浅海相石英砂岩、泥板岩、千枚岩、灰岩、白云质灰岩等。泥盆系以浅海相碎屑岩为主。石炭系—二叠系中见冰碛砾岩，多被新生界所覆盖。该区的基底岩系主要由砂质斑岩、黑云母片岩等组成，除东部地区较为连续外，其余地区均零星分布。区域上，古生代、中—新生代碎屑岩及碳酸盐岩等均为盖层沉积，并有大量花岗、伟晶岩侵入。

(4) 新生代前缘坳陷带(Ⅳ)。位于巴基斯坦中部，北以主边界断裂(MBT)为界，与喜马拉雅山带(Ⅲ)相邻，南与主前缘断裂(MFT)与印度陆块(Ⅷ)相邻。该区为褶皱带与山间盆地相间的地带，以褶皱带为主,因其在巴基斯坦境内主要呈南北向分布,又被称为轴向带。该区的褶皱带位于印度板块之上,是在碰撞过程中褶皱的,当时印-巴次大陆正在经历基底分裂过程。基底上覆的地层主要为中生代和第三纪地层,中生代地层主要为海相沉积物,部分起源于深海沉积。

(5)瓦济里斯坦-贝拉蛇绿岩带(Ⅴ)。该褶皱带从南到北分布有贝拉、穆斯林巴赫、瓦济里斯坦等蛇绿岩复合体,因此被称为贝拉-瓦济里斯坦蛇绿岩带,代表了印度板块边缘的洋壳部分。该蛇绿岩带出露有白垩纪、侏罗纪和三叠纪地层。

(6)查盖火山岩浆岩带(Ⅵ)。位于巴基斯坦俾路支省西部,南邻莫克兰复理石盆地(Ⅶ),北接阿富汗地块,西以杰曼断裂(CF)为界与瓦济里斯坦-贝拉蛇绿岩带(Ⅴ)相接。该区出露的最老地层是下白垩统辛贾拉尼群,主要为块状熔岩流、火山砾岩、凝灰岩、碎屑火山岩,其次为硅质页岩、泥质灰岩、页岩和砂岩,局部含少量的长英质火山岩层(Malkani,2011;Razioue,2013)。此外,下白垩统胡迈组、古新统朱扎克/拉克萨尼组、始新统萨因达克组、渐新统阿玛拉夫组、上渐新统达尔本丁组、上渐新统—下中新统雷克迪克组,以及上新世—更新统在该区均有出露。该区侵入岩可统称为贾盖侵入岩和索尔科侵入岩,前者主要分为两期。早期侵入岩以闪长岩、花岗闪长岩为主,晚期为花岗闪长岩、石英二长岩和花岗岩(Perell et al.,2008);后者主要由岩株、岩床、岩墙、岩穹和岩盆组成,岩性主要为英安岩及少量玄武安山岩和流纹英安岩(Perell et al.,2008;吕鹏瑞等,2015b,2016b)。

(7)莫克兰复理石盆地(Ⅶ)。位于巴基斯坦西南部,北邻贾盖火山岩浆岩带查盖火山岩浆岩带(Ⅵ),南接阿曼海湾的活动俯冲海沟,东侧为瓦济里斯坦-贝拉蛇绿岩带,西部与伊朗接壤。复理石沉积物的年代范围从北部的晚白垩世到阿曼海湾的全新世,其中包括中生代和古近纪沉积物。莫克兰复理石盆地的大部分沉积物由浊流砂岩、粉砂岩和页岩组成,其北部和中部地区主要为渐新世—中新世深海沉积物;其南部地区主要为中新世—更新世海进作用形成的斜坡和大陆架沉积物。此外,莫克兰盆地部分增生楔在新近纪和第四纪较为发育,产生了大量的推覆构造和叠瓦构造。

(8)恒河前陆盆地(Ⅷ)。位于巴基斯坦东部,印度地盾西部,北以主前缘断裂(MFT)与新生代前缘坳陷带(Ⅳ)相邻。该区域以巨厚的未变质前寒武纪地层和寒武纪地层为特点,这些地层以区域性大断裂为界与二叠纪地层分隔。中生界包括下侏罗统(赫唐阶)、上侏罗统(牛津阶)、上白垩统(森诺曼阶)主要的海进不整合面。自渐新世以来,该区域以泥质和碎屑沉积物为主,随着北部地区逐渐隆起,海洋沉积退缩至南部地区,直到更新世早期,整个区域变成了陆生条件下泥质岩和碎屑物堆积。

(9)印度陆块(Ⅸ)。位于巴基斯坦东部,主要为前寒武纪印度基底杂岩区,出露新元古代古老变质岩和侵入岩。变质岩主要包括片麻岩、长英质片麻岩、钠长石片麻岩、黑云母片岩、角闪片麻岩、斜长角闪岩、碳质片岩、绢云母片岩、石英岩、大理岩和少量砾岩等。侵入岩主要包括花岗岩、花岗闪长岩、正长岩和闪长岩,含安山岩、流纹岩和凝灰岩夹层,被基性火成岩(辉绿岩)侵入。

(五)矿产概况

1. 成矿带划分

巴基斯坦的成矿作用在空间上基本上与构造带相吻合,结合成矿作用在空间上的分布特征,将巴基斯坦划分为5个主要的成矿带(图2-16)。

(1)科希斯坦铬、金成矿带(Ⅰ)。位于开伯尔—普赫图赫瓦省北部。该区古近纪处于岛弧带环境,中部火山活动强烈,常伴有贱金属矿;北部MKT附近的混杂堆积带中铬镍矿化明显,具有一定远景;南部前寒武系中金矿化比较强,并具一定规模。

(2)赛克杜-胡兹达尔铅锌成矿带(Ⅱ)。位于俾路支省东部,古近纪处于弧后盆地环境,在近边部主要形成以碳酸盐岩为容矿围岩的层控型铅锌矿床,如贡加、杜德拉等铅锌矿。此外,在边部有少量沉积型铁矿。巴基斯坦铅锌矿矿石资源量在5000万t以上,主要分布在杜达、苏迈、贡嘎、顿格4个地区,其

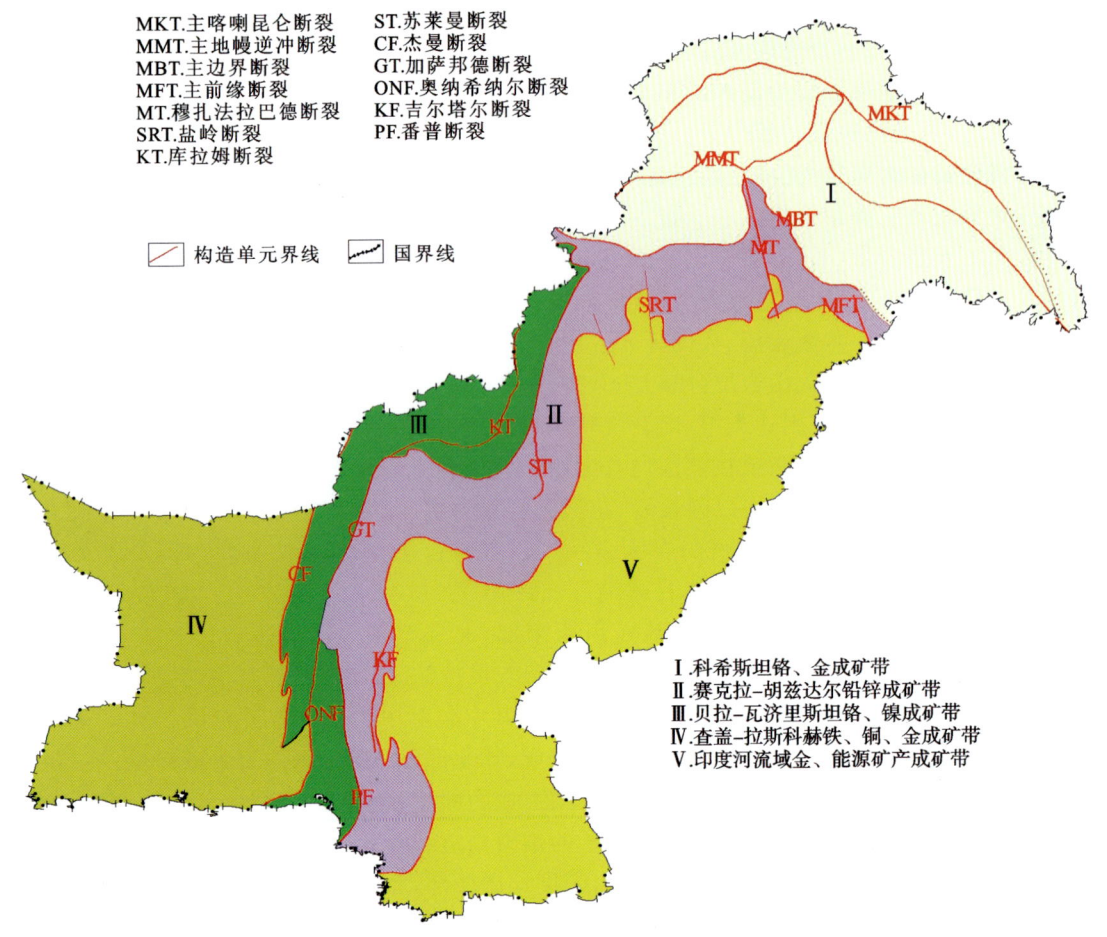

图 2-16 巴基斯坦成矿带划分图

中以俾路支省南部的杜达铅锌矿最具开采价值和最为著名。

(3)贝拉-瓦济里斯坦铬、镍成矿带(Ⅲ)。位于巴基斯坦中部,处于印度与阿拉伯板块缝合带附近,全长大于100km,宽50km,由北向南呈北东-南北-北西走向,略具弧形展布,以岩浆型铬矿床为主,伴有Cu、Fe、Ni、Mn、菱镁矿等。该带可分为瓦希里斯坦、穆斯林巴格和贝拉3个区段,其中以穆斯林巴赫区段超镁铁质岩体最多,铬铁矿化强,预计资源储量达400万t以上。铬铁矿是巴基斯坦最重要的优势矿种之一,主要产于蛇绿岩带中,北部山区蛇绿岩带位于喜马拉雅碰撞带内,沿岩科西斯坦-德拉斯主地幔逆冲断裂分布,俾路支蛇绿岩带出露于印巴板块西部转换边界带内,是巴基斯坦规模最大含矿性最好的蛇绿岩带,呈南北走向,全长1000多千米,宽50余千米,其中重要的铬铁矿包括穆斯林巴赫铬铁矿床,矿石储量达到400万t,科西斯坦矿区,铬铁矿矿石储量大约为67.7万t。

(4)查盖-拉斯科赫铁、铜、金成矿带(Ⅳ)。位于俾路支省北部。该区渐新世—中新世处于火山岛弧带环境,钙碱性岩浆活动强烈,并且在火山喷发期间形成热液型与火山岩型多金属矿床,而在侵入期间形成了斑岩型、矽卡岩型铜铁矿床,其中赛恩德克是最有远景的斑岩型铜矿床,此外还有奇尔加奇、达什特卡恩等多金属矿床。巴基斯坦铜矿石储量约5亿t,主要集中在俾路支省西部查盖地区的山达克、雷克迪克和西部斑岩杂岩体。山达克和雷克迪克是世界级超大型斑岩型铜金矿,山达克铜矿矿石储量约为4.13亿t,铜的平均品位为0.45%,此外还含有大量的金银资源。雷克迪克地区含有丰富的斑岩铜和铜金矿资源,已知的斑岩型铜金矿化带至少就有16个。铜资源量超过1000万t。巴基斯坦第二大铁矿是位于俾路支省的迪尔邦德铁矿,矿石储量约2亿t。第三个重要矿床是位于俾路支省的诺昆铁矿,矿石储量5000万t,铁含量45%~49%。

(5)印度河流域金、能源矿产成矿带(Ⅴ)。分布于旁遮普省和信德省中东部地区。该区成矿作用以印度河支流及其阶地上冲、洪积砂矿型金矿为主,并在萨戈达以北较集中,但大多为小型金矿。巴基斯坦2006年石油探明储量为3 962.07万t,天然气储量为7 928.76亿 m^3,主要集中在两个沉积相盆地,即北部旁遮普省的波特瓦盆地和南部的印度河盆地。目前在南部海得拉巴附近和北部米扬瓦利一带发现油、气田数十座,部分已开发。巴基斯坦的煤炭资源量在1850亿t左右,主要分布在信德省以及俾路支省、旁遮普省和开伯尔—普赫图赫瓦省。

四、乌兹别克斯坦

(一)地质概况

乌兹别克斯坦共和国位于中亚中部,地质构造复杂,全区主要由两个构造层组成:上部中生代盖层,占全区面积的92%;下部古生代基底,占全区面积的8%,矿产大部分产于乌拉尔-天山成矿带。乌兹别克斯坦矿产丰富,其中Cu、Ag、Au、U、Pb、Zn、W和天然气是全世界最为丰富的国家之一,特别是Au,世界排名第七,铀矿资源也比较丰富,是世界上第五大产铀国。目前共确定了2700个矿床和矿化点。其中探明矿床1000多个,含有约100种矿物原料,其中60多种矿物原料已经进行工业开采。探明油田、天然气田和凝析气田165个,煤田3个,贵金属矿床46个,有色、稀有和放射性金属矿床42个,黑色金属矿床3个,宝石矿床20个,建材矿484个(截至2019年底)。

(二)区域构造特征

乌兹别克斯坦地处哈萨克-准噶尔板块(Ⅰ)、塔里木-卡拉库姆板块(Ⅱ)以及东欧板块(Ⅲ)的结合处,划分为4个二级构造单元、5个三级构造单元(表2-8)。

表2-8 乌兹别克斯坦构造划分表

构造域	一级构造单元	二级构造单元	三级构造单元
古亚洲构造域	Ⅰ哈萨克-准噶尔板块	Ⅰ₁中天山造山带	Ⅰ$_{1-1}$卡拉套-恰特卡尔微地块
			Ⅰ$_{1-2}$库拉马晚古生代火山沉积盆地
			Ⅰ$_{1-3}$费尔干纳中新生代断陷盆地
		Ⅰ₂布坎套陆间造山带	
	WYS主乌拉尔-突厥斯坦-阿特巴什-依内里切克缝合带		
	Ⅱ塔里木-卡拉库姆板块	Ⅱ₁南天山构造带	Ⅱ$_{1-1}$泽拉夫尚-吉萨尔早古生代弧盆地
		Ⅱ₂卡拉库姆地块	Ⅱ$_{2-1}$拜松微地块
			Ⅱ$_{2-2}$杜尚别山间盆地逆冲带
	WYS主乌拉尔-突厥斯坦-阿特巴什-依内里切克缝合带		
特提斯-喜马拉雅构造域	Ⅲ东欧板块		

以主乌拉尔-突厥斯坦-阿特巴什-依内里切克缝合带为界,北为哈萨克-准噶尔板块主要以中天山造山带面貌出现,构造线方向为东西向—北西向—南北向,南为塔里木-卡拉库姆板块。西部濒临咸海,全被新生界覆盖。

1. 哈萨克-准噶尔板块（Ⅰ）

哈萨克-准噶尔板块（Ⅰ）由中天山造山带（Ⅰ$_1$）和布坎套陆间造山带（Ⅰ$_2$）两个二级构造单元组成，分为卡拉套-恰特卡尔微地块（Ⅰ$_{1-1}$）、库拉马晚古生代火山沉积盆地（Ⅰ$_{1-2}$）、费尔干纳中新生代断陷盆地（Ⅰ$_{1-3}$）3个三级构造单元。

（1）中天山造山带（Ⅰ$_1$）。分布于乌兹别克斯坦的北部是哈萨克-准噶尔板块的南部边缘活动带，由前寒武纪大陆基底组成，表现为断块隆起和坳陷，分为3个三级构造单元，特征如下。①卡拉套-恰特卡尔微地块（Ⅰ$_{1-1}$）分布于乌兹别克斯坦东北角，是锡尔河地块的边缘坳陷地段，具双层结构，下层为文德纪和早古生代大陆褶皱基底，上构造层由中新生界和部分上古生界的褶皱岩层组成。岩浆活动主要发生在晚古生代，以辉长岩、二长岩、花岗闪长岩和花岗岩类侵入为主，并伴有成矿活动。最晚是二叠纪陆相喷发岩和少量侵入岩体。②库拉马晚古生代火山沉积盆地（Ⅰ$_{1-2}$）为里菲期的陆块和加里东期沉积物构成的褶皱基底，是断块式的火山沉积盆地。由于地块性质的差异，在边缘地段发生了破碎，形成了库拉马火山-侵入岩带。③费尔干纳中新生代断陷盆地（Ⅰ$_{1-3}$）为锡尔河地块南部的断陷盆地，三叠纪到古近纪盆地持续下沉，早期为陆缘碎屑充填盆地，白垩纪时沉积降幅加大，发生全面海侵，古近纪时转为海相沉积。新近纪受印度板块碰撞影响产生断块活动。

（2）布坎套陆间造山带（Ⅰ$_2$）。分布于乌兹别克斯坦北部，为陆间活动带，走向呈北西向，褶皱强烈，断裂广泛发育有逆断层、逆掩断层和推覆体。该带基底由前寒武纪古老结晶基底与早志留世稳定型陆源岩褶皱基底组成。晚志留—早石炭世，在南北两侧边缘坳陷中沉积碳酸盐岩、硅质岩和陆源碎屑岩。中石炭统褶皱运动影响该坳陷内的沉积层，继续发育并接受洋盆晚期的复理石沉积。

2. 主乌拉尔-突厥斯坦-阿特巴什-依内里切克缝合带（WYS）

该缝合带位于乌兹别克斯坦中部，是哈萨克-准噶尔板块与塔里木-卡拉库姆板块的缝合带，为中亚地区最大的缝合带，长2000km，沿带分布有辉绿岩、混杂岩。

3. 塔里木-卡拉库姆板块（Ⅱ）

塔里木-卡拉库姆板块（Ⅱ）位于乌兹别克斯坦南部，北与WYS缝合带相结，分为两个二级构造单元，两个三级构造单元，特征如下。

（1）南天山构造带（Ⅱ$_1$）。分布于塔里木-卡拉库姆板块的北缘，为该板块的边缘活动带，划分为一个三级构造单元。泽拉夫尚-吉萨尔早古生代弧盆地（Ⅱ$_{1-1}$）早古生代沉积了陆源层——火山岩建造和碳酸盐岩建造，硅质岩类是一个弧后盆地的沉积环境，而南部在晚古生代发生了陆缘岩浆弧。该带构造线为东西向和北东向，线状褶皱发育，由北向南的推覆构造强烈，造成褶皱向南或者南东倒转的叠瓦构造。

（2）卡拉库姆地块（Ⅱ$_2$）。分布于乌兹别克斯坦南半部，是卡拉库姆地块的边缘部分，呈地台型结构，基底由前寒武纪变质岩组成，并受断块作用呈块状隆起与挠曲，盖层是古生代沉积物，厚度达4000m以上。拜松微地块（Ⅱ$_{2-1}$）位于板块的东南部，受构造影响隆起，出露地层较为齐全。总体上北半部为前古生代及古生代地层，南半部为新生代地层。下里菲系的片麻岩和结晶片岩为构造基底。构造以中生界一宽缓的褶皱为主，古生界以逆掩断层为主，北部基底逆掩于古生界之上，南部志留系—泥盆系逆掩于中生界之上。杜尚别山间盆地逆冲带（Ⅱ$_{2-2}$）在乌兹别克斯坦出露面积较小，紧临拜松地块，以中生界为主。构造线走向北东向，呈紧密褶曲形式出现，其间伴有逆掩断层，形成叠瓦式构造及大型褶曲。

4. 东欧板块（Ⅲ）

东欧板块（Ⅲ）分布于乌兹别克斯坦西部的咸海边，全被新生界掩盖，主要为北乌斯特丘尔特上古生界碳酸盐层台地。碳酸盐层台地是东欧板块的边缘台地，其基底是上古生界沉积层。

(三)区域成矿特征

在构造特征的基础上,结合成矿系统及成矿专属性,将乌兹别克斯坦划分为 3 个成矿域、4 个成矿省、8 个成矿带(表 2-9),各成矿带的特征如下。

表 2-9 乌兹别克斯坦成矿带划分

Ⅰ级成矿域	Ⅱ级成矿省	Ⅲ级成矿带(区)
Ⅰ$_1$哈萨克斯坦成矿域	Ⅱ$_1$中哈-科克切塔夫-穆云库姆-吉尔吉斯成矿省	Ⅲ$_{1-1}$恰特卡尔晚古生代 Cu、Fe、Au、Bi 成矿带
		Ⅲ$_{1-2}$库拉马晚古生代 Cu、Pb、Zn、Au、Ag、Mo 成矿带
		Ⅲ$_{1-3}$费尔干纳中新生代煤、石油、天然气成矿带
		Ⅲ$_{1-4}$布坎套前寒武纪古生代 Cu、V、Au、Ag、U、Pb、Zn、W、Sn 成矿带
Ⅰ$_2$塔里木-卡拉库姆成矿域	Ⅱ$_2$南天山成矿省	Ⅲ$_{2-1}$突厥斯坦晚古生代 Sn、W、U、Cu、Pb、Zn 成矿带
	Ⅱ$_3$卡拉库姆成矿省	Ⅲ$_{3-1}$拜松晚古生代、中新生代钾盐、石盐、煤、石油、铅锌成矿带
		Ⅲ$_{3-2}$布哈拉中新生代天然气、钾盐成矿带
Ⅰ$_3$小欧成矿域	Ⅱ$_4$滨里海成矿省	Ⅲ$_{4-1}$北乌斯特丘尔特中新生代天然气成矿带

1. 中哈-科克切塔夫-穆云库姆-吉尔吉斯成矿省(Ⅱ$_1$)

(1)恰特卡尔晚古生代 Cu、Fe、Au、Bi 成矿带(Ⅲ$_{1-1}$)。出露于乌兹别克斯坦东北角,以内生矿床为主,多产在晚古生代构造层中,成矿期与晚古生代的花岗岩类有关,多为浅成矿床,成矿部位位于岩体的外接触带及中远距离的围岩中。成因类型以接触交代型和热液型为主。矿床的金属组合为由 Cu-Fe 型、Cu-Au 型、Bi-S 型。

(2)库拉马晚古生代 Cu、Pb、Zn、Au、Ag、Mo 成矿带(Ⅲ$_{1-2}$)。出露于乌兹别克斯坦东北部,为火山沉积盆地。构造位置是锡尔河地块边部,早古生代褶皱基底破碎地段。成矿期为石炭纪—二叠纪的中酸性杂岩类的侵入与火山喷发活动形成的浅成矿床。成矿部位位于岩体与小岩株的内外接触带、岩体与碳酸盐围岩的外接触带、离侵入体中远距离的围岩内、火山构造内。矿床类型为斑岩型、接触交代型、热液型、层控型、火山热液型。矿床金属组合为 Cu-Mo、Au、Ag 型、Au-Ag、Bi、Sb、S 型、Cu-Au 型。

(3)费尔干纳中新生代煤、石油、天然气成矿带(Ⅲ$_{1-3}$)。为锡尔河地块边缘的断陷区,是中新生代的沉积坳陷,沉积物下部为陆相,中部为浅海相,上部为陆相磨拉石建造,主要矿产为石油及伴生的天然气、煤炭及共生高岭土。

(4)布坎套前寒武纪古生代 Cu、V、Au、Ag、U、Pb、Zn、W、Sn 成矿带(Ⅲ$_{1-4}$)。位于乌兹别克斯坦北部,绝大部分被克孜尔库姆沙漠掩盖,基岩出露呈孤岛状,地质研究较差,但矿产较为丰富。早古生代的成矿类型以层控矿床为主,浅变质的黑色岩系是其矿源层,矿床金属组合为 Au、Ag、U、W 型、Pb、Zn、Ag 型。前寒武纪的沉积变质型金属矿床为 Cu、Mo、V 组合。晚古生代与侵入岩浆活动相关的矿床为矽卡岩型矿床,为 W、Mo 组合。热液型矿床金属组合为 Au 和 Sn。火山沉积型的金属组合为 Cu、Pb、Zn。

2. 南天山成矿省(Ⅱ$_2$)

突厥斯坦晚古生代 Sn、W、U、Cu、Pb、Zn 成矿带(Ⅲ$_{2-1}$)位于乌兹别克斯坦中部,为卡拉库姆地块的边缘活动带,线性构造及走向断裂发育,不同方向断裂交会点处易形成矿床。成矿期为古生代的铁镁质-碱质-硅铝质的岩浆杂岩,以小侵入体或岩脉形式出现。成矿部位位于侵入岩体内外接触带及侵入体的围岩中,成矿类型有热液型层控矿床、矽卡岩型、火山沉积型。在该带最重要的矿产为金与铅锌矿。矿床金属组合为 Au-Sb 型, Cu、As 型, Pb、Zn-Ba、Cu、S 型, Cu-S 型, W-Mo 型。

3. 卡拉库姆成矿省(II_3)

(1)拜松晚古生代、中新生代钾盐、石盐、煤、石油、铅锌成矿带(III_{3-1})。位于乌兹别克斯坦东南部,为卡拉库姆地块边缘局部隆起,矿床以外生矿床为主,有石油、煤、钾盐矿、石盐。

(2)布哈拉中新生代天然气、钾盐成矿带(III_{3-2})。分布于乌兹别克斯坦南部,为卡拉库姆地块的边缘部分,全部为新生代沉积所掩盖。矿床以外生沉积矿床为主,受地层控制明显。其中侏罗系沉积油气、烟煤、钾盐、石盐、石膏资源,白垩系沉积油气资源,晚近系沉积石盐。矿床类型为海相潟湖相沉积、陆相泥碳沼泽相沉积,内陆为盐湖相沉积。

4. 滨里海成矿省(II_4)

北乌斯特丘尔特中新生代天然气成矿带(III_{4-1})分布于乌兹别克斯坦咸海边,为东欧板块边缘的碳酸盐层台地。

第三章　跨境成矿带对比研究

第一节　概　述

近年来,随着大量地质找矿及研究项目的开展,较好的找矿突破实现。在西昆仑昆盖山一带,马尔坎苏、穆呼、奥尔托喀纳什等大中型锰矿被发现,该处铅锌矿床具有层位稳定、厚度巨大、跨境延伸至塔吉克斯坦境内的特点。近年来在塔吉克斯坦帕米尔一带开展的低密度化探测量显示该成矿带在境外亦具有较好的锰矿异常,显示具有较好的找矿前景。随着中国天山卡特巴阿苏大型金矿的发现和萨瓦亚尔顿金矿规模的增大,找金的热潮又一次掀起,境外有库姆托尔金矿、吉劳金矿和穆龙套等大型—超大型金矿显示金的找矿前景巨大。本次研究选择西昆仑昆盖山一带锰、铜、金矿带、西天山金成矿带、捷克利-赛里木铅锌矿成矿带、火烧云铅锌矿成矿带、中吉稀有稀土金属成矿带开展跨境对比研究。

第二节　重点成矿带对比研究

一、西昆仑昆盖山一带锰、铜、金矿带

近年来,西昆仑玛尔坎苏地区取得优质锰矿重大找矿突破,新发现奥尔托喀纳什锰矿、玛尔坎土锰矿及穆呼锰矿等,层位稳定,厚度较大,品位富,初步查明富锰矿石资源量达 3000 万 t,外围及深部找矿潜力巨大。含锰岩系向西延至塔吉克斯坦境内,东西长达 100km,据长期在帕米尔高原工作的俄罗斯教授介绍,该套含矿地层已延伸至阿富汗-伊朗境内。在境外亦发现了铜、金矿床,成因上以沉积型铜(铅锌)矿床、斑岩型和岩浆热液型铜金矿、金矿为主,成矿时代为海西—印支期。2017 年中国地质调查局西安地质调查中心开展 1:100 万化探异常查证时,发现了卡拉库里湖北锰金矿点,显示该成矿带具有较大的找矿潜力,有望成为丝绸之路经济带最重要的亿吨级锰矿资源勘查开发基地,受到广大学者的广泛关注。另外,区带还发现了大量铜矿床(点)(图 3-1)。

(一)沉积建造特征对比

西昆仑昆盖山一带锰、铜、金矿带境内外均属兴都库什-西昆仑地层区,地层近东西走向。境内地层主要有中泥盆统、下石炭统、上石炭统、下二叠统、上三叠统、上侏罗统;境外地层与境内大致相同,有小面积的志留系—泥盆系、上白垩统、石炭系,前人在玛尔坎苏西延塔吉克斯坦卡拉库里一带开展了中—大比例尺填图工作,并发现了锰矿化线索,含锰地层为一套泥质页岩、生物碎屑灰岩、鲕粒灰岩夹基性火山碎屑岩等,该套岩石组合与境内玛尔坎苏一带含锰的上石炭统地层基本一致,因此判断玛尔坎苏的含锰建造向西延出国境。

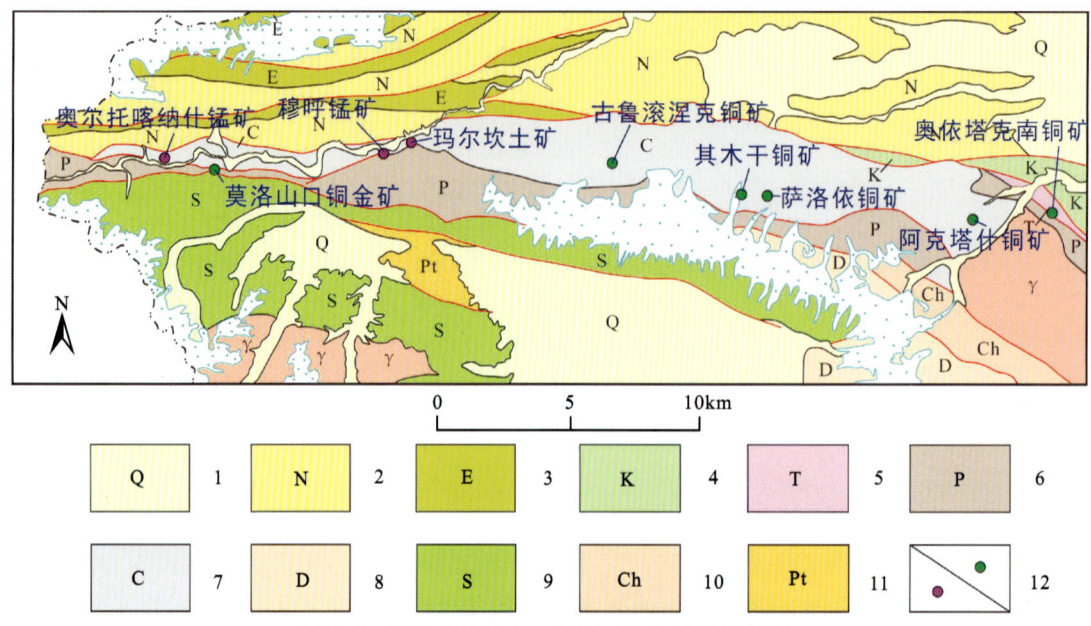

图 3-1 西昆仑昆盖山一带锰、铜、金矿带分布图

1-第四系;2-新近系;3-古近系;4-白垩系;5-三叠系;6-二叠系;7-石炭系;8-泥盆系;9-志留系;10-长城系;11-元古宙;12-锰矿/铜矿

（二）构造特征对比

根据大地构造单元划分方案,在三级构造单元划分上,西昆仑昆盖山一带锰、铜、金矿带境外属穆克苏伊晚古生代裂谷带,境内属昆北山晚古生代裂谷带。锰矿层的产出受构造控制明显,境内玛尔坎苏一带锰矿层受背斜构造控制,在背斜两翼都有锰矿体产出;境外卡拉库里一带也发现了多个含锰层位,在背斜两翼对称出现,与境内矿区构造一致(图 3-2)。

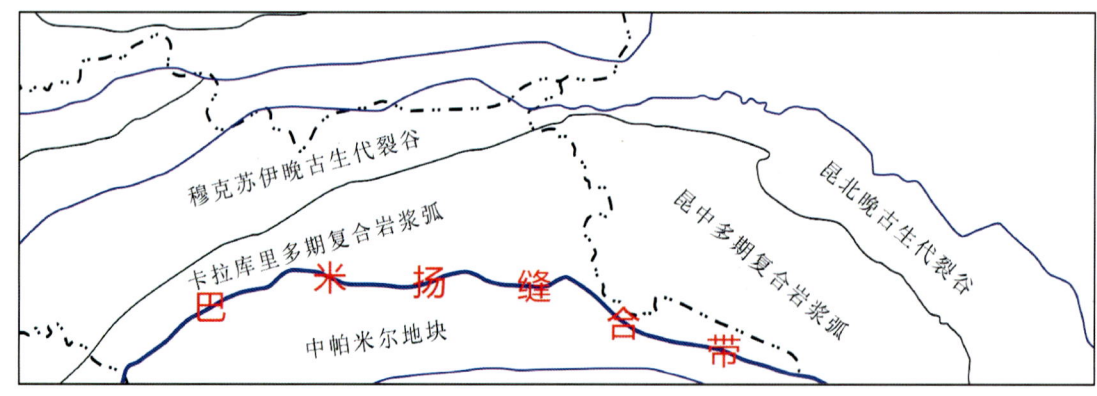

图 3-2 中国西昆仑-塔吉克斯坦北帕米尔大地构造单元划分示意图

（三）地球化学特征对比

境内 1:25 万和 1:5 万化探在境内玛尔坎苏一带均圈出了以 Mn、Au 为主的综合异常,且异常面积大、强度高。境外 1:25 万化探在境外玛尔坎苏的西延部位圈出了一个面积大、强度高的 Au 异常,Mn 的异常一般,1:5 万化探异常圈定了以 Mn、Au 为主的综合异常,且通过异常查证发现了较好的锰、金矿化线索。

(四)遥感影像特征对比

由遥感影像可以看出,玛尔坎苏一带上石炭统—下二叠统含锰碳酸盐岩地层影像图上具黄绿色影纹,显示明显的条状展布特征,向西稳定延入塔吉克斯坦境内,境内外影像特征相同,向西延伸较远(图3-3)。

图3-3 玛尔坎苏一带境内外遥感影像图

(五)境外成矿条件及找矿方向

以国境线为界,该矿带在塔吉克斯坦为帕米尔北成矿带,在中国境内为西昆仑北成矿带。玛尔坎苏一带锰矿床赋矿灰岩顶部为中酸性火山岩,二者为断层或不整合接触,锰矿产于该岩性界面以下150m范围内,该界面是国内锰矿间接找矿标志。境外含锰矿层岩性组合特征与玛尔坎苏锰矿区具有可比性,因此在境外找锰矿过程中,应首先寻找火山岩与碳酸盐岩的界面,然后在界面附近碳酸盐岩内寻找锰矿层(表3-1)。

表3-1 西昆仑昆盖山一带锰、铜、金矿带境内外地质背景、成矿条件对比表

成矿条件	塔吉克斯坦	中国
大地构造位置	穆克苏伊晚古生代裂谷带	昆北山晚古生代裂谷带
地层建造	属兴都库什-西昆仑地层区,地层近东西走向,向西转为北东向。 S—D:灰岩、沙泥质页岩; C_1:灰岩、基性火山碎屑岩; C_2+P_1:生物碎屑灰岩、长石石英砂岩、泥质砂岩、黑色页岩、泥晶灰岩、微晶灰岩、砂岩、砂板岩、砾岩; P_{1-2}:灰岩、泥灰岩、白云岩、砾岩、石英砂岩、粉砂岩、泥质页岩; T_3:灰白色长石岩屑砂岩夹细砾岩、粉砂岩、砂质页岩、生物碎屑灰岩; J_3:暗红色、浅紫色砂砾岩夹砂岩、砂质泥岩; K_2:棕色与灰绿色泥岩、膏泥岩、泥质粉砂岩、白云岩、石膏; E_2N_1:杂色砂岩、粉砂岩、灰岩、泥质灰岩	属兴都库什-西昆仑地层区,地层近东西走向,向西转为北西向。 D_2:灰绿色页岩、粉砂质页岩、粉砂岩、泥质粉砂岩、生物碎屑灰岩、鲕粒灰岩; C_1:深灰色页岩与泥岩互层,介壳灰岩,鲕粒灰岩,白云岩夹粉砂岩; C_2:生物碎屑微晶灰岩、粉晶灰岩、含锰碳质泥晶灰岩; P_1:礁灰岩、粉砂岩、泥质页岩、复成分砂岩、灰岩、砾岩、钙质粉砂岩; T_3:灰白色长石岩屑砂岩夹细砾岩、粉砂岩、砂质页岩、生物碎屑灰岩; J_3:暗红色与浅紫色砂砾岩夹砂岩、砂质泥岩

续表 3-1

成矿条件	塔吉克斯坦	中国
区域构造特征	断裂构造不发育,近东西走向	断裂构造较发育,近东西走向
岩浆岩建造	石炭纪花岗岩,以小岩株为主	石炭纪英云闪长岩,以小岩株为主
遥感影像特征	线性构造不发育	线性构造较发育
地球化学特征	1:25万地球化学特征:圈出一个以 Au 为主的综合异常 Z111,,异常面积 284km²,元素组合为 Au、Ag、Cu、Sb、As,Au 平均值 $5.24×10^{-9}$,最大值 $96.8×10^{-9}$,异常衬度 2.56。 1:5万地球化学特征:有一条明显的 Au、Mn 异常带,呈近东西向展布,元素套合较好,Au 平均值 $7.83×10^{-9}$,最大值 $98.6×10^{-9}$	1:25万地球化学特征:圈出两个以 Mn 为主的综合异常,呈带状展布,元素组合为 Mn、Hg、Ag、Sr、F、CaO、Cd、Mo 等综合异常,Mn、Hg、Ag 异常浓集中心清楚、套合紧密,Hg、Mo 元素在该区内有较好异常显示。其中 Mn 由 9 个点组成,峰值达 $7032×10^{-6}$,具三级浓度分带。 1:5万地球化学特征:分布有 5 个 Mn、Au 异常带,主要综合异常位于奥尔托喀纳什锰矿区的东部,以 Mn 为主,Au、Mo 次之,As、Ag、Cr、Ge、Pb 等元素异常有少量分布,元素组合套合较好,以 Mn 为内带,其他元素为外带,呈近东西向展布,Mn 元素含量范围在 $(792\sim1722)×10^{-6}$ 之间,浓度不高,面积较大,在 Mn 元素异常区内 Au 含量最高为 $6×10^{-9}$
主要矿产类型	沉积型、热液型、矽卡岩型、斑岩型及海相火山岩型铜矿;热液型、斑岩型金矿	海相沉积型锰矿、层控碳酸盐岩型铜矿、火山岩型块状硫化物铜矿和沉积型砂岩铜矿、海相沉积型砂岩铜矿
主要成矿要素	铜矿:海相碳酸盐岩、碎屑岩、矽卡岩建造;金矿:海西期岩浆岩、韧性剪切带	锰矿:浅海相碳酸盐岩-碎屑岩沉积建造;铅锌矿:细碎屑岩-碳酸盐岩建造;铜矿:双峰式火山岩
工作程度	整体较低	整体较高

认识:①关于晚古生代石炭纪火山岩-碳酸盐岩含矿建造在兴都-库什构造带的延伸问题,前期科研工作取得了一定的进展,对于铜矿成矿条件研究取得了一定进展,但至今未有大的突破,应加强与境外铜矿对比研究。近年来,西昆仑玛尔坎苏地区取得优质锰矿重大找矿突破,新发现奥尔托喀纳什锰矿、玛尔坎土锰矿及穆呼锰矿等,层位稳定,厚度较大,品位富,初步查明富锰矿石资源量达 3000 万 t;含锰岩系东西延伸达 100km,向西延至塔吉克斯坦境内,外围及深部找矿潜力巨大,有望成为丝绸之路经济带最重要的亿吨级锰矿资源勘查开发基地。②穆呼锰矿产于上石炭统碳酸盐岩建造中,含锰碳酸盐岩带常与泥质岩密切伴生。矿体赋存于一定的层位,含矿岩性为灰岩,顶底板围岩均为灰黑色砂屑灰岩,产状与地层基本一致,与围岩界线清楚,呈整合接触。矿体形态呈似层状、团块状、透镜状、鸡窝状,厚度不稳定,多处存在分支-复合、尖灭-再现和局部膨大、局部窄小等现象。根据区域大地构造环境及区内地层条件分析结果,矿床在两板块间裂谷盆地环境中形成,为深水裂谷喷硫沉积成矿,矿床成因与成矿期火山活动、构造运动、热水喷硫作用及盆地的裂谷与裂解作用有关。

二、西南天山金矿带

薛春纪等(2014)提出的"亚洲金腰带"大型金矿床主体是前人研究的南天山大型金矿带,其中拥有乌兹别克斯坦的穆龙套(Muruntau)和吉尔吉斯斯坦东部的库姆特尔(Kumtor)世界级矿床,前者是世界最大金矿之一,后者排在世界最大金矿的前10位。乌兹别克斯坦的Zarmitan、Amantaitau、Daugyztau,塔吉克斯坦的吉劳等矿床也都具有100t黄金储量。该带延伸到中国境内,在中吉边界发现和探明至少有60t储量黄金的萨瓦亚尔顿矿床。

伴随特克斯洋于奥陶纪和土库曼斯坦南天山洋、巴尔喀什-北天山洋于石炭纪先后关闭,西天山区域沿尼古拉-那拉提山北土库曼斯坦-阿尔巴什-那拉提山南缘、北天山北缘等板块缝合带及其附近地带发生大规模逆冲推覆、剪切走滑等变形变质作用,在区域地壳内形成大型脆韧性变形带,并常伴有同造山、造山晚/后期明显的岩浆侵入。与这些碰撞造山地质过程密切相关,西天山形成了穆龙套、库姆特尔等世人瞩目的巨型金矿床。这些巨型和世界级金矿床从乌兹别克斯坦西天山向东,经吉尔吉斯斯坦西天山到中国新疆西天山成带状集中分布于中天山及南北缘,构成世界巨型金成矿带(图3-4)即"亚洲金腰带"(薛春纪等,2014),其中Muruntau、Daugyztau、Amantaitau、Zarmitan、Jilau、萨瓦亚尔顿等金矿床产在南天山北缘褶皱冲断带靠近中天山南缘板块缝合带,Kumtor、Ishtamberdy、Unkertash、卡特把阿苏、萨日达拉等金矿床产在中天山隆起带,Taldybulak Lev金矿床产在北天山南缘靠近Nikolaev缝合带,这些金矿床的形成是西天山造山不同时期地壳连续成矿的产物(毛景文等,2002;薛春纪等,2014),程度不等大致经历了古老地壳中金初始预富集、碰撞造山变形变质再富集、造山晚/后期岩浆热液叠加富集3个地质过程,成因类型属造山型,古老地壳+构造变形+岩浆热液是该区域造山型金矿勘查准则(薛春纪等,2014)。

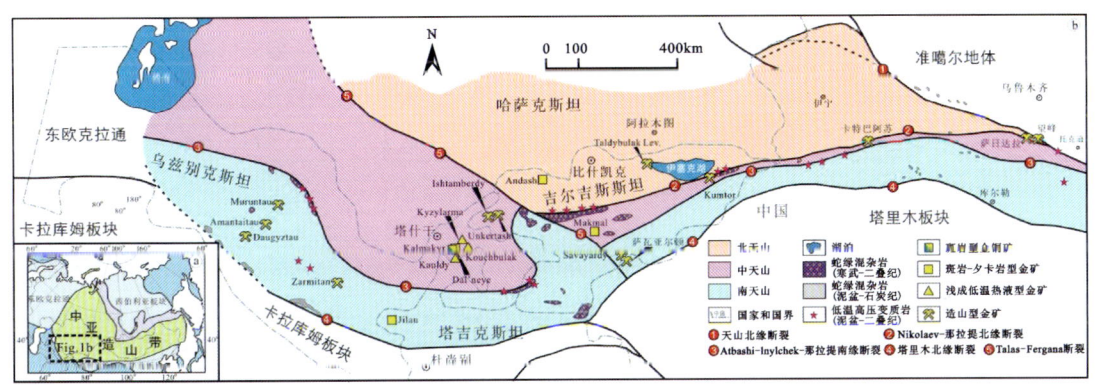

图3-4　西天山"亚洲金腰带"地质矿产简图(薛春纪等,2014)

西天山"亚洲金腰带"内造山型金矿床的赋矿岩石主要是元古宇基底变质岩和下古生界浅变质细碎屑岩及侵入于这些岩石地层中的石炭纪—二叠纪造山期花岗岩类。Taldyhulak Lev和Ishtamherdy金矿床的赋矿岩石是古元古界片岩和片麻岩,Kumtor金矿床赋矿岩石为古元古界碳质板岩和千枚岩,Muruntau、Amantaitau、Daugyztau、萨瓦亚尔顿等巨型和世界级金矿床赋矿岩石是下古生界浅变质浊积岩系。这些作为造山型金矿床赋矿岩石的古老变质岩和变质浊积岩系往往背景金含量较高,是重要的矿源层。

三、捷克利-赛里木铅锌矿带

捷克利-赛里木地块区域上出露古元古界温泉岩群(HtW.)、中元古界特克斯岩群(ChT.)、中元古界库松木切克岩群(JxKS.)砂泥质-碳酸盐岩建造(图3-5)。该套砂泥质-碳酸盐岩建造自北向南区域变质作用减弱,具体表现为托克赛温泉岩群片麻岩、片岩中夹少量大理岩透镜体;哈尔达坂特克斯岩群片麻岩、片岩中夹大理岩透镜体,二者岩性各占一半,四台海泉库松木切克岩群主要为白云质灰岩和片麻岩,二者基本完全分离。含矿区均为大理岩层,黑色大理岩是地表找矿标志。

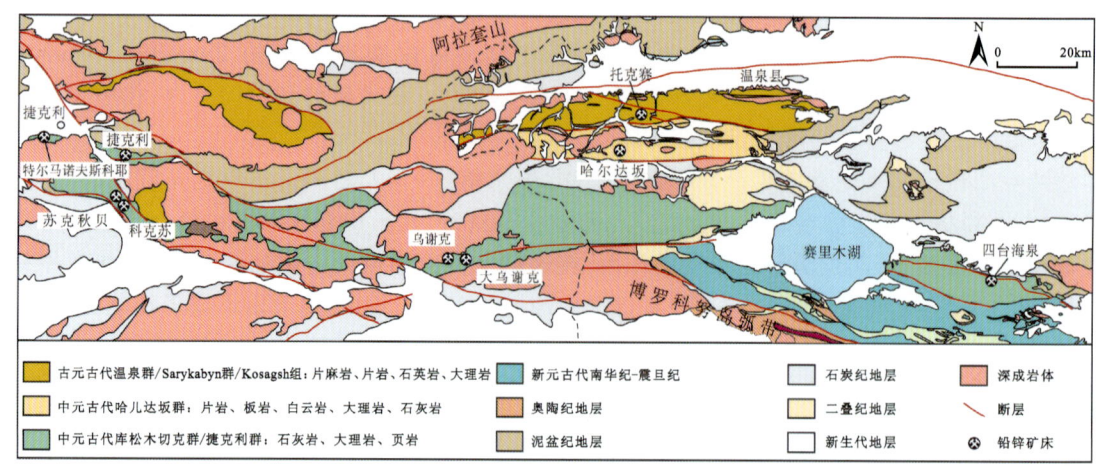

图 3-5　捷克利-赛里木铅锌矿带地质矿产简图

为了与境外大型矿床作对比,确定典型成矿带的含矿建造岩性特征,在托克赛矿区含矿地层中进行剖面实测(图 3-6),分析认识含矿层地质特征,为境外对比提供可靠的地质依据。

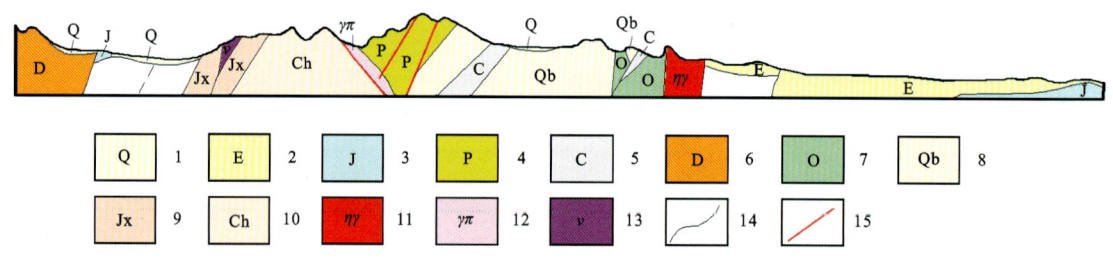

图 3-6　西天山赛里木地区剖面

1-第四系;2-古近系;3-侏罗系;4-二叠系;5-石炭系;6-泥盆系;7-奥陶系;8-青白口系;9-蓟县系;10-长城系;
11-二长花岗岩;12-花岗斑岩;13-辉长岩;14-地质界线;15-断层

矿区内出露的主要地层为古元古界温泉群上亚群($HtW.^2$),该地层是一套浅变质的浅海陆棚相-深海相碳酸盐岩夹碎屑岩建造,主要岩性有灰白色透闪石石英岩、灰白色大理岩、二云母石英片岩、片岩等,铅锌矿化主要赋存于中部的薄层状大理岩中。其中,大理岩层中的黑色炭化带矿化富集,花岗闪长岩脉顺层侵入,与地层接触呈渐变过渡关系。

中元古代时期,赛里木地块为被动大陆边缘环境,裂解拉张作用形成断陷盆地,于断陷盆地内发育热水沉积成矿系统,同生断裂是成矿卤水运移、喷发的通道,因此主要形成热水沉积型矿产和沉积改造型矿产,如哈尔达坂铅锌矿床、托克赛铅锌矿床。在邻国哈萨克斯坦境内,同一矿带上产有捷克利超大型铅锌矿床。勘查准则为古老地壳+构造变形,应解决的问题是构造控矿特征、成矿流体来源、花岗闪长岩与矿化关系。赛里木一带铅、锌、铜金多金属矿找矿突破的方法是加强哈尔达坂铅锌矿与捷克利铅锌矿对比研究,可将赛里木地区的岩性建造图延伸到境外哈萨克斯坦,并将寻找境内赛里木地区铜金多金属矿作为重点。

四、中吉稀有稀土金属矿带

阔克萨勒-哈尔克成矿带地跨中吉两国,共划分出 4 个成矿亚带,其中阿特巴什汞成矿亚带,萨雷贾兹钨、锡、铅成矿亚带和托戈洛克金、稀土成矿亚带位于吉尔吉斯斯坦境内,哈尔克山金、锑、锡(稀有、稀土、宝石)成矿亚带位于中国新疆境内。

南天山的锡矿带中主要有两段:努拉套地区和突厥斯坦-阿赖地区的明扎-努拉塔-库列朱克套 W、Sn 矿带和东段的萨雷贾兹地区的阔克沙勒-萨雷贾兹 Sn、W 矿带。努拉套地区和萨雷贾兹地区均为石英脉、云英岩和矽卡岩型锡、钨、钼矿床,少部分为石英型矿床,代表性矿床主要在萨雷贾兹地区,如特鲁多沃耶锡、钨矿床、乌奇科什康锡矿床和萨雷布拉克锡矿床,而努拉套地区矿床石英脉型较多,有梁加尔钨矿、卡拉别丘钨矿、卡尔纳布锡矿和拉帕斯锡矿等。

萨雷贾兹-阔克沙勒矿带含矿地层为上志留统—下泥盆统砂岩-千枚岩-细碧岩,其上为中泥盆统的碳酸盐岩,最上部为下—中石炭统类磨拉石建造。成矿母岩为海西中期黑云正长花岗岩,晚期为二云花岗岩。矿化产于一些小侵入体边缘和内部,构造部位为继承性的背斜隆起区。

区域地球物理资料显示矿带位于伊赛克湖幔凸-别迭里幔凹间的过渡带,北部为南天山与由前寒武纪结晶基底构成的中天山边界断裂,南部为南天山与塔里木地块北部边缘断裂,边缘为麦丹塔拉-阔克沙勒继承性坳陷,矿带主要分布于靠近北部边界断层一带。主要矿床常产于东西面和南北向深断裂的交会处。矿化以锡为主,有石英脉型、石英脉云英岩型及矽卡岩型多种矿化类型。主要矿物组合为锡石、白钨矿、萤石、黄玉、黑钨矿、电气石、石英,以及锡石-硫化物(毒砂、磁黄铁矿、黄铁矿、黄铜矿、闪锌矿、方铅矿等),此外还有硅硼钙石、硼钙锡矿,在锡石硫化物矿石中,还见有含 P、As 的复盐,如磷砷铅矿、砷钨铜矿等。由此可见,这一矿带成矿过程中有大量的挥发组分活动,包括 B、F、AS、P 等,因而高温阶段已有硅硼类氟矿物出现。矽卡岩矿物有钙铁榴石、钙铝榴石、透辉石、钙铁辉石等榴石类以及含水矽卡岩、符山石、方柱石、电气石、斧石等。

西南天山地区已确认的锡、钨、钼矿仅两处,即塔木锡矿点和卡拉丘别辉钼矿点。它们均产于霍什布拉克岩体与克兹勒克孜塔克岩体外接触带,构造位置为柯坪地块与造山带间的边界断裂带北部。从区域上看,正处于东部幔凸和西部幔凹过渡的幔坡带,在向南延入柯坪地块中也有多处矿化点,但多为铅、锌、铜矿化点。

含矿地层为上泥盆统和上石炭统碎屑岩-碳酸盐岩建造及细碎屑岩、火山岩建造,主要岩性为砂岩、泥岩和硅质岩、凝灰岩、砂岩、板岩、灰岩。容矿岩石为矽卡岩,主要矿物为石榴石、磁铁矿、透辉石、黄玉和硼镁铁矿,含磁黄铁矿、黄铁矿及少量闪锌矿和黄铜矿。矿石为粒状结构,浸染状、脉状—块状构造。锡矿石的含锡矿物为硼镁铁矿和石榴石,而钼矿石为辉钼矿和含钼石榴石。成矿母岩为碱性花岗岩,岩相包括正长岩、花岗内长岩和石英正长岩等,为中细粒结构,块状构造。外接触带除锡、钼矿化外,还有金、铜、铅、锌、铌、钽、钍等矿化。在本区各个岩体出露区均有白钨矿重砂异常。此外,在哈尔克山南侧萨雷贾兹矿带东延有一锡石重砂异常区,在其间沿托什罕断陷南侧边界断裂带也见有白矿异常。这说明南天山成矿带的锡、钨矿化带亦延入本区。但是,本区在钨、锡成矿方面也存在着一些不足之处:①阔克沙勒-库马力克一带与雷贾兹 Sn、W 矿带主矿带有一定距离,延入境内的鲁德汗瓦冰河岩体是一个大岩基,在境外也无矿化。②萨雷贾兹 Sn、W 矿带主要产于中天山与南天山的边界断裂两侧,北部为古老结晶基底,矿带走向为近东西向。而本区矿带被一近南北向的岩浆带控制,锡、钨、钼矿化沿边界断裂展布有限。③矿化类型虽然相近,但矿化强度显然很弱。可以这样认为,沿霍什布拉克周边出露的小岩体和岩株有找锡、钨矿的可能,但目前尚无确切证据可以断言成矿规模有多大。

五、火烧云铅锌矿带

火烧云铅锌矿带是新疆规模最大的铅锌富集区之一,成矿条件优越,近年来,随着地质工作的不断进行,甜水海、多宝山、火烧云和天神等铅矿相继发现,特别是火烧云铅锌矿的找矿突破,显示该成矿带找矿潜力巨大。火烧云铅锌矿控制铅锌资源量已超过 1800 万 t,Zn 平均品位为 23.6%,Pb 平均品位为 5.6%(新疆地矿局第八地质大队),成为目前中国最大的铅锌矿,同时矿石矿物以菱锌矿、白铅矿、水锌矿为主,仅次于伊朗的 Mehdiabad 非硫化物锌矿床,为世界第二大非硫化物铅锌矿床。

火烧云铅锌矿带位于青藏高原北缘喀喇昆仑地区,大地构造位置为羌塘-三江造山系甜水海地块之乔尔天山-林济塘中生代前陆盆地。成矿带以天神达坂断裂为界,北部为甜水海微陆块,南部为神仙湾古生代裂陷带。出露的地层主要为新生代、中生代及古生代地层,以中生代地层为主,其中侏罗系为主要赋矿地层(图3-7)。该成矿带主要找矿标志如下:

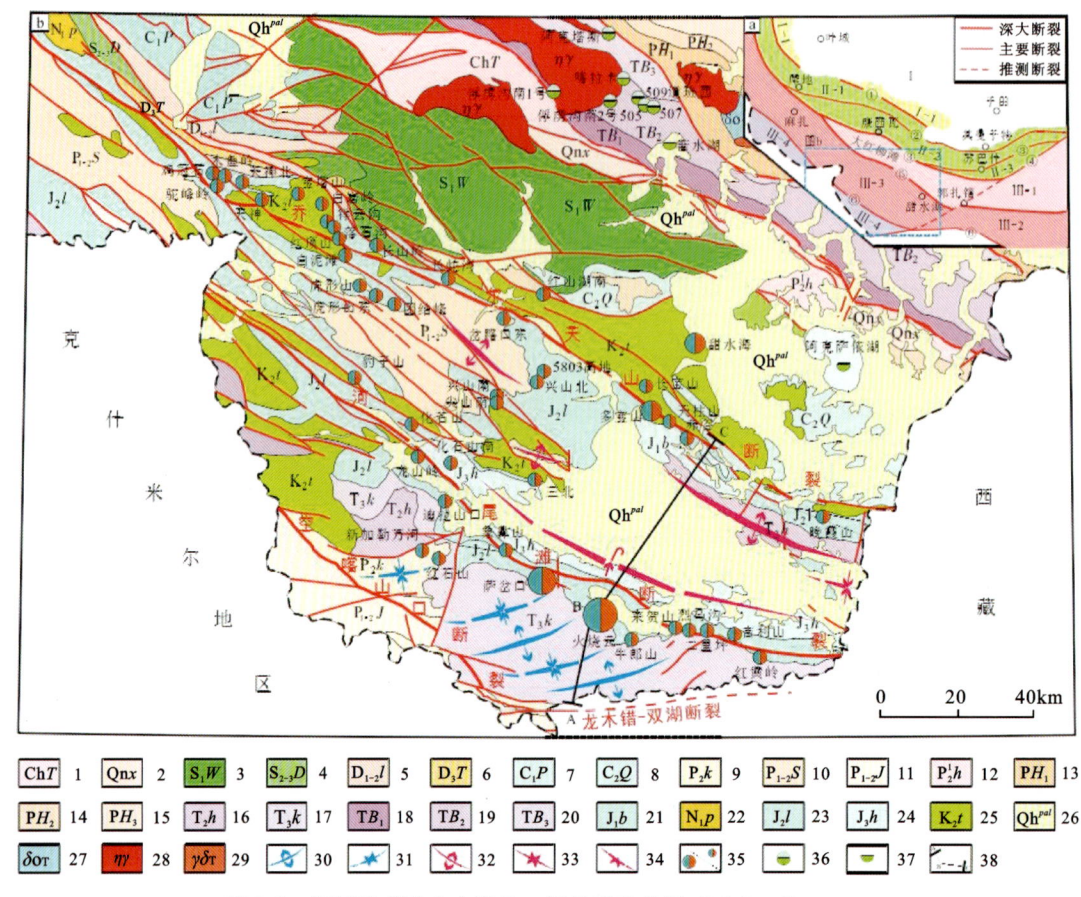

图3-7 新疆喀喇昆仑火烧云一带地质矿产图(据高永宝等,2019)

Ⅰ-塔里木地块;Ⅰ-1-铁克里克断裂带;Ⅱ-1-北昆仑晚古生代岩浆弧带;Ⅱ-2-中昆仑微陆块;Ⅱ-3-南昆仑晚古生代残弧带;Ⅲ-1-可可西里-巴颜喀拉褶皱带;Ⅲ-2-北羌塘-唐古拉地块;Ⅲ-3-塔什库尔干-甜水海地块;Ⅲ-4-南羌塘地块;①-柯岗断裂;②-其曼于特-祁曼塔格古生代蛇绿构造混杂带;③-柳什塔格-岩碧山-向阳泉中昆仑断裂带;④-苏巴什-木孜塔格晚古生代蛇绿构造混杂岩;⑤-郭扎错-西金乌兰湖-金沙江结合带;⑥-龙木错-双湖结合带;1-甜水海岩群;2-肖尔克谷谷地组;3-温泉沟群;4-达坂沟群;5-落石沟组;6-天神达坂群;7-帕斯群;8-恰提尔群;9-空喀山口岩群;10-神仙湾群;11-加温达坂群;12-红山湖组;13-黄羊岭群下组;14-黄羊岭群中组;15-黄羊岭群上组;16-河尾滩组;17-克勒青河组;18-巴颜喀拉山群下组;19-巴颜喀拉山群中组;20-巴颜喀拉山群上组;21-巴工布兰萨组;22-帕长布拉克组;23-龙山组;24-红其拉甫组;25-铁隆滩组;26-第四系;27-黑云母角闪石英闪长岩;28-黑云母二长花岗岩;29-花岗闪长岩;30-印支期背斜褶皱;31-印支期向斜褶皱;32-燕山期背斜褶皱;33-燕山期向斜褶皱;34-燕山期倒转向斜褶皱;35-铅锌矿床/铅锌矿点;36-伟晶岩型锂矿床;37-盐湖型锂矿床;38-剖面位置

(1)铅锌矿具有层位控矿的特征,赋矿岩层主要为灰岩。天山海、多宝山、天柱山铅锌矿赋存于白垩系铁隆滩组灰岩、砾岩中,赋矿岩石主要为褐铁矿化灰岩、碎裂岩化灰岩及复成分砾岩。火烧云铅锌矿赋存于中侏罗系龙山组,铅锌矿产于细晶灰岩、泥晶灰岩中及碎屑灰岩中,岩石普遍呈碎裂状、压碎状。

(2)断裂控矿特征明显。区域性质断裂乔尔天山-岔路口断裂呈北西-南东展布,断裂带具有较强的碎裂岩化、褐铁矿化,局部地段铅锌矿化明显,可见构造角砾岩,为矿体成矿物质来源提供通道。

(3)沿着断裂两侧分布较多Pb、Zn、Ag异常,Pb-Zn-Ag组合异常对找矿具有指示作用。

通过境内外对比分析,该成矿带延伸到境外,在境外南帕米尔一带发育有侏罗系,主要岩性为砂岩、灰岩,1:25万化探在该处显示有Pb、Zn的异常,通过初步查证,在该区发现了Pb、Zn、Fe的找矿线索。异常信息显示在境外寻找铅锌矿的潜力巨大。

第四章 典型矿床对比研究

第一节 海相沉积型锰铜矿

一、中国穆呼锰矿

(一)矿区地层

穆呼锰矿床位于玛尔坎苏锰多金属成矿带东段,喀拉阿特河断裂南部。矿区出露石炭系、二叠系、门亚系和第四系。

1. 石炭系

石炭系分布在玛尔坎苏河流,主要为下石炭统乌鲁阿特组(C_1w)和上石炭统喀拉阿特河组(C_2k)。

1)下石炭统乌鲁阿特组

乌鲁阿特组分布于玛尔坎苏河北西、北东侧,呈北东-南西向带状分布,岩层走向北西-南东向,倾向北东,倾角$35°\sim45°$,出露厚$\geqslant140m$,岩层在西部与北西侧下白垩统克孜勒苏群江颂结尔组呈断层接触,其他方向延出区外或被第四系覆盖,该岩性段主要由安山质晶屑凝灰岩、玄武岩、玄武质角砾岩组成。

2)上石炭统喀拉阿特河组

喀拉阿特河组第一岩性段(C_2k^1)位于穆呼锰矿区中部(图4-1),呈带状分布,南北两侧与喀拉阿特河组二段均呈整合接触,主要岩性为深灰绿色糜棱岩化复成分砾岩夹暗灰绿色碳酸岩化岩屑凝灰岩、浅灰黑色泥微(粉微)晶灰岩、竹叶状灰岩夹凝灰岩,局部夹玄武岩、安山岩;岩层走向北东-南西向,倾向南东-南西,倾角$38°\sim40°$。层内可见闪长岩、闪长玢岩、辉绿玢岩细脉发育。

喀拉阿特河组第二岩性段(C_2k^2)为锰矿的主要含矿层位,主要分布于玛尔坎苏河南东侧,呈北东-南西向条带状分布,目前在该岩性段中已圈出Ⅰ、Ⅱ、Ⅴ三条锰矿带。岩层倾向南东,倾角$26°\sim47°$,东西两侧均延伸至研究区外,出露厚$\geqslant250m$,局部见褐铁矿化现象。岩层南北两侧与喀拉阿特河组第三、四岩性段均呈整合接触。该岩性段岩性主要为灰黑色砂屑灰岩夹黑色含泥碳质灰岩、(含碳、黄铁矿化)泥晶灰岩、深灰色薄层状含泥砂屑灰岩夹黑色薄层状细晶灰岩、浅黑色极薄层状含泥碳质灰岩夹薄层状泥晶灰岩、(黄铁矿化)泥质灰岩、灰黑色碳质粉细晶灰岩、灰黑色(碳质)微泥晶灰岩、锰化、片理化粗晶灰岩、(含陆源碎屑、生物碎屑)亮晶砂屑、深灰色中粗(中细)粒岩屑钙屑砂岩,局部夹灰黑色含钙质碳质泥岩,灰岩灰黑色碳质钙质板岩,含碳泥质粉砂岩,石英、方解石脉发育。岩层中局部夹蚀变安山岩、蚀变玄武岩,出露少量辉长(玢)岩、闪长(玢)岩脉。

喀拉阿特河组第三岩性段(C_2k^3)位于穆呼锰矿区中部,呈条北东-南西向条带状分布,为区内主要含锰岩性段,目前在该岩性段中已圈出Ⅲ、Ⅳ、Ⅵ、Ⅶ、Ⅷ五条锰矿带;东西端均延出区外,岩层走向北东-南西向,倾向南东,倾角21°~51°,两侧均延伸至工区外,出露厚≥40m,局部碳质泥质极为发育。岩层与喀拉阿特河组第二、第四岩性段均呈整合接触,与下二叠统玛尔坎雀库塞山组第一岩性段(P_1m)呈平行不整合接触,该组主要由黑色薄层状含碳泥质灰岩夹薄层状含碳粉晶灰岩、灰黑色薄层状含碳粉晶灰岩夹灰黑色砂屑灰岩、灰色薄—中厚层状泥质灰岩夹灰黑色薄层状碳质灰岩局部夹厚层状浅黑色粗晶灰岩,深灰色碳质泥晶灰岩、灰黑色褐铁矿化泥微晶灰岩、灰黑色生物屑微晶灰岩、灰黑色泥质砂屑灰岩、灰黑色泥岩、灰黑色褐铁矿化板岩,局部夹片理化全蚀变安山岩、凝灰岩。层内发育蚀变细粒闪长岩、绿泥长英蚀变岩、辉长岩脉。

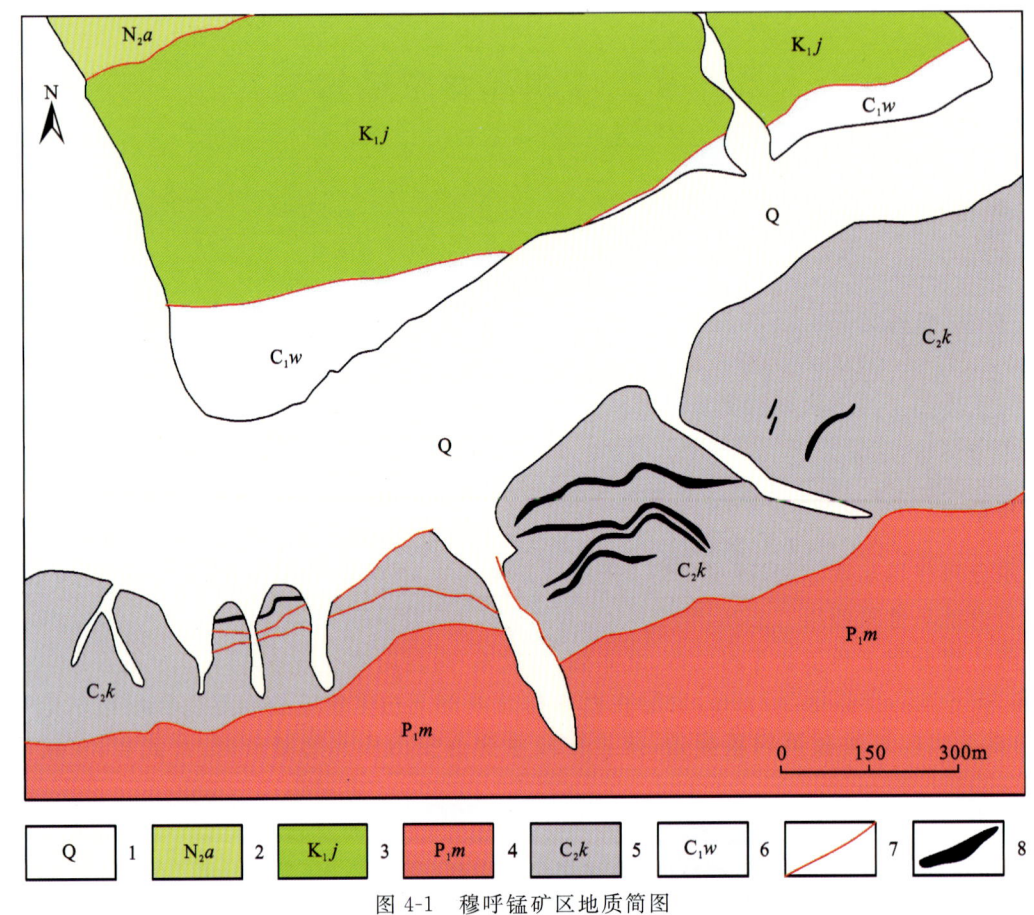

图 4-1 穆呼锰矿区地质简图

1-第四系;2-上新统阿图什组;3-下白垩统江颂结尔组;4-下二叠统玛尔坎雀库塞山组;
5-上石炭统喀拉阿特河组;6-下石炭统乌鲁阿特组;7-断层;8-矿体

喀拉阿特河组第四岩性段(C_2k^4)在喀拉阿特河两侧有弱锰矿化显示,主要位于穆呼锰矿区中东部,西端被第四系覆盖,东端延出区外,横向上厚度变化较大,呈弧形条带状,向东膨大向西逐渐变薄,中西部与喀拉阿特河组第二、第三岩性段呈整合接触,北东部与下石炭统乌鲁阿特组呈断层接触,南东部与下二叠统玛尔坎雀库塞山组下段呈平行不整合接触,该组主要由黑色、灰黑色薄—中厚层状微晶灰岩、细晶灰岩、灰色砂屑灰岩、灰黑色砾屑灰岩、灰黑色碳质粉微晶灰岩、黑色厚层状粗晶灰岩(含陆源碎屑、含生物碎屑、含炭)粉晶灰岩组成,岩层走向北东-南西向,倾向南东,倾角36°~49°。

2. 二叠系

二叠系分布于矿区南部,呈带状分布,两端均延出区外,区内岩性出露有下二叠统玛尔坎雀库塞山组(P_1m)。该组分布于南部,东、西侧均延出区外,由西向东厚度逐渐增大,北侧与上石炭统喀拉阿特河组第三、第四岩性段呈平行不整合接触,南侧与上二叠统昆盖依套组第一岩性段呈整合接触,进一步划分为3个岩性段(图4-2)。

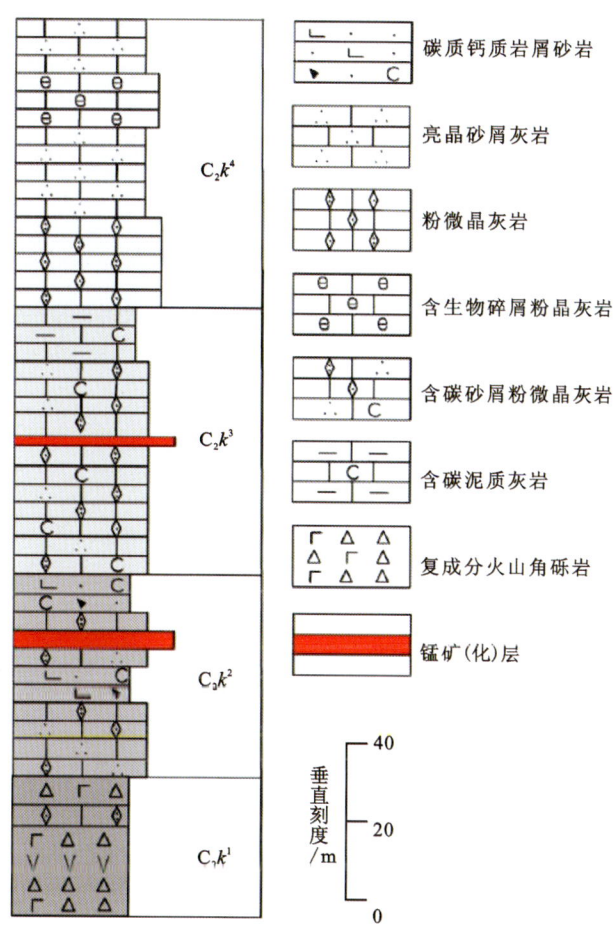

图4-2 上石炭统喀拉阿特河组柱状图

玛尔坎雀库塞山组第一岩性段(P_1m^1)岩层走向北东-南西向,倾向南东,倾角21°～57°,出露较稳定,出露厚≥820m。东西两侧延出区外,北侧与喀拉阿特河组第三、第四岩性段呈平行不整合接触,南侧与玛尔坎雀库塞山组中段呈整合接触。主要岩性为灰绿色薄—厚层凝灰岩夹暗紫色玄武质凝灰岩、暗灰绿色(片理化)蚀变安山岩、灰绿色(片理化)英安岩、紫红色玄武质凝灰岩、浅灰色中厚—块状大理岩、灰绿色片理化凝灰岩夹紫红色片理化玄武质凝灰岩、灰白色细砂岩、灰绿色与黄白色含砾岩屑砂岩。区内东部该段底部发育一套紫红色砾岩。

玛尔坎雀库塞山组第二岩性段(P_1m^2)岩层走向北东-南西向,倾向南东,倾角19°～56°,出露较稳定,出露厚≥230m。东西两侧延出区外,南北两侧与玛尔坎雀库塞山组上段、下段均呈整合接触。主要岩性为浅灰色薄—中厚层细晶灰岩夹浅灰色薄层微晶灰岩及少量灰绿色细粒石英砂岩、灰白色中薄层大理岩、灰黑色中厚层状粉晶灰岩。

玛尔坎雀库塞山组第三岩性段(P_1m^3)岩层走向北东-南西向、北西-南东向均有,倾向南东、南西,倾角19°～67°,出露厚≥1100m。东西两侧延出区外,北侧与玛尔坎雀库塞山组中段整合接触,南侧与昆盖依套组一段下部整合接触。主要岩性为灰绿色片理化—中厚层状凝灰岩、紫红色玄武质凝灰岩、暗灰绿色蚀变安山岩、浅灰色中厚层状大理岩化灰岩、灰白色薄层大理岩、局部夹浅灰色薄层状泥微晶灰岩。

3. 白垩系

白垩系主要出露下白垩统江颂结尔组（K_1j），分布于矿区北东部，呈北东-南西带状展布，南侧与下石炭统乌鲁阿特组上段断层接触，北侧与上新统阿图什组上段断层接触，岩层走向北东-南西向，倾向北东，局部倾向北西，倾角 $35°\sim45°$，出露厚$\geqslant160m$，主要岩性为细粒岩屑石英砂岩、细—中粒长石石英砂岩。

4. 新近系

新近系主要出露上新统阿图什组上段（N_2a^2），分布于矿区西北部，西侧被第四系覆盖，南侧与下白垩统江颂结尔组呈断层接触。整体走向北西-南东，倾向北东，倾角 $35°\sim55°$，厚度$\geqslant150m$。岩性主要为灰色与褐灰色复成分砾岩、浅红色细粒石英砂岩。

5. 第四系

第四系沉积物相对复杂，成因类型较多，主要沿玛尔坎苏河两侧分布，其他地区零星分布在沟谷及边坡地带，主要成因类型有冲洪积、冰水堆积。

（二）构造

由于喜马拉雅运动，矿区及周边形成了一系列南倾北推的逆冲断裂和轴面总体南倾的背向斜构造（图4-3），逆冲推覆运动致使志留系压覆于二叠系之上，片理构造发育。矿区构造发育主要表现为断裂和褶皱，褶皱由于被活期断裂破坏，仅在局部地段见到。沿断裂带可见碎裂带、构造角砾岩、糜棱岩和糜棱岩化岩石、片理化岩石等发育，并发育牵引褶皱。

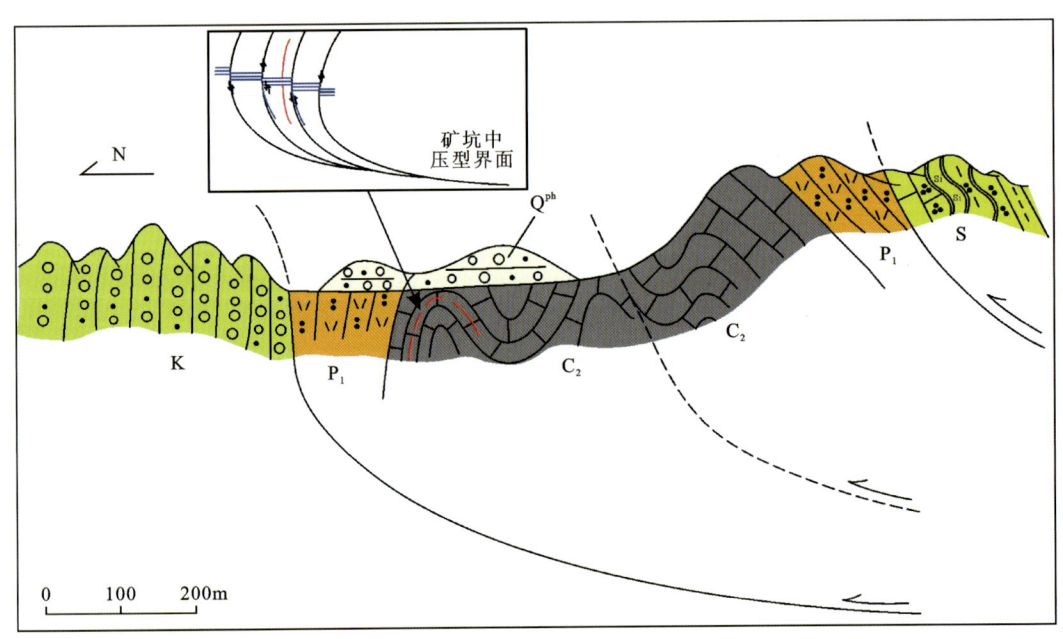

图 4-3 西昆仑玛尔坎苏一带构造样式图（据高永宝）

1-志留系；2-泥盆系；3-上石炭统；4-白垩系；5-第四系；6-锰矿体；7-方解石脉

1. 断裂

F_1 断层位于矿区最北侧，为一逆断层，对应区域上的 F_{65} 断裂。区内该断层呈近东西向展布，向西延出矿区，向东被第四系覆盖，区内控制长度 2900m，倾向 320°～345°，倾角 38°～45°。断层南侧为白垩系江颂结尔组，北侧为新近系上新统阿图什组上段，新近系自北向南逆冲推覆压覆于白垩系江颂结尔组之上。

F_2 断层位于矿区北部玛尔坎苏河北侧，为一逆断层，对应区域上的江布布拉克断裂（F_{24}）。区内该断层呈北东-南西向展布，向西延出矿区，向东被第四系覆盖，区内控制长度 1375m，倾向 160°～177°，倾角 50°～60°。断层南侧为下石炭统乌鲁阿特组上段，北侧为白垩系江额结尔组，石炭系自南向北逆冲压覆于白垩系江颂结尔组之上。沿断裂带可见发育碎裂岩、构造角砾岩、糜棱岩和糜棱岩化岩石、片理化岩石等，并发育有牵引褶皱。

F_3 断层位于矿区中部玛尔坎苏河南侧，为一推测平移断层，断层主体被第四系覆盖。

F_4 断层位于矿区中部玛尔坎苏河南侧，为一性质不明断层。区内该断层呈北西-南东向展布，向西尖灭，向东被第四系覆盖，断层向北西向呈弧形弯曲，薄板状灰岩形成褶皱，地貌上多为陡坎。

2. 褶皱

受区域构造影响，矿区内褶皱构造整体较发育（图 4-4），小型揉皱多见，尤其在矿区中部、南部的石炭系、二叠系之中更为发育，但由于区内岩石整体较破碎，大部分区域已难清晰看到完整的褶皱形态，仅在局部地段见到小型褶皱构造。

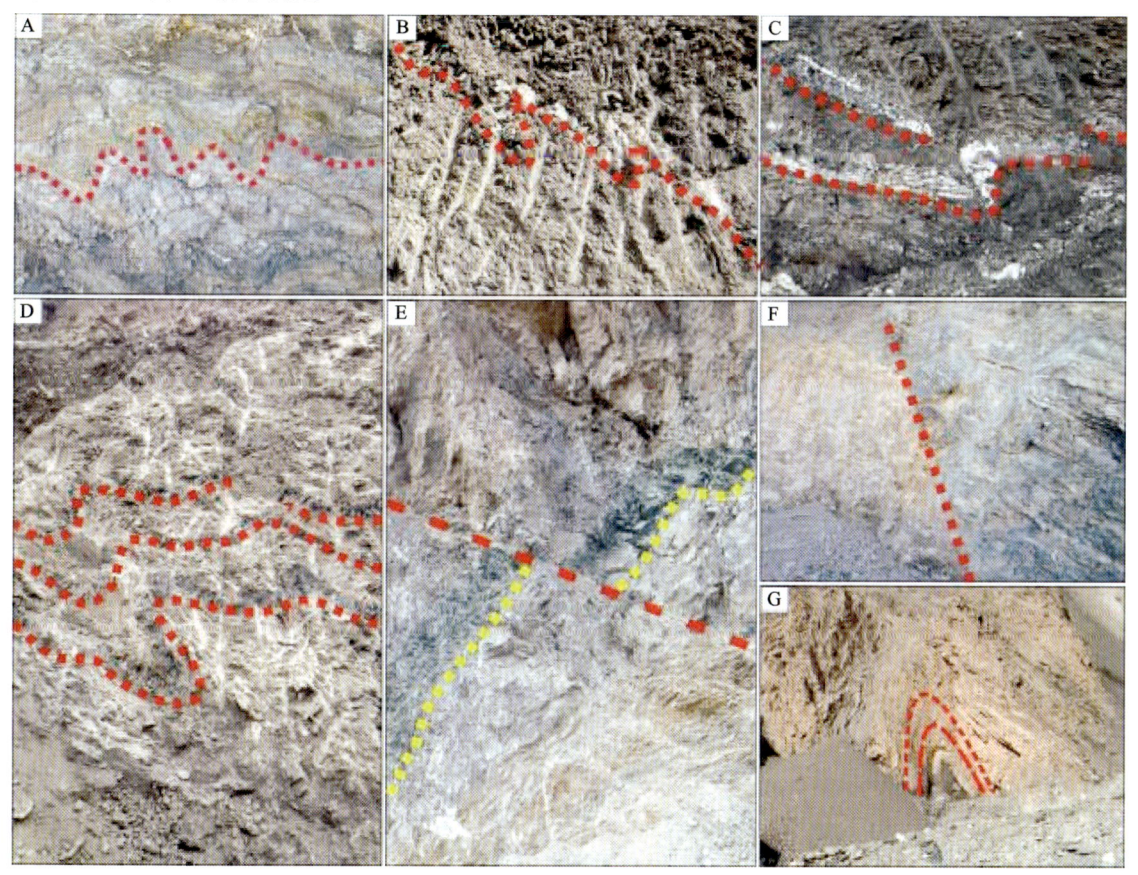

图 4-4 穆呼锰矿床构造

A-矿化体及围岩中的揉皱；B-岩层中方解石脉揉皱；C-岩层中方解石脉揉皱；D-岩层中薄层细晶灰岩揉皱；
E-地层中的小断层；F-地层中的小断层；G-褶皱

在穆呼矿区西北部,结合地层出露情况及构造变形特点,推测在穆呼锰矿区中东部发育一个背斜斜歪水平褶皱(图4-5),走向260°,长度大于1000m,出露于矿区中部,核部地层为C_2k^1,两翼地层为C_2k^2、C_2k^3、C_2k^4,两翼均呈南东倾,倾角35°~55°,轴线北,呈线状。

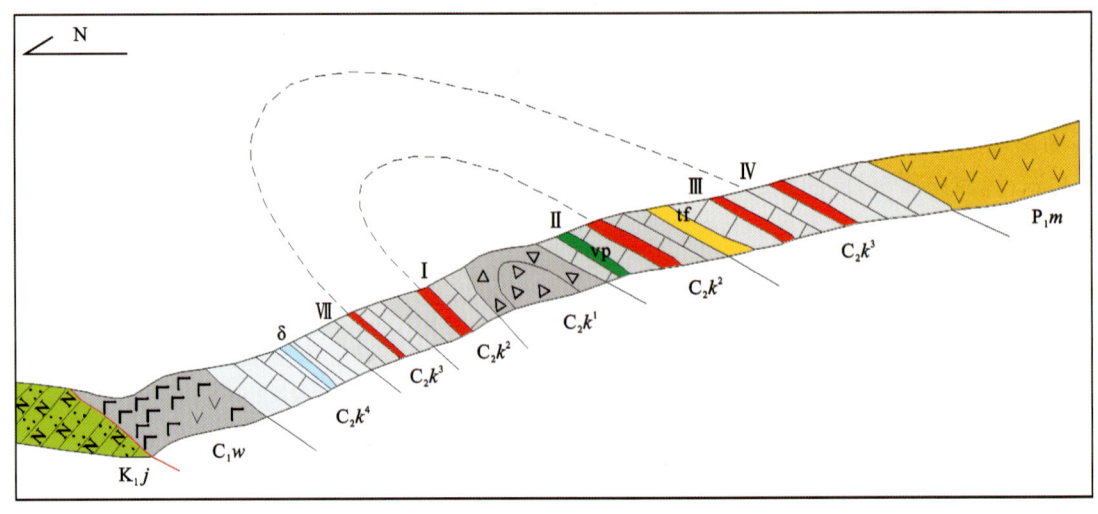

图4-5 穆呼锰矿床褶皱构造样式图

1-长石砂岩;2-安山质玄武岩;3-灰岩;4-火山角砾岩;5-安山岩;6-闪长岩脉;7-矿体;8-;9-灰岩

(三)岩浆岩

1. 侵入岩

矿区内岩浆岩不发育,仅在中部出露,主要呈带状和脉状。岩体与周围岩层呈侵入接触关系,接触面局部可见明显的蚀变现象,围岩较破碎,岩层具明显的变形。侵入岩的岩性主要有蚀变含斜长石角闪岩、辉绿岩、闪长岩、辉绿玢岩、辉长玢岩、闪长玢岩。

2. 火山岩

火山岩在区内石炭系、二叠系中均有出露,岩性主要有蚀变安山岩、蚀变玄武岩、片理化英安岩、强蚀变霏细岩等。下石炭统乌鲁阿特组火山岩为一套火山-沉积建造,主要由安山质晶屑凝灰岩、安山岩、玄武岩、玄武质火山角砾岩组成。上石炭统喀拉阿特河组火山岩主要为中性、中酸性岩。该组以熔岩为主,为沉积岩夹火山岩的地层结构,火山岩主要呈层状、似层状、脉状、不规则脉状。部分规模较大的火山岩多呈长条状或透镜状零散产出,多数边缘片理化明显,个别规模较小者可见整体强烈片理化,多数显示强变质,规模不等,小者几米,大者几十米至数百米。岩石类型主要为灰绿色凝灰岩、安山岩、蚀变安山岩、英安岩、英安斑岩等。

(四)围岩蚀变

从已经发现的锰矿体来看,未经氧化或风化的规模较大的原生锰矿体整体呈黑色,地表风化或氧化规模较小的矿体呈红褐色,尤其是规模较大的矿体可见地表呈明显黑色,黄铁矿和方解石脉、石英脉发育,部分矿体界线受方解石脉、石英脉控制,矿体产状与围岩基本一致。矿区内围岩蚀变主要为绿泥石化、碳酸盐化、硅化、绢云母化、黄铁矿化、褐铁矿化及少量孔雀石化。褐铁矿化呈黄褐色,沿裂隙面、层理面均有发育,多呈薄膜状分布,局部较富集呈团块状。而下二叠统灰色砂岩、浅灰黑色砂屑灰岩中零星可见孔雀石化,一般规模较小。

(五)矿体特征

穆呼锰矿位于东矿段,矿床内共圈定7条锰矿带,均产于上石炭统喀拉特河组中段(图4-6、表4-1)。

Ⅰ号矿带断续出露长约1km,呈北东向展布,矿带向西被第四系覆盖,推测与Ⅴ号矿带为一条矿带。矿带向东延入玛尔坎土锰矿床,规模达5km。Ⅰ号矿带在区内共圈出5条矿体,其中主矿体长约1km,地表出露厚度1.90~15.30m,Mn品位10.67%~45.07%,深部控制厚度1.35~7.47m,Mn品位10.63%~42.9%,矿体平均品位29.41%。

Ⅱ号矿带地表出露长约778m,宽2~30m,共圈出2条矿体,其中Ⅱ-1矿体长约640m,地表出露厚度1.40~2.2m,Mn品位16.31%~30.27%,深部控制厚度1.03~6.00m,Mn品位10.04%~36.17%,矿体平均品位20.46%。Ⅱ-2矿体长约350m,地表出露厚度4.0~10.4m,Mn品位14.60%~34.11%,深部控制厚度2.21m,Mn品位23.16%~28.89%,矿体平均品位24.43%。

Ⅲ号矿带地表出露长约640m,地表出露厚度1.2~1.7m,Mn品位18.92%~26.58%,深部控制矿体厚度0.5m,Mn品位14.31%,矿体平均品位20.49%。

Ⅳ号矿带地表出露长约482m,地表出露厚度0.90~3.10m,Mn品位10.16%~20.7%,深部控制矿体厚度0.43~2.0m,Mn品位12.13%~25.6%,矿体平均品位15.34%。

Ⅴ号矿带断续出露长约360m,共圈出3条矿体,其中主矿体长约330m,地表出露厚度1.0~2.30m,Mn品位14.52%~41.77%,深部控制厚度1.0m,Mn品位10.84%~17.41%,矿体平均品位20.11%。

Ⅵ号矿带断续出露长约900m,共圈出3条矿体,其中主矿体长约880m,地表出露厚度0.3~1.40m,Mn品位12.75%~23.78%,深部控制厚度0.35m,Mn品位15.75%,矿体平均品位17.36%。

Ⅶ号矿带断续出露长约340m,宽12~20m,共圈出3条矿体,其中主矿体长约275m,地表出露厚度0.7~1.50m,Mn品位23.73%~32.40%。

Ⅷ矿带,呈北东-南西向展布,出露长67m,宽0.46~1.12m,含矿岩性为灰黑色、浅灰色砂屑灰岩夹黑色含泥碳质灰岩,矿体呈似层状、脉状,矿石矿物主要为菱锰矿,矿体产状为132°~158°∠25°~37°,矿化不均匀,Mn品位10.2%~25.8%。

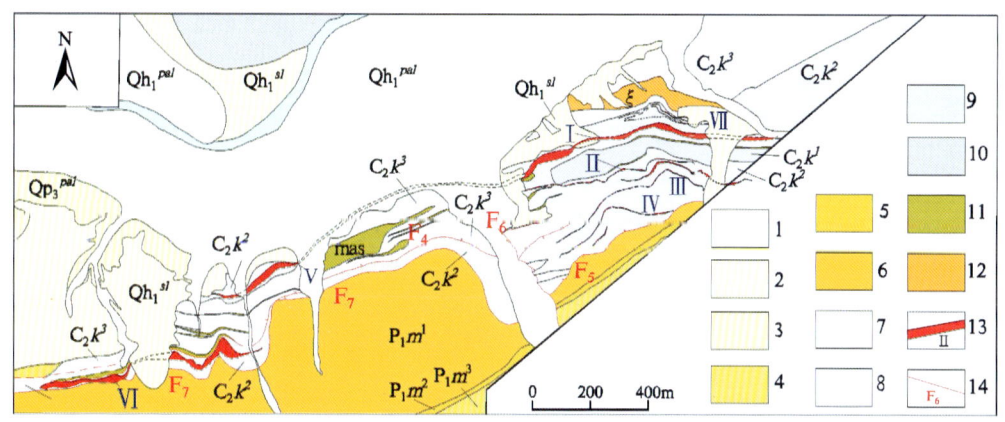

图4-6 穆呼锰矿地质图

1-全新统早期洪冲积物;2-全新统早期坡积物;3-上更新统洪冲积层;4-下二叠统玛尔坎雀库塞山组上段;5-下二叠统玛尔坎雀库塞山组中段;6-下二叠统玛尔坎雀库塞山组下段;7-上石炭统喀拉特河组上段;8-上石炭统喀拉特河组中段;9-上石炭统喀拉阿特河组下段;10-下石炭统乌鲁阿特组;11-上石炭统蚀变安山岩;12-上石炭统英安岩(霏细岩);13-锰矿带及编号;14-断层及编号

表 4-1 穆呼锰矿矿体特征

矿带代号	长/m	宽/m	走向	含矿岩性	顶板岩性	底板岩性	周围矿体数量/个	主矿体特征	备注
I	1024	5~29	北东向	灰黑色碳质微晶泥灰岩	灰黑色含碳微晶粉晶灰岩、灰色碳质板岩、灰色中细粒钙质砂岩	灰黑色泥晶细砂岩、黑色钙质细粒岩屑砂岩	8	矿体产状为131°~185°∠22°~80°，控制最大矿体斜深301m，单工程矿体平均厚度3.57m，矿体加权平均品位 29.1×10⁻²	东西两侧均有较大延伸
II	778	2~30	近东西向	灰黑色碳质微晶泥灰岩	黑色碳质微晶灰岩、灰黄色褐铁矿化钙质板岩	黑色碳质微晶灰岩、灰黑色砂屑黑色钙质砂岩	2	矿体地表断续出露长约642m，矿体产状为164°~201°∠42°~74°；钻孔中控制最大矿体斜深268m，单一程矿体加权平均真厚度1.83m，矿体加权平均品位 20.46×10⁻²	矿带向西与V号矿连为一条矿带
III	640	1.20~1.70	北东向	灰褐色碳质微晶灰岩	灰褐色泥微晶灰岩、灰褐色碳质粉晶微晶砂岩	灰黑色粉晶微晶灰岩、灰黑色亮晶砂屑灰岩	1	矿体产状为164°~195°∠30°~54°，单工程矿体平均厚度0.99m，矿体加权平均品位 20.49×10⁻²	
IV	482	0.43~3.0	北东向	灰黑色碳质微晶灰岩	灰色生物屑砂屑灰岩、灰黑色细粉晶砂屑灰岩	灰黑色亮晶砂屑灰岩	1	矿体产状为151°~175°∠31°~60°，单工程矿体平均厚度1.4m，矿体加权平均品位 15.34×10⁻²	
V	357	1~17	北东向	灰黑色碳质泥微晶灰岩	灰黑色碳质微晶灰岩、灰色细粒砂质灰岩	灰黑色亮晶砂屑灰岩	3	矿体产状为145°~186°∠38°~57.8°，矿体矿体平均厚度0.96m，矿体加权平均品位 20.11×10⁻²	矿带东与II号矿连为一条矿带
VI	893	1~50	北东东向	灰黑色碳质泥（微）晶灰岩	灰黑色含碳微晶灰岩、灰黑色生物微晶灰岩	深灰色泥微晶灰岩、黑色碳质板岩	3	矿体断续出露长880m，矿体单工程矿体平均厚度0.78m，矿体加权平均品位 17.3×10⁻²	
VII	746	12~20	北东向	灰黑色碳质微晶灰岩	灰色粉晶微晶灰岩、灰色生物屑灰岩	灰黑色生物砂屑生物灰岩、灰黑色微泥晶灰岩	3	矿体断续延长746m，控制矿体最大斜深372m，矿体平均厚度1.23m，加权平均品位 21.62×10⁻²	向西有较大延伸
VIII	280	0.46~1.12	北东向	灰黑色、浅灰黑色砂屑灰岩夹黑色含泥碳质灰岩	灰黑色、浅灰色砂屑含泥碳质灰岩	灰黑色砂屑灰岩夹泥碳质灰岩	2	出露长度67m，宽0.46~1.12m，Mn品位10.2×10⁻²~25.8×10⁻²，矿体产状为132°~158°∠25°~37°ｍ	

（六）矿石特征

矿区各矿体矿石中的有用矿物含量较高，但矿物种类较多，矿石矿物以菱锰矿为主，其他有软锰矿、硬锰矿、黑锰矿、水锰矿、水硅锰镁矿、红锰铁矿、蔷薇辉石、铁锰矿、方铁锰矿、锰方解石、锰白云石、褐锰矿、硫锰矿、硼锰矿等。脉石矿物主要为方解石、石英、石膏、石墨、绿泥石、有机碳质等。

1. 主要金属矿物特征

矿石中金属矿物主要有菱锰矿、软锰矿、硬锰矿、黑锰矿、水锰矿、铁锰矿、方铁锰矿、水硅锰镁矿、红锰铁矿、蔷薇辉石、锰方解石、锰白云石、褐锰矿、硫锰矿、硼锰矿、黄铁矿、褐铁矿、闪锌矿等。

菱锰矿呈黑色，风化面呈褐红色，半金属光泽—金属光泽，主要呈粉晶—微晶状镶嵌分布（图4-7A、B、C），结构较为均匀，块状构造，嵌布粒度细，变化不大，在0.001～0.05mm±之间，多数在0.005～0.03mm±之间，含量一般在30%～87%之间。在部分微晶粒状菱锰矿中分布少量圆粒状菱锰矿，球粒边部被方解石所交代。大部分菱锰矿有锰矿物污染现象，在菱锰矿中有少量微裂隙状氧化锰矿物赋存（图4-7A），氧化锰矿物含量<4%。

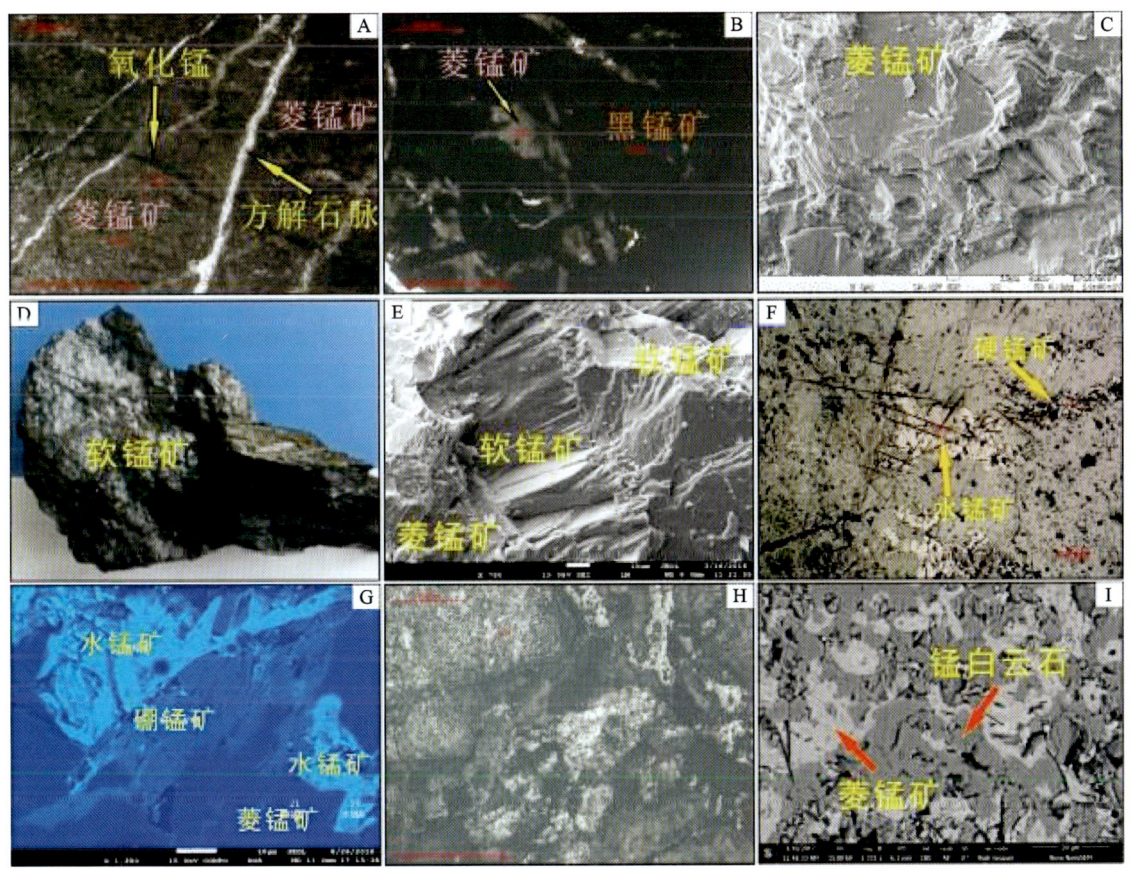

图4-7 显微镜下矿物特征

软锰矿在矿石中主要表现为两种状态：一种呈微晶细脉状、细网脉状沿裂隙分布，少量呈尘点状分布，粒径<0.03mm，散布在菱锰矿间的锰矿物粒径多在0.003～0.01mm之间，含量很低，一般不超过4%或微量存在；另一种经近地表氧化作用呈他形粒状、片状分布，粒径很细，粒径多在0.006～0.03mm之间，彼此紧密连生在一起，其集合体呈不规则条带状，构成不规则网脉状、团粒状或脉状分布，含量变化较大，一般为20%～60%，常被铁锰矿、方铁锰矿交代（图4-7D、E）。

硬锰矿矿物粒径 0.01~0.05mm，含量 1%~3%，沿着岩石裂隙呈细脉状分布（图 4-7F）。

黑锰矿黑色，半金属光泽，条痕为棕色，粒径 0.2~4mm，粒状，密集分布，多形成块状构造（图 4-7B）。

水锰矿呈很微细的微裂隙状，不均匀分布，有的呈微线裂隙状，局部环绕菱锰矿分布（图 4-7F、G、H），粒径在 <0.005~0.03mm± 之间，含量为微量（约 5%）。

铁锰矿呈他形粒状，部分呈细小的圆环状分布，粒径很细，多小于 0.04mm，含量微量（约 12%），呈星散浸染状产出或分布在透明矿物粒间，有些交代软锰矿或分布在软锰矿团块边缘，或沿裂隙分布，部分与软锰矿呈条带形成皮壳。

方铁锰矿（FeO 含量为 25.65%，MnO 含量为 71.76%）反射色为灰色，反射率低于软锰矿，在矿石中比较常见，呈他形粒状，粒径小于 0.04mm，含量较低，常与软锰矿共生在一起，并交代软锰矿。

锰白云石在矿石中比较少见，含量较少，由菱锰矿经蚀变沿裂隙呈脉状产出（图 4-7I，图 4-7A、H）。

白钛石呈微板状、微晶粒状，粒径 0.005~0.04mm，在矿石中含量极少，呈稀疏浸染状分布于透明矿物之间，有的呈散粒状分布，有的沿岩石微裂隙分布。

黄铁矿在矿石中极为常见，但含量较低，通常以微量为主。黄铁矿自形—半自形微晶粒状，粒径为 0.01~0.15mm，呈单晶粒星点状分布（图 4-7B），部分黄铁矿被褐铁矿沿边缘交代。

褐铁矿含量少量（约 20%），充填于裂隙中或分布于裂隙附近，粒径 <0.03~4mm，多呈粒状或脉状。

2. 主要非金属矿物特征

矿石中非金属矿物主要有方解石、石英、石膏、石墨、绿泥石、有机碳质等。

方解石呈灰白色，他形粒状，粒径变化不大，粒径为 0.01~0.3mm，多数在 0.03~0.15mm± 之间，含量 4%~68%，主要沿裂隙呈脉状、网脉状分布，有些呈细脉状较平直也较密集状平行定向分布，有些呈不规则粒状、团块状分布在菱锰矿粒间。

石英含量少量（约 20%），呈细脉状沿裂隙分布，或分布于方解石脉中，粒径为 0.01~0.05mm，分布不均匀，结晶粒多粗于方解石。

石膏在矿石中偶有出现，含量很低，呈细脉状沿裂隙分布，或呈片状及鳞片状集合体（图 4-7C），分布在金属矿物空洞间；有些与石英共生，粒径为 0.02~0.2mm。

石墨在矿石中极少出现，含量很低，一般呈很微细的线状裂隙断续分布，个别的呈微板状分布于透明矿物之间，粒径为 0.01~0.1mm。

有机碳质一般沿着岩石层理呈条纹状定向分布，含量较低。

（七）矿床成因

穆呼锰矿赋矿地层为上石炭统喀拉阿特河组，为一套碳酸盐岩建造，含矿岩性为浅灰色（含碳质、含黄铁矿、泥质）灰岩互层或夹层，且富含黄铁矿等硫化物，指示含锰岩系的沉积与缺氧环境相关。矿石矿物以菱锰矿为主，矿体形态似层状、团块状、透镜状、鸡窝状、厚度不稳定，多处存在分支-复合、尖灭-再现和局部膨大、局部窄小等现象，属于低铁中磷碱性优质富碳酸锰矿石。顶底板围岩均为黑色含碳砂屑灰岩、含泥质砂屑灰岩，产状与地层基本一致，与围岩界线接触，呈整合接触。

1. 成矿环境

岩性岩相和古生物证据反映上石炭统喀拉阿特和组处于靠近陆缘的浅海坳陷带，并且经历了一次海侵事件，在逐步海侵过程中，形成安静还原的水体环境，受陆源物质的影响也大大减小，也正是在该阶段锰质大量沉积成矿；成锰期后海平面又稍有下降，整体上构成一个完成的海侵—海退旋回。在此环境中，初期水动力条件不是太强，但在风暴和潮汐影响下动荡水体中的物质形成碳质、泥质和泥晶方解石胶结的砂屑、砾屑灰岩和生物碎屑灰岩；成锰期海水变深，水体安静，碳质和泥质层可以沉积，形成含碳泥质泥晶灰岩。综合分析说明，区内总体成矿环境可能为浅海台地中的次级洼陷，锰矿成矿过程与海侵事件有关，总体上形成于较稳定的浅海洼地还原环境。

2. 物质来源

含锰岩系上石炭统喀拉阿特河组中发育很多火山岩和凝灰岩夹层，其下伏下石炭统乌鲁阿特组为火山-沉积岩系建造，说明石炭纪地壳活动频繁，海底火山作用强烈，区域热场较强。在含锰岩系中还可见到碳质泥晶灰岩和粉晶灰岩的截然分界面，有些可达细晶灰岩的程度，方解石等矿物颗粒明显结晶变好，可能是由于海底火山活动或阵发性热水喷流导致海水温度升高，方解石迅速重结晶形成粉晶—细晶灰岩。在粉晶—细晶灰岩中可见自形长石，应是海相火山喷发热水沉积的产物。同时，在整个上石炭统岩石中常见角砾状玉髓、燧石微粒和磨圆不好的石英，应为火山喷发产生的矿物碎屑。

区内含锰岩系中见多层菱锰矿层，且透镜状小矿体数量众多，中间以凝灰岩、碳质泥岩、灰岩为界，说明热水活动提供锰质不连续，表现多次活动断续供给和强分异的特征。矿石的SiO_2/Al_2O_3值均超过大陆地壳比值，Co含量远大于碳酸盐岩克拉克值，Pb含量平均值很高，这些特征也进一步说明了锰质来源与深部物质关系密切，受到了火山活动和热水活动的强烈影响。

综上所述认为，穆呼锰矿成矿环境可能为浅海台地中的次级洼陷，锰矿成矿过程与海侵事件有关，总体上形成于较稳定的浅海洼地还原环境。锰质形成与深部地质构造关系密切，成锰期存在深切地幔的渠道，能够源源不断地提供成矿物质，火山喷发和热水活动能够有效地提供热动力条件，使深部锰质不断被带入成锰盆地内，伴随海平面上升，盆地内氧化-还原界面寻水向岸超覆，锰质被带到沉积界面附近迅速沉淀。成因类型为海相喷流沉积型锰矿床。

二、中国玛尔坎苏锰矿

（一）地层

玛尔坎苏锰矿位于喀拉阿特河与玛尔坎苏河交汇处，出露地层主要为下二叠统玛尔坎雀库塞山组（P_1m）、上石炭统喀拉阿特河组（C_2k）及第四系（Q）（图4-8）。

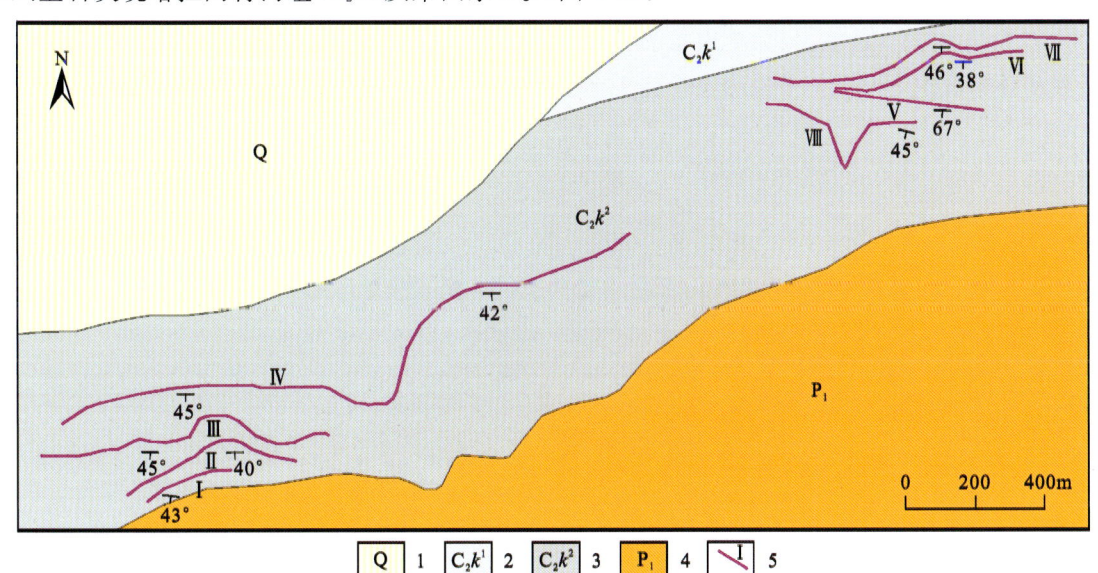

图4-8 玛尔坎苏锰矿区地质简图

1-第四系；2-上石炭统泥晶灰岩段；3-上石炭统长石砂岩段；4-下二叠统；5-锰矿体及编号

1. 石炭系

石炭系主要为上石炭统喀拉阿特河组,近东西向展布,为碳酸盐岩建造,岩性比较单一,岩性组合自下而上可分为两部分:下部主要为灰色、深灰色的厚层—块状层的含生物碎屑微晶灰岩,单层厚度普遍在 1m 以上,多数可达 2~3m,普遍发育方解石细脉,多垂直层理分布,少数灰岩中含有少量的碳质成分。近底部砂泥质灰岩中产出丰富的腕足类、珊瑚类化石,这些生物显示浅海开阔台地边缘沉积环境,纵向上层理有由块状向厚层到薄中层状变化的现象,色调也随之呈现灰色到白色变化,显示向上海水逐渐变浅特征,并呈现出由还原环境逐渐过渡为氧化环境的趋势。上部为灰色、深灰色厚层—块状泥晶灰岩与灰色厚层状细晶灰岩,岩层厚 80~260cm,个别灰岩厚达 400cm。顶部为灰白色片理化细晶灰岩。

2. 二叠系

玛尔坎雀库塞山组近东西向展布,上覆于喀拉阿特河组,该套地层岩石组合横向变化小,总体特征为上、下部为火山熔岩、火山碎屑岩,中部为碳酸盐岩。下部主要为灰绿色安山岩夹杂色凝灰质粉砂岩、灰黑色细晶灰岩;中部主要为灰色、灰白色细晶灰岩,底部为紫红色复成分砾岩;上部为灰绿色变安山岩。纵向序列显示火山活动间歇性多次频繁喷发及基—中性交替变化的特点,中部浅海相含生物化石灰岩显示相对长的间歇期;其中火山岩的岩石地球化学特征不同程度具火山弧、岛弧火山岩特点,显示拉张可能出现了过渡壳。总体特征反映活动大陆边缘裂陷盆地沉积环境。

(二)构造

矿区主要以褶皱构造为主,未见核部,地层与矿体倾向南,应为背斜南翼,但地层变化较大,推测存在一个倒转向斜。

(三)矿体特征

矿区含锰岩系长近 3000m,共 4 层矿,圈定锰矿体 8 条,其中Ⅳ号矿体为矿区主矿体。矿体顶底板均以泥晶灰岩为主(图 4-8)。

Ⅳ号矿体长度大于 1800m,厚度为 1.17~3.43m,平均厚度为 1.74m,倾向为 180°∠185°,倾角为 35°∠55°,品位为 20.4%~38.9%,平均为 29.4%,矿体与顶板界线清晰,呈致密块状。

Ⅴ号矿体长度大于 500m,厚度为 1.28~1.95m,平均厚度为 1.62m,倾向为 195°∠205°,倾角为 60°∠71°,品位为 33.4%~36.5%(图 4-9)。

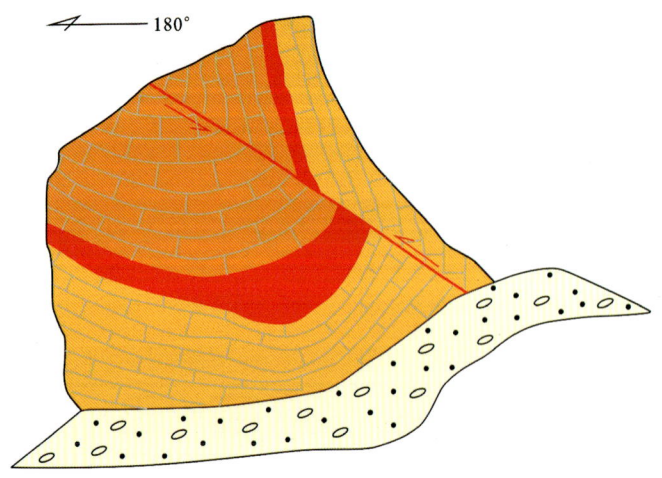

图 4-9 玛尔坎土锰矿Ⅴ号、Ⅵ号矿体处向斜构造示意图

Ⅵ号锰长度大于600m,最大厚度为2.61m,平均厚度为1.73m。倾向为195°~205°,倾角为39°~57°,品位为24.66%~38.08%,平均为31.45%。

Ⅶ号锰矿体与Ⅳ号矿体属于同一层矿,矿体长度大于900m,最大厚度为4m,平均厚度为1.87m,倾向为195°~205°,倾角为39°~57°,品位为10.73%~31.17%,平均为22.79%。

Ⅷ号锰矿体长度大于400m,矿体最大厚度为1.50~2.80m,厚度变化系数35.6%,倾向为195°~205°,倾角为39°~57°,倾角变化不大,平均品位为26.29%。

(四)矿石特征

锰矿石以菱锰矿为主(80%~90%),呈隐晶质(图4-10B)、与锰方解石密切共生(图4-10C),可见晚期锰方解石脉穿切早期菱锰矿和锰方解石(图4-10C),在裂隙中同时发育水硅锰镁矿、水锰矿、蔷薇辉石、滑石及黄铁矿等(图4-10D)。

图4-10 玛尔坎苏锰矿矿体及矿石和围岩镜下照片

A-矿体露头;B-矿体围岩镜下照片(正交偏光);C 矿石背射图像;D 矿石背散射图像。
Qtz-石英;Fld-长石;Rds-菱锰矿;Cam-锰方解石;Gag-水硅锰镁矿;Tlc-滑石;Py-黄铁矿

(五)控矿条件分析

1. 岩相古地理条件

玛尔坎苏地区在晚石炭世为弧后裂谷盆地,其边缘相、浅海陆棚相主体为低能带,水体较深,岩石色条深,含锰岩系处于相对静止的碱性还原环境,沉积时间长,形成了一套厚度稳定的生物碎屑灰岩、长石砂岩及泥晶灰岩浅海相碳酸盐岩-碎屑沉积建造,热液运输和成矿作用期间 Mn 和 Fe 分离较为彻底,其海侵阶段有利于沉积层序中含碳灰岩形成沉积型锰矿。

2. 控矿地层

玛尔坎苏锰矿受玛尔坎苏裂谷盆地控制,含锰岩系为一套浅海相沉积的含碳泥质灰岩、碳酸锰矿层、长石砂岩及生物碎屑灰岩建造,层位稳定。锰矿体主要赋存于上石炭统含碳泥晶灰岩段中,含锰灰岩中锰含量为 $0.4\%\sim14.8\%$,明显超过克拉克值。锰矿石具有典型热水沉积物的特征,热水活动可能为锰成矿提供了物质来源。

3. 控矿构造

本区构造活动强烈,受后期构造影响,西昆仑造山带受强烈挤压,玛尔坎苏地区整体发生推覆,使得晚石炭世含锰岩系发生大规模褶皱,形成背斜以及倒转向斜为主的构造。矿体受后期逆冲推覆构造影响,与顶、底板含碳灰岩的接触带多发生滑脱、破碎。强烈的后期构造使得含锰地层局部出露地表,矿体也受到一定的破坏。

4. 叠加改造作用与成因

石炭纪以后的构造作用使含锰岩系褶皱上升地表,发生强烈的变形,同生的锰矿被风化、淋滤、迁移,后期的热液活动对含锰岩系起到了一定的改造作用,形成了与硅质流体有关的水硅锰镁矿、红锰铁矿、水锰矿、硫锰矿、锰方解石等。另外,菱锰矿遭受后期热液作用影响形成软锰矿。成因类型为海相沉积型锰矿。

三、中国奥尔托喀纳什锰矿

(一)地层

矿区地层由老到新依次为上石炭统喀拉阿特河组(C_2k)、下二叠统玛尔坎雀库塞山组(P_2m)、上白垩统库克拜组(K_2k)和第四系(Q)(图 4-11),其中上石炭统喀拉阿特河组为含锰岩系。

1. 石炭系

石炭系主要为上石炭统喀拉阿特河组,主要分布在玛尔坎苏河两侧,其地层产状整体趋势为东西向展布,为一套台地相生物碎屑灰岩-砂岩灰岩-泥质灰岩及含碳泥质灰岩组合,属于典型的海进序列。根据岩石组合和含矿岩石特征分为以下 3 个岩性段:

(1)喀拉阿特河组第一岩性段(C_2k^1)岩性为生物碎屑角砾灰岩夹薄层微晶灰岩,呈灰白色含生物碎屑微晶、细晶粒屑结构,块状构造,岩石主要有粒度细小的碳酸盐矿物方解石组成,含量约 65%,生物碎屑呈棒状、圆状,主要由骨纤组成,分布不均匀,约占 15%,见介形虫、有孔虫等。该岩性段厚度约 200m,产状 $335°\sim29°\angle64°\sim83°$。

喀拉阿特河组第二岩性段(C_2k^2)岩性为灰白色—灰色砂屑灰岩,砂屑结构,块状构造,其碎屑物多为灰岩碎屑和方解石碎屑。该岩性段厚度约 60m,产状 $353°\angle63°$。

喀拉阿特河组第三岩性段(C_2k^3)岩性为含碳泥质灰岩夹薄层细晶灰岩,呈灰黑色,风化面呈浅灰色,微晶、泥晶结构,层状构造。锰矿赋存于该层位。此段又可以分为 3 个岩性层,第一岩性层为泥质岩夹薄层泥质岩,泥质灰岩呈灰色,泥晶—微晶结构,中—厚层构造,主要由微晶方解石及微细粒泥质成分构成,两者近等量,但粒度难以区分,层厚约 150m,产状 $350°\sim10°\angle65°\sim88°$。第二岩性层为锰矿体,

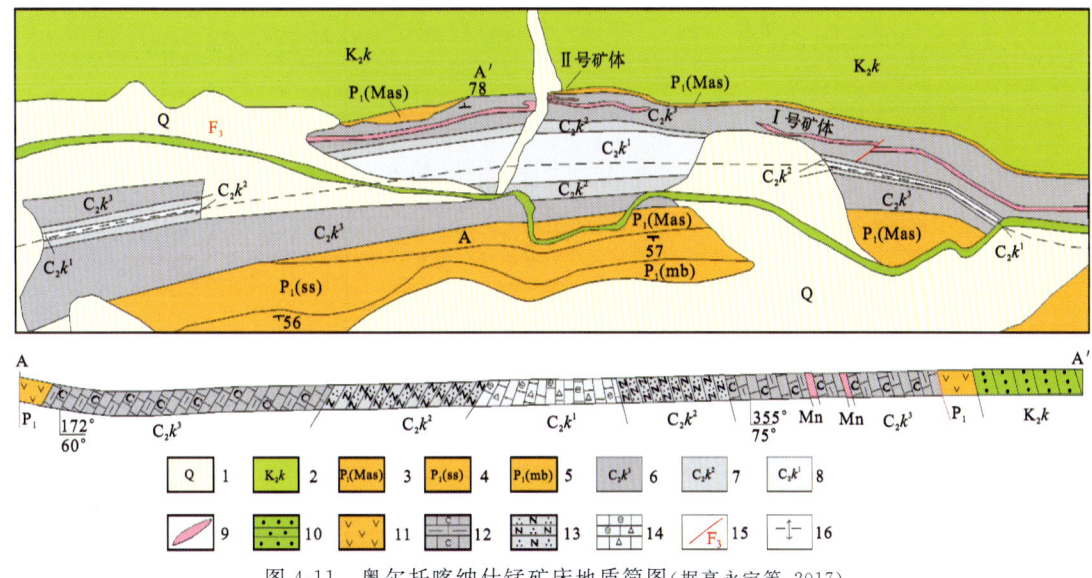

图 4-11 奥尔托喀纳什锰矿床地质简图(据高永宝等,2017)

1-第四系;2-上白垩统库克拜组;3-下二叠统凝灰岩;4-下二叠统砂岩;5-下二叠统大理岩;6-上石炭统第三岩性段;
7-上石炭统第二岩性段;8-上石炭统第一岩性段;9-锰矿体;10-砂岩;11-安山质凝灰岩;12-含碳泥质灰岩;13-长石石
英砂岩;14-生物碎屑角砾灰岩;15-断层;16-背斜

呈灰黑色,泥晶—微晶结构,块状构造,整体产状 340°~15°∠65°~88°。第三岩性层为含碳泥质灰岩夹凝灰岩薄层,厚度 30m,产状 350°~22°∠65°~88°,其中含碳泥质灰岩呈黑色,微晶—泥晶结构,层状构造,主要由微晶方解石及碳质泥质纹层构成,黄铁矿亦呈侵染状发育,凝灰岩夹层一般顺层产出,厚度几十厘米到几米不等,主要由结晶细小的长石及隐晶石英组成,可见灰岩岩屑。

总体上,喀拉阿特河组发育浅海陆棚沉积环境的岩石组合,从底部生物碎屑灰岩到砂质灰岩,再到顶部泥质灰岩,具有典型海进地层沉积序列特征(图 4-12)。

(二)矿区构造

伴随着长期、多期次的构造活动,矿区构造形态较为复杂,褶皱构造、断裂构造均较为发育,且多继承了区域构造的特征。

1. 褶皱构造

矿区背斜构造为区域玛尔坎苏山复背斜的西延部分,在矿区表现为单一的背斜构造,背斜核部大致位于玛尔坎苏河位置,背斜走向总体呈近东西向。背斜两翼地层基本对称,核部为石炭系地层,两翼为二叠系。总体上看,背斜北翼产状较陡,倾角为 75°~88°。南翼稍缓,倾角为 65°~70°,目前矿区发现的锰矿体赋存于该背斜北翼,与地层产状基本一致。

2. 断裂构造

F_1 断裂为乌赤别里山口断裂的西延部分,总体呈近东西向展布,断层面产状倾向 5°~20°,倾角 65°~78°,为上白垩统库克拜组(K_2k)与新近系中新统乌恰群克孜洛依组(N_1k)的分界线,断层性质为正断层。

F_2 断裂为喀拉阿特河断裂的西延部分,总体上近东西向展布,在矿区终端微向北凸,呈微弧形,断层面产状倾向 173°~200°,倾角 35°~83°,,该断层为下二叠统玛尔坎雀库塞山组蚀变安山岩与上白垩统库克拜组的分界线,断层性质为正断层由于该断层的影响,致使矿体形态及产状发生变化,局部出现南倾现象。

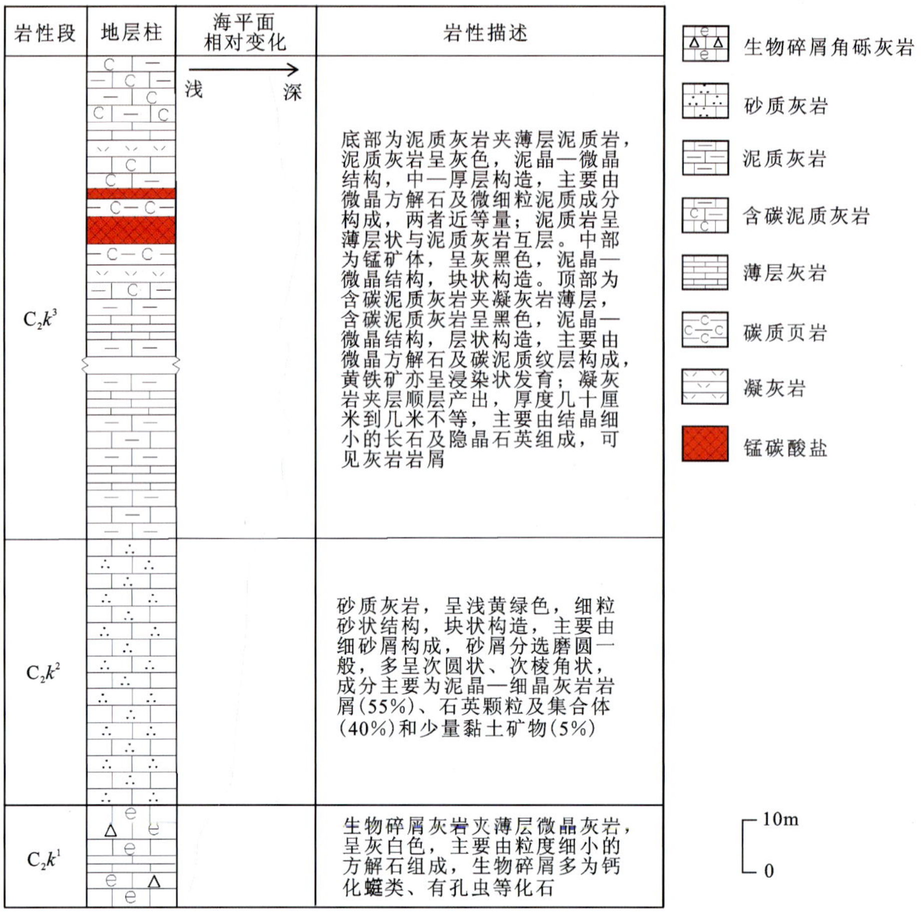

图 4-12　奥尔托喀纳什锰矿含矿岩系地层柱状图(据张帮禄等,2018)

(三)矿区岩浆岩

伴随着长期、多期次的构造活动,矿区内岩浆活动明显,侵入岩、喷出岩均有产出,由于后期热液活动的影响,锰矿床局部矿石品位较高,受后期热液改造迹象明显。

(四)矿体地质特征

矿区发现两个锰矿层,由南向北可分为Ⅰ、Ⅱ锰矿层,两条矿层基本呈平行分布,间距 30~50m 不等,其中Ⅰ号矿层规模较大,为矿区主矿层,矿层产状与地层产状基本一致。

Ⅰ号矿层在走向上连续分布,东西长 5200m。控制最大斜深 475m,厚度 0.5~23m 不等,平均厚度 3.8m,平均品位 37.82%。

Ⅱ号矿层位于Ⅰ号矿层北部,呈不连续展布,断续长 1000m,控制最大斜深 200m,厚度 0.3~1.2m 不等,平均厚度 0.8m,矿层平均品位 29.78%。

另外,除上述两条矿层外,在其周边还发现有锰矿小透镜体,其规模不大,品位不高,为后期构造作用的产物。

(五)矿石特征

锰矿床矿物类型主要以菱锰矿为主,主要为菱锰矿矿石,占95%以上,为本区的主要类型。见少量软锰矿、褐锰矿等。金属矿物菱锰矿为褐黑色,呈细粒—微粒集合体,粒径很细,0.2~0.3mm,碳酸锰中菱锰矿含量占89%~95%。软锰矿呈细—微粒状,0.001~0.06mm,含量1%~9%,沿裂隙分布。在次生氧化带中软锰矿含量最高9%。其他金属矿物如褐锰矿、黄铁矿等偶尔可见。

矿石结构主要为微晶结构、细粒结构,以微晶结构为主。微晶结构:菱锰矿和软锰矿呈细粒—微粒状分布,局部呈集合体状。细粒结构:菱锰矿和方解石均呈细粒状分布,粒径很细,0.2~0.3mm。

矿石构造主要为致密块状构造、浸染状构造、细脉状构造和土状构造等。致密块状构造:矿石矿物主要是菱锰矿,结晶程度好,分布均匀,致密,可见矿石矿物呈靛蓝色,是勘查区最常见的矿石构造。浸染状构造:菱锰矿、蔷薇辉石等锰矿物呈星点状、稀疏浸染状等分布于含碳泥质岩矿石中。细脉状构造:菱锰矿、软锰矿及蔷薇辉石等矿物,呈细脉状分布,局部可见岩含碳泥质灰岩裂隙面分布。土状构造:菱锰矿等矿石矿物风化后所呈现的构造,在矿区中不常见,矿体在地表出露处偶见土状构造。

(六)成因探讨

1. 沉积相及沉积环境

沉积相是沉积物生成环境、生成条件和其特征的综合反映,从沉积物的岩性、结构、构造和古生物特征可以判断沉积环境的形成过程(白建科,2011)。喀拉阿特河组呈带状分布于玛尔坎苏及东部,为一套浅海碳酸盐台地相沉积建造组合,岩性以灰黑色薄—厚层状砂屑灰岩、泥晶灰岩、泥质灰岩及生物碎屑灰岩为主,夹长石石英砂岩、钙质砂岩,含丰富的腹足类、腕足类、有孔虫、介形虫、海百合茎等古生物化石碎片。根据岩石组合、沉积构造、古生物化石等特征,在喀拉阿特河组中识别出4个相类型:台内浅滩相、潮坪相、开阔台地相、局限台地相。

(1)台内浅滩相发育于喀拉阿特河组第一岩性段,主要由灰黑色中—层状生物碎屑灰岩、砾屑灰岩、砂屑灰岩组成,夹少量石英细砂岩。

(2)潮坪相发育于喀拉阿特河组第二岩性段,主要由灰绿色长石石英砂岩、岩屑砂岩组成,向上砂岩层厚变薄,碎屑粒度变细,表现出正粒序层理。中厚层砂岩与薄层状砂岩互层,旋回性沉积,中厚层砂岩中发育交错层理,具滨岸沉积特征。

(3)开阔台地相主要发育于喀拉阿特河组第三岩性段下部,主要为灰黑色中厚层状砂屑灰岩和泥晶灰岩组成,以保存双壳类和腹足类等浅水性生物为特征。

(4)局限台地相主要发育于喀拉阿特河组第三岩性段上部,主要由灰黑色薄层状泥晶灰岩、泥质灰岩组成,局部含黑色薄层状碳质泥岩,有机质含量高,水平层理发育。泥晶灰岩中灰泥成分含量高,颜色暗,颗粒细小,特别是黄铁矿纹层的出现,指示一种沉积作用缓慢的较深水还原沉积环境。该沉积相是锰矿最主要的含矿相系,控制着锰矿的产状与空间展布。

2. 成矿物质来源

奥尔托喀纳什锰矿床顶、底板围岩与锰矿石的MnO、SiO_2、TiO_2、Al_2O_3、CaO、$Fe_2O_3^T$及P_2O_5含量存在明显差异,锰矿石的MnO和P_2O_5的含量比顶、底板明显偏高,而SiO_2、TiO_2、Al_2O_3、CaO及$Fe_2O_3^T$含量比顶、底板偏低。由于沉积岩中TiO_2和Al_2O_3含量主要由陆源物质输入量决定,因此其含量可以作为大陆边缘沉积环境的指标,奥尔托喀纳什矿床锰矿中TiO_2和Al_2O_3的含量均较低,说明含矿锰岩系陆源物质输入较少。通常来说，海洋沉积物中Fe、Mn富集主要与热水参与有关，而Al的富集与陆源物质出参与有关，因此Al/(Al+Fe+Mn)的值可以作为判断热水组分参与沉积作用的指标，典型热水沉积物Al/(Al+Fe+Mn)<0.35，而奥尔托喀纳什矿床顶、底板的Al/(Al+Fe+Mn)值为0.29~0.74，反映了非热水源的特征，而锰矿石的Al/(Al+Fe+Mn)值为0.01~0.05，具有典型热水沉积的特征。此外，顶、底板围岩的SiO_2/Al_2O_3的值为3.11~32.1，远高于陆源值，表明奥尔托喀纳什锰矿与生物或热水作用关系比较密切，其可能来源于洋壳深部。

热水活动对Fe、Mn、Zn、Ni、Co、Cu元素的迁移和富集有重要作用。在沉积速率高的热水环境中，由于Cu、Co、Ni元素没有充分与海水发生作用而导致其大量迁移，所以在热水沉积中，Fe、Mn、Zn元素相对富集，而Ni、Co、Cu较亏损。而由于Zn相对富集尔Co亏损，因此热水沉积中Co/Zn值较小，Cu+Ni+Co含量低。Fe-Mn-(Ci+Ni+Co)与Co/Zn-(Ci+Ni+Co)图解可以看出，奥尔托喀纳什锰矿形成的过程中与热水沉积作用关系密切相关。

3. 成矿期次与矿物形成顺序

奥尔托喀纳什锰矿矿石平均品位高达35%以上，说明锰发生了高度富集，而这个富集过程取决于锰元素地球化学属性，即在低氧-还原的弱碱条件下，锰以游离的Mn^{2+}存在，而在有分子氧的情况下，Mn^{2+}才能被氧化为Mn^{3+}或Mn^{4+}的难容氢氧化物或氧化物沉淀并富集。现代深海锰结合及世界上许多大型锰矿床的研究也证实了锰的这种地球化学属性。锰矿石中可见锰碳酸盐矿物交代软锰矿的现象，进一步说明初始进入沉积物中的矿物很可能为锰氧化物（软锰矿），同时伴随少量硼酸盐矿物及碎屑黏土矿物（高岭石）沉淀。

奥尔托喀纳什锰矿赋矿围岩均为碳泥质灰岩且越靠近矿体碳质含量越高，这与世界上锰碳酸盐矿物的特征基本一致，高有机质含量为锰氧化物还原生成锰碳酸盐矿物提供可能性。原始沉积的锰氧化物与同沉积有机质一起在埋藏成岩过程中发生氧化还原反应，锰氧化物北还原并释放出有利Mn^{2+}；与此同时，有机质被氧化与HCO_3^-结合形成碳酸盐矿物。奥尔托喀纳什锰矿可见少量自形含钙镁菱锰矿，代表最先沉积的含碳酸盐矿物，说明沉积物空隙水中除Mn^{2+}外，还吸收海水中Ca^{2+}、Mg^{2+}等阳离子。并可见铁菱锰矿胶结自形钙质镁菱锰矿或包裹钙镁菱锰矿颗粒或成"水印"状沿钙镁菱锰矿边缘生长，说明含铁菱锰矿的形成晚于钙镁菱锰矿，而铁锰矿很可能是晚成岩阶段最先沉淀的锰碳酸盐矿物发生重结晶作用的产物，碳酸锰矿物中还发现少量含铁锰硫化物（硫酸锰），它们或呈不规则状分布于钙菱锰矿颗粒间隙或呈椭球状、纺锤状包裹少量碳酸盐矿物或与黄铁矿呈纹层共生，说明其形成时间晚于锰碳酸盐矿物，推测硫锰矿可能是微生物细菌还原硫酸盐产物。矿体顶底板碳质泥岩中大量发育的草莓状黄铁矿也直接表明有微生物细菌的参与。

褐铁矿仅见于靠近方解石-蔷薇辉石脉的矿石中，可能代表后期热液交代作用的产物，受热液活动影响的矿物可能还包括脉状矿石中发育的锰方解石。此外，在碳酸盐矿物间隙发育少量纤维状锰氧化物（软锰矿），可能为后期地表氧化的产物。

原始氧化沉淀积累及有机质参与成岩转化是形成碳酸锰矿床的必要条件，且二者在形成时具有连续性和继承性，故合称为（热水）沉积-成岩期。综上所述，奥尔托喀纳什锰矿大致划分为3个成矿期次，即（热水）沉积-成岩期、热水期和表生氧化期。其中，热水改造作用表现在矿体与围岩接触部位由于层间滑脱而发生方解石-蔷薇辉石脉。

矿物学上表现为近脉矿石发育的少量褐锰矿及脉体中发育的锰方解石，说明矿体受到热液活动的影响。同样，表生氧化作用也仅表现在碳酸盐矿物裂隙发育的少量纤维状软锰矿及水锰矿，并未见到大规模氧化带，矿床整体保存原生沉积-成岩-成矿的状态，初步厘定的成矿期次与矿物生成顺序见图4-13。

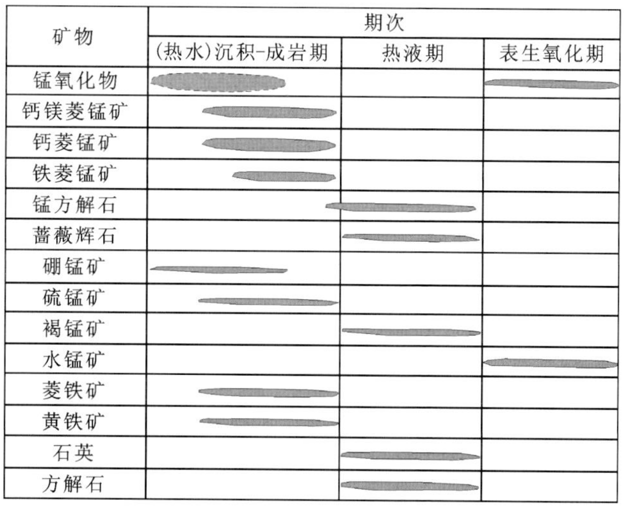

矿物	期次		
	(热水)沉积-成岩期	热液期	表生氧化期
锰氧化物	▬▬▬		▬▬
钙镁菱锰矿	▬▬▬		
钙菱锰矿	▬▬▬		
铁菱锰矿	▬▬▬		
锰方解石		▬▬▬	
蔷薇辉石		▬▬	
硼锰矿	▬		
硫锰矿	▬▬		
褐锰矿		▬▬	
水锰矿			▬▬▬
菱铁矿	▬▬▬		
黄铁矿	▬▬▬		
石英		▬▬▬▬	
方解石		▬▬▬	

图4-13 奥尔托喀纳什碳酸锰矿成矿期次和矿物生成顺序图

4. 成矿机制

一般认为锰的富集和沉淀主要受控于氧化还原条件(Nakagawa et al., 2009)。在还原条件下,可溶的Mn^{2+}与CO_3^{2-}结合成碳酸盐矿物而沉淀(张飞飞等,2013)。在氧化-还原分层的水体中,Mn^{2+}离子在表层氧化性水体中以氧化物或氢氧化物的形式沉淀,沉淀后被埋在富含有机质的沉积物中,在成岩过程中锰的氧化物或氢氧化物可与有机物质相互作用,锰的氧化物或氢氧化物被还原而释放的Mn^{2+}离子与有机质被氧化而释放的CO_3^{2-}相结合,形成了锰碳酸盐(Calvert and Pedersen,1993,1996;Roy,2006;朱祥坤等,2013)。

奥尔托喀纳什矿床底板围岩$\delta^{13}C$值变化范围与海相碳酸盐范围一致,属与正常海相沉积;锰矿石与菱锰矿的$\delta^{13}C$出现明显的漂移,与生物或有机质的$\delta^{13}C$值范围一致;顶板围岩$\delta^{13}C$值与海相碳酸盐范围一致。表明在成岩成锰期,当含锰氧化物(氢氧化物)沉积物处于水-沉积物界面之下时(海侵阶段),有机质被氧化和硫酸盐细菌还原,形成富含^{12}C的HCO_3^-,孔隙水中的锰氧化物(或氢氧化物)被还原,并与CO_3^{2-}结合形成$MnCO_3$(菱锰矿),从而造成奥尔托喀纳什锰矿石以及菱锰矿$\delta^{13}C$值出现极大的负漂移现象,这与中国其他地区不同时代沉积型锰矿的C同位素特征一致。进一步说明该锰矿形成过程中有机质的还原作用更为强烈,是该矿床的重要成矿机制。

综上,奥尔托喀纳什富锰矿属海相沉积型锰矿,经历了锰氧化物或氢氧化物被还原转化为形成菱锰矿的过程,成岩过程中有机质强烈的还原作用是富锰矿形成的重要机制。具体形成过程如下:

(1)从石炭纪开始,西昆仑处于拉张构造背景,形成一系列小洋盆深水盆地,出现库尔良裂陷盆地、昆盖山裂陷盆地,在玛尔坎苏一带形成弧后盆地。早石炭世开始,弧后盆地发生裂解作用,在弧后拉张的伸展环境形成了巨厚的基性火山岩(乌鲁阿特组)。晚石炭世,盆地进入稳定沉降阶段,形成浅海碳酸盐岩台地,伴随缓慢的海侵过程及盆地差异性沉降作用,在碳酸盐台地上形成若干相对水体较深的局限台地(或台内盆地)。盆地内存在氧化还原分层的海水系统,间歇性火山喷发作用导致大量海底热水活动,并携带大量Mn^{2+}进入盆地(图4-14A)。

(2)盆地稳定沉降过程中,海平面缓慢上升,台内盆地低能、静水环境中沉积物粒度较细,且有机质不断沉淀,盆地中Mn^{2+}也持续不断富集。在盆地沉降过程中,局限台地内水体循环增强,致使处于溶解状态的锰质进入到富氧层,Mn^{2+}转化为Mn^{4+},并开始以较稳定的高钾态氧化锰进入(如MnO_2)的形式大量沉积下来,形成氧化锰或氢氧化锰矿物(图4-14B)。

(3)构造活动引起盆地沉降作用进一步加剧,海侵范围逐渐扩大,海平面上升,水体变深,氧化还原界面随之上升,盆地内水体循环受限,海底处于贫氧或缺氧环境,沉积了低能环境下有机质含量较高、水平层理发育的含黄铁矿碳质泥岩、泥质灰岩等。同时,锰氧化物开始大流量下沉,被掩埋在缺氧带(还原环境)之下,在成岩过程中和有机物质相互作用,锰氧化物和氢氧化物被还原释放出 Mn^{2+},而有机物质被氧化释放大量 CO_3^{2-},Mn^{2+} 和 CO_3^{2-} 在深部沉淀物表面结合形成菱锰矿并保存下来(图 4-14C)。

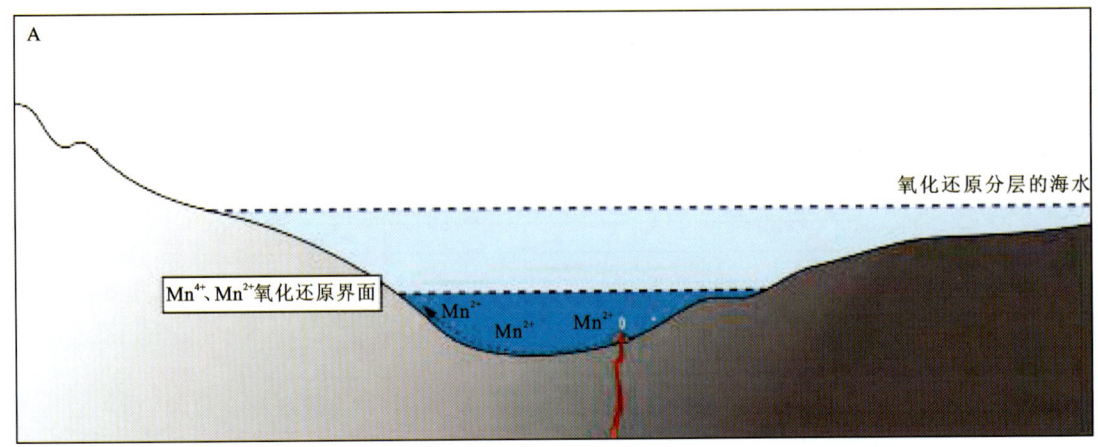

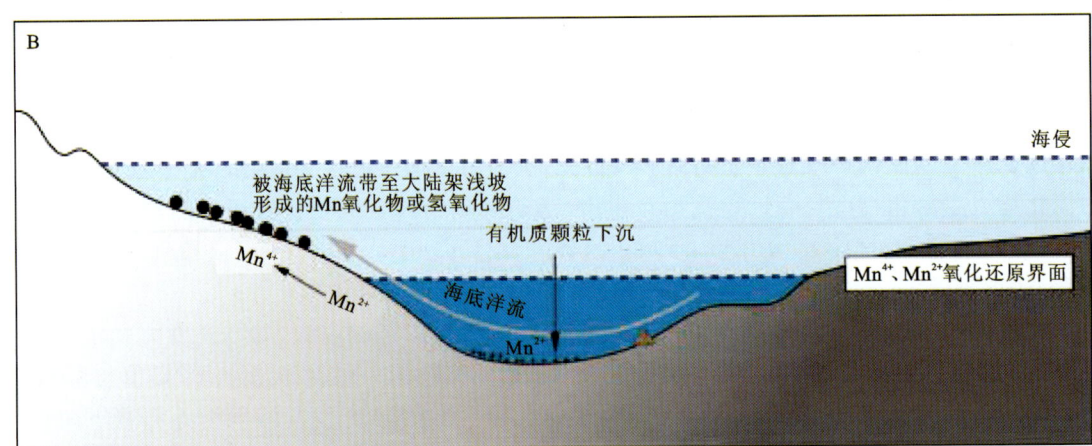

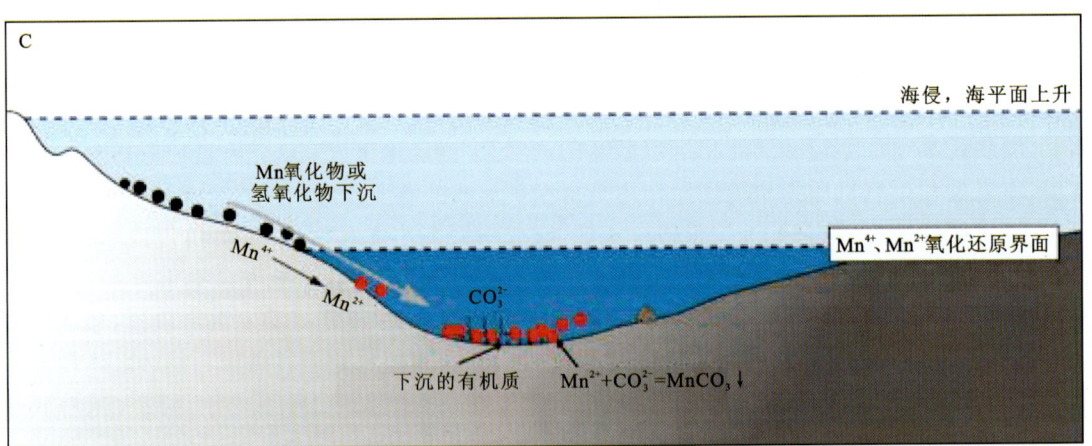

图 4-14　奥尔托喀纳什碳酸锰矿成矿模式(据高永宝,2018)

受后期青藏高原相北俯冲-碰撞影响,西昆仑遭受严重挤压,玛尔坎苏地区整体发生推覆,使得晚石炭世含锰岩系发生大规模构造影响,与其顶、底板含碳灰岩的接触带多发生滑脱、碎裂,并在菱锰矿裂隙形成锰镁绿泥石、红锰矿、硫锰矿、锰方解石(脉)、蔷薇辉石等,后晚期经历氧化淋滤作用形成软锰矿、水锰矿。

四、对比分析

西昆仑玛尔坎苏地区的锰矿属海相沉积型锰矿,受玛尔坎苏裂谷盆地控制,含锰岩系层位稳定,最新地质调查成果显示含锰岩系东西延伸100km,向西延伸至塔吉克斯坦境内(国土资源部中国地质调查局等,2016)。目前,除奥尔托喀纳什大型锰矿、玛尔坎土中型锰矿和穆呼中型锰矿外,在苏萨尔布拉克、博托彦及托库孜布拉克等区域均已发现富锰矿矿化线索,奥尔托喀纳什锰矿的南翼也已发现锰矿矿化线索,该成矿带尚有大型锰矿床的找矿潜力,有望形成一个大矿田,具有较好的区域找矿前景。

第二节 造山型金矿

一、中国萨瓦亚尔顿金(锑)矿

(一)矿区地质特征

萨瓦亚尔顿金矿床位于新疆乌恰县东阿赖山北部中国与吉尔吉斯斯坦边境附近,与吉尔吉斯斯坦萨瓦亚尔顿金矿床属同一矿田(中国地质调查局,2003)。在大地构造上,萨瓦亚尔顿金矿床位于伊犁-伊塞克湖微板块与塔里木北缘活动带的交接部位(贺卫东,2000),以萨瓦亚尔顿-吉根超岩石圈大断裂为界,矿区西部属伊犁-伊塞克湖微板块,东部为塔里木北缘活动带的晚古生代陆缘盆地。

矿区出露地层有上志留统、下泥盆统、中泥盆统和上石炭统(图4-15),地层之间呈断层接触,其中上志留统和下泥盆统为赋矿地层。上志留统塔尔特库里组由一套浅变质含碳碎屑岩组成,按岩性组合划分为4段:第一段为含碳千枚岩与薄层状变质粉砂岩不等厚互层,两者构成1~3cm厚的韵律层;第二段薄层状变质细砂岩、变质粉砂岩和含碳千枚岩三者互层;第三段为含碳千枚岩夹千枚状板岩、硅质岩和砾岩,底部出现灰岩透镜体,产珊瑚、海百合茎、腕足类、介壳类、藻类化石(王成源等,2000;郑明华等,2001);第四段为变质砂岩、硅质岩,夹含碳千枚岩,硅质岩中含放射虫(贺卫东,2000)。下泥盆统萨瓦亚尔顿组划分为2段:第一段由薄层状含碳千枚岩夹中厚层状变质细砂岩组成;第二段为中厚层状变质钙质细砂岩夹碳质千枚岩,局部夹变质粉砂岩。中泥盆统托格买提组为大理岩化灰岩,上石炭统为含碳千枚岩夹薄层状变质钙质粉砂岩底部为泥灰岩、生物碎屑灰岩。容矿岩系为含碳浊积岩,广泛发育韵律层理、粒序层理、水平层理、包卷层理、沙纹层理和鲍马层序与区域其他地层相比,容矿岩系中金含量相对较高表明浊积岩中的碳质和黏土矿物在沉积时对金有较强的吸附作用,使金得到初始富集(叶锦华等,1999)。

区域断裂和褶皱构造发育,构造线总体方向为北北东向,延伸数十千米至数百千米。萨瓦亚尔顿吉根大型剪切带为南天山造山带与塔里木板块西北缘的分界断裂(赵仁夫等,2002),也是区域内重要的控矿构造。该脆-韧性剪切带呈北北东向展布,倾向北北西—北西,倾角50°~85°,与地层斜交。脆-韧性剪切带内岩石面理非常发育,以强烈片理化为特征,且多数片理呈北东向,总体走向40°~50°,倾向320°~330°,倾角60°~80°(马天林等,1999)。

矿区中的一组面理发育,其他方向不发育,仅在局部发育S-C面理。初糜棱岩、糜棱岩、强烈片理化带、构造透镜体、拉伸线理和A型褶皱共同构成脆韧性剪切带,强变形带与弱变形带相间排列。A型褶皱广泛发育,其规模一般较小,宽10~4cm,高不足20cm,长0.5~2m,形态多为复杂的尖棱褶皱和宽缓的对称褶皱。韧性剪切带是在矿区地层褶皱之后形成的深层次断裂构造,经历了早期为韧性挤压带、中

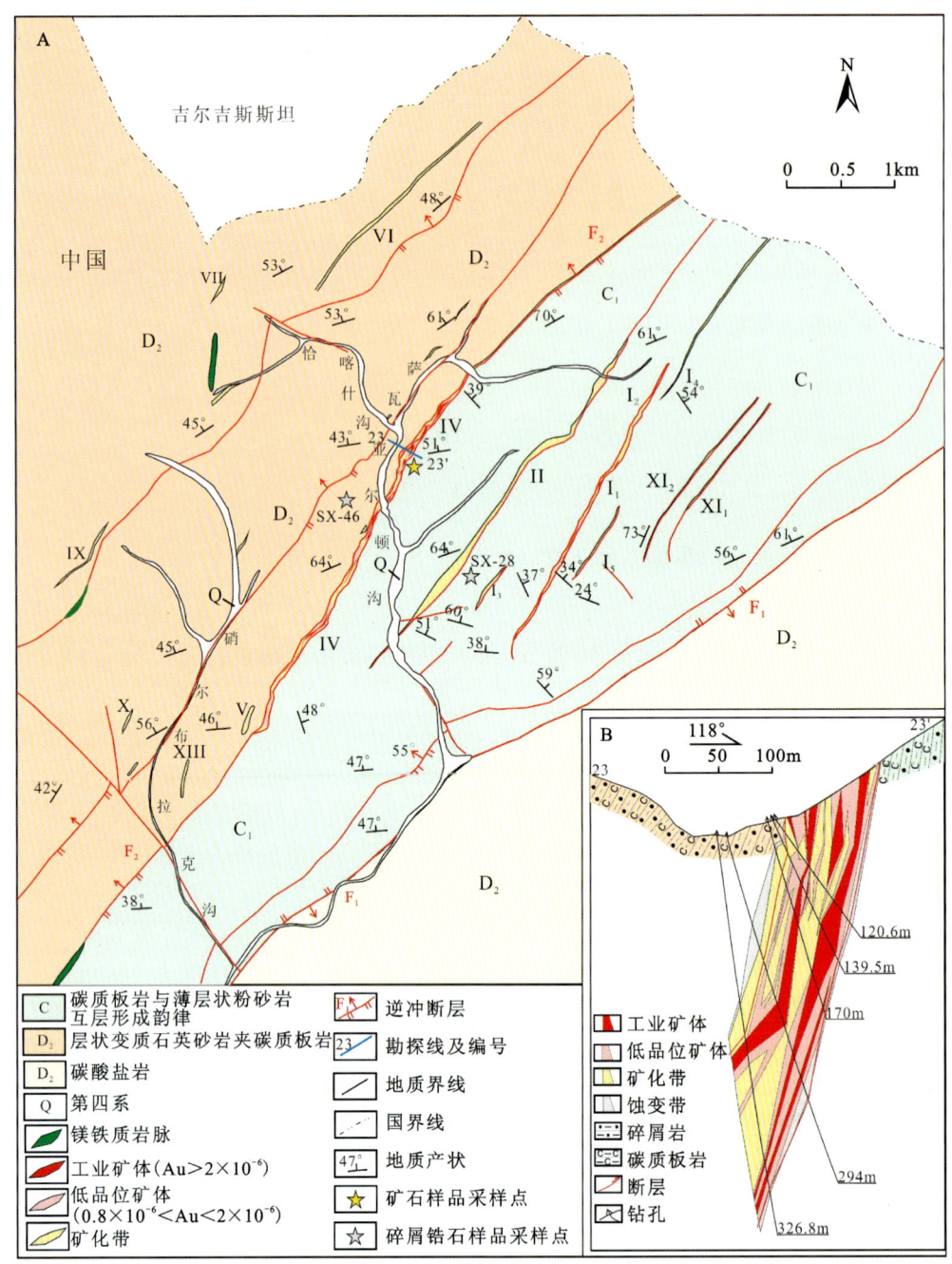

图 4-15 萨瓦亚尔顿金矿床地质略图(据新疆地勘局第二地质大队,1999;郑华明等,2001 修编)

期是脆韧性剪切带、晚期叠加脆性断裂破碎带的变形过程。它们代表了剪切带从深部逐渐抬升到地壳浅部的变形过程。韧脆性斜冲剪切带控制矿化带,矿体严格受雁列式破碎带控制(马天林等,1999)。

矿区内发育的北西向脆性断裂为成矿后断裂,对矿体没有大的影响。岩浆活动微弱,未见大的侵入岩体,仅在矿区及外围地层、沿断裂带有少量基性熔岩、辉绿岩脉、超基性岩透镜体和二长斑岩脉(锆石 U-Pb 年龄为 133.7～131.0Ma,陈富文等,2003)分布。郑明华等(2002)测得辉绿岩脉 K-Ar 法同位素年龄为(207.5＋4.2)～(169.0＋2.0)Ma。矿区外围部分基性熔岩、超基性岩、辉长辉绿岩组成蛇绿杂岩(王德贵,2000;贺卫东,2000;徐学义等,2003),其形成年龄为(392＋15)Ma(基性熔岩 Sm-Nd 等时线年龄,徐学义等,2003),为晚古生代塔里木板块北缘拉张洋盆消减的产物。萨瓦亚尔顿金矿野外照片如图 4-16 所示。

图 4-16 萨瓦亚尔顿金矿野外照片

A-早期韧性变形的碳质千枚岩，晚期脆性断裂成矿（镜头朝向北东）；B-早期韧性的变形强片理化千枚岩及内部发育的早期石英脉；C-成矿期韧脆性矿化蚀变带；D-成矿前韧脆性变形，轴面产状平行于主构造线

本次调查显示萨瓦亚尔顿金矿赋矿地层主要为志留系碳质千枚岩，可见黄铁矿化、硅化，含矿石英脉顺层或者切层。早期石英脉厚大，基本不含矿，矿化期毒砂发育，未见明显线理。矿区构造韧性变形在成矿之前，成矿可能与后期的断裂的脆性活动有关（图4-17）。

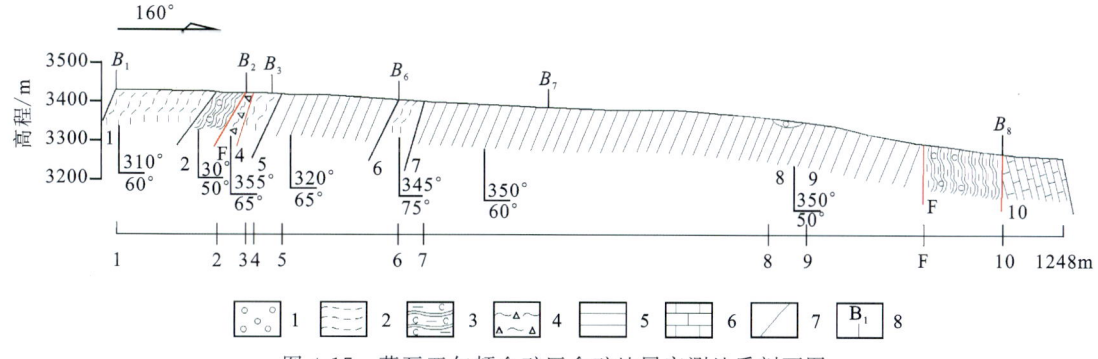

图 4-17 萨瓦亚尔顿金矿区含矿地层实测地质剖面图

1-砂砾岩；2-千枚岩；3-碳质千枚岩；4-硅质、矾类和铁矿化；5-细砂岩夹千枚岩；6-灰岩；7-断层；8-采样位置

（二）矿床地质特征

1. 矿化带及矿体地质特征

区内矿化蚀变带集中分布于南北长 5km、东西宽 4km 的范围内，共发现 24 条（编号为Ⅰ～ⅩⅩ），主要分布在上志留统塔尔特库里组和下泥盆统萨瓦亚尔顿组，容矿岩系为含碳千枚岩、变质砂岩和变质粉

砂岩。矿化带受北东—北北东向韧-脆性剪切带中的破碎带控制,呈线状、带状延伸,近平行展布,具有等间距分布的特征。所有的金矿化带具有相似的地质特征,其中Ⅳ、Ⅰ、Ⅱ、Ⅺ号等矿化带规模大。

Ⅳ号矿化带规模最大,位于塔尔特库里组与萨瓦亚尔顿组交界处。总体走向25°,倾向北西,倾角53°~80°,与围岩斜交,长度超过4000m,宽度15~200m。控制矿体9个,其中3个矿体(Ⅳ1、Ⅳ2、Ⅳ3)规模较大,长860~1390m,厚度0.90~48.56m,控制斜深70~505m。其余矿体长小于100m。金平均品位ωAu一般为1.44~5.92g/t。矿体呈似板状,与矿化带基本一致,倾向298°~313°,倾角70°左右。在Ⅳ2矿体中具有明显的矿化分带,金富集在上部,锑富集在下部。锑矿体厚度为2.51~12.21m,锑平均品位ω(Sb)1.28%,但在其他矿体中没有矿化分带。在平面上,金矿体呈左行雁状排列和尖灭侧现展布。Ⅺ号矿化带位于矿区的东北,目前圈出3个矿体,长260~380m,厚0.68~6.01m,金品位一般为1.0~2.66g/t,矿体为脉状。吉尔吉斯斯坦共和国的Savoyardi金矿床与中国萨瓦亚尔顿金锑矿床属同一矿田,前者的金矿体分布在北东向的断裂带上,该断裂带西延与中国Ⅺ号矿化带对接,金矿体为石英脉带,金品位高,平均品位为6.1~8.7g/t,并伴生有锑、银、铅、锌、铜等,金储量为40t(戴自希等,2001;中国地质调查局,2003)。在富毒砂石英脉中金属品位为:ωAu6.5g/t,ωSb4.5%,ωPb10%,ωAg41.5g/t(Rui et al.,2002)。

2. 围岩蚀变

围岩蚀变类型有硅化、黄铁矿化、毒砂化、绢云母化、碳酸盐化及局部的绿泥石化。硅化最发育,有两种形式:①呈细脉、网脉和条带状分布于围岩裂隙和矿体中,宽0.2~10mm,长数厘米至十余厘米,常与绢云母、黄铁矿共生;②石英呈浸染状、斑点状、团块状分布在碎裂岩中。在Ⅰ、Ⅱ号矿化带中可见次生石英岩。毒砂呈浸染状或与黄铁矿和石英构成细脉分布在矿体和近矿围岩中。一般来说,围岩蚀变较强烈的地段,硫化物含量较多,金品位较高。热液蚀变分带相对较弱,但在Ⅳ号矿化带中部从围岩到矿体可划分成3个带:黄铁矿化碎裂岩带,毒砂化、黄铁矿化碎裂岩带和辉锑矿化、黄铁矿化碎裂岩带。

3. 矿石特征

矿石分为原生矿石和氧化矿石。根据矿物组合和产状将原生矿石划分为含金石英细脉-网脉型、含金蚀变碳质千枚岩型和含金硅化粉砂岩型,进一步划分为5种自然类型:①金-毒砂-黄铁矿-石英矿石;②金-黄铁矿-脆硫锑铅矿-(辉锑矿)-石英矿石;③金-脆硫锑铅矿-(辉锑矿)矿石;④金-石英-菱铁矿矿石;⑤金-黄铁矿-磁黄铁矿-石英矿石(刘家军等,2002)。

矿石主要结构有自形—半自形粒状、他形粒状结构、固溶体分解结构、交代结构、包含结构、碎裂结构等。矿石构造(图4-18)主要有浸染状、细脉网脉状、条带状、块状、角砾状和揉皱构造。在浸染状矿石中,黄铁矿、毒砂星点状分布在石英细脉、蚀变碳质千枚岩中。黄铁矿、毒砂、辉锑矿和石英呈细脉状、浸染状出现在蚀变岩的裂隙中。条带状构造矿石主要由毒砂、黄铁矿、磁黄铁矿、黄铜矿、石英等组成,相间成带分布。

矿石中矿物多达40余种,金属矿物以黄铁矿、毒砂、脆硫锑铅矿、黄铜矿、辉锑矿为主,磁黄铁矿、银金矿、方铅矿、闪锌矿等次之。非金属矿物主要为石英、穷解石、菱铁矿、绢云母等,还见碳质。根据郑明华等(2001)资料,金矿石中主要金属品位为:ω(Au)在1.1~27.0g/t之间,ω(As)在0.05%~14.6%之间,ω(Sb)在0.005%~19.7%之间,ω(Ag)在3.7~186.2g/t之间,ω(Mo)在0.7~36.7g/t之间,ω(W)在0.5~149g/t之间,ω(Th)在0.01~25.5g/t之间,ω(U)在0.1~13.3g/t之间,ω(Zn)在24~333g/t之间。金矿石中平均ω(Au)/ω(Ag)值为0.14。

4. 金的赋存状态和金矿物特征

金矿物以银金矿为主,少量自然金。金矿物赋存状态有:①呈显微细脉或与黄铜矿、石英组成显微细脉,分布于毒砂和黄铁矿的微裂隙中;②石英颗粒之间的粒间金;③呈包裹体形式赋存于毒砂、石英、黄铁矿等矿物中。银金矿的粒径一般为30~50μm,最大者10~100μm。

图 4-18　萨瓦亚尔顿金矿石特征

5. 成矿期及成矿阶段

根据矿脉的特征、穿插关系、矿物共生组合、生成顺序及金含量等特征，将矿床的成矿过程划分出 4 个成矿阶段。

(1) 石英-黄铁矿阶段。矿区最早的一期石英脉，石英脉较厚大，一般平行于含碳千枚岩和变质砂岩的面理和残余层理。这些脉通常呈石香肠状、透镜状和等斜小褶皱，脉的形成与区域变质作用和韧性挤压变形有关。矿物组合单一，主要为石英，少量白云石、方解石和星点状黄铁矿，金的矿化富集强度很低，$\omega(Au)$ 一般为 $1\times10^{-9}\sim23\times10^{-9}$。石英呈乳白色，但普遍遭受韧性构造剪切作用，具亚颗粒、波状消光等特征，部分破碎呈角砾状。黄铁矿集合体被拉长或为后期构造作用而发生碎裂，部分为其后的金属硫化物所交代。

(2) 石英-多金属硫化物阶段。主要形成多金属硫化物石英细脉和网脉，脉厚数毫米至几厘米，顺层或切层分布。该阶段的特点是矿物颗粒细小，金属矿物种类多。矿物主要是石英、毒砂、黄铁矿，其次为方铅矿、闪锌矿、黄铜矿、磁黄铁矿、辉锑矿、黝铜矿、脆硫锑铅矿、银金矿、自然金、白云石、方解石等。该阶段是金矿化最重要的阶段，金含量一般大于 1g/t。以黄铁矿-自然金-毒砂-黄铜矿组合为特征，毒砂不定向分布在石英脉中。该阶段石英多呈烟灰色，透明度较差，与黄铁矿和毒砂等硫化物共生。

(3) 锑-石英阶段。形成辉锑矿（脆硫锑铅矿）石英脉，厚数厘米至数十厘米，长数十米。主要分布在 Ⅱ 号和 Ⅳ 号矿化带中。锑-石英细脉穿切早阶段脉体的现象十分普遍。矿物组合简单，主要为辉锑矿和脆硫锑铅矿，占 80%～90%，少量石英，偶见黄铁矿、黄铜矿。该阶段是锑成矿的高峰阶段，$\omega(Sb)$ 为 0.59%～3.26%，但金含量较低，一般小于 1g/t，最高 4.06g/t。

(4) 石英-碳酸盐阶段。主要形成石英碳酸盐脉，脉厚一般为 1～10cm，最厚达 20cm。脉多沿张性裂隙充填，或切穿早期石英脉，发育晶洞。矿物主要是石英、菱铁矿、白云石等，黄铁矿少量。金含量低，是成矿的尾声。

早阶段以石英-黄铁矿组合为特征,中阶段包括石英-多金属硫化物阶段和锑-石英阶段,是金和锑矿化最重要的阶段,晚阶段以发育石英-碳酸盐细脉为特征。

二、中国卡特巴阿苏铜金矿床

(一) 矿区地质特征

1. 矿区地层

卡特巴阿苏金铜矿床位于新源县东南方向 30km 处,矿区位于那拉提北缘断裂南侧,主要出露有上志留统巴音布鲁克组和第四系,矿区地质图见图 4-19。

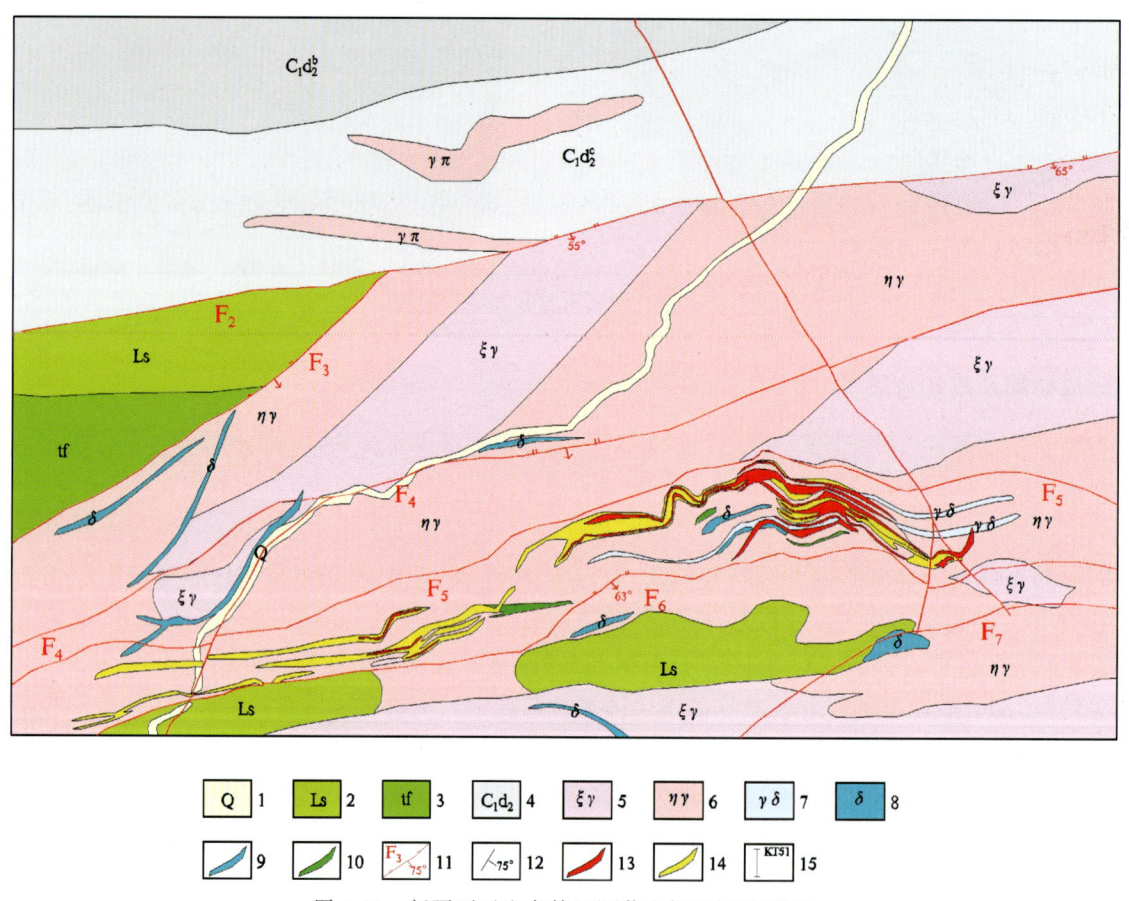

图 4-19 新疆西天山卡特巴阿苏金铜矿区地质图

1-冲积物;2-灰岩、大理岩化灰岩;3-凝灰岩;4-石炭系下统大哈拉军山组;5-碱长花岗岩;6-二长花岗岩;7-花岗闪长岩;8-闪长岩;9-闪长岩脉;10-闪长玢岩脉;11-断层编号及产状;12-地层产状;13-金矿体及编号;14-金矿化带(≥$0.3×10^{-6}$);15-实测勘探线位置及编号

巴音布鲁克组主要岩性有基性—中酸性凝灰岩、灰岩、大理岩等。通过岩性-构造填图及剖面测量发现,巴音布鲁克组基性—中酸性凝灰岩分布于矿区西北部,少量呈残留体零星分布于二长花岗岩顶部(图 4-20A),凝灰岩中矿物重结晶现象明显,可见有混染现象(图 4-20B),厚度数米至数十米不等,这些现象显示目前地表为岩体和围岩接触带附近,表明岩体剥蚀深度较浅。灰岩、大理岩主要呈带状分布于矿区中南部,由于后期有多期岩浆侵入,也使灰岩、大理岩呈捕虏体形式产出,受岩浆热液作用影响,地层与岩体接触部位多发生大理岩化、矽卡岩化及矿化。

 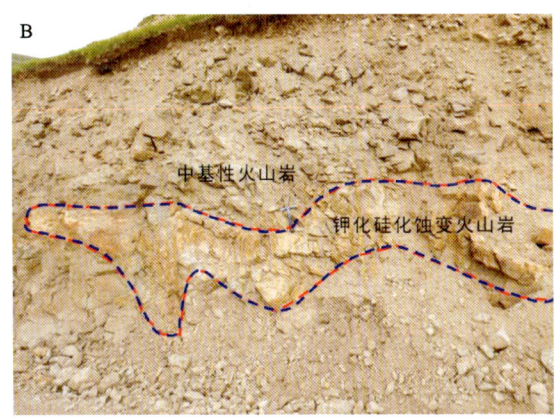

图 4-20 卡特巴阿苏金矿区地层分布特征

A-矿区东段地表火山岩地层残留体照片；B-火山岩地层中的混染现象，照片位置为图 A 中的 b 点；
C-PM005 实测地质剖面图

2. 矿区构造

卡特巴阿苏金铜矿区紧邻那拉提北缘断裂，构造发育，大多以北东东向展布为主，其次为北西西向和东西向，总体与区域构造方向一致，构造活动强烈且具有多期性，成矿期构造及成矿期后构造均以断层破碎带构造及节理构造为主。

1) 断层构造

那拉提北缘断裂(F_2)是尼古拉耶夫线在我国新疆西天山的延续，呈北东东向展布于那拉提山边缘，斜贯研究区，出露长约 6km，受这条区域大断裂影响，南侧形成多条与之近平行的不同规模的次级断裂，对金、铜多金属矿有导矿、控矿、容矿作用。卡特巴阿苏金铜矿床由北向南分布有 $F_2 \sim F_7$ 多条主要断裂，整体走向为北东东向，南倾，倾角 47°~73°，矿体、矿化带受 F_5、F_6 断层及其之间的破碎带影响与控制。

2) 节理构造

断层破碎带中心岩石碎裂岩化强烈，向两侧逐渐过渡为一套共轭 X 型节理系统。节理面裂隙宽为 0.05~0.4cm，延长数厘米至数米。根据分布范围、节理间的相互穿插关系及有无矿化，节理可划分为成矿期节理和成矿期后节理。

成矿期节理发育在主矿体的两侧，从矿体中心向外侧节理密集程度下降，两者无明显界线。共轭剪切节理产状分别为 40°~60°∠50°~86° 和 275°~300°∠40°~85°，挤压面理为 145°~170°∠35°~75°，节理走向玫瑰花图显示其构造应力场方向为 158°~165°，矿质主要充填在破碎带岩石角砾间的空隙及两侧发育的共轭剪切节理中。成矿后期由挤压环境转变为张性环境，成矿期之后该套裂隙系统大部分封闭。

依据矿区范围构造节理间的相互穿切关系及其矿化特征划分出了成矿期、成矿期后两期构造。矿体主要分布于成矿期的断层破碎带-节理构造系统中，成矿期破碎带-节理系统规模较大，矿带长数千米，宽数米到数百米不等。成矿作用过程中，石英、黄铁矿等热液矿物在断层破碎带-节理构造系统中发生矿化蚀变，成矿作用之后裂隙大部分封闭。成矿期后构造远超成矿期构造范围，同样发育一套断层破碎带-节理构造系统，但在空间上二者不完全重叠，成矿期后构造对矿体破坏较小。

3. 矿区岩浆岩

卡特巴阿苏矿区岩浆岩分布较广，岩体大小不一，分布不均，多呈岩枝、岩株、岩脉状产出，在地表以北东东向带状展布。侵入岩极为发育，地表可见二长花岗岩、正长花岗岩、闪长岩及闪长玢岩等中酸性侵入岩及岩脉,其中二长花岗岩最为常见,闪长岩和闪长玢岩呈脉状侵入二长花岗岩及正长花岗岩中。本区地表未见大面积喷出岩出露,仅在矿区西北角见少量巴音布鲁克组中基性火山凝灰岩,其他地段见零星残留。

(1)二长花岗岩。地表出露面积最大,约 2.04km²,主要分布于矿区中南部,呈北东东向展布,占矿区面积的 68%,是主要的侵入岩体。岩体呈岩基状产出,侵入上志留统巴音布鲁克组中,与之呈断层接触。岩石呈浅肉红色—肉红色,中粗粒花岗结构,块状构造(图 4-21A),主要由石英(20%±)、钾长石(35%±)、斜长石(30%±)及少量黑云母(10%±)等组成。石英呈半自形—他形粒状,粒径 0.5～6.8mm,具波状消光,表面较干净;钾长石呈他形板状,粒径 0.4～4.8mm,双晶不发育,见有轻微泥化现象;斜长石呈自形—半自形板状,粒径 0.4～2.8mm,发育聚片双晶,弱绢云母化;少量暗色矿物如云母、角闪石等大多绿泥石化,但仍见原矿物残留;见少量磷灰石、磁铁矿等副矿物。二长花岗岩矿化较强,为研究区主要的赋矿岩石,见黄铁矿、黄铜矿呈星点状、团斑状、细脉状分布于其中。

图 4-21 卡特巴阿苏矿区侵入岩岩相学特征
A-二长花岗岩;B-正长花岗岩;C-闪长岩;D-闪长玢岩

(2)正长花岗岩。位于矿区东北部,出露面积约 0.75km²。岩体呈岩株状产出,以北东东向延伸,侵入巴音布鲁克组中,与二长花岗岩呈涌动式接触,与闪长岩等脉体均为侵入接触关系。岩石风化面呈砖红色,新鲜面呈肉红色,粗粒花岗结构,块状构造,由钾长石(50%±)、石英(27%±)、斜长石(8%±)、黑云母(5%±)等组成(图 4-21B)。其中钾长石呈半自形粒状,粒径 1.5～7.3mm,条纹结构发育,表面高岭土化较强;斜长石较少,呈较自形板柱状,粒径 0.5～3.5mm;他形粒状石英沿长石颗粒空隙充填,粒径 0.4～5.3mm,波状消光。蚀变主要为长石绢云母化、高岭土化,黑云母的绿泥石化等。岩石中未见矿化。

(3)闪长岩。主要位于矿区西部深处和东南部,地表出露约 0.1km²,大致占矿区面积的 3%。闪长岩脉沿张性共轭节理交汇部位侵入,岩脉近东西向和南北向分布,呈岩株、岩枝或透镜状产出,与二长花岗岩、正长花岗岩呈侵入接触，表明闪长岩侵入、成矿已转为张性环境，闪长岩脉与矿体空间关系密切，一种是与矿体分布于同一构造中，在空间上与铜金矿体关系密切，有的闪长岩中即可见到星点状、浸染状黄铁矿、黄铜矿化，风化后孔雀石化、蓝铜矿化强烈。岩石主要由斜长石（56%±）、暗色矿物（35%±）及石英（2%±）等组成（图4-21C），蚀变中等。斜长石呈半自形—自形长板状，粒径0.6～4.2mm，弱碳酸盐化、绢云母化，未见双晶；角闪石等暗色矿物绿泥石化较强，局部见矿物残留；石英含量较少，呈他形粒状，粒径0.1～0.3mm；见少量磷灰石等副矿物。

（4）闪长玢岩。分布于矿区东南部，呈岩枝、岩脉或透镜状侵位于二长花岗岩、正长花岗岩中，呈东西向或南北向展布，与之呈侵入接触关系。岩石呈暗灰色—灰黑色，自形细粒结构，块状构造，斜长石及角闪石等暗色矿物自形程度较高，见绿泥石化现象（图4-21D）。岩石中未见明显矿化。二长花岗岩与闪长岩与矿化密切相关，为该区的成矿地质体。

（二）矿体特征

卡特巴阿苏金铜矿床是近年来在那拉提金成矿带发现的首个特大型金铜矿床。该矿区不同空间位置存在两种蚀变矿化类型：一种是二长花岗岩破碎带中的钾化、硅化-绢云母化、绿泥石化、高岭土化蚀变，以金矿化为主；另一种是岩体与大理岩捕虏体接触带中的钙铝榴石化、透辉石化、透闪石-阳起石化、绿帘石化矽卡岩化蚀变，以金铜矿化为主。

矿体受F_5、F_6两条断层破碎带控制，金矿体、金铜矿体、铜矿体均有产出。目前已圈定金矿体48个，铜矿体30个，主矿体9条，其中I2、I3、I4、I9号金铜矿体和L5号铜矿体规模较大，其他矿体规模相对较小。矿带总体近东西向展布，波状起伏，宽窄不一，以07号勘探线为界划分为东、西两段，东段走向约105°，西段走向约70°，倾向南160°～190°，倾角20°～72°。东段及西段上部为金矿化，少量铜矿化，分布于二长花岗岩破碎带中，西段深部金矿化相对减弱，铜品位逐渐增高，并见独立铜矿体产于矽卡岩附近，金、铜矿化在空间上有一定程度叠加。

（1）I2号金铜矿体。规模较大的工业矿体，位于矿区中西部KT10～59号勘探线之间，已控制矿体长1070m，埋深在70～375m不等，东侧裸露于地表，向南西侧伏，厚度0.45～23.45m，平均为4.29m，厚度较稳定。矿体总体近北东东向，产状153°～205°∠39°～76°，在走向上呈似层状，倾向上呈大透镜体状、巢状、树枝状，成矿后未见断层破坏矿体。矿体在东段及西段浅部矿化围岩为二长花岗岩，呈脉状、网脉状、带状产出，矿体与围岩间无明显界限，主要通过样品分析结果划定矿体界限；西段KT39～59号勘探线深部，矿体产于二长花岗岩、闪长质岩脉与大理岩捕虏体接触带的矽卡岩及附近破碎带中，呈透镜状、巢状，见分枝复合现象。该矿体在东部近地表处品位较高，具向西南深部品位降低趋势。矿石矿物有黄铁矿、黄铜矿、少量闪锌矿、方铅矿等，金总品位在0.10～250.3×10^{-6}之间，平均品位4.20×10^{-6}，矿化以金为主，少量铜矿化。

（2）I4号铜金矿体。本矿床内主要的工业矿体，产于矿区中东部KT11～36号勘探线之间，矿体主要产于二长花岗岩中，岩石碎裂岩化发育，矿体与围岩之间没有明显界限。矿体总体形态为似层状、脉状、大透镜状，产状160°～210°∠28°～70°，沿倾向向深部延伸较为稳定，沿走向向东西两侧有逐渐变薄的趋势，其形态产状与蚀变破碎带密切相关。矿石矿物有黄铁矿和少量黄铜矿、闪锌矿等，矿体平均品位3.98×10^{-6}，主要为金矿化，局部为铜金矿化。如东矿段8号勘探线剖面上见部分矿体中心为金铜矿化向两侧铜矿化逐渐减弱，转变为独立的金矿化。

（3）I9号金铜矿体。本矿床主要的工业矿体，位于勘探线KT35～57之间，近东西向断续分布，产状150°～185°∠25°～77°，为隐伏矿体，载金矿物为黄铁矿、黄铜矿。矿体走向约480m，矿体厚度变化较稳定，平均3.02m。矿体产于西段深部二长花岗岩、闪长质岩脉与灰岩、大理岩接触带的矽卡岩中，走向上呈似层状，倾向上多呈较小的透镜状、囊状，矿体与围岩没有明显界限。金品位在1.05×10^{-6}～66.86×10^{-6}之间，平均品位3.60×10^{-6}，铜平均品位0.57%，显示为铜金矿（化）体。

(三) 矿石特征

1. 原生金属矿物

矿区金属矿物包括黄铁矿、黄铜矿、自然金及少量方铅矿、闪锌矿等。

黄铁矿是本矿区最主要、分布最多的原生矿石矿物,但在次生氧化带多被氧化为褐铁矿和黄钾铁矾。矿区黄铁矿手标本多呈浅黄色—黄色,多呈星点状、团斑状、细脉(浸染)状和致密块状,分布极不均匀。镜下黄铁矿晶型多呈半自形—自形、他形粒状,少数呈五角十二面体,粒径 0.14~2.5mm,与黄铜矿、金、闪锌矿、方铅矿等矿物共生于岩石中,颗粒中碎裂纹发育,常有黄铜矿沿着黄铁矿裂隙充填交代。黄铁矿是矿区重要的载金矿物之一,常见金充填于黄铁矿晶隙及裂隙中。

黄铜矿是矿石中重要的原生矿石矿物,呈浅铜黄色—铜黄色,他形粒状,粒度 0.02~0.5mm,多以星点状、团斑状分布于二长花岗岩中,以细脉浸染状分布于矽卡岩矿物、二长花岗岩及黄铁矿的裂隙中,与黄铁矿、闪锌矿、金等矿物共生于岩石中。部分黄铜矿晶体及颗粒裂隙中见金矿物。

自然金(>80%)是矿区一种重要的有用矿物。金粒多呈金黄色,粒状、薄片状,光片中可见金有晶隙金、裂隙金、包体金 3 种赋存状态,充填于黄铁矿、黄铜矿晶隙中和黄铁矿挤压破碎的裂隙中,或被包裹于黄铁矿、黄铜矿晶粒中。

闪锌矿矿区与方铅矿、黄铁矿、黄铜矿共生,分布较少。镜下可见多呈他形不规则状,分布不均匀,与黄铜矿形成固溶体分离结构,局部可见闪锌矿交代黄铁矿。

方铅矿矿区较少见。镜下呈浅灰色—灰白色,呈半自形—他形不规则状,多与黄铁矿、闪锌矿共生,常沿黄铁矿裂隙充填或交代黄铁矿。

2. 氧化物矿石特征

矿区氧化物矿石中的金属矿物以褐铁矿等氢氧化物和黄钾铁矾等硫酸盐矿物为主,其次为孔雀石等碳酸盐矿物。

黄钾铁矾为黄铁矿的氧化产物,黄褐色,多呈土状,常与褐铁矿伴生。

褐铁矿主要为黄铁矿的氧化产物,红褐色,多呈土状、蜂窝状集合体和少量黄铁矿假象,局部见与黄钾铁矾伴生。

孔雀石矿区分布不均匀,较少见,绿色,为铜的次生氧化物。

3. 矿石结构构造

矿石结构有自形—半自形粒状结构、他形粒状结构、包含结构、交代结构、交代残余结构、固溶体分离结构和碎裂结构。

矿石构造有脉状构造、浸染状构造、细脉—浸染状构造、团斑状构造、角砾状构造、晶洞构造、致密块状构造、疏松粉末状构造等。

(四) 矿床成因

卡特巴阿苏铜金矿床东段及西段上部矿化围岩为二长花岗岩,矿石类型为破碎带蚀变岩型,从矿体中心向两侧围岩蚀变类型及分带依次为钾化带、硅化-绢云母化带、绿泥石化带、碳酸盐化、高岭石化带等,矿体主要产于钾化带、绢英岩化带中,与破碎带蚀变岩型金矿特征相同。该部分矿体具有破碎带蚀变岩型金矿床特征,是成矿的岩浆热液沿破碎蚀变带交代的产物。

矿区西段深部二长花岗岩、闪长质脉体与围岩内外接触带均发生强烈的矽卡岩化,总厚度约 220m,

矿体产于二长花岗岩、闪长质脉体与地层捕房体接触带矽卡岩及其附近破碎带中,外接触带蚀变类型有石榴石化、透辉石化、透闪石化、阳起石化、绿帘石化、大理岩化;内接触带蚀变类型主要为透辉石化、透闪石化、绿帘石-阳起石化,内接触带矽卡岩化蚀变相对较弱,仍保留较多原岩成分,分别形成透辉石化、透闪石化、绿帘石-阳起石化二长花岗岩,具备典型的双交代矽卡岩蚀变特征,各蚀变带界线模糊,矿化作用发生在矽卡岩化作用的晚期,多金属硫化物-金-石英-方解石呈脉状分布于矽卡岩中。因此西段深部矿体具有矽卡岩型金铜矿床的特征,是岩浆期后热液与灰岩地层交代的产物。

通过对矿床地质特征进行研究,结合矿床产出的地质环境、成矿流体及成矿物质来源分析,综合认为卡特巴阿苏铜金矿床类型属矽卡岩型-破碎蚀变岩型的金铜矿床,具有两期热液成矿作用,分别与二长花岗岩、闪长岩岩浆期后热液作用有关,在岩体与大理岩及其捕房体的接触带发生了矽卡岩化及矿化,形成矽卡岩型矿床;在二长花岗岩破碎带中,蚀变以钾长石化、绢英岩化和绿泥石化、高岭土化为主,形成蚀变岩型金矿。两期成矿作用均与岩浆作用关系密切,是后碰撞伸展环境下岩浆热液活动的产物,成矿流体及矿质来源于地幔或地壳深部,地层也可能为流体提供了部分矿质。

三、吉尔吉斯斯坦库姆托尔金矿

库姆托尔金矿床(Kumtor)1978年在区域地质调查中发现,位于吉尔吉斯斯坦伊赛克湖东南部海拔4000～4200m的高山区,距中吉边境60km。矿床金储量为1100t,矿石平均金品位4.4g/t。在区域构造中,位于中天山北部陆缘活动带、伊塞克地块南缘缝合带(尼古拉耶夫断裂带)南侧,缝合带北侧为北天山陆缘活动带。

1. 矿区地质特征

库姆托尔矿区围岩主要为新元古界文德系(Vendian),主要岩性为黑色碳质千枚岩和灰绿色石英绢云母绿泥石片岩,矿物组合表明具有绿片岩相变质特征。在矿区南部,文德系与元古宙变质程度更深的里霏系砂岩、酸性火山岩地层以及片麻岩断层接触。里霏系变火山岩和变沉积岩层厚度400～500m,是中天山前寒武纪结晶基底的一部分,碳质含量高,部分已石墨化,在库姆托尔断层带内为石墨化强烈的碳质千枚岩、砾岩、粉砂岩和大理岩夹层。矿区内未见侵入岩出露,但重力数据表明在矿区西北5km处地表以下3km可能存在隐伏花岗岩体。矿区金矿化受一系列北东走向、倾角40°～70°的逆冲断层控制,形成了一条长达1200m,宽100～300m的矿化蚀变带,称为库姆托尔断层带。库姆托尔断层带被认为是尼古拉耶夫线的外延部分,而尼古拉耶夫线则是中天山与北天山的分界线,是早古生代特克斯洋缝合带。

矿化带赋存在黑色岩系中,受北东向库姆托尔断层带的控制,呈板状、脉状和透镜状,倾向南东,倾角40°～70°,可分为Stockwork矿段、北矿段、南矿段(图4-22)。其中Stockwork矿段长400～500m,宽100～250m;北矿段长1000m,宽约40m;南矿段长800m,宽65m。钻孔资料表明矿化深度可达到700～1000m。总体上矿体走向与地层走向一致,但倾向上存在一定夹角,矿体倾角比围岩陡。矿区内围岩蚀变强烈,以硅化为主,其次为黄铁矿化、碳酸盐化和绢云母化等。

2. 矿石类型

一是具有变余结构的纹层、条带状构造的千枚岩型矿石,金品位低(1～8g/t);
二是切穿黑色碳质千枚岩片理的石英脉型矿石,呈脉状、网脉状,含有微粒自然金,金品位高。
此外,矿床局部还有角砾状矿石,角砾成分为碳质千枚岩岩块,被含金黄铁矿脉胶结,表现出后期热液叠加的特征。矿石显示角砾状、条纹状、细脉状和网脉状等构造,自形、半自形粒状、他形和交代等结构。矿石中90%以上的金赋存在黄铁矿中。此外,矿石中还含有银、钨、蹄和硫等成矿元素。

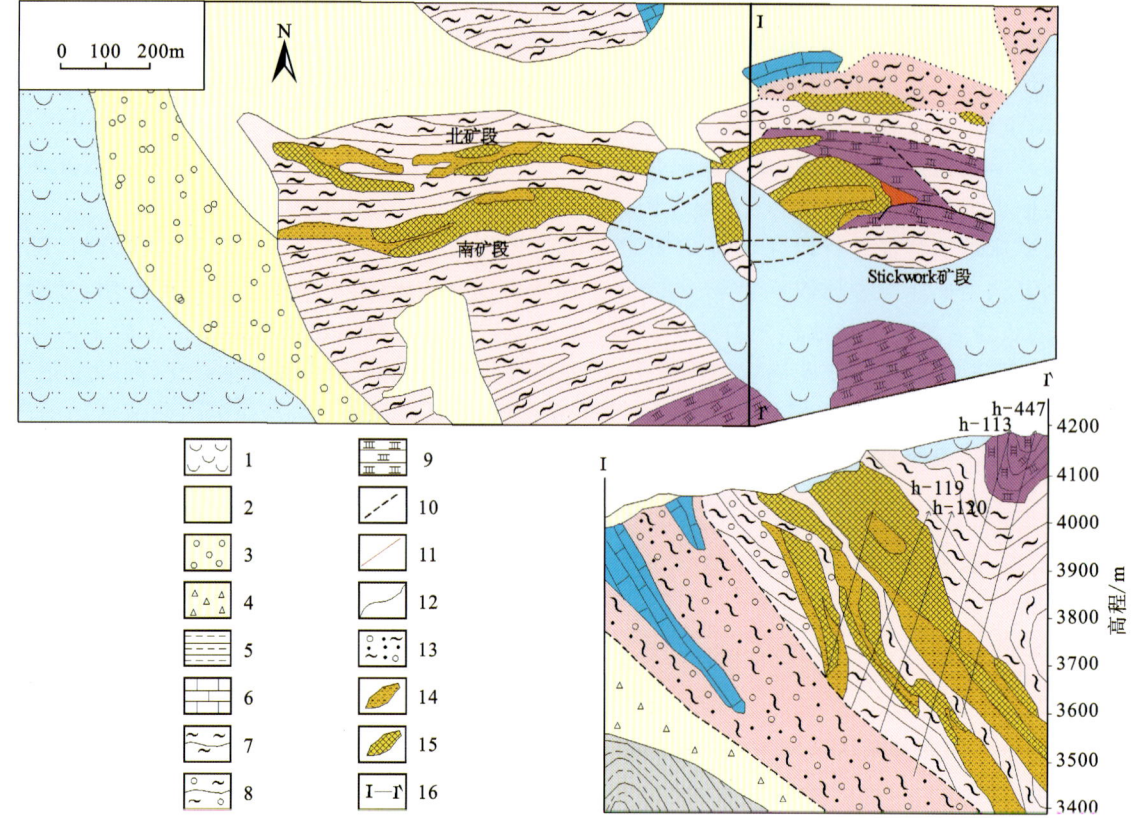

图 4-22 吉尔吉斯斯坦库姆托尔金矿床地质图和剖面图（据薛春纪等，2014）

1-第四纪冰川；2-第四纪冲积层及洪积物；3-地四纪冰碛；4-二叠纪-新近纪泥质黏土层；5-下石炭统复理石与磨拉石；6-寒武系-下奥陶统灰岩；7-文德系灰绿色碳质页岩（千枚岩）；8-文德系碎屑岩；9-文德系千枚岩与灰岩互层；10-逆冲断层；11-推测或性质不明断层；12-地质界线；13-构造混杂岩；14-工业矿石；15-低品位矿石；16-剖面线

3. 成矿阶段

库姆托尔金矿床成矿作用也具有多期多阶段叠加复合特征，可分为 4 个成矿阶段。

（1）普遍的石英-碳酸盐岩-钠长石-绢云母-黄铁矿阶段，少量细脉状，含金一般低于 1.2g/t。

（2）以发育强烈的脉状、网脉状和热液角砾建造为主要特征，矿物组合为不同含量的碳酸盐岩（白云岩、铁白云石、菱铁矿）、石英、黄铁矿、钾长石、绢云母和绿泥石，另外还有黄铜矿、赤铁矿、重晶石、菱铬矿等含量小于 10% 的矿物以及磁铁矿、白钨矿、钨铁矿、金红石、锡石、闪锌矿、方铅矿、自然金、蹄金矿、蹄金银矿、自然蹄、蹄铅矿、蹄镍矿、黝铜矿等多种微量矿物，本阶段的特征性矿物是钾长石。

（3）发育有相似的脉状、网脉状和热液角砾矿化以及相关的蚀变，但是矿物组合以碳酸盐岩和黄铁矿为主，而缺少钾长石，其他矿物包括有钠长石、石英、绢云母、绿泥石、黄铜矿、重晶石和赤铁矿等，微量矿物有白钨矿、金红石、金银蹄化物以及自然金。

（4）碳酸盐-黄铁矿脉，切穿前面形成的网脉状和热液角砾的矿石，并在蚀变千枚岩发生强烈变形的部位形成单向延长的金矿体。

4. 形成时代

库姆托尔金矿体蚀变围岩绢英岩以及含绢云母金矿石的全岩 ^{40}Ar-^{39}Ar 坪年龄分别为 $(285.5\pm1.2)Ma$ 和 $(288.4\pm0.6)Ma$，绢云母单矿物 Ar-Ar 坪年龄分别为 $(284.3\pm3.0)Ma$ 和 $(285.4\pm0.2)Ma$。矿化年龄比库姆托尔矿区东南 80km 碰撞后岩体的年龄 $(296.7\pm4.2)Ma$ 稍晚，比库姆托尔矿区西部

10km 的碰撞后花岗岩年龄(268.1±1)Ma 和(280±9)Ma 稍早。这些年龄数据表明,库姆托尔金矿化与碰撞后造山阶段深切地壳剪切带控制的花岗岩岩浆活动以及区域性流体活动有关。金矿化与库姆托尔断层带的直接围岩文德系黑色碳质千枚岩以及其中黄铁矿、热液角砾岩、强蚀变密切相关。未蚀变的文德系千枚岩含有较高的金含量,与碳质含量相关,因此这些碳质岩石可能代表了金矿源层。而石英脉型金矿石的大量发育,以及角砾状、条纹状、网脉状等矿化特征表明 Kumfor 断层带是重要控矿构造。海西期碰撞造山晚/后期含金石英脉、岩浆流体,对 Kumtor 富金矿体的形成起了非常重要的叠加作用。

四、对比分析

造山型金矿带跨乌兹别克斯坦、塔吉克斯坦、吉尔吉斯斯坦、哈萨克斯坦南部和中国新疆西天山,东西绵延 2500km,是"亚洲金腰带"核心地带,产有 Muruntau、Kumtor、Kalmakyr 等巨型金矿床和 Kalmakyr、Dalneye 等世界级铜矿床,构成世人瞩目的巨型金铜成矿带。新疆西天山金、铜矿找矿面临重大突破,不断认识西天山地区构造演化,明确新疆西天山金、铜矿重大找矿突破方向,对成矿预测和靶区圈定十分必要。

(一)成矿系统和类型

薛春纪等(2014)认为西天山地区主要有 4 种重要成矿系统和类型,其中与金、铜成矿有关的有 3 种,分别为:①古生代洋-陆俯冲岛弧金、铜、铅、锌成矿系统斑岩-矽卡岩-浅成低温热液型;②晚古生代陆-陆碰撞造山金、铅、锌成矿系统;③中—新生代坳陷盆地铅、锌、铜成矿系统砂岩型。

1. 古生代洋-陆俯冲岛弧金、铜、铅、锌成矿系统

伴随古生代俯冲增生过程,特克斯洋在中天山微地块北缘和哈萨克斯坦-伊犁板块南缘、土库曼斯坦-南天山洋在中天山微地块南缘、北天山洋在哈萨克斯坦-伊犁地块北缘形成了不同时期、不同发育特点的大陆(大洋)岛弧环境及俯冲增生楔,是俯冲增生岛弧金铜铅锌成矿系统的重要动力学背景,形成了斑岩型金、铜矿床(如乌兹别克斯坦 Kalmakyr 金铜矿床、吉尔吉斯斯坦 Taldy Bulak 金铜矿床、哈萨克斯坦 Koksai 金铜矿床等)、矽卡岩型金、铜、铅、锌矿床(如吉尔吉斯斯坦 Makmal 金矿床、中国新疆喇嘛苏铜矿床等)和浅成低温热液型金矿床(如乌兹别克斯坦 Kochbulak 金矿床)。

2. 晚古生代陆-陆碰撞造山金、铅、锌成矿系统

伴随古生代碰撞造山过程,中天山及南北缘逆冲推覆、剪切走滑及同(后)碰撞岩浆侵入活动强烈,古老地壳中的连续成矿作用在西天山形成了众多巨型和世界级造山型金矿床,如乌兹别克斯坦 Muruntau 金矿床、塔吉克斯坦 Jilau 金矿、吉尔吉斯斯坦 Ishtamberdy 金矿、中国新疆卡特巴阿苏金矿等,构成"亚洲金腰带"巨型金成矿带。同时,在造山运动背景下,还形成了 MVT 型铅锌矿。

3. 中—新生代坳陷盆地铜、铅、锌成矿系统

中—新生代西天山区域属于陆内构造调整背景,受造山区差异升降、天山隆升、喜马拉雅运动等因素综合影响,形成众多中—新生代盆地,并且沉积体内流体可大规模、长距离运动,在中—新生界沉积砂层内形成重要砂岩型铅、锌、铜矿床,如乌拉根铅锌矿床、萨热克铜矿床等,构成中—新生代坳陷盆地铅、锌、铜成矿系统。

(二)对比分析

1. 成矿潜力对比

新疆那拉提金矿带空间分布于那拉提南缘断裂和那拉提北缘断裂带影响范围及其中间所夹持的那拉提中天山地块,大地构造属于那拉提-红柳河缝合带西段。该成矿带向西与已发现并评价出库姆托尔和查尔库拉等超大型金矿床、有"亚洲金腰带"之称的哈萨克斯坦—吉尔吉斯坦的库尔干特帕-纳伦金、铁、铅、锌成矿带相连接。二者具有相同的构造演化历史、构造和岩石组合及成矿背景。近年来,在新疆那拉提金矿带取得重大突破,新发现并评价了卡特巴阿苏特大型金(铜)矿、泥牙子铁克协金矿、阿腊斯托金矿等一系列金矿床,这些金矿床的发现有力地证明了"亚洲金腰带"向东延入我国境内。

2. 区域成矿规律对比

从该带区域成矿规律来看,新疆境内那拉提北缘断裂是区内金(铜)矿的主要控矿构造。石炭纪中酸性侵入岩与金矿关系密切,志留纪火山岩为铜矿矿源层,下石炭统大哈拉军山组火山岩为金、铜矿源层,成矿带内具有南铜、北金分带特征。区域金、铜成矿作用分布于晚志留世—石炭纪,石炭纪是区内金、铜成矿的高峰期。

3. 区域成矿类型对比

该带新疆境内金、铜成矿类型按照控矿要素与找矿标志的不同可分为3种主要金、铜矿类型:①产于那拉提北缘断裂附近岩体北部的金(铜)矿;②产于火山岩里的铜、金矿;③产于地层与其侵入岩接触面的铜、金矿,属于控矿结构面控矿。3种类型揭示出那拉提金矿带所在的"亚洲金腰带"内可划分为造山型金矿和斑岩型铜矿两大类成矿系统。

第三节 沉积型铅锌矿

一、中国托克赛铅锌矿

托克赛铅锌矿床大地构造位置于哈萨克斯坦-准噶尔板块(Ⅰ)巴尔喀什-准噶尔微板块(Ⅱ)之赛里木微地块(Ⅲ)北缘,北邻准噶尔-阿拉套陆缘盆地。区内出露地层为下元古界温泉群及中元古界长城系哈尔达坂群,为一套中—深变质的浅海陆棚相-深海相碳酸盐岩夹碎屑岩建造,为该区铅锌矿的主要赋存层位。区域岩浆岩多呈北西向或近东西向展布,北部早元古代晚期别珍套岩浆带主要为中酸性侵入岩,多形成较大的岩基,岩性为二长花岗及花岗闪长岩;南部海西中晚期沃托格赛尔岩浆岩带主要为碱性、酸性侵入体,岩性主要为碱性花岗岩、正长岩、二长花岗岩,呈岩株、岩脉状产出(图4-23)。

(一)矿区地质特征

矿区内出露的主要地层为下元古界温泉群上亚群($Ptwq^b$),为一套浅变质的浅海陆棚相-深海相碳酸盐岩夹碎屑岩建造,主要岩性有灰白色透闪石石英岩、灰白色大理岩、二云母石英片岩、片岩等,铅锌矿化主要赋存于中部的薄层状大理岩中(图4-24,图4-25)。

图 4-23 中国托克赛铅锌矿区及外围地质特征

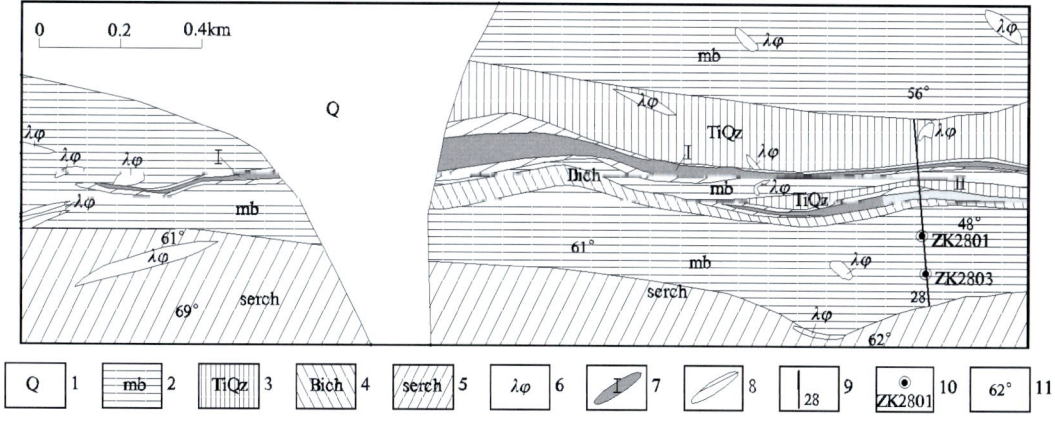

图 4-24 托克赛铅锌矿区地质简图(据成勇等,2012)

1-第四系;2-大理岩;3-透闪石石英片岩;4-黑云母石英片岩;5-二云母石英片岩;6-石英闪长岩;
7-铅锌矿化体;8-铅锌含矿层;9-勘探线;10-钻孔及编号;11-产状

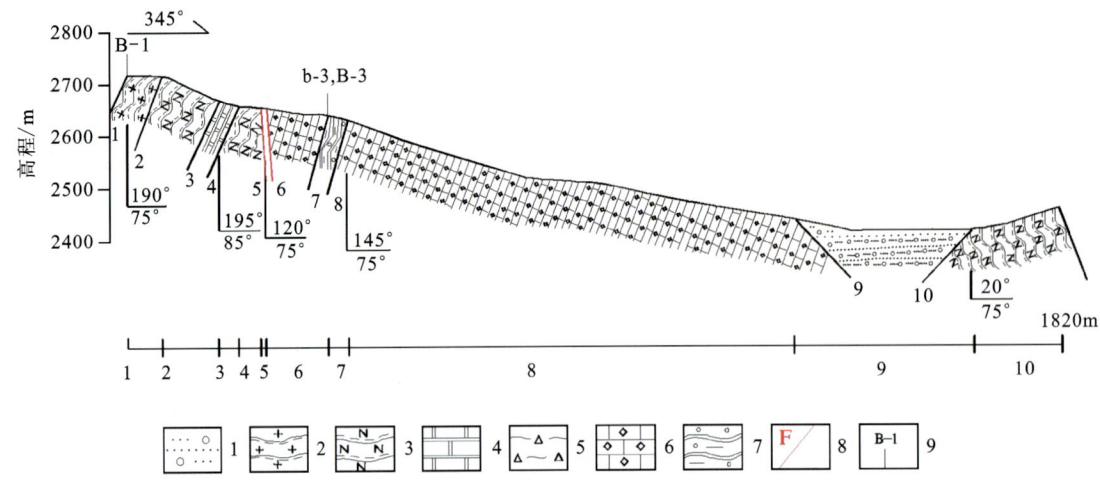

图 4-25 赛里木地块托克赛铅锌矿区含矿地层实测地质剖面图
1-第四系冲积含砾粉砂岩；2-花岗片麻岩；3-黑云斜长片麻岩；4-条纹状大理岩；5-断层角砾岩；6-薄层状结晶灰岩；
7-硅化、铅锌矿化石墨片岩；8-断层；9-采样位置

区域断裂构造以东西向为主，主要有博尔塔拉-温泉断裂、沃托格塞尔河谷断裂等。矿区地层呈单斜状产出，总体走向北西，倾向南西，倾角 55°～67°。矿区内仅见海西中晚期侵入的细粒石英闪长岩、花岗闪长岩脉，长一般几十米至百余米，宽一般几十厘米至 5～10m，顺地层产出或斜切地层，局部地段岩脉极发育，将地层切割成网格状，在含矿层上下盘或含矿层内常常可见岩脉，但岩脉中或其边部除可见到少量的黄铁矿外，未见铅锌矿化，本区的铅锌矿化与岩脉关系不大。

（二）矿体特征

区内发现两个含矿层：Ⅰ号含矿层，出露长度大于 3400m，宽一般 20～40m，最宽处可达 140m；Ⅱ号含矿层，宽一般 20～50m，断续出露长约 1.4km。含矿层为薄层状大理岩或大理岩化灰岩，走向近东北，倾向南，倾角 60°～70°，延伸稳定，但其中的铅锌矿化不均匀。呈细脉状或稠密浸染状分布的闪锌矿（少量方铅矿）呈条纹或条带与不含矿的灰白色大理岩相间分布，构成条纹或条带状构造矿石，闪锌矿条纹或条带密集分布区构成铅锌矿体。条纹或条带一般宽 0.3～1cm，局部宽可达 1～3cm，条纹或条带平直，延伸较稳定。

目前在上述两个含矿层中共圈出 4 个锌或含铅锌矿体，其中 Ⅰ4 号锌矿体长 900m，平均厚度 8.90m，已控制延深 445m，$\omega(Pb)$ 平均为 0.25%，$\omega(Zn)$ 平均为 1.52%，24～28 线一带钻孔中见工业矿体，铅锌含量可达 3%～5%，厚度 5～6m。Ⅱ1 号锌矿体长 500m，平均厚度 5.32m，已控制延深 300m，$\omega(Zn)$ 平均为 1.13%，伴生 $\omega(Pb)$ 为 0.24%，已初步探求铅锌资源量近 10 万 t。

（三）矿石特征

矿石中主要金属矿物有闪锌矿、方铅矿含磁黄铁矿、黄铜矿，少量黄铁矿。地表氧化后可见少量褐铁矿、孔雀石、菱锌矿等。矿石矿物主要为方解石，含少量石英、白云石。矿石中主要化学成分 $\omega(CaO)$ 为 41.53%～52.93%，$\omega(MgO)$ 为 0.02%～0.96%，$\omega(SiO_2)$ 为 4.56%～12.12%，铁含量总体较低，$\omega(Fe_2O_3+FeO)$ 一般小于 1%，最高达 4.52%。矿石中主要的成矿元素为 Pb、Zn，Ag、Hg、Ga 可作为伴生有益元素，具综合利用价值（图 4-26）。

图 4-26　托克赛铅锌矿地表景观及矿石特征

(四) 矿床成因

中元古代时期,赛里木地块为被动大陆边缘环境,裂解拉张作用形成断陷盆地,于断陷盆地内发育热水沉积成矿系统,同生断裂是成矿卤水运移、喷发的通道,因此主要形成热水沉积型矿产和沉积改造型矿产,如哈尔达坂铅锌矿床、托克赛铅锌矿床。在邻国哈萨克斯坦境内,同一矿带上产有捷克利超大型铅锌矿床。矿体产于中元古界温泉群中部一套变质的碳酸盐岩中,赋矿岩石为灰白色大理岩,矿体走向北东东,矿体顺地层产出受层位控制明显。矿石具明显的条纹、条带状构造,矿石矿物组合简单,主要为方铅矿、闪锌矿、褐铁矿等,矿体及近矿围岩蚀变不明显,矿区内未见大规模的侵入岩分布,含矿层中或其顶底板中基性—酸性岩脉虽普遍发育,但其对含矿层或铅锌矿化体改造较弱,初步认为托克赛铅锌矿为喷流热水沉积型矿床。

通过收集前人物化探资料,结合地表矿化特征,根据典型矿床含矿层位、矿石特征、主要控矿因素等,建立该区地-物-化综合找矿模型(表4-2)。

表4-2 托克赛铅锌矿地-物-化综合找矿模型

分类		主要特征
地质成矿条件和标志	构造环境	哈萨克斯坦-准噶尔板块伊犁-伊赛克湖微板块赛里木地块
	区域矿产	处于捷克利-赛里木铜、铅锌、铌、钽、钨、磷成矿带,境外哈萨克斯坦已发现捷克利、乌谢克等一批大—超大型铅锌矿床,矿区南部已发现的哈尔达坂层控型铅锌矿床,远景规模可达大型
	含矿地层	下元古界温泉群上亚群一套变质碎屑岩夹碳酸盐岩建造
	含矿岩系和围岩	薄层状大理岩或大理岩化灰岩
	构造	地层呈单斜产出,走向近东西,倾向南,倾角65°~67°,褶皱断裂构造不发育
	侵入岩	仅有少量海西期侵入的细粒石英闪长岩、花岗闪长岩脉
	围岩蚀变	大理岩化,局部发育黄铁矿化,总体蚀变较弱
矿床地质特征和标志	矿体产状和特征	走向近东西,倾向南,倾角60°~70°,含矿层延伸稳定,矿体顺地层产出受层位控制明显
	矿石特征	矿石矿物简单,主要金属矿物有闪锌矿、方铅矿,矿石具明显的条纹、条带状构造
	地表找矿标志	深绿色—灰黑色炭化绢云母化大理岩化灰岩,褐铁矿化石英脉是寻找铀矿化的直接标志
地球物理标志	区域重磁异常特征	位于西天山北部区域重力低、负磁异常带
	矿区主要物探异常特征 激电测量特征	圈出2个异常带,IP1长800m,宽120~200m,极化率为4.5%~6%,最高8%,电阻率为1000~2000Ω·m,呈中高阻、高极化特点。IP2长1.3km,宽280~520m,分为两个高极化率中心异常带:IP2-1长500m,宽40~80m,极化率值一般为5%~6%,对应电阻率为400~800Ω·m,属中高极化、中低电阻异常;IP2-2长1.3km,宽160~280m,极化率6%~9%,对应电阻率为400~600Ω·m,表现为中低阻、中高极化的特点
	矿区主要物探异常特征 瞬变电磁测量特征	据瞬变电磁测量结果,圈出2个磁变率异常,B1号异常长约1000m,宽100~520m,与激电扫面圈定的IP2号高极化率异常位置对应较好,推测为矿致异常,从磁变率3、6、9道平面图反映:由浅入深,异常范围逐渐减小、强度减弱。B2号异常幅值较高,规模较大,但激电扫面未出现高极化率异常,为非矿致异常
	矿区主要物探异常特征 物探找矿标志	对照地表及钻探成果分析圈出的中高极化率异常均为矿致异常,IP1与地表Ⅰ号含矿层西段,IP2与地表Ⅱ号铅锌含矿层均对应较好,高极化异常较好地反映了含矿层的平面形态及分布范围
地球化学标志	区域地球化学特征	处于1:20万区域化探及重砂异常中;1:20万化探异常元素组合为Sr、Ag、Nb、Zn、V、Mo、Ti、Cr、La,其中锌异常峰值为$207×10^{-6}$,平均值为$198.50×10^{-6}$;1:20万重砂测量铅含量超过异常下限值2~14倍,铅矿物含量较高
	主要异常元素	1:5万化探异常元素组合为Pb-Zn-Ag
	主要异常元素含量及分布特征	异常中铅峰值为$1900×10^{-6}$,平均值为$198.50×10^{-6}$,浓度克拉克值为23.46;锌峰值为$3580×10^{-6}$,平均值$693.8×10^{-6}$,浓度克拉克值为7.38;银峰值为$1.23×10^{-6}$,平均值$0.47×10^{-6}$,浓度克拉克值为5.89。异常呈椭圆状,各元素异常浓集中心明显,套合较好
	化探找矿标志	地表异常形态为椭圆形,长轴方向北东,元素组合为Pb、Zn、Ag,其中Pb异常面积为$6.95km^2$,峰值达$1900×10^{-6}$,Zn异常面积$3.62km^2$,峰值达$3580×10^{-6}$,均具三级浓度分带,浓集中心明显。异常与铅锌含矿层对应极好,其中铅锌高值点位置与矿(化)体位置完全对应

二、中国哈尔达坂铅锌矿

哈尔达坂铅锌矿床位于新疆博尔塔拉蒙古自治州温泉县赛里木湖一带,是新疆有色地质矿产勘查院在该区开展1:5万化探普查时发现的,属层控型铅锌矿床,经初步评价远景规模可达中—大型。

(一)矿区地质特征

矿区内出露的地层主要为中元古界长城系特克斯群,与下元古界温泉群呈断层接触。下部为一套细碎屑岩,岩性为灰黑色黑云母石英片岩;中部为一套含碳质碳酸盐岩夹碎屑岩组合,岩性为粉晶—细晶灰岩、粉晶白云岩、含碳质微晶灰岩、含碳质板岩等,为本区铅锌矿的主要赋存层位;上部为一套细碎屑岩,岩性为绢云母石英片岩、板岩等(图4-27)。

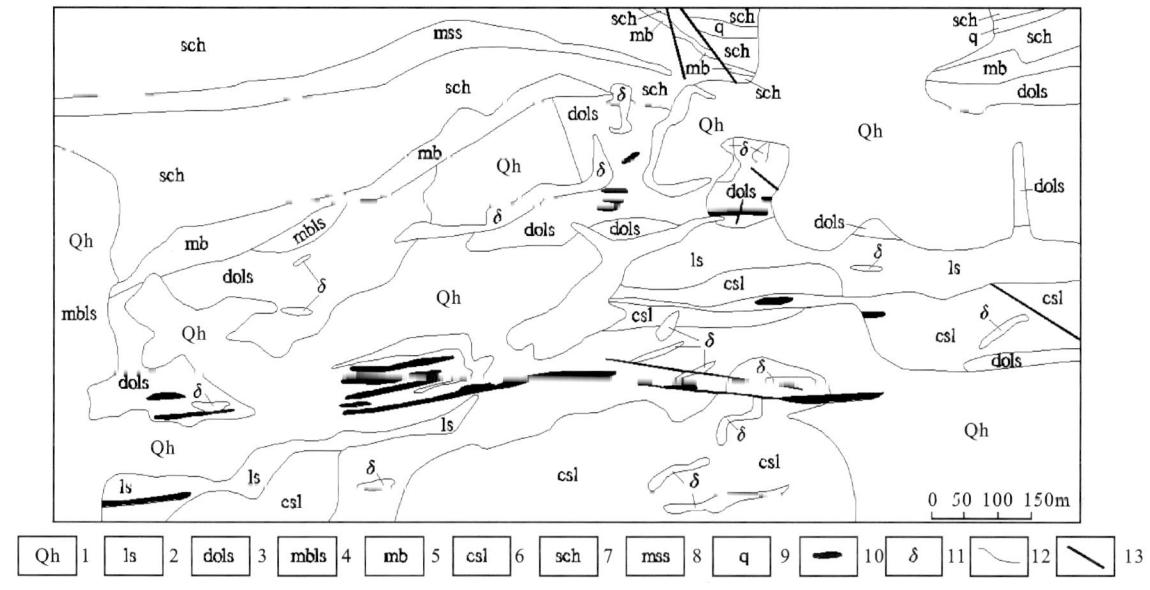

图4-27 哈尔达坂铅锌矿区地质简图(据成勇等,2012)

1-冰碛物;2-灰岩;3-含碳质灰岩;4-白云质灰岩;5-大理岩化灰岩;6-大理岩;7-碳质板岩;8-黑云母石英片岩;9-变质砂岩;
10-次生石英岩;11-铅锌矿体;12-闪长岩脉;13-断层

矿区属哈尔达坂背斜南翼,总体呈一单斜构造,地层走向近东西向,倾向南,倾角70°~87°,由于岩层产状多近直立,常见时南时北的倾向变化,局部发育小的褶皱构造。矿区北西-北北西向、北东向断裂较发育,这些断裂对矿体均有一定的破坏作用。矿区内海西中晚期细粒闪长岩脉、闪长玢岩脉发育,岩脉走向呈北东或东西,长一般50~300m,宽一般几米至十余米,顺地层产出或斜切地层,受褶皱、断裂构造影响多呈蛇形弯曲,形态复杂。已发现的铅锌矿体附近多见岩脉分布,部分脉岩边部可见呈脉状或囊状产出的铅锌矿体。

(二)矿体特征

矿区内已发现铅锌矿体露头20余处,均赋存于中元古界长城系特克斯群中部,含矿建造为浅变质的含碳质碳酸盐岩夹碎屑岩建造,含矿层南北宽500~800m,东西长大于10 000m。矿体多呈似层状、透镜体状顺层产出,走向近东西,总体倾向南,倾角75°~87°。

地表工程初步控制的主要矿体长130～270m,最长700m,矿体出露高差最大350m,覆盖区分布铅锌矿转石。矿体厚一般为1.34～6.25m,最厚可达10m,Pb+Zn含量一般为5%～10%,最高可达30%。

矿区西段多条矿体平行产出,走向延长稳定,产状与地层一致。矿石构造以条带状、块状、浸染状为主。Zn平均含量为8.04%～14.04%,铅矿化较弱,含量一般小于0.3%。

矿区中段及东段矿体多呈似层状、透镜状,矿石具条带状、团块状、角砾状和细脉浸染状构造,局部可见块状构造。矿体Pb平均含量为3.76%～9.39%,Zn含量为5.1%～22.17%,Pb、Zn含量比为1:1～1:4。

矿区中部部分矿体矿石构造及铅锌矿化强度有一定的分带性,矿体中部矿石具条带状构造(闪锌矿条带一般宽0.501cm,局部条带宽可达304cm),矿体两端及边部矿石以角砾状、脉状构造为主,铅矿化明显增强,矿石中Pb含量为2.45%～17.21%,Zn含量为10.84%～16.78%,表现出后期强烈改造,但仍保留了原始沉积构造的特点。

(三)矿石特征

主要的矿石构造有条带状、角砾状、细脉浸染状和块状等,矿石结构有半自形—他形粒状结构、少量自形粒状结构和交代结构。

矿石中主要金属矿物有闪锌矿、方铅矿、少量黄铁矿、磁黄铁矿、黄铜矿,地表氧化后可见少量褐铁矿、孔雀石、菱锌矿等;脉石矿物主要为方解石,少量石英、白云石。

矿石中SiO_2含量为28.36%～42.47%,$CaO+Na_2O$含量为14.41%～28.18%,铁含量普遍较低,$FeO+Fe_2O_3$含量仅为0.76%～2.41%,MgO分布不均匀,最高可达7.45%,低者小于0.1%。

矿石中Ag含量为$12.56～15.6\times10^{-6}$,最高为41.90×10^{-6};Hg含量为$40\times10^{-6}～59\times10^{-6}$,最高为$103\times10^{-6}$;Ga含量为$5.8～10.5\times10^{-6}$,最高为$11.3\times10^{-6}$;Ge含量为$6～20\times10^{-6}$,最高为$28.60\times10^{-6}$。其中,Ag、Hg、Ga、Ge具综合利用价值。

除产于构造蚀变带中的铅锌矿体地表矿石氧化程度较高(锌氧化率23.97%,铅氧化率6.09%)呈混合矿外,其他矿化类型矿体铅锌氧化程度均较低(氧化率2.09%～8.53%),地表探槽(深度2～3m)中即可见到原生的闪锌矿、方铅矿。

(四)矿床成因

矿体均集中产于中元古界长城系哈尔达坂群中部一套宽500～800m的含碳质碳酸盐岩夹碎屑岩地层中,赋矿岩石为含碳质大理岩、微晶灰岩、白云质灰岩或碳质片岩,局部见硅质岩及重晶石岩,矿体走向北东东或近东西,陡倾,顺地层产出,矿体受层位控制明显。

地球化学测量成果显示,中元古界长城系中Pb、Zn平均含量分别为17.80×10^{-6}、106.60×10^{-6},与地壳克拉克值(维氏值Pb为12.6×10^{-6}、Zn为24×10^{-6})相比,浓度克拉克值分别达1.41、4.44,与新疆北部天山地区元古宙岩石Pb、Zn丰度值(杜佩轩,1997)(Pb为10.54×10^{-6}、Zn为52.13×10^{-6})相比,富集系数分别为1.69、2.04,呈现出较高背景,地层中Pb、Zn成矿元素较丰富。矿区闪长岩、闪长玢岩等岩脉极为发育,在已发现的铅锌矿体露头边部或其附近均见到岩脉产出,岩脉切穿矿体的部位有矿化加强现象,部分岩脉边部发育有透镜状、囊状铅锌矿体。

初步分析认为,本区铅锌矿化至少经历了两个阶段:第一阶段为同沉积阶段,形成赋存在碳酸盐岩或碎屑岩中以锌矿化为主、具沉积条纹、条带状构造的矿体。硅质岩及重晶石岩夹层可能为海底喷流沉积作用的产物;第二阶段为后期改造阶段,伴随海西中晚期构造运动及岩浆侵入,成矿物质经历了再次迁移和富集,并在构造发育地段形成了具角砾状、细脉浸染状构造的矿石。成因类型属喷流热水沉积型矿床。

三、哈萨克斯坦捷克利铅锌矿

哈萨克斯坦捷克利（Tekeli）大型铅锌矿床位于哈萨克斯坦东部准噶尔阿拉套地区，该区矿床由捷克利、捷克利西等一系列铅锌矿床组成一铅锌矿化带，该铅锌矿化带长150km、宽20~50km，矿带向东延入我国新疆赛里木湖西南一带。其中捷克利矿床控制锌储量300万t、铅储量250万t和铜储量50万t，品位Zn 6%、Pb 5%、Cu 1%，伴生铂族元素、Sb、Ag等（戴自希等，2005）。

（一）矿区地质特征

在构造上，该区位于别特帕克达拉-伊犁加里东晚期褶皱带南准噶尔复背斜，复背斜核部由前寒武系组成捷克利中间地块，北翼为一条强烈挤压带，也是一条古老深断裂带。区域出露地层为古元古界结晶基底、里菲系—寒武系乌谢克群、上奥陶统日兰德灰岩和泥盆系。古元古代结晶基底形成于古海盆边缘浅水环境下，盖层里菲系—文德系形成于陆缘盆地，文德系—寒武系和下—中奥陶统形成在与大陆裂谷作用有关的凹陷和地堑环境中。乌谢克群自下而上分为苏乌丘别组（里菲纪）白云岩-灰岩、科萨加什组（文德纪）石英片岩和捷克利组（文德纪—寒武纪）碳质-钙质-页岩、硅质岩、火山岩。后两个组为容矿岩系，而最重要的矿床则产于捷克利组内。铅锌矿床（点）分布于靠近复背斜南北翼，北翼称为捷克利矿田，南翼称科克苏-苏乌丘别矿田（图4-28）。前者主要赋存于捷克利组内，矿石主要为黄铁矿、铅锌矿；后者赋存在苏乌丘别组，为细脉—浸染状铅锌矿化。

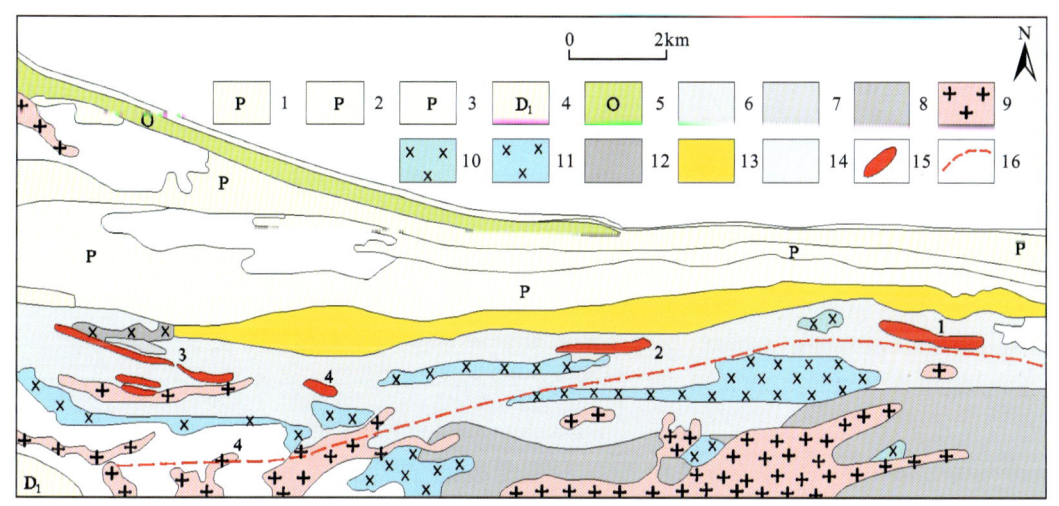

图4-28 哈萨克斯坦捷克利铅锌矿床地质图

1-二叠纪石英砂岩；2-二叠纪；3-二叠纪玄武岩；4-下泥盆统灰岩与安山岩；5-奥陶纪灰岩；6-里菲纪碳硅质页岩；7-里菲纪泥灰岩；8-里菲纪砂岩、板岩；9-花岗斑岩；10-辉长辉绿岩；11-辉绿岩和闪长岩玢岩；12-辉绿玢岩；13-蚀变玄武岩；14-矽卡岩化岩石；15-铅锌矿体；16-断层

（二）矿体特征

捷克利组分为矿下段、含矿段、硅质岩段、火山岩段、泥质-硅质岩段及磷酸岩段（图4-29、4-30）。矿下段由互层的灰岩、泥质页岩、钙质-碳质页岩和碳质粉砂岩组成。岩石中见黄铁矿的稀疏浸染，少量细脉及小透镜体。含矿段由碳质、钙质-泥质、白云质、碳质-泥质、泥质和硅质页岩、灰岩和粉砂岩组成。

捷克利、捷克利西、亚布洛诺沃等矿床均赋存于含矿段的上部。硅质岩段由硅质、硅质-泥质、碳质-泥质页岩和灰岩透镜体组成。火山岩段为基性和中性喷发岩、凝灰岩、硅质页岩、泥质页岩、碳质-泥质页岩、砂岩和少量灰岩。泥质-硅质岩段由碳质-泥质、泥质-硅质、硅质页岩、部分基性和中性喷发岩组成。磷酸岩段由硅质页岩、泥质-硅质页岩、中性和基性火山岩、富含磷灰石砂岩、灰岩和白云岩组成。硅质岩段由碳质-泥质、泥质-硅质、硅质页岩、部分基性和中性喷发岩组成。磷酸岩段由硅质页岩、泥质-硅质页岩、中性和基性火山岩、富含磷灰石砂岩、灰岩和白云岩组成。关于捷克利组的的时代还存在争议,多数人认为是里菲期,但谢夫柳金等人在下伏地层中找到阿伦尼格期笔石化石以及该组本身内发现几丁虫类化石,故将其划为中奥陶统底部(兰维恩阶)。

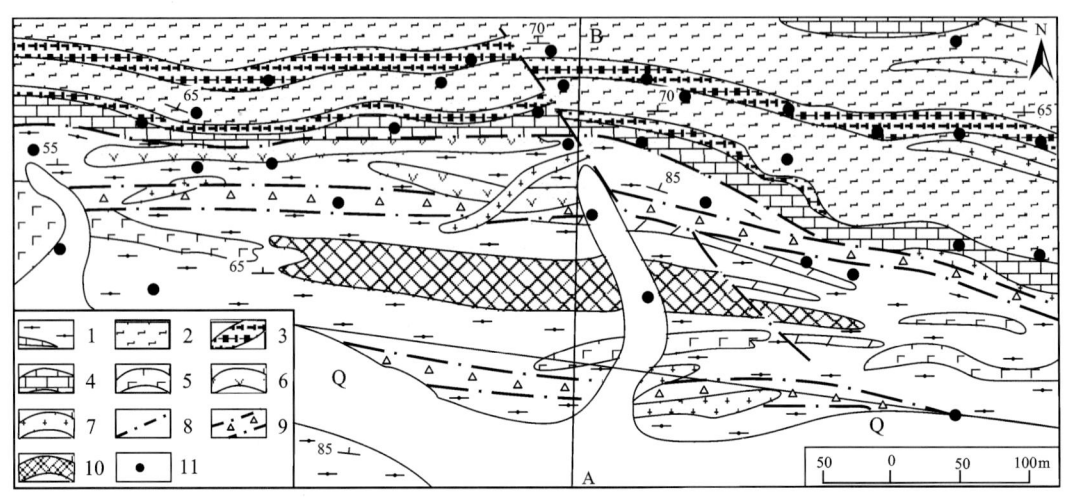

图 4-29　捷克利铅锌矿床地质图(据 Daukeev et al.,2004)

Q-第四系沉积物;1-捷克利组黑色页岩系:碳质、碳质-硅质-黏土质、碳质页岩夹灰岩、白云岩和黄铁矿层;2～4-下—中奥陶统 Tasbulakskaya 组:2-黏土质、黏土质-碳质-硅质页岩和粉砂岩互层,3-硅质页岩,4-灰色细粒灰岩;5-辉长岩岩床和苦橄玄武岩;6-中—基性岩脉;7-酸性岩脉;8-断裂;9-破碎带;10-矿体;11-钻孔

在矿田南东向分布有中石炭世托克塔梅斯花岗岩、花岗斑岩、细晶花岗岩和白岗岩,沿断裂有花岗斑岩、闪长玢岩、辉长岩、玄武岩、辉绿岩岩墙、岩床和岩脉分布。矿田为一条挤压破碎带,发育"S"形小褶皱、塑性流变、揉皱、牵引褶皱、剪切褶皱、香肠状构造。最大的断裂有捷克利断裂、克里姆别克断裂和多林内断裂,走向近东西和北西向,大多数断裂是成矿前形成的。

捷克利矿床位于捷克利矿田中部,赋存于捷克利组含矿段内(图 4-29)。容矿岩石为碳质-硅质-钙质页岩、碳质-泥质页岩、灰岩和白云岩,岩石已强烈片理化。容矿岩石的页岩中广泛发育浸染状、球状黄铁矿,碳质高达 6%～15%。容矿岩系中 Pb、Zn、Ag、Sb、As、Cd、Tl、Pt、Pd、V、P、Ba、Mo、Bi 元素含量高(Daukeev et al.,2004)。矿体为透镜状,呈东西向延伸,与围岩产状一致,倾向北,倾角 70°～75°,随深度加深,矿体倾角变陡,近直立(图 4-30)。矿体长 450～800m,厚 50～80m,延深达 1000m。矿体中部厚度最大,两侧矿体厚度急剧变小,并迅速尖灭。矿化分为喷流-沉积型和变质成因型,前者分布在矿床下部层位和外围;后者出现在矿床中部和上盘,品位为 Pb>5%,Zn>8%。

(三)矿石特征

矿石类型分为致密状和细脉—浸染状铅锌矿石与致密状黄铁矿矿石。矿石构造为角砾状、似角砾状、斑杂状、浸染状和块状构造。主要金属矿物为黄铁矿、闪锌矿和方铅矿,其次为硫锑铅矿、脆硫锑铅矿和车轮矿,少量黄铜矿、黝铜矿、毒砂、磁黄铁矿、斜辉锑铅矿、深红银矿、红锑镍矿及锑硫镍矿等。非金属矿有石英、方解石、白云石、绢云母、石墨化的碳质等。矿石平均品位:Zn 为 2.8%、Pb 为 4.19%、Ag 为 42.6%,铅锌比平均为 1∶2。在矿体的上部常是锌铅矿,下部是铅锌矿。围岩蚀变主要为硅化、

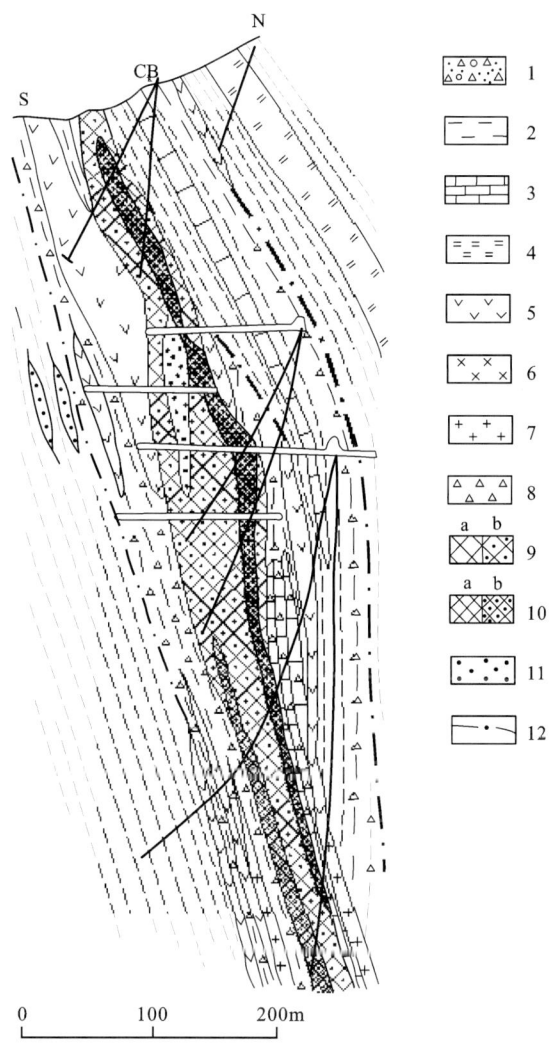

图 4-30 哈萨克斯坦捷克利矿床地质剖面图(据陈哲大等,1999)

1-第四系沉积物;2-碳质、碳质-泥质、钙质和白云质-泥质页岩;3-灰岩;4-硅质页岩;5-闪长玢岩和辉绿玢岩;6-石英闪长岩;7-花岗斑岩;8-破碎带;9-锌矿化石英岩(a),含铅锌工业矿化石英岩(b);10-锌矿化的黄铁矿岩(a),含铅锌工业矿化的黄铁矿岩(b);11-浸染状方铅矿-闪锌矿;12-断裂

白云岩化、黄铁矿化,其次为绢云母化、绿帘石化和钠长石化。

研究表明,控矿构造属于统一的早、中奥陶世褶皱系,主要的赋矿构造是大型的扇型复背斜,由系列更高级的褶曲组成,褶皱的顶厚现象说明其形成于深断裂带的侧向挤压,在挠曲部位,挤压作用尤为强烈。矿体明显有两类:一类是顺层协调型的黄铁矿和锌黄铁矿体,另一类是更具经济价值的切层不协调型铅锌矿体。协调型矿层是热水沉积的产物,黄铁矿占80%～90%,矿体没有明显的地质边界,具有微细层理的沉积结构,由碎屑岩-碳酸盐岩和所含黄铁矿数量的变化表现出来。协调型锌黄铁矿矿体与地层单元一起受到褶皱变形。不协调型矿体陡倾,由石英、绢云母-石英和黄铁矿-绢云母-石英交代岩组成,含方铅矿、闪锌矿、黄铁矿结晶的细脉—浸染体和细脉热液活动的产物,含矿交代岩为透镜状、脉状、较少为条带状,矿体的边界清楚,以雁列形式组合成带,分布在扇型复背斜带的核部。根据不协调铅锌矿体无根,与褶皱要素之间有规律的关系以及大多数不协调矿体的矿物分带性推测,成矿热液具有变质成因。变质成因热液很可能形成于深断裂带受到强烈挤压和伴生扇型复背斜带的过程中。

(四)矿床成因

捷克利铅锌矿床的成矿背景、容矿岩系、矿床特征和矿物组合等表明矿床类型为 Sedex 型(Seltmann et al.,2003;戴自希等,2005)。喷流沉积形成矿床以后,经历了强烈的动力变质叠加改造,动力变质作用导致成矿物质的塑性流动、重结晶和成矿物质的再分配,使成矿物质进一部富集。它是一种典型的多成因和多阶段的矿床,主要形成于两个阶段,两个阶段矿床在成矿物质来源、成矿方式和机理等方面都有区别。

捷克利铅锌矿床的成矿作用可划分为 3 个成矿期(陈哲夫等,1999;蔡爱莉,2003):第一期为加里东期伸展阶段。在一条深断裂中,表现为串珠状的活动地块,断裂挠曲部位的地块是规模不大且相互独立的海相盆地。在其中形成了热水沉积矿,矿层与硅-泥-钙质沉积层交替产出。在盆地的局部形成了黄铁矿层和锌黄铁矿体。硫化物来自海水,有机炭使硫还原,铁、锌、铅的硫化物发生了沉淀。沿盆地轴带沉降最大的部位形成最厚的金属硫化物。通过热液-沉淀方式形成具有层状、韵律层状方铅矿-闪锌矿-黄铁矿矿石和结核状方铅矿-闪锌矿矿石,即 Sedex 型。该期矿石主要赋存于致密硅质页岩和碳质-硅质页岩中。金属硫化物的 $\delta^{34}S$ 值主要集中于 6.9‰~26.0‰之间,平均值为 13.7‰,成矿流体中的硫可能主要来自硫酸盐地层,为海相硫酸盐的还原产物;同时,还有样品 $\delta^{34}S$ 值介于-13.8‰~6.6‰之间,平均值为-9.4‰,暗示生物硫的贡献。因此硫源主要来自海相硫酸盐,部分来自地层中的生物硫。成矿温度为 60~80℃,盐度为 23%~28%NaCl。第二期为加里东期动力变质作用叠加改造期。加里东的造山作用伴随岩浆作用和区域变质,形成复杂的褶皱,伴随的动力变质作用导致矿体中铅锌矿富集。形成的矿石主要出现在白云岩、灰岩、硅质岩和石英交代岩中。矿石具有浸染状、细脉—浸染状、巢状—浸染状、角砾状、似角砾状、块状和条带状构造。矿石类型主要为方铅矿-闪锌矿-黄铁矿混合型矿石。成矿温度 300~500℃,主要盐度为 25%~32%NaCl,少数为 6.5%~8.6%NaCl。第三期为海西期动力变质作用叠加改造期,使前两期形成的矿石再一次经历了动力变质作用改造。

四、中国火烧云铅锌矿

(一)地层

火烧云铅锌矿区出露上三叠统克勒青河组(T_3k)、中侏罗统龙山组(J_2l)及第四系($Qh^{pal+esl}$)(图 4-31)。

1. 三叠系

三叠系主要分布在矿区东南部,呈条带状展布,与上覆地层中侏罗统龙山组不整合接触,为一套岩屑砂岩沉积,主要岩性为中薄层状中细粒砂岩、长石石英砂岩、粉砂岩、千枚岩化砂岩、板岩、页岩成不均匀互层状产出,夹少量微晶灰岩。

2. 侏罗系

侏罗系主要出露中侏罗统龙山组,在矿区分布面积最大,约占总面积的 91%,地层倾向 0°~25°,倾角 5°~30°,与下伏地层上三叠统克勒青河组不整合接触。根据层位关系及岩性组合特征,分为下段(砂砾岩段)和上段(灰岩段)。

中侏罗统龙山组下段(砂砾岩段 J_2l^{sscg})在矿区西南,紧邻上三叠统克勒青河组北侧出露,为一套紫红色、红褐色砾岩、砂质细砾岩、石英细砂岩、铁质石英细砂岩、细—粉砂岩等,碎屑粒度由底至顶由粗变

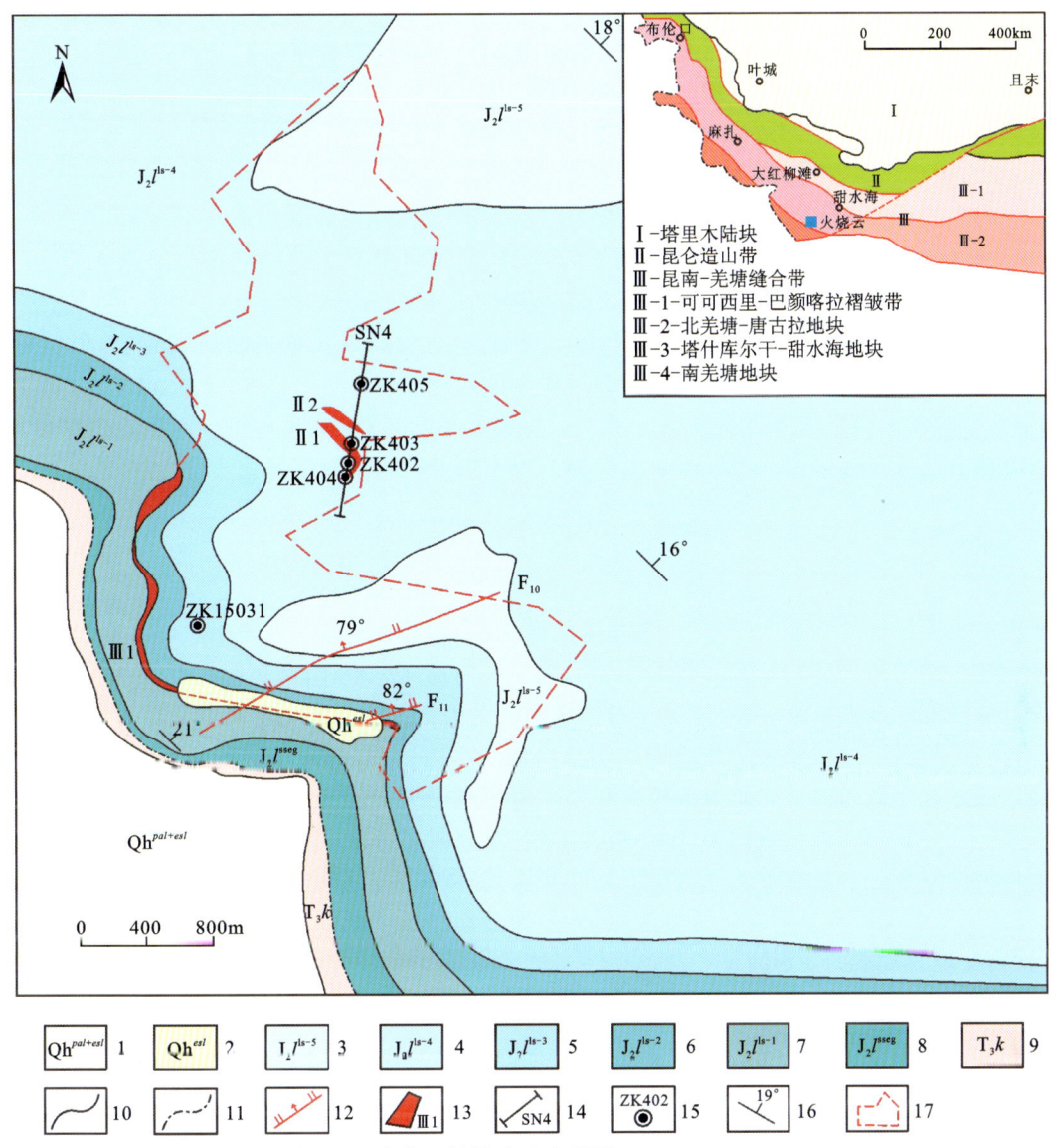

图 4-31 火烧云铅锌矿区地质图(据高永宝等,2019)

1-第四系洪冲积、残坡积物;2-第四系残坡积物;3-中侏罗统龙山组灰岩段第五岩性层灰色生物碎屑灰岩;4-中侏罗统龙山组灰岩段第四岩性层浅灰色细晶灰岩,局部夹少量薄层状泥质灰岩压碎状泥晶灰岩;5-中侏罗统龙山组灰岩段第三岩性层深灰色泥岩、泥质灰岩;6-中侏罗统龙山组灰岩段第二岩性层深灰色碎屑状细晶灰岩、压碎角砾状灰岩夹泥岩;7-中侏罗统龙山组灰岩段第一岩性层深灰色细晶灰岩,局部含生物碎屑;8-中侏罗统龙山组砂岩、砾岩段;9-上三叠统克勒青河组灰绿色细砂岩、深灰色粉砂岩、泥质粉砂岩、粉砂岩、长石石英砂岩、石英岩屑砂岩;10-整合地质界线;11-不整合地质界线;12-正断层及编号;13-矿体地表露头及编号;14-勘探线位置及编号;15-钻孔位置及编号;16-地层产状;17-Ⅲ1 矿体投影界线

细。地表宏观特征明显,常形成陡坎、陡崖地貌。两侧岩石颜色差别较大,地层倾向 10°～35°,倾角 5°～20°,厚度 5～200m。

中侏罗统龙山组上段(灰岩段 J_2l^{ls})为矿区主要地层,铅锌矿体产于该段下部。该段地层露头较差,经地表和钻孔岩芯资料,将其自下而上分为 5 个岩性层,区域厚度大于 2000m。

(1)中侏罗统龙山组上段第一岩性层(J_2l^{ls-1})。细晶灰岩层,紧邻该组砂岩段北侧出露,以灰色—深灰色粒屑灰岩、细晶灰岩、泥晶灰岩为主,夹少量生物碎屑灰岩,部分岩石具有白云母化。该岩性层为矿区Ⅲ1 主矿体底板,岩石均一完整,局部沿裂隙面有铁质浸染,顶部泥灰岩中见弱铅锌矿化,倾向 10°～35°,倾角 3°～19°。

(2)中侏罗统龙山组上段第二岩性层($J_2 l^{ls-2}$)。泥晶灰岩层,是矿区最重要的赋矿岩层,紧邻第一岩性层北侧分布,岩性主要为泥晶灰岩,其次为生物碎屑泥晶灰岩等。该层岩石普遍碎裂状、压碎状,后又被方解石胶结,角砾形态不规则,粒径一般小于8mm,分布均匀。该层底部Ⅲ1富铅锌主矿体中、上部岩石具断续强弱不等铅锌矿化,岩石褐铁矿化、碳酸盐化等蚀变较明显。裂隙及溶蚀孔洞发育。岩层倾向倾向10°~45°,倾角5°~20°,钻孔控制厚度34~144m。

(3)中侏罗统龙山组上段第三岩性层($J_2 l^{ls-3}$)。泥灰岩、泥岩层,局部夹碎裂状微晶灰岩,呈灰色—深灰色,泥质结构,多为薄层状构造。下部岩石较碎裂,局部可见亮黄色微—细粒黄铁矿,呈星点状产出,含量为2%~5%。该层具弱铅锌矿化,沿破碎裂隙面见不均—弱褐铁矿化。

(4)中侏罗统龙山组上段第四岩性层($J_2 l^{ls-4}$)。细晶灰岩层,以浅灰色细晶灰岩为主,次为亮晶灰内碎屑灰岩,夹生物碎屑灰岩、泥灰岩、泥岩,为Ⅱ号矿带的赋存层位。

(5)中侏罗统龙山组上段第五岩性层($J_2 l^{ls-5}$)。生物碎屑灰岩,主要为灰色—深灰色生物碎屑灰岩,由微—细方解石组成,局部可见少量碎屑,沿裂隙充填有网脉状方解石细脉。

(二)构造

对矿区有重要影响的构造为驼峰山-碧龙潭倒转向斜、河尾滩断裂。驼峰山-碧龙潭倒转向斜轴迹呈北西-南东向,约300°,长约120km,宽约30km,北西端西延情况不详,南东端在八一达坂附近翘起,核部底层为上侏罗统红其拉甫组,两翼依次出露中侏罗统龙山组及第三系。北翼红其拉甫组倒转,产状相对较陡,南翼地层正常,产状较缓。北翼地层倾角一般为25°~60°,南翼地层倾角一般为10°~20°。火烧云铅锌矿区赋存于该向斜南翼龙山组灰岩底部。河尾滩断裂分布于乱石达坂—红黄岭一线,平面上呈舒缓波状,走向约300°,西延情况不详,东被龙木错-双湖断裂所截,个别地段被南北向右行断裂错移,断裂两盘均为侏罗系。沿断裂带发育宽窄不一的断层破碎带,窄者仅5~15m,宽者达350m,带内岩石强烈破碎蚀变,局部保留有早期的挤压构造面,具多期活动特征。断裂下盘地质体变形较弱,地层产状稳定,上盘则变现为极强的变形特征。

(三)岩浆岩及变质作用

矿区未见岩浆活动,变质作用较弱,大致可分为区域变质作用和动力变质作用两类。区域动力变质作用在克勒青河组有所表现,砂岩、泥岩变质轻微,层理清晰完整,原岩结构基本保持;动力变质作用与矿区断裂活动关系密切,普遍遭受动力挤压,致使岩石和矿物破碎成大小不等的碎块或碎粒,沿断裂呈带状、线状产出,形成碎裂岩化岩石和断层角砾岩。

(四)矿体特征

火烧云矿区铅锌矿体分布域中侏罗统龙山组灰岩段内。已经发现两个铅锌矿化带(Ⅱ号、Ⅲ号),两者呈近平行的似层状、薄透镜状产出。Ⅱ号矿带位于Ⅲ号矿带之上,层间距60~70m,倾向北北东1°~15°,总体形成呈缓倾、略有起伏的似层状产出(图4-32)。

Ⅱ号矿带赋存层位为龙山组第四岩性层中上部,以细晶灰岩为主,次为亮晶内碎屑灰岩,局部夹少量生物碎屑灰岩。南北长约260m,东西宽约160m,厚度30~50m,共圈定3个矿体,地表均见有露头,总体呈半剥蚀状态。

Ⅲ号矿带是矿区最重要的主矿带,赋存于龙山组上段第二岩性层中下部,主要岩性为泥晶灰岩,其次为含生物碎屑泥晶灰岩、内碎屑灰岩、微晶灰岩等。南北长2280m,东西宽约1400m,厚度一般为25~55m,最厚可达90m,共圈定9个矿体,已探明90%以上的铅锌资源赋存于该矿带中。

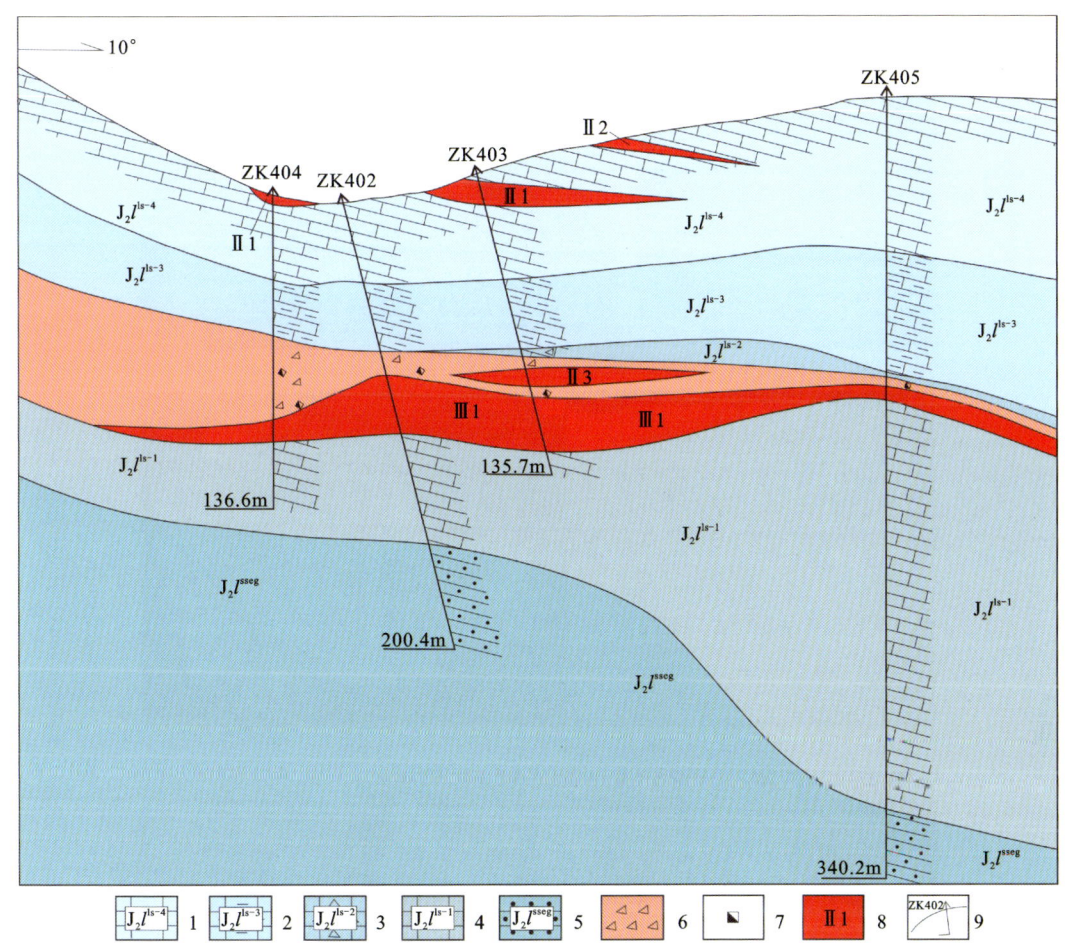

图 4-32 火烧云铅锌矿区 4 号线剖面图

1-中侏罗统龙山组灰岩段第五岩性层浅灰色细晶灰岩,局部夹少量薄层状泥质灰岩压碎状泥晶灰岩;2-中侏罗统龙山组灰岩段第三岩性层深灰色泥岩、泥质灰岩;3-中侏罗统龙山组灰岩段第二岩性层浅灰色碎裂状细晶灰岩、压碎角砾状灰岩夹泥岩;4-中侏罗统龙山组灰岩段第一岩性层深灰色细晶灰岩,局部含生物碎屑;5-中侏罗统龙山组砂岩、砾岩段紫红色砂岩、含砂砾岩;6-矿化带;7-褐铁矿化;8-矿体及编号;9-钻孔位置及编号

（五）矿石特征

火烧云矿区矿石矿物以菱锌矿、白铅矿为主,并发育少量的铅锌硫化物（以方铅矿为主）,脉石矿物主要为方解石,偶见凝灰岩。菱锌矿呈多种颜色（红棕、棕、橙黄、无色等）,与 Fe、Mn 含量相关,主要发育块状、纹层状、角砾状及交代蚀变成因构造。白铅矿主要为白色,晶形为自形或他形,以纹层状、块状、角砾块状构造为主。铅锌硫化物以方铅矿为主,其中方铅矿为铅灰色,闪锌矿为黑色,晶形为自形—他形,铅锌硫化物以纹层状、块状、脉状构造为主。矿区矿石以具有微细纹层构造、空穴蜂巢状构造,显示沿张性空间贯入充填。据矿石构造,矿区矿石主要分布以下 4 种类型：

（1）层状矿石。包括单矿物纹层状矿石与两种矿物纹层构成的纹层状矿石两个亚类。两种矿物的纹层状型矿石为菱锌矿与白铅矿的交互层（图 4-33A）,是矿区的主要矿石类型；单矿物层状矿石主要有方铅矿层、菱锌矿层（图 4-33C）。纹层状菱锌矿单层厚度多为 2～5mm,以自形—他形微—细粒结构为主,直径多小于 1mm,纹层状白铅矿单层厚度多为 2～3mm,以微—细粒结构为主,直径多小于 1mm,纹层状铅锌硫化物主要为微—细粒结构,其单层厚度多为 2～5mm。

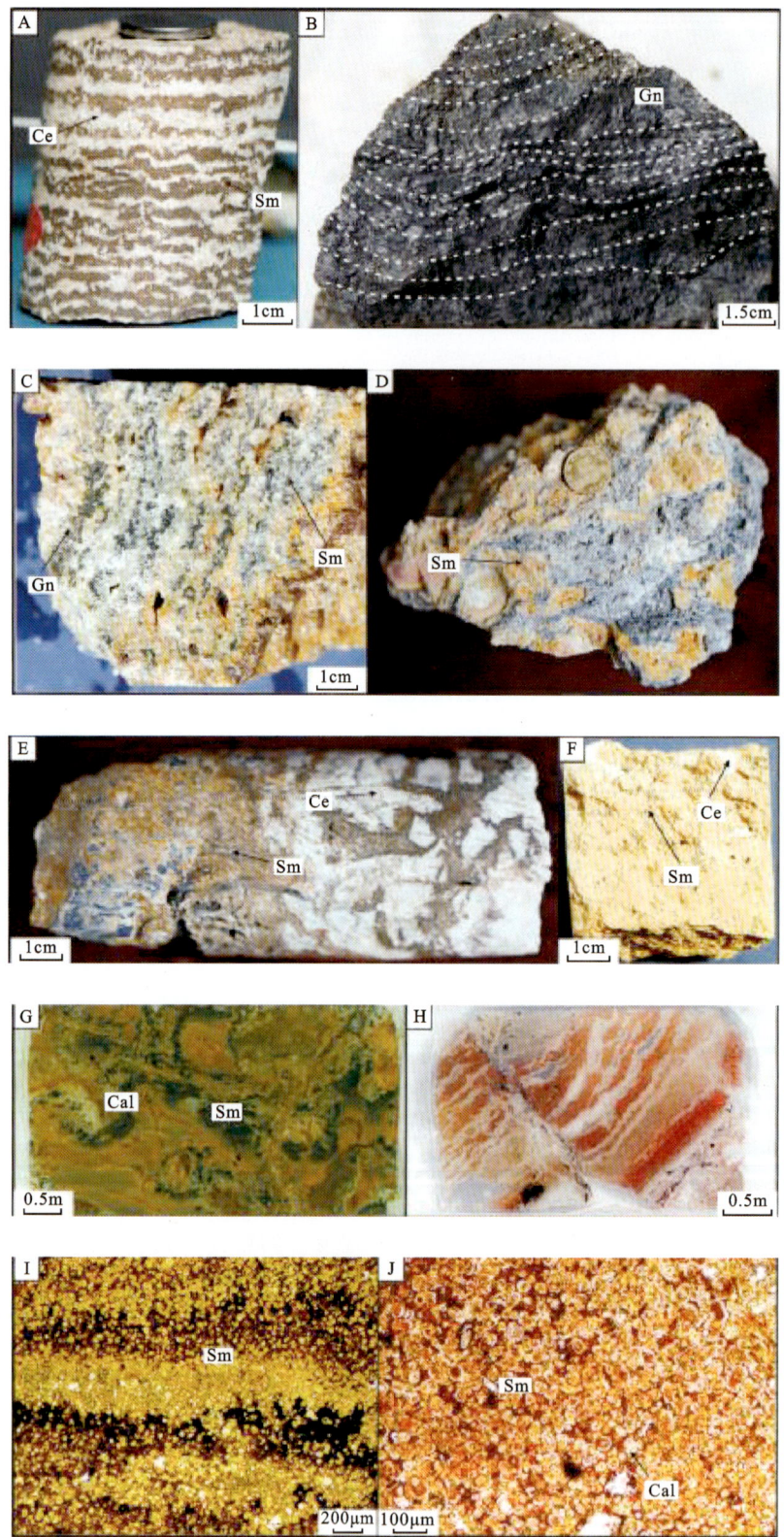

图 4-33 火烧云 Pb-Zn 矿矿石照片(据董连慧等,2015)

A-菱锌矿与白铅矿的交互层;B-纹层状方铅矿(白色虚线为方铅矿纹层);C-透明的纹层状菱锌矿;D-角砾状菱锌矿;E-角砾状白铅矿;F-块状菱锌矿及团块状白铅矿;G-交代蚀变成因的菱锌矿(薄片);H-具韵律构造的菱锌矿层(薄片);I-具粒序层理的菱锌矿层(单偏光);J—菱锌矿与方解石交互生长形成同心环状互层的鲕粒状晶体(单偏光)

Sm-菱锌矿;Ce-白铅矿;Gn-方铅矿;Cal-方解石

(2)角砾状矿石。包括滑塌成因的角砾状矿石和热液成因的角砾状矿石两个亚类。滑塌成因的角砾状矿石中角砾成分主要为灰岩、菱锌矿,胶结物以砂泥质成分为主(图4-33D);热液成因的角砾状矿石中角砾成分以灰岩、菱锌矿、白铅矿为主,胶结物以菱锌矿为主(图4-33E)。角砾状菱锌矿、白铅矿以自形—他形细粒结构为主。

(3)块状矿石。包括块状菱锌矿、葡萄状菱锌矿、块状白铅矿、块状铅锌硫化物、脉状方铅矿5个亚类(图4-33F),块状菱锌矿、白铅矿、铅锌硫化物及脉状铅锌硫化物以自形—他形微—细粒结构为主,葡萄状菱锌矿以他形中粒结构为主。

(4)交代蚀变成因矿石。交代蚀变成因矿石以交代蚀变状成因的菱锌矿为主,为含矿流体交代灰岩形成(图4-33G),以他形微—细粒为主。

矿区矿石发育一些典型的沉积结构与构造:菱锌矿层因Fe、Mn等含量不同引起成分差异,呈韵律构造,韵律层厚约6mm,单层厚度均为3mm(图4-33H);菱锌矿层发育良好的粒序层(图4-33I);菱锌矿与方解石交互生长形成同心环状互层的鲕粒(图4-33J)。

(六)成矿阶段划分

根据火烧云铅锌矿床的矿物共生顺序,结合矿体赋存位置及其相互关系,将矿床的铅锌矿化分为早期铅锌硫化物成矿阶段、中期铅锌非硫化物成矿阶段和晚期氧化阶段3个成矿阶段,表现出方铅矿、闪锌矿、方解石(早)→菱锌矿、锰氧化物(中)→菱锌矿、白铅矿、石膏(中)→水锌矿(晚)的矿物组合变化(图4-34)。

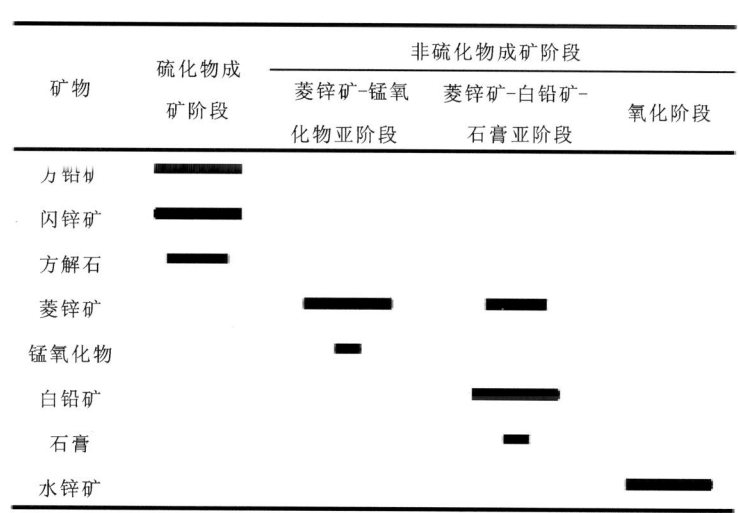

图4-34 火烧云矿区矿物共生组合及生成顺序

(七)矿床成因

1. 矿床成因类型

火烧云铅锌矿是近年来新发现的超大型铅锌矿床,矿石矿物成分简单,但是矿床成因类型存在不同认识。通过与喷流-沉积成因的硫化物型、硅酸盐型、碳酸盐型铅锌矿特征进行对比(表4-3),初步认为其成因类型为碳酸盐岩容矿的层控型铅锌矿。该成因类型的铅锌矿分为两个亚类型,分别是喷流-沉积型(SEDEX型)和密西西比河谷型(MVT型)(张良臣等,2006)。对于火烧云铅锌矿为SEDEX型还是MVT型或者是其他成因类型存在较大争议,主要有以下几种观点。

表4-3　火烧云Pb-Zn矿床与喷流-沉积成因的硫化物型、硅酸盐型、碳酸盐型铅锌矿床特征对比（据董连慧等，2015）

矿床类型	硫化物型	硅酸盐型	碳酸盐型（火烧云）
大地构造背景	拉张环境、陆内裂谷和被动大陆边缘	受裂谷控制的克拉通或被动大陆边缘	羌塘微板块甜水海地块中生代前陆盆地
矿体形态	层状、似层状、透镜状	层状、脉状	层状、透镜状
矿石结构构造	条带状构造、纹层状构造、粒级层理、韵律层和软沉积滑动变形构造	交代蚀变状构造、角砾状构造、层状构造	纹层状构造、角砾状构造、交代蚀变状构造、块状构造
围岩蚀变	绿帘石化	白云岩化、硅化	硅化、碳酸盐化、电气石化
容矿岩年代	主要为元古宙及古生代早期、中期	主要为元古宙、古生代等	侏罗纪
成矿时期	同沉积	同沉积	同沉积
主要金属矿物	黄铁矿、磁黄铁矿、闪锌矿、方铅矿和少量黄铜矿，有时候可见白铁矿和毒砂	硅锌矿、铅硬锰矿、砷铅矿等	菱锌矿、白铅矿
容矿岩石	细碎屑岩（页岩-粉砂岩-泥岩）和碳酸盐岩单元等	碳酸盐为主	灰岩
容矿岩的沉积环境	以碳酸盐和蒸发岩为主的浅水盆地	以碳酸盐或沉积物为主的浅水盆地	以碳酸盐或碳酸盐岩夹碎屑岩为主的浅海盆地
规模与品位	平均矿石量为7000×10^4 t，Pb+Zn平均品位为12%	Zn平均品位约20%，局部达40%以上	金属量1600×10^4 t以上，平均品位29.21%
赋金属比值 Zn/(Zn+Pb)	平均近于0.5	以Zn为主	近于0.8
成矿温度	140~280℃	大于100~150℃	未知
沉积部位的控矿条件	受生长断层控制的Ⅲ级盆地	受生长断裂控制的盆地	可能受乔尔天山-岔路口断裂及次级断裂控制

董连慧等（2015）基于矿体呈与地层产状一致的层状产出、纹层状矿石和石膏的出现（解释为海底热液喷流沉积的产物）、菱锌矿和白铅矿的C-O同位素组成显示有岩浆流体组分的参与以及闪锌矿Rb-Sr年龄与围岩接近等证据，认为火烧云矿床是SEDEX型矿床的一个新类型，即以铅锌碳酸盐矿物为主、由岩浆驱动及岩浆流体参与的海底热液喷流-沉积矿床。

徐忠平等（2017）根据纹层构造、条带状构造、鲕状构造、菱锌矿草莓状结构、胶状皮壳状构造、同心环状构造等同生沉积标志以及矿物组合特征，认为火烧云铅锌矿床的成因类型为新型（非硫化物）SEDEX型铅锌矿床。

范廷宾等（2018）通过对比火烧云铅锌矿与SEDEX型和MVT型特征，认为火烧云铅锌矿属于SEDEX型铅锌矿的新类型，并定名为"原生喷流-沉积铅锌碳酸盐型铅锌矿"。

吴志骐等（2019）认为层状产出、纹层状矿石和石膏的出现等现象不能作为矿床喷流-沉积型非硫化物铅锌矿的依据。主要依据有：①层状矿体除SEDEX矿床外，在MVT型矿床及岩浆有关碳酸盐交代中也常出现；②火烧云纹层状矿石主要由互层的菱锌矿和白铅矿组成，或者由褐色和白色菱锌矿组成，而不是SEDEX矿床典型的纹层状矿石（由细粒硫化物和细粒碎屑互层组成），因此矿床纹层状矿石不能作为同沉积热液喷流作用的证据；③火烧云矿床中的石膏产状包括层状的沉积石膏和少量增长的岩石裂隙面上的薄膜状石膏,裂隙面上的薄膜状石膏可能来自地层中石膏的溶解再沉淀,更可能是早期硫化物在碳酸盐岩围岩环境中通过表氧化作用形成,而海底喷流作用形成的石膏/硬石膏(在火山成因块状硫化物矿床中)往往呈丘状与地层呈半整合接触或浸染状存在于矿化系统外围的岩石中,因此火烧云矿床内的石膏并非海底热液喷流活动的产物。

高兰等(2020)认为火烧云铅锌矿是一种新型深成非硫化物锌碳酸盐矿床,既不是 SEDEX 锌碳酸盐矿床又不同于 MVT 硫化物矿床,建议命名为"火烧云式锌碳酸盐矿床"。主要证据有:①火烧云非硫化物矿床完全不同于 MVT 硫化物矿床。火烧云矿床赋存于中侏罗统龙山组碳酸盐岩中,菱锌矿矿石呈似层状或透镜状小角度穿切围岩,矿石矿物以菱锌矿为主,少量白铅矿和方铅矿。大部分菱锌矿矿体为隐伏矿体,地表偶见矿体露头,矿区深部未发现 MVT 型铅锌硫化物矿体。少量方铅矿仅出现于上含矿层,主要沿裂隙充填并穿插菱锌矿矿体,成矿明显晚于菱锌矿主成矿阶段,它不是 MVT 原生硫化物矿床残体(残留)。②火烧云铅锌矿也不是 SEDEX 锌碳酸盐矿床,不具备典型 SEDEX 矿床成矿特征。SEDEX 矿床形成于大陆裂谷、弧后盆地和伸展盆地的中部或者次级沉积盆地,据估算海水深度不低于 500m。火烧云矿床容矿主岩龙山组碳酸盐岩形成于中侏罗世碳酸盐岩台地滨海-潮坪滩坝高能环境,显然,这种滨海浅水高能环境不具备同沉积 SEDEX 矿床的成矿条件。火烧云矿区菱锌矿矿石广泛发育条带状和斑马状构造,但是这种条带状和斑马状菱锌矿不是沉积作用形成的,而是后生交代和裂隙充填成因,而与同沉积无关。③火烧云铅锌矿也不是表生氧化的 MVT 铅锌矿床。矿区未发现 MVT 原始硫化物矿床,菱锌矿矿体小角度穿插围岩,菱锌矿主矿体支脉呈倒锥形向上插入围岩(范廷宾等,2018),表明含矿热液自深部向上运移,而不是来自(原生硫化物矿体)表生淋滤伴生热液向下迁移成矿。菱锌矿矿石发育交代结构、自形—半自形结晶结构,块状、条带状、斑马状构造,具有典型后生深成热液交代成因特点。④非硫化物锌矿床划分为表生和深成两个大类,其中表生非硫化物锌矿床进一步分为铁帽型(直接交代)、围岩交代型和残留、喀斯特充填型 3 个亚类;深成非硫化物锌矿床进一步划分构造控制锌硅酸盐矿床和层控锰氧化锌矿床。显然,火烧云菱锌矿矿床不是 MVT 铅锌矿的表生氧化帽,不是与 MVT 铅锌矿床相关的围岩交代型矿床,也不是喀斯特充填型矿床,更不同于深成构造控制锌硅酸盐矿床和层控富锰氧化锌矿床,而是一类新型深成非硫化物锌碳酸盐矿床。

野外调研显示,火烧云矿床的赋矿碳酸盐岩发育生物碎屑灰岩,普遍发育鸟眼状构造,并发育沉积石膏,故赋矿围岩是沉积在蒸发相和浅水环境的,在如此浅的水深条件下是不可能发生海底热液喷流作用的。而 SEDEX 矿床往往形成于深海环境,赋矿围岩以碎屑岩为主,而不是以碳酸盐岩为主,相反,以碳酸盐为主的地层是 MVT 型矿床的典型赋矿围岩。矿床的菱锌矿和白铅矿更可能为表生成因,为先存的铅锌硫化物经历表生氧化形成,而不是热液成因。同时,火烧云铅锌矿区缺乏岩浆活动,也缺乏与岩浆活动相关的热液蚀变。矿床具有简单的铅锌金属组合,碳酸盐岩容矿。原生硫化物赋存在碳酸盐岩角砾中,呈交代或开放空间填充的特征,与 MVT 型矿床一致。目前以非硫化物铅锌矿可能是由于原生铅锌矿硫化物形成后发生强烈的表生氧化作用的产物。同时,世界上以菱锌矿为主要非硫化物铅锌矿床,多数是由 MVT 矿床表生氧化作用形成的。综合梳理矿床、矿体及矿石宏-微观特征及已有的矿床学研究成果,认为火烧云铅锌矿测成因类型为 MVT 型铅锌矿。

2. 成矿机制

火烧云一带铅锌矿的成矿模式见图 4-35,成矿机制如下。

(1)二叠纪—白垩纪岔路口一带在前陆盆地环境下形成碎屑岩与碳酸盐岩沉积岩系,形成了富含 Pb、Zn 的矿源层。

(2)晚白垩世盆地边缘的韧性剪切走滑及新近纪大规模的脆性逆冲推覆,致使侏罗纪—白垩纪碳酸盐岩建造强烈变形,在前锋乔尔天山断裂附近形成破碎带和层间滑脱带,在河尾滩等断裂系形成系列层间滑动带及有利的构造圈闭。持续挤压应力驱动盆地流体大规模侧向运移,淋滤地层中 Pb、Zn 等元素,形成富含铅锌的中温还原性成矿流体。而多宝山等地区存在大气降水的混入,沿乔尔天山、河尾滩

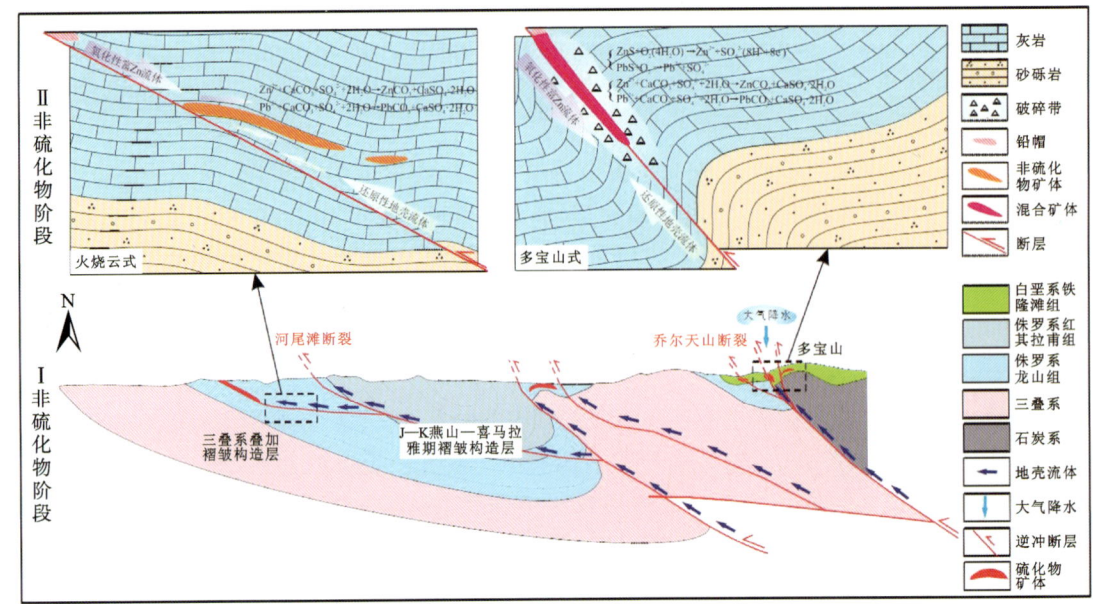

图 4-35　火烧云一带区域铅锌矿成矿模式图（据高永宝等，2019）

断裂等汇聚排泄，在碳酸盐岩变形构造圈闭形成地球化学障，地层中同时提供了充足的 S 源，最终卸载形成硫化物矿体。

(3) 随着区域构造应力挤压转为伸展，区域上沿着断裂系形成大量的开放空间，大量大气降水下渗，同时由于 Zn 元素极易溶解迁移，先成的硫化物矿体被氧化从而形成富 Zn 的氧化性流体，而还原性地壳流体持续上升至地表，继而混合流体进入层间构造带，与围岩发生交代作用，形成菱锌矿、热液石膏等，再次与围岩发生交代生成白铅矿等。而多宝山等矿床直接在硫化物矿体之上进行交代形成了混合矿体，同时，在地表会形成铁帽等。

(4) 随着青藏高原隆升，菱锌矿发生叠加氧化作用，形成大量水锌矿，矿体后期受到断裂破坏。

五、中国罗布盖子铅锌矿

(一) 地层

矿区出露的地层主要为下志留统温泉沟组（S_1w），零星发育第四系（Q），南部为冰雪覆盖区（图 4-36）。

1. 下志留统温泉沟组（S_1w）

下志留统温泉沟组（S_1w）为一套经区域浅变质作用形成的砂板岩系。岩层整体呈北西-南东走向，为向南西倾斜的单斜层，划分出 3 个岩性段。矿体（L1、L2、L3）赋存于第一微晶灰岩层（Ls^1）和第二微晶灰岩层（Ls^2）之间的第二板岩层（Sl^2）内（表 4-4）。

各含矿层特征如下：

(1) 第一板岩层（Sl^1）。位于矿区北部，厚度大于 1300m，包含 4 个岩性体，自下往上为：灰色粉砂质板岩夹硅泥质板岩、砂质板岩，厚度大于 400m；灰白色微晶灰岩透镜体，厚度在 59～100m 之间；灰色粉砂质板岩、泥质板岩夹石英变砂岩，厚 650～700m，其中石英变质砂岩厚度 0～20m 不等；灰白色微晶灰岩透镜体，厚 7～15m；灰色粉砂质板岩、硅质板岩层，厚 200～300m。

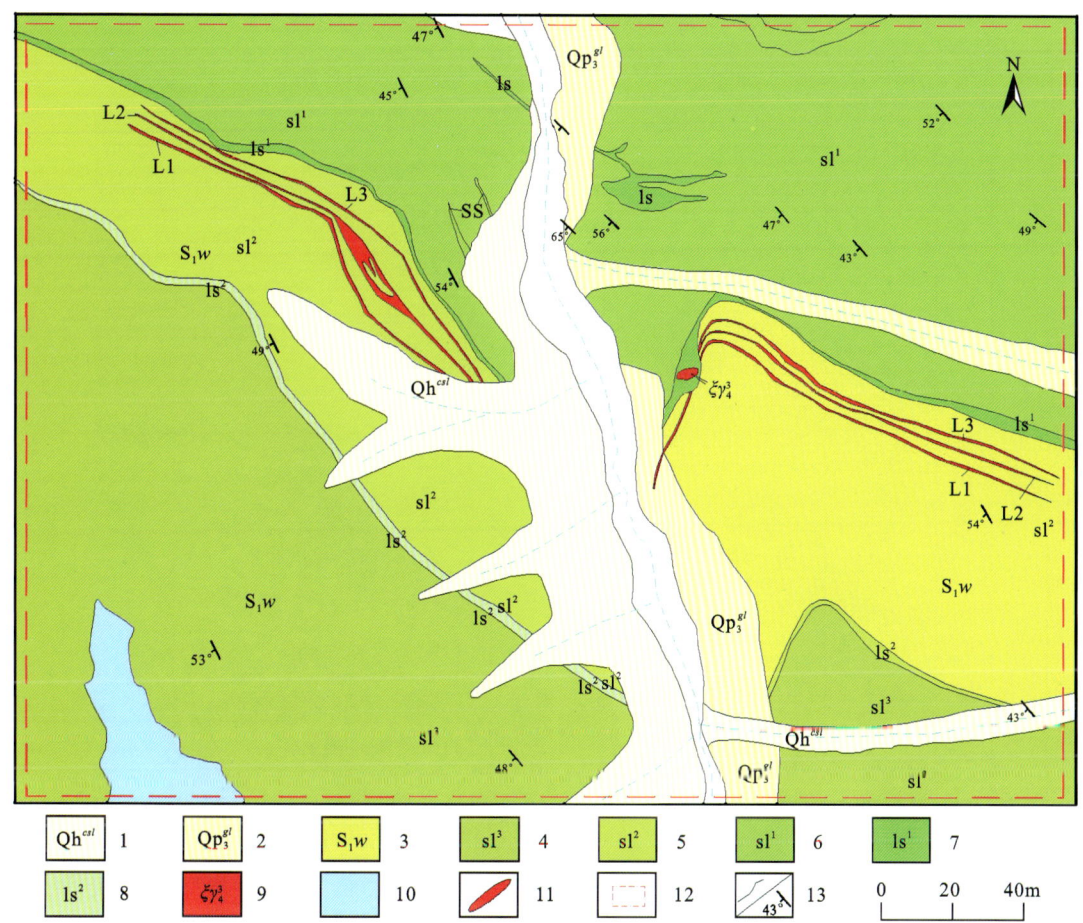

图 4-36　罗布盖子铅锌矿区地质简图(据喀什富集矿业有限责任公司,2017)

1-全新统崩坡积物;2-上更新统冰碛物;3-下志留统温泉沟组;4-下志留统温泉沟组板岩层三;5-下志留统温泉沟组板岩层二;6-下志留统温泉沟组板岩层一;7-下志留统温泉沟组灰岩层一;8-下志留统温泉沟组灰岩层二;9-钾长花岗岩;10-第四系永冻区;11-矿体;12-矿区范围;13-地质界线/产状

(2)第一微晶灰岩层(Ls^1)。位于矿区中部,以灰黄色、灰白色长条带状产出,出露长约3188m,宽12～62m,平均约26m,厚5～20m不等,为铅锌矿体的间接底板标志层。岩石全部由方解石组成,含少量陆源碎屑。方解石呈微晶产出,粒径小于0.03mm,晶体混浊,密集分布,含量约95%。生物碎屑多以片状缠绕,形态不完整,粒径0.06～0.28mm,可见圆形有孔虫、钙球等,骨壳成分均为方解石,含量约2%。此外含有少量的黄铁矿,呈星点状,粒径1～3mm,占3%左右。

(3)第二板岩层(Sl^2)。位于矿区中部,为主要赋矿层位,厚度570～730.25m,包含7个岩性体,从下往上为:灰色粉砂质板岩夹硅泥质板岩,厚1.46～82.17m不等,岩石呈变余粉砂状结构、变余粉砂泥质结构、鳞片粒状变晶结构,板状构造,该类岩石中保留有较好的原岩组构,其原岩为粉砂岩、粉砂质泥岩、钙质泥岩与含碳质泥质粉砂岩。L3铅锌矿体,出露长约2424m,宽0.7～14.8m,平均宽4.53m,厚0.67～11.95m,平均厚3.62m;灰色粉砂质板岩夹硅泥质板岩,厚9～10m;L2铅锌矿体,出露长约2476m,宽0.6～24m,平均宽5.43m,厚0.59～23.55m,平均厚4.57m;灰色粉砂质板岩夹硅泥质板岩,厚0.39～17m。L1铅锌矿体,出露长约2496m,宽0.6～10.2m,平均宽3.94m,厚0.23～8.67m,平均厚2.99m;色粉砂质板岩、泥质板岩,厚500～600m。

(4)第二微晶灰岩层(Ls^2)。位于矿区南部,灰黄色、灰白色长条带状,出露长约3150m,宽10.5～31m,平均宽20m,厚10～16m不等,为铅锌矿体的间接顶板标志层。

表 4-4　罗布盖子铅锌矿矿区温泉沟组岩性划分表

系	统	组	组代号	岩性层	层符号	岩性体	岩性体符号
志留系	下统	温泉沟组	S_1w	第三板岩层	Sl^3	(15)板岩	Sl
				第二微晶灰岩层	Ls^2	(14)微晶灰岩,间接顶板	Ls
				第二板岩层	Sl^2	(13)板岩	Sl
						(12)铅锌矿体	L1
						(11)板岩	Sl
						(10)铅锌矿体	L2
						(9)板岩	Sl
						(8)铅锌矿体	L3
						(7)板岩	Sl
				第一微晶灰岩层	Ls^1	(6)微晶灰岩,间接底板	Ls
				第一板岩层	Sl^1	(5)板岩	Sl
						(4)微晶灰岩透镜体	Ls
						(3)板岩夹变石英变砂岩	Sl
						(2)微晶灰岩透镜体	Ls
						(1)板岩	Sl

(5)第三板岩层(Sl^3)。位于勘探区南部,厚大于1000m。主要岩性为灰色粉砂质板岩、泥质板岩夹石英变砂岩。

2. 第四系(Q)

第四系主要分布于罗布盖子河、卡前乃河及其沟谷两侧,自下而上分为上更新统和全新统,其成因类型有冲洪积、冰积、坡积。

(二)构造

矿区内断裂构造不发育,褶皱和节理较为发育。

1. 褶皱

矿区位于罗布盖子背斜南西翼,该背斜全长约30km,宽10km,轴走向300°,两翼不对称,北东翼被F_5断裂及二长花岗岩、花岗闪长岩侵位。核部及两翼地层为S_1w,南西翼倾角21°~80°,北东翼倾角65°~70°,轴面北东倾。

2. 节理

矿区内节理较为发育,以张节理为主,顺层、切穿地层皆有。张节理地表长0.5~10m不等,以几米多见。节理走向上较曲折,节理面较为粗糙,节理内可见细小的方解石脉和石英脉充填以及水晶生长,有时可见重晶石细脉和石膏,未见铅锌矿化。

(三) 岩浆岩

矿区内侵入岩不发育,仅见一强蚀变辉石闪长岩($\nu\delta_5^3$),以小岩株产出。地表出露长约 40m,宽约 15m,岩体穿层于灰岩中,与围岩交角约 50°,接触带没有发现矿化蚀变现象。岩石蚀变强烈,浅灰黄色,残余斑状结构,块状构造。斑晶形态保留,粒径 0.6~2.4mm,少量石英、褐黄色黑云母残留,大多被碳酸盐集合体取代,残余斜长石晶形假象,基质均蚀变为隐晶硅质、碳酸盐,少数显微鳞片状绢云母集合体,残留微粒结构,少量细片状黑云母残留,已褪色蚀变。

(四) 变质岩

矿区处于明铁盖变质岩带。该变质岩带岩石总体变质轻微,岩石类型有变碎屑岩类、板岩类及结晶灰岩,岩石保留有较好的原生组构。变碎屑岩类主要表现为部分石英碎屑具变晶加大边,硅质重结晶为微晶石英,部分泥质物变质为略定向的显微鳞片状绢云母,或定向排列形成板理。结晶灰岩表现为原始的泥晶方解石大多转变成了微晶、细晶方解石。该变质岩带常见的变质矿物共生组合为绢云母-石英-绢云母-方解石-石英-方解石-石英。以泥砂质岩石中有绢云母出现为依据,将该变质岩带划为绢云母带,属低绿片岩相变质。

(五) 围岩蚀变

矿区蚀变主要表现为硅化与绢云母化,其次为白云石化、碳酸盐化、绿泥石化。以硅化和绢云母化特征最明显,与矿化关系密切。硅化作用在石英岩中表现明显,主要为角砾边缘的亮边、裂隙内部的亮线、细小基质的重结晶。在碳酸盐角砾主要表现为少量的石英团块,在其碎基中主要表现交代作用形成的不规则状石英微粒。绢(白)云母化发育程度较低,主要发育在破碎石英角砾的内部裂隙以及呈包体形式残留在多晶闪锌矿集合体团块内部的晶粒之间。碳酸盐化主要见于粉砂质板岩、硅泥质板岩的节理和裂隙中,脉宽通常数厘米,与铅锌矿化关系不密切。绿泥石化分布范围较小,主要见于石英脉边部与板岩的接触带附近,或石英脉的裂隙中,与铅锌矿化关系不密切。

(六) 矿体特征

罗布盖子铅锌矿区共圈定 3 个铅锌矿体,按其产出部位从上到下编号为 L1、L2、L3(图 4-37)。3 个矿体均出露于勘探线 63~24 线间,向西延出探矿权范围,向东延至中巴边境,地表因南、北流向的卡前乃河切割缺失(约 780m)而不连续,深部连续分布。矿体呈层状、似层状赋存于下志留统温泉沟组粉砂质板岩夹硅泥质板岩内,与围岩产状大体一致。平均倾向 229°,平均倾角 43°。矿体出露长 2424~2496m(含河流切割缺失 780m),平均真厚度 3.13m,厚度变化系数 88.64%,厚度变化较稳定;Pb+Zn 单工程加权平均品位 5.03%,单样品位变化系数 101.03%,品位变化较均匀。矿石以闪锌矿和方铅矿为主,矿体形态和组分均较为简单,局部有分支复合和膨大-收缩现象。控制矿体最大斜深 877m,最大垂深 442m。各矿体特征如下。

1. L1 矿体

L1 矿体位于矿区中偏北部,地表断续出露长 2496m,矿体主要呈层状、似层状大体顺层分布于粉砂质板岩、硅泥质板岩内,局部有分支复合、膨大-收缩现象,矿体走向北西-南东,为向南西倾斜的单斜层,

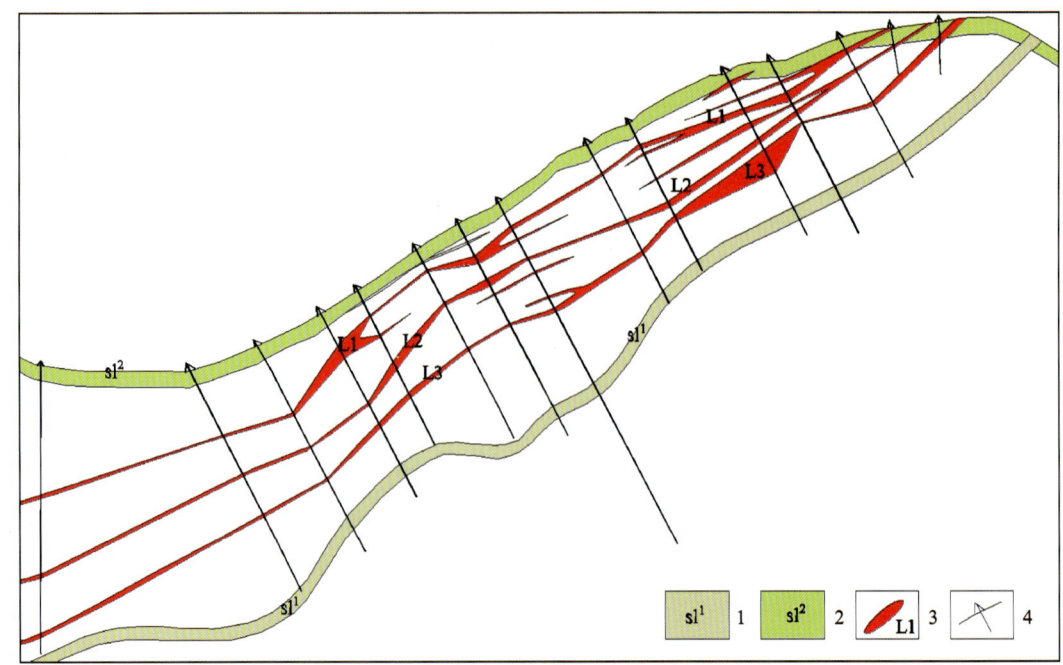

图 4-37　罗布盖子铅锌矿 4 号勘探线剖面图（据喀什富集矿业有限责任公司，2017）
1-下志留统温泉沟组板岩层三；2-下志留统温泉沟组板岩层二；3-矿体；4-钻孔位置

矿体总体产状稳定，变化不大，倾向 210°～245°，平均 228°，倾角 30°～55°，平均 41°。矿体在地表及浅表（30m）倾角较陡，最大 55°，平均 48°；深部倾角较缓，平均倾角约 39°。矿体真厚度在 0.23～13.50m 之间，平均真厚 2.87m，厚度较稳定。矿体单工程加权品位 Pb 0.01%～13.10%，平均 2.33%；Zn 0.02%～13.10%，平均 2.87%，Pb+Zn 加权平均品位 5.20%。伴生 Ag 0～110.60g/t，平均 24.56g/t。

2. L2 矿体

L2 矿体位于 L1 矿体北侧。矿体地表断续出露长 2476m（含河流切割缺失 780m），局部有分支复合、膨大-收缩现象。矿体走向北西-南东，为向南西倾斜的单斜层，矿体总体产状稳定，变化不大。矿区东部倾向 210°～245°，平均 230°，倾角 32°～56°，平均 42°；矿区西部倾向 215°～246°，平均 228°，倾角 32°～56°，平均 44°。矿体在地表及浅表倾角较陡，最大倾角 56°，平均倾角 46°；深部倾角较缓，平均倾角约 42°。矿体真厚度在 0.36～23.55m 之间，平均真厚 3.37m，厚度较稳定。矿体单工程加权品位 Pb 0.01%～17.11%，平均 2.30%；Zn 0～11.80%，平均 2.98%，Pb+Zn 加权平均品位 5.28%。伴生 Ag 0.20～151.33g/t，平均 23.54g/t。

3. L3 矿体

L3 矿体位于 L2 矿体北侧 4～106m。矿体地表断续出露长 2424m（含河流切割缺失 780m），实际可见长度 1644m。矿体主要呈层状、似层状大体顺层分布于粉砂质板岩、硅泥质板岩内，局部有分支复合、膨大-收缩现象。主矿体走向北西-南东，为向南西倾斜的单斜层，矿体总体产状稳定，变化不大。矿区东部倾向 210°～245°，平均 229°，倾角 32°～61°，平均 43°；矿区西部倾向 215°～240°，平均 227°，倾角 30°～56°，平均 44°。矿体在地表及浅表（30m）倾角较陡，最大 61°，平均 46°；深部倾角较缓，平均倾角约 43°。矿体真厚度在 0.45～18.29m 之间，平均真厚 2.99m，厚度变化系数 84.38%，厚度较稳定。矿体单工程加权品位 Pb 0.01%～9.74%，平均 1.73%；Zn 0.03%～11.16%，平均 2.98%，Pb+Zn 加权平均品位 4.71%。品位较均匀。伴生 Ag 0.22～127.64g/t，平均 19.39g/t。

(七)找矿标志

(1)地层标志。下志留统温泉沟组第二岩性层,特别是在灰岩的上盘 500~1000m 范围内是铅锌矿富集的最有利地段。

(2)围岩蚀变标志。主要为硅化(石英脉密集发育)、绢云母化和黄铁矿化发育的地段。

(3)地球物理标志。视极化率(F_s)6.5%~9.5%、视电阻率(ρ_s)100~450Ω·m,为铅锌矿致异常。

(4)地球化学标志。直接找矿标志元素 Pb、Zn,矿致异常强度一般 Pb>330×10^{-6}、Zn>490×10^{-6}。间接找矿元素 As、Sb、Hg、Ag 四种元素异常套合好,异常强度一般 As>160×10^{-6}、Sb>100×10^{-6}、Hg>100×10^{-9}、Ag>800×10^{-6},指示找矿有利。

(八)矿床成因

罗布盖子铅锌矿产于古特提斯北缘构造域明铁盖陆块(Ⅱ级构造单元)下志留统温泉沟组中。根据本次勘查工作对矿床地质特征的综合分析,认为罗布盖子铅锌矿属于典型的海底喷流沉积-热液改造型铅锌矿,依据如下:

(1)矿床就位于Ⅲ级构造洼地,在区域上矿床位于古特提斯北缘构造域明铁盖陆块(Ⅱ级构造单元)罗布盖子拉张盆地Ⅲ级构造洼地,盆地偏东部位为群沙拉吉里阿同生断裂(F_5)。从早志留世开始发生海侵,形成滨海-浅海相沉积环境,具备了形成海底喷流沉积矿床的区域地质有利条件。

(2)矿床具典型的层控特征,矿体主要呈层状、似层状赋存于粉砂质板岩、硅泥质板岩中,矿体产状与围岩产状一致。矿体分布范围严格受控于两层灰岩(间接顶底板)之间。

(3)矿床成矿阶段受同生断裂控制和晚期热液叠加,根据矿床早期硅化—绢云母化—闪锌矿化阶段和晚期硅化—碳酸盐化—方铅矿化阶段两个特征,可以大致确定矿床早期矿化与同生断层关系密切、晚期具备热液叠加的特点。

矿石由角砾、碎基物和矿质胶结物3个部分组成。

角砾主要成分为硅质岩,由微细粒石英集合体组成,角砾大小不等,外形不一,内部发育变形纹、波状消光以及显微裂隙。角砾边部由结晶程度较高的中细粒新生石英组成亮边,内部裂隙中形成由微细粒新生石英组成的亮线。细小碎基状石英重结晶形成洁净的新生石英,除亮线中的新生石英粒度仅为0.01~0.03mm 外,其他新生石英的粒径一般都在 0.1~0.5mm 之间。矿质胶结物发育,主要为金属硫化物,充填在角砾之间,并包裹了几乎所有的碎基物,部分充填在角砾内部裂隙中。

矿化作用发生在硅化作用晚期,表现为角砾间的砾间充填型和角砾内部的裂隙充填型闪锌矿,前者构成角砾岩中的胶结物,胶结了岩石角砾和碎基物,后者成为角砾内部的微脉。在闪锌矿胶结物和细脉内可见两种类型的方铅矿,其一是微小出熔体,零星分布;其二与闪锌矿紧密镶嵌,呈零星的微细斑块状,表明这类方铅矿化是闪锌矿化晚期产物,属于同一成矿阶段。此外,裂隙还见有充填型方铅矿条带以及沿石英岩角砾和闪锌矿集合体的显微裂隙进行充填的方铅矿微脉,前者厚度 1~5mm 不等,并伴有石英-碳酸盐化,表明闪锌矿化后再次遭受破裂作用形成方铅矿化。

胶结物组分、破碎物的蚀变矿物种类表明破碎与蚀变、矿化是同一地质作用的产物,破碎过程中伴有大量的中高温成矿流体,受岩石成分的制约,绢云母化主要发生在碳酸盐角砾及其附近,少量出现在石英岩角砾和基质中。随着温度的降低,破碎-流体系统发生硅化作用,在石英岩碎屑物边部开始交代重结晶,形成洁净的新生石英。此外,在碳酸盐角砾边部和基质中也出现少量新生石英条带。随着硅化作用的进行,成矿物质得到了高度浓缩,闪锌矿开始结晶,并胶结了角砾和碎基,成为角砾岩的基本组分——胶结物。

闪锌矿成矿阶段后,破碎作用再次发生形成破碎裂隙,并充填了方铅矿,这起成矿事件伴随有硅化、碳酸盐化。

(4)矿体产于硅钙界面附近,矿体的直接顶底板为粉砂质板岩和硅泥质板岩,间接顶底板为灰岩,矿体距灰岩底板距离 1.46~82.17m,平均 31.98m。

(5)矿体垂向上从中心往上具有 Cu→Zn→Pb 过渡分带的特征。

(6)矿床产于下古生界下志留统温泉沟组细碎屑岩内,局部含碳。

(7)矿化蚀变主要为硅化、绢云母化、黏土化、铁白云石化、绿泥石化。

将本矿床特征与 SEDEX 型矿床进行对比,结果见表 4-5。

表 4-5 罗布盖子矿区铅锌矿床与 SEDEX 矿床地质特征对比表

矿区名称		罗布盖子铅锌矿床	SEDEX(世界找矿模型与矿产勘查)
区域背景		古特提斯洋西北缘明铁盖陆块(Ⅱ级)罗布盖子沉降-拉张盆地Ⅲ级构造沉积洼地	沉降的裂谷环境,裂谷控制的边缘沉积盆地,矿体产于Ⅲ级盆地
矿床特征	近矿岩石	粉砂质板岩、硅泥质板岩(局部含碳)	盆地海相、还原相细粒沉积岩、粉砂岩和碳酸盐岩
	容矿岩石	粉砂质板岩、硅泥质板岩(局部含碳)	盆地海相沉积岩、变质的碳酸盐、火山-沉积岩
	矿体形态	多层硫化物组成的层状、似层状	多层硫化物组成的席状或似透镜状的板状矿体
	矿石构造类型	团块状、角砾状、浸染状、脉状、条带状	网脉状、浸染状、脉状、纹层状
	矿物组合	方铅矿、闪锌矿、黄铁矿、石英、绢云母-白云母、铁白云、绿泥石、含碳少量、黄铜矿少量	黄铁矿、磁黄铁矿、方铅矿、闪锌矿、含铁碳酸盐、白云石、石英、电气石、绿泥石、黄铜矿、毒砂和硫酸盐矿物
	热液蚀变	硅化、绢云母化、白云石化	硅化、电气石化、钠长石化、绿泥石化、绢云母化、白云石化等
	层控特征	下志留统温泉沟组第二岩性层	赋存在一定的地层层位内
	时控特征	早古生代	多在古—中生代和早—中古生代
地球化学		垂直方向自中心向上 Cu→Zn→Pb 过渡分带	垂直方向自中心向上 Cu→Zn→Pb→Ba 过渡分带
地球物理		激电异常	重力、电磁异常

通过对比,罗布盖子矿区铅锌矿床与 SEDEX 型矿床特征基本一致,矿床成因可以初步定为喷流沉积型矿床,加之成矿作用有后期热液叠加特征,最终矿床成因确定为海底喷流沉积。

六、对比分析

(一)中哈跨境成矿带铅锌矿

捷克利地区的铅锌矿绝大多数为喷流热水沉积型,即捷克利型,仅有个别矿床为矽卡岩型。捷克利型铅锌矿主要分布于南准噶尔复背斜,构成东西长 150km、宽 20~50km 的矿化带。从深部构造看,处于捷克利地幔的边缘,地壳厚度约 55km。该带向东已延入新疆,在新疆别珍套山已知有温泉县托克赛铅锌矿床、哈尔达坂铅锌矿床。

新疆赛里木地区已知的铅锌矿无论在规模还是数量方面均少于捷克利地区的铅锌矿,但新疆境内有较多的铜矿床(点),这又是一大特色。新疆已知的铅锌矿大致分布在两个地区:一是位于北西部的别珍套山地区,以温泉县托克赛铅锌矿床和哈尔达坂铅锌矿床为代表。前者矿区出露地层为古元古界温泉群,为中等变质的碳酸盐岩夹碎屑岩建造。铅锌矿(化)体主要赋存于矿区中部的薄层大理岩岩中,该矿床的成因属喷流热水沉积型铅锌矿床。后者矿体赋存于中元古界长城系特克斯群,岩性为碳质微晶灰岩、白云岩、白云质灰岩、硅质岩、钙质板岩、变质砂岩及少量的重晶石岩。矿体集中分布于该群中部南北宽 500~800m 的范围内,呈似层状、透镜体状顺地层产出,受层位控制明显。主要赋矿岩石为白云岩、白云质灰岩及硅质岩等,其成因类型属喷流热水沉积型。此外,克希阿克巴依塔勒铅锌矿产在蓟县系库松木切克群上部碳酸盐岩中,规模相对较小。二是位于别珍套山以东赛里木湖的东岸。已知有四台海泉铅锌矿床、库尔尕小型铅锌矿床和苏吉萨依、新沟、达巴特南等数个铅锌矿点。其中四台海泉铅锌矿床产在蓟县系库松木切克群的一套碳酸盐岩中,圈出了3条铅锌矿化带,长6.2km。

通过对比分析,境外捷克利地区的铅锌矿与境内赛里木地块的铅锌矿具有以下特征。

1. 空间分布

捷克利成矿带位于南准噶尔复背斜之捷克利背斜。已知矿床(点)很多,北翼称捷克利矿田,包括捷克利、捷克利西、亚布洛诺沃等矿床;南翼称科克苏-苏克丘别矿田,包括科克苏,苏克丘别东部、西部和中部等矿床。由该带向北西有塔尔迪库尔干中型铅、锌矿床,向南东近新疆方向延伸,见乌谢克、大乌谢克小型铅矿床。上述均为火山喷气-沉积型。其他成因矿床不多,仅在南东部近中国新疆处有矽卡岩型的特什坎小型铅、锌矿床。

在新疆的别珍套山有温泉县托克赛铅锌矿床和哈尔达坂铅锌矿床产于古—中元古代地层中;克希阿克巴依塔勒铅锌矿产在蓟县系库松木切克群上部碳酸盐岩中,成因与捷克利型矿床相似。此外,在别珍套山以东赛里木湖的东北岸,有四台海泉铅锌矿床、库尔尕生小型铅锌矿床和苏吉萨依、新沟、达巴特南等数个铅锌矿点,为火山沉积型。

2. 成矿时代

成矿时代初步划分为古元古代—早古生代(中奥陶世)、早海西成矿期($D—C_1$)、中海西成矿期($C_1—C_2$)。

古元古代—早古生代(中奥陶世)是铅锌成矿高峰期,形成的矿床广泛分布,主要集中在哈萨克斯坦的捷克利地区和新疆的别珍套山一带,矿床类型主要为SEDEX型。

早海西成矿期($D—C_1$)主要集中在别珍套山以东赛里木湖的东北岸一带,成因类型为火山沉积型,如库尔尕生、苏吉萨依、新沟、达巴特南等。

中海西成矿期($C_1—C_2$)为矽卡岩型的特什坎小型Pb、Zn矿床。

(二)中塔跨境成矿带铅锌矿

火烧云铅锌矿带是新疆规模最大的铅锌富集区之一,成矿条件优越,火烧云铅锌矿是目前中国最大的铅锌矿,矿石矿物以菱锌矿、白铅矿、水锌矿为主,是仅次于伊朗的Mehdiabad非硫化物锌矿床,为世界第二大非硫化物铅锌矿床。

通过境内外对比分析,该成矿带延伸到境外,在境外南帕米尔一带发育有侏罗系,主要岩性以砂岩、灰岩为主,1∶25万化探在该处显示有Pb、Zn异常。通过初步查证,该区发现了Pb、Zn、Fe的找矿线索。异常信息显示在境外寻找铅锌矿的潜力巨大。

第四节 斑岩型铜矿

一、中国玉龙斑岩型铜矿

(一)区域地质背景

玉龙矿床构造上位于三江特提斯成矿带中北段的羌塘地体中(图4-38)。羌塘地体由东羌塘(又称北羌塘)及西羌塘(又称南羌塘)组成,中间被早三叠世的羌塘高压变质带隔开(Li and Zheng,1993;Yang et al.,2011)。在藏东地区,夹持于双湖及金沙江缝合带之间的东羌塘地体主要由出露的元古宙和早古生代结晶基底及泥盆纪—侏罗纪盖层组成。

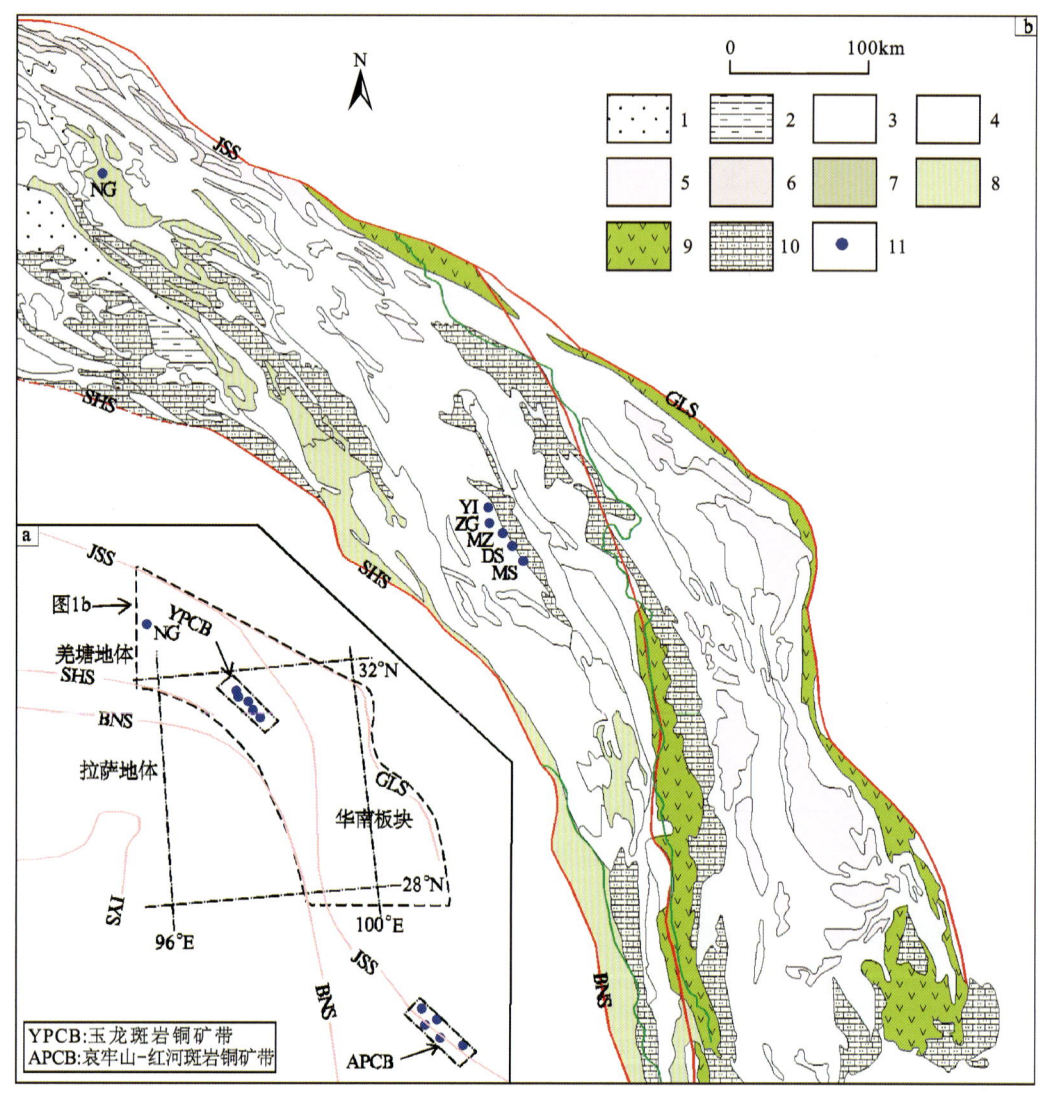

图4-38　三江地区区域地质矿产简图

1-白垩纪花岗岩体;2-白垩纪-第三纪碎屑岩;3-侏罗纪盆地沉积岩;4-最新的晚三叠世火山碎屑岩;5-晚三叠世岛弧侵入体;6-晚三叠世岛弧状喷出岩体;7-晚二叠世-早三叠世岛弧状喷出岩;9-中二叠世—晚二叠世与裂谷有关的玄武岩;10-晚古生代亲华夏地层;11-斑岩型铜-钼矿床

研究区内的盖层主要有亲华夏的晚古生代地层、中二叠世—三叠纪弧火山岩、大面积分布的晚三叠世火山碎屑岩,以及侏罗纪盆地中的沉积岩。尽管羌塘地体边界性质还存在较大争议,但与羌塘地体有关的主要洋盆已在中白垩世之前闭合(潘桂棠等,1997;Wang et al.,2000;Kapp et al.,2003;Zhang et al.,2006a,2006b;Yang et al.,2011)。自古、中特提斯洋闭合之后,羌塘及相邻地体拼合成一个大的板块,而羌塘地体位于该板块中南部,拉萨地体位于最南部(Yin and Harrison,2000),形成了拉萨地体南缘大面积展布的冈底斯岩基及林子宗火山岩(Mo et al.,2007),但在羌塘地体没有对应的岩浆作用。新特提斯洋的闭合及印度-亚洲大陆的碰撞发生在70~60Ma之前(Chung et al.,2005;Mo et al.,2007),产生了喜马拉雅造山运动。印度-亚洲大陆碰撞后,羌塘地体进入后碰撞环境。在藏东的羌塘地体内已陆续识别出近100个富钾斑岩(Hou et al.,2003),而其中的部分斑岩体显示出较好的铜钼矿化,形成了著名的玉龙斑岩铜矿带,包括玉龙、扎那尕、莽总、多霞松多、马拉松多、纳日贡玛等矿床。

(二)矿区地质

玉龙矿区位于近南北走向的恒星错-甘龙拉背斜南延的倾伏端。矿区出露的地层为一套上三叠统浅滨海相的沉积序列,自下向上(由老至新)依次为甲丕拉组紫红色砂岩和粉砂质泥岩,波里拉组灰岩、白云质灰岩夹砂岩,阿堵拉组灰色板岩及页岩。波里拉组环绕玉龙复式斑岩体展布,在矿区分布面积最大,约占矿区总面积的50%。波里拉组按岩性又可细分为上、中、下3段:上段为灰色中厚层灰岩,中段为互层产出的石英砂岩和砂质灰岩,下段为灰岩、白云质灰岩夹白云岩透镜体。甲丕拉组在矿区东部和北部有少量分布,而阿堵拉组仅在矿区东南角有少量出露。

矿区出露的岩浆岩主要为始新世的二长花岗斑岩,主要产于矿区中部及北部。产于矿区中部的二长花岗斑岩即为玉龙复式斑岩体,平面上为梨形,出露面积约为0.64km²(李荫清等,1981),而矿区北部产出的二长花岗斑岩出露面积较小,呈脉状产出。针对玉龙复式斑岩体的大量锆石U-Pb定年结果显示,该套岩石形成于41Ma之前(郭利果等,2006;梁华英等,2008)。除此之外,矿区西部还发育有钠长斑岩脉(图4-39)。

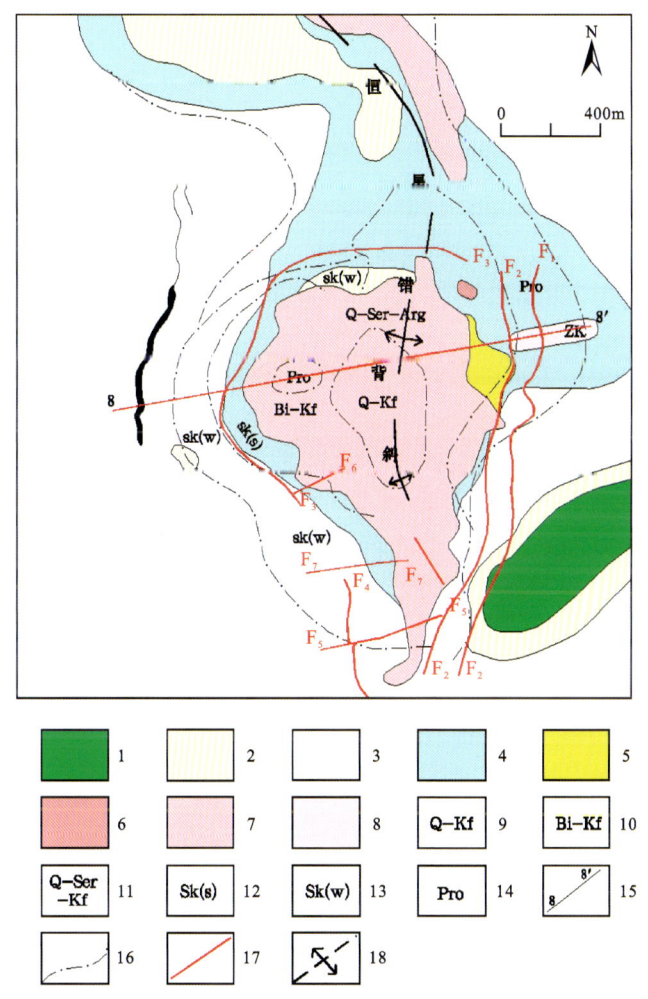

图4-39 玉龙铜矿区地质矿产图

1-阿堵拉组板岩及页岩;2-上段生物碎屑灰岩;3-中段长石含岩屑钙质石英砂岩与砂质灰岩互层;4-下段灰岩、白云质灰岩夹白云岩透镜体;5-甲丕拉组灰质砂岩发生角岩化;6-花岗斑岩;7-二长花岗斑岩;8-钠长斑岩;9-石英-钾长石化;10-黑云母-钾长石化;11-石英-绢云母-黏土化;12-强矽卡岩化;13-弱矽卡岩化;14-青磐岩化;15-勘探线;16-蚀变界线;17-断层;18-恒星错背斜

（三）矿体特征

1. Ⅰ号矿体

Ⅰ号矿体由斑岩型矿体和角岩型矿体组成。斑岩型铜（钼）矿体含矿岩石主要为黏土化黑云母二长花岗斑岩、黑云母二长花岗斑岩、隐爆角砾岩等，其中隐爆角砾岩主要产出于斑岩与角岩的接触带上。岩体呈岩株状浅成至超浅成侵位于上三叠统中。在地表展布的形态为梨形，其长轴近南北向，长约 2km，短轴近东西向，长约 1km，面积约 0.85km²，见图 4-40。

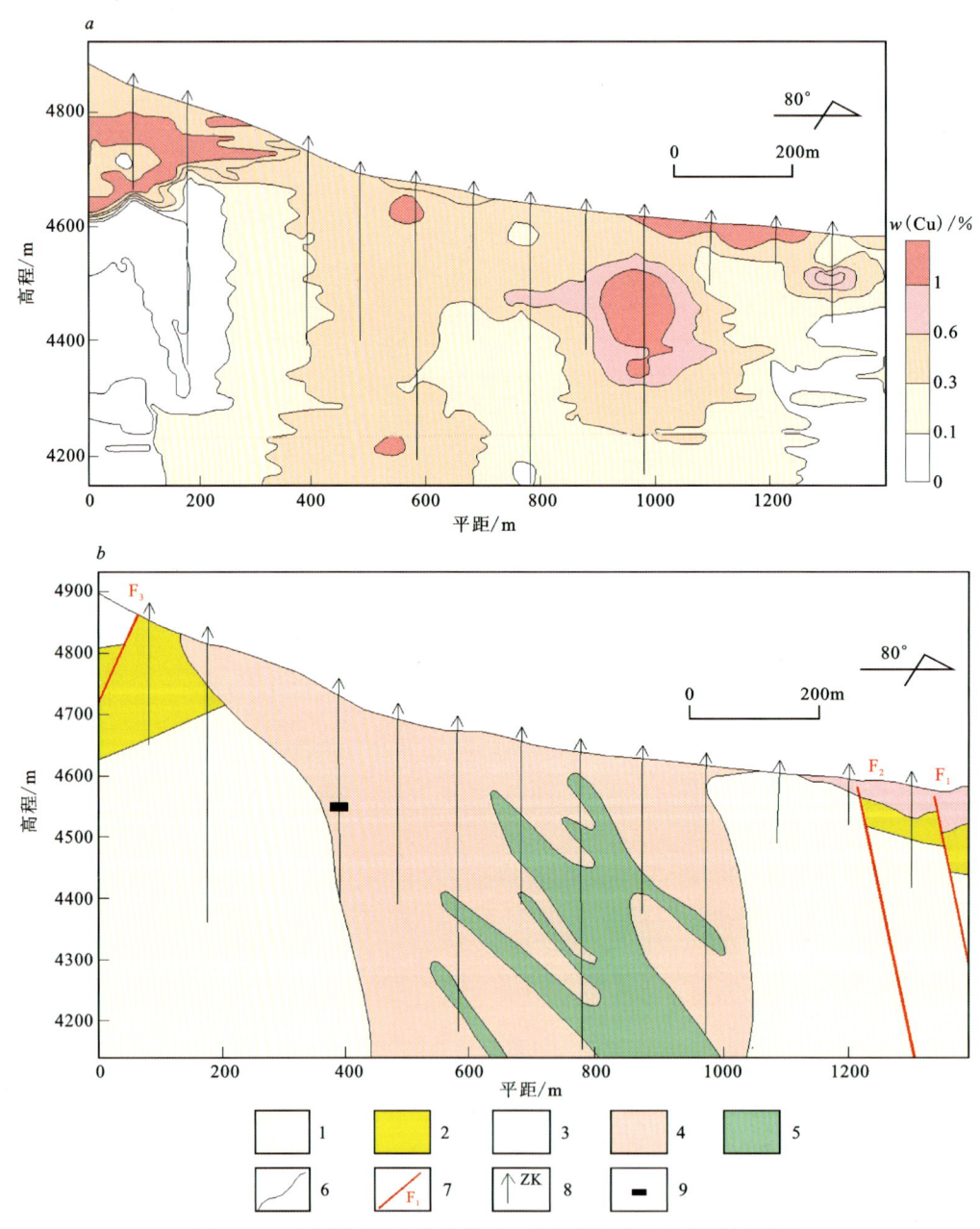

图 4-40　玉龙铜矿区 8 勘查线 Cu 品位等量线图及地质剖面图

1-上三叠统甲丕拉组凝灰质砂岩，发生角岩化；2-上三叠统波里拉组下段灰岩，白云质灰岩夹白云岩透镜体；3-上三叠统波里拉组中段长石含岩屑钙质石英砂岩与砂质灰岩互层；4-二长花岗岩；5-花岗斑岩；6-地质界线；7-断层及编号；8-钻孔编号；9-闪长玢岩

从剖面上来看,斑岩体的形态呈蘑菇状,斑岩体在接近地表时向四周扩张,覆盖于甲丕拉组和波里拉组之上,形似蘑菇的"伞",在 4500m 标高以下与围岩的接触界线变陡,且向岩体方向收敛,形似蘑菇的"茎"。角岩型铜矿体含矿岩石主要有绢云母石英角岩和黑云母石英角岩等。角岩型铜钼矿主要产出于甲丕拉组与斑岩体之间的外接触带中,围绕斑岩体总体呈环带状展布,矿石构造以细脉浸染状为主,矿石矿物主要为黄铜矿、黄铁矿、辉钼矿等。

2. Ⅱ、Ⅴ号矿体

Ⅱ号矿体产出于玉龙含矿斑岩体以东,Ⅴ号矿体产出于玉龙含矿斑岩体以西。地表可见其氧化层,赋存于波里拉组与甲丕拉组的接触带的层间破碎带中,呈半环状围绕Ⅰ号矿体展布,其产出形态受破碎带控制,呈似层状产出,产状与层间破碎带产状基本一致。根据地表观察,Ⅱ号、Ⅴ号铁矿体应该是相连的,并在Ⅰ号矿体四周形成一个基本连续的环状矿化带。

(四)矿石特征

1. 矿石类型

矿石划分为斑岩体中的细脉浸染状矿石、角岩型矿石和次生富集型矿石。

(1)斑岩体中的细脉浸染状矿石。产于斑岩体中,这类原生矿石依据成因可归入热液型,是斑岩型矿体的主要矿石类型,构成斑岩型矿体的主体,铜钼矿化均强烈,氧化作用不强,矿石矿物主要由黄铜矿、黄铁矿及辉钼矿等组成,泥化和硅化强烈。

(2)角岩型矿石。角岩型矿石是Ⅰ号矿体的重要组成部分,可分为接触带角岩型和隐爆角砾岩型。

(3)接触带角岩型矿石。主要为青磐岩化、泥化、硅化、绢云母长英质角岩,黄铁矿和黄铜矿呈细脉浸染状穿插在节理发育的角岩的裂隙中,矿石矿物主要有黄铁矿、黄铜矿、辉铜矿、辉钼矿等。

(4)隐爆角砾岩型矿石。主要分布于斑岩与角岩的接触带上,矿石呈角砾状构造,角砾大小不等,主要由泥化斑岩及硅化斑岩组成。矿石矿物主要有黄铜矿、黄铁矿、辉钼矿、斑铜矿、辉铜矿等。

(5)次生富集型矿石。为Ⅱ号、Ⅴ号矿体的重要组成部分,矿物成分复杂,矿石构造以角砾状和块状为主。结构多为半自形或他形结构。矿石多被氧化,主要矿石矿物有孔雀石、褐铁矿、针铁矿,受多次氧化成矿作用的叠加富集而成。

2. 矿物成分

矿石矿物主要金属矿物为黄铁矿、黄铜矿和辉铜矿,其次为辉钼矿、铜蓝、黝铜矿、赤铁矿、磁铁矿、针铁矿、闪锌矿、斑铜矿、磁黄铁矿、菱铁矿等。

脉石矿物主要为石英、斜长石、钾长石、高岭石、绢云母、白云母、黑云母、钙铝榴石、绿泥石、绿帘石、阳起石、方解石等。

3. 矿石结构

矿石结构分为结晶结构、交代结构、固溶体分离结构、压力结构和表生结构等,以前二者为主,其中又以结晶结构中的他形晶结构、半自形结构、包含结构最发育。

4. 矿石构造

玉龙矿区矿石构造可分为细脉浸染状构造、角砾状构造、土状构造、胶状构造、土状构造等。

(五)围岩蚀变

矿床发育的蚀变主要有4种类型：早期钾硅酸岩化蚀变及青磐岩化蚀变，晚期绢英岩化蚀变及泥化蚀变叠加在早期蚀变之上。钾硅酸盐化是玉龙铜矿最早的蚀变类型，以钾长石和黑云母等次生含钾矿物的发育为特征，同时伴随有石英及少量硫化物的形成。根据蚀变矿物不同，蚀变可划分为钾长石化和黑云母化两种。这两种蚀变并未完全套和在一起，整体而言，钾长石化略早于黑云母化。其中钾长石化主要发育于花岗斑岩中，产出形式有脉状、脉体晕和弥漫状；而黑云母化主要发育于二长花岗斑岩中，以脉状—细脉状和弥漫状两种产出形式为主。青磐岩化以绿帘石、绿泥石等矿物的发育为特征，该蚀变主要发育于围岩地层砂岩中，以选择性交代砂岩中的斜长石等矿物呈弥漫状产出；绢英岩化以绢云母、石英等矿物的发育为特征，强烈叠加在早期蚀变之上，影响了所有的地质单元，主要以脉体、脉体晕和弥漫状3种形式产出。泥化同绢英岩化一样，也叠加在早期蚀变之上，主要是以高岭土和蒙脱石的发育为特征。

(六)成矿期次划分

根据矿石组构、矿石物质成分及矿物组合的研究，斑岩铜(钼)矿矿石的生成顺序主要分为以下4个成矿期：

(1)岩浆晚期。岩浆晚期矿化表现在两个方面，岩体侵位使甲丕拉组碎屑岩发生大面积角岩化，在角岩化过程中甲丕拉组中的铜可能发生萃取，角岩中的浸染状黄铁矿在此时形成；在岩浆晚期的钾化阶段，伴随高温的金属硫化物产出，其矿质多从岩浆中分异出来加入到了气液中。

(2)高—中温热液成矿期。为硅酸盐-硫化物期，硅化发育，大量硫化物集中沉淀(黄铁矿、黄铜矿、斑铜矿、辉钼矿等)。

(3)中—低温热液成矿期。热液呈两种相反演化的趋势，一种是向酸性演化，形成金属硫化物，主要是白铁矿和部分黄铁矿；另一种是向碱性演化，形成碳酸盐-硫化物，为大量黄铁矿及一些铅锌矿物。

(4)表生成矿期。氧化淋滤与次生富集发育，生成一系列富铜硫化物(辉铜矿、斑铜矿等)，大大提高了矿石品位，构成主要富矿带。

(七)成矿模式

从区域上来看，玉龙式斑岩型铜矿床主要集中分布于昌都-芒康盆地的东部、温泉断裂的西侧。现在普遍认为觉拥-温泉断裂是最为重要的控矿构造，是成矿母岩浆和矿液上升的通道。玉龙斑岩成矿带的岩体和矿床呈串珠状分布在温泉断裂的南西侧，并与断裂带伸展方向基本一致。

玉龙斑岩铜(钼)矿带在早喜马拉雅期含矿岩浆沿深断裂上侵，由岩浆多次侵位，在上三叠统与背斜轴部、倾伏端形成上部早期侵位的浅层含矿斑岩；下部为晚期侵位的深层无矿岩基。在上述含矿岩浆侵位的同时，伴随一部分富硫、铁、铜，贫氧的含矿热液沿斑岩裂隙及围岩中的裂隙、层间破碎带，形成以铜为主的细脉浸染状矿石，在接触带形成以铜为主的致密块状铜矿石等，下部在侵位过程中多次向上补充岩浆，产生了巨大的机械能，从而使得上部的岩石以及临近的围岩产生机械破碎，形成网状裂隙和爆破角砾岩筒，这些构造空间成了很好的容矿场所(图4-41)。

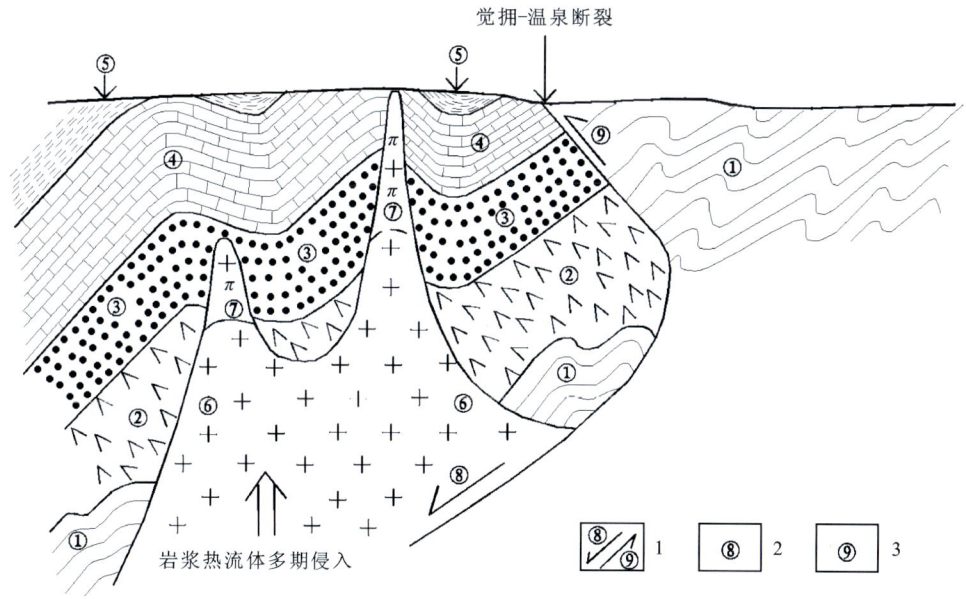

图 4-41 玉龙斑岩矿带区域成矿模式图

①早奥陶世变质岩；②早—中三叠世火山岩；③晚三叠世甲丕拉组砂岩层；④晚三叠世波里拉组碳酸盐岩层；
⑤晚三叠世阿堵拉组砂页岩层；⑥斑岩体根部岩基；⑦中酸型浅成侵入岩株。1-基底断裂在不同期次的动向；
2-中生代陆内裂谷作用期正渭生长断层；3-喜马拉雅期陆内造山阶段反转逆冲断层

二、巴基斯坦雷克迪克斑岩型铜金矿

(一)区域地质背景

雷克迪克斑岩型铜金矿集区位于贾盖火山岩浆带西部。贾盖火山岩浆岩带是在中伊朗微陆块与阿富汗微陆块拼合期间及之后形成的一个由钙碱性深成岩、火山岩组成的东西向延伸的岩浆岩带，又称贾盖岛弧或莫克兰(Makran)岩浆弧(Sid-diqui et al.，2007；Perelló et al.，2008)，通常被认为是欧亚大陆的南缘组成部分之一，属于特提斯构造域的一部分(Farhoudi and Karig，1977；Sillitoe and Khan，1977；Sillitoe，1978；Lawrence et al.，1981；Razique，2013)。在区域地质构造格架中，贾盖火山岩浆岩带(Ⅲ)是莫克兰-扎格罗斯(Zagros)岩浆的组成部分之一(Farhoudi and Karig，1977；Raz-ique，2013)，位于中特提斯构造域(Ⅰ)土耳其-中伊朗-冈底斯中间板块(Ⅱ)中部(李春昱等，1982)，夹于欧亚板块南部阿富汗地块和莫克兰复理石盆地之间，由北向南包括贾盖岩浆弧(Ⅲ1)、赛因达克-达尔本丁(Dalbandin)凹陷(Ⅲ2)、拉斯科(RasKoh)抬升地块(Ⅲ3)、马斯科赫(Mashkhel)凹陷(Ⅲ4)4个次级构造单元(Kazmi and Ra-na，1982)(图4-42)。

(二)矿区地质

贾盖火山岩浆岩带出露的地层主要有下白垩统辛贾拉尼(Sinjrani)群、下白垩统胡迈(Humai)组、古新统朱扎克/拉克萨尼(Juzzak/Rahkshani)组、始新统萨因达克组、渐新世阿玛拉夫(Amalaf)组、上渐新统达尔本丁组、上渐新统—下中新统雷克迪克组以及上新世—更新世地层单元(Siddiqui，2004；Siddiqui et al.，2007；Perelló et al.，2008；Razique，2013)。雷克迪克矿集区出露的地层主要为渐新世—中新世沉积序列和古新世—始新世沉积序列(图4-43)。

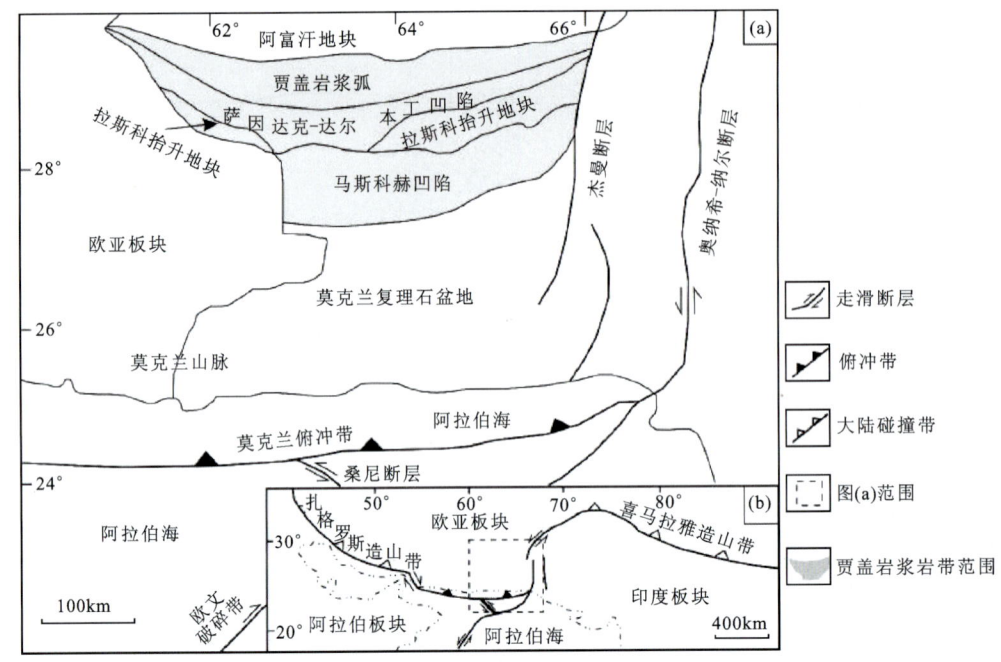

图 4-42　巴基斯坦贾盖火山岩浆岩带构造格架简图

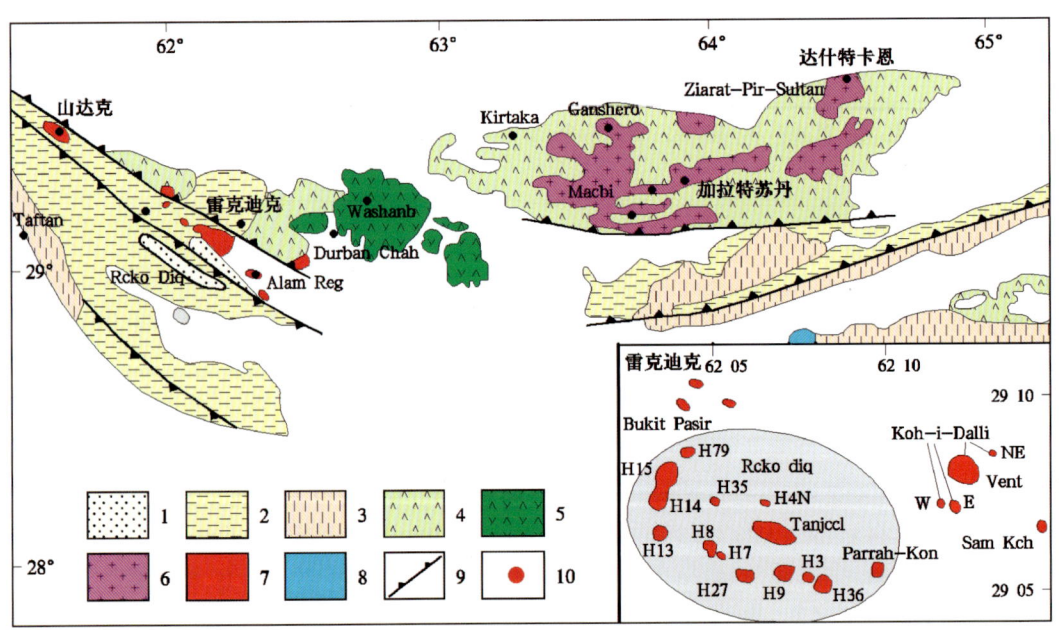

图 4-43　巴基斯坦贾盖火山岩浆岩带地质简图

1-渐新世—中新世沉积序列；2-古新世—始新世沉积序列；3-晚白垩世—古新世复理石序列；4-晚白垩世火山岩、沉积岩；
5-新近纪火山弧；6-始新世—渐新世贾盖侵入体；7-中新世岩株（索二科侵入岩）；8-古近纪蛇绿岩；9-逆冲断层；10-铜矿

贾盖火山岩浆岩带经历了多期构造改造，渐新世构造活动最为强烈，晚中新世以来沿着主要断层发生逆冲运动，同时伴随着地块收缩（Arthurton et al.，1982；Perelló et al.，2008），区域上与成矿有关的构造主要为断层和背斜。区内出露的断层主要为逆断层，包括德拉纳科（Drana Koh）、托兹吉科（Tozgi Koh）、大恰帕尔（Great Chappar）、拉吉科（Laki Koh）断层（Arthurton et al.，1982）和杰曼（Chaman）断层系统及其次级断层 Perelló et al.，2008）。此外，在辛贾拉尼群和更年轻的地层中还发育一大型背斜构造，其核部出露贾盖侵入岩的主要岩基，而具有褶皱、逆冲变形特征的复理石序列则控制了弥尔加瓦（Mirjawa）山脉、拉斯科山脉，以及达尔本丁槽谷的出露部分（Arthurton et al.，1982；Perelló et al.，

2008)。其中,德拉纳科断层、托兹吉科断层以及伴生的次级断层系统控制着雷克迪克矿集区含矿斑岩的侵位和空间分布,并提供了有利的导矿场所。贾盖火山岩浆岩带包括贾盖侵入岩和索尔科侵入岩。前者是指侵入到辛贾拉尼群中的大型复合岩基,主要沿着贾盖山脉中心地区断续出露;后者主要为贾盖山脉西部地区孤立的小型侵入岩和岩株(Perelló et al.,2008)。其中与雷克迪克矿集区斑岩型铜金矿化及成矿密切相关的是索尔科侵入岩,主要由岩株、岩床、岩墙、岩穹和岩盆组成,出露大小不一。岩性主要为英安岩及少量玄武安山岩和流纹英安岩,具有典型的中粗粒、不等粒斑状结构(Perelló et al.,2008)。

雷克迪克矿集区各斑岩型铜矿床均与早—晚中新世钙碱性石英闪长岩和花岗闪长岩侵入体有关(Perelló et al.,2008;Ji,2013),围岩主要为安山质火山岩、微闪长岩和碎屑沉积岩,矿体主要受东西向、北北东向、北南向、北东向构造控制,其南、北侧分别被北西向德拉纳科断层和托兹吉科断层截断。该矿集区是巴基斯坦最重要的斑岩型铜金矿产地之一,发育20个斑岩型铜矿矿床及远景区,矿石储量为855Mt,铜品位0.65%,金品位0.33g/t(Cooke et al.,2005;Perello et al.,2008),其中包括世界级的H14、H15矿床(Perelló et al.,2008)。

根据雷克迪克矿集区侵入岩形成的先后顺序,Razique(2013)将其划分为4个阶段:闪长岩-石英闪长岩阶段、角闪岩-闪长岩阶段、花岗闪长岩-石英闪长岩阶段、闪长岩-微闪长岩阶段。其中Tanjeel斑岩型铜矿床赋存在北西向的闪长斑岩和石英闪长斑岩中(闪长岩-石英闪长岩阶段);以角闪岩-闪长岩为代表的斑岩侵入岩(角闪岩-闪长岩阶段),主要呈岩株状出现在H14E、H12、H35、H11、Koh-e-Dalil(北西)、SamKoh等矿床(点);花岗闪长岩和石英闪长岩侵入体(花岗闪长岩 石英闪长岩阶段)呈北东向的岩株和岩脉群出现,由北向南形成了H79、H15、H14、H13等斑岩型铜金矿床,构成雷克迪克矿集区的主体;闪长岩侵入体(闪长岩-微闪长岩阶段)对应着矿集区最年轻的岩浆事件,形成了一些小型的斑岩型铜金系统,包括H36、H9、H8和H7等矿床(点)。

(三)矿床地质

雷克迪克斑岩型铜金矿集区发育20个斑岩型铜金矿床(点),其中有6个已达到中型以上规模。H14、H15斑岩型铜金(钼)矿床是巴基斯坦境内最大的世界级斑岩型铜金(钼)矿床,矿石储量为590Mt,铜品位0.65%,金品位0.33g/t,钼品位0.01%(Perelló et al.,2008;Razique,2013)。H14、H15斑岩型铜金(钼)矿床主要与多期次、叠加的岩浆-热液事件密切相关,沿着北东向的斑岩侵入体产出,其核部发育钾化,两侧发育绢云母化(Razique,2013)。矿体主要赋存于石英闪长岩和花岗闪长岩中,围岩为安山质火山岩、碎屑沉积岩,矿体主要受北北东向构造线及断层带控制(Lü et al.,2016)。

H14、H15斑岩型铜金(钼)矿床先后经历了4期明显的侵位活动,岩性由石英闪长岩至花岗色闪长岩组成,导致该矿床不同位置具有不同的Cu-Au品位(Razique,2013)。在花岗闪长岩-石英闪长岩阶段早期,黑云母-钾长石-磁铁矿发育的强烈钾化蚀变作用,导致大量的高品位(Cu 0.8%、Au 0.4g/t)Cu-Au矿化。早期的矿化斑岩侵入体被微弱蚀变的、新鲜的石英闪长岩岩株、岩墙截断,形成了低品位的核部(Lü et al.,2016)。主成矿阶段(黄铜矿±斑铜矿)矿化作用一般发生在斑岩体中和硫化物含量在2%~3%的细脉中,以浸染状为主(Yao et al.,2014)。

H14、H15矿床遭受强烈的围岩蚀变,具有明显的蚀变分带,从内向外依次为钾化、绢云母-黏土-绿泥石化、绢云母化、青磐岩化(Perelló et al.,2008)。H14矿床中,在蚀变最强烈的地方原始岩石组分全部被钾长石、石英、黑云母和硬石膏交代;H15矿床中,与石英+绢云母+高岭石蚀变作用有关的高硫矿物组合(铜蓝+斑铜矿+石英)主要产于在砂岩和砾岩中。H14、H15矿床Cu-Au矿化带是在与钾化蚀变相关的岩体中心及其深部形成的,在其边缘和上部,钼含量有所增加(Perelló et al.,2008;Yao et al.,2014)。

第五章 空间数据库建设

第一节 小比例尺地质图数据集与成矿地质背景空间数据集

围绕整个项目编图目标,基于任继舜先生1:500万亚洲地质图中提取蒙古、俄罗斯、哈萨克斯坦、吉尔吉斯斯坦、塔吉克斯坦、乌兹别克斯坦、阿富汗、巴基斯坦以及印度8国数据,形成项目目标国底图数据集。

基于已收集的中亚及邻区资料,形成了中亚及邻区1:250万成矿地质背景空间数据集空间范围包括俄罗斯、蒙古、哈萨克斯坦、吉尔吉斯斯坦、塔吉克斯坦、乌兹别克斯坦、土库曼斯坦。数据内容包括构造分区、主要构造运动期及时间、地球动力学背景及岩石建造组合、基底及盖层深度、各类构造界线、成矿域、成矿省、成矿区(带)、成矿亚区(带)、远景区(矿集区)、优势矿产。

第二节 中亚1:100万~1:20万地质矿产数据集

一、1:100万地质矿产数据集

哈萨克斯坦、吉尔吉斯斯坦、塔吉克斯坦、乌兹别克斯坦4国地质矿产数据集空间范围覆盖全国。主要数据内容包括:1:100万地理地形数据、1:100万地质数据、矿产数据、成矿地质背景、成矿规律1:200万地球物理(航磁、重力)数据、遥感数据(ETM+、OLI)。

二、1:50万地质数据集

1:50万地质数据集建设的必要性在于:1:100万地质数据集在跨境成矿带整体对比研究中尺度偏小,特别是在成矿地质背景研究中;1:20万地质数据集相对于跨境成矿带整体对比研究,尺度又偏大,所有图幅在1:20万比例尺下高或宽都在5m以上,使用受限,适合于跨境成矿带重点区域(矿集区尺度)相关研究。在此基础上,本次1:50万地质数据集建设选择哈萨克斯坦重点成矿带完成了地质矿产数据集建设,数据内容包括地质、构造、成矿地质背景(构造相、建造)、勘查地球化学数据、苏联时期预测区等(图5-1)。

需要说明的是,1:50万勘查地球化学数据集建设区域主要包括南哈萨克斯坦、中哈萨克斯坦、东哈萨克斯坦、北哈萨克斯坦(略)。各区工作程度、数据内容及质量均有差异,总体上数据主要内容包括地球化学数据、地球化学异常两个层次。其中,地球化学数据主要是不同元素地球化学点、地球化学线空间分布及元素含量;地球化学异常包括各类地球化学异常区(线)及属性,属性内容较为简单,包括主要异常元素种类、所属组合异常类型及编号。

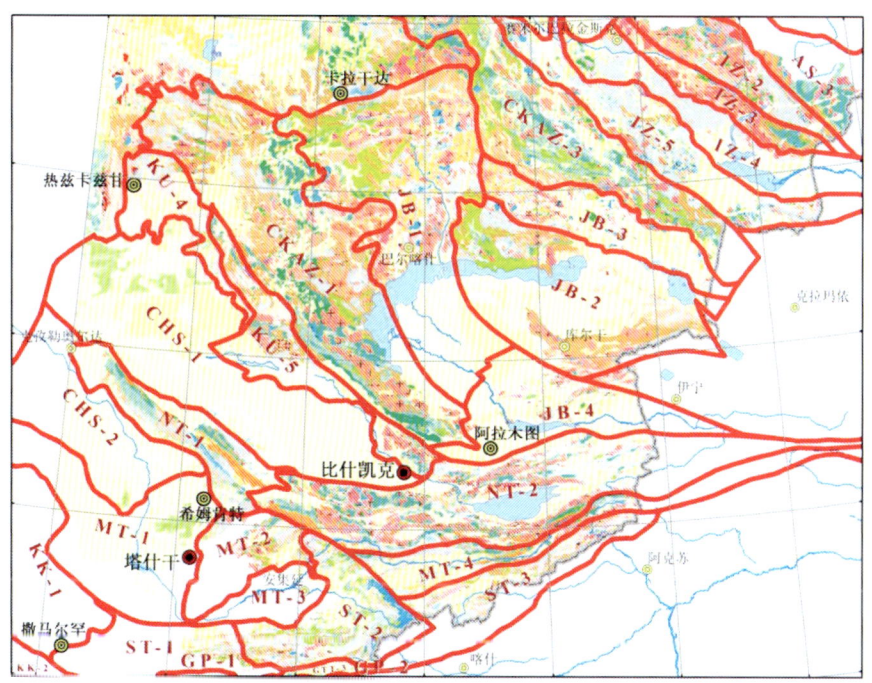

序号	代码	成矿带（区）	主要矿种	成矿时代
1	CKAZ-1	阿塔苏-扎莱尔奈曼	Pb、Zn、Fe、Mn、Au、W、Mo、Cu、U	D_3
2	CKAZ-3	成吉思-塔尔巴哈台	Cu、Au、Zn、Pb、Mo、U	O
3	IZ-5	阿克加尔-扎尔玛	Au、Ni、Co、Nb、Ta、Cu、Mo	P、D
4	JB-1	托克拉乌斯	W、Cu、Mo、Pb、Zn、U	P、C
5	JB-2	准噶尔-伊犁	Pb、Zn、Cu、Mo	P、O、Pz_2
6	JB-3	准噶尔-前巴尔喀什	Cu、Mo、Au	C—P
7	JB-4	科克赛	Cu、Mo、U	C—P
8	KU-5	楚河-肯杰克塔斯	Cu、Mo、fl、Au、U、Fe	D_3、O
9	NT-1	卡拉套	Pb、Zn、V、ba	D_3
10	NT-2	北天山	Au、W、As、Fe、Ti、Bi、V、Be、Mo	D、C—P、Pz_1

图 5-1 哈萨克斯坦及吉尔吉斯斯坦主要成矿带厘定及空间分布范围示意图

三、1∶20 万地质矿产数据集

围绕项目靶区圈定目标,基于前述数据基础,1∶20 万地质矿产数据集覆盖区域初步通过前人划分的吉尔吉斯斯坦、塔吉克斯坦、乌兹别克斯坦远景区和矿结(矿集区)以及矿产分布情况,结合已有 1∶20 万地质矿产资料和典型矿床分析,以上述 3 个国家的优势矿产靶区圈定为目标优选了远景区和矿结(图)进行了重要矿集区地质矿产数据集的建设,具体如下。

(一)吉尔吉斯斯坦远景区(矿集区)

依据吉尔吉斯斯坦优势矿产及远景区(矿集区)分布情况,结合典型矿床特征和区域地质,优选 13

个远景区(图 5-2),建立了吉尔吉斯斯坦重要矿集区 1∶20 万地质矿产数据集。

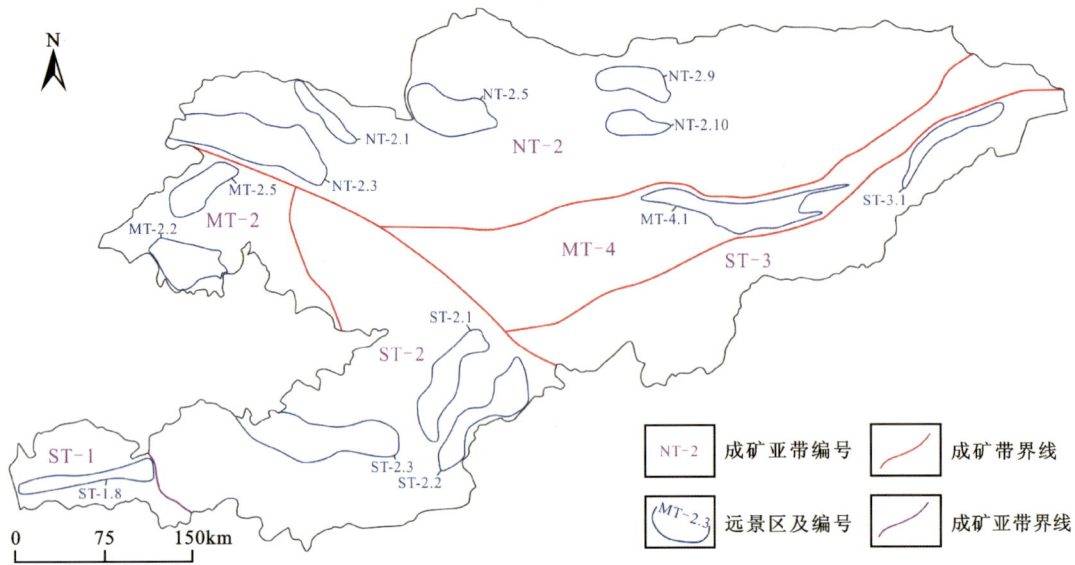

图 5-2　吉尔吉斯斯坦 1∶20 万远景区(矿集区)数据集空间位置及范围示意图

(二)塔吉克斯坦远景区(矿集区)1∶20 万地质矿产数据集

依据塔吉克斯坦优势矿产及远景区(矿集区)分布情况,结合典型矿床特征和区域地质,优选 24 个远景区,建立了塔吉克斯坦重要矿集区 1∶20 万地质矿产数据集(图 5-3)。

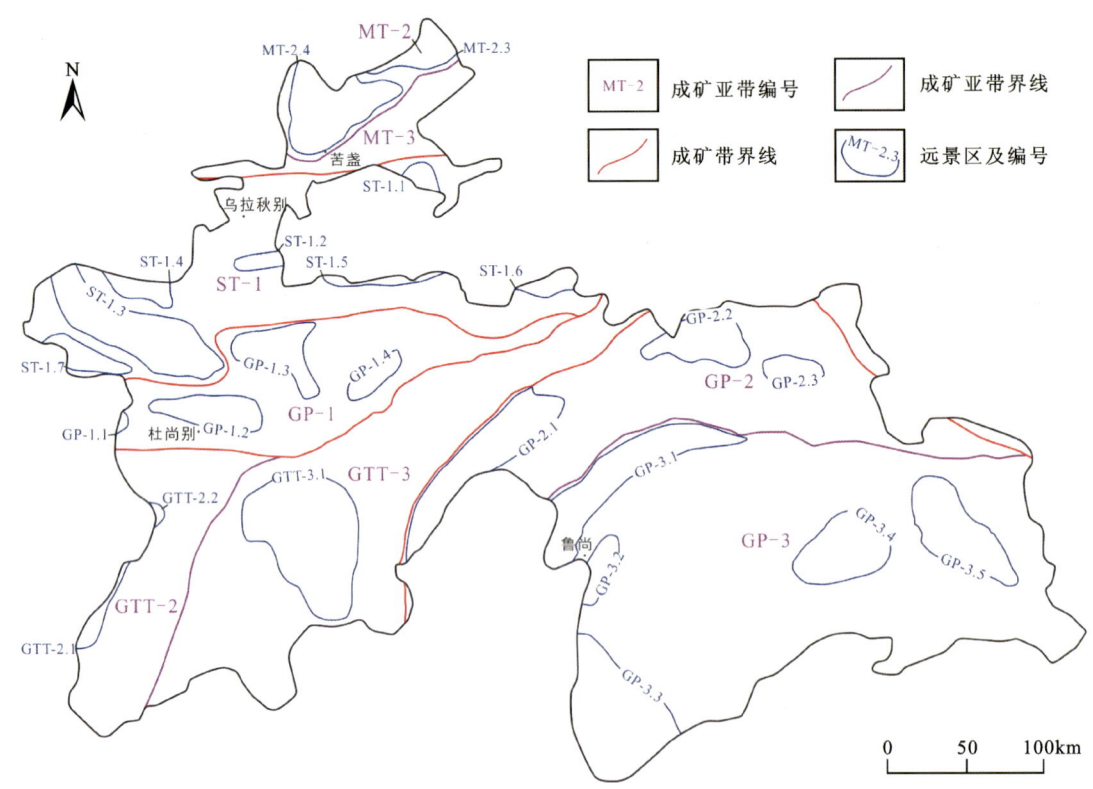

图 5-3　塔吉克斯坦 1∶20 万远景区(矿集区)数据集空间位置及范围示意图

(三)乌兹别克斯坦远景区(矿集区)1:20万地质矿产数据集

依据乌兹别克斯坦优势矿产及远景区(矿集区)分布情况,结合典型矿床特征和区域地质,优选11个远景区(图5-4),建立了乌兹别克斯坦重要矿集区1:20万地质矿产数据集。

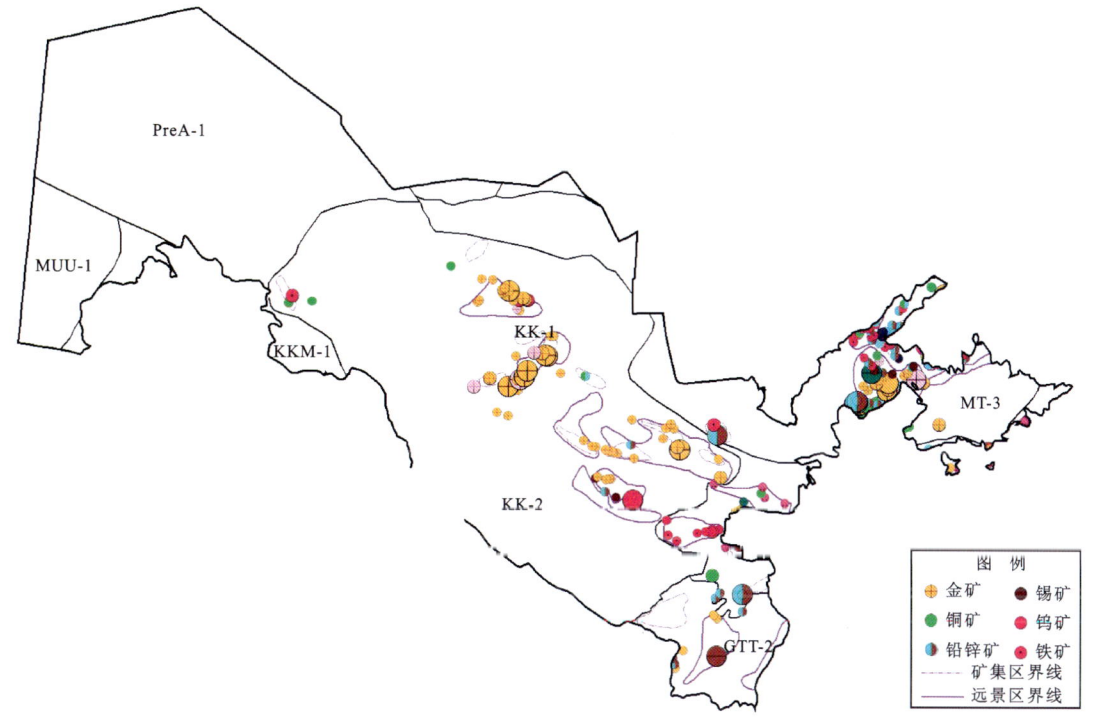

图5-4 乌兹别克斯坦1:20万远景区(矿集区)数据集空间位置及范围示意图

第六章　重点目标国成矿预测与靶区优选

第一节　资源预测与靶区优选方法、原则

一、靶区圈定方法

本次靶区圈定主要采用综合信息地质单元法。该方法通过评价与研究区内铁、铜、铅锌、金矿有关的地质、物探、化探、遥感等要素在一定空间范围内分布特征,将含矿建造、赋矿围岩等与物化探异常、遥感、自然重砂异常等要素进行叠加,然后对各要素与已知矿床点吻合较好或各要素叠合异常反映较强的区域,参考含矿建造岩性边界进行圈定。综合要素叠加圈定地质体单元的方法具有明确的意义,方便各变量的选择。本次采用综合信息地质单元法,通过评价要素的叠加进行靶区的圈定。

二、靶区圈定原则

1. 原则

(1)判定成矿信息浓集的最小面积最大含矿率的空间范围。

(2)采用模式类比法,圈定不同类别的靶区。包括 3 种情况:①地质＋综合信息。在有利的含矿建造内,已发现有矿床(点)分布,并有明显的化探异常、航磁异常、遥感蚀变等异常显示。②综合信息地质＋矿床点。在有利的含矿建造内,仅有已知矿床(点)分布,但化探异常、航磁异常、遥感蚀变等异常显示不明显。③地质＋综合信息。在有利的含矿建造内,仅有磁法或化探异常单一信息显示。

(3)空间位置的确定首先以地质构造精细分区划分预测单元。以地质、物探、化探、遥感成矿信息综合标志确定靶区的界线,采用最新 1∶20 万区域地质、物探、化探资料。

(4)基础数据与预测目标尺度对等。

(5)靶区的面积不大于 1∶20 万标准图幅面积的 30%,即小于 $100km^2$。

2. 靶区圈定重点注意问题

(1)预测资料比例尺。核实本区预测资料的精度是否属实,要求必须应用大于等于 1∶20 万比例尺的资料。

(2)最小预测区级别。核实靶区级别划分是否合适。靶区级别分为 A、B、C 三级,分类依据包括成矿有利度、预测资源量、地理交通及开发条件、其他相关条件。

(3)靶区面积大小。一般情况下最小预测区面积在 $100km^2$ 以内。

(4)靶区不应跨越成矿单元界线。

3. 靶区级别划分

根据最小预测区地质、物探、化探、遥感特征,对预测工作区中的最小预测区预测资源量进行划分,分别确定出 A、B、C 级资源量。3 个级别资源量划分依据如下:

(1) A 级。在有利的含矿建造内,已发现有小型以上规模铁矿床,物探、化探异常明显,具有明显的重、磁、地质构造推断要素存在,估算资源量在大中型以上,优选结果为 1 级(优选中的 A 级)。

(2) B 级。在有利的含矿建造内,已发现有铁矿点或矿化点,化探异常明显,有重力和磁法、地质构造推断要素存在,估算资源量在中型,优选结果为 1 级(优选中的 A 级)或 2 级(优选中的 B 级)。

(3) C 级。在有利的含矿建造内,仅有单一的物探、化探、遥感异常显示,估算资源量为小型及以下。

三、靶区圈定结果

本次资源预测与靶区圈定包括以下两个方面内容:
(1) 基于哈萨克斯坦 1∶50 万空间数据集开展的资源预测。
(2) 基于吉尔吉斯斯坦、塔吉克斯坦、乌兹别克斯坦远景区(矿集区)1∶20 万地质矿产数据集的靶区圈定。

四、靶区优选

(1) 基于收集到的 1∶25 万及部分异常查证结果对靶区进行优选。
(2) 根据异常查证结果进行靶区优选。
(3) 根据矿业环境、矿业形势及矿业权信息进行靶区优选。

第二节 成矿预测

在综合分析新疆周边国家成矿地质条件、成矿规律的基础上,对收集到的不同比例尺数据进行集成分析,通过地质、化探、遥感等多元信息,开展成矿远景区的划分和靶区圈定,并结合收集到的近年来完成的大比例地质、化探数据,结合矿业政策和矿业环境,开展靶区优选工作。在塔吉克斯坦、吉尔吉斯斯坦、乌兹别克斯坦、巴基斯坦 4 国共圈定找矿远景区 54 个,各类找矿靶区 52 个(表 6-1)。

表 6-1 目标国找矿远景区和找矿靶区总计表 单位:个

序号	国别	远景区	靶区
1	乌兹别克斯坦	11	17
2	塔吉克斯坦	24	20
3	吉尔吉斯斯坦	13	8
4	巴基斯坦	6	7
	总计	54	52

一、塔、吉、乌三国 1∶20 万远景区

依据项目靶区圈定目标,在塔吉克斯坦、乌兹别克斯坦、吉尔吉斯斯坦国重要远景区(矿集区)1∶20万地质矿产数据集建设基础上,对区域内优势矿种和矿床类型进行分析,总结了各远景区(矿集区)优势矿种(矿床类型)相应矿床模型,依据矿床模型对遥感异常信息进行提取,并集成1∶20勘查地球化学异常数据,完成了各远景区(矿集区)靶区圈定数据集的建设,为项目开展靶区圈定提供关键数据支持。本次工作在塔吉克斯坦圈定找矿远景区24个,找矿靶区20个,其中A类靶区6个,B类靶区9个,C类靶区5个(表6-2)。吉尔吉斯斯坦圈定找矿远景区13个,找矿靶区8个,其中A类靶区2个,B类靶区6个(表6-3)。乌兹别克斯坦圈定找矿远景区11个,找矿靶区17个,其中A类靶区9个,B类靶区5个,C类靶区3个(表6-4)。

表 6-2 塔吉克斯坦找矿远景区和找矿靶区

序号	成矿省编号及名称	成矿带编号及名称	成矿亚带编号	远景区编号	靶区编号	靶区级别	矿种
1	UST-乌拉尔-南天山 (Ural-South Tianshan)	MT-中天山 (Middle Tianshan)	MT-2	MT-2.3	MT-2.3.1	B	铅锌
2				MT-2.4	MT-2.4.1	A	金铜
3					MT-2.4.2	A	铅锌
4					MT-2.4.3	A	铅锌
5					MT-2.4.4	A	铅锌
6			MT-3	/	/	/	铅锌
7		ST-南天山 (South Tianshan)	ST-1	ST-1.1	ST-1.1.1	B	锰
8				ST-1.2	/	/	金
9				ST-1.3	ST-1.3.1	A	金铜
10				ST-1.4	/	/	铅锌
11				ST-1.5	ST-1.5.1	C	金
12				ST-1.6	/	/	金
13				ST-1.7	ST-1.7	C	金铜
14	PT-帕米尔-西藏 (Pamir-Tibet)	GTT-Gaurdak Termez Tajik	GTT-2	GTT-2.1	/	/	铅锌
15				GTT-2.2	/	/	铅锌
16			GTT-3	GTT-3.1	GTT-3.1.1	C	铅锌
17		GP-Gissar Pamir	GP-1	GP-1.1	/	/	铅锌铜
18				GP-1.2	GP-1.2.1	B	铅锌铜
19				GP-1.3	GP-1.3.1	B	金
20					GP-1.3.2	A	金
21				GP-1.4	/	/	金
22			GP-2	GP-2.1	GP-2.1.1	B	金铜
23					GP-2.1.2	B	金铜
24				GP-2.2	GP-2.2.1	C	金
25				GP-2.3	GP-2.3.1	C	铜金

续表6-2

序号	成矿省编号及名称	成矿带编号及名称	成矿亚带编号	远景区编号	靶区编号	靶区级别	矿种
26	PT-帕米尔-西藏（Pamir-Tibet）	GP-Gissar Pamir	GP-3	GP-3.1	GP-3.1.1	B	金
27				GP-3.2	GP-3.2.1	B	金
28				GP-3.3	/	/	铅锌
29				GP-3.4	GP-3.4.1	B	铅锌
30				GP-3.5	/	/	铅锌

表6-3 吉尔吉斯斯坦找矿远景区和找矿靶区

序号	成矿省编号及名称	成矿带编号及名称	成矿亚带编号	远景区编号	靶区编号	靶区级别	矿种
1	KNT-科克舍套-北天山（Koloshetau North Tianshan）	NT-北天山（North Tianshan）	NT-2	NT-2.1	/	/	钨锡
2				NT-2.3	NT-2.3.1	B	金矿
3				NT-2.5	NT-2.5.1	B	金矿
4				NT-2.9	NT-2.9.1	B	金矿
5					NT-2.9.2	A	金矿
6				NT-2.10	NT-2.10.1	B	铅锌
7	UST-乌拉尔-南天山（Ural South Tianshan）	MT-中天山（Middle Tianshan）	MT-2	MT-2.2	MT-2.2.1	B	金矿
8				MT-2.5	MT-2.5.1	B	金矿
9			MT-4	MT-4.1	MT-4.1.1	A	铁矿
10		ST-南天山（South Tianshan）	ST-1	ST-1.8	/	/	金锑
11			ST-2	ST-2.1	/	/	铅锌
12				ST-2.2	/	/	金锑
13				ST-2.3	/	/	金
14			ST-3	ST-3.1	/	/	钨锡

表6-4 乌兹别克斯坦找矿远景区和找矿靶区

序号	远景区	靶区编号	级别	数量	矿种
1	Uchkuduk远景区（KK-1.3）	KK-1.3-1	A	3	金矿
2		KK-1.3-2	B		金矿
3		KK-1.3-3	B		金矿
4	Auratausskaya远景区（KK-1.9-1）	KK-1.9-1-1	A	3	金矿
5		KK-1.9-1-3	A		金矿
6		KK-1.9-1-2	A		金矿
7	Auratausskaya远景区（KK-1.9-2）	KK-1.9-2	C	1	金矿
8	Zaravshanskaya远景区（KK-1.6.1）	KK-1.6.1-1	A	1	金矿
9	Zaravshanskaya远景区（KK-1.6.2）	KK-1.6.2-1	A	1	金矿

续表6-4

序号	远景区	靶区编号	级别	数量	矿种
10	Zaravshanskaya远景区(KK-1.6.6)	KK-1.6.6-1	A	1	金矿
11	Jantuai远景区(KK-1.6.3)	KK-1.6.3-1	B	1	金矿
12	Aristantua远景区(KK-1.6.4)	KK-1.6.4-1	C	1	金矿
13	Amantaitau远景区(KK-1.6.5)	KK-1.6.5-1	B	1	金矿
14	Zirabulak-Ziatdinsky远景区(KK-1.10)	KK-1.10-1	C	1	金矿
15	Pritashkentsky远景区(MT-2.3)	MT-2.3-1	B	3	金矿
16		MT-2.3-2	A		铅锌
17		MT-2.3-3	A		铅锌

二、巴基斯坦1:100万远景区

由于收集到的巴基斯坦数据较少,多为小比例尺数据,本次工作对该国开展1:100万的成矿预测工作,在远景区6个,找矿靶区7个,其中A类靶区2个,B类靶区5个(表6-5)。

表6-5 巴基斯坦找矿远景区和找矿靶区

序号	远景区	靶区名称	级别	数量	矿种
1	科希斯坦铬、金成矿远景区(1号)	莫克兰铬、镍矿找矿靶区	B	1	铬镍
2	印度和流域能源矿产北远景区(2号)	/	/	1	/
3	贝拉-瓦济里斯坦铬、镍成矿远景区(3号)	瓦济坦斯镍矿找矿靶区	B	1	镍
		穆斯林巴赫铬、镍矿找矿靶区	B	1	铬镍
		贝拉铬铁、镍矿找矿靶区	B	1	铁镍
4	查盖-拉斯科赫铁、铜、金成矿远景区(4号)	查盖斑岩型铜矿找矿靶区	A	1	铜
5	赛克杜-胡兹达尔铅锌成矿远景区(5号)	杜达铅锌矿找矿靶区	A	1	铅锌
6	印度河流域能源矿产南远景区(6号)	印度河流域石油天然气找矿靶区	B	1	石油天然气
合计	远景区6个;找矿靶区7个,其中A级2个,B级5个				

三、远景区特征

(一)塔吉克斯坦

塔吉克斯坦具有独特的地缘战略地位和较为丰富的矿产资源,"一带一路"倡议的实施为中国与塔吉克斯坦的资源产业合作提供了一个新的历史机遇期。本次在塔吉克斯坦共圈定找矿远景区10个,如图6-1所示。

1. Sauksai金矿远景区(GP-2.2)

Sauksai金矿远景区(GP-2.2)位于塔吉克斯坦东北部,万奇东北部,金加日尔西部。距离最近的大

第六章 重点目标国成矿预测与靶区优选

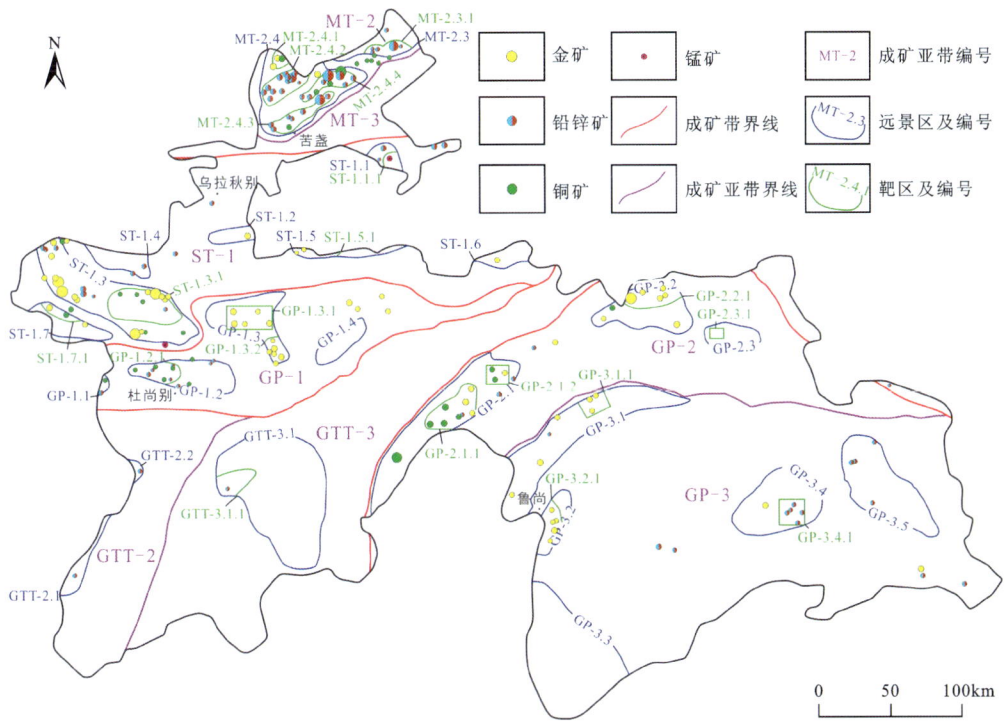

图6-1 塔吉克斯坦成矿远景区分布示意图

城市万奇约200km，主要成型矿床为金矿。区内交通便利，矿区内露天采坑可以通行汽车。

Sauksai地区岩性为泥岩、砂岩与砾岩，北东向韧性剪切带构造，主要控矿断裂带呈北东向展布。侵入基性—超基性花岗岩，成矿部位为泥岩、砂岩与砾岩接触带、断裂交会部位，重砂异常显示为Au、Cu、Zn、Pb异常，已知Au矿化点，Cu、Au矿点，且在此接触部位已找到此类大型矿床(图6-2)。

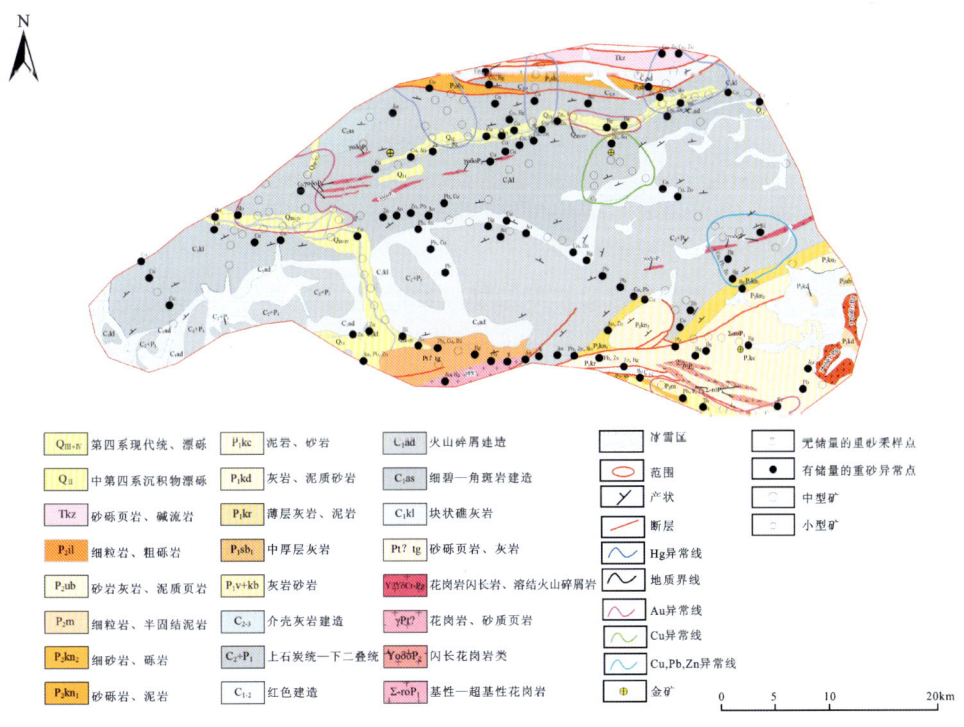

图6-2 Sauksai(GP-2.2)金矿远景区地质矿产图

通过收集资料,初步建立了该成矿远景区主攻矿种和类型为与花岗岩有关的中温热液型金矿,结合地球物理、地球化学初步建立了找矿标志,简述如下:

(1)主要含矿地层。砂砾岩泥岩。
(2)主要控矿构造。北东向韧性剪切带。
(3)主要控矿侵入体。基性—超基性花岗岩。
(4)成矿部位。泥岩、砂岩与砾岩接触带及断裂交会部位。
(5)化探。重砂异常显示为 Au、Cu、Zn、Pb 异常。
(6)已知矿点。已知 Au 矿化点,Cu、Au 矿点。

2. Maykhura-Jezhikrut 金矿远景区(ST-1.3)

Maykhura-Jezhikrut 金矿远景区(ST-1.3)位于塔吉克斯坦西部,乌拉秋别以南、泽拉夫尚以北。距离最近的大城市泽拉夫尚约 80km,主要成型矿床为金矿、铅锌矿。区内交通便利,矿区内露天采坑可以通行汽车。

Maykhura-Jezhikrut 金矿远景区受区域断裂或次级构造控制比较明显,富矿层位为海西期同构造花岗闪长岩等长英质岩石内石英细脉、绿帘石化、绿泥石化、硅化、钾化等蚀变较为发育,重砂异常显示为 W、Au、As、Sn、Mo、Hg 异常。在远景区西北部发现有钨金矿点,显示具有矽卡岩型金矿的找矿前景。该金矿点围岩为志留纪白云石碳酸盐岩,北西向脆韧性断裂构造为重要控矿构造,绿帘石化、绿泥石化、孔雀石化较发育,地表可见铜蓝,显示具有较大的找矿前景(图 6-3)。

通过收集资料,初步建立了该成矿远景区主攻矿种与类型为岩浆热液型金矿和矽卡岩型金矿,结合地球物理、地球化学初步建立了找矿标志,简述如下。

1)岩浆热液型金矿找矿标志
(1)控矿构造。受区域断裂或次级构造控制比较明显。
(2)赋矿层位。海西期同构造花岗闪长岩等长英质岩石内石英细脉、网脉。
(3)矿化蚀变。绿帘石化、绿泥石化、硅化、钾化。
(4)遥感异常。SiO_2 异常。
(5)化探异常。重砂异常可能显示为 W、Au、As、Sn、Mo、Hg 异常。
(6)已知矿点。Au 矿点、矿化点。

2)矽卡岩型金矿找矿标志
(1)赋矿地层。围岩为志留纪白云石碳酸盐岩。
(2)控矿构造。北西向脆韧性断裂剪切带内。
(3)控矿岩体。海西期同构造花岗闪长岩等长英质岩石。
(4)矿化蚀变。绿帘石化、绿泥石化、孔雀石化、铜蓝。
(5)遥感异常。Mg-OH 异常。
(6)化探异常。重砂异常显示为 W、Au 异常。
(7)已知矿产。Au 矿点、矿化点。

3. Darvaz-Muksuy 铜矿远景区(GP-2.1.1)

Darvaz-Muksuy 铜矿远景区(GP-2.1.1)位于塔吉克斯坦东北部,万奇以北,距离最近的大城市万奇别约 200km,主要成型矿床为铜矿。区内交通较为便利。

Darvaz-Muksuy 铜矿远景区主要出露岩性为泥岩、灰岩与页岩,主要控矿断裂带呈北西、近南北向展布。成矿部位泥岩、灰岩、页岩及断裂构造交会处,重砂异常显示为 W、Au、Pb、Hg、Zn 异常,已知 Pb、Zn 矿点,且在此接触部位已找到大型矿床(图 6-4)。

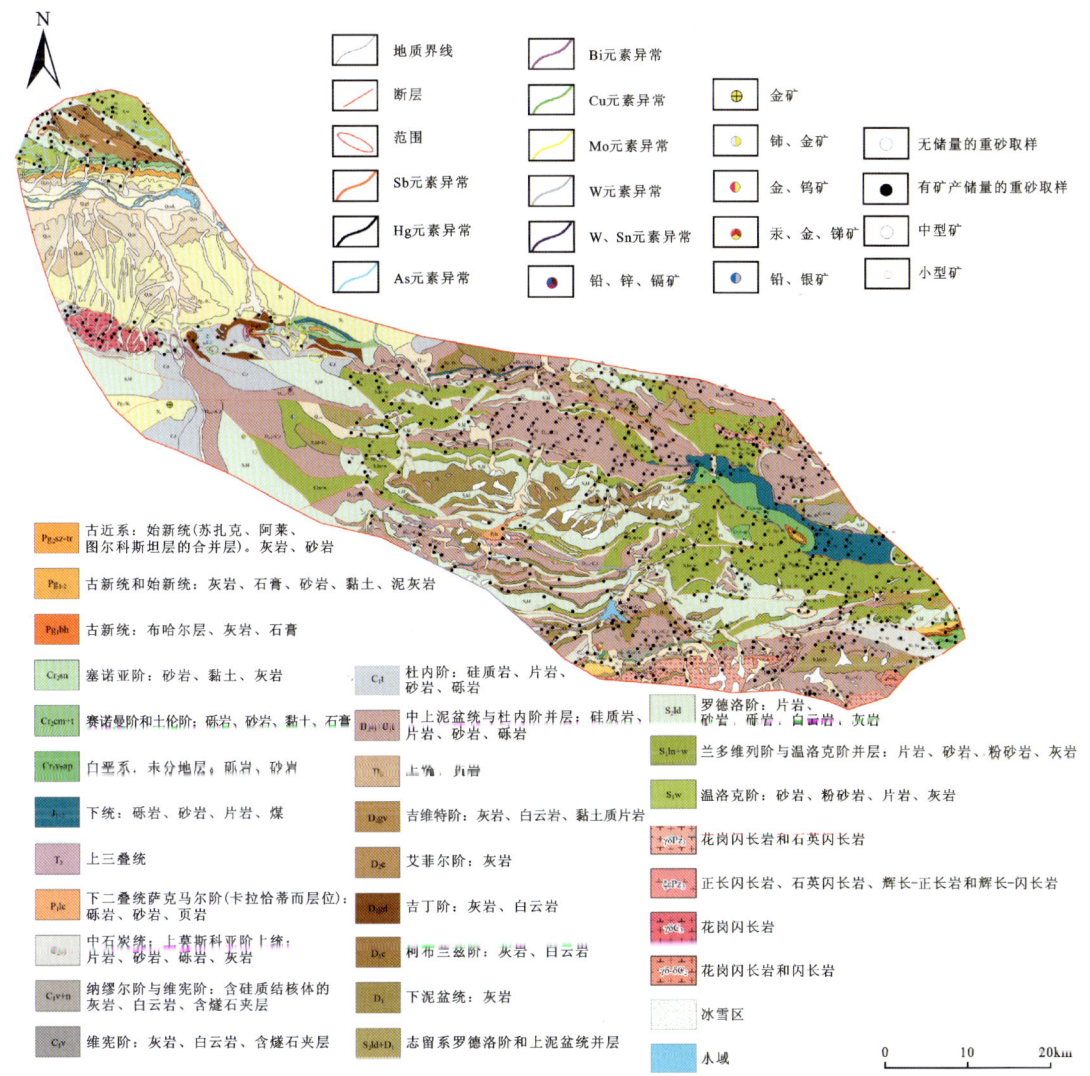

图 6-3 Maykhura-Jezhikrut 金矿远景区地质矿产图

通过收集资料,初步建立了该成矿远景区主攻矿种和类型为层控砂岩型铜矿,结合地球物理、地球化学初步建立了找矿标志,简述如下:

(1)赋矿地层。下二叠统泥岩、页岩、灰岩。
(2)控矿构造。近南北向和北西向断裂构造。
(3)成矿部位。泥岩、灰岩、页岩及断裂构造交会处。
(4)遥感异常。铁染、羟基异常。
(5)化探异常。重砂异常显示为 W、Au、Pb、Hg、Zn 异常。
(6)已知矿点。Pb、Zn 矿点。

4. Darvaz-Muksuy 铜矿远景区(GP-2.1.2)

Darvaz-Muksuy 铜矿远景区(GP-2.1.2)位于塔吉克斯坦东北部,万奇以北,距离最近的大城市万奇别约 200km,主要成型矿床为铜矿。区内交通较为便利。

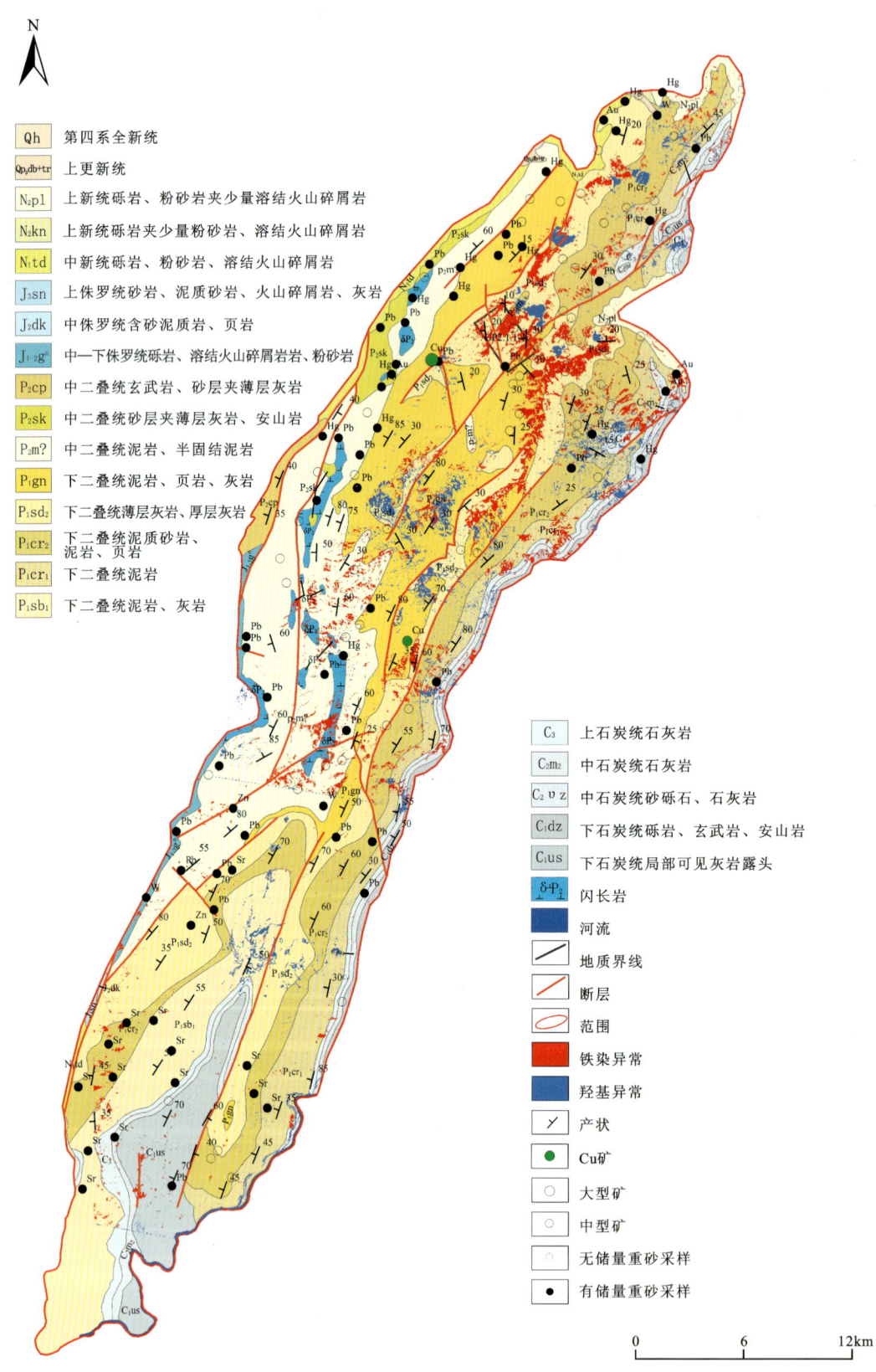

图 6-4 Darvaz-Muksuy 铜矿远景区地质矿产图

Darvaz-Muksuy 铜矿远景区岩性为花岗闪长岩和花岗岩,中酸性侵入体,主要控矿断裂带呈北西向展布,基本控制了该地区地层和侵入岩的展布,有利于铜矿床的形成,为成矿物质的迁移和富集提供了良好的通道和场所,成矿部位页岩与花岗岩、花岗闪长岩接触及断裂附近,重砂异常显示为 W、Au、Pb、Hg 异常,已知 Au、Cu、Ni 矿点,且在此接触部位已找到小型矿床(图 6-5)。

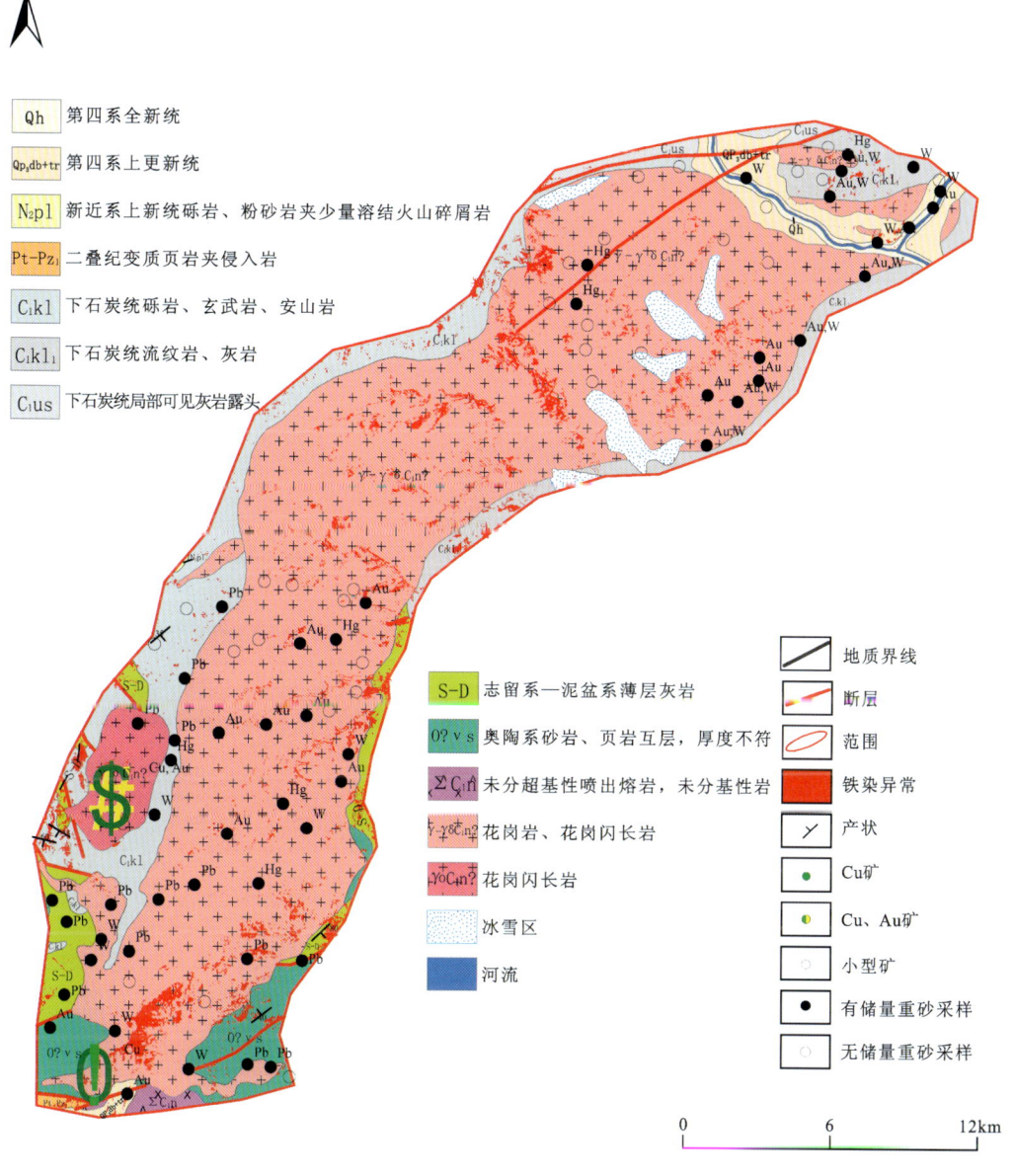

图 6-5 Darvaz-Muksuy 铜矿远景区地质矿产图

通过收集资料,初步建立了该成矿远景区主攻矿种和类型为浅成低温热液型铜矿,结合地球物理、地球化学初步建立了找矿标志,简述如下:

(1)赋矿地层。下石炭统花岗闪长岩。
(2)控矿构造。北西向断裂构造。
(3)有利侵入体。花岗岩、花岗闪长岩。
(4)成矿部位。页岩与花岗岩、花岗闪长岩接触及断裂附近。
(5)遥感异常。铁染异常。

(6)化探异常。重砂异常显示为 W、Au、Pb、Hg 异常。

(7)已知矿点。Au、Cu、Ni 矿点。

5. Kalmakyr(Almalyk)铅锌矿远景区(MT-2.4.1)

Kalmakyr(Almalyk)铅锌矿远景区(MT-2.4.1)位于塔吉克斯坦北部,苦盏以北,伊斯法拉以东,距离最近的大城市苦盏约 20km,主要成型矿床为铅锌矿。区内交通便利,矿区内露天采坑可以通行汽车。

Kalmakyr(Almalyk)铅锌矿远景区主要受区域性断裂构造及其次级断裂控制比较明显,该地层由上泥盆统灰岩、白云岩、泥灰岩等碳酸盐岩及上石炭统二长岩组成,存在正长闪长岩等中酸性侵入体,成矿部位为碳酸盐岩和中酸性侵入体接触带、断裂交会部位,已知 Pb、Zn 矿点及矿化点。靶区矿产主要受北东向断裂控制,矽卡岩型围岩以碳酸盐岩为主的上泥盆统,侵入体岩性为石炭纪石英二长岩和闪长岩,岩浆热液型铅锌矿由石炭纪中性侵入体侵入泥盆系,改造不彻底。该区沿断裂已发现两类矿床,资源潜力巨大。地层为石炭纪二长岩、正长闪长岩、正长岩等以中性为主侵入岩侵入泥盆纪花岗斑岩、石英斑岩等酸性侵入体并相互作用,与北东向断裂关系密切。区域性断裂构造及其次级断裂构造,铁染、羟基异常明显,已知 Pb-Zn 矿点(矿化点)(图 6-6)。

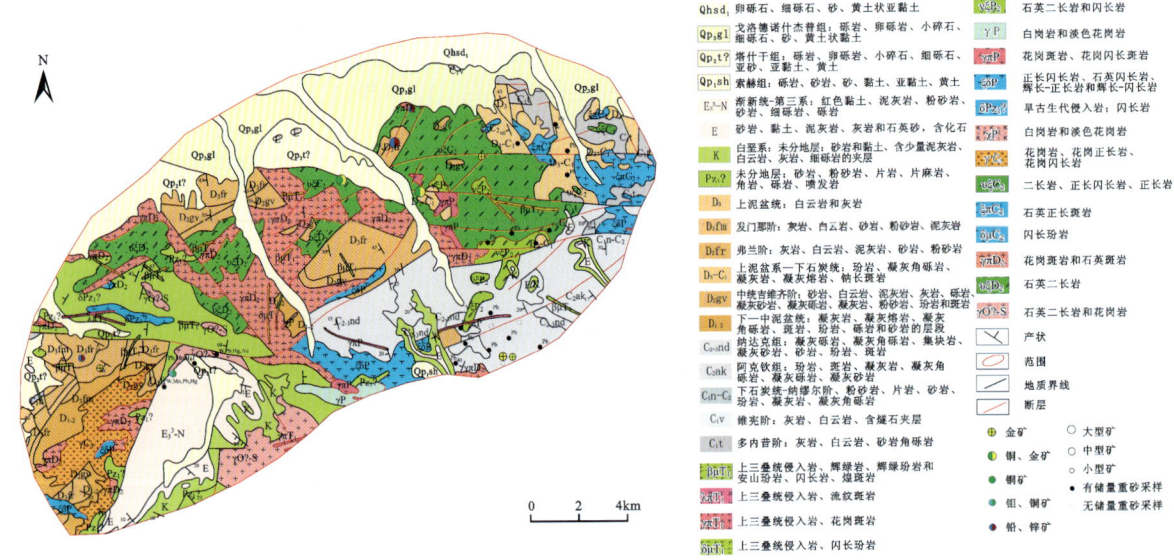

图 6-6 Kalmakyr(Almalyk)铅锌矿远景区地质矿产图

通过收集资料,初步建立了该成矿远景区主攻矿种和类型为岩浆热液型铅锌矿和矽卡岩型铅锌矿,结合地球物理、地球化学初步建立了找矿标志,简述如下。

1)岩浆热液型铅锌矿找矿标志

(1)赋矿岩性。石炭纪中性侵入岩侵入到泥盆纪花岗斑岩、石英斑岩。

(2)控矿构造。区域性断裂构造及其次级断裂。

(3)成矿部位。两期侵入岩接触,后期侵入岩改造古侵入体不彻底且断裂发育部位。

(4)遥感异常。铁染异常,羟基异常。

(5)已知矿点。Pb、Zn 矿点及矿化点。

2)矽卡岩型铅锌矿找矿标志

(1)赋矿地层及岩性。上泥盆统灰岩、白云岩、泥灰岩等碳酸盐岩。

(2)控矿构造。区域性断裂构造及其次级断裂。

(3)有利岩体。上石炭统二长岩、正长闪长岩等中酸性侵入体。

(4)成矿部位。碳酸盐岩和中酸性侵入体接触带,断裂交会部位。

(5)遥感异常。铁染、羟基异常。
(6)已知矿点。Pb、Zn 矿点(矿化点)。

(二)吉尔吉斯斯坦

吉尔吉斯斯坦圈定找矿远景区 7 个,如图 6-7 所示。远景区主要特征如下。

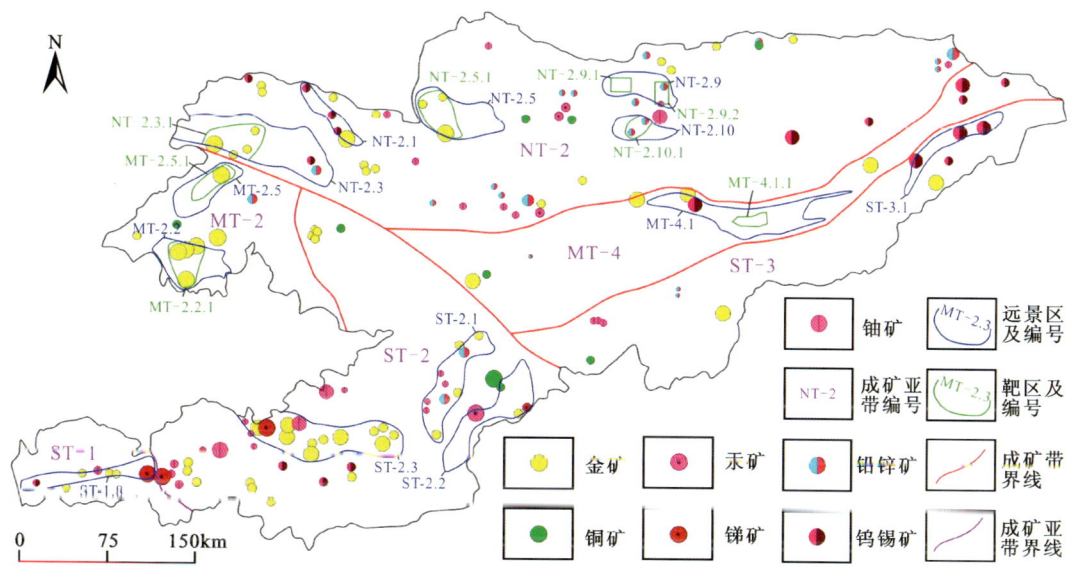

图 6-7 吉尔吉斯斯坦成矿远景区分布示意图

1. Bala-Chichkan 金矿远景区(NT-2.3.0)

Bala-Chichkan 金矿远景区(NT-2.3.0)位于吉尔吉斯斯坦北部,伊塞克—库利以西,坎特以东,距离最近的大城市伊塞克库利约 10km,主要成型矿床为金矿、铅锌矿以及铀矿。区内交通便利,可以通行汽车。

区出露侵入岩较多,以奥陶纪斑状花岗岩、花岗闪长岩以及碱性花岗岩、花岗斑岩为主,集中分布于远景区北部。南部极小面积出露寒武系灰岩、白云岩以及火山凝灰岩、砂岩、酸性喷发岩。东部小面积出露中—下奥陶统粉砂岩、泥质页岩、凝灰岩、灰岩等。北东向韧性剪切带构造主要控矿断裂带呈西北向展布。基本控制了该地区地层和侵入岩的展布,为成矿物质的迁移和富集提供了良好的通道和场所,成矿部位为灰岩与花岗岩、花岗闪长岩接触及断裂附近,重砂异常显示为 W、Au、Pb 异常(图 6-8)。

通过收集资料,初步建立了该成矿远景区主攻矿种类型为低温热液型金矿,结合地球物理、地球化学初步建立了找矿标志,简述如下:

(1)主要含矿地层。寒武系灰岩,白云岩。
(2)控矿构造。北西向和北东向断裂构造。
(3)有利岩体。石英闪长岩、辉长岩、石英正长闪长岩。
(4)遥感异常。羟基异常。
(5)成矿部位。灰岩、白云岩和斑状花岗岩、花岗闪长岩侵入岩交界处。
(6)化探异常。已知 W、Au、Pb 异常。
(7)已知矿点。已知大型金矿。

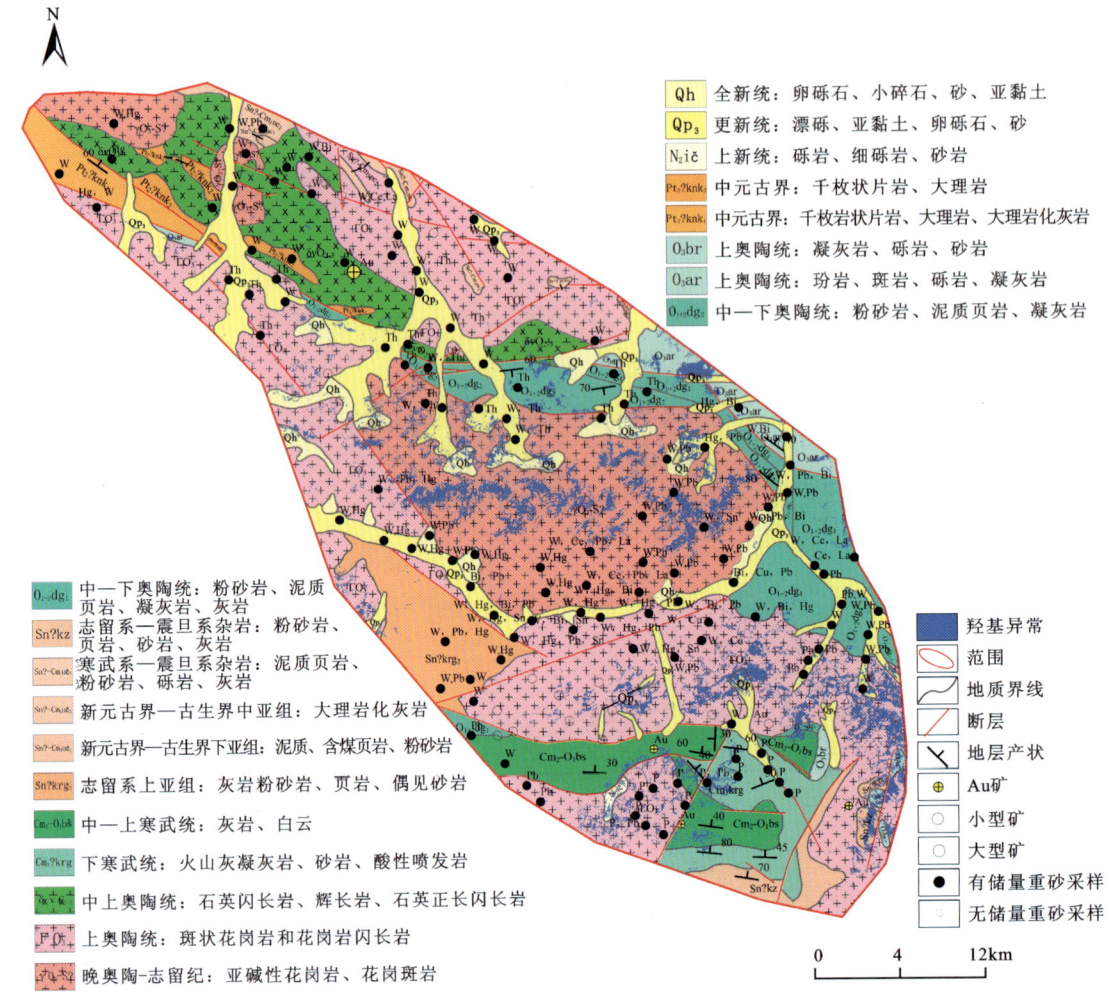

图 6-8 Bala-Chichkan 金矿远景区地质矿产图

2. Bozymchak-Kassan 金矿远景区（MT-2.2.1）

Bozymchak-Kassan 金矿远景区（MT-2.2.1）位于吉尔吉斯坦中部，卡扎尔曼以东，距离最近的大城市卡扎尔曼约 20km，主要成型矿床为金矿、铅锌矿。区内交通便利，可以通行汽车。

区主要出露地层为下古生界结晶片岩、千枚岩、大理岩等，主要分布于远景区西南部；寒武系细碧岩、辉绿岩、绿泥闪帘片岩、硅质片岩等，见于远景区东部；奥陶系砂岩、砾岩、片岩以及喷发岩等，出露面积较小，见于远景区中部；志留系砂岩、粉砂岩、千枚岩、灰岩、凝灰质砂岩，见于远景区西部；泥盆系灰岩、片岩、砂岩、白云岩等，见于远景区南部；石炭系砾岩、细砾岩、砂岩、凝灰质砾岩—角砾岩，含硅质结核等，见于远景区东部、南部；二叠系流纹斑岩、安山玢岩、凝灰质砂岩、凝灰岩、灰岩、砂岩、粉砂岩等，见于远景区中部、南部。出露的侵入岩主要为花岗岩、斜长花岗岩、花岗闪长岩、石英二长岩、石英闪长岩、辉长岩，以及少量片麻岩、结晶片岩等，集中分布于远景区中部（图 6-9）。

通过收集资料，初步建立了该成矿远景区主攻矿种和类型为低温热液型金矿，结合地球物理、地球化学初步建立了找矿标志，简述如下：

（1）赋矿地层。寒武系灰岩、白云岩。

（2）控矿构造。北西向和北东向断裂构造。

（3）含矿侵入体。石英闪长岩、辉长岩、石英正长闪长岩。

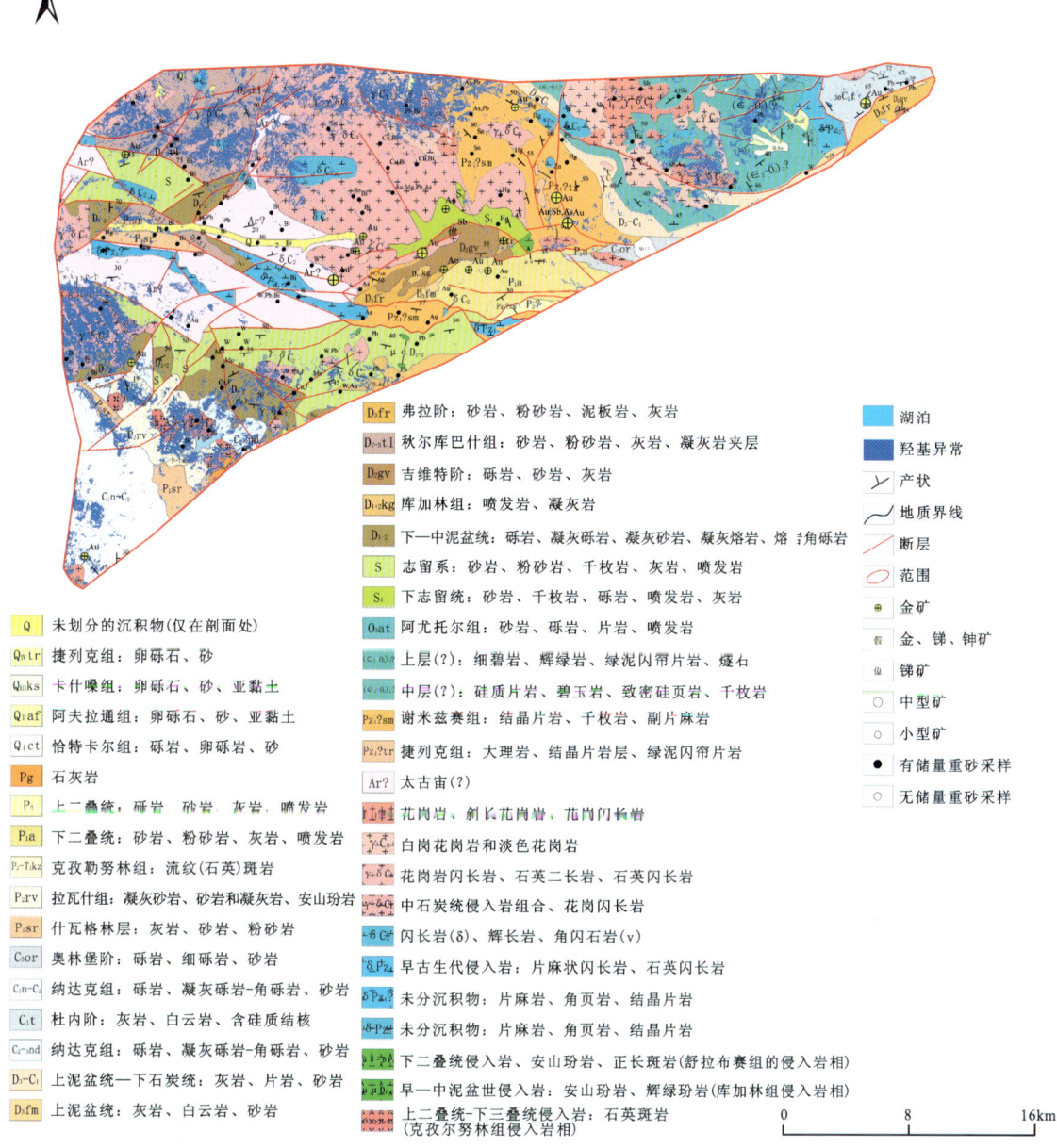

图 6-9 Bozymchak-Kassan 金矿远景区地质矿产图

(4) 遥感异常。羟基异常。
(5) 成矿部位。灰岩、白云岩和斑状化岗岩、化岗闪长岩侵入岩交界处。
(6) 化探异常。已知 W、Au、Pb 异常。
(7) 已知矿点。已知大型金矿。

3. Kichi-Sandyk 金矿远景区（MT-2.5.0）

Kichi-Sandyk 金矿远景区（MT-2.5.0）位于吉尔吉斯坦中部，卡扎尔曼以南，距离最近的大城市卡扎尔曼约 80km，主要成型矿床为金矿、铅锌矿（图 6-10）。区内交通便利，可以通行汽车。

通过收集资料，初步建立了该成矿远景区主攻矿种和类型为低温热液型金矿，结合地球物理、地球化学初步建立了找矿标志，简述如下：

(1)赋矿地层。下石炭统大理灰质岩。

(2)控矿构造。北西向和北东向断裂构造。

(3)遥感异常。羟基异常。

(4)成矿部位。沿东西向断层展布。

(5)化探异常。重砂异常显示为W、Cu异常。

(6)已知矿点。已知中型Au矿。

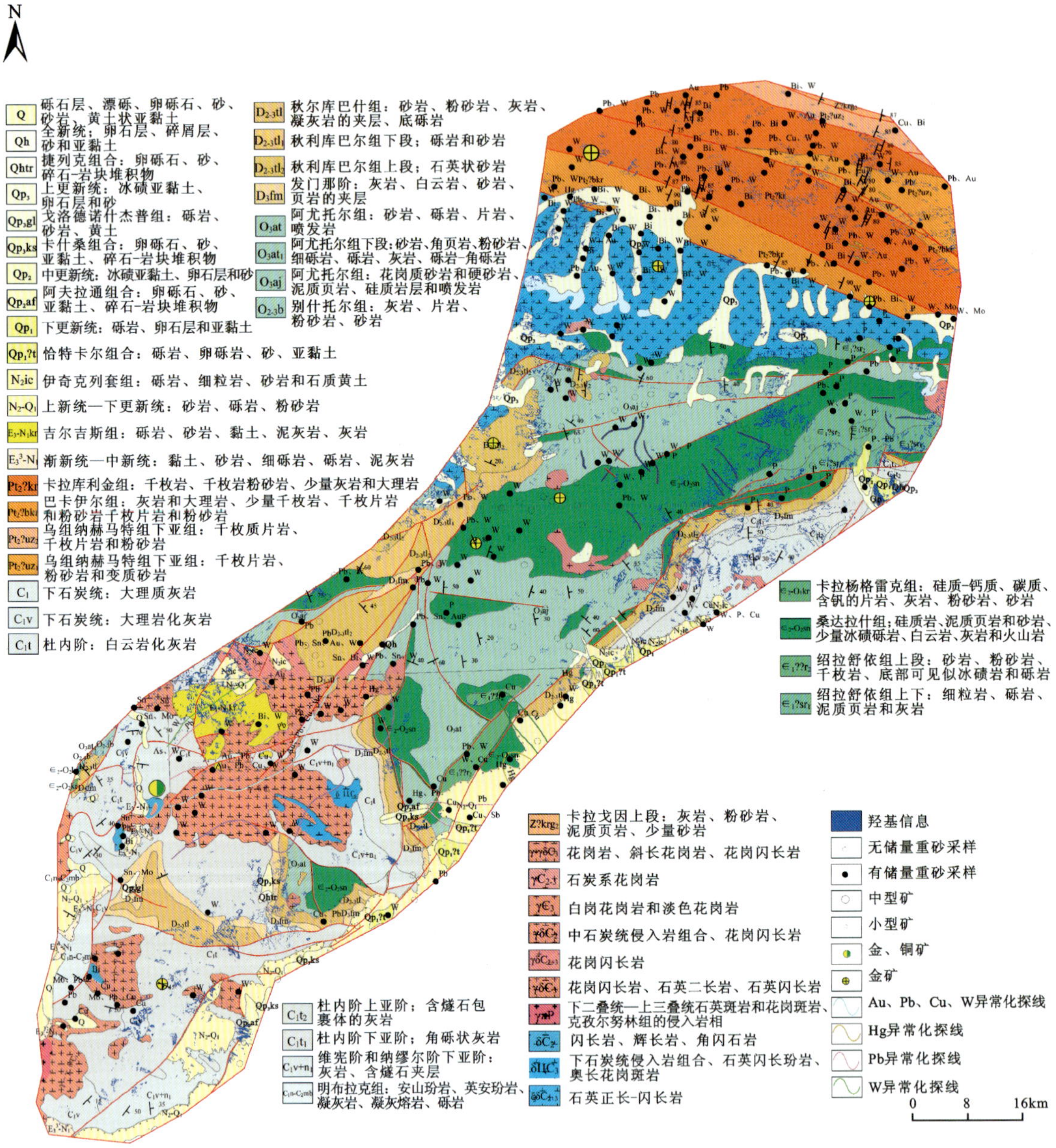

图6-10 Kichi-Sandyk金矿远景区地质矿产图

4. Qarabulak金矿远景区(NT-2.5.0)

Qarabulak金矿远景区(NT-2.5.0)位于吉尔吉斯坦北部,坎特以西、塔拉斯以东,距离最近的大城市坎特约60km,主要成型矿床为金矿、铅锌矿(图6-11)。区内交通便利,可以通行汽车。

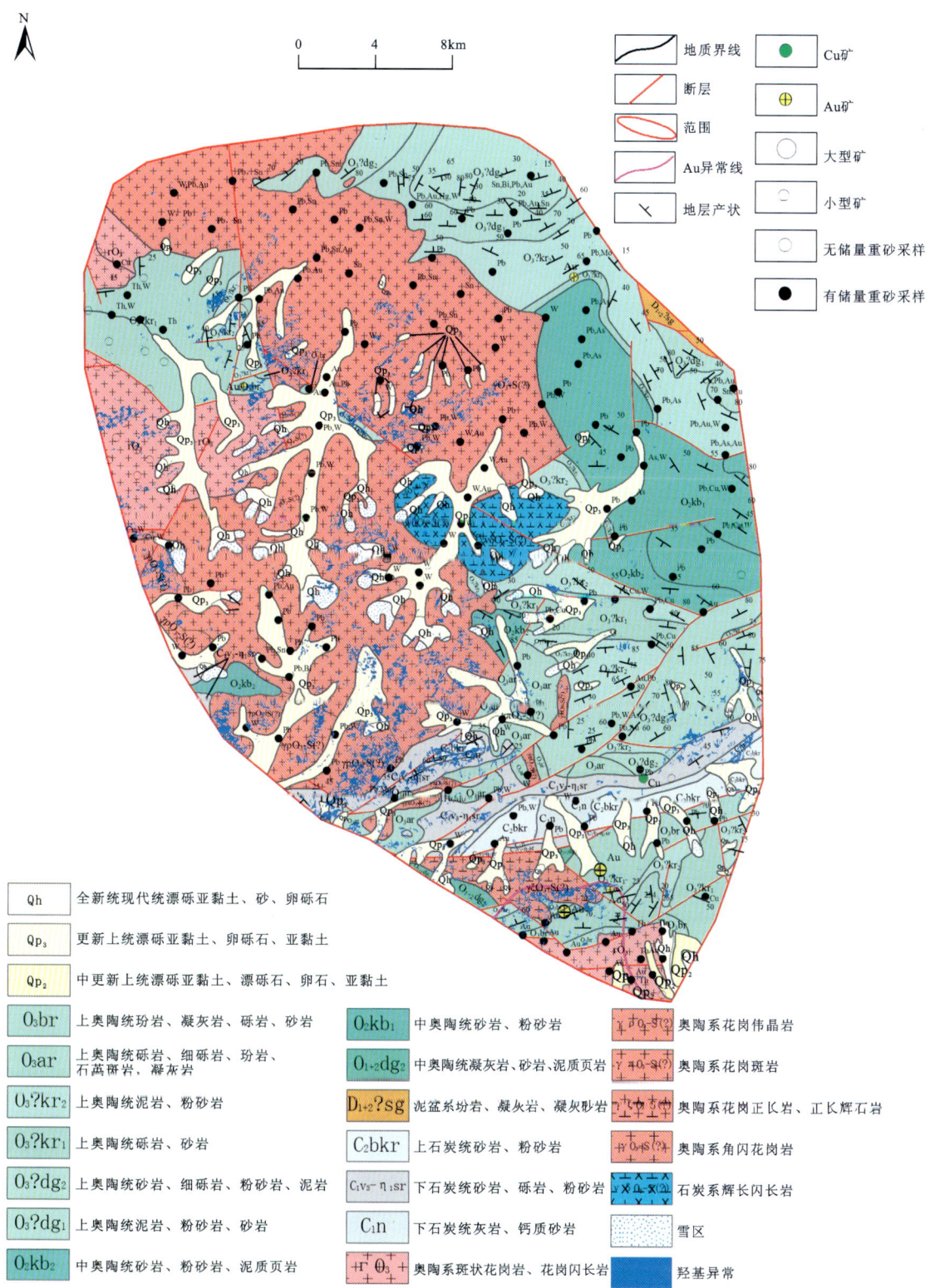

图 6-11 Qarabulak 金矿远景区地质矿产图

通过收集资料,初步建立了该成矿远景区主攻矿种和类型为浅成低温热液型金矿,结合地球物理、地球化学初步建立了找矿标志,简述如下:

(1) 赋矿地层。奥陶系下亚组砾岩、砂岩。

(2) 控矿构造。北东向断裂构造。

(3) 有利侵入体。花岗正长岩、正长辉石岩、白岗岩。

(4) 成矿部位。砾岩、砂岩、花岗正长岩、正长辉石岩、白岗岩及断裂构造交会处。

(5) 遥感异常。羟基异常。

(6) 化探异常。重砂异常显示为 Au 异常。

(7) 已知矿点。已知小型 Au 矿。

5. Taldybulak 金矿、铅锌矿远景区(NT-2.9.0)

Taldybulak 金矿、铅锌矿远景区(NT-2.9.0)位于吉尔吉斯坦东部,卡拉科尔以东,距离最近的大城市卡拉科尔约 10km,主要成型矿床为金矿、铅锌矿(图 6-12)。区内交通便利,可以通行汽车。

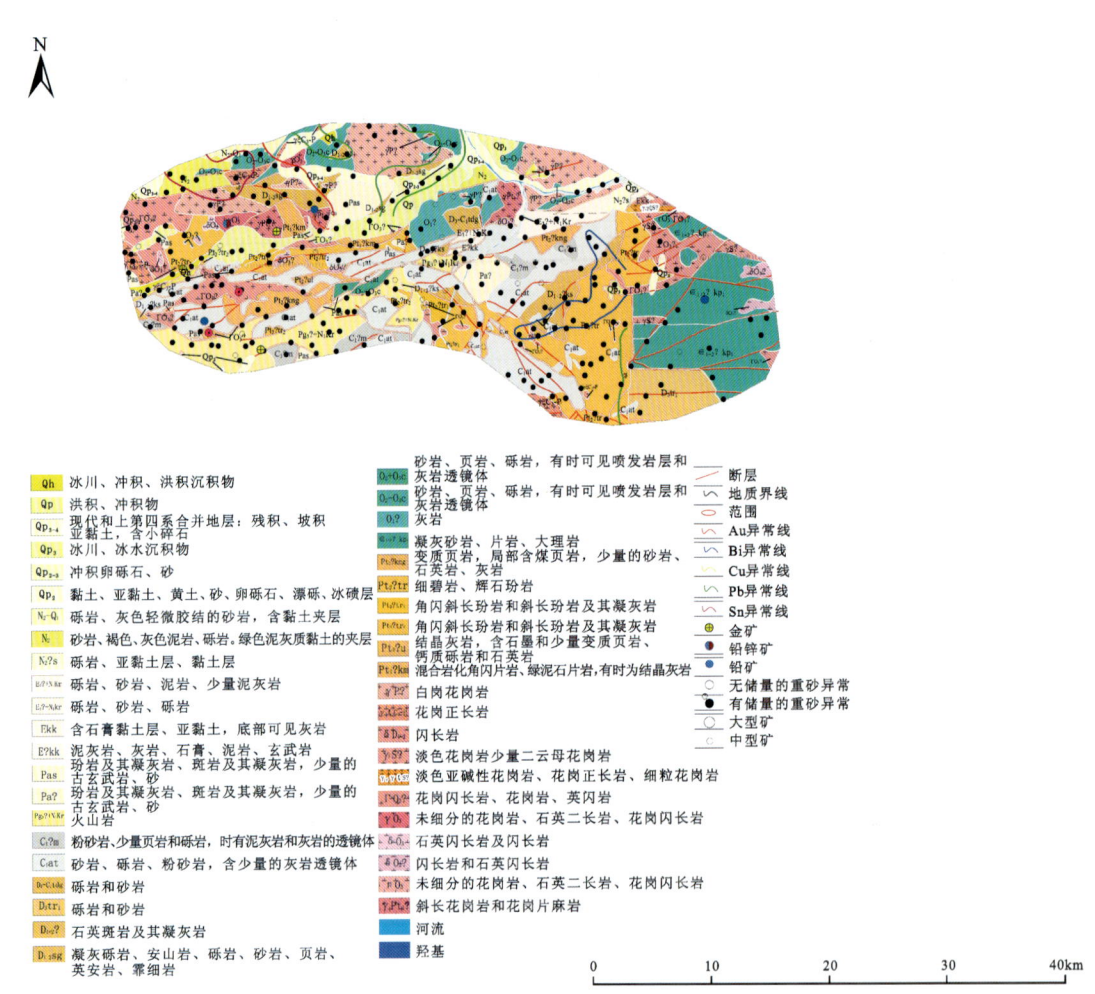

图 6-12　Taldybulak 金矿、铅锌矿远景区地质矿产图

吉尔吉斯斯坦伊什基利克一带铁、铜、金多金属异常区位于该找矿远景区的西南及图幅以外部分地区。该异常区为吉国 1∶5 万化探 05 号异常区,隶属于吉尔吉斯-伊什基利克铁、铜、金、银多金属成矿带(Ⅲ6),中心点坐标为 E75°20′00″、N42°25′00″。通过野外调研及室内综合研究,主要取得以下成果及认识:

该区近东西向-南西向和北东向构造发育,地层呈不同菱块镶嵌。地层中除有部分火山活动的岩石记录外,区内无小岩体分布。选区周边尚有加里东及海西期中酸性岩体的分布。由于构造系统的发育与控制,推测区内深部有隐伏岩体存在可能。周边邻区有金、铀、铜、铅、锌等矿产分布,区内仅有若干金矿化点分布,但与金的高异常位置基本吻合。Au、Ag 异常分布并不一致,Au 有两个集中区,可能由金矿化引起,但主要在高山区。Ag 异常与多金属异常一致。Cu、Pb、Zn 三元素受北东、北西向两组断裂交错控制,因而异常具有续行列分布的规律性。Cu、Pb、Zn 具有基本配置的特征,与东南邻近区阿尔瑟、阿克塔什科洛等铅矿产处在同一异常分布带上。

通过收集资料,初步建立了该成矿远景区主攻矿种和类型为:花岗岩中温网状脉形铅锌矿和中温热液型金矿,结合地球物理、地球化学初步建立了找矿标志,简述如下:

1)花岗岩中温网状脉型铅锌矿找矿标志
(1)赋矿地层。中—下泥盆统凝灰砾岩、安山岩、砾岩、砂岩、页岩、英安岩、霏细岩。
(2)控矿构造。北东向和东南向断裂构造。
(3)有利侵入体。晚奥陶世未细分的花岗岩、石英二长岩、花岗闪长岩。
(4)成矿部位。凝灰砾岩、安山岩、砾岩、砂岩、页岩及断裂构造交会处。
(5)遥感异常。羟基、铁染异常。
(6)化探异常。重砂异常显示为 Au、As 异常。

2)花岗岩中温网状脉型金矿找矿标志
(1)赋矿地层。元古宇混合岩化角闪片岩、绿泥石片岩,有时为结晶灰岩。
(2)控矿构造。北北东向断裂构造。
(3)有利侵入体。古元古代斜长花岗岩和花岗片麻岩。
(4)成矿部位。有大量的花岗岩侵入体交代蚀变带的断裂附近。
(5)遥感异常。羟基、铁染异常。
(6)化探异常。重砂异常显示为 Au、Hg 异常。

6. Dang 远景区(MT 4.1.1)

该找矿远景区位于吉尔吉斯坦纳伦州杰提姆套山系中部的纳伦河北岸,面积约 2300km^2,中心点坐标为:E76°48′00″、N42°33′30″(图6-13)。远景区东部的库鲁门特铁矿床距中国新疆维吾尔自治区阿克苏市别迭里口岸(目前尚未通关)里程150km,远景区东侧的纳伦州州府距中国新疆维吾尔自治区阿图什市吐尔尕特口岸(当前通关,为中吉主要过货口岸)公路里程220km。主要成型矿床为铁矿、锰矿。区内交通基本便利,可以通行汽车。

出露地层主要是里菲系和文德系前寒武系浅变质岩系,其次是奥陶系。里菲系大纳伦组为流纹斑岩、凝灰岩、凝灰砂岩,顶部为斑岩;文德系德热特姆塔乌组为酸性喷发岩及其凝灰岩、碳酸盐岩、似冰碛岩的砾岩和砂岩夹千枚岩、绿泥石英千枚岩及赤铁矿-磁铁矿矿石,形成大的铁矿石盆地。中—上奥陶统(O_{2-3})为淡绿色砂岩,夹页岩及少量石灰岩。区内仅有一些岩脉产出。该亚带的矿产为铁和锰,产有杰德姆超大型沉积变质铁矿床、贾克博洛特和绍尔戈苏沉积型锰矿点。

通过资料收集及综合研究建立了该找矿远景区的主攻矿种和类型为沉积-变质型铁矿,并结合地球物理、地球化学建立了找矿标志,具体如下:
(1)赋矿地层。文德系绢云母-绿泥石和碳酸盐-绿泥石成分的千枚岩。
(2)控矿构造。矿体与地层产状一致,近东西向。
(3)含矿侵入体。磁铁石英岩。
(4)遥感异常。羟基异常。
(5)成矿部位。板岩(千枚岩)-铁碧玉岩建造、绢云母石英片岩-绿泥石石英片岩-(石英岩)-磁铁石英岩建造、斜长角闪岩-变粒岩-片麻岩-(石英岩)-磁铁石英岩建造等。
(6)化探异常。已知 Fe、Mn、Au 异常。

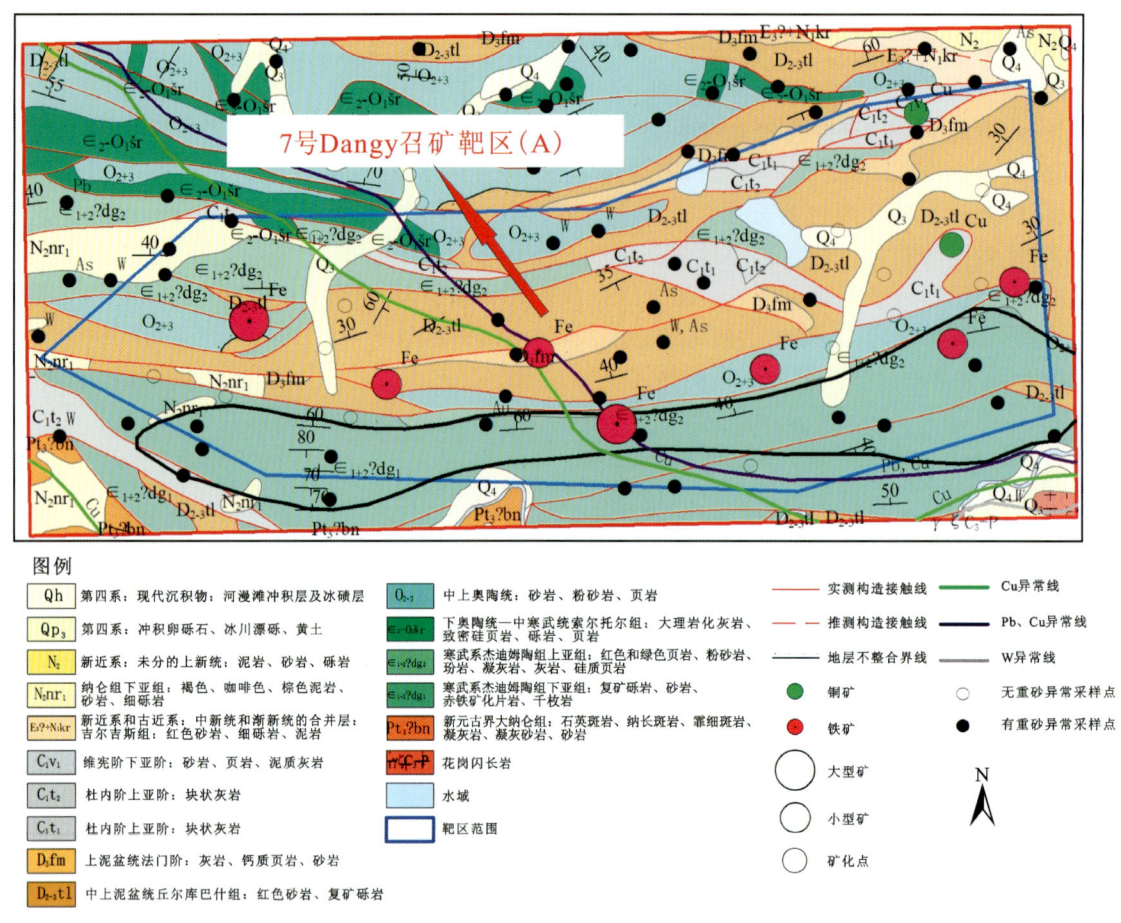

图 6-13　Dangy 金矿远景区地质矿产图

(7) 已知矿点。已知大型铁矿。

(8) 地球物理异常。航磁正异常。

7. Arsy 远景区（MT-2.10.0）

该找矿远景区位于吉尔吉斯斯坦北部，伊塞克湖西。面积约 2150km²，中心点坐标为 E75°45′00″、N42°18′30″。区内交通便利，可以通行汽车，主要成型矿床为铅锌矿、铜钨钼矿、金矿（图 6-14）。

吉尔吉斯斯坦萨雷布拉克驭马沟一带金、铜、铅、锌异常区位于该找矿远景区的东南及图幅以外部分地区，该异常区为吉国 1∶5 万化探 07 号异常区，距离科奇科尔市南部 40km，属纳伦州管辖。中心点坐标为 E75°55′00″、N41°50′00″，异常为 Au、Cu、Pb、Zn 等多元素组合异常，Au、Cu、Pb、Zn、Ag 元素异常扣合较好，异常各元素强度高 [$Au_{max}=(900、200、120)×10^{-9}$；$Cu_{max}=(4000\sim1000)×10^{-6}$]。通过野外调研和室内综合研究，主要取得以下成果及认识：区内出露地层主要为前里菲系片麻岩片岩变质岩系和里菲系碎屑岩-基性火山岩建造。区域构造方向从北西向—近东西向，断裂最为发育，控制了地层岩浆岩的带状分布。区内北西、南北向等次级断裂发育。区内见有加里东期晚奥陶世花岗岩侵入体。通过路线地质调查，配合转石追索法追索异常源，在北西向主断层（F）南侧山梁和北侧山坡里菲系变砂岩（变火山岩）中新发现有铜矿化露头（图 6-15）。Cu 矿化产于强硅化破碎带中，破碎带陡倾宽 0.5～1.5m，走向 55°～60°，带中石英脉发育，脉宽 1～10cm，最宽达 30～40cm，石英脉中见大量围岩（变砂岩）角砾，具张裂隙性质，孔雀石化、黄铁矿化、黄铜矿化发育，在围岩中亦见有孔雀石化。铜品位一般 0.2%～3%。

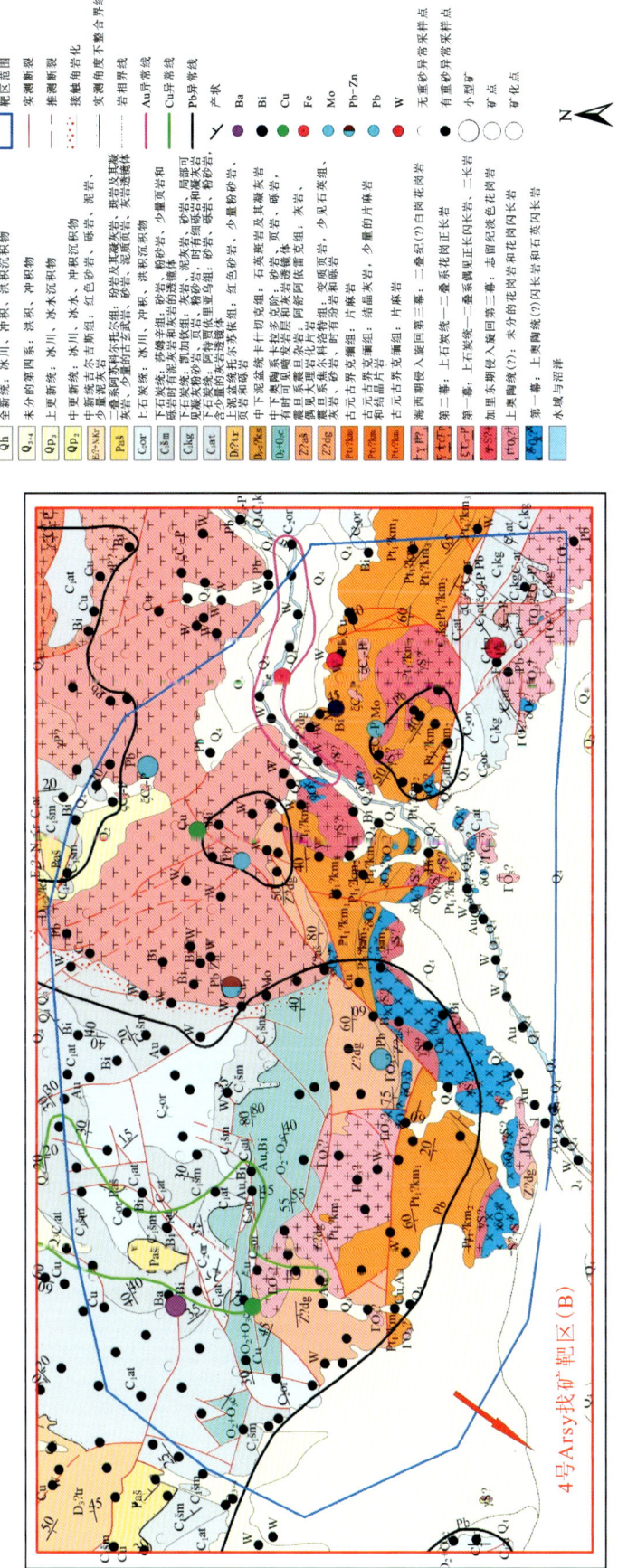

图6-14 Arsy金矿远景区地质矿产区

图 6-15　萨雷布拉克驭马沟一带金、铜、铅、锌异常区铜矿化破碎带露头野外照片

区内出露地层有里菲系、下古生界及泥盆系等。里菲系为乌柳科京组玢岩、角闪岩、云母片岩、流纹斑岩和伊奇克绥组细碧岩、辉绿岩、玢岩、凝灰岩、石灰岩透镜体。下古生界下寒武统卡拉卡京组（$\in_1 kr$）为辉绿岩、玢岩、凝灰岩、砂质页岩、燧石夹层、层凝灰岩，中寒武统—下奥陶统卡拉焦尔金组（$\in_2$-$O_1 kd$）为砂岩、凝灰岩、玢岩、燧石、礁灰岩、砾岩，下奥陶统多洛娜京组（$O_1 dl$）为砾岩、石灰岩、砂岩、页岩，中奥陶统为火山岩建造，出露舍尔格组（$O_2 sr$）和科克绥组（$O_2 ks$），前者岩性为流纹斑岩、凝灰岩、凝灰角砾岩，中部为安山玢岩、凝灰岩，上部为英安斑岩、凝灰岩；后者为安山玢岩、凝灰岩、粗面斑岩。中—上泥盆统塔尔德绥组（$D_{2-3} td$）由流纹斑岩、英安斑岩、凝灰岩等组成。上泥盆统—下石炭统（D_3-C_1）为杂色砾岩、砂岩及石灰岩夹层。侵入岩主要为里菲-文德纪和早古生代的岩体，晚古生代也有少量岩体出露。里菲-文德纪岩石组合为片麻状花岗闪长岩、英闪岩、石英二长岩、辉长闪长岩、闪长岩和花岗岩组合。中奥陶世舍尔格组为花岗闪长岩、斑岩、英闪岩、石英二长闪长岩-英安斑岩组合，晚奥陶世苏萨梅尔组为闪长岩、石英闪长岩、辉长-闪长岩组合，晚奥陶世苏萨梅尔组为细斑状花岗岩、石英花岗岩、花岗闪长岩组合，志留纪德日纳拉奇组为淡色花岗岩、白岗岩、碱性花岗岩组合。晚古生代岩体呈岩株产出，有中晚泥盆世德日利绥组合中粒粗粒淡色花岗岩、白岗岩、斑状花岗岩组合和早二叠世二长岩、正长闪长岩组合。带内的构造环境在早古生代时为弧盆系，晚古生代为活动大陆边缘，成矿主要与早古生代构造岩浆作用有关。

矿带呈近北东向展布，该亚带矿产主要为铅、金、铁，伴生钼、钨，均为小型矿床和矿点。铅有希尔盖小型矿床 1 处，产于卡拉卡京组（$\in_1 kr$）火山岩中，属火山岩型。在奥陶系舍尔格组（$O_2 sr$）火山岩系中发现有较多的铅、铜矿化点。金矿点有 3 处，克明砂金矿点 1 处，拉斯韦特-马梅特布拉克和科克贾尔岩金矿点 2 处。岩金矿点主要产于寒武系、奥陶系火山岩沉积岩岩层中，矿体主要受构造蚀变带控制，部分产于矽卡岩和斑岩中，伴生钼、钨。铁矿点 1 处，为热液型。

通过资料收集及综合研究建立了该找矿远景区的主攻矿种和类型为火山岩型铅锌矿，并结合地球物理、地球化学建立了找矿标志，具体如下：

(1) 赋矿地层。火山岩系、砂岩、凝灰岩。

(2) 控矿构造。近东西向和北东向断裂构造。

(3) 含矿侵入体。石英闪长岩、花岗岩、石英正长闪长岩。

(4) 遥感异常。羟基异常。

(5) 成矿部位。构造蚀变带处。

(6) 化探异常。已知 Cu、Au、Pb 异常。

(7) 已知矿点。已知金矿点、铅矿点。

(三)乌兹别克斯坦

乌兹别克斯坦是"一带一路"倡议的重要支点国家,成矿条件好,金、银、铀等矿产资源丰富,但开发程度低,市场潜力大。本次在乌兹别克斯坦共圈定 11 个成矿远景区(图 5-4)。

1. 乌奇库杜克(Uchkuduk)金矿远景区(KK-1.3)

该金矿远景区位于乌兹别克斯坦中部,介于塔什干和撒马尔罕之间,距离最近的大城市吉扎克约 60km,吉扎克在塔什干南南西约 200km,整体上从塔什干到乌奇库杜克(Uchkuduk)铅锌矿区的交通还算便利,矿区内露天采坑可以通行汽车。

乌奇库杜克成矿远景区断裂构造主要为北西向、北东向和北北东向(图 6-16),侵入体多为花岗岩和石英闪长岩,成矿部位为页岩、砂岩、片岩、砾岩、矽卡岩及断裂构造交会处,重砂异常显示为 Au、Sn 异常,同时已知 Au、Ag、Sb、W 矿点,羟基异常明显,岩性为页岩含未分基性岩、砂岩、矽卡岩,主要控矿断裂带呈北西向展布,基本控制了该地区地层和侵入岩的展布。这有利于金矿床的形成,为成矿物质的迁移和富集提供了良好的通道和场所,且在此接触部位已找到此类大型矿床成矿,此区域具有广阔发展空间。

通过收集资料,初步建立了该成矿远景区主攻矿种和类型为韧性剪切带型金矿和浅成低温热液型金矿,结合地球物理、地球化学初步建立了找矿标志,简述如下。

1)韧性剪切带型金矿找矿标志

(1)主要含矿地层。上石炭统页岩含未分基性岩、砂岩、矽卡岩、片岩、砾岩。

(2)控矿构造。北西向、北东向和北北东向断裂构造。

(3)区域重要侵入体。花岗岩和石英闪长岩。

(4)含矿岩性及成矿部位。页岩、砂岩、片岩、砾岩、矽卡岩及断裂构造交会处。

(5)遥感异常。羟基异常。

(6)化探异常。重砂异常显示为 Au、Sn 异常。

(7)已知矿点。已知 Au、Ag、Sb、W 矿点。

2)浅成低温热液型金矿找矿标志

(1)主要含矿地层。上石炭统页岩含未分基性岩、砂岩、矽卡岩、页岩。

(2)控矿构造。北西向和北东向断裂构造。

(3)区域重要侵入体。花岗岩、花岗闪长岩和石英闪长岩。

(4)含矿岩性及成矿部位。有大量石英脉的交代蚀变带的断裂附近。

(5)遥感异常。羟基异常。

(6)化探。重砂异常显示为 W、Sn、Au、Pb、As 异常。

(7)已知矿点。已知 Au、W、Bi、Ag、As 矿点。

2. Auratausskaya 金矿远景区(KK-1.9-1)

该金矿远景区位于乌兹别克斯坦南部,撒马尔罕以西(图 6-17),距离最近的大城市撒马尔罕约 70km,主要成型矿床为金矿,区内交通较为便利。

Auratausskaya 金矿远景区主要地层岩性为志留系兰多维列统黏土岩(图 6-17)、砂质泥岩、千枚岩、页岩。发生围岩蚀变有硅化、绢云母化、碳酸盐化,羟基异常。控矿断裂带呈南东向展布,基本控制了该地区地层的展布。成矿部位岩体外接触带交代蚀变带的断层附近及侵入体附近。这有利于金矿床的形成,为成矿物质的迁移和富集提供了良好的通道和场所,且在此接触带已找到此类小型矿床,重砂异常显示为 W、Hg、Al、Mo 异常,已知 Ag、W、Pb、Zn、Cu、Sb、Bi、Se 矿点。Auratausskaya 地区岩性为

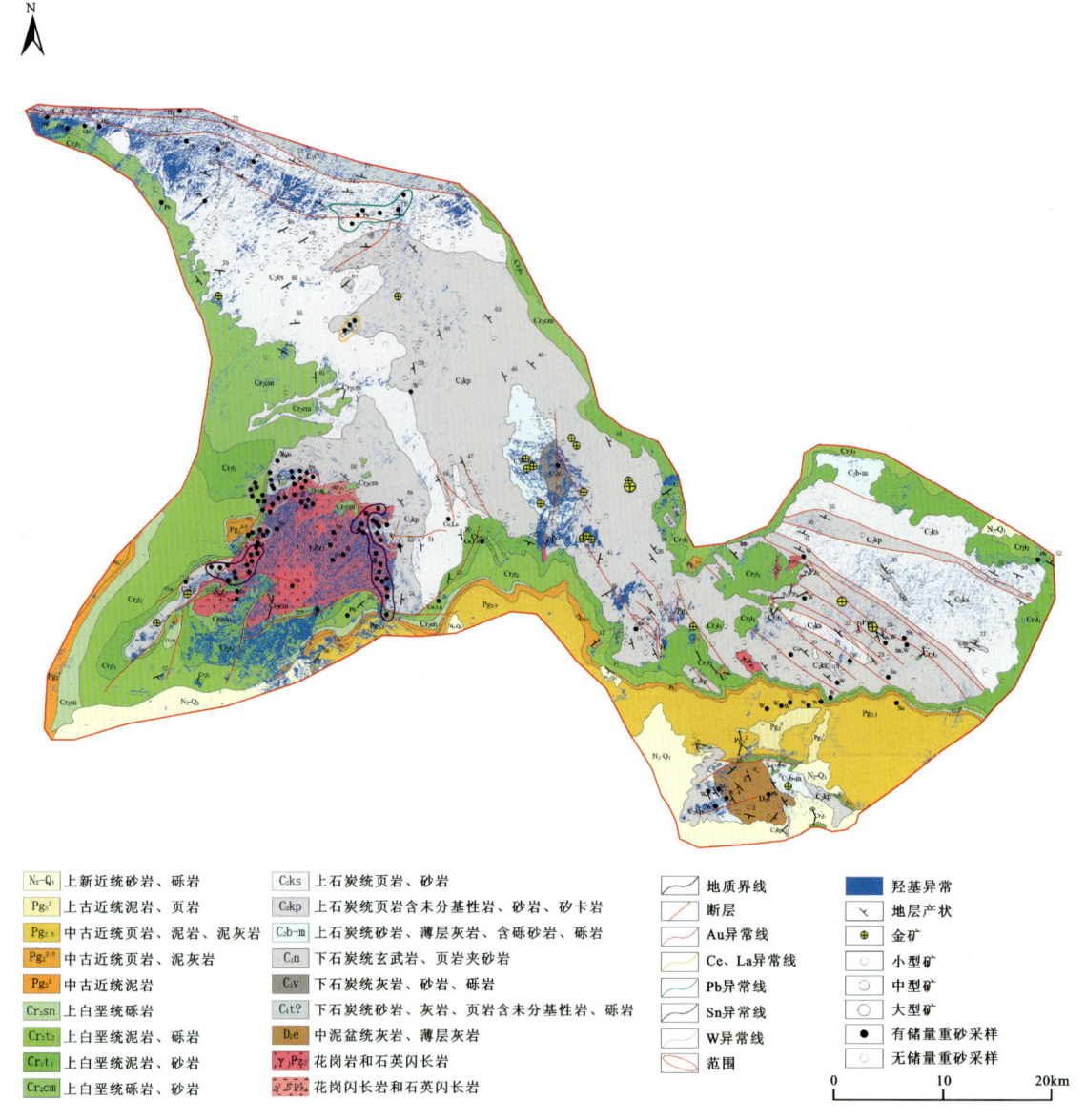

图 6-16 乌奇库杜克(Uchkuduk)金矿远景区地质矿产图

下志留统中薄层灰岩、中薄层页岩夹砂岩。中温热液型金矿绝大多数产于中到高级绿片岩相地质体中，绿岩带主要岩石类型有细碧岩、玄武岩、辉长岩和辉绿岩等。典型矿床 Zarmitan 金矿产于 S_1 中，该区域金元素异常、金重砂异常明显。发生围岩蚀变有硅化、绢云母化、碳酸盐化，羟基异常。成矿部位为黏土岩、砂岩、页岩、千枚岩及断裂构造交会处，此区域有二叠系花岗岩侵入体和 Au 重砂异常。重砂异常显示为 W、Hg、Pb 异常。

通过收集资料，初步建立了该成矿远景区主攻矿种和类型浅成低温热液型金矿和韧性剪切带型金矿；结合地球物理、地球化学初步建立了找矿标志，简述如下。

1) 浅成低温热液型金矿找矿标志

(1) 主要含矿地层。志留系兰多维列统黏土岩、砂岩、页岩、千枚岩。

(2) 控矿构造。东南向断裂构造。

(3) 区域重要侵入体。二叠系花岗岩、花岗闪长岩。

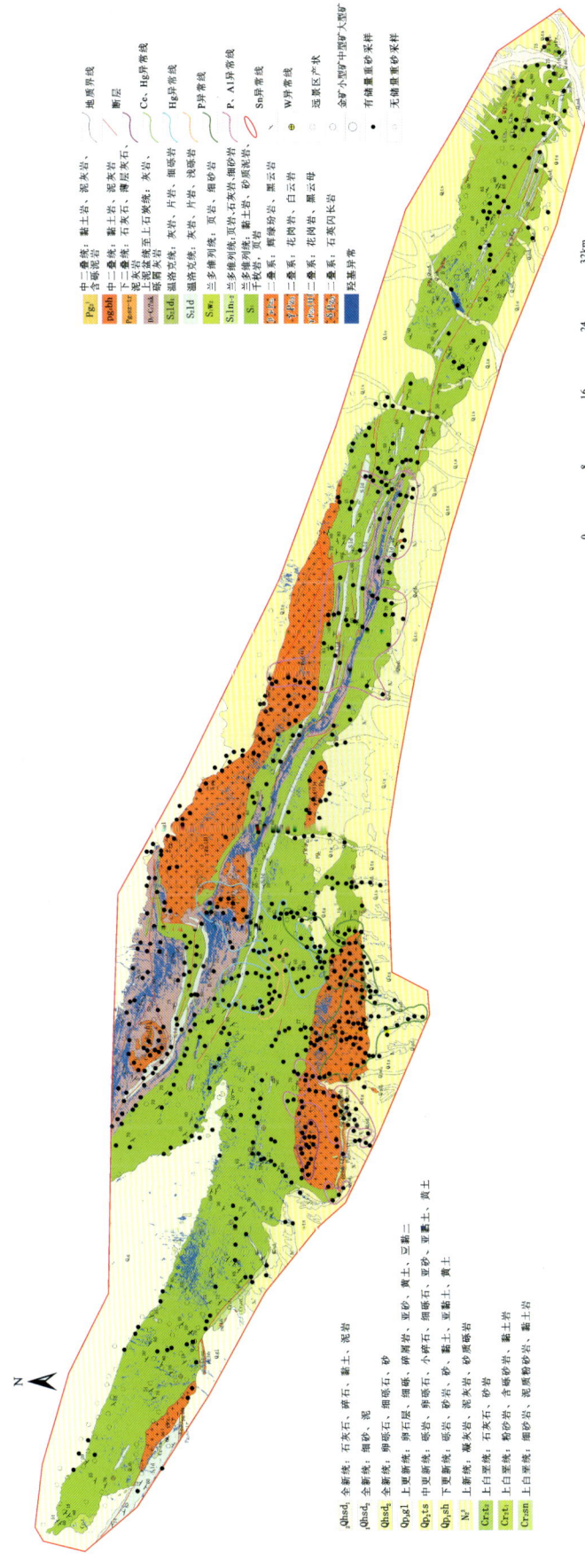

图6-17 Auratausskaya金矿远景区地质矿产图

(4) 含矿岩性及成矿部位。岩体外接触带交代蚀变带的断层附近及侵入体附近。
(5) 遥感异常。羟基异常。
(6) 化探。重砂异常显示为 W、Hg、Al、Mo 异常。
(7) 已知矿点。已知 Ag、W、Pb、Zn、Cu、Sb、Bi、Se 矿点。

2) 韧性剪切带型金矿找矿标志
(1) 主要含矿地层。志留系兰多维列统黏土岩、砂岩、页岩、千枚岩。
(2) 控矿构造。东南向断裂构造。
(3) 区域重要侵入体。二叠系花岗岩。
(4) 含矿岩性及成矿部位。黏土岩、砂岩、页岩、千枚岩及断裂构造交会处。
(5) 遥感异常。羟基异常。
(6) 化探。重砂异常显示为 W、Hg、Pb 异常。

3. Pritashkentsky 金矿、铅锌矿远景区(MT-2.3)

该金矿、铅锌矿远景区位于乌兹别克斯坦东北部,纳曼干以西、塔什干以东,距离最近的大城市塔什干约 10km,主要成型矿床为金矿、铅锌矿、铜矿。区内交通较为便利。

Pritashkentsky 金矿、铅锌矿远景区主要出露岩性为英安岩、凝灰岩、白云岩、砂岩和二叠系花岗岩侵入体(图 6-18)。围岩蚀变主要有硅化、绢云母化、明矾石化。控矿断裂带呈北西、北东向展布,利于金矿床的形成,为成矿物质的迁移的富集提供了良好的通道和场所,且在此接触部位已找到此类型大型矿床 Kochbulak,资源潜力巨大。岩性为上泥盆统碳酸盐岩,主要为凝灰岩、粉砂岩、白云岩、砾岩、石炭世花岗闪长斑岩脉侵入,主要控矿断裂带呈东西向,基本控制了该地区地层和侵入岩的展布,成矿部位为正长闪长岩与上泥盆统碳酸盐岩地层接触带。区域内 Pb、W、Mo 等元素重砂异常。已知 Pb、Zn 矿点及矿化点。

通过收集资料,初步建立了该成矿远景区主攻矿种和类型为浅成低温热液型金矿和矽卡岩型铅锌矿,结合地球物理、地球化学初步建立了找矿标志,简述如下。

1) 浅成低温热液型金矿找矿标志
(1) 主要含矿地层。石炭纪粗面安山岩、安山岩、英安岩及其火山碎屑岩。
(2) 控矿构造。受区域断裂或次级构造控制明显。
(3) 区域重要侵入体。花岗闪长斑岩、辉绿岩、花岗正长斑岩。
(4) 含矿岩性及成矿部位。石炭纪火山岩。
(5) 遥感异常。羟基异常。
(6) 相关蚀变。硅化、绢云母化、明矾石化。

2) 矽卡岩型铅锌矿找矿标志
(1) 主要含矿地层。上泥盆统灰岩、白云岩、泥灰岩等组成的钙、镁质碳酸盐岩地层。
(2) 控矿构造。受北东、北西向断层控制。
(3) 区域重要侵入体。石炭纪花岗斑岩。
(4) 成矿部位。正长闪长岩与上泥盆统碳酸盐岩地层接触带。
(5) 化探。重砂异常显示为 Pb、W、Sn 异常。
(6) 已知矿点。已知 Pb、Zn 矿点及矿化点。

4. Zaravshanskaya 金矿远景区(KK-1.6.1)

该金矿远景区位于乌兹别克斯坦南部,撒马尔罕以南,距离最近的大城市撒马尔罕约 40km,主要成型矿床为铀矿、金矿,区内交通便利。

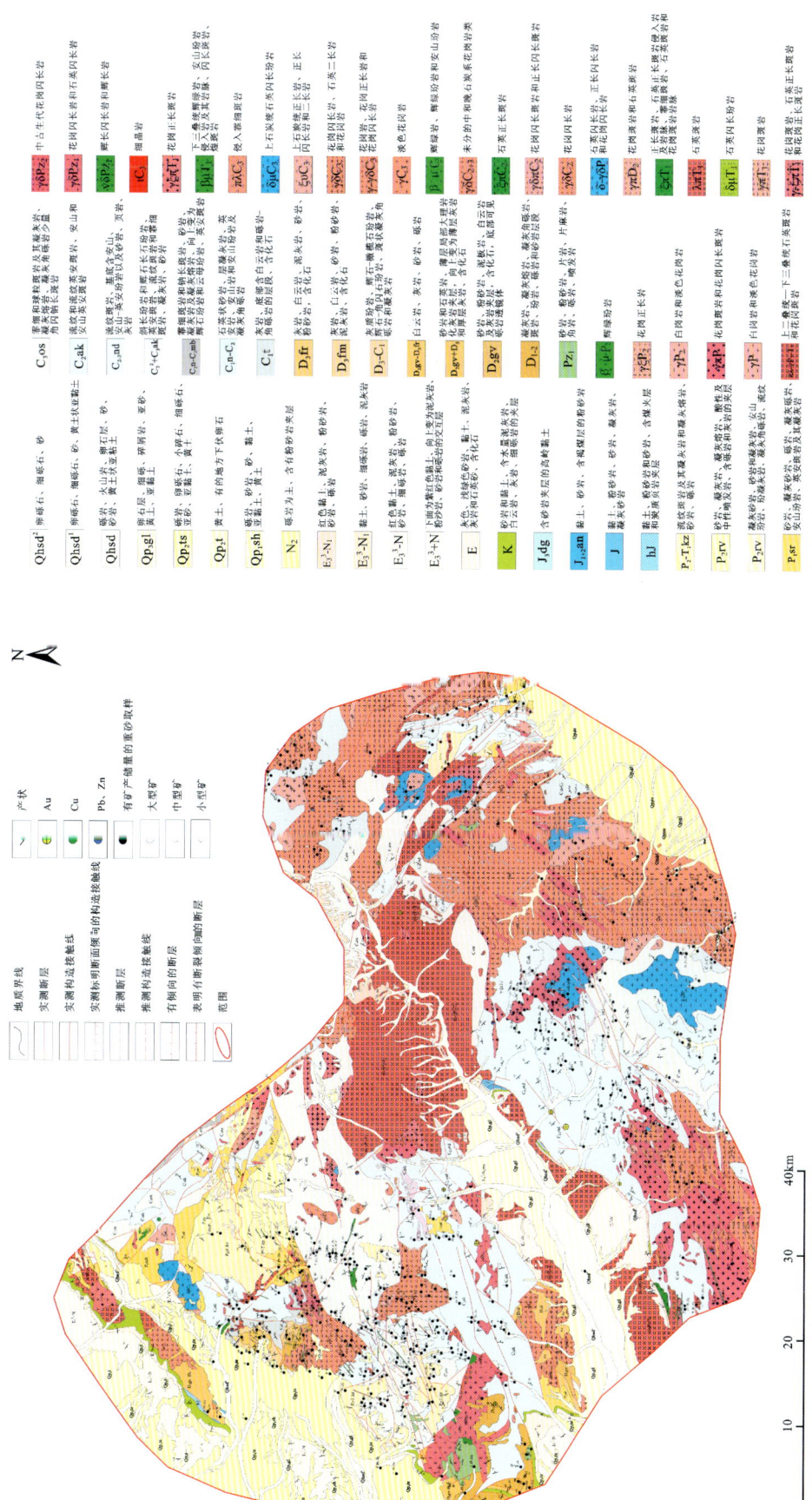

图6-18 Prieshkentsky金矿、铅锌矿远景区(MT-2.3)地质矿产图

Zaravshanskaya 金矿远景区(KK-1.6.1)主要出露地区岩性为页岩、泥质砂岩、砾岩、薄层灰岩,主要控矿断裂带呈东西向展布。脆韧性剪切带为成矿提供有利条件,成矿部位侵入岩与断裂构造交会处,重砂异常显示为 W、Au 异常,已知 Au、Ag、W 矿点,且在此接触部位已找到此类大型矿床(图 6-19)。

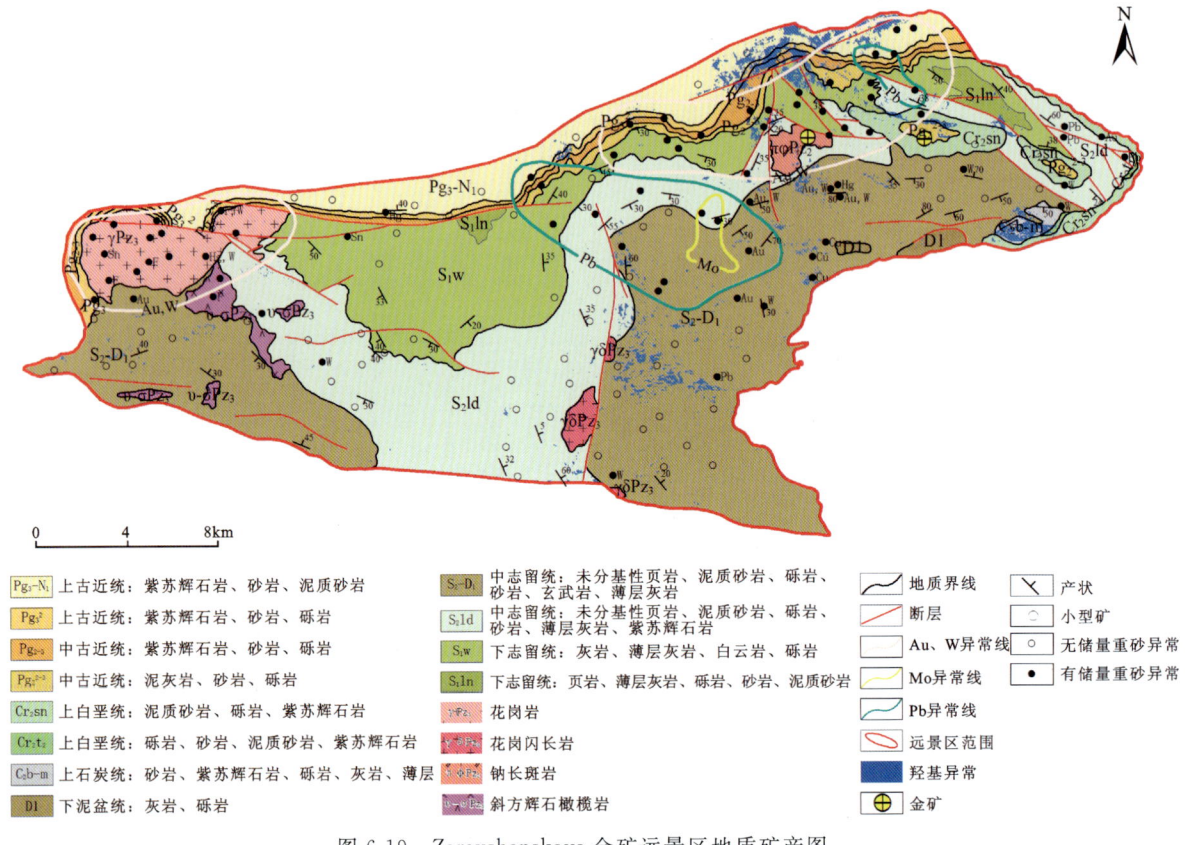

图 6-19 Zaravshanskaya 金矿远景区地质矿产图

通过收集资料,初步建立了该成矿远景区主攻矿种和类型为浅成低温热液型金矿,结合地球物理、地球化学初步建立了找矿标志,简述如下:

(1)主要含矿地层。中志留统未分基性页岩、泥质砂岩、砾岩、薄层灰岩。
(2)控矿构造。北西向、北西西向和北北东向断裂构造。
(3)区域重要侵入体。钠长板岩。
(4)含矿岩性及成矿部位。侵入岩与断裂构造交会处。
(5)遥感异常。羟基异常。
(6)化探。重砂异常显示为 W、Au 异常。
(7)已知矿点。已知 Au、Ag、As 矿点。

5. Jantuai 金矿远景区(KK-1.6.3)

该成矿远景区位于乌兹别克斯坦南部,撒马尔罕以南,距离最近的大城市撒马尔罕约 70km,主要成型矿床为铀矿、金矿。区内交通便利。

Jantuai 金矿远景区(KK-1.6.3)主要出露地层岩性为古生代白云岩、灰岩、页岩、粉基性页岩、砂岩,岩体规模较大,被北西—东南向侧断裂限制,沿断裂分布,成矿部位碳酸盐岩和中酸性侵入体接触带该区,重砂异常显示为 Pb 异常,已知 Au 矿点,已发现一浅成低温热液型金矿(图 6-20)。

通过收集资料,初步建立了该成矿远景区主攻矿种和类型为浅成低温热液型金矿,结合地球物理、地球化学初步建立了找矿标志,简述如下:

(1)主要含矿地层。古生代白云岩,灰岩,页岩,粉基性页岩,砂岩。
(2)控矿构造。北西-东南向断裂,并主导成矿。
(3)遥感异常。羟基异常。
(4)成矿部位。碳酸盐岩和中酸性侵入体接触带。
(5)化探。重砂异常显示为 Pb 异常。
(6)已知矿点。已知 Au 矿点。

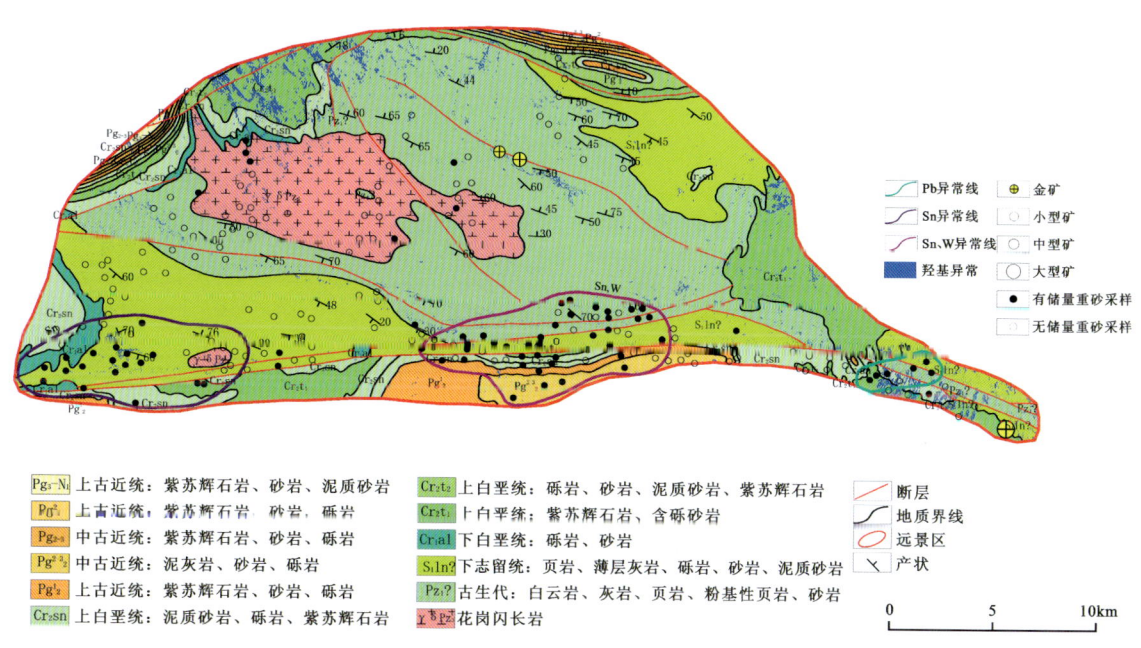

图 6-20　Jantuai 金矿远景区(KK-1.6.3)地质矿产图

6. Auratausskaya 金矿远景区（KK-1.9-2）

该金矿远景区位于乌兹别克斯坦南部,撒马尔罕以南,距离最近的大城市撒马尔罕约 50km,主要成型矿床为铀矿、金矿。区内交通便利。

Auratausskaya 金矿远景区(KK-1.9-2)主要出露地层岩性为上白垩统砾岩、砂岩、泥质砂岩、紫苏灰石岩,与相邻地层为不整合接触,志留系已发现一与剪切带有关的沉积岩为容岩的大型侵染型金矿,成矿部位处于不整合接触带,重砂异常显示为 Pb 异常,已知 Au 矿(图 6-21)。

通过收集资料,初步建立了该成矿远景区主攻矿种和类型为中温热液脉型金矿,结合地球物理、地球化学初步建立了找矿标志,简述如下:

(1)主要含矿地层。古生代白云岩、灰岩、页岩、粉基性页岩、砂岩。
(2)控矿构造。北西-东南向断裂,并主导成矿。
(3)遥感异常。羟基异常。
(4)成矿部位。碳酸盐岩和中酸性侵入体接触带。
(5)化探。重砂异常显示为 Pb 异常。
(6)已知矿点。已知 Au 矿点。

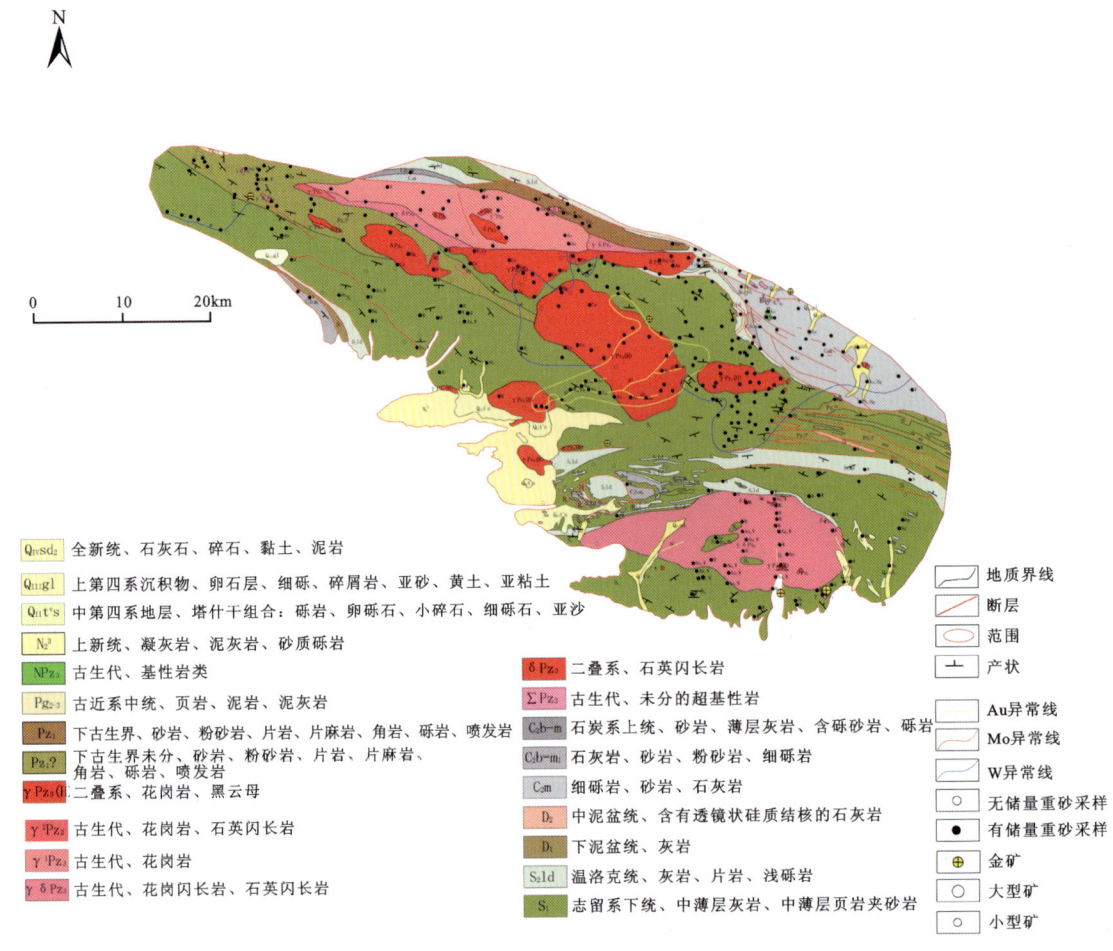

图 6-21　Auratausskaya 金矿远景区(KK-1.9-2)地质矿产图

7. Aristantua 金矿远景区(KK-1.6.4)

该金矿远景区位于乌兹别克斯坦南部,撒马尔罕以南,距离最近的大城市撒马尔罕约 200km,主要成型矿床为铀矿、金矿,区内交通便利。

Aristantua 金矿远景区(KK-1.6.4)主要出露地层岩性为上白垩统砾岩、砂岩、泥质砂岩、紫苏灰石岩,与相邻地层为不整合接触,地层为内老外新,该部位在背斜处,重砂异常显示为 W 异常,已知 Au 矿,该区已发现一与剪切带有关的沉积岩为容岩的侵染型金矿(图 6-22)。

通过收集资料,初步建立了该成矿远景区主攻矿种和类型为韧性剪切带型金矿,结合地球物理、地球化学初步建立了找矿标志,简述如下:

(1)主要含矿地层。上白垩统砾岩、砂岩、泥质砂岩、紫苏灰石岩。

(2)遥感异常。羟基异常。

(3)成矿部位。处于不整合接触带部位。

(4)化探。重砂异常显示为 Pb、Au 异常。

(5)已知矿点。已知 Au 矿。

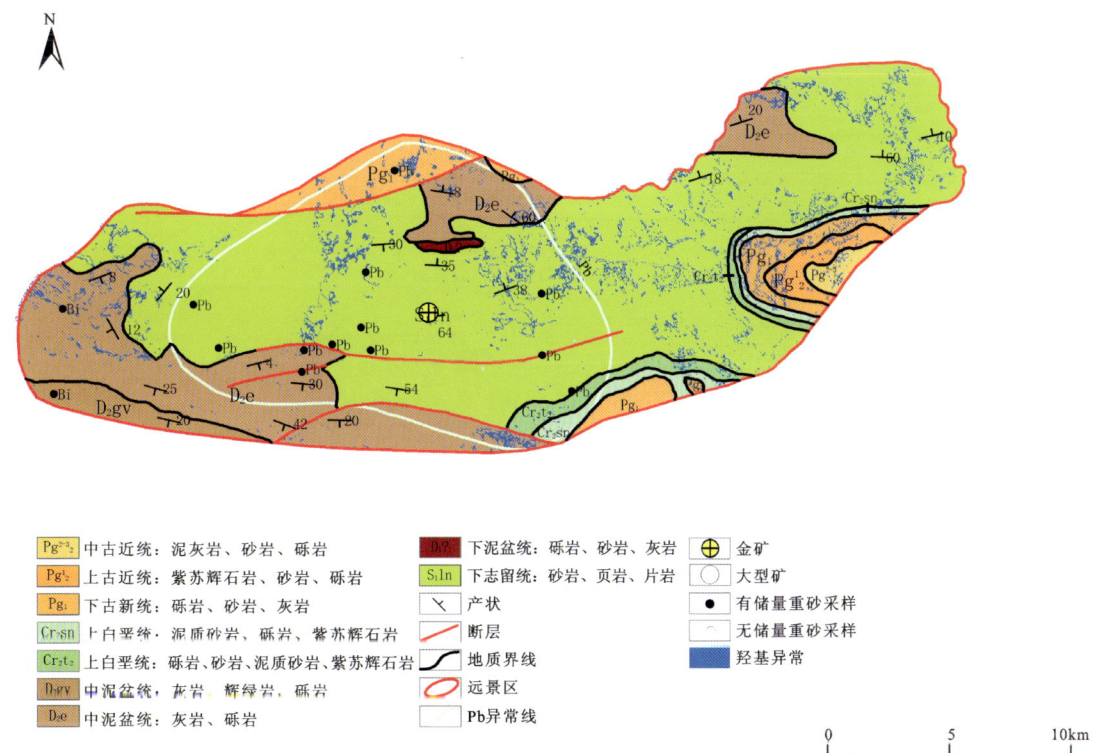

图 6-22　Aristantua 金矿远景区(KK-1.6.4)地质矿产图

(四)巴基斯坦

巴基斯坦的成矿作用在空间上基本上与构造带相吻合,结合成矿作用在空间上的分布特征,将巴基斯坦划分为 5 个主要的成矿远景区(图 6-23):①查盖-拉斯科赫铁、铜、金成矿远景区,主要位于俾路支省北部,受渐新世—中新世钙碱性岩浆活动控制,主要形成斑岩型铜矿,其次为矽卡岩型铜矿、铁矿,以及热液型、火山岩型多金属矿床。②贝拉-瓦济里斯坦铬、镍成矿远景区,主要位于巴基斯坦中部,处于印度与阿拉伯板块缝合带附近,主要形成岩浆型铬铁矿。③赛克杜-胡兹达尔铅锌成矿远景区,位于俾路支省东部,主要形成喷流-沉积型、密西西比河谷型铅锌矿,也有少量沉积型铁矿。④科希斯坦铬、金成矿远景区,位于开伯尔—普赫图赫瓦省北部,主要形成岩浆型铬铁矿。此外,前寒武纪地层中发育一定规模的金矿化。⑤印度河流域能源成矿远景区,位于旁遮普省和信德省东部地区,主要形成砂矿型金矿以及一些油、气田。

1. 科希斯坦铬、金成矿远景区(1 号)

科希斯坦铬、金成矿远景区(1 号)位于巴基斯坦的开伯尔—普赫图赫瓦省北部,大地构造位置属于科希斯坦—拉达克岛弧带。区内出露地层主要为中生代侏罗系、白垩系、新近系及第四系。侏罗系出露岩性为灰岩、页岩、大理岩、千枚岩、板岩。白垩系岩性为火山岩及粉砂岩、灰岩千枚岩。新近系岩性为灰岩、页岩及火山岩。

侵入岩主要为渐新世花岗岩,其走向呈南东-南西,岩体规模较大,与热液型铜矿有关。矿体主要产于石英脉、花岗岩和角闪岩细脉中,矿石中主要金属矿物为黄铜矿、蓝铜矿、斑铜矿、黄铁矿、孔雀石。

始新世受巴基斯坦及邻区开始受到印度板块与欧亚大陆碰撞的强烈影响及后碰撞期伸展运动,在该地区形成了近东西向、北西向断裂构造,这些断裂构造不仅并控制着地层的分布及侵入体的分布,同时也是含矿热液运移、储存的通道及空间。该选区具有进一步寻找金矿的前景。

北部 MKT 附近的蛇绿混杂堆积带中铬镍矿化明显,具有一定远景。

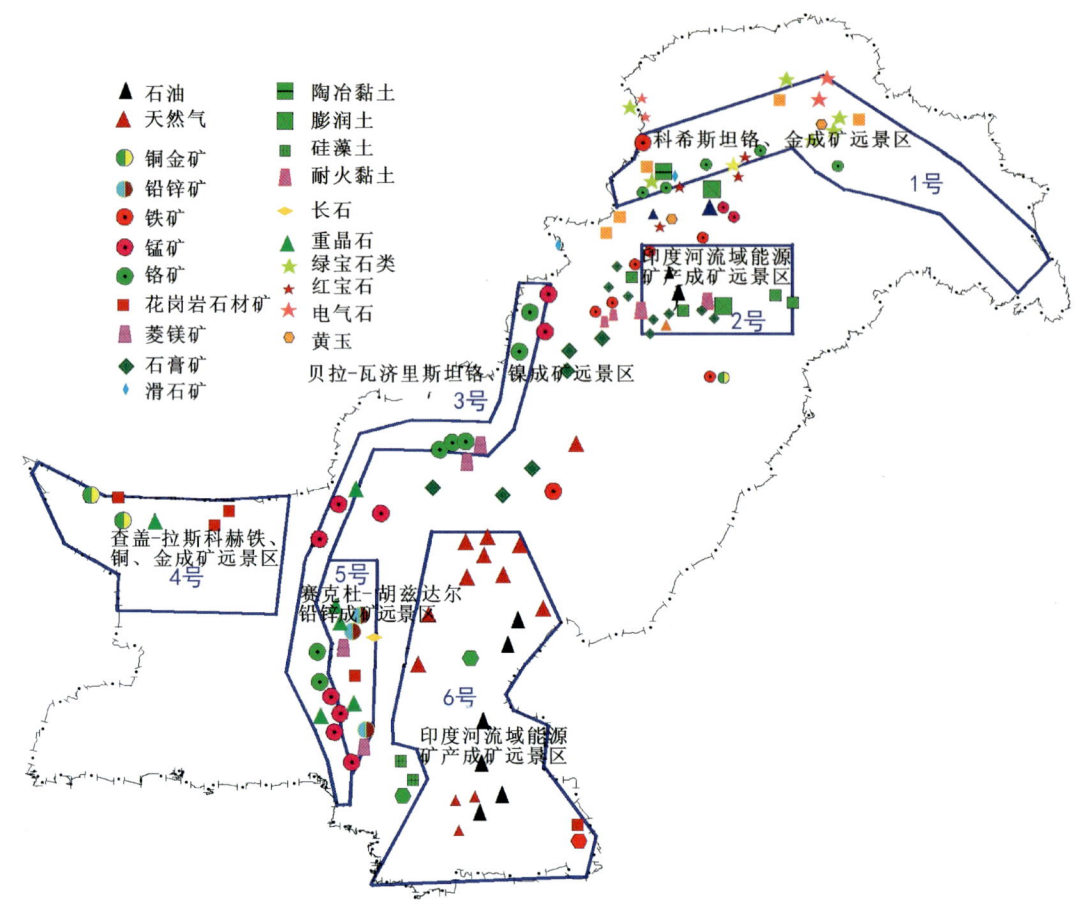

图 6-23　巴基斯坦成矿远景区划分图

2. 印度河流域能源成矿远景区(2 号、6 号)

巴基斯坦 2006 年石油探明储量为 3 962.07 万 t,天然气储量为 7 928.76 亿 m^3,主要集中在两个沉积相盆地,即北部旁遮普省的波特瓦(Potwar)盆地和南部的印度河盆地。目前在南部海得拉巴(Hyderabad)附近和北部米扬瓦利(Mainwali)一带发现油、气田数十座,部分已开发。巴基斯坦的煤炭资源量在 1850 亿 t 左右,主要分布在信德省,以及俾路支省、旁遮普省和开伯尔—普赫图赫瓦省,其中 1840 亿 t 在信德省,占全国总量的 99.5%。

3. 贝拉-瓦济里斯坦铬、镍成矿远景区(3 号)

贝拉-瓦济里斯坦铬、镍成矿远景区(3 号)主要位于俾路支省和开伯尔—普赫图赫瓦省,包括南段贝拉地区、中段穆斯林巴格地区和北段科希斯坦地区。大地构造位置属于科希斯坦-拉达克岛弧及瓦济里斯坦-贝拉蛇绿岩带。该区位于瓦济里斯坦-贝拉铬铁矿成矿带,是巴基斯坦重要的铁、铬、镍、铅锌成矿带,主要是沿碰撞带近南北向展布。矿产形成于不连续的串珠状、透镜状蛇绿岩带中。

区内褶皱构造的混杂堆岩发育,断裂构造以近南北向、北东向为主。构造是矿床成矿的主要控制因素,矿体、矿体群和矿带的总体产状及矿体的分布受构造变形的制约。

穆斯林巴格地区有许多规模较大的岩体,如东南部的长托加尔岩体和萨普莱托加尔岩体,其面积可达数百平方千米,铬铁矿产于蛇纹石化纯橄岩中,多呈豆荚状,少数呈条带状、似层状,矿体有数十个,大小不一。贝拉地区铬铁矿多为豆荚状,现有矿产地4处,矿石质量中上等,但规模较小,储量最多十几万吨。科希斯坦混杂堆积蛇绿岩带上已发现科希斯坦、布尔之、赛拉斯等十几个岩体,向东还可延伸到巴控克什米尔地区。岩体多以蛇纹石化橄榄岩和纯橄岩为主,局部具有铬铁矿化,其中以科希斯坦岩体矿化较强,铬铁矿在超镁铁质岩中呈条带状、似层状、透镜状及豆荚状产出,长百余米。目前仅中部地区进行了较详细的工作,其资源潜力较大。

4. 查盖-拉斯科赫铁、铜、金成矿远景区

查盖-拉斯科赫铁、铜、金成矿远景区位于俾路支省北部,呈西东-北南向长条状展布,宽约100km,长约230km。区内出露地层主要为三叠系页岩、砂岩、灰岩及火山岩,白垩系一套火山岩,古近系页岩、砂岩及火山岩和第四系。

该地区火山活动强烈,贾盖火山岩浆岩带的侵入岩可统称为贾盖侵入岩和索尔科侵入岩,是受阿拉伯板块向北俯冲到伊朗东南部和巴基斯坦西部的过程中,形成的一系列钙碱性组分的火山中心,并产生了以这些火山中心为主的浅成超浅成侵入体。贾盖侵入岩主要沿着贾盖山脉中心地区断续出露,长达150km;索尔科侵入岩位于远景区西部地区,为孤立的小型侵入岩和岩株,其延伸长度达150km。

区内受新特提斯洋的闭合影响,阿拉伯板块、印度板块与欧亚板块的不断碰撞,在持续的挤压条件下,发生了一系列的构造形变,地层挤压强烈,发育了大量的逆冲断裂系统和背斜,断裂构造以近东西向、北西向为主。

区内矿产分布主要受渐新世—中新世钙碱性岩浆活动控制,主要形成斑岩型铜矿床,其次为矽卡岩型铜矿床、铁矿床,以及热液型、火山岩型多金属矿床。因此,该地区是寻找斑岩型铜金矿最好地段,找矿前景巨大。

5. 赛克杜-胡兹达尔铅锌成矿远景区

赛克杜-胡兹达尔铅锌成矿远景区位于巴基斯坦中部古尔特尔山脉西坡胡兹达尔—贝拉地区,大地构造位置属于新生代前缘坳陷带,位于胡兹达尔-拉斯贝拉铅锌成矿带内。该带为巴基斯坦重要的铅、锌、铁、铬、镍成矿带。在中生代,这一带处于弧后裂陷槽或裂谷环境。

该区出露地层主要为侏罗系、白垩系、古近系及第四系。侏罗系出露面积较大,岩性为灰岩、页岩;白垩系出露岩性为页岩、砂岩、灰岩;古近系出露岩性为灰岩,少量砂岩、页岩。第四系为松散未固结的黏土、砂、砾。

该区主要形成喷流-沉积型、密西西比河谷型两种类型铅锌矿床,按其产出形态及构造控矿作用可合并为层控型铅锌矿。矿床产于中上侏罗统碳酸盐岩、泥岩和细粒碎屑岩层中,容矿岩石多为暗灰色灰岩和浅灰色钙质页岩。矿体与容矿地层的产状基本一致,多呈似层状,延长远大于厚度;矿石成分除方铅矿和闪锌矿外常伴有银和锑,在矿体顶部或上部常有重晶石和萤石。

在地壳运动过程中,印度板块向西偏北方向斜切碰撞,层间逆冲推覆现象十分普遍,形成弧形构造,创造了良好的成矿条件。区内构造变形比较强烈,可见轴线呈"S"形的复背斜及次级向斜,断裂构造不太显著,受东西向挤压作用,地层弯曲变形形成褶皱,矿化带受构造控制。

四、靶区特征

本次工作在塔吉克斯坦、吉尔吉斯斯坦、乌兹别克斯坦、巴基斯坦4国共圈定远景区52个,其中A类靶区21个、B类靶区24个、C类靶区7个。各国靶区如下:塔吉克斯坦圈定找矿靶区20个,其中A类靶区8个、B类靶区8个、C类靶区4个。吉尔吉斯斯坦圈定找矿靶区8个,其中A类靶区2个、B类靶区6个。乌兹别克斯坦圈定找矿靶区17个,其中A类靶区9个、B类靶区5个、C类靶区3个。巴基

斯坦圈定找矿靶区 7 个,其中 A 类靶区 2 个、B 类靶区 5 个。各靶区特征见表 6-6。

表 6-6　塔吉克斯坦、吉尔吉斯斯坦、乌兹别克斯坦、巴基斯坦 4 国找矿靶区特征表

序号	靶区编号	靶区级别	矿种	矿床类型	圈定依据	国别
1	ST-1.3-1	B	金	岩浆热液型金矿和矽卡岩型金矿	主要出露上石炭统花岗闪长岩岩体,碳酸盐岩地层以北西向断裂为主,见有 W 异常,西北部相近地质情况发现一富 W 金矿点,是寻找矽卡岩型金矿有利地段	塔吉克斯坦
2	ST-1.3-2	C	金		出露上石炭统花岗闪长岩岩体,北西向断裂发育,见有 W、Sn 异常,靶区西南部外围发现中型金矿,找矿潜力巨大	
3	ST-1.3-3	C	金		出露上石炭统花岗闪长岩岩体,北西西向断裂弯曲展布,见有 As、Bi 异常,靶区外围见有砷金矿一处	
4	ST-1.3-4	A	金		出露晚古生代花岗闪长岩岩体,岩体与围岩接触带蚀变发育,以北西向断裂为主,靶区内 W、Sn、Au 异常较发育,靶区内发现一金矿点	
5	ST-1.3-5	B	金		主要受晚古生代花岗闪长岩岩体影响,北西向断裂的次级构造,处于区域北北东断裂带内,见有 Au、As、W 异常,靶区见有金矿点	
6	ST-1.3-6	B	金		主要受晚古生代花岗闪长岩岩体影响,W、Sn、Au 异常沿近东西向断裂剪切带分布,具有一定找矿潜力	
7	GP-1.3-1	B	金	岩浆热液脉型金矿	W、Au、Pb 异常,受北西西向-近东西向断裂控制,上石炭统花岗闪长岩岩体控制两侧热液型金矿形成,并且已经发现该类型金矿	
8	GP-2.1-1	B	铜	层控型铜矿	存在有储量重砂异常、铁染异常较强,岩性为泥岩、灰岩与页岩,主要控制断裂带呈北西、近南北向展布,且在接触带已经发现此类大型矿床	
9	GP-2.1-2	A	铜	斑岩型铜矿	岩性为花岗闪长岩和花岗岩,中酸性侵入体,主要控矿断裂带呈北西向展布,基本控制了该地区地层和侵入岩的展布。这有利于铜矿床的形成,为成矿物质的迁移和富集提供了良好的通道和场所,且在此接触部位已找到此类小型矿床	
10	GP-2.2-1	A	金	辉长-花岗岩有关的中温热液型金矿	重砂异常显示 Hg、Pb 异常,下二叠统基性超基性侵入岩,围岩为碎屑岩,主要控矿断裂为北东向-近东西向断裂,在该靶区东动已经发现金矿点,显示该区具有找矿潜力	
11	GP-2.2-2	A	金锰	沉积型锰矿	存在 Au、Cu、Pb、Zn 化探异常,且存在具有储量的 Au、Hg 异常,最新完成的 1:25 万岩屑测量显示 Mn 的异常较好,在该区已经发现中型金矿床 1 处,金矿化点 1 个,赋矿围岩为块状灰岩,东西向从北侧穿过	
12	GP-3.4-1	B	锰金		存在 Au 的重砂异常和 Cu 的化探异常,存在金的矿化,最新完成的 1:25 万岩屑测量显示 Mn 的异常,显示具有锰的找矿潜力	

续表6-6

序号	靶区编号	靶区级别	矿种	矿床类型	圈定依据	国别
13	GP-3.5-1	B	铅锌铁	浅成地温热液型铜矿和沉积型铅锌矿	Z332号综合异常,元素组合为Cu、Pb、Zn、Ag、Sb、Hg、Bi、Au,Pb、Zn单元素异常浓集中心明显,异常强度高,梯度明显,单元素异常套合较好。Au异常与Pb异常吻合度较好,具有寻找铅、锌、金矿的前景。异常区还具有明显的Ag、Sb、Bi单元素异常,各单元素异常虽规模小,但元素组合异常吻合度较好	
14	MT-2.4.1-1	A	铅锌	矽卡岩型铅锌矿、岩浆热液型铅锌矿	主要受北东向断裂控制,矽卡岩型其围岩为以碳酸盐岩为主上泥盆统地层,侵入体岩性为石炭纪石英二长岩和闪长岩,岩浆热液型铅锌矿由石炭纪中性侵入体侵入泥盆系,将其改造不彻底,该区沿断裂已发现这两类矿床	塔吉克斯坦
15	MT-2.4.1-2	C	铅锌	岩浆热液型铅锌矿	石炭纪二长岩、正长闪长岩、正长岩等以中性为主侵入岩侵入泥盆纪花岗斑岩、石英斑岩等酸性侵入体并相互作用,与北东向断裂关系密切。	
16	MT-2.4.2-1	C	铅锌		具备矽卡岩型铅锌矿成矿碳酸盐条件、中酸性侵入岩条件,且断裂为物质运移提供通道,该区已发现该类型矿床	
17	MT-2.4.2-2	A	铅锌		具备矽卡岩型矿床成矿地质条件,该断裂两端均见有矽卡岩型铅锌矿或铅矿,且该区断裂作用较发育,沿脉群小沿近东西向控制断裂展布,处于灰岩与侵入岩体的接触部位,显示具有铅锌矿的找矿前景	
18	MT-2.4.2-3	B	铅锌	矽卡岩型铅锌矿	北东向老断裂控矿作用明显,已知成型铅锌矿2处,铅矿点1处沿断裂展布,中间见了已知矿床相似的成矿地质条件,条带状碳酸盐岩地层受中酸性侵入体改造不完全,形成成矿有利部位,赋矿地层岩性为灰岩、白云岩、泥灰岩	
19	MT-2.4.3-1	A	铅锌		地层为上泥盆统—下石炭统大理质灰岩等碳酸盐岩,岩体规模较小,沿断裂展布,在碳酸盐岩与酸性侵入岩接触部位、断裂交会部位为成矿有利部位。常见的矿化蚀变类型为矽卡岩化、大理石化、蛇纹石化和绿泥石化,存在Mg-OH的遥感异常	
20	MT-2.4.4-1	A	铅锌		地层岩性为泥盆纪中统灰岩、白云岩,岩体规模较大,侵入体为石炭纪中统花岗岩,被南北两侧断裂限制,沿断裂分布基性、酸性岩脉群,该区已经发现岩浆热液型铅锌矿,铅锌元素含量较高	
21	NT-2.3.0-1	B	金	浅成地温热液型金矿	出露岩性为灰岩、白云岩,成矿部位为灰岩、白云岩和侵入岩的交会处,主要控矿断裂带呈北东向展布,基本控制了该地区地层和侵入岩的展布,且在此接触部位找到此类矿床	吉尔吉斯斯坦
22	MT-2.2.1-1	B	金		岩性为泥盆纪砾岩、砂岩、灰岩,主要控矿断裂带呈东西向展布,基本控制了该地区和侵入岩的展布,有利于金矿床的形成,并且在此接触部位已经找到此类中型矿床	

续表 6-6

序号	靶区编号	靶区级别	矿种	矿床类型	圈定依据	国别
23	K-S-2.5.0-1	B	金	浅成地温热液型金矿	地层岩性为下石炭统大理灰质岩,沿近东西向断层展布,有晚二叠世—早三叠世石英斑岩和花岗斑岩、克孜尔努林组的侵入岩相;存在 Cu、Pb、W、Mo 的重砂异常,且发现一浅成低温热液型金矿	吉尔吉斯斯坦
24	NT-2.5.0-1	B	金		出露岩性为页岩、砂岩,主要控矿断裂带呈北东向展布,基本控制了该地区地层和侵入岩的展布,重砂显示 Au 的异常,羟基异常明显,且在此接触部位已找到此类小型矿床	
25	NT-2.9.0-1	B	金	铅锌矿	出露岩性为凝灰砾岩、安山岩、砾岩、砂岩、页岩、英安岩、霏细岩,主要控矿断裂带呈北东向和东南向展布,基本控制了该地区地层和侵入岩的展布。这有利于铅锌矿床的形成,为成矿物质的迁移和富集提供了良好的通道和场所,且在此接触部位已找到此类大型矿床	
26	NT-2.9.0-2	A	金	浅成低温热液型金矿	出露岩性为角闪片岩、绿泥石片岩,有时为结晶灰岩,主要控矿断裂带呈北北东西向展布,基本控制了该地区地层和侵入岩的展布,且在此接触部位已找到此类大型超大型矿床	
27	MT-4.1.1-1	A	铁	沉积变质型铁矿	靶区内赋矿地层为文德系绢云母-绿泥石和碳酸盐-绿泥石成分的千枚岩,主要控矿断裂近东西向展布,区内化探异常有 Fe、Mn、Au 异常,该带已知矿床有杰德姆超大型沉积变质铁矿床、贾克博洛特和绍尔戈苏沉积型锰矿点	
28	MT-2.10.0-1	B	铅锌	火山岩型铅锌矿	主要寻找矿种为铅锌矿,找矿类型为火山岩型铅锌矿。靶区内出露地层岩性为砂岩、砾岩、粉砂岩、凝灰岩,侵入岩为石英闪长岩、花岗岩、石英正长闪长岩,成矿部位为构造蚀变带处,主要控矿断裂带呈近东西向和北东向,基本控制了该地区地层和侵入岩的展布,已知矿点有金矿点、铅矿点	
29	KK-1.3-1	A	金	韧性剪切带型金矿	主要岩性为页岩含未分基性岩、砂岩、矽卡岩,主要控矿断裂带呈北西向展布,基本控制了该地区地层和侵入岩的展布,这有利于金矿床的形成,为成矿物质的迁移和富集提供了良好的通道和场所,且在此接触部位已找到此类大型矿床	乌兹别克斯坦
30	KK-1.3-2	B	金	浅成低温热液型金矿	主要岩性为页岩、砂岩,主要控矿断裂带呈北北东向和东西向展布,基本控制了该地区地层和侵入岩的展布,且在此接触部位已找到此类小型矿床	
31	KK-1.3-3	B	金	韧性剪切带型金矿	主要岩性为页岩、砂岩,主要控矿断裂带呈北西西向和北东向展布,基本控制了该地区地层和侵入岩的展布,且在此接触部位已找到此类小型矿床	

续表 6-6

序号	靶区编号	靶区级别	矿种	矿床类型	圈定依据	国别
32	KK-1.9-1-1	A	金	韧性剪切带型金矿	主要岩性为志留系兰多维列统黏土岩、砂质泥岩、千枚岩、页岩,发生围岩蚀变有硅化、绢云母化、碳酸盐化,羟基异常,控矿断裂带呈南东向展布,基本控制了该地区地层的展布。这有利于金矿床的形成,为成矿物质的迁移和富集提供了良好的通道和场所,且在此接触带已找到此类小型矿床	乌兹别克斯坦
33	KK-1.9-1-2	A	金	浅成低温热液型金矿	地层岩性为志留系兰多维列统黏土岩、砂质泥岩、千枚岩、页岩,发生围岩蚀变有硅化、绢云母化、碳酸盐化,羟基异常,主要控矿断裂带呈近东南向展布,基本控制了该地层和侵入岩走向,有利于金矿形成,为成矿物质迁移和运移提供通道和场所,此区域有二叠系花岗岩侵入体和 Au 重砂异常	
34	KK-1.9-1-3	A	金		地层岩性为志留系兰多维列统黏土岩、砂质泥岩、千枚岩、页岩,发生围岩蚀变有硅化、绢云母化、碳酸盐化,羟基异常,主要控矿断裂带呈近东南向展布,基本控制了该地层,有利于金矿形成,为成矿物质迁移和运移提供通道和场所,此区域有二叠系花岗岩侵入体和 Au 重砂异常	
35	KK-1.9-2	C	金	中温热液脉型金矿	地层岩性主要为下志留统中薄层灰岩、中薄层页岩夹砂岩,中温热液型金矿绝大多数产于中—高绿片岩相地质体中,绿岩带主要岩石类型有细碧岩、玄武岩、辉长岩和辉绿岩等。典型矿床 Zarmitan 金矿产于 S1 地层中,该区金元素异常、金重砂异常明显	
36	KK-1.6.1-1	A	金	浅成低温热液型	岩性为页岩含未分基性页岩、泥质砂岩、砾岩、薄层灰岩、白云岩,主要控矿断裂带呈北西向展布,基本控制了该地区地层和侵入岩的展布。这有利于金矿床的形成,为成矿物质的迁移和富集提供了良好的通道和场所,且在此接触部位找到此类小型矿床	
37	KK-1.6.2-1	A	金	黑色岩系型金矿	岩性为页岩、泥质砂岩、砾岩、薄层灰岩,主要控矿断裂呈东西向展布。韧性剪切带为成矿提供有利条件,在此接触带已找到此类大型矿床	
38	KK-1.6.6-1	A	金	韧性剪切带型金矿	岩性为页岩、砂岩、砾岩、灰岩,主要控矿断裂呈北西向展布,基本控制了该地区底层和侵入岩的展布,有利于金矿床的形成,为成矿物质的迁移和富集提供了良好的通道和场所,且在此接触部位已找到此类小型矿床	
39	KK-1.6.3-1	B	金	浅成低温热液型	地层岩性为古生代白云岩、灰岩、页岩、粉基灰岩、砂岩。岩体规模较大,被北西-东南侧断裂限制,岩断裂分布,在该区已经发现一浅成低温热液型金矿	

续表 6-6

序号	靶区编号	靶区级别	矿种	矿床类型	圈定依据	国别
40	KK-1.6.4-1	C	金	与韧性剪切带有关的沉积岩为容岩的浸染型金矿	地层岩性为上白垩统砾岩、砂岩、泥质砂岩、紫苏灰石岩，与相邻地层为不整合接触，志留系已发现一与剪切带有关的沉积岩为容岩的大型侵染型金矿	乌兹别克斯坦
41	KK-1.6.5-1	B	金		地层岩性为上白垩统砾岩、砂岩、泥质砂岩、紫苏辉石岩，与相邻地层为不整合接触，地层为内老外新，该部位位于背斜处，重砂异常为 Au、W，羟基异常明显，并已经发现一处与剪切带有关的沉积岩为容岩的浸染型金矿	
42	KK-1.10-1	C	金	造山型金矿	岩性为中泥盆统紫苏辉石岩、灰岩、砾屑灰岩，主要控矿断裂带呈南东向展布，基本控制了该区地层的展布，有利于金矿的形成，为成矿物质的的迁移和富集提供了良好的通道和场所，在侵入岩与断裂构造交会处易成矿且在接触部位已经找到此类型矿床，重砂显示为 W、Au、Sn 异常	
43	MT-2.3-1	B	金	浅成地温热液型金矿	岩性为英安岩、凝灰岩、白云岩、砂岩和二叠系花岗岩侵入体，围岩蚀变主要有主要有硅化、绢云母化、明矾石化，控矿断裂带呈北西、北东向展布，利于金矿床的形成，为成矿物质的迁移、富集提供了良好的通道和场所，且在此接触部位已找到此类型大型矿床 Kochbulak	
44	MT-2.3-2	A	铅锌	矽卡岩型铅锌矿	岩性为上泥盆统碳酸盐岩，主要为凝灰岩、粉砂岩、白云岩、砾岩，石炭世花岗闪长斑岩脉侵入，主要控矿断裂带呈东西向，基本控制了该地区地层和侵入岩的展布。区域内 Pb、W、Mo 等元素重砂异常	
45	MT-2.3-3	A	铅锌		岩性为凝灰岩、凝灰熔岩、凝灰角砾岩，侵入体为晚石炭世石英闪长岩、花岗闪长岩。区内断裂呈北东向，Pb、Zn、Mo 等元素重砂异常沿断裂分布较为明显	
46	B1	B	铬镍	基性—超基性有关的铬镍	出露有莫克兰蛇绿岩、上拉蛇绿岩、Burzil 蛇绿岩、德拉斯蛇绿岩，蛇绿岩主体为方辉橄榄岩、蛇纹石化纯橄榄岩，蛇绿岩块铬镍矿化明显，具有寻找铬镍矿的前景	巴基斯坦
47	B2	B	镍		出露有瓦济里斯坦蛇绿岩，由方辉橄榄岩、蛇纹石化纯橄榄岩、斜辉辉橄岩组成，产出由豆荚状铬铁矿，瓦济里斯坦铬铁矿具有富含铬、贫铝、低 Fe^{3+}、低 TiO_2 特征，具有寻找阿尔卑斯型铬铁矿的潜力	
48	B3	B	铬镍		出露有穆斯林巴赫-佐布蛇绿岩，由蛇纹石化方辉橄榄岩、纯橄榄岩、异剥橄榄岩、等超基性岩石组成。出露有穆斯林巴赫铬铁矿，穆斯林巴赫铬铁矿目前已发现矿体 40 余个，单个矿体规模为 1000~1500t，铬铁矿具有富含铬、贫铝、低 Fe^{3+}、低 TiO_2 特征，具有寻找阿尔卑斯型铬铁矿的潜力	
49	B4	B	铁镍		出露有贝拉蛇绿岩，是巴基斯坦最大的蛇绿岩，由方辉橄榄岩、少量纯橄榄岩、二辉橄榄岩组成，发育不同程度蛇纹石化、铬铁矿化，铬铁矿具有富含铬、贫铝、低 Fe^{3+}、低 TiO_2 特征，具有寻找阿尔卑斯型铬铁矿的潜力	

续表 6-6

序号	靶区编号	靶区级别	矿种	矿床类型	圈定依据	国别
50	A1	A	铜	斑岩型铜矿	出露有查盖侵入岩和 SorKoh 侵入岩。查盖侵入岩是侵入到 Sinjrani 群地层中的大型复合岩基,主要沿着查盖山脉中心地区断续出露,其长达约 150km；SorKoh 侵入岩是孤立的小型侵入岩和岩株,其延伸长度达 150km。火山岩浆岩带先后经历了中—晚始新世(43～37Ma)、早中新世(24～22Ma 和 18～16Ma)、中中新世(13～10Ma)和晚中新世—早上新世(6～4Ma)4 次斑岩蚀变作用和成矿作用,特别是中新世的几个岩浆事件,形成了一大批斑岩型铜矿化、铜金矿化。该找矿靶区分布有雷克迪克斑岩型铜矿、H14、H15 斑岩型铜矿	巴基斯坦
51	A2	A	铅锌	MVT 型铅锌矿	出露地层为上侏罗统碳酸盐岩、泥岩、细碎屑岩,出露有杜达铅锌矿。杜达(Dudar)铅锌矿产于上侏罗统碳酸盐岩、泥岩和西碎屑岩中,容矿岩石多为暗灰色灰岩和浅灰色钙质页岩,与典型的密西西比河谷型铅锌矿的容矿围岩十分相似。成矿具有明显的层控特征,矿体与含矿地层的产状一致,多呈层状、似层状,延长远大于厚度。该区具有寻找 MVT 型铅锌矿床的前景,矿床产在侏罗纪容矿月岩中,与晚侏罗世—早白垩世印度板块东冈瓦纳大陆初始裂解出来时释放的原生热卤水有关,另外大型走滑断裂-查曼(Chaman)断裂及伴生次生断裂活动对成矿具有重要的控制作用	
52	B5	B	石油天然气		出露地层主要为更新统冲洪积物,在海德拉巴一带发现油、气田数十座,煤炭资源量为 $1850×10^8$ t,在现有的成型矿床外围具有寻找沉积能源矿产的潜力	

五、重点靶区特征及查证

在综合分析新疆周边国家成矿地质条件、成矿规律的基础上,对收集到的不同比例尺数据进行集成分析,通过地质、化探、遥感等多元信息,开展成矿远景区的划分和靶区圈定,并结合收集到的近年来完成的大比例地质、化探数据,结合矿业政策和矿业环境,开展靶区优选工作。在塔吉克斯坦、吉尔吉斯斯坦、乌兹别克斯坦、巴基斯坦四国共圈定找矿远景区 34 个,各类找矿靶区 52 个,推荐进一步有工作价值的靶区 6 个。其中塔吉克斯坦 3 个,分别为 GP-2.2-2 卡拉库里锰金靶区、GP-3.4-1 羊舍锰金靶区、GP-3.5-1 铁银川铅锌靶区；吉尔吉斯斯坦 1 个,为 NT-2.9.0-2 金矿找矿靶区；乌兹别克斯坦 1 个,为 KK-1.9-1-1 金找矿靶区；巴基斯坦 1 个为 A1 查盖斑岩型铜矿找矿靶区。重点找矿靶区的选区依据及查证如下。

(一)塔吉克斯坦 GP-2.2-2 卡拉库里锰金靶区

卡拉库里锰金靶区位于塔吉克斯坦北帕米尔卡拉库里湖北部,距我国西昆仑马尔坎苏优质锰矿带奥尔托喀纳什锰矿 60km(图 6-24)。

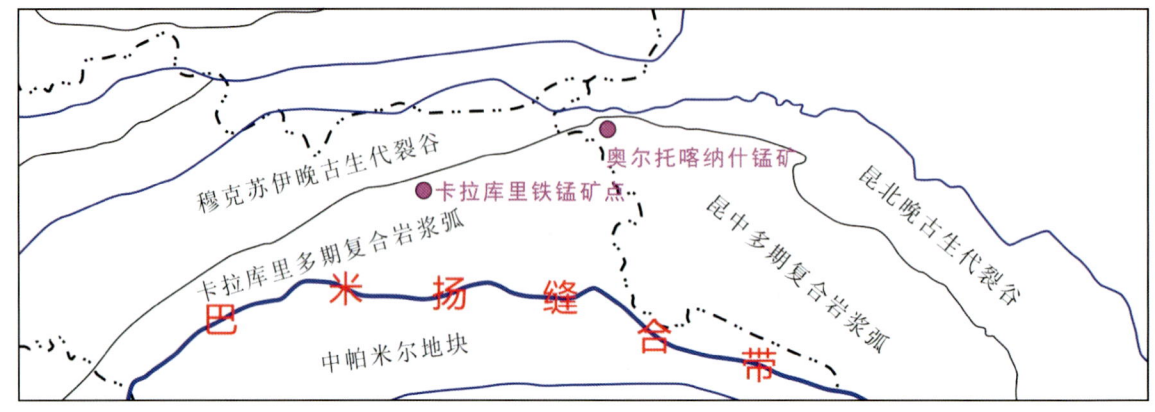

图 6-24 卡拉库里湖北锰金多金属远景区与典型矿床构造带位置示意图

在新疆境内玛尔坎苏优质锰矿带上已经发现了穆呼锰矿、玛尔坎苏锰矿、奥尔托喀纳什锰矿,且该套含矿地层向境外延伸,显示具有较好的锰的找矿前景,对该成矿带进行对比研究分析如下。

1.沉积建造

该锰金靶区境内外均属兴都库什-西昆仑地层区,地层近东西走向(图 6-25)。境内地层主要有中泥盆统、下石炭统、上石炭统、下二叠统、上三叠统、上侏罗统;境外地层与境内大致相同,有小面积的志留系—泥盆系、上白垩统,虽然未单独划出上石炭统,但前人在玛尔坎苏西延塔吉克斯坦卡拉库里一带开展了中—大比例尺填图工作,测制了地质剖面,并发现了锰矿化线索,含锰地层为一套泥质页岩、生物碎屑灰岩、鲕粒灰岩夹基性火山碎屑岩等。该套岩石组合与境内玛尔坎苏一带含锰的上石炭统基本一致。因此判断玛尔坎苏的含锰建造向西延出国境,且厚度在境外卡拉库里一带明显增大(图 6-26、图 6-27)。

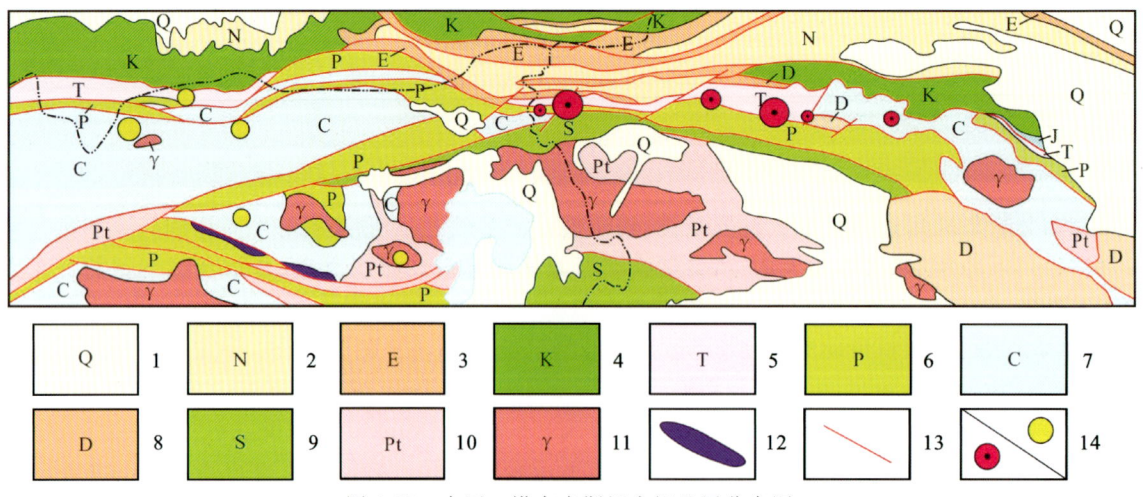

图 6-25 中国—塔吉克斯坦含锰地层分布图

1-第四系;2-新近系;3-古近系;4-白垩系;5-三叠系;6-二叠系;7-石炭系;8-泥盆系;9-志留系;10-元古宙;11-中酸性侵入岩;
12-超基性岩;13-断层;14-锰/金矿

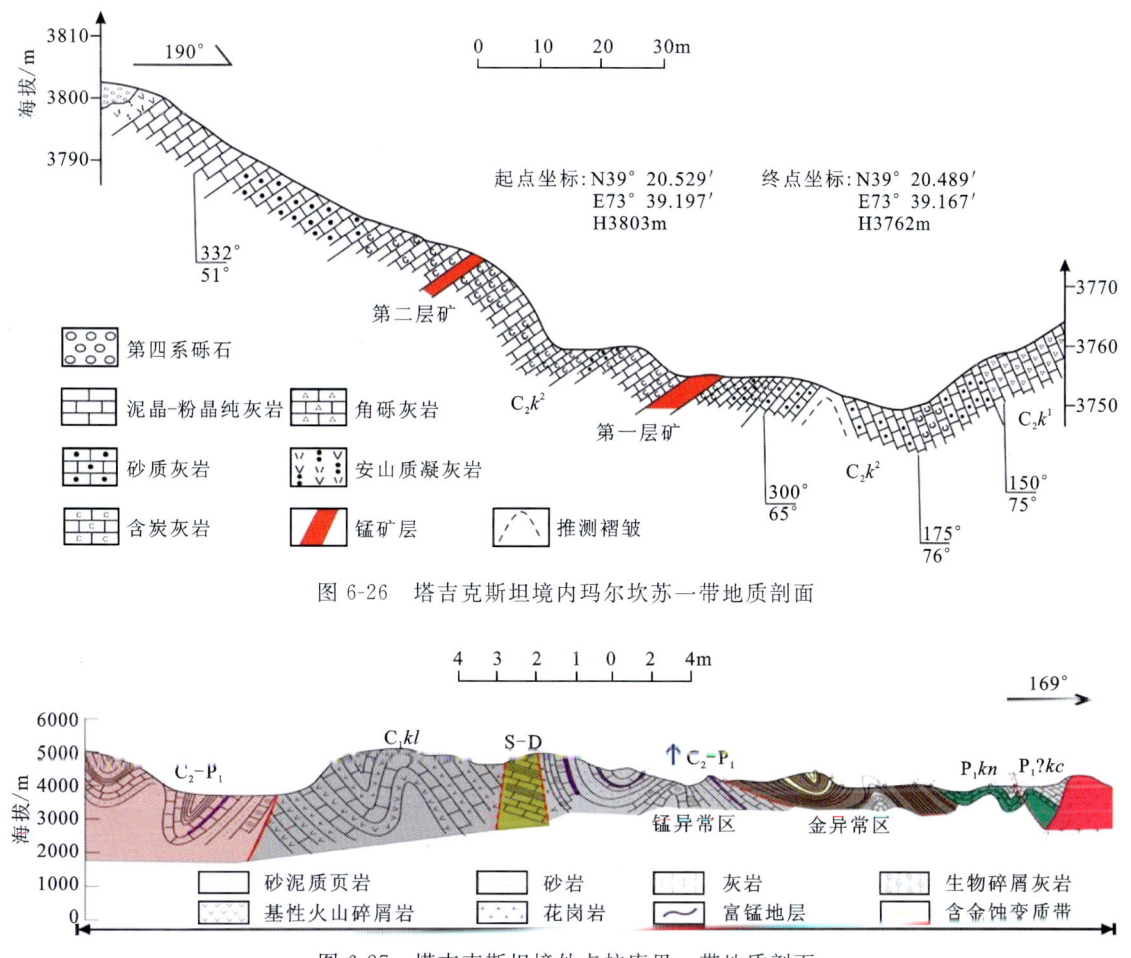

图 6-26 塔吉克斯坦境内玛尔坎苏一带地质剖面

图 6-27 塔吉克斯坦境外卡拉库里一带地质剖面

卡拉库里湖北锰金多金属远景区的锰矿带与中国西昆仑玛尔坎苏锰矿带产出层位基本一致，上石炭统上部受玛尔坎苏断陷盆地控制，含矿岩系为一套浅海相沉积的含碳泥质灰岩、碳酸锰矿层、长石砂岩、生物碎屑灰岩建造。含矿层位稳定（图 6-28）塔吉克斯坦境内的 C+P 地层延伸长度约为 100km，距离中国边境向西 30km 处。据长期在帕米尔高原工作的俄罗斯教授介绍，该套地层已延伸至阿富汗 伊朗境内。

2. 构造

卡拉库里锰异常大地构造位置位于塔里木-卡拉库姆南部陆缘北帕米尔穆克苏伊晚古生代裂谷带。北以柯岗-库斯拉普断裂与卡拉库姆-塔里木山间盆地逆冲带相邻；南以卡拉克断裂-布仑口断裂与北帕米尔卡拉库里多期复合岩浆弧相接，向东延伸至中国境内。基底属于塔里木古陆的一部分。境内玛尔坎苏一带锰矿层受背斜构造控制，在背斜两翼都有锰矿体产出；境外卡拉库里一带也发现了多个含锰层位，在背斜两翼对称出现，与境内矿区构造一致。

3. 地球化学特征

在 1∶100 万地球化学图中（图 6-29、图 6-30），在卡拉库里湖北存在 Mn、Au 的异常，基本与石炭纪含锰层位一致。

符号	地层名称	柱状图	厚度/m	岩性描述	地层名称	符号	柱状图	厚度/m	岩性描述
P₁+C₂	第六岩性段			砂岩、砂板岩、砾岩		P₁		<100	安山质凝灰岩
	第五岩性段		>100	微晶灰岩、灰白色、微晶结构、块状构造	第三岩性段	C₂k³		300	赋矿层位，分3个岩性层：第一岩性层位泥质灰岩夹薄层状角砾灰岩，呈灰色泥晶、微晶、角砾状结构、中厚层状构造；第二岩性为锰矿体，灰黑色、泥晶、微晶结构、块状、碎裂状构造；第三岩性层位含碳泥质灰岩夹薄层状泥晶灰岩，呈灰黑色，泥晶结构，层状构造
	第四岩性段	Mn Mn	>180	泥晶灰岩，灰黑色，泥晶结构，块状构造快速分析仪野外测试锰含量达到8%					
	第三岩性段		<80	泥质灰岩，含黑色页岩					
	第二岩性段		>150	长石石英砂岩，塑性变形，见暗色矿物和长石眼球状构造，常见立方体状黄铁矿	第二岩性段	C₂k²		250	长石石英砂岩，呈灰黑色，风化面呈深灰色，细粒砂状结构，块状构造
	第一岩性段		>80	生物碎屑灰岩					
C₁kl			>250	基性火山岩、火山碎屑岩与灰岩互层	第一岩性段	C₂k¹		<100	生物碎屑角砾灰岩夹薄层状微晶灰岩，含生物碎屑微晶，细晶结构，块状构造

图 6-28 境内外地层对比

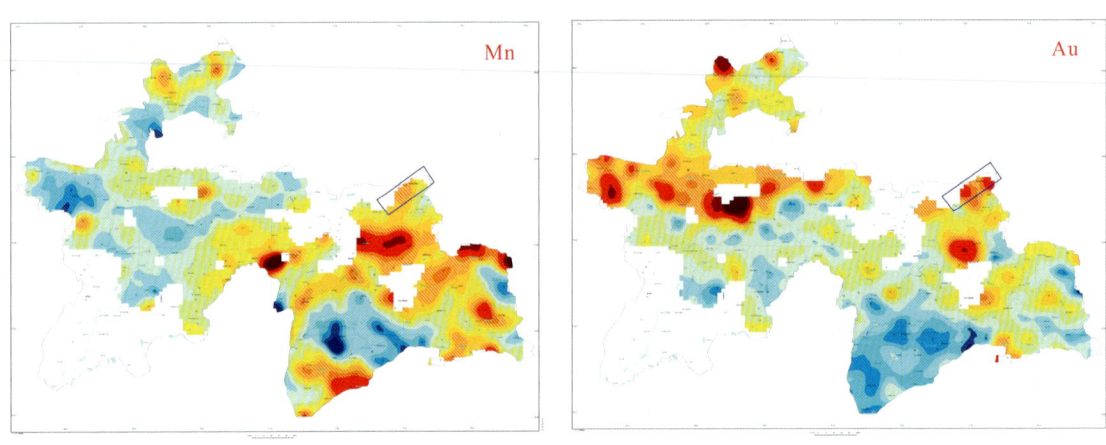

图 6-29 塔吉克斯坦 1∶100 万地球化学图

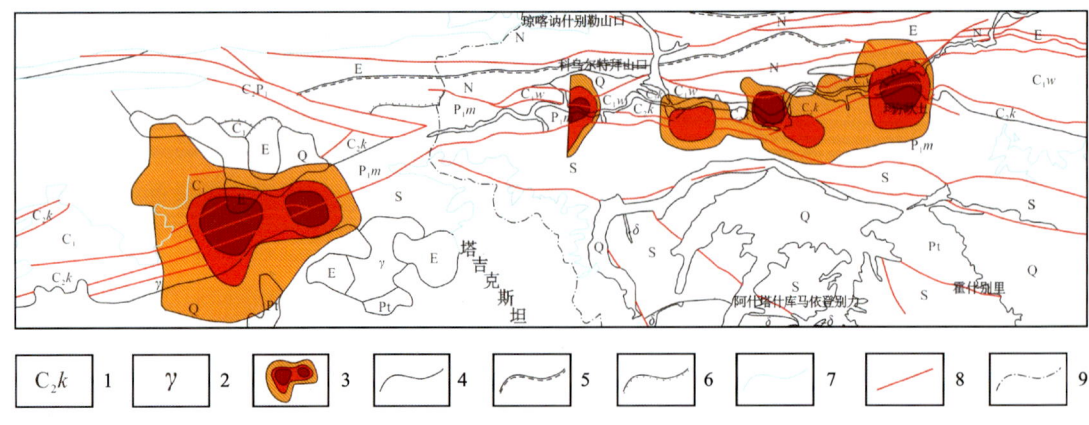

图 6-30 塔吉克斯坦 1∶100 万地球化学图

1-赋矿地层；2-岩体代号；3-化探异常；4-地质界线；5-平行不整合界线；6-角度不整合界线；7-雪线；8-断层；9-国界线

1:25万地球化学圈出一个以金为主的综合异常Z111(图6-31),异常面积284km²,元素组合为Au、Ag、Cu、Sb、As,Au平均值5.24×10^{-9},最大值为96.8×10^{-9},异常衬度2.56。单点Au最大异常值为73.8×10^{-9},最小异常值为2.05×10^{-9},平均异常值为5.24×10^{-9}。

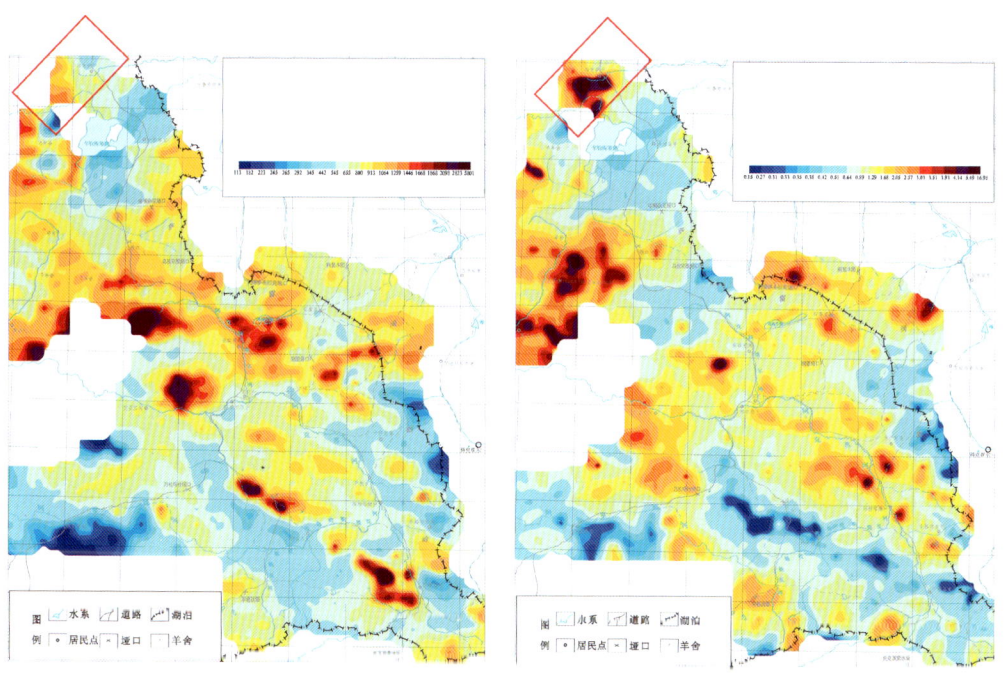

图6-31 帕米尔东部地区1:25万地球化学图

为进一步缩小找矿范围,中国地质调查局西安地质调查中心开展1:5万水系加密采样,数据显示区域最高异常值为98.6×10^{-6},进一步圈定异常区(图6-32)。在该区的蚀变灰岩中采集两件样品,实验室分析结果显示在两件蚀变灰岩样品金含量分别为4.58×10^{-6}、3.04×10^{-6},达到工业品位,具有金矿的找矿前景。

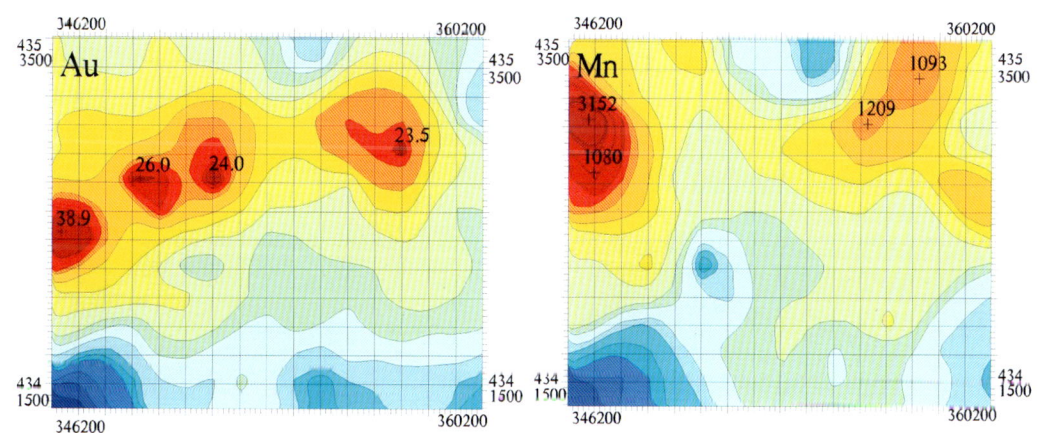

图6-32 卡拉库里湖北锰金多金属远景1:5万地球化学图

4. 初步查证工作

经初步野外踏勘,富锰层位位于C_2+P_1中(图6-33、图6-34),从底部至顶部,第一层为泥灰岩,上覆于巨厚的基性火山岩层,泥灰岩顶部夹有含锰灰岩薄层,总厚度约50m,向上为一套长石砂岩;第二层含锰泥晶灰岩,层位稳定且厚度较大,含锰地层厚度约180m,当前发现的锰品位和规模较低(一般锰含量为0.10%~0.20%之间,最高值为0.8%),普遍未达到成矿标准。

图 6-33　塔吉克斯坦卡拉库里锰矿点全貌（镜头向西）

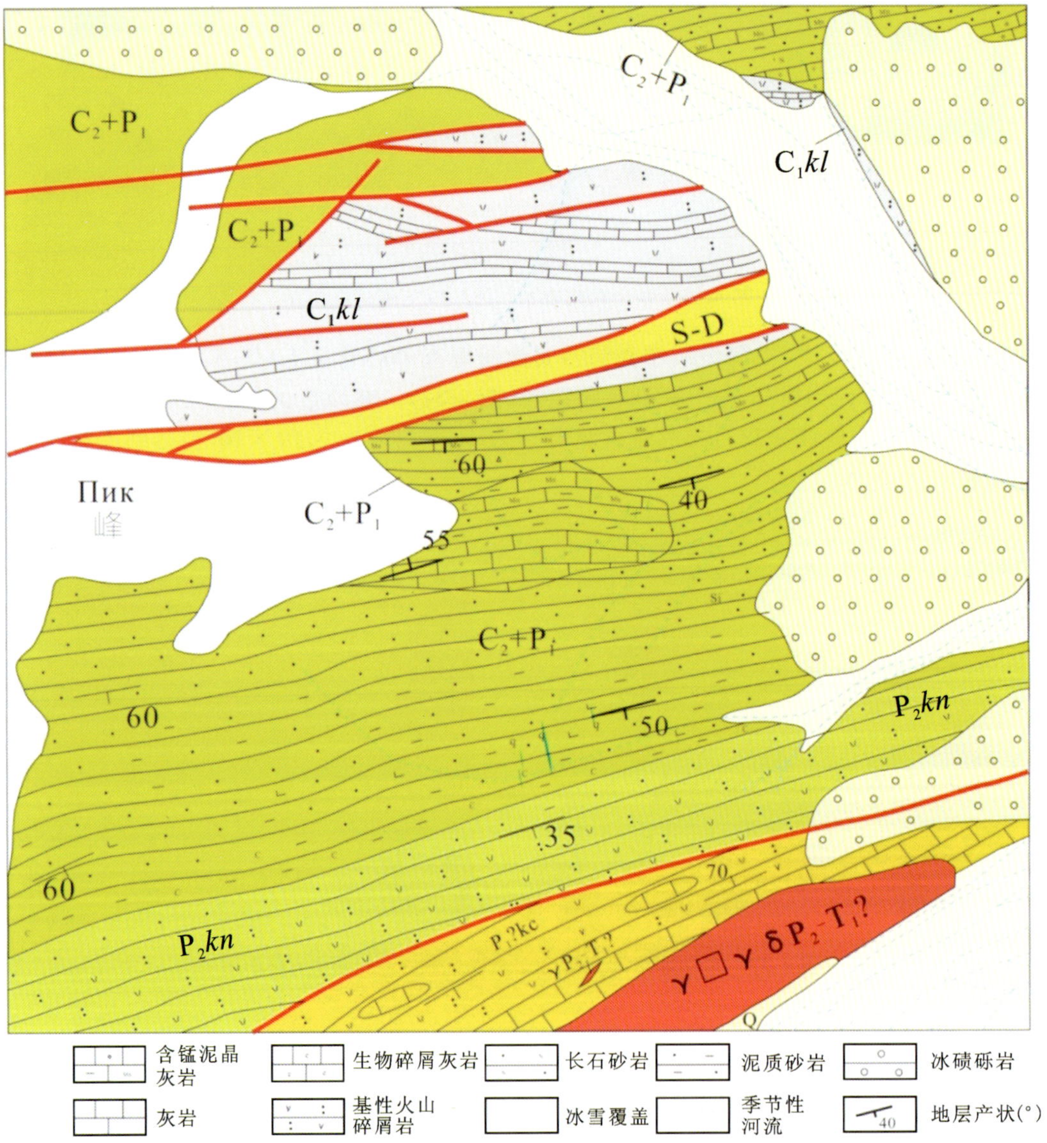

图 6-34　卡郎库里湖北锰金多金属远景区地质简图

金异常区域主要发育在北西翼,主要为C_2+P_1末分卡蓂那乌格组,从下至上依次为碳泥质页岩、层间蚀变带(钙质含量高,疑似为蚀变大理岩)、砂质板岩,岩石变形较强,主要发育两组节理,沿节理面充填石英脉,局部层间褶皱发育。调查发现金异常可能层间蚀变带有关,层间蚀变带见两套,一套在背斜北翼中部宽1~8m,延伸1.5km(图6-35);一套在山顶部,宽20m,山顶延伸见300m。除此,层间破碎带中石英脉发育。快速分析仪显示石英脉中砷元素含量较高,含量约四五百到三四千ppm不等,变化较大。

图6-35 金矿化蚀变带

(二)塔吉克斯坦GP-3.4-1羊舍锰金靶区

该锰金靶区位于帕米尔高原羊舍一带,平均海拔4000m以上,昼夜温差大,多雨雪、冰雹天气,道路交通一般。

1. 地质特征

该成矿远景区位于帕米尔南成矿带,巴古-扎雷奇诺埃金银钨多金属稀有金属成矿亚带内,出露地层有中元古界绢云母石英片岩、绢云绿泥片岩、阳起片岩、角闪片岩等,下志留统灰绿色千枚岩、灰岩、变质粉砂岩、板岩、石英砂岩、粉砂岩,下石炭统深灰色页岩、泥岩互层,介壳灰岩、灰色鲕粒灰岩、白云岩夹粉砂岩,下白垩统石英砂岩、粉砂岩夹砾岩。下部为生物灰岩与砂岩互层,上部为生物灰岩、结晶灰岩。侵入岩不发育,仅有零星花岗岩小岩株分布,区内北东向断裂构造较发育(图6-36)。

2. 地球化学特征

低密度扫面地球化学特征:塔吉克斯坦1:100万地球化学调查资料显示(图6-37),该地区为金地球化学找矿远景区,区内除Au外还发育有Sb、W、Zn、Cu等元素区域异常。该地球化学找矿远景区面积$6487km^2$,异常最大值为$29.58×10^{-9}$,平均值为$12.57×10^{-9}$,异常衬度为3.7,富集系数为6.0。从低密度地球化学数据分析,该区是塔吉克斯坦帕米尔地区最有利形成Au大型矿产基地的地区。

1:25万地球化学特征(图6-38):西安地质调查中心在该区的1:25万化探成果显示,该地区同样具有很好的Au、Mn异常,空间上异常呈近东西向分布,与地层走向一致。该带包含Au20和Au25两个金异常选区,地球化学特征分别为:Au20异常面积$1266km^2$,金最大值$37.8×10^{-9}$,平均值$3.3×10^{-9}$,衬度1.61,成矿有利度2.44;Au25异常面积$30km^2$,金最大值$12.2×10^{-9}$,平均值$2.5×10^{-9}$,衬度1.67,成矿有利度2.23。该远景区包含Mn14、M17、Mn18、Mn19、Mn21五个锰异常区,Mn14异常面积$515km^2$,最大值$6016.5×10^{-6}$,平均值$2070.5×10^{-6}$,衬度1.64,成矿有利度1.68;Mn17异常面

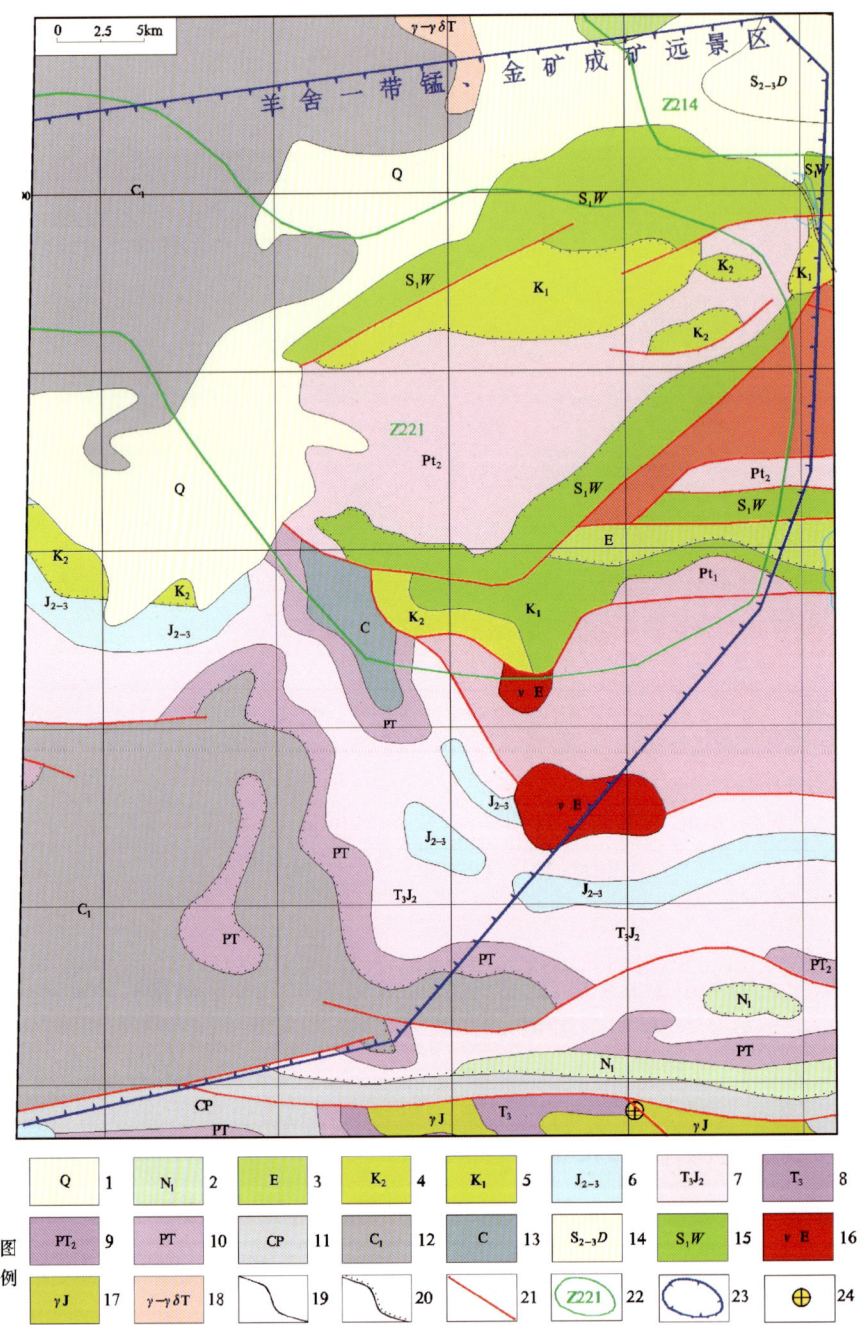

图 6-36 羊舍一带锰、金找矿靶区

1-第四系;2-中新统;3-古近系;4-上白垩统;5-下白垩统;6-上侏罗统—中侏罗统;7-上三叠统—中侏罗统;8-上三叠统;9-二叠系—中三叠统;10-二叠系—三叠系;11-石炭系—二叠系;12-下石炭统;13-石炭系;14-上中志留统—泥盆系;15-下泥盆统温泉沟群;16-古近纪花岗岩;17-侏罗纪花岗岩;18-花岗岩—花岗闪长岩;19-地质界线;20-角度不整合界线;21-一般性断裂;22-境外 1:25 万化探综合异常及编号;23-羊舍一带锰、金矿靶区范围;24-砂金矿点位置

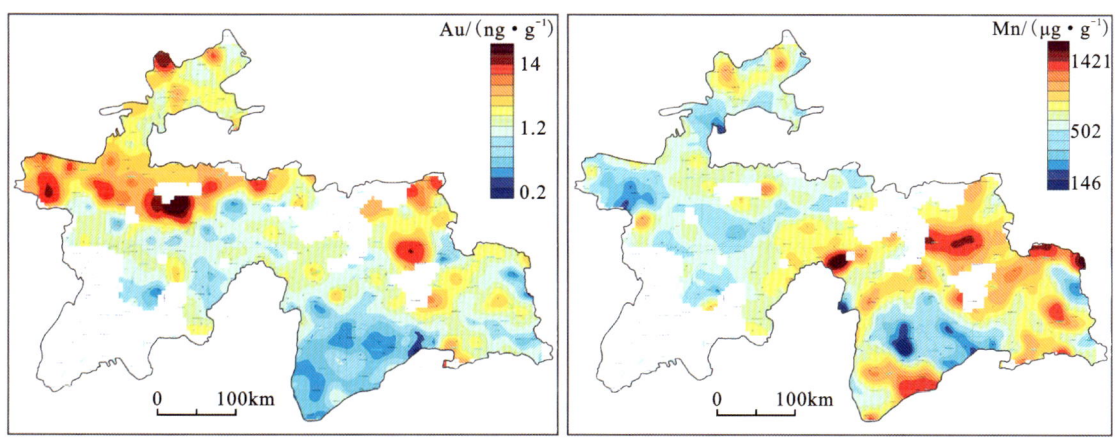

图 6-37 塔吉克斯坦 1∶100 万地球化学图(据西安地质调查中心,2018)

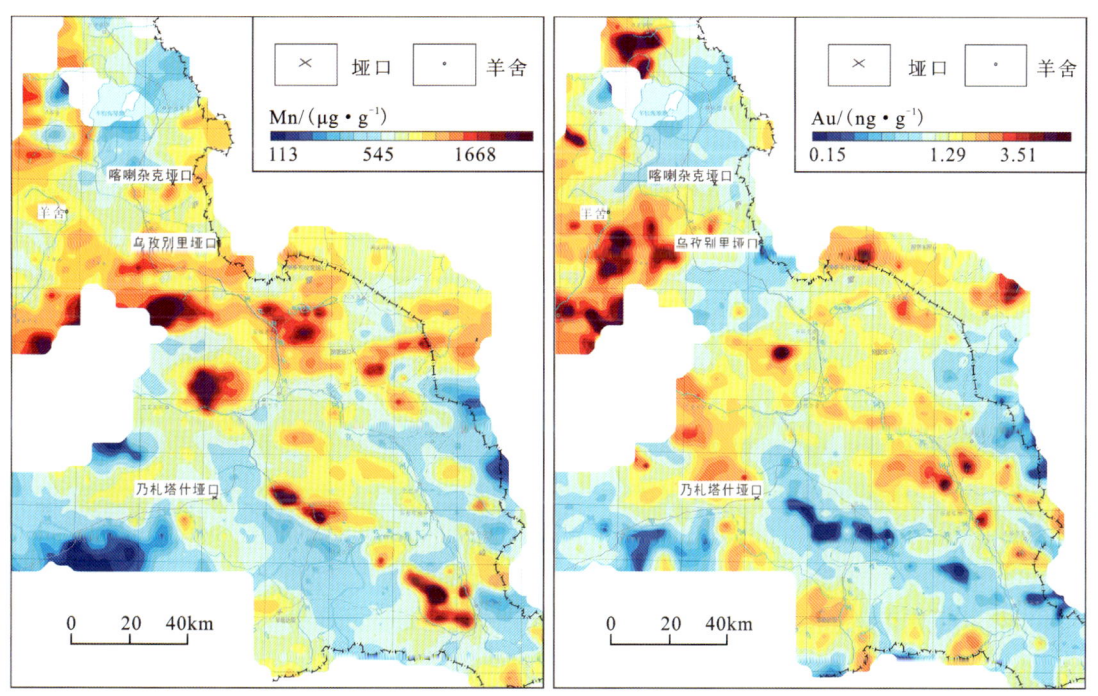

图 6-38 塔吉克斯坦羊舍一带锰、金 1∶25 万地球化学图(据西安地质调查中心,2018)

积 44km², 最大值 4205.5×10⁻⁶, 平均值 1880.3×10⁻⁶, 衬度 1.5, 成矿有利度 1.55;Mn18 异常面积 29km², 锰最大值 2703.9×10⁻⁶, 平均值 1675.4×10⁻⁶, 衬度 1.33, 成矿有利度 2.06;Mn19 异常面积 485km², 锰最大值 3453×10⁻⁶, 平均值 1610.6×10⁻⁶, 衬度 1.28, 成矿有利度 0.85;Mn20 异常面积 60km², 最高大值 3168×10⁻⁶, 平均值 1585.2×10⁻⁶, 衬度 1.26, 成矿有利度 1.27。

区内目前工作程度较低,尚未发现锰、金矿化线索,但与远景区东部毗邻我国境内已发现锰、金矿化线索,含矿建造相似。区内具寻找低温热液型金矿和海相沉积型锰矿的前景。

(三)塔吉克斯坦 GP-3.5-1 铁银川铅锌靶区

该铅锌靶区境内已经发现了火烧云大型铅锌矿,含矿岩石建造一致,通过境内外对比显示具有较好的找矿前景(图 6-39)。

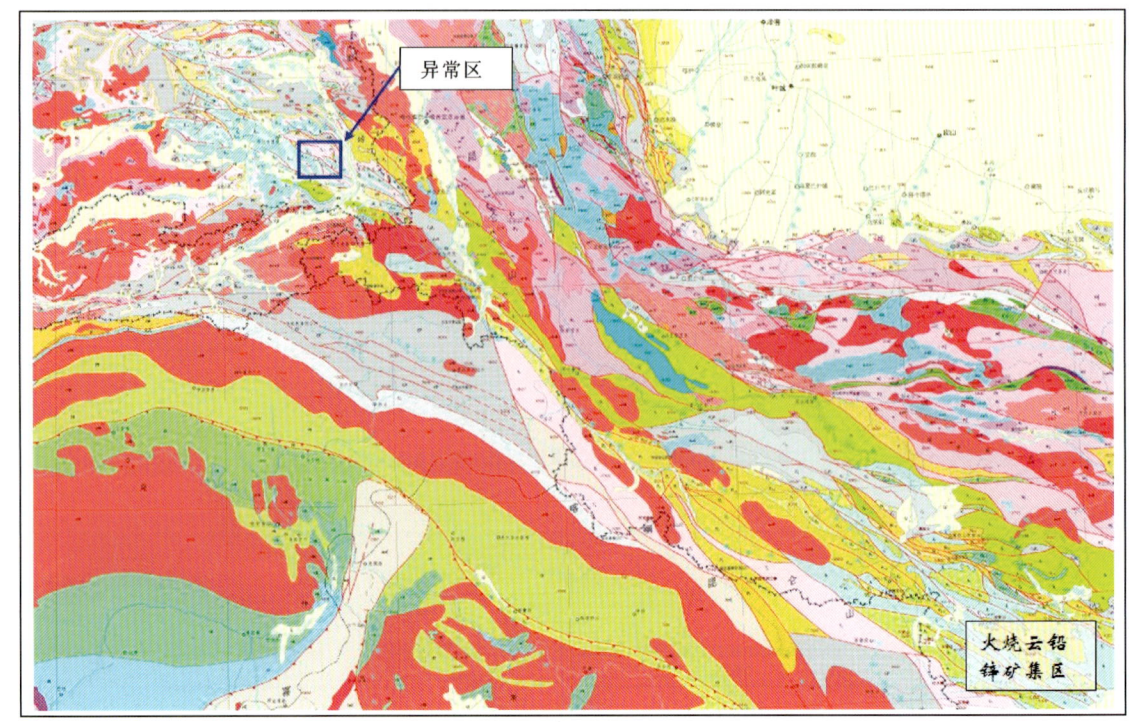

图 6-39　铁银山铅锌多金属异常区位置示意图

1. 地质特征

该远景区位于塔吉克斯坦穆尔嘎布与托赫塔美什之间，呈北西向展布，出露地层以古生界、中生界地层为主。奥陶系在远景区东部零星分布，岩性主要为砂岩、页岩，地层走向北西西向，褶皱发育；石炭系、二叠系分布面积较广，岩性主要为灰岩、白云岩、砾岩、砂岩、页岩、凝灰质砂岩，地层为北西西、北西走向，褶皱发育。三叠系、侏罗系在远景区南部大面积分布，岩性以陆相的砂岩、粉砂岩及海相页岩、灰岩、泥灰岩等为主。中生界以断层不整合上覆于古生界之上，区域上断裂构造发育(图6-40)。

岩浆岩以发育晚古生代—早新生代时期的辉绿岩脉和中新生代时期的酸性花岗岩体为特征。该区已发现有1处小型钨矿（吉尔克谢特），另有铁、铜、铅银矿化线索。

2. 地球化学特征

远景区内主要有 Z332 号综合异常，元素组合为 Cu、Pb、Zn、Ag、Sb、Hg、Bi、Au，Pb、Zn 单元素异常浓集中心明显、异常强度高、梯度明显，单元素异常套合较好(图6-41)。Au 异常与 Pb 异常吻合度较好，具有寻找铅、锌、金矿的前景。

此外，异常区还具有明显的 Ag、Sb、Bi 单元素异常，各单元素异常虽规模小，但元素组合异常吻合度较好，代表了异常区内低温成矿元素的富集。

3. 靶区查证

经过中国地质调查局西安地质调查中心塔吉克斯坦项目组对 Z332 综合异常查证，发现具有找矿前景的两个点，分别为铁银山铁和铅矿川，其特征分别如下。

1) 铁银山

(1) 地层。①P_1kr+u 位于工作区东西两侧，主要岩性为深灰色、灰黑色粉砂质板岩、泥质页岩，为半封闭海湾浅海相沉积环境。地层产状 205°∠48°，其中发育两组石英脉，一组基本顺层产出，厚度5～

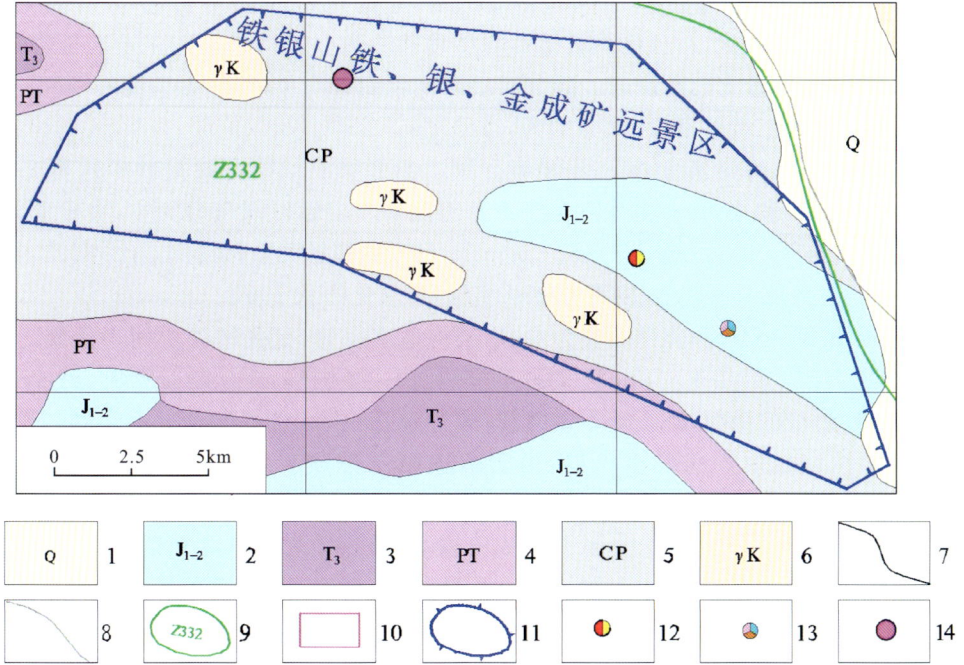

图 6-40 铁银山铁、银、金成矿远景区

1-第四系;2-上侏罗统—中侏罗统;3-上三叠统;4-二叠系—石炭系;5-石炭系—二叠系;6-地质界线;7-志留系未分;8-一般道路;9-境外1:25万化探综合异常及编号;10-铁银山金多金属重点工作区范围;11-铁银山铁、银、金成矿远景区范围;12-铁金矿点;13-银铅锌矿点;14-钨矿点

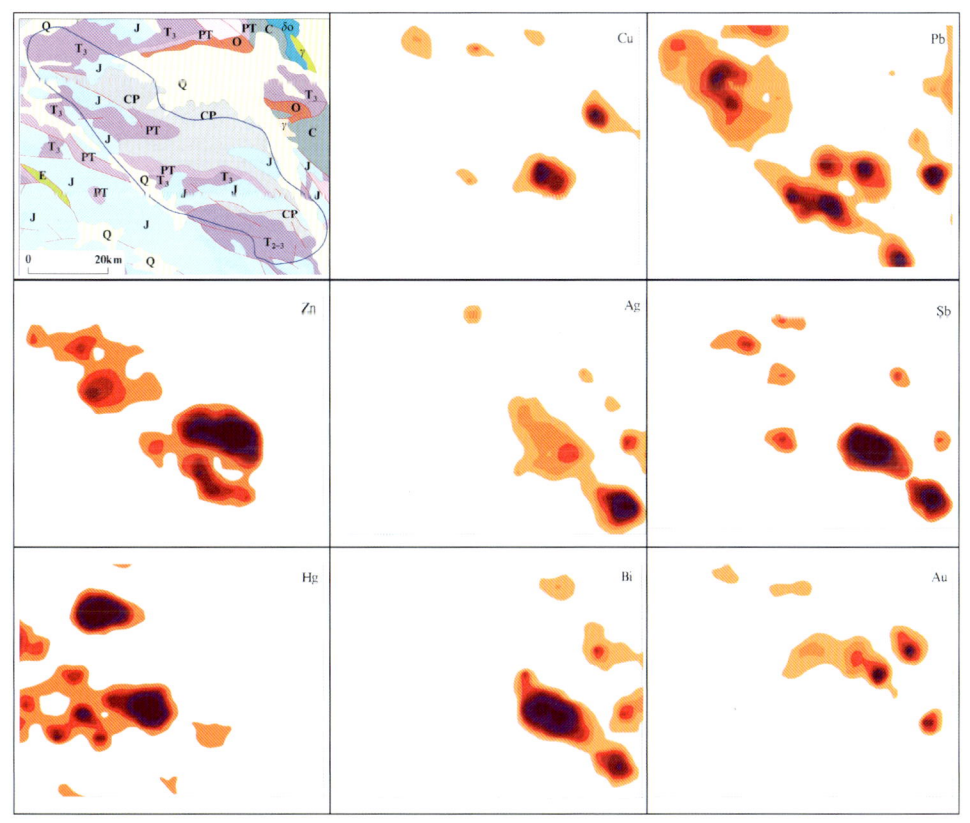

图 6-41 Z332 综合异常剖析图

10cm,延伸不稳定,另一组与层理垂直,近平行密集产出,厚度0.5cm,呈黄褐色,具有弱褐铁矿化。地层显中等强度变形,发育片理化,片理化产状基本与层理片一致。②P_1kb+P_2主要岩性为粉砂质板岩、凝灰质砂岩夹大理岩,见少量火山角砾岩。凝灰质砂岩风化面黄褐色,新鲜面呈浅灰绿色,砂质结构,主要由火山碎屑组成。发育三组节理,产状分别为:120°∠55°、330°∠35°、315°∠48°,从交切关系来判断,第二组节理发育最早,其次为第三组,第一组最晚。第二组和第三组节理被褐铁矿脉所充填。③J_1t+J_2bt位于工区中部,出露面积大,铁矿主体赋存在该套地层中。岩性以泥灰岩为主,夹砂质板岩,为稳定浅海相沉积,地层产状45°∠44°。地层与东侧P_1kb+P_2呈断层接触关系,断层走向约340°,与西侧P_1kr+u地层呈不整合接触。地层变形较强,发育方解石细脉,片理化产状190°∠60°。

(2)构造。主要以多期节理和脆性断裂为主,褶皱构造不发育,仅局部见层间小褶皱。J_1t+J_2bt与东侧P_1kb+P_2呈断层接触,断层走向约340°,是控制矿化的主要断裂,测量断面产状45°∠62°,发育断层角砾岩带及断层活动形成的镜面,砾石基本无磨圆,成分包括页岩、粉砂岩及火山碎屑。另一期断裂走向50°,断裂两侧岩性和地质产状完全不同,由于覆盖断层性质不明。发育多期节理,产状分别为120°∠55°、330°∠35°、315°∠48°,第一、第二两组节理分别与两期断裂方向基本一致。

(3)岩浆岩。该区在地质图中并未显示有岩体出露,但转石中岩性非常复杂,包括从酸性—中性—基性岩体的转石都有发现,在二叠系中发现辉长岩脉和辉长岩岩株,为发现酸性岩体的露头。

(4)矿化特征。通过异常查证可进一步划分为南北两个部分(图6-42),区域地层主要发育P_1kb+P_2灰岩、硅质页岩、页岩、凝灰质砂岩;J_2bt灰岩、泥灰岩、页岩;J_1t+J_2bj泥灰岩、砂岩、砾岩。其中南矿区矿体主要发育在J_1t+J_2bj泥灰岩中,北矿区矿体主要发育在J_2bt灰岩、泥灰岩中。

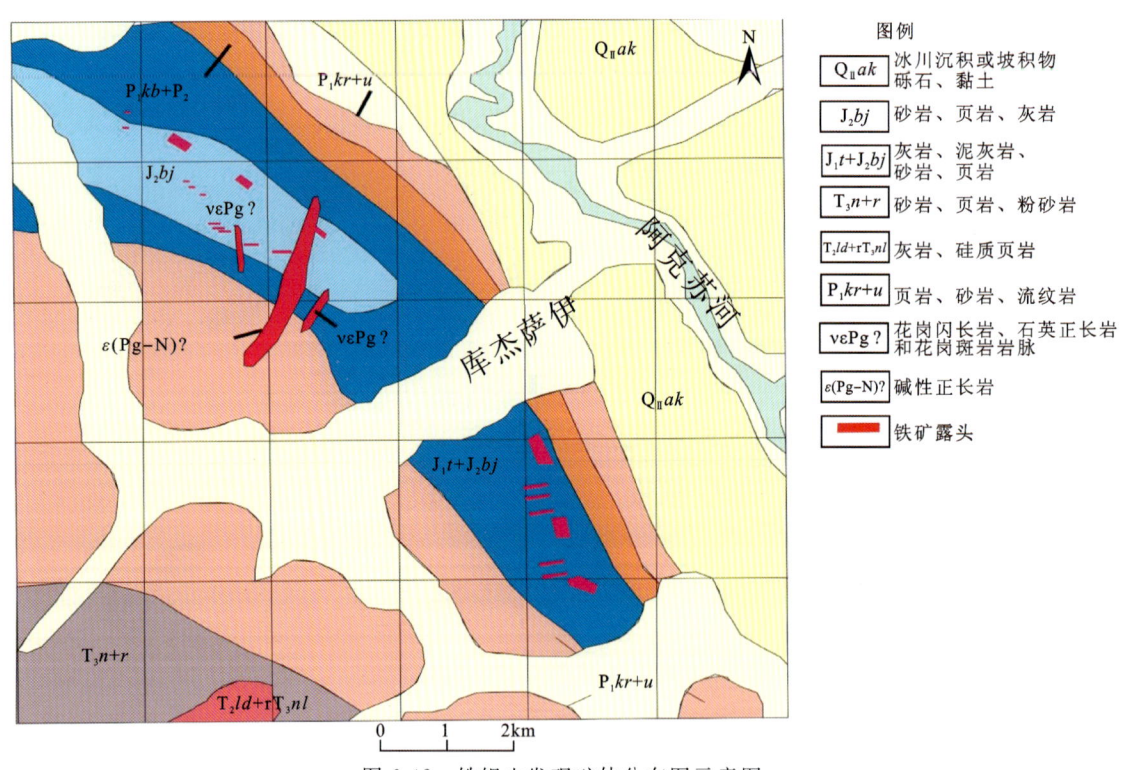

图6-42 铁银山发现矿体分布图示意图

南部:发育两种类型矿体,类型一矿体呈厚层状、沿北北西向延伸与地层平行产出,夹薄层泥灰岩。根据目前控制露头可进一步分为北、中、南3个矿段;类型二矿体受构造裂隙控制,主要沿近东西向裂隙发育,穿层产出。

类型一矿体北段位于二叠系P_1kb+P_2与侏罗系J_1t+J_2bt断层接触的带上侏罗系一侧,走向北北西向,与断层走向340°一致。矿带宽度100~120m,延伸300余米,矿石呈黑褐色,块状构造,以赤铁矿为主,沿北北西向延伸与地层平行产出,夹薄层泥灰岩,铁矿石中偶见孔雀石化。

类型一矿体中段位于 J_1t+J_2bt 灰岩中,矿带宽度约120m,南北向延伸约300余米,地上出露部分高差300m,铁矿石成分以赤铁矿为主,平均品位铁(Fe_2O_3)77.3%、磷(P_2O_5)0.049%、硫(S)0.26%、$Ag 2.70×10^{-6}$,偶见孔雀石化;矿体南段呈北西向延伸,宽度约100m,延伸达到300m,围岩主要为灰岩夹少量泥灰岩,发育片理化,片理化面走向310°。

类型二受构造裂隙控制,主要沿近东西向裂隙发育,穿层产出(图6-43),单个矿脉宽由几十厘米到1m,可见延伸20~30m不等。受北东向断层控制,见大量的孔雀石化、黄铁矿化,实验室分析数据显示(Fe_2O_3)69.8%、磷(P_2O_5)0.03%、硫(S)0.46%、$Ag 1333×10^{-6}$、$Cu 5.9%$(表6-7)。

图 6-43 类型一矿体

表 6-7 铁银山查证样品测试成果表

送样号	Au	Ag	Cu	Ni	Fe_2O_3/%
D102a-3	97.8	2.618	5 953.00	32.52	66.70
D102b-3	1 113.0	5.000	31 850.00	92.91	67.92
D103a-3	198.8	0.562	404.80	97.74	64.64
D103a-4	639.7	1.294	2 640.00	54.00	75.61
D103b-1	16 300.0	1.164	223.40	54.72	49.92
D103b-2	96.2	0.419	298.70	54.26	62.31
D103b-3	513.7	2.332	187.10	76.88	58.68
D103b-4	217.9	0.980	4 552.00	54.97	76.37
D1001	/	1460	66 100	/	66.21
D1002	0.01	208	18 200	/	75.74
D1003	/	2110	54 600	/	67.7

注:Au单位为ng/g,Ag-Ni单位为μg/g。

此外,在南矿区东部发现两条与类型均相似的矿段,区别在于该矿段的矿石分析数据显示Ag含量较类型二矿石含量较低,而As、Au含量较高,Au通过定量分析达到最高可达$16.8×10^{-6}$。

北部:该矿区同样发育两种类型矿体,矿体均产于J_2bt灰岩中,类型一矿体宽100~120m,可见延伸2km,走向320°;类型二矿体(图6-44)目前控制有9条,近北西向(106°)延伸,宽10~100m不等,山顶可见延伸50~150m,地上出露部分的矿体控制点,最高点与最低点之间相差467m。实验室分析数据显示类型一铁(Fe_2O_3)矿均品位75.3%,类型二铁矿(Fe_2O_3)平均品位70%。

图 6-44 类型二矿体

2) 铅矿川

(1) 地质背景。该异常区域主要位于上侏罗统弱变质的砂质板岩、灰岩中,受两组断裂构造控制,两组构造断裂走向分别为 230°、330°。230°方向的次级断裂将矿体分为南、北两段。330°方向断裂两侧地层产状明显不一致,初步判断该断层性质为左行走滑的压扭性断裂;210°方向的断裂性质为扭张性断裂,两组断裂均为致矿构造。

(2) 铅矿床异常查证成果。该异常区主要位于上侏罗统弱变质的砂质板岩、灰岩中,受两组断裂构造控制,两组构造断裂走向分别为 210°(F_1),330°(F_2)。F_1 次级断裂将矿体分为南、北两段。F_2 断裂两侧地层产状明显不一致,初步判断该断层性质为左行走滑的压扭性断裂;F_1 的断裂性质为扭张性断裂,两个方向的裂隙均见原生方铅矿、闪锌矿,因此判断 F_1、F_2 均为致矿构造。矿体主要集中在 F_2 断裂以东,F_1 次级断裂两侧,F_1 断裂将矿体分为南北两个部分(图 6-45)。

北部:矿体主要赋存在砂质板岩、灰岩中,F_1 次级断裂北侧矿体沿着 285°方向(矿体厚度)进行矿体剖面连续采样初步控制矿体规模(图 6-46),10m 剖面采集样品实验室分析结果为 Zn 平均品位 6168×10^{-6}、Pb 平均品位 $25\,231 \times 10^{-6}$,其中控制一条破碎带宽 1.8m,破碎带中连续采取的两个样品实验室测得 Zn 品位分别为 $35\,400 \times 10^{-6}$、$16\,000 \times 10^{-6}$,Pb 品位分别为 $224\,900 \times 10^{-6}$、$17\,000 \times 10^{-6}$,Ag 品位分别为 55×10^{-6}、16.6×10^{-6}。破碎带中裂隙被方解石充填,见原生方铅矿、闪锌矿(图 6-46)。

北部:目前控制矿体宽度 10m,长度 110m,延伸深度不详,10m 矿体连续采样分析数据如表 6-8。

南部:南部含矿岩性与北部相同,砂质板岩中钙质含量高,在 210°方向上(垂直地层)进行了 25m 露头揭露连续采样工作。连续采样样品分析结果显示,Pb 最高品位达到 $17\,780 \times 10^{-6}$,值得注意的是,该样品中 Ag 的含量也非常可观,定量结果正在测试中。

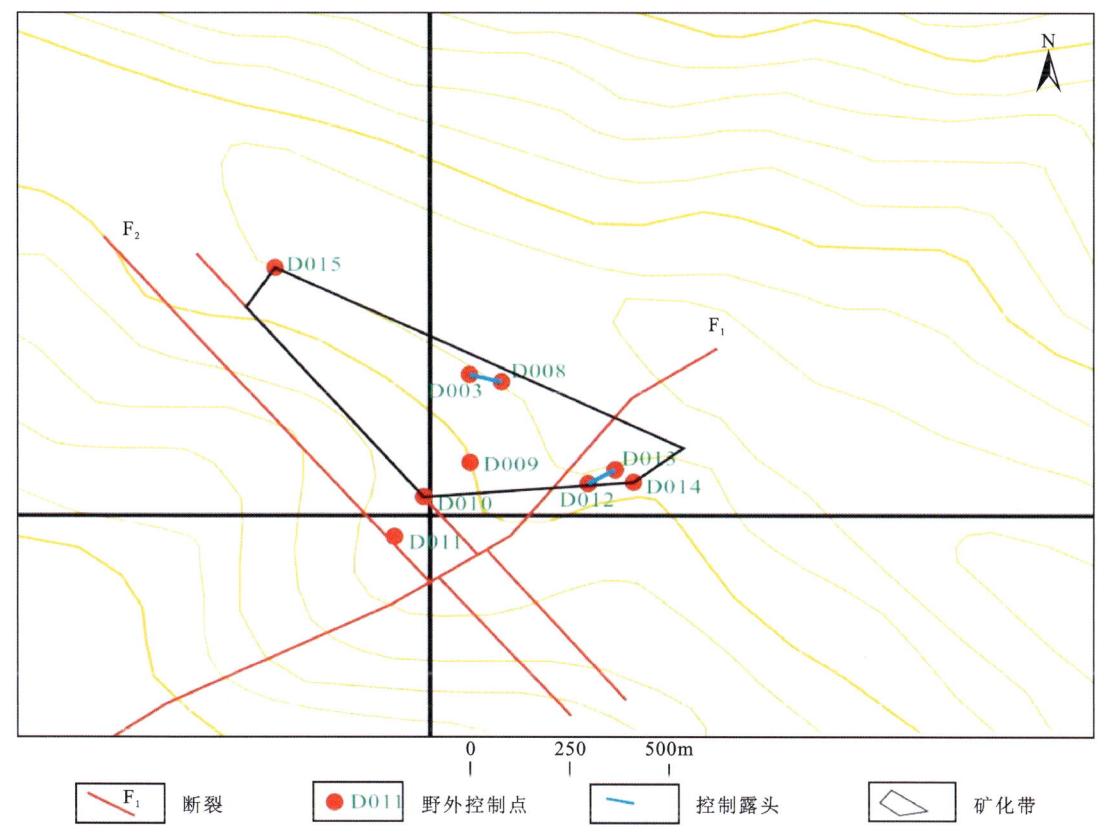

| F₁ | 断裂 | ● D011 | 野外控制点 | —— | 控制露头 | ⬡ | 矿化带 |

图 6-45　铅矿川矿段空间分布示意图

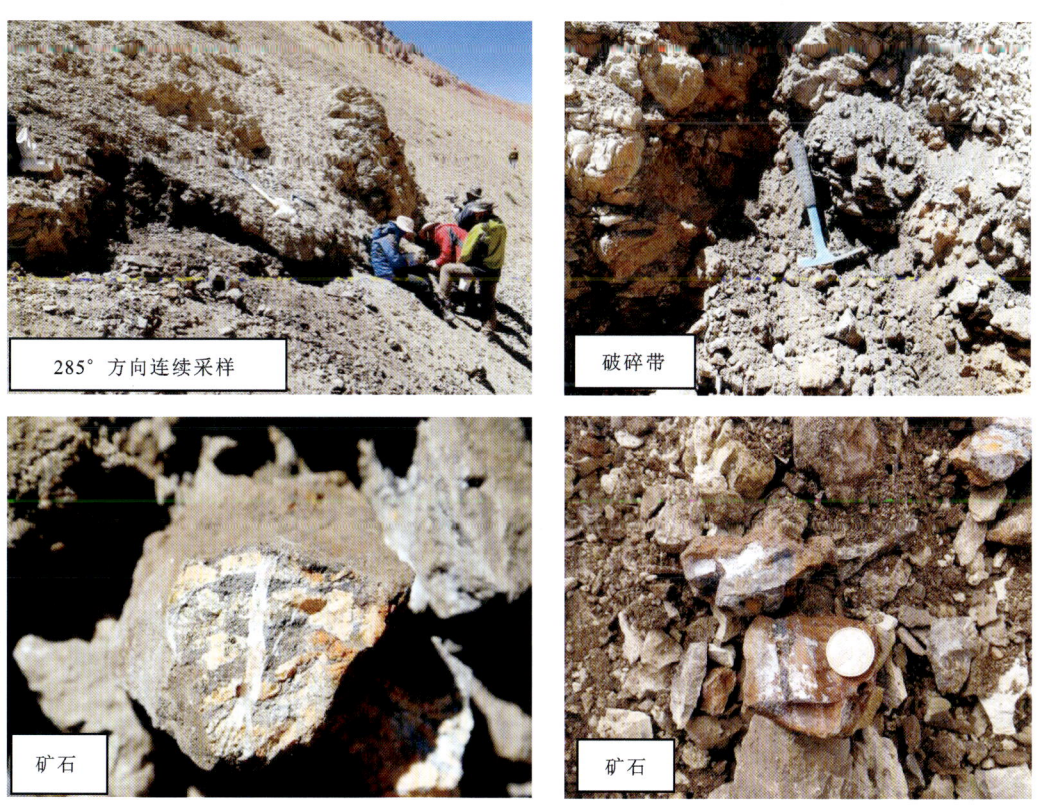

图 6-46　铅矿川矿体露头及矿石

表 6-8 铅矿川北部矿体化学样测试结果

送样号	Au	Ag	Zn	Pb	Cr	Ni	As
YD002-1H	7.4	3.625	1 166.30	4 704.00	37.02	15.66	697.2
YD002-2HB	34.5	5.000	22 149.00	74 644.50	16.71	13.50	687.0
YD002-3H	2.6	5.000	11 181.50	15 561.00	33.26	17.47	50.2
YD002-4H	1.0	1.100	1 732.33	1 182.30	36.77	17.04	54.6
YD002-5H	2.0	1.014	1 429.52	924.32	35.58	15.64	59.3
YD002-6H	1.5	0.801	1 259.39	790.13	29.74	14.08	35.5
YD002-7HBb	2.6	0.566	1 018.53	350.49	32.42	14.20	31.3
YD002-8H	0.6	1.238	1 286.14	809.13	34.41	15.88	21.5
YD002-9H	0.6	0.909	1 082.84	922.22	34.75	15.92	24.5
YD002-10H	0.1	1.116	1 308.61	730.17	30.05	12.56	17.5

注：Au 单位为 ng/g，Ag-Ni 单位为 μg/g。

(四)吉尔吉斯斯坦 NT-2.9.0-2 金矿找矿靶区

该金矿找矿靶区位于吉尔吉斯斯坦东部,卡拉科尔以东,距离最近的大城市卡拉科尔约 10km,面积约 70km^2,中心点坐标为 E75°41′00″,N42°37′30″。主要成型矿床为金矿、铅锌矿。区内交通便利,可以通行汽车。主要寻找矿种为金矿,找矿类型为中温热液型金矿。靶区内出露岩性为角闪片岩、绿泥石片岩,有时为结晶灰岩,主要控矿断裂带呈北北东西向展布,基本控制了该地区地层和侵入岩的展布,且在此接触部位已找到此类大型超大型矿床。

此靶区尚未开展查证工作,需要在今后工作中开展相应工作。

(五)乌兹别克斯坦 KK-1.9-1-1 金找矿靶区

该金找矿靶区位于乌兹别克斯坦南部、撒马尔罕以西,距离最近的大城市撒马尔罕约 70km,主要成型矿床为金矿。主要地层岩性为志留系兰多维列统黏土岩、砂质泥岩、千枚岩、页岩。发生围岩蚀变有硅化、绢云母化、碳酸盐化,羟基异常。控矿断裂带呈南东向展布,基本控制了该地区地层的展布。成矿部位岩体外接触带交代蚀变带的断层附近及侵入体附近。这有利于金矿床的形成,为成矿物质的迁移和富集提供了良好的通道和场所,且在此接触带已找到此类小型矿床,重砂异常显示为 W、Hg、Al、Mo 异常,已知 Ag、W、Pb、Zn、Cu、Sb、Bi、Se 矿点。Aurataussskaya 地区岩性为下志留统中薄层灰岩、中薄层页岩夹砂岩。中温热液型金矿绝大多数产于中到高级绿片岩相地质体中,绿岩带主要岩石类型有细碧岩、玄武岩、辉长岩和辉绿岩等。典型矿床 Zarmitan 金矿产于 S_1 中,该区域金元素异常、金重砂异常明显。发生围岩蚀变有硅化、绢云母化、碳酸盐化,羟基异常。主要控矿断裂带呈近东南向展布,基本控制了该地层,有利于金矿形成,为成矿物质迁移和运移提供通道和场所,成矿部位为黏土岩、砂岩、页岩、千枚岩及断裂构造交会处,此区域有二叠系花岗岩侵入体和 Au 重砂异常。重砂异常显示为 W、Hg、Pb 异常。断层控矿特征明显,并且在接触带上已经发现该类型的金矿床,具有较好的找矿前景,需要进一步开展查证工作。

(六)巴基斯坦 A1 查盖斑岩型铜矿找矿靶区

查盖斑岩型铜金矿找矿靶区位于查盖斑岩铜矿带内,该矿带是伊朗萨汉德-巴兹曼铜矿带在巴基斯坦境内的延伸,二者向西与土耳其旁地德斯铜矿带相连,向东与中国班公湖铜矿带、冈底斯铜矿带、玉龙铜矿带相接,一起构成了特提斯成矿域的主要斑岩铜矿带。在伊朗萨汉德-巴兹曼铜矿带和中国冈底斯铜矿带的钙碱性岩浆岩中,均发现中新世的大型、超大型斑岩型铜矿床,找铜矿前景巨大(表6-9,图6-47)。

表6-9 贾盖地区斑岩型铜、金矿床地质特征

矿床名称	金属组合	构造背景	母岩	围岩	蚀变	年龄/Ma	参考文献
雷克迪克	Cu-Au	贾盖钙碱性火山岩浆岩带	石英闪长岩和花岗闪长岩	安山质火山岩、微闪长岩和碎屑沉积岩	从内向外:钾化、绢云母化-黏土化-绿泥石化、绢云母化、青磐岩化	中新世	Perello.,2008;姬永祥,2013
萨因达克	Cu-Au		英云闪长斑岩	南部为渐新世粉砂岩、砂岩、凝灰岩,北部为始新世火山集块岩、凝灰岩	从内向外:钾化、绢云母化、青磐岩化	21	Sillitoe et al.,1977;Sillitoe et al.,1979;Ahmad,1992;Malkani,2011
科·伊·达利尔	Cu-Au		石英闪长岩、二长岩、花岗闪长岩、英安斑岩	中新世火山集块岩、熔岩	从内向外:钾化、绢云母化、青磐岩化		Ahmad,1992
达斯特·伊·凯恩	Cu-Au		闪长岩	晚白垩世辛贾拉尼群火山集块岩、凝灰岩	从内向外:钾化、绢云母化、泥化、青磐岩化	21	Ahmad,1992;Singer et al.,2005

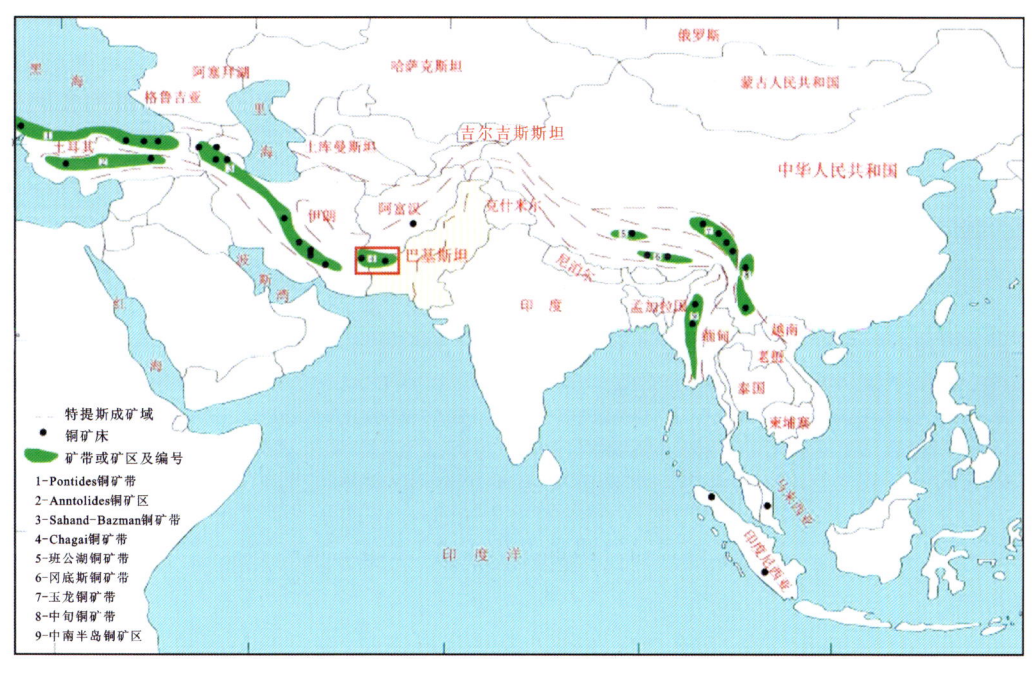

图6-47 斑岩铜矿床在东特提斯成矿域中的空间分布示意图

查盖斑岩型铜金矿找矿靶区包括两个矿集区,分别为雷克迪克矿集区和山达克矿集区。

1. 雷克迪克矿集区

1)地质特征

查盖火山岩浆岩带在印度板块与欧亚板块不断碰撞的过程中,先后经历了中—晚始新世(43~37Ma)、早中新世(24~22Ma 和 18~16Ma)、中中新世(13~10Ma)和晚中新世—早上新世(6~4Ma) 4 期主要的岩浆-热液事件,形成了一大批斑岩型铜矿化、铜金矿化。查盖火山岩浆岩带的斑岩铜矿化作用正是这 4 期岩浆-热液事件的产物。

前人研究发现,多期岩浆-热液事件在雷克迪克地区斑岩型 Cu-Au 矿床的形成中具有极其重要的作用。例如,早中新世(24~22Ma 和 18~16Ma)岩浆-热液事件导致了雷克迪克矿集区坦吉尔(Tanjeel)、H11、帕拉考斑岩型铜矿床及其临区考伊达利(北东)、山姆考斑岩型铜矿床的形成,矿体主要受石英闪长岩斑岩和闪长斑岩侵入体控制;中中新世(13~10Ma)岩浆-热液事件导致了雷克迪克矿集区 H14、H15 斑岩 Cu 矿床及其临区考伊达利、布克特帕斯等其他斑岩铜矿床的形成,矿体主要受花岗闪长岩和石英闪长岩侵入体控制。

根据形成的先后顺序(Razique,2013),雷克迪克矿集区侵入岩可划分为闪长岩-石英闪长岩阶段、角闪岩-闪长岩阶段、花岗闪长岩-石英闪长岩阶段、闪长岩-微闪长岩阶段 4 个阶段。

(1)闪长岩-石英闪长岩阶段。雷克迪克矿集区坦吉尔斑岩型铜矿床(23.29±0.24Ma)赋存在北西向闪长斑岩和石英闪长斑岩中。闪长斑岩主要呈岩株(大小约为 1000m×500m)孤立出现,斑晶(2~6mm)主要呈他形,以斜长石、石英、角闪石为主;基质呈细粒结构,遭受绢云母化、泥化蚀变作用。石英闪长斑岩主要呈岩株(50m×100m)和岩脉出现,斑晶主要为斜长石、石英、角闪石,基质呈细粒结构。

(2)角闪岩-闪长岩阶段。以角闪岩-闪长岩为代表的斑岩侵入岩(18~14Ma)主要呈岩株状(150m×200m)出现在 H14E、H12、H35、H11、Koh-e-Dalil(NE)、SamKoh 等矿床、远景区。这些侵入岩呈中—粗粒斑状结构,具有自形斑晶,斑晶主要为斜长石(约 30%)、石英(3%~5%)、角闪石(5%~10%),也有少量黑云母,基质主要为隐晶质。这些侵入岩遭受热液蚀变,形成细粒次生黑云母和磁铁矿,叠加强烈的绿泥石化-绿帘石化蚀变。侵入阶段伴随有铜硫化物矿化作用。

(3)花岗闪长岩-石英闪长岩阶段。该阶段的斑岩侵入体(12.9~11.9Ma)富含黑云母,伴随有显著的富金铜硫化物矿化作用。多阶段的花岗闪长岩和石英闪长岩侵入体呈北东向的岩株和岩脉群出现,由北向南形成了 H79、H15、H14、H13 等矿床、远景区。花岗闪长岩侵入体呈中—粗粒斑状结构,具有他形斑晶,斑晶主要为斜长石、石英、角闪石;基质具有微晶结构,主要为黑云母。石英闪长岩侵入体呈粗粒斑状结构,具有自形—半自形斑晶,斑晶主要为斜长石、石英、角闪石,基质为隐晶质。早期的花岗闪长岩和石英闪长岩侵入体被晚期的石英闪长岩岩株和岩脉切割,并遭受强烈的钾化、绿泥石化-绢云母化(泥化)蚀变,晚期的斑岩侵入体新鲜,保存原始的矿物组构特征。

(4)闪长岩-微闪长岩阶段。该阶段的闪长岩侵入体对应着雷克迪克矿集区最年轻的岩浆事件,形成了一些小型的斑岩型 Cu-Au 系统,包括 H36、H9、H8 和 H7 等矿点、远景区。闪长岩侵入岩主要呈中—粗粒斑状结构,局部呈等粒状结构,具有半自形斑晶(最大可达 10mm),斑晶主要为斜长石、石英和角闪石;基质主要呈细粒结构,遭受钾化蚀变。

2)矿产特征

雷克迪克斑岩型 Cu-Au 矿集区位于查盖火山岩浆带西部,各斑岩铜矿床均与早—晚中新世钙碱性石英闪长岩和花岗闪长岩侵入体有关,侵入体的围岩主要为安山质火山岩、微闪长岩和沉积碎屑岩,矿体主要受东西向、北北东向、北南向、北东向构造控制,其南、北侧分别被北西向 TuzgiKoh 断层和达拉纳考断层隔开。

H14-H15 斑岩型 Cu-Au(Mo)矿床位于西部斑岩复合岩体中,是巴基斯坦境内最大的世界级斑岩型 Cu-Au(Mo)矿床,矿床主要与多期次、叠加的岩浆-热液事件密切相关,沿着北东向的斑岩侵入体产出,岩体核部钾化,两侧绢云母化。矿体主要赋存于石英闪长岩和花岗闪长岩中,岩体围岩为安山质火山岩、沉积碎屑岩,矿体主要受北北东向构造线及断层带控制。该矿床围岩遭受强烈的蚀变,具有明显的蚀变分带,从内向外依次为钾化、绢云母-黏土-绿泥石化、绢云母化、青磐岩化。

矿床成矿过程先后经历了4期明显的侵位活动,岩性由石英闪长岩至花岗闪长岩,导致该矿床不同位置具有不同的Cu-Au品位。在花岗闪长岩-石英闪长岩阶段早期,黑云母-钾长石-磁铁矿发育强烈的钾化蚀变作用,导致大量的高品位Cu-Au矿化(Cu 0.8%,Au 0.4g/t)。早期的矿化斑岩侵入体被弱蚀变石英闪长岩岩株、岩墙侵入体截断,形成了低品位的核部。主成矿阶段(黄铜矿±斑铜矿)矿化作用一般发生在斑岩体中和含硫化物2%~3%的细脉中,以浸染状为主。H14矿床中,在蚀变最强烈的地方,原始岩石组分全部被钾长石、石英、黑云母和硬石膏交代;H15矿床中,与石英+绢云母+高岭石蚀变作用有关的硫化物组合(铜蓝+斑铜矿+石英)主要产于在砂岩和砾岩中。H14、H15矿床Cu-Au矿化带是在与钾化蚀变相关的岩体中心及其深部形成的,在其边缘和上部,钼含量有所增加。

2. 山达克矿集区

1)地质特征

(1)地层。山达克地区出露的地层较新,从老到新分别为下白垩统辛加拉尼组、古新统竹达克组、始新统山达克组、渐新统阿马拉夫组、更新统卡莫奥德组,以及全新统冲积层和沙丘。辛加拉尼组是山达克地区厚度最大、最为复杂的地层单位,由不同种类的岩石组成,主要包括复理石沉积建造(页岩、粉砂岩、钙质砂砾和灰质页岩夹层)、厚层状火山砾岩和凝灰岩、火山凝灰岩与砂岩的混合岩石组合、页岩、砂岩和砾岩组成的红层。竹达克组主要由页岩、砂岩、粉砂岩和页岩状灰岩组成,该地层上覆辛加拉尼组,二者呈不整合接触关系。山达克组由两部分组成,其下部地层由火山碎屑、砾岩、砂岩和集块岩以及几个明显的层状、透镜状、块状生物礁灰岩组成;上部地层由灰色页岩、粉砂岩、砂岩、泥灰岩以及薄层的灰岩组成。阿马拉夫组是一套由页岩、粉砂岩、砂岩组成红层序列,该地层是山达克向斜中保存的最年轻的地层单元。卡莫奥德组由轻微褶皱变形的火山巨砾砾岩层组成,含少量的卵石砾岩、砂岩以及砂砾岩。该地层不整合在白垩纪至渐新世各组地层上,不整合面遭受了褶皱变形,并发育剥蚀面。全新世冲积地层由巨砾、砂砾、砂和黏土组成。

(2)侵入岩。山达克地区的侵入岩主要是在查盖山脉西部地区早小型侵入岩和岩株孤立产出的纳考侵入岩。根据侵入岩地球化学成分和形成时代的不同,可将该区的侵入岩进一步细分为4类:闪长岩岩株、石英闪长岩岩株、岩墙和岩床群。

闪长岩岩株主要分布在山达克堡以北或东部—东北部。最北边的2个岩株由闪长玢岩组成,其中大多数斑晶为小的角闪石晶体,基质为细粒物质,不易辨认,见少量斜长石骸晶。其余3个岩株均遭受相当程度的变质作用,未见角闪石斑晶,普遍发育斑状变晶的斜长石。这5处闪长岩岩株被认为是同一时期的产物,均发育绿泥石、方解石和绿帘石化。

石英闪长岩岩株共有7处,主要位于山达克考东部,沿着硫化物谷中地势较低的区域分布均为细粒的显晶岩,主要由中长石(平均含60%的钠长石)、黑云母、角闪石和石英组成。岩株中发育不规则的石英闪长岩岩墙,具有较宽的蚀变带。

共发现5个主要的岩墙和岩床群:①较老的安山玢岩岩墙,均遭受变质作用和强烈的蚀变作用,这些岩墙可能是闪长岩岩株的分支;②相对未变质的岩墙和岩床,主要为安山玢岩,部分或全部可能与石英闪长岩岩株有关,主要斑晶为斜长石和角闪石;③石英闪长玢岩岩墙,部分切割石英闪长岩岩株,这些岩墙晚于石英闪长岩岩株,具有粗粒的角闪石和斜长石斑晶;④蛇纹石化基性岩墙,走向为西北向,不同于其他岩墙,形成时代不明;⑤玄武质岩墙,在整个山达克地区均有分布,部分被认为形成年代较新,部分被认为较老,且遭受部分或全部蚀变改造。

(3)构造特征。山达克地区的地质构造主要为褶皱和断层。区内主要经历了白垩纪末期、中始新世之后的某一时期(可能为后渐新世)、更新世3期明显的褶皱构造运动。山达克地区褶皱构造主要为北西向的复向斜构造,即米瑞亚瓦复向斜和山达克向斜。该期褶皱构造主要在第三纪岩层中发育,在第三纪岩层之前的岩石中发育复杂的两期褶皱构造。此外,区内西南边缘的白垩纪地层中也发育较多更窄的、更密的褶皱构造,且平行于山达克向斜。区内断层主要在山达克地区发育,区内断层主要是在第二期褶皱构造运动期间同期形成的。据统计,山达克地区大约有150条断层,这些断层可划分为2组,一组与第一期的褶皱构造运动有关,另一组与第二期的褶皱构造运动有关。区内西南部的白垩纪地层中,断层走向大多为N20°E和N60°W,它们或与褶皱近似垂直或平行。第三系中断层更为发育,大多与北东向褶皱轴部呈45°夹角。断层运动方向尚不确定,但表面可见擦痕,擦痕凹面近似水平。

2) 山达克矿集区矿产特征

(1) 矿化蚀变特征。蚀变带北东向穿过山达克地区的中部,围绕着石英闪长岩岩株发育,大多数岩石为钠长石-绿帘石角页岩。绿帘石-石榴石-方解石-镜铁矿接触蚀变带中的钠长石-绿帘石角页岩似乎已经达到了特纳所定义的角闪石-角页岩相蚀变。矿体经受热液蚀变,形成1个矿化蚀变带,即著名的山达克蚀变带。从内到外,围岩蚀变主要为钾化、绢云母化、青磐岩化。青磐岩化蚀变带,主要发育绿泥石、绿帘石和少量的碳酸盐矿物。石英闪长岩中含有大量的铜,其围岩中青磐岩化强烈发育。山达克斑岩型Cu-Au矿床的成矿作用伴随着蚀变作用产生,在石英闪长斑岩体的中心形成细脉状浸染矿石组成的管状、透镜状矿体,而在其边缘形成脉状矿体,从而形成所谓的山达克斑岩成矿模式。

(2) 矿体特征。山达克斑岩型Cu-Au矿床矿化作用主要与3个中新世斑岩岩株有关,从而形成了北矿体、南矿体、东矿体3个主要的矿体。北矿体位于山达克斑岩型Cu-Au矿床最北端,主要沿岩脉产出,同时伴有良好的金矿化,19个钻孔数据证实该矿体矿石储量为19×10^6t,铜品位为0.498%。南矿体位于北矿体南2km处,产出位置距地表仅几米,控制矿体厚度达328m,27个钻孔数据证实该矿体矿石储量为54×10^6t,平均铜品位为0.488%,其中包括铜开采品位为0.4%的矿石储量27×10^6t,铜品位为0.64%。此外,该矿体中伴生有工业意义的金和钼。东矿体位于南矿体东南1km处,该矿体上部发育一个倾斜的、不规则的铜氧化带,37个钻孔数据指示该矿体矿石储量为264×10^6t,平均铜品位为0.338%(开采品位为0.3%)。山达克斑岩型Cu-Au矿床总的矿石储量约为440×10^6t,铜品位0.41%,金品位0.5g/t。

3. 靶区查证

对靶区内岩浆火山作用强烈、地表矿化发育、蚀变带宽广、成矿条件良好、矿区及外围工作程度较低、找矿潜力大的达什特卡恩地区东西两个矿化体开展1:1万土壤地球化学测量、激电测量、钻探等查证工作(湖南省有色地质勘查研究院,2012),结果如图6-48所示。

(1) 地层。异常内出露的地层主要为晚白垩系Sinjrani群火山岩。内带由斑状安山岩和微晶斑状安山岩组成,外带由多个旋回喷发所形成的集块岩和凝灰岩组成。内带的安山岩出露在异常区西部,岩石呈深灰色,坚硬,断口呈贝壳状,显微镜下呈斑状—微晶斑状结构,斑晶为自形中长石、角闪石和辉石,基质细粒,玻基交织结构,由微晶斜长石、角闪石、辉石等矿物组成。外部安山岩在异常区东部出露,由凝灰岩和集块岩组成,普遍发生了青磐岩化,肉眼可以见到呈浸染状分布的绿帘石,粒径在小于1mm至几毫米之间。

(2) 构造。矿区断裂构造不明显,从区域断裂构造上来看,主要有东西向、北东向和北西向3组,且以东西向为主。结合矿区侵入岩展布和岩脉的分布特征,推断矿区具有东西向、北东向、北西向和南北向4组断裂,且以东西向断裂规模最大。矿区出露的两个英云闪长斑岩岩株,总体上呈近东西向展布,说明岩浆在侵入过程中,东西向断裂提供了导岩和容岩空间。矿区岩脉非常发育,主要有北东向、北西向和南北向,说明这3组断裂系统给后期岩脉提供了导岩和容岩空间。

(3) 岩浆岩。查盖侵入岩体以闪长岩为代表,在异常区周边广泛出露。该闪长岩被西部矿化的英云闪长斑岩岩株和东部矿化的英云闪长斑岩岩株所侵入。西部英云闪长斑岩岩株热液蚀变作用强,矿化明显,并被后期无矿化蚀变岩脉所切割;东部英云闪长斑岩岩株由蚀变较弱的英云闪长斑岩岩株和分布于其中的铜矿化明显的侵入角砾岩组成。

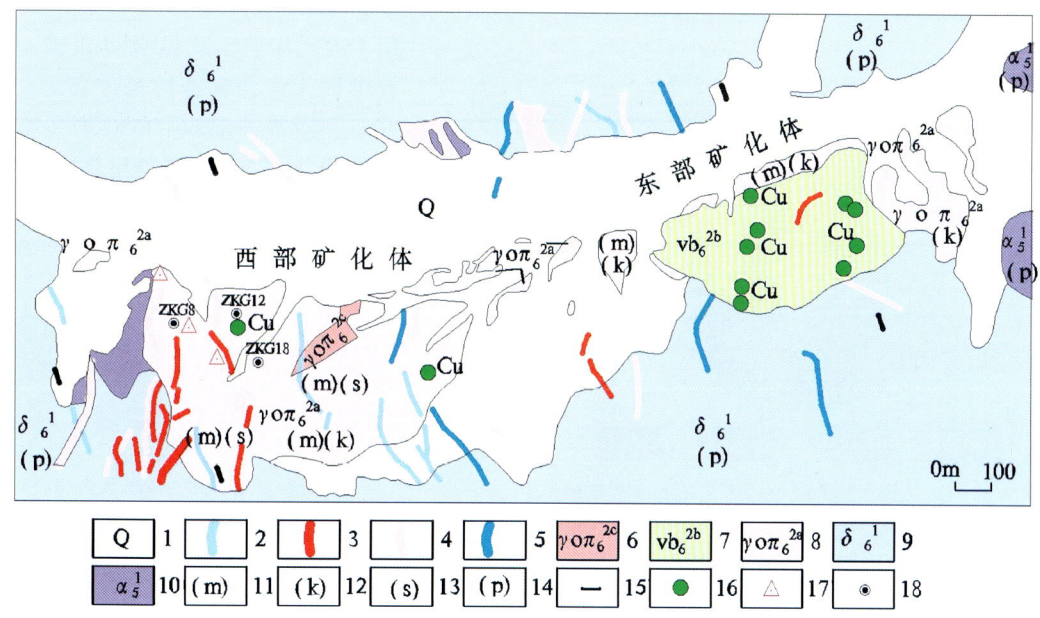

图 6-48 达什特卡恩矿区地质图

1-第四系冲积物；2-渐新世—更新世安山玢岩脉；3-渐新世—更新世英安斑岩脉；4-渐新世—更新世闪长玢岩脉；5-渐新世—更新世闪长岩脉；6-渐新世矿化期后英云闪长岩；7-渐新世侵入角砾岩；8-渐新世英云闪长斑岩；9-古新世闪长岩；10-晚白垩世安山岩；11-铜钼矿化；12-钾化；13-绢英岩化；14-青磐岩化；15-岩石裂隙密度；16-铜或钼矿点；17-取样位置；10 钻孔位置

(4) 地球物理特征。西部与东部矿化体的激电异常特征表现出明显的差异，西部矿化体的激电异常范围小，呈东西向展布，观测到的电阻率在 30～40mV/V 范围内，对应的电阻率范围为 150～450Ω·m，深度范围为 45～90m，深度超过 90m 可观测到更高的电阻率值，推测是含有硫化物所致，往深部硫化物含量增加；东部矿化体激电异常范围大，呈椭圆状，东西向展布，长轴达 1km，埋藏深度 45m 内电阻率为 10～20mV/V，其对应的电阻率为 450～750Ω·m。据地表调查，该异常带与热液侵入角砾岩有关。

(5) 地球化学特征。1:1 万土壤地球化学测量研究结果表明，铜异常面积大，强度高，具极好的浓度梯度带和多个浓集中心，西部与东部铜异常特征存在明显差异。东部铜异常值高，而西部均较低。西部铜异常呈不规则椭圆状，异常面积约 0.45km^2，长约 900m，宽约 500m，走向近东西，铜元素含量（100～2262）×10^{-6}，平均值 482.97×10^{-6}，背景值 200×10^{-6}，异常的分布与钾化和绢英岩化蚀变带完全吻合，且异常高值区严格受控于钾化蚀变带范围。对异常进行了地表查证，地表多处见团块状、条带状孔雀石矿化体，打块取样铜品位 0.85%～1.44%，综合分析认为该异常为矿致异常（图 6-49）。

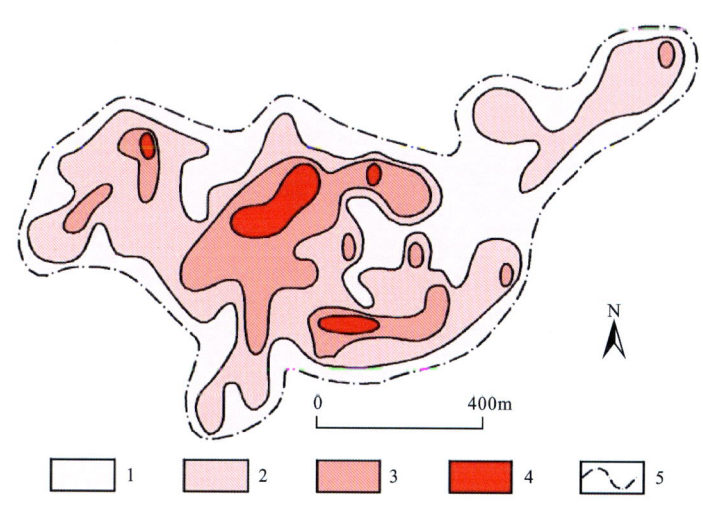

图 6-49 达什特卡恩西矿区 1:1 万土壤测量地球化学图
1-<200×10^{-6}；2-(200～500)×10^{-6}；3-(500～1000)×10^{-6}；4->10 000×10^{-6}；5-测量范围

东部铜异常呈不规则椭圆状，异常面积约 0.32km^2，长约 800m，宽约 400m，走向呈北东-南西向。异常的分布与侵入角砾岩管及其以北的英云闪长斑岩的展布相吻合，角砾岩管中铜含量（100～

93 200)×10^{-6},平均值 2238×10^{-6};角砾岩管以北的英云闪长斑岩中铜含量(100～3000)×10^{-6},平均值 718×10^{-6}。从结果可以看出角砾岩管中铜元素含量普遍高于英云闪长斑岩区。经地表查证,在角砾岩中多处见有条带状、团块状铜矿化体,经打块取样铜品位为 1.06%～1.11%。综合分析认为,东部铜异常为矿致异常,且矿化强烈(图 6-50)。

土壤地球化学样品中,钼含量的范围在<(15～300)×10^{-6} 之间。大多数样品的值在(15～30)×10^{-6} 之间,平均值为 21×10^{-6}。

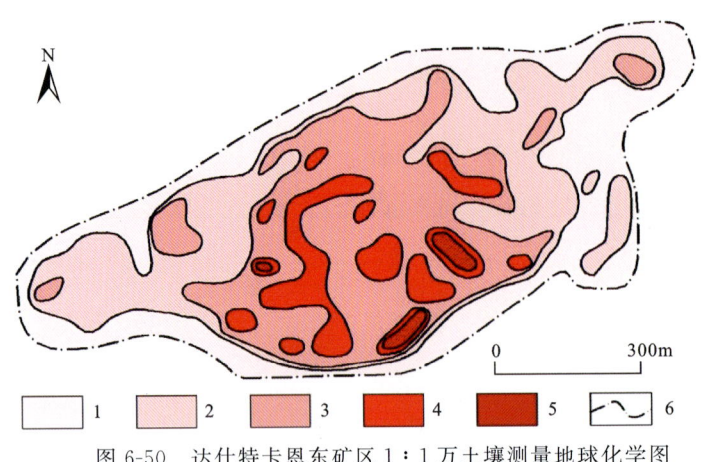

图 6-50 达什特卡恩东矿区 1:1 万土壤测量地球化学图
1-<200×10^{-6};2-(200～1000)×10^{-6};3-(1000～5000)×10^{-6};
4-(5000～10 000)×10^{-6};5->10 000×10^{-6};6-测量范围

(6)矿石特征。矿区所见矿石类型为氧化物矿石、次生硫化物矿石以及原生硫化物矿石。氧化物矿石地表大片出露,以孔雀石、蓝铜矿、硅孔雀石为主,呈块状、皮壳状、膜状等构造,碎斑、充填交代结构。次生硫化物矿石呈块状构造,他形粒状结构,以辉铜矿、铜蓝为主,少量黄铜矿伴泥质、石英、绿泥石组成,赋存于氧化带之下,据已施工的钻孔资料,该带位于 6～21.5m 之下,因无系统工程揭露,其产出特征和规模不清。原生硫化物矿石为矿区主要矿石类型,据钻孔资料,此带大约从 20m 开始,直到终孔位置,以黄铁矿、黄铜矿、磁铁矿、钛磁铁矿、辉钼矿和少量的磁黄铁矿为主。

(7)资源潜力分析。从区域矿产分布情况上看,查盖斑岩型铜矿带内斑岩铜(金)矿床、矽卡岩铁铜矿床、热液铜多金属矿床众多,又称"硫化物谷"。成矿时代为中新世(24～22Ma 和 18～16Ma),带内发现有 48 处斑岩型铜(金、钼)矿床或矿化点,与英云闪长斑岩至花岗闪长斑岩关系密切,热液蚀变主要为钾化、绢英岩化-泥化及青磐岩化。典型矿床有山达克(Saindak)、雷克迪克(RekoDiq)、ZiaratPirSultan 和 Dasht-e-kain 等,因此具有很好的成矿潜力。

第三节 优势矿产资源潜力分析——以哈萨克斯坦为例

一、优势矿床类型与矿种分析

基于所建空间数据库矿床数据集,哈萨克斯坦主要成矿带矿床规模——矿种分布如图 6-51 所示,共计 680 个矿床,其中大型—超大型矿床 51 个、中型矿床 96 个、小型矿床 533 个。分析大型、中型、小型矿床的类型、数量及所占比例,结果表明研究区影响资源量供给的主要矿床类型有 SEDEX 型、斑岩型、花岗质岩石有关的高温热液脉型、辉长/花岗质岩石有关的中温热液脉型、沉积型、层控碳酸盐岩型 6 类(图 6-52),6 类矿床所占比例为 82%(大型矿床)和 69%(中型矿床)(图 6-53)。分析大型、中型、小型矿床的主要矿种、数量及所占比例,研究区资源量供给的主要矿种包括 Pb/Zn、Au/Ag、Cu、W/Mo/Sn、REE 五类(图 6-54),所占比例为 80%(大型)、72%(中型)(图 6-55)。

矿床类型-矿种-数量综合分析结果(图 6-56)显示:研究区内 SEDEX 型 Pb/Zn、层控碳酸盐岩型 Pb/Zn、花岗质岩浆有关的高温热液脉型 W/Mo/Sn 矿、斑岩型 Cu/Mo/Au、辉长/花岗质岩浆有关的中温热液脉型 Au5 类矿床为最重要的资源量组成部分,也是本次资源潜力分析与评价的主要目标矿床类型。上述 5 类矿床在小型矿床中也占据着绝对优势(图 6-57)。

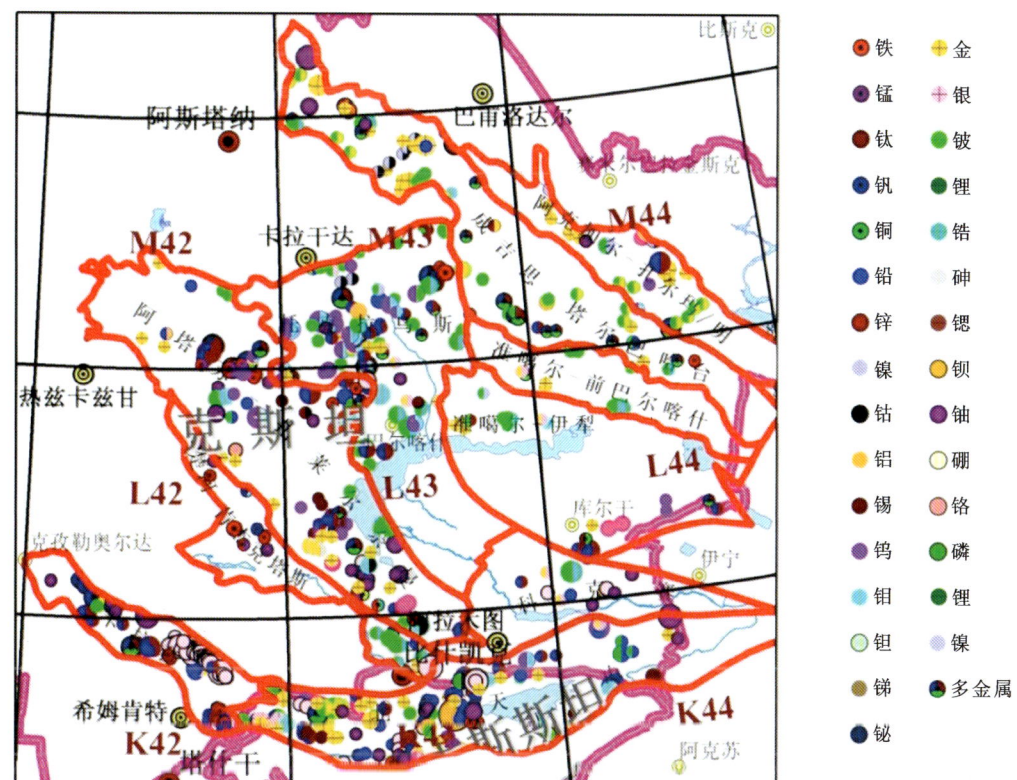

图 6-51　哈萨克斯坦主要成矿带矿床分布示意图

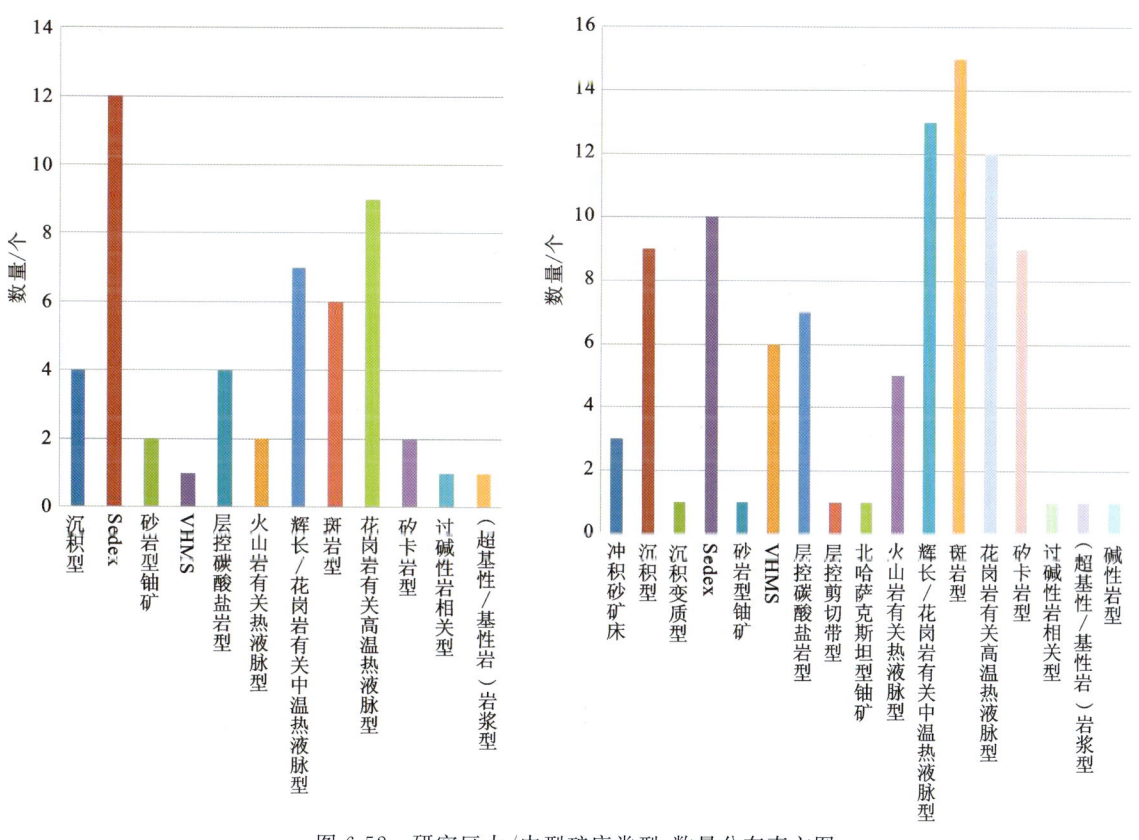

图 6-52　研究区大/中型矿床类型-数量分布直方图

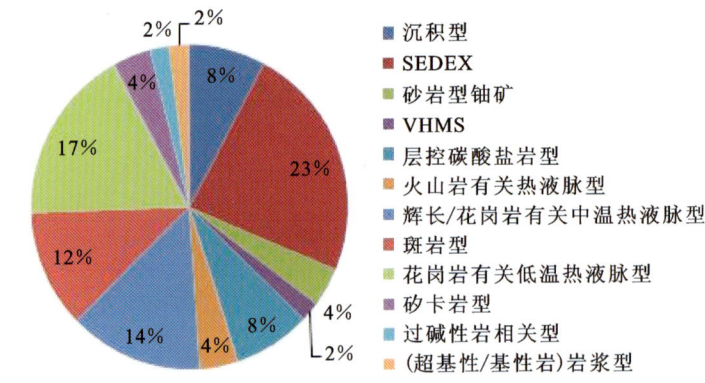

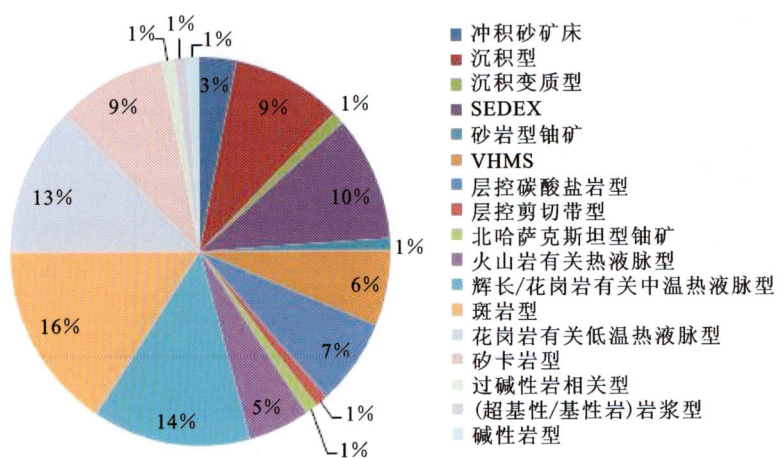

图 6-53 研究区大/中型矿床类型-数量百分比示意图

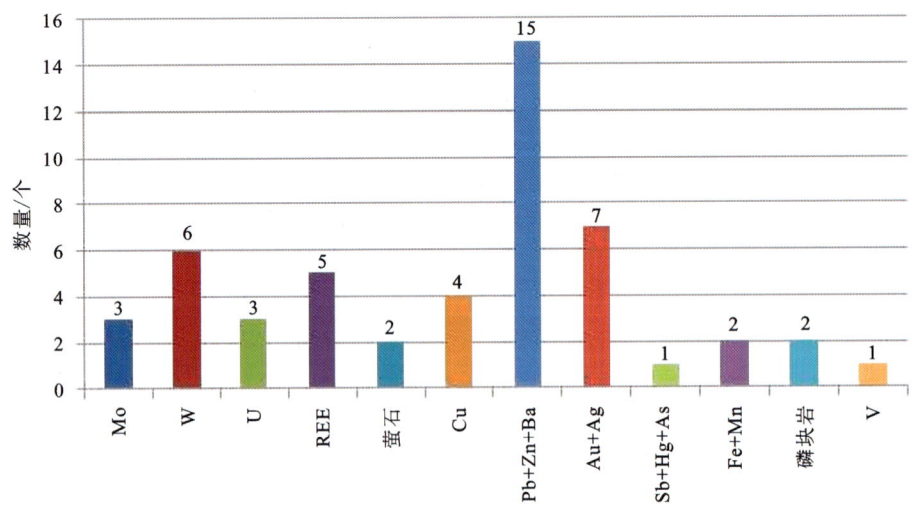

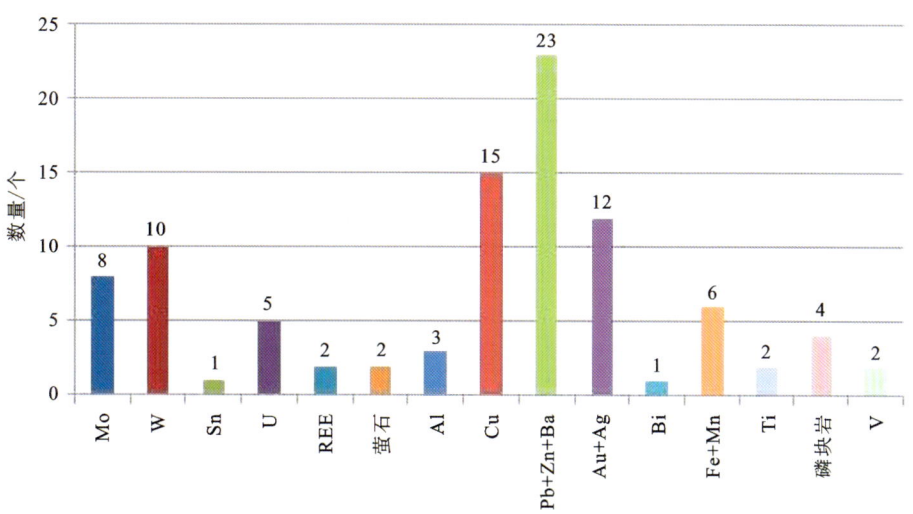

图 6-54 研究区大/中型矿床矿种-数量分布直方图

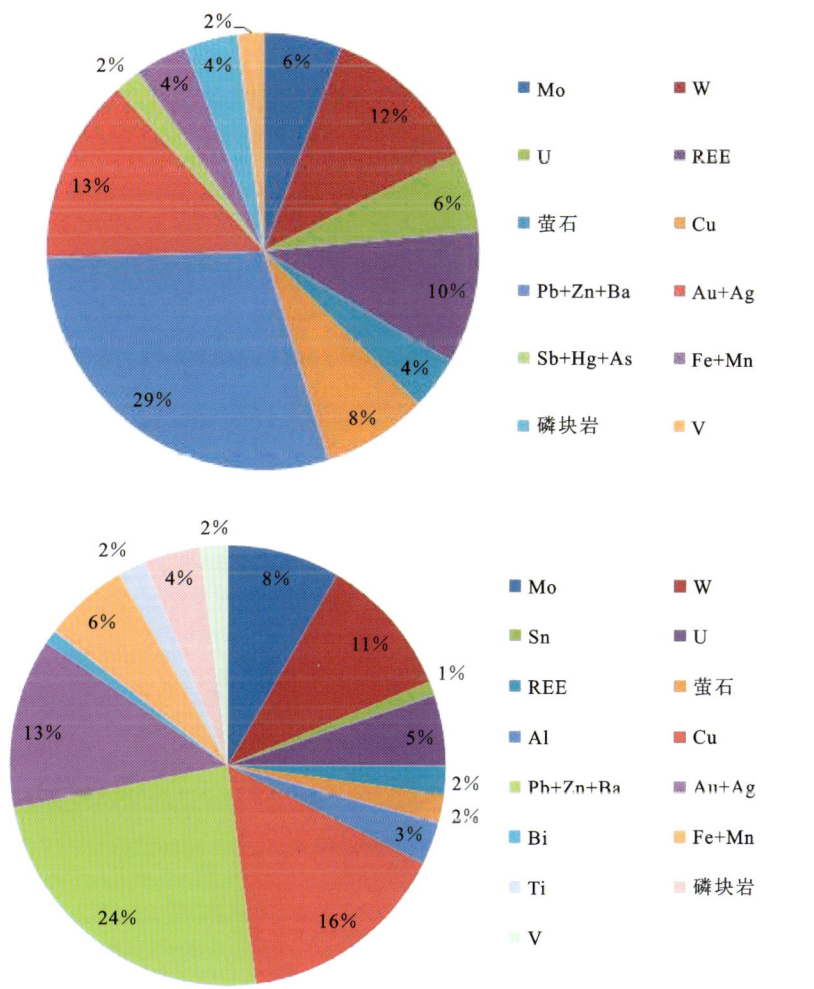

图 6-55 研究区大/中型矿床矿种-数量百分比示意图

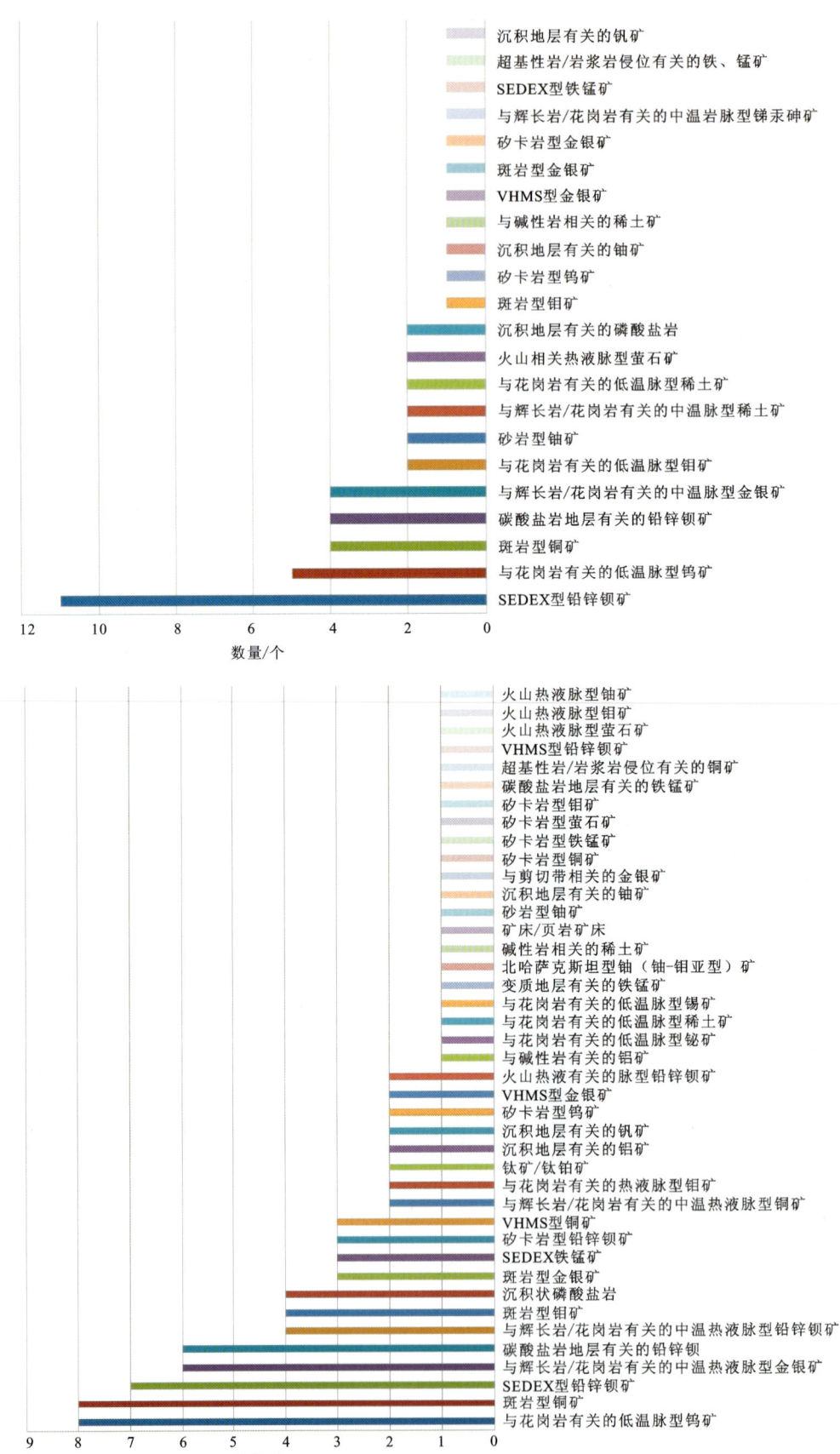

图 6-56 研究区大/中型矿床类型-矿种-数量分布直方图

第六章 重点目标国成矿预测与靶区优选

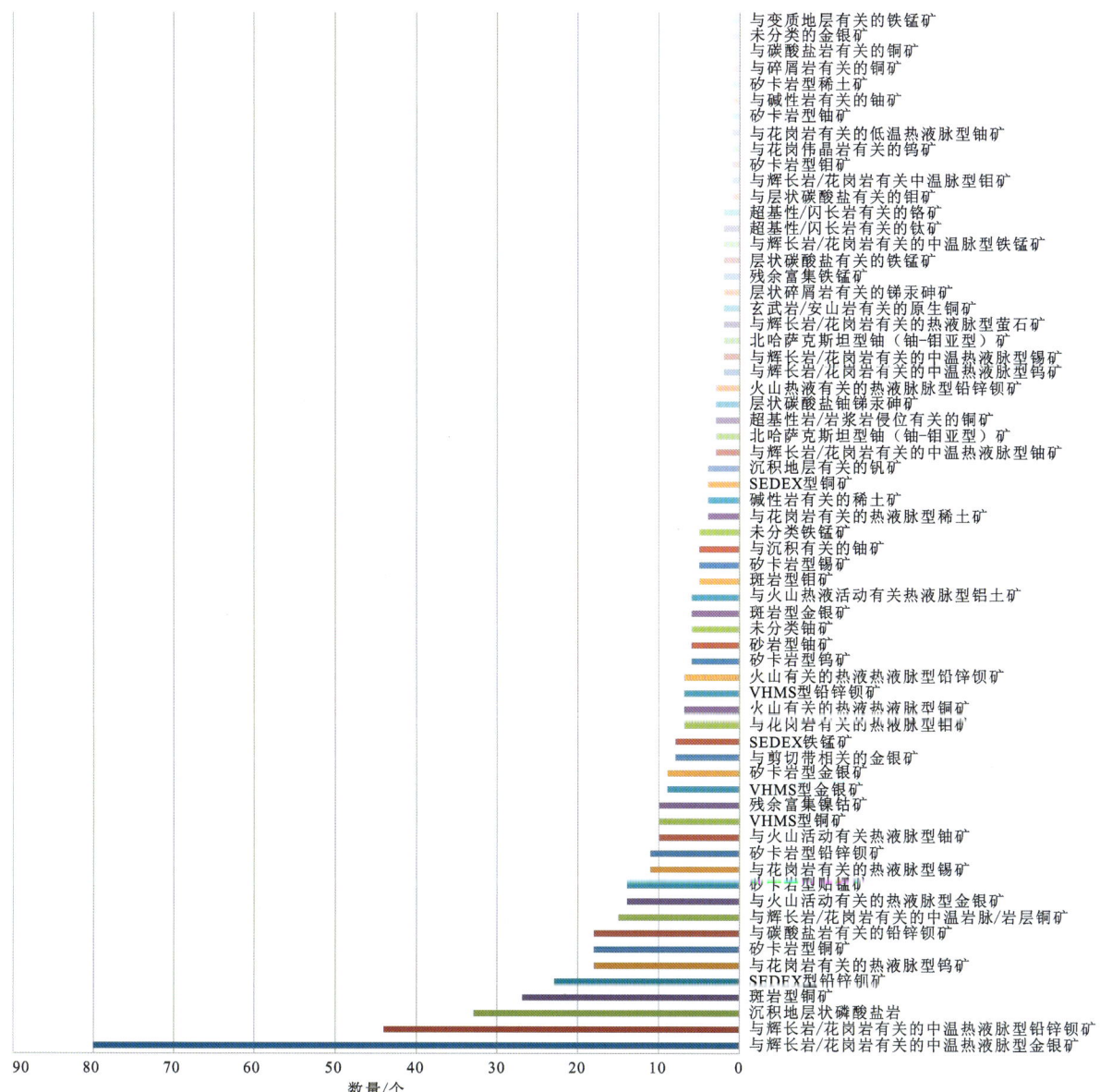

图 6-57　研究区小型矿床类型-矿种-数量分布直方图

二、资源战略优势成矿带的分析与选择

如图 6-51 所示，评价区共包括阿塔苏-扎莱尔奈曼等 10 个四级成矿带。按成矿带对大、中、小型矿床的数量进行分析（图 6-58），结果表明 10 个成矿带中有 4 个对我国资源具有重要意义，分别是托克拉乌斯 W-Cu-Mo-Pb-Zn-U 成矿带、阿塔苏-扎莱尔奈曼 Pb-Zn-Fe-Mn-Au-W-Mo-Cu-U 成矿带、卡拉套 Pb-Zn-V-Ba 成矿带、北天山 Au-W-As-Fe-Ti-Bi-V-Be-Mo 成矿带。本次研究重点围绕研究区内的托克拉乌斯 W-Cu-Mo-Pb-Zn-U 成矿带、阿塔苏-扎莱尔奈曼 Pb-Zn-Fe-Mn-Au-W-Mo-Cu-U 成矿带展开。

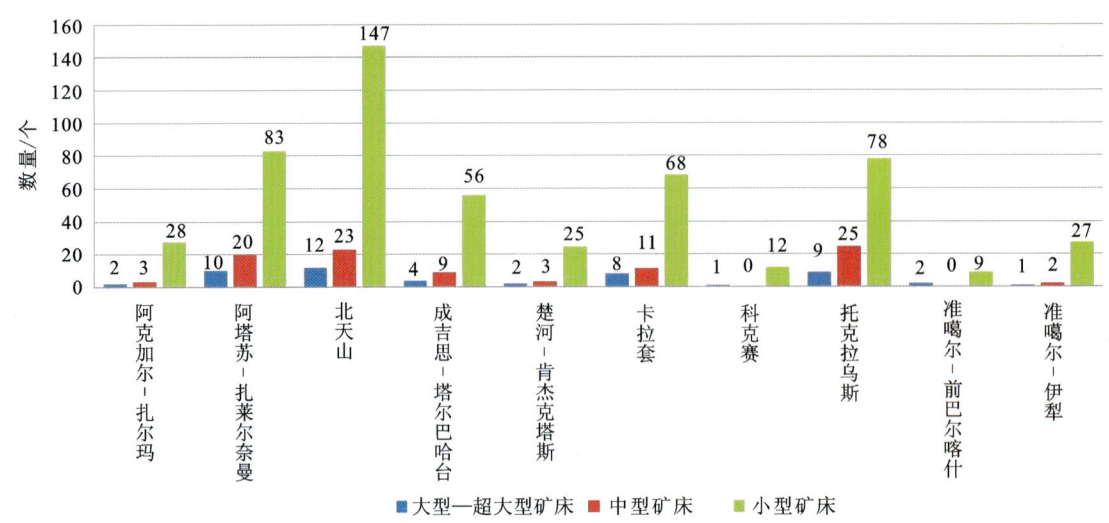

图 6-58　研究区各成矿带大、中、小型矿床数量分布直方图

三、成矿带资源潜力分析与初步评价

(一)托克拉乌斯 W-Cu-Mo-Pb-Zn-U 成矿带

托克拉乌斯 W-Cu-Mo-Pb-Zn-U 成矿带共包括大型、中型、小型矿床 112 个,其中大型—超大型矿床 9 个、中型矿床 25 个、小型矿床 78 个,矿床类型主要有辉长/花岗质岩浆有关的中温热液脉型、花岗岩有关的高温热液脉型、斑岩型、矽卡岩型、SEDEX 型、火山岩有关热液脉型等(托克拉乌斯成矿带矿床类型-规模-数量对比见表 6-10),各矿床类型-数量分布直方图见图 6-59,分析结果表明托克拉乌斯 W-Cu-Mo-Pb-Zn-U 成矿带中对我国资源战略具有重要意义的目标矿床类型为与花岗岩有关的高温热液脉型(W/Mo)矿床和斑岩型(Cu/Mo)矿床两类,而本区矽卡岩型矿床和上述两类矿床又具有极高的空间相关性和成因联系,可一并考虑。

表 6-10　托克拉乌斯成矿带矿床类型-规模-数量对比表　　　　　　　　　单位:个

矿床类型	合计	大型—超大型矿床	中型矿床	小型矿床
与玄武岩、安山岩有关的原生铜矿	1	0	0	1
与辉长/花岗质岩浆有关的中温热液脉型	11	0	0	11
与辉长岩、花岗岩有关的热液脉、层状	26	6	8	12
斑岩型	19	1	9	9
残余富集型	2	0	0	2
与沉积作用有关的成矿剪切带型	1	0	0	1
SEDEX 型	14	1	2	11
沉积层控型	1	0	1	0
矽卡岩型	18	1	4	13
碳酸岩地层相关型	1	0	0	1

续表 6-10

矿床类型	合计	大型—超大型矿床	中型矿床	小型矿床
与超基性/闪长岩有关的熔离型	1	0	0	1
火山热液脉型	3	0	0	3

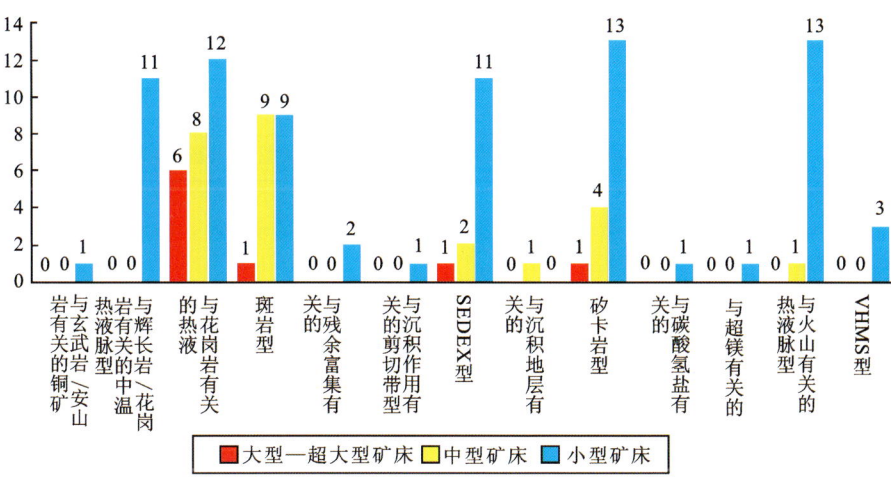

图 6-59　托克拉乌斯成矿带大、中、小型矿床数量分布直方图

1. 花岗岩类有关的高温热液脉型（W/Mo）矿床

1）与花岗岩类有关高温热液型典型矿床基本特征

托克拉乌斯成矿带与花岗岩有关的高温热液脉型 W/Mo 矿床主要分布在成矿带北部，受北西向及近东西向断裂控制，同该区火山深成岩带 I 型花岗岩具有密切的时空和成因联系，含矿热液主要为岩浆热液，区内包括 6 个大型矿床、8 个中型矿床及系列小型矿床，各大型矿床描述特点见表 6-11～表 6-16、图 6-60。

表 6-11　Zhanet 与花岗岩类相关的高温热液脉型矿床基本特征

矿床名称	Zhanet
主矿种	Mo
伴生矿	W、Be、Bi、Cu
矿床类型	与花岗岩类相关的低温岩脉、层状
矿床规模	大型、超大型
区域地质及围岩	矿区的中上石炭统包括（从下到上）斜长岩、英安岩、流纹质凝灰岩和喷口岩。火山岩被属于托帕尔复合岩的花岗闪长岩近子午线长堤群切割，长堤向东陡倾延伸达 4km，厚度为 20～40m，阿克沙陶岩群的含矿白花岗岩也侵入了火山岩
形成时代	P
构造分区	Zhamshy
围岩蚀变	钾盐蚀变、生物角闪石的形成、白化、灰化、绢云母化和碳酸盐化
矿体地质	矿体主要分布在白榴石岩体上方的缓倾火山岩序列中，部分取代了含矿白榴石岩体的偏移和边缘地带。矿体类似于一个长宽比为 2∶1 的圆锥体的翻转挫面。矿化与细脉（宽 1～10mm）有关。

续表6-11

矿床名称	Zhanet
主要矿物	钼矿、石英、钾长石、萤石、类生物云母、黄玉、方解石和绿帘石
副矿物	钨矿、白钨矿、黄铁矿、黄铜矿、磁铁矿、闪锌矿、方铅矿、钛铁矿、黄铁矿、黑云母、砷黄铁矿、铋、原生铋、辉绿岩、辉铜矿、锡石、麝香石、水麝香石和斜长石
构造背景	该矿床位于Toqrau复向斜的西缘，被Aqzhal—Aqsoran和Aqbastau区的次纵向断层横断

表6-12　Aqchatau与花岗岩类相关高温的热液脉型矿床基本特征

矿床名称	Aqchatau
主矿种	W、Be、Mo
伴生矿	Bi
矿床类型	与花岗岩类相关的高温热液脉型矿床基本特征
矿床规模	大型、超大型
区域地质及围岩	白云岩（上石炭统）和母岩（下志留统—下泥盆统）中格列森网状带和矿脉
形成时代	P
构造分区	Toqrau
围岩蚀变	绿帘石化
矿体地质	格列斯岩浆岩带和岩脉，北向陡峭的西倾（70°～85°）格列森矿脉，矿脉向下延伸250～500m
主要矿物	石英、黄玉、黄铁矿、黑钨矿、辉钼矿、绿柱石、萤石
副矿物	电气石、磁铁矿、铋、白钨矿、独居石、闪锌矿、黄铜矿、辉铜矿
品位	WO_3 0.1%～0.3%，Mo 0.04%～0.07%，Be 0.03%～0.07%
吨位	WO_3 6.55×10^4 t，Mo 1.75×10^4 t，Be 1.60×10^4 t

表6-13　Batystau花岗岩类相关高温热液脉型矿床基本特征

矿床名称	Batystau
主矿种	W、Mo
伴生矿	Bi、As、Cu、Sb、Sn
矿床类型	与花岗岩类相关的高温热液脉型
矿床规模	大型、超大型
区域地质及围岩	该矿床位于贝纳扎尔地堑-斜坡的西南部，由鲁德洛页岩和砂岩、中—晚泥盆世的英安岩和流纹岩（颈部）以及晚海西期的托帕尔（中石炭世）、阿克沙陶（晚石炭世）、阿克沙陶（晚石炭世—早二叠世）和贝纳扎尔（二叠世）复合体的侵入体组成
形成时代	C_2、P_1
构造分区	Zhaman—Sarysu

续表6-13

矿床名称	Batystau
围岩蚀变	长石化、硅化和蛇纹石化
矿体地质	取样划定的块状矿体为加厚透镜体,向西北方向延伸,由若干矿带组成。在与控矿断层交会处的矿体中心,条带在垂直方向上会入矿柱0.8~1km,在横向上呈现为平行的条带或板块,长500~800m,宽250~300m
主要矿物	白钨矿、辉钼矿、黄铁矿以及石英、微晶石、正长石和正长石等煤矸石矿物
副矿物	辉石、黄铜矿、黑钨矿、铋矿、锡石、菱铁矿、闪锌矿、菱锰矿和方铅矿
品位/吨位	WO_3 265×10^4 t,品位0.150%;Mo 15.0×10^4 t,品位0.070%
构造背景	该矿床位于扎曼—萨里苏地层(中哈萨克斯坦造山带仲加罗-巴尔喀什区)东北部

表6-14 Verkhnee Qairaqty与花岗岩类相关的高温热液脉型矿床基本特征

矿床名称	Verkhnee Qairaqty
主矿种	W
伴生矿	Mo、Bi、Be、Cu、Pb、Sn
矿床类型	与花岗岩类相关的高温热液脉型矿床
矿床规模	大型、超大型
区域地质及围岩	网状矿带和矿脉,围岩为晚志留世—早泥盆世含砾岩夹层的岩性和次岩性砂岩、粉砂岩和页岩
形成时代	P_1
构造分区	Zhaman-Sarysu
围岩蚀变	白云石、生物云石、绿松石和矽卡岩化
矿体地质	白钨矿,椭球状展布,向西北方向拉长,长度为2.1 km,宽度为1.3 km
主要矿物	白钨矿、黑钨矿、黄铁矿、铋矿物和辉钼矿,煤矸石矿物为石英和斜长石
副矿物	黄铜矿、黄铁矿、多闪锌矿、原生金、锡石、钛铁矿、砷黄铁矿、磁铁矿、赤铁矿、闪锌矿、方铅矿、辉绿岩、云母石
品位	Bi 0.024%、Mo 0.004%、Spy 2.96%、Cu 0.02%、Pb 0.02%~0.1%、Ag 0.39g/t、Se 0.76g/t、Te 1.02g/t
吨位	WO_3 1.1×10^6 t,品位0.128%
构造背景	该矿床位于扎曼—萨里苏盆地北部,靠近与乌斯宾斯卡娅剪切带的交界处

表6-15 Koktenkol与花岗岩类相关的高温热液脉型矿床基本特征

矿床名称	Koktenkol
主矿种	Mo、W
伴生矿	Bi、Be、Cu

续表 6-15

矿床名称	Koktenkol
矿床类型	与花岗岩类相关的高温热液脉型
矿床规模	大型、超大型
区域地质及围岩	志留纪—泥盆纪中期海相蟹状岩、泥盆纪早中期大陆火山岩和火山沉积岩、泥盆纪中期花岗闪长岩和白云岩
形成时代	P
构造分区	Uspensk
围岩蚀变	接触变质作用、生物硝化作用、长石化作用、矽卡岩化作用
矿体地质	矿体宽度南部地区为 550~600m，中间地区为 350~400m，北部地区为 200~300m
主要矿物	黄铁矿、辉钼矿
副矿物	铋、黄铜矿、绿柱石、铋、铜和铅的硫酸盐
品位	Mo 0.071％，WO_3 0.031％，Bi 0.004 6％~0.015％，Cu 0.0042％（风化带铜含量高达 0.61％）
吨位	Mo 4.3×10^5 t，WO_3 6.1553×10^4 t，Cu 2.53×10^5 t
构造背景	中哈萨克斯坦造山带乌斯宾斯卡亚剪切带附近的乌斯宾斯基合成带西部

表 6-16 Nurataldy 与花岗岩类相关的高温热液脉型矿床基本特征

矿床名称	Nurataldy
主矿种	Be、Mo、W
伴生矿	Bi
矿床类型	与花岗岩类相关的高温热液脉型矿床
矿床规模	大型、超大型
区域地质及围岩	矿田位于晚志留世砂岩和页岩的顶部，被二叠纪隐伏花岗岩岩体偏移切割。矿体位于 200m 深处，沿纬度方向拉长，长约 650m，宽约 300m
形成时代	P_2
构造分区	Sarysu
围岩蚀变	硅化、绿帘石化、黝帘石化
矿体地质	该矿床由一组间距紧密、向西陡倾的石英脉和细脉组成，约有 140 条厚度为 0.1~1.5m 的矿脉分布在最富饶的中部地区。矿脉的特点是分支和劈裂，并伴有附属细脉，除了近经向矿脉外，还发现了次要的纬向矿脉。南部地区的矿脉主要由平行的石英-黑云母-萤石细脉组成，陡峭地向西倾斜
主要矿物	钨矿、铋、辉钼矿和黄铁矿
品位	Mo、W、Bi 平均 0.04％
吨位	矿体 C_1+C_2 969.127×10^6 t，WO_3 39.3×10^4 t
构造背景	努拉塔尔迪钼矿床位于 Qaldyrma 构造和成矿带

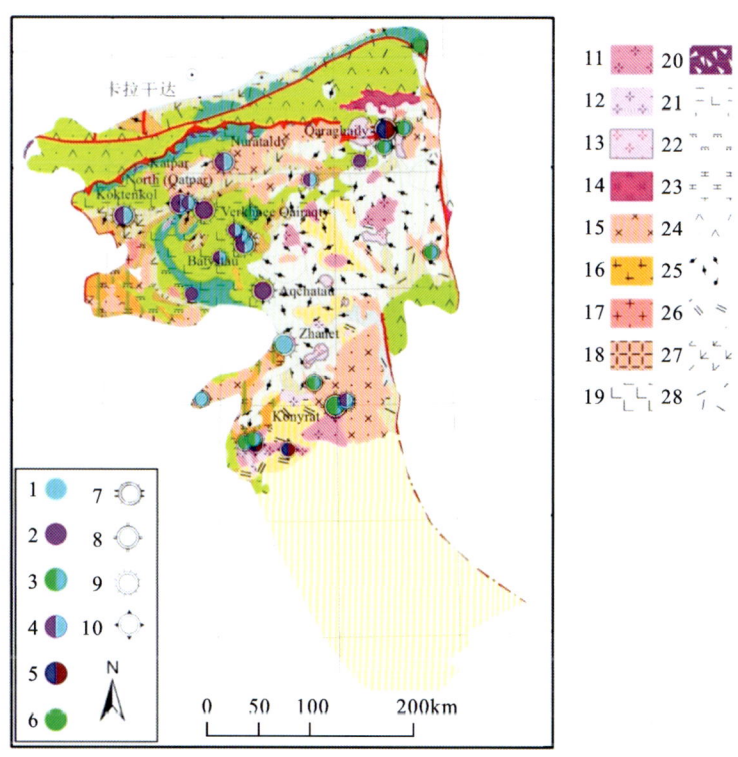

图 6-60 托克拉乌斯成矿带大、中型矿床成矿略图（据 Li Tingdong et al.,2007）

1-Mo;2-W;3-Cu/Mo;4-W/Mo;5-Pb/Zn;6-Cu;7-SEDEX 型;8-斑岩型;9-花岗岩类有关高温热液脉型;10-矽卡岩型;11-火山-深成带的 A 型花岗岩;12-后碰撞环境的 A 型花岗岩;13.后碰撞和裂谷环境下的稀有金属 Li-F 和高 Li 白色花岗岩;14-Ⅰ型花岗岩;15-岛弧或火山-深成带的Ⅰ型花岗岩;16-岛弧 M 型花岗岩（斜长花岗岩）;17-碰撞带的 S 型花岗岩;18-奥环斑花岗岩;19-古洋壳的第一和第二层硅质玄武岩;20-蛇绿混杂岩;21-古洋壳沉积覆盖层的碎屑硅质沉积物;22-陆生碳质岩石组合;23-被动陆源、弧后盆地、裂谷和微陆块-覆盖的碳酸盐-陆生岩石组合;24-弧后与弧间盆地的火山岩和火山沉积岩组合;25-安第斯型陆源火山岩和火山沉积岩;26-后碰撞火山岩和火山沉积岩组合;27-双峰式裂谷火山沉积岩组合;28-硅镁质岛弧火山岩和火山沉积岩组合

2）与花岗岩类有关的高温热液型矿床特征总结

根据上表所列特征,结合国际和国内矿床模型相关研究成果（Cox and Singer,1986;毛景文等,2012）,该区与花岗岩类有关的高温热液脉型矿床可描述如表 6-17 所示。

表 6-17 与花岗岩类有关的高温热液脉型 W/Mo 矿床描述模型

特征描述	矿物特征	石英脉、云英岩中的黑钨矿、辉钼矿和少量贱金属硫化物
地质环境	岩石类型	含黑云母的浅色花岗岩岩株、岩镰侵入到砂岩、页岩及火山岩中
	岩石结构	中—粗粒、中—细粒显晶质侵入体
	地质时代	晚二叠世
	成矿环境	矿体赋存在侵入体上部及其围岩的张性裂隙中
	构造背景	大陆地壳熔融形成的深成花岗岩带,受线性延伸断裂带控制,在两组断裂带横切的交会处产生岩株状、岩镰状岩体,对矿床形成起着绝对控制作用

续表 6-17

特征描述	矿物特征	石英脉、云英岩中的黑钨矿、辉钼矿和少量贱金属硫化物
矿床特征	矿物组合	黑钨矿、辉钼矿、黄铁矿、辉铋矿、黄铜矿、雌黄铁矿、绿柱石、锡石、萤石、闪锌矿
	结构/构造	块状石英脉和云英岩，局部呈角砾状出现
	蚀变	深部钠长石化、脉壁钾长石化、上部硅化、云英岩化，此外还常见绢云母化、碳酸盐化、矽卡岩化等
	控矿条件	平行石英脉群或云英岩切过花岗岩体或近接触带的围岩
	风化特征	黑钨矿在土壤和水系沉积物中连续分布，钨铅矿和钨华也可构成风化产物
物化探特征	地球化学标志	W、Mo、Be、Bi、Sn、As、Cu、Pb、Zn、F
	区域重力	区域重力极小值范围

3）成矿单因素定量分析

根据上述模型，结合成矿带地质、矿产、成矿地质背景、地球化学及地球物理数据集，上述模型在托克拉乌斯成矿带应用要点如下：

（1）构造条件。受北西向和北东东向两组的线性断裂带控制，重点区域往往在两组断裂带的交会部位。

（2）容矿围岩。中志留世近巴尔喀什-萨雷苏伊复向斜砂岩、粉砂岩、灰岩、砾岩；中泥盆世酸性—中性火山岩、砂岩。

（3）侵入体。晚二叠世阿克恰套侵入岩石组合。

（4）元素组合异常。W、Mo、Be、Bi、Sn。

（5）其他。据前人成矿预测成果，相同成因小型 W/Mo 矿床空间展布特点，W/Mo 矿点、矿化点空间展布特点；矿床分布与区域布格重力值之间存在一定的相关性。

依据上述应用要点，各类相关信息提取如下：

（1）构造条件。从空间数据库中提取托克拉乌斯成矿带断层信息如图 6-61a 所示，各类断层较多，共 5316 条。根据构造条件，矿床受线性延伸断裂带控制，因此可剔除规模较小的局部断裂，以避免干扰。去除干扰后断层分布如图 6-61b 所示，该图可清晰反映北东东和北西向两组断裂带对中、大型矿床

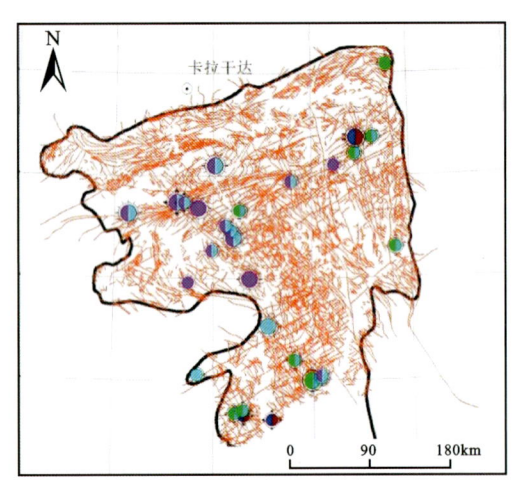

a.成矿带所有断层分布情况

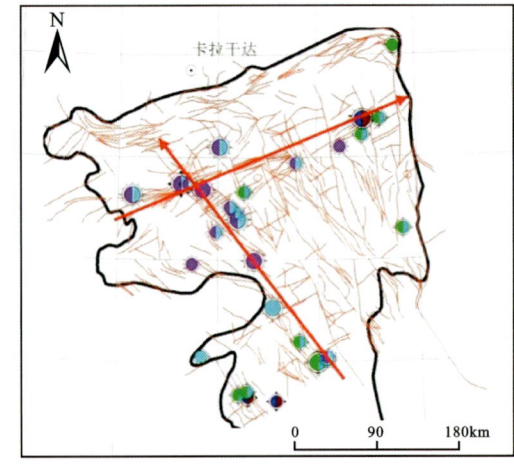

b.剔除小规模较干扰断层后断层带对矿床的控制作用

图 6-61 托克拉乌斯成矿带断层分布信息

的控制作用,初步限定了矿床的展布范围。在空间数据库中进一步选择所有高温热液脉型矿床共计26个(其中大型6个、中型8个、小型12个)(图6-62a),通过空间分析方法计算矿床与断层的邻近关系,可定量分析各断裂带中各断裂对成矿的影响作用(图6-62b)。

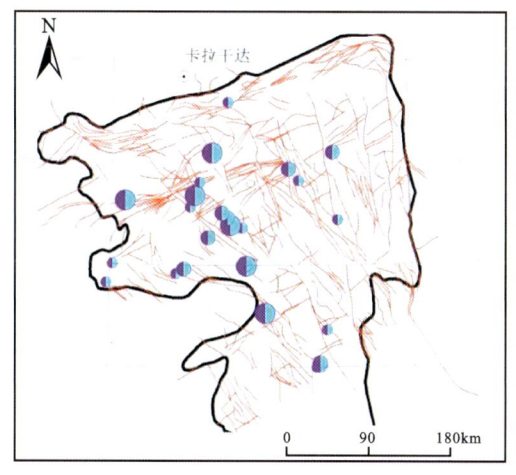 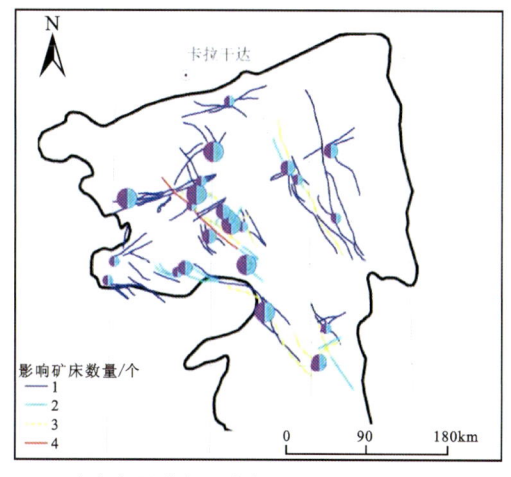

a.成矿带断层与矿床空间关系　　　　　b.矿床与具体断层空间关系定量分析结果

图6-62　托克拉乌斯成矿带断层-成矿空间关系与定量分析

(2)容矿围岩。依据模型应用要点,托克拉乌斯成矿带与花岗岩类有关的高温热液脉型矿床主要容矿围岩包括中志留统砂岩、粉砂岩、灰岩、砾岩和中泥盆世酸性—中性火山岩、砂岩。但并不是所有上述两类围岩均形成该类矿床(图6-63a、图6-63c)。通过空间数据库中与花岗岩类有关的高温热液脉型矿床与托克拉乌斯成矿带各类地质体进行空间分析得到定量分析结果,更精确地限定了容矿围岩的可能分布范围(图6-63b、图6-63d)。

(3)侵入体。依据模型应用要点,托克拉乌斯成矿带与花岗岩类有关的高温热液脉型W/Mo矿床主要受晚二叠世阿克恰套侵入岩石组合(γ,$\gamma1$,$\gamma2P2a$)控制,可直接从空间数据库中选择,其空间分布范围如图6-64a所示,通过与矿床空间分布关系进行定量分析,可对各岩体对成矿的影响进行限定(图6-64b)。

(4)元素组合异常。依据模型应用要点,托克拉乌斯成矿带与花岗岩类有关的高温热液脉型W/Mo矿床元素组合异常主要包括W、Mo、Be、Bi、Sn等异常组合,可直接从空间数据库勘查地球化学原生晕(图6-65a)和组合异常(图6-65b)两个层次进行提取。

(5)其他。前人研究成果表明,与成矿有关侵入体均分布于区域布格重力低值区,因此区域布格重力异常对于可能成矿区的圈定也具有指示意义(图6-66a)。此外,相关元素W、Mo矿点、矿化点的分布同W/Mo矿床空间分布间具有紧密的相关性(图6-66b)。

4)成矿相关空间信息综合与战略远景区圈定

依据上述模型应用所确定的成矿相关空间信息,可进行相应的空间分析,以满足战略远景区定量评价的需求。

对于构造信息,可利用图6-61b中的断层-成矿定量分析结果做加权密度分析备用(图6-67a);对于容矿围岩信息,可将图6-63a或图6-63b直接转换为整形栅格数据备用,由于是初步评价,为避免遗漏,本次采用围岩结果转换为整型栅格数据(图6-67b);对于侵入岩信息,由于矿床往往在岩体外部或上部围岩中赋存,且成群成带分布,密度分析结果既可以描述侵入体的影响范围,又可以反映出侵入岩带的展布趋势及范围,以包括地质图中未填出的相关侵入体,因此可用图6-64b中对成矿有控制作用的侵入

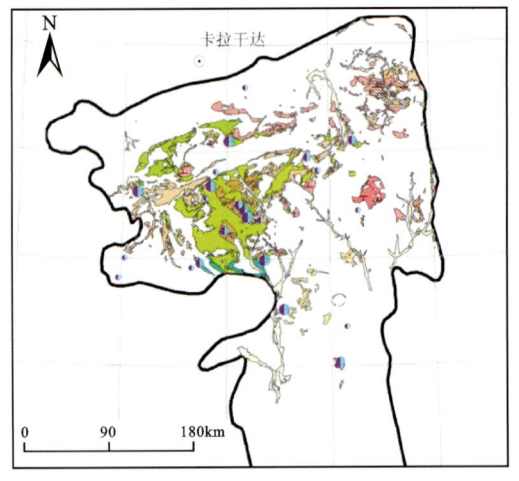
a.容矿围岩与矿床空间关系(按地层单位)

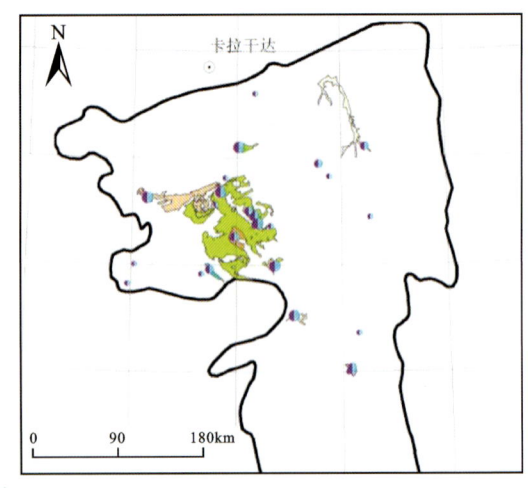
b.容矿围岩与矿床空间关系(按地质体编号)

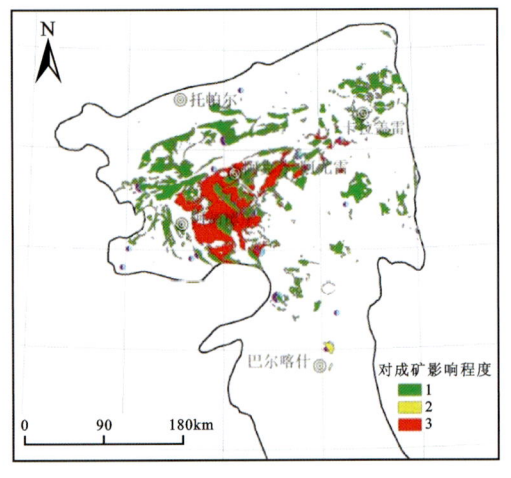
c.容矿围岩与矿床空间关系定量分析(按地层单位)

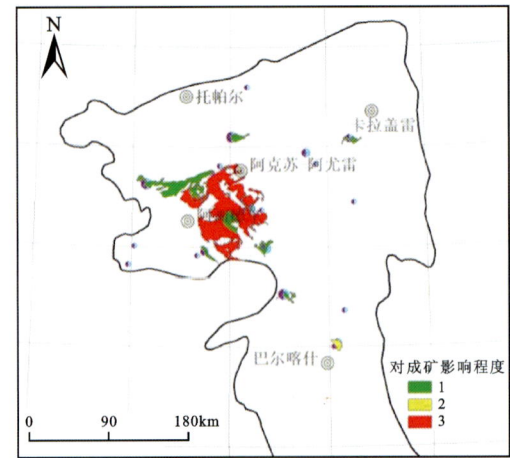
d.容矿围岩与矿床空间关系定量分析(按地质体编号)

图 6-63 托克拉乌斯成矿带与成矿有关围岩空间分布及其对成矿的影响
1.小;2.中;3.大

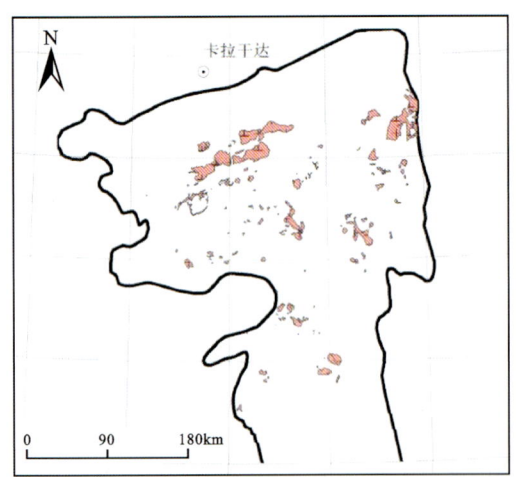
a.对成矿有控制作用的侵入体空间分布

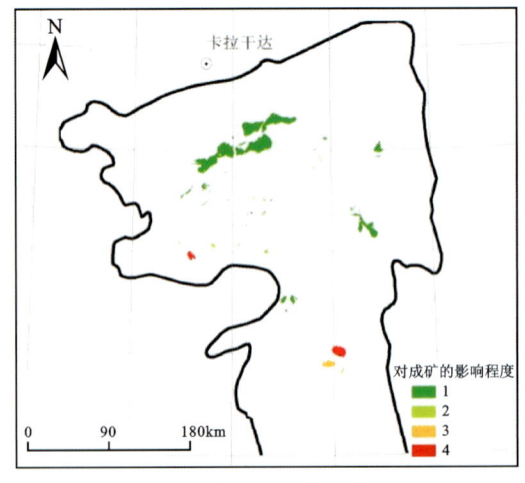
b.侵入体对矿床影响程度定量分析结果

图 6-64 托克拉乌斯成矿带与成矿有关侵入体空间分布及其对成矿的影响
1.小;2.中;3.较大;4.大

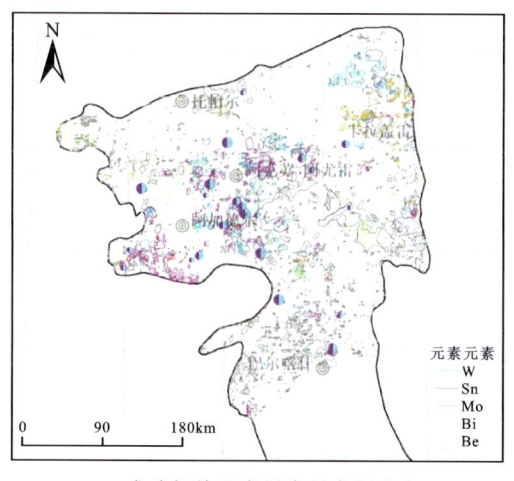
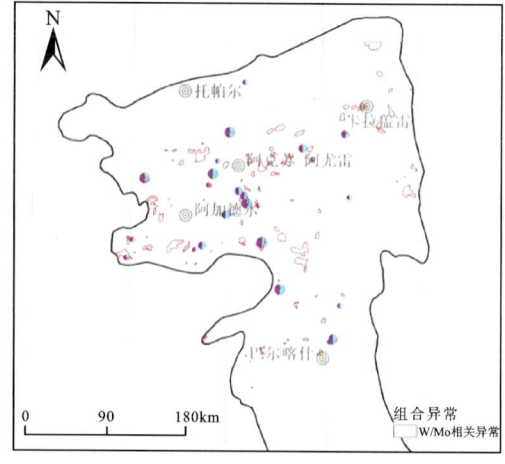

a. 成矿相关元素原生晕空间分布　　　　　　　b. 成矿相关元素组合异常空间分布

图 6-65　托克拉乌斯成矿带矿床、地球化学原生晕及组合异常空间分布

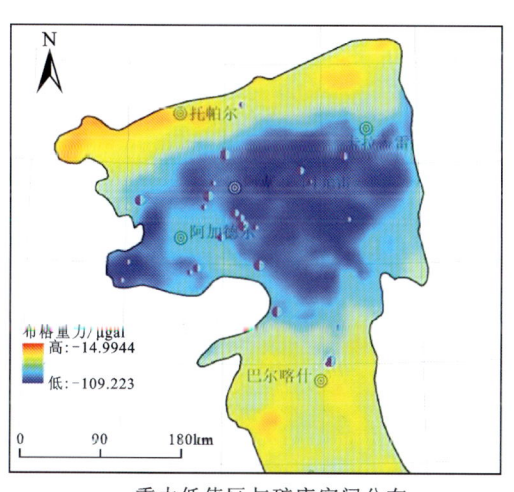
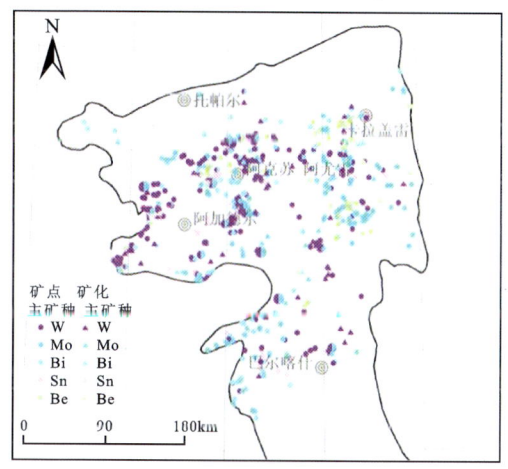

a. 重力低值区与矿床空间分布　　　　　　　　b. 矿点、矿化点与矿床空间分布

图 6-66　托克拉乌斯成矿带其他因素与矿床空间分布关系
1. 小; 2. 中; 3. 较大; 4. 大; 5. 特大

岩类以对成矿的影响程度为权值,做密度分析。最终将分析结果转换为整型栅格数据备用(图 6-67c);对于地球化学原生晕以及组合异常,通过分析矿床与相关元素空间分布间的关系,托克拉乌斯成矿带 W/Mo 原生晕分布对与花岗岩类有关高温热液脉型 W/Mo 矿床具有直接指示意义,其中,W/Mo 套合原生晕指示意义最强,W 原生晕次之,Mo 原生晕分布广泛,指示意义相对较弱(图 6-67d)。因此,可将 W、Mo 地球化学原生晕线要素转换成面要素进行联合分析,依据同大、中型矿床相关性转换为整型栅格数据备用(图 6-67d),考虑到地球化学数据与矿床数据间在空间准确性方面的差异,也可进一步用高相关性的 W/Mo 组合原生晕和 W 原生晕进行密度分析,形成原生晕空间分布趋势的密度带栅格数据备用(图 6-67e)。在其他要点中,由于区域布格重力虽然低值区明显,限定范围过大(图 6-67f),前 4 个要点已限定了更为细致的区域,因此区域布格重力数据在此次评价中未采用;W、Mo 矿点与矿化点的分布则对战略远景区圈定具有重要意义,应予以重视,可通过密度分析反映其空间分布趋势,采用密度整型栅格数据进行备用(图 6-67g,图 6-67h)。

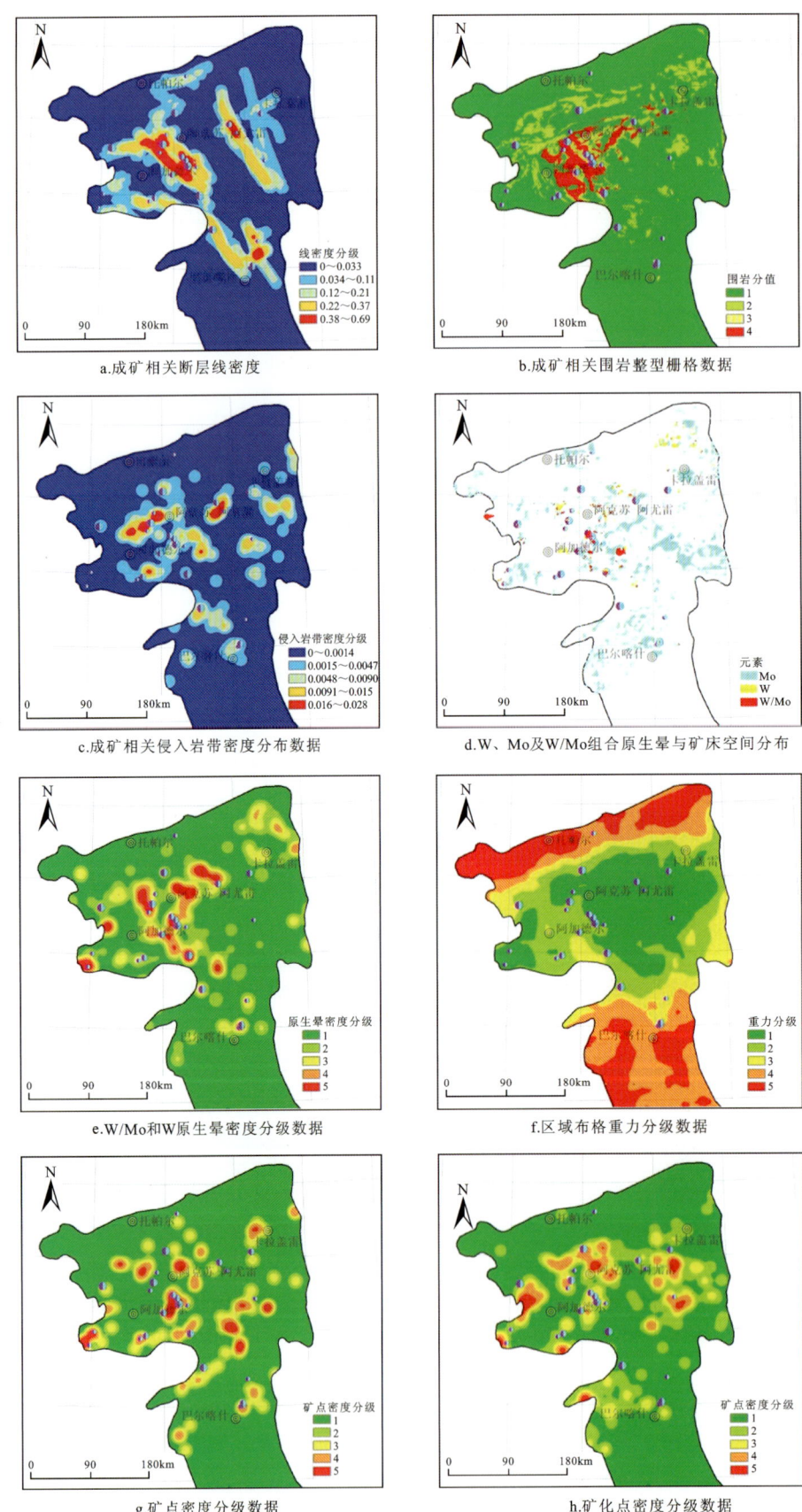

图 6-67 托克拉乌斯成矿带矿床模型-空间数据库集成进行数据准备

1.小;2.中;3.较大;4.大;5.特大

将上述数据中的构造、围岩、侵入岩、化探、矿点、矿化点整型栅格数据进行组合分析,可获得组合后的分类整型栅格数据,该整型栅格数据根据模型应用要点数据,将整个研究区563 168个500m×500m的像元分成2160个类别(图6-68),而这些类别中一定包含符合矿床模型及应用要点的类别(战略远景区),完美实现了理论模型和空间数据整合应用,同时也强调了组合分类而不是图件叠加在资源潜力分析与评价中的重要作用。

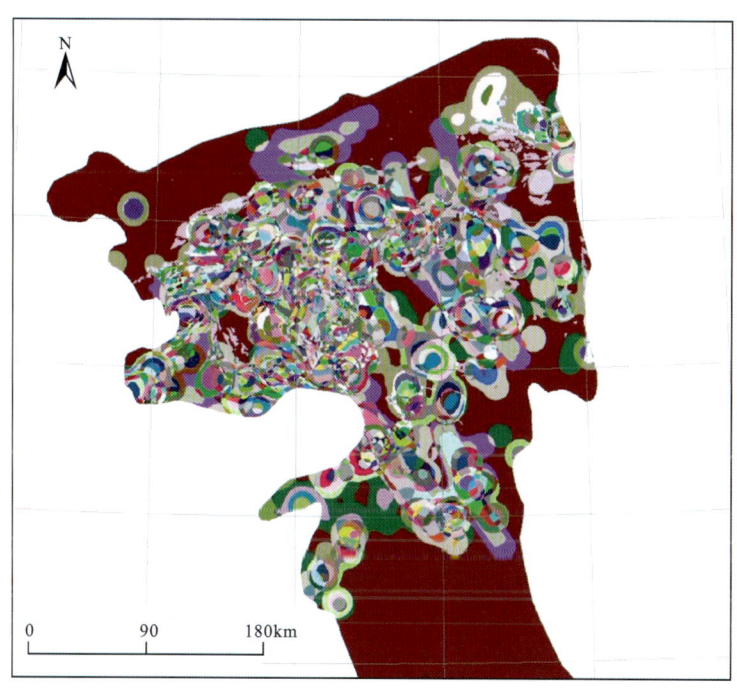

图6-68 依据矿床模型及应用要点对研究区数据进行组合分类

要将战略远景区定量表达出来,需要对围岩数据进行极值变换,统一量纲均按5级表达,再按矿床描述模型中的各应用要点的重要性赋予相应权重。根据矿床描述模型,上述应用要点的必要条件包括构造、侵入岩,重要影响条件包括围岩和原生晕,矿点和矿化点则作为附加参考。因此,权值可以按0.25、0.25、0.15、0.15、0.1、0.1进行分配,再进行加权求和(图6-68),即可定量表达战略远景区空间展布及找矿有利程度(图6-69)。定量分析结果与大、中型矿床具有较好的套合关系,而且高加权值像元类别与矿床模型要点的匹配度极好,反映出矿床模型指导空间数据库建设以及空间分析的重要性。

当然,在空间数据库中,该权重值可以根据研究深入随时进行调整,应用于前述分类整型栅格数据中,即可更精确地定量表达战略远景区的有利程度。将空间数据库和具体研究及野外工作结合,极大地发挥空间数据库优势。

将组合分类产生的2160类像元类别按照加权和进行分级:1~2.5为1级,对应于不利于成矿区域,2.5~3.5为Ⅲ类远景区,3.5~4为Ⅱ类远景区,4~5为Ⅰ类远景区。共获得面积大于2km²的远景区75个:其中Ⅰ类远景区7个,Ⅱ类远景区16个,Ⅲ类远景区52个(图6-70)。其中有1个Ⅲ类远景区面积(3100km²)远远大于其他远景区,无战略意义,将其去除后,最终获得74个远景区。其中,Ⅰ类远景区7个,Ⅱ类远景区16个,Ⅲ类远景区51个(图6-71)。通过将上述远景区与研究区全部26个与花岗岩类有关高温热液脉型大、中、小型矿床W/Mo矿床进行空间邻近分析,分析结果中26个矿床中有12个矿床位于远景区内,有3个矿床位于距离远景区500m内,有7个矿床在1~6.2km之间,上述矿床共22个,包含了区内所有大、中型矿床。剩余4个小型矿床位于最近远景区33km以外,可能原因有二:①空间数据准确性、完整性问题;②矿床分类存在问题。

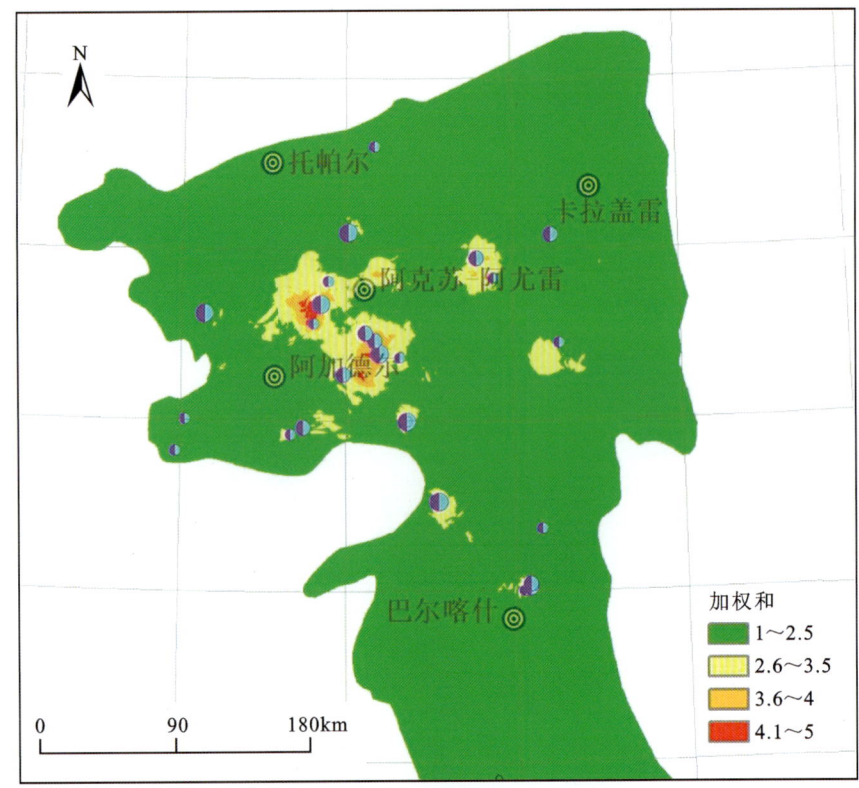

图 6-69 依据加权求和字段表达实现定量化战略远景区表达

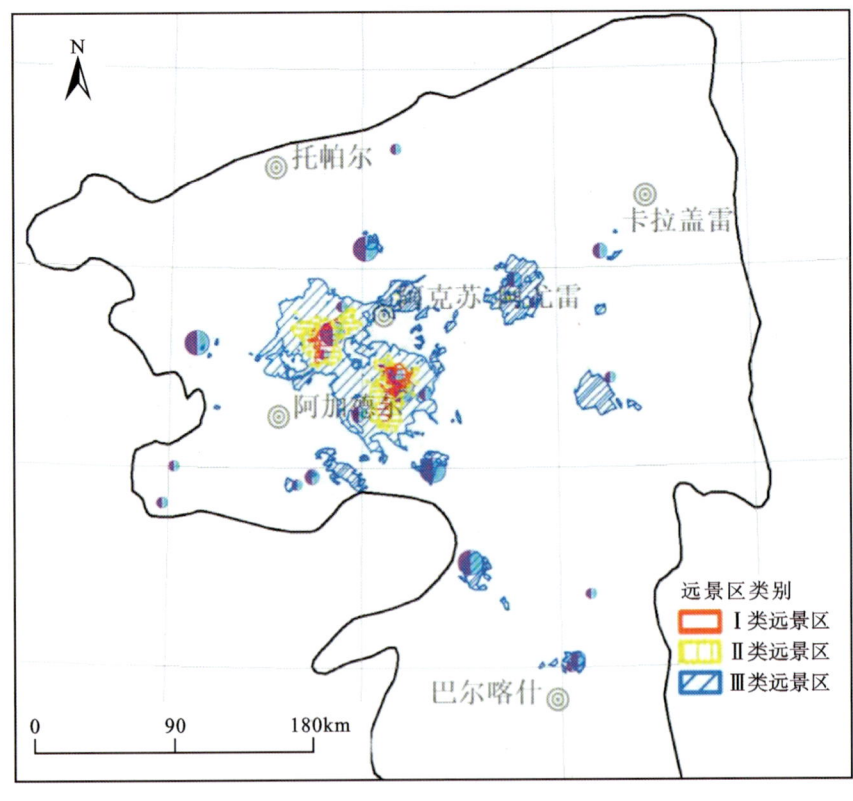

图 6-70 托克拉乌斯成矿带与花岗岩类有关高温热液脉型 W/Mo 矿床战略远景区圈定结果

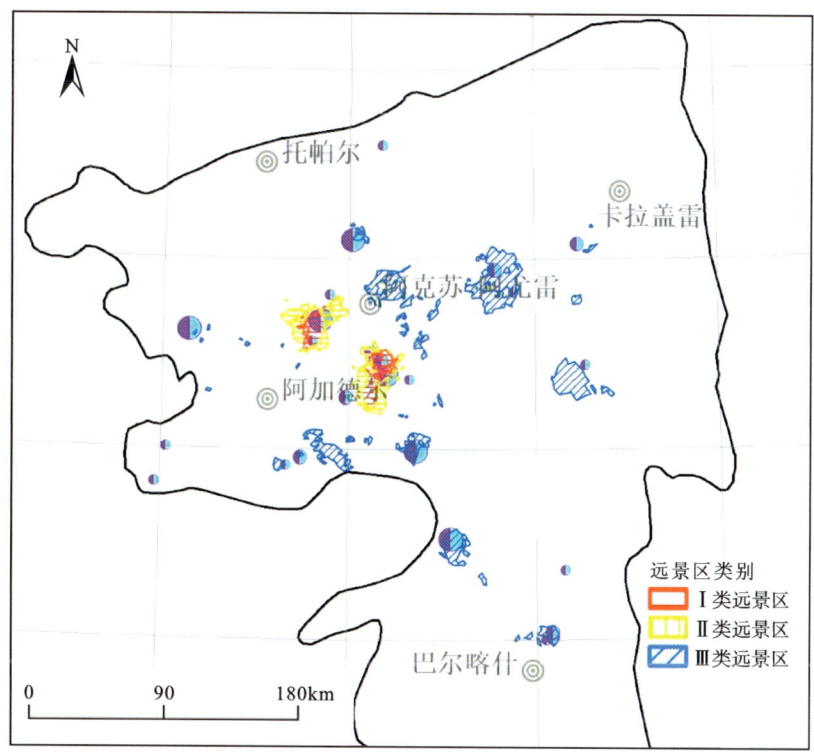

图 6-71　托克拉乌斯成矿带与花岗岩类有关高温热液脉型 W/Mo 矿床战略远景区圈定结果

上述分析结果表明，远景区圈定较为准确。根据上述分析结果，尚未出现已有矿床的 2 个面积大于 $18km^2$ 和 5 个面积大于 $22km^2$ Ⅱ类远景区（图 6-72），这对于未知的大、中型矿床勘查意义巨大。

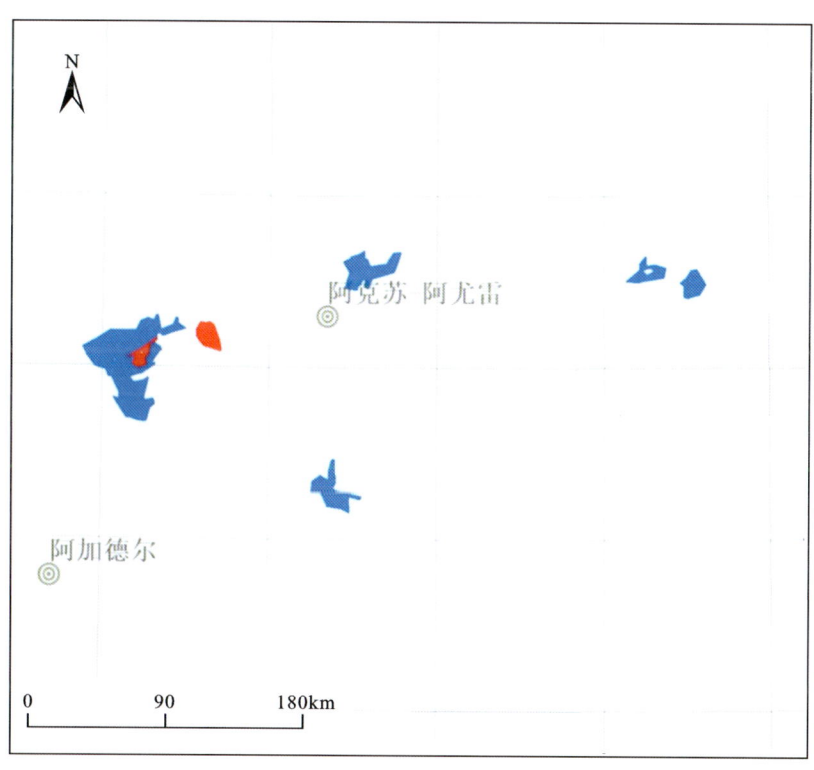

图 6-72　未知大、中型矿床勘查重要战略远景区圈定结果

5) 远景区资源量初步估算

远景区资源量包括两个部分,一部分是已知矿床的资源量,另一部分是未知矿床的资源量。对于未知矿床的资源量估算,主要通过品位、吨位和待发现矿床的数量获得,品位、吨位可由已知矿床的品位、吨位模型获得。但估计待发现矿床的数量并没有固定的方法(Singer,2010),固定类别的矿床在相应的成矿带,其分布密度可以直接用于估计待发现矿床的数量(Singer,2008,2010)。

在托克拉乌斯成矿带,与花岗岩类有关高温热液脉型 W/Mo 矿床密度可由 26 个矿床以及 5km 之内的 29 个远景区(4033km^2)直接估计。再根据矿床密度估计结果进一步估算其余 45 个远景区(889km^2)待发现矿床的数量。经计算,大型矿床的分布密度为 0.001 48 个/km^2,中型矿床的分布密度为 0.001 98 个/km^2,小型矿床分布密度为 0.002 98 个/km^2。45 个远景区总面积为 889km^2。因此待发现矿床的可能数量约为大型矿床 1 个、中型矿床 2 个、小型矿床 3 个。根据成矿带已有与花岗岩类有关高温热液脉型 W/Mo 矿床的平均每个矿床资源量:大型矿床平均每矿床 48.67 万 t WO$_3$、每矿床 19.9 万 t Mo;中型和小型矿床没有足够资源量统计数据,但可依据矿床规模划分方案初步估计中型矿床平均每矿床 5 万 t WO$_3$ 和 2.5 万 t Mo;小型矿床不超过每矿床 1 万 t WO$_3$ 和 0.5 万 t Mo。

根据以上分析,可初步估算托克拉乌斯成矿带与花岗岩类有关高温热液脉型 W/Mo 矿床资源量:WO$_3$:48.67×7+5×10+1×15=405.69(万 t);Mo:19.9×7+2.5×10+0.5×15=171.8(万 t)。

此外,在上述远景区内还有望发现大型—中型的矽卡岩型 W/Mo 矿床。

2. 斑岩型铜矿床

1) 典型花岗斑岩矿床基本特征

托克拉乌斯成矿带斑岩型铜矿床主要分布在成矿带中部及东北部,矿床与断裂带、晚泥盆世火山作用以及石炭纪—早二叠世中酸性侵入体具有密切时空和成因联系。成矿带内包括 1 个大型矿床、9 个中型矿床及 9 个小型矿床,各大、中型矿床描述特点见表 6-18~表 6-25。

表 6-18 **Konyrat 斑岩型铜矿床基本特征**

矿床名称	Konyrat
主矿种	Mo、Cu
伴生矿	Au、Ag、Pb、Zn
矿床类型	斑岩型
矿床规模	大型、超大型
区域地质及围岩	含矿地层为砂质绢云母岩层和酸性凝灰岩,与卡尔卡琳斯卡亚岩组角状不整合接触,主要由安山岩-玄武岩和安山岩-闪长岩组成。此外,矿区侵入岩较为发育,如含有稀有金属矿化物(钨、钼等)的阿克恰陶复合体花岗岩以及下石炭统巴尔喀什复合体托克劳斯基岩体花岗岩具有三级结构
形成时代	C$_2$
构造分区	Toqrau
围岩蚀变	矿化物的花岗闪长岩斑岩和爆炸角砾岩在不同程度上经过了绢云母化、硅化,次生石英岩普遍发育
矿体地质	矿体呈倒杯状,长 1000m,宽 100~800m。杯状矿体的"底部"主要由菱锰矿和氧化带中的矿石组成,氧化带延伸至深 20~25m 处,有时甚至延伸至深 60m 处。
主要矿物	黄铁矿、黄铜矿、辉钼矿、云母石、闪锌矿、方铅矿、辉钼矿、砷黄铁矿、磁铁矿、赤铁矿、菱铁矿

续表 6-18

矿床名称	Konyrat
副矿物	氧化带中有赤铁矿、褐铁矿、铜绿辉石、黑云母、原生铜、阳起石、孔雀石、天青石、白云石、黑云母和绿帘石
品位	Cu 0.3%～0.4%，Ag 1.7g/t，Au 0.02g/t
吨位	矿石储量 1×10^8 t，铜品位 0.40%；储量（探明和推定）1.84×10^8 t，品位 0.30%
构造背景	南部的托克劳斯基

表 6-19 **Borly 斑岩型铜矿床基本特征**

矿床名称	Borly
主矿种	Cu、Mo
伴生矿	Ag、Pb、Zn
矿床类型	斑岩型
矿床规模	中型
区域地质及围岩	矿区由结晶流纹岩-黑云母凝灰岩，下石炭统卡尔卡琳斯卡亚岩组岩晶凝灰岩、熔岩和次火山岩，石炭纪中—上统克雷格塔斯岩组黑云母、安山岩-黑云母火成岩、岩屑、熔岩和次火山岩体组成
形成时代	P
构造分区	Toqrau
围岩蚀变	矿化主要与热液过程的酸性阶段（绢云母化、硅化和碳酸盐化）有关
矿体地质	矿床有两个含矿区，矿体呈西北偏北走向，倾角较大，向东北方向倾斜。中部地区的矿体长 800m，厚 15～340m，已探明深度为 200～460m；东部地区的矿体长 260m，厚 50～150m，已探明深度为 120m
主要矿物	黄铁矿、黄铜矿和辉钼矿
副矿物	闪锌矿、方铅矿、磁铁矿、辉铜矿和黄铁矿
品位	Cu 0.34%，Mo 0.011%，Au 0.03g/t，Ag 1341g/t，Re 0.42g/t，Se 3.01g/t
吨位	铜资源量（A+B+C_1）31.07×10^4 t，C_2 为 0.66×10^4 t

表 6-20 **Koktasjal 斑岩型铜矿床基本特征**

矿床名称	Koktasjal
主矿种	Cu
伴生矿	Mo、Au
矿床类型	斑岩型
矿床规模	中型
区域地质及围岩	该矿床位于安山岩-玄武岩斑岩和凝灰岩中，以及呈夹层和透镜状的流纹岩、黑云母、流纹岩-黑云母、硅质凝灰岩、砂岩、白云石和中泥盆世哲尔陶斯卡亚岩组石灰岩中，它们已被黑云母-花岗闪长岩-辉绿岩形成的科克塔什扎尔斯基地块的花岗岩穿透
形成时代	D_3—C_1

续表 6-20

矿床名称	Koktasjal
构造分区	Spassk
围岩蚀变	石英-硫化物网状结构较为发育,伴随着强烈的硅化作用形成了单石英岩
矿体地质	矿化深度为 440~560m,有 3 个矿体组成,分别为北部矿体、Bolshaya 矿体和南部矿体,均位于 80~20m 处的一个矿化带
主要矿物	黄铜矿和斑铜矿
副矿物	菱铁矿、辉钼矿、赤铁矿、磁铁矿和钛铁矿
品位	Cu 0.76%、Au 0.9g/t、Ag 3.8g/t
吨位	7.11×10^7 t 矿石,金 46.9t,品位 0.66g/t;铜 36.95×10^4 t,品位 0.52%

表 6-21 Qaratas North 斑岩型铜矿床基本特征

矿床名称	Qaratas North
主矿种	Cu、Mo
伴生矿	Au
矿床类型	斑岩型
矿床规模	中型
区域地质及围岩	矿床所在区域主要由"明舒库尔斯基"岩群不等边砾岩、黑云母和黑云母闪长岩花岗岩、长花岗岩和花岗闪长岩组成。其中有大理岩状石灰岩和白云岩地区以及生物玢岩-闪长岩页岩和闪长岩地区矿床中大部分矿石与这些矽卡岩和矽卡岩相关岩体有关。以火山下变质岩为代表的克雷格塔斯岩套(中—上石炭统)英安岩斑岩发现量相对较少。在该地区的西部和中部有以主要阶段出现的花岗闪长岩,初始阶段出现的小块闪长岩和石英闪长岩以及附加阶段形成的不等边荚状花岗岩为代表的 Kokdombaksky 组合(上石炭统)的花岗闪长岩,库恩拉茨基复合体(上石炭世-二叠纪)的花岗闪长岩斑岩分布较少
形成时代	P
构造分区	Kyzylespe
围岩蚀变	石榴石和辉石矽卡岩
矿体地质	铜磁铁矿包含在西北走向的矽卡岩带中,矽卡岩带长 600~700m,宽 50~100m,在矽卡岩钻孔中截获了厚达 50m 的铜磁铁矿
主要矿物	磁铁矿、赤铁矿、黄铜矿、磁铁矿;石榴石、方解石
副矿物	黄铁矿、辉钼矿、黄铁矿、黑云母、闪锌矿、方铅矿和白钨矿
构造背景	塔萨拉尔-克孜勒平斯基破碎带

表 6-22 Qaratas-Ⅳ 斑岩型铜矿床基本特征

矿床名称	Qaratas-Ⅳ
主矿种	Cu、Mo
伴生矿	Bi、Pb、Se、Re、Te
矿床类型	斑岩型

续表6-22

矿床名称	Qaratas-IV
矿床规模	中型
区域地质及围岩	矿床所在区域主要由"明舒库尔斯基"岩群的不等边砾岩、黑云母和黑云母闪长岩花岗岩、长花岗岩和花岗闪长岩组成。其中有大理岩状石灰岩和白云岩地区以及生物玢岩-闪长岩页岩和闪长岩地区,矿床中大部分矿石与这些矽卡岩和矽卡岩相关岩体有关。以火山下变质岩为代表的克雷格塔斯岩套(中-上石炭统)英安岩斑岩的发现量相对较少。在该地区的西部和中部有以主要阶段出现的花岗闪长岩、初始阶段出现的小块闪长岩和石英闪长岩以及附加阶段形成的不等边荚花岗岩为代表的Kokdombaksky组合(上石炭统)的花岗闪长岩,库恩拉茨基复合体(上石炭-二叠纪)的花岗闪长岩斑岩分布较少
构造分区	Kyzylespe
围岩蚀变	长石化、石英蚀变和绢云母化
矿体地质	卡拉塔斯4号矿区的铜钼矿石位于爆炸性角砾岩的支架状矿体中。矿层直径为360~400m,以65~85m的高度向西北陡倾。矿石呈浸染状、点状浸染状、脉状浸染状和局部角砾状
主要矿物	钼矿、黄铜矿、黄铁矿
副矿物	磁铁矿、赤铁矿、闪锌矿和方铅矿
品位	Cu 0.24%、Mo 0.11%、Re 0.16g/t、Se 4.35g/t、Te 0.23g/t、Co 9.8g/t、In 27.0g/t
构造背景	塔萨拉尔-克孜勒于斯基破碎带

表6-23 Besshoky斑岩型铜矿床基本特征

矿床名称	Besshoky
主矿种	Cu、Mo
伴生矿	/
矿床类型	斑岩型
矿床规模	中型
区域地质及围岩	主要岩性为花岗闪长岩斑岩、石英闪长岩斑岩(C_{2-3})、流纹岩、石灰岩、大理岩、泥岩、砂岩(D_2)
形成时代	C_{2-3}
构造分区	Toqrau
围岩蚀变	次生石英岩、安石英岩、透辉石、褐铁矿和单石英层
矿体地质	矿化带长400m,宽150m,包含硫化物散布和小矿脉,遍布15~40m厚的浸出带,在矿床中部有一个厚达50m的椭圆形二次富集区
主要矿物	黄铁矿、黄铜矿、辉钼矿、褐铁矿、安山岩、天青石/孔雀石、绿泥石、绿帘石、透辉石、角闪石、褐铁矿、高岭石、绢云母
副矿物	闪石、铁硼砂、铁钼矿
品位	Cu 0.52%,Mo 0.002%
吨位	资源量:1.38×10^8t,Cu品位0.52%,Mo品位0.002%

表 6-24 Baiskoe 斑岩型铜矿床基本特征

矿床名称	Baiskoe
主矿种	Cu、Mo
伴生矿	Au
矿床类型	斑岩型
矿床规模	中型
区域地质及围岩	矿床区域由法门期的角砾岩砂页岩地层组成,其中夹杂着砾岩和凝灰岩透镜体,成分为英安岩,矿床的中心是花岗闪长岩斑岩群
形成时代	C
构造分区	Uspensk
围岩蚀变	矿化物与石英、石英-绿泥石和石英-碳酸盐细脉伴生,有时也与石英-长石和石英-电气石细脉伴生
矿体地质	该矿床已发现 3 个陡峭且垂直倾斜的透镜状矿体,其中最大的矿体 B2 位于花岗闪长斑岩岩浆的北部外接触带,向东北方向延伸,出露长 500m,宽 160m。矿体 B3 位于岩浆的东南外接触面,向东北方向延伸 450～500m
主要矿物	黄铁矿、黄铜矿和辉钼矿
副矿物	闪锌矿、方铅矿、赤铁矿磁铁矿、砷黄铁矿、黄铁矿、方铅矿、原生金
品位	Cu 0.43%～0.53%,Mo 为 0.004%～0.007%(部分高达 0.065%)、W 0.005%～0.2%、Co 0.001%～0.003%、Au 0.2g/t、Ag 1.5g/t、Re 0.000 2%、Re 和 Se 0.005%、Te 0.007%
吨位	Cu 41×10^4t、Au 12t、Ag 84t
构造背景	乌斯宾斯基合成矿带的东部,与托克劳斯基合成矿带交会处

表 6-25 Ozernoe 斑岩型铜矿床基本特征

矿床名称	Ozernoe
主矿种	Cu、Mo、Bi、Au
伴生矿	W、Pb、Zn
矿床类型	斑岩型
矿床规模	中型
区域地质及围岩	矿床位于托帕斯基复合体(中石炭世)的奥齐奥尼花岗岩地块内,岩块沿亚纵向延伸约 8km,宽度为 3.5～4km,其北部侵入了沉积地层
形成时代	C_2
构造分区	Uspensk
围岩蚀变	该区包含均匀高岭土化、绿泥石化和表土化(碱性阶段)的岩石,酸性阶段出现的石英-绢云母-黄铁矿-绿泥石变质岩出现在局部角砾岩带中
矿体地质	长 7km,宽 200～500m
主要矿物	黄铁矿和黄铜矿
副矿物	钼矿、闪锌矿、砷黄铜铋矿、菱镁矿、四面体矿、白钨矿和辉锑矿
品位	Cu 0.36%(部分可达 0.8%)、Mo 0.001%～0.2%(平均为 0.002%)、Bi 0.001%～1.0%(平均为 0.003%)、Ag 30g/t、Ag 2.9g/t

2)斑岩型矿床特征总结

根据表6-18～表6-25所列特征,结合国际和国内矿床模型相关研究成果该区斑岩型铜矿描述如表6-26所示。

表6-26 斑岩型铜矿床描述模型

特征描述		黄铜矿在热液蚀变斑岩的网状细脉及相邻的围岩中
地质环境	岩石类型	石炭纪—早二叠世花岗岩、花岗闪长岩;砂岩、灰岩、次火山岩及火山岩
	岩石结构	侵入体为斑状结构,斑晶为石英、长石斑晶,微细晶质基质主要为石英-长石
	地质时代	中晚石炭世—早二叠世
	成矿环境	高层位的侵入体与大量岩墙、角砾岩筒、断层同时产生,也有的是岩基的钟状部位
	构造背景	断裂带与岛弧火山作用同时发生,常见次火山岩
矿床特征	矿物组合	黄铁矿、黄铜矿、辉钼矿;磁铁矿、赤铁矿、方铅矿、闪锌矿
	结构/构造	网状细脉和浸染状硫化物颗粒
	控矿条件	斑岩中、沿斑岩接触的有利围岩,基性-酸性火山岩、次火山岩、砂-页岩等
	风化	在风化了的露头或在淋滤强烈的地方可见孔雀石、铜蓝;在铜被淋滤向下运移并作为次生硫化物沉淀在潜水面下则留下无矿的露头,淋滤露头中的裂隙有褐铁矿,次生硫化物则主要是辉铜矿以及交代黄铁矿、黄铜矿的其他硫化物;覆盖在矿床之上的残积土壤中常含有异常数量的金红石
物化探特征	地球化学标志	Cu、Mo、Au、Ag、W、B、Sr 向外为 Pb、Zn、Au、As、Sb、Se、Te、Mn、Co、Ba、Rb

3)成矿单因素定量分析

根据表6-26,结合成矿带地质、矿产、成矿地质背景、地球化学及地球物理数据集,上述模型在托克拉乌斯成矿带应用要点如下:

(1)构造条件。受北北西向区域断裂带控制,与高侵位侵入体、火山活动同时形成的断层。

(2)容矿围岩。早—中石炭世卡尔马克艾梅尔组的安山-英安成分凝灰岩、熔结凝灰岩及安山岩;晚泥盆世弗兰阶酸性和中性成分的火山岩砂岩;晚泥盆世法门那阶酸性火山岩、玄武岩、硅质岩、砾岩、砂岩、灰岩、粉砂岩;晚泥盆世花岗岩。

(3)侵入体。早二叠世花岗岩、花岗闪长岩、晚二叠世花岗岩。

(4)元素组合异常。Cu、Mo 原生晕套合。

(5)其他。前人成矿预测成果,与斑岩型 Cu/Mo 矿相关的矿点空间展布特点。

依据上述应用要点,各类相关信息提取如下:

(1)构造条件。从空间数据库中提取托克拉乌斯成矿带断层信息如图6-73a所示,各类断层较多,共5316条。根据构造条件,成矿带内斑岩型铜矿床受北北西向大型区域断裂带控制,提取后的大型区域断裂带如图6-73b所示,可清晰反映北西向区域断裂带对中、大型矿床的控制作用,初步限定了矿床的可能展布范围。

在空间数据库中进一步选择所有斑岩型铜矿床共计19个(其中大型1个、中型9个、小型9个),通过空间分析方法计算矿床与断层的邻近关系,可定量分析各断裂带中各断裂对成矿的影响作用(图6-73b)。

(2)容矿围岩。依据模型应用要点,托克拉乌斯成矿带与斑岩型铜矿密切相关的围岩除相关侵入体外,主要包括晚泥盆世弗兰阶酸性和中性成分的火山岩砂岩;晚泥盆世法门那阶酸性火山岩、玄武岩、硅质岩、砾岩、砂岩、灰岩、粉砂岩;晚泥盆世花岗岩(图6-74a)。但各类围岩对形成该类矿床的影响程度不

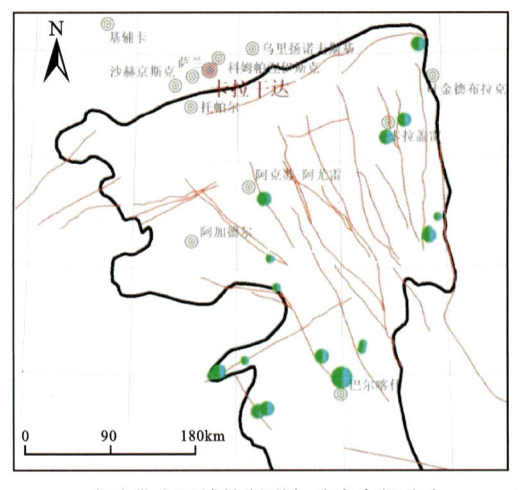
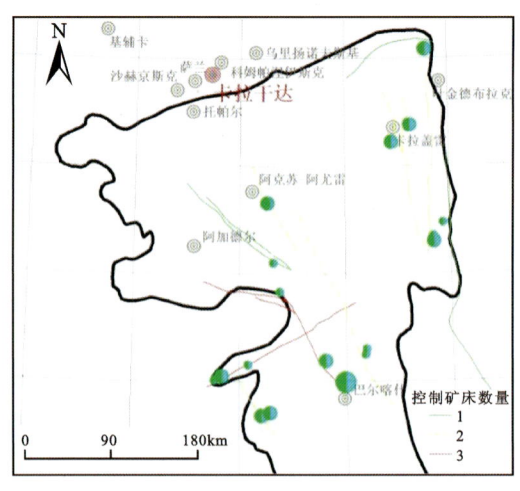

a.成矿带内区域性断裂与矿床空间分布　　　　b.矿床与具体断层空间关系定量分析结果

图 6-73　托克拉乌斯成矿带断层分布信息

同。通过空间数据库中斑岩铜矿床与托克拉乌斯成矿带各类地质体进行空间分析,得到定量分析结果,更精确地表达了围岩对矿床形成的影响程度(图 6-74b)。

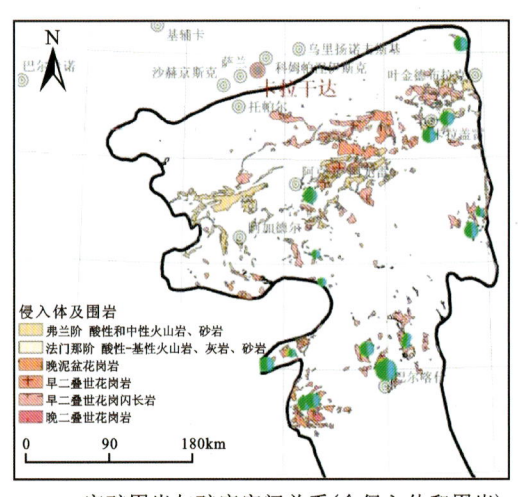
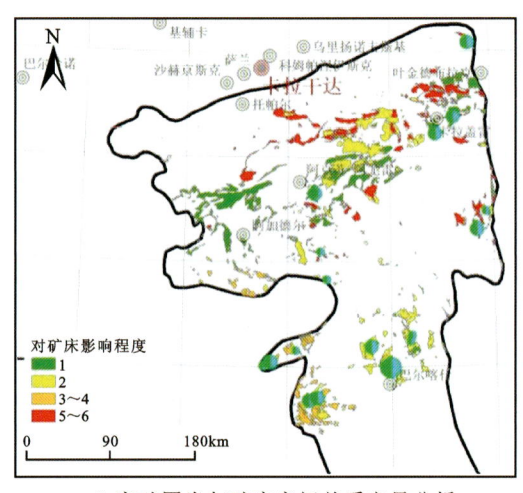

a.容矿围岩与矿床空间关系(含侵入体和围岩)　　　　b.容矿围岩与矿床空间关系定量分析

图 6-74　托克拉乌斯成矿带与成矿有关围岩空间分布及其对成矿的影响

(3)侵入体。依据模型应用要点,托克拉乌斯成矿带斑岩型铜矿床主要被早二叠世托帕尔侵入岩组花岗岩和花岗闪长岩控制。此外,晚二叠世科克多姆巴克侵入岩组的二长花岗岩和花岗正长岩也形成了少量矿床(如 Borly)。该侵入岩组测年结果为晚石炭世,但空间数据库中仍按原始地质图所定时代处理。上述侵入岩组可直接从空间数据库中选择,其空间分布范围如图 6-75a 所示,通过与矿床空间分布关系进行定量分析,可对各岩体对成矿的影响进行限定(图 6-75b)。

(4)元素组合异常。依据模型应用要点,托克拉乌斯成矿带斑岩型铜矿床元素组合主要包括 Cu、Mo、Au、Ag、W 等,可直接从空间数据库勘查地球化学原生晕(图 6-76a)和组合异常(图 6-76b)两个层次进行提取。

(5)其他。前人成矿预测成果(图 6-77a);斑岩型 Cu 矿点的分布与矿床空间分布间具有紧密的相关性(图 6-77b)。

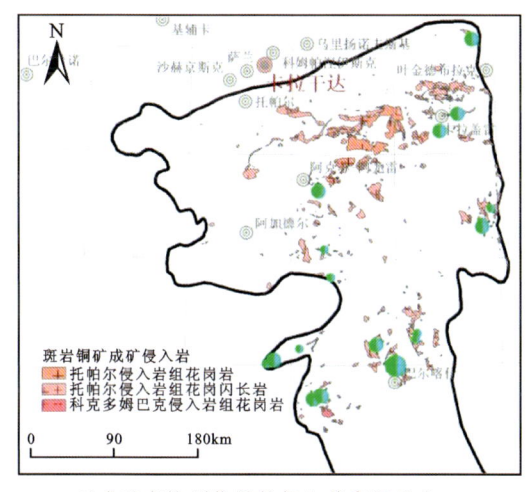
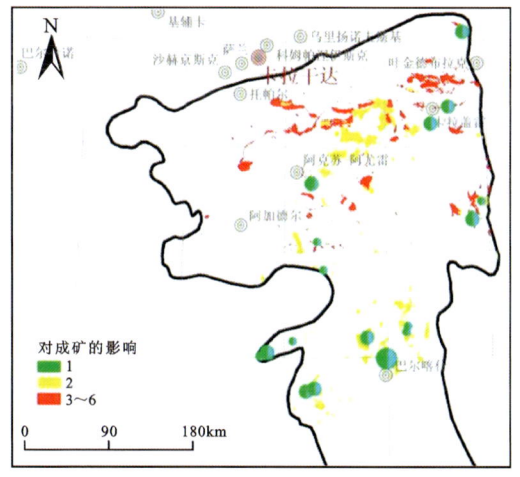

a. 对成矿有控制作用的侵入体空间分布　　　　b. 侵入体对矿床影响程度定量分析结果

图 6-75　托克拉乌斯成矿带与成矿有关侵入体空间分布及其对成矿的影响

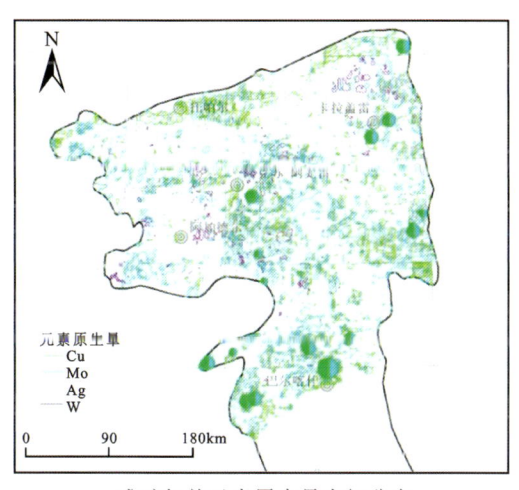
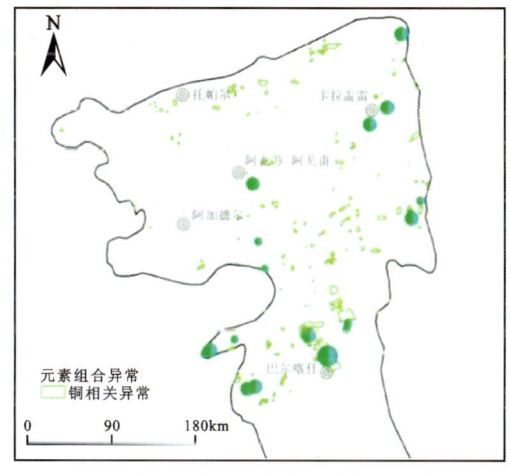

a. 成矿相关元素原生晕空间分布　　　　b. 成矿相关元素组合异常空间分布

图 6-76　托克拉乌斯成矿带矿床-地球化学原生晕及组合异常空间分布

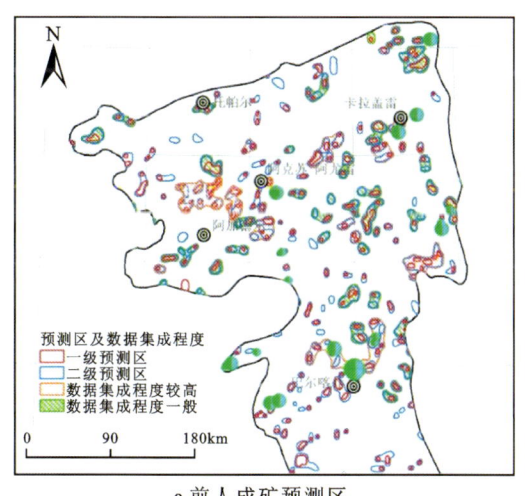
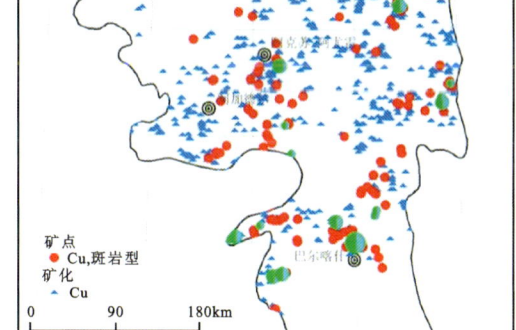

a. 前人成矿预测区　　　　b. 矿点、矿化点与矿床空间分布

图 6-77　托克拉乌斯成矿带其他因素与矿床空间分布关系

4）成矿相关空间信息综合与战略远景区圈定

依据上述模型应用所确定的成矿相关空间信息，可进行相应的空间分析，以满足战略远景区定量评价的需求。

对于构造信息，可利用图6-73b中的断层-成矿定量分析结果做分级空间配位分析备用（图6-78a）；对于容矿围岩信息，可利用图6-74b以影响程度为转换字段直接转换为整形栅格数据备用（图6-78b）；对于侵入岩信息，由于斑岩型铜矿与侵入体具有直接的空间展布关系，密度分析结果既可以描述侵入体的影响范围，又可以反映出侵入岩带的展布趋势及范围，以包括地质图中未填出的相关侵入体，因此可用图6-75b中对成矿有控制作用的侵入岩类以对成矿的影响程度为权值做密度分析，最终将分析结果转换为整型栅格数据备用（图6-78c）；对于地球化学原生晕以及组合异常，通过分析矿床与相关元素空间分布间的关系，托克拉乌斯成矿带Cu/Mo套合原生晕分布对斑岩铜床具有直接指示意义，可将Cu、Mo地球化学原生晕线要素转换成面要素进行联合分析。依据同大、中型矿床相关性转换为整型栅格数据备用（图6-78d），依据原生晕与矿床空间分布特点，进一步用Cu/Mo套合原生晕进行3000m范围内的距离分析，形成原生晕影响范围栅格数据备用（图6-78e）。在其他要点中，斑岩型铜矿点对斑岩型铜矿床在空间分布上具有具有一定指示意义，可通过密度分析反映其空间分布趋势，采用密度整型栅格数据备用（图6-78f）。此外，在前人成矿预测成果中，具有高数据集成度的远景区可直接转换为整型栅格数据备用（图6-78g）。

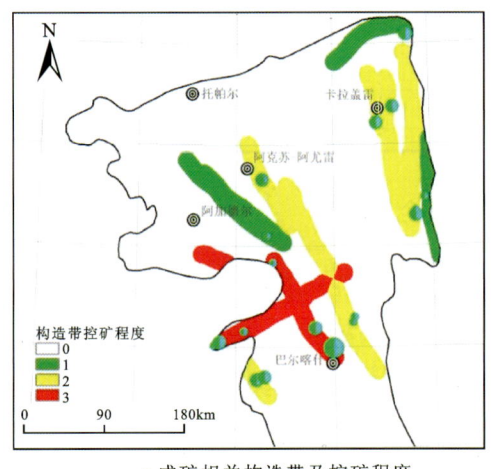

a.成矿相关构造带及控矿程度

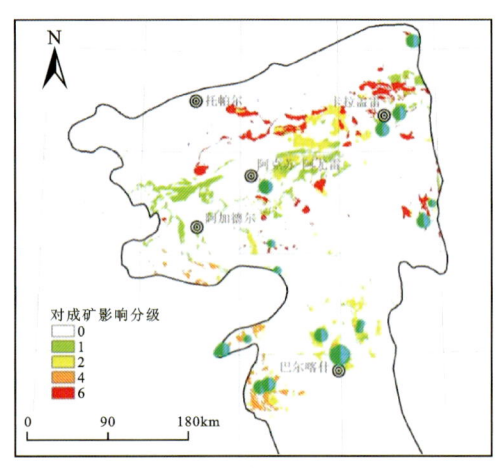

b.成矿相关围岩分级整型栅格数据

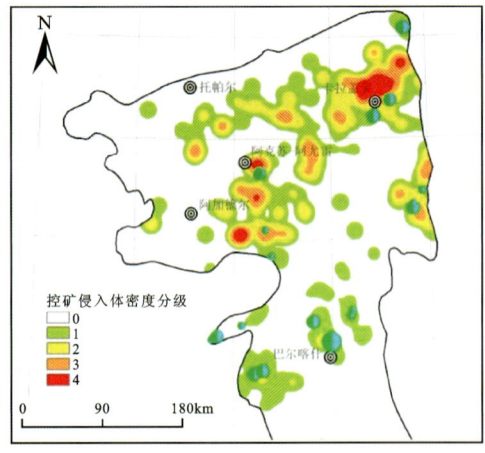

c.成矿相关侵入岩带密度分布数据

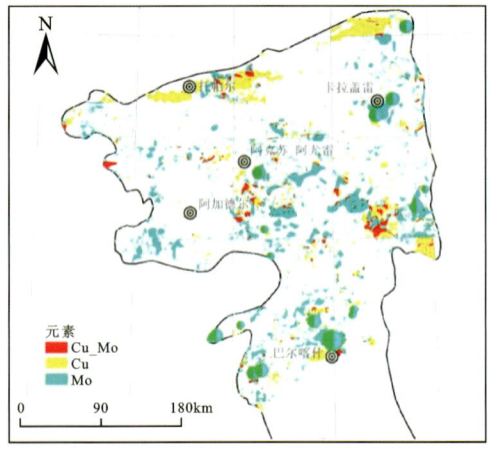

d.Cu、Mo及Cu/Mo组合原生晕与矿床空间分布

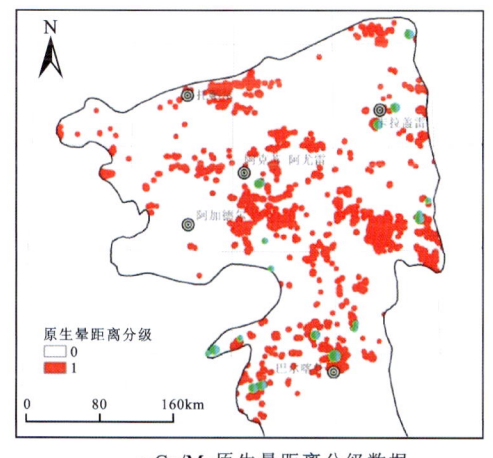
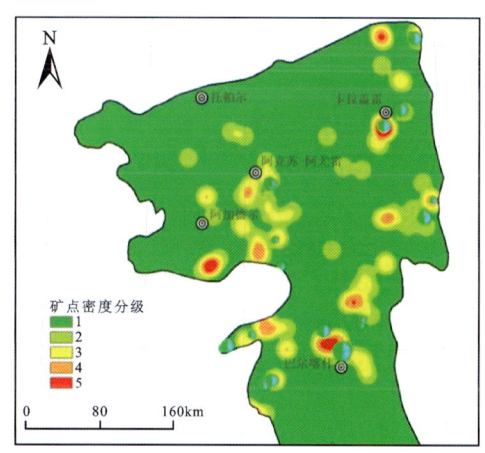

e.Cu/Mo原生晕距离分级数据　　　　　　　　f.矿点密度分级数据

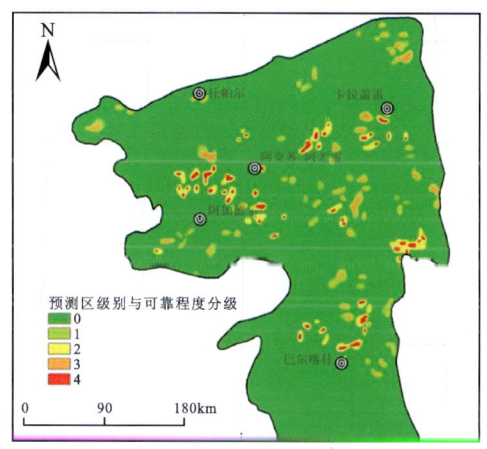

g.前人预测区与可靠程度分级(所有类别矿床)

图 6-78　托克拉乌斯成矿带矿床模型-空间数据库集成进行数据准备

将上述数据中的构造、围岩、侵入岩、地球化学、矿点整型栅格数据进行组合分析,可获得组合后的分类整型栅格数据,该整型栅格数据根据模型应用要点,将整个研究区 563 168 个 500m×500m 的像元分成 470 个类别(图 6-79),这些类别中包含符合矿床模型应用要点的类别(战略远景区),完美实现了理论模型和空间数据整合应用,同时也强调了基于空间数据库的分类方法在资源潜力评价中的重要作用。

要将战略远景区定量表达出来,需要对围岩数据进行极值变换,统一量纲均按 5 级表达,再按矿床描述模型中的各应用要点的重要性赋予相应权重,根据矿床描述模型。上述应用要点的必要条件包括构造、侵入岩,重要影响条件包括围岩和原生晕,矿点信息则用于辅助补充,权值可以按 0.3、0.3、0.15、0.15、0.1 进行分配,再进行加权求和(图 6-79),即可定量表达战略远景区空间展布及找矿有利程度(图 6-80)。定量分析结果表明,圈定的远景区与已有矿床套合极好,同时依据矿床模型应用要点,基于空间数据库数据集成分析进而圈定出新的远景区。此外,代表远景区的高加权和像元与矿床模型要点的匹配较好,也反映出矿床模型指导空间数据库建设以及空间分析的重要性。

将组合分类产生的 470 类像元按照加权和进行分级:0～2.5 为不利于成矿区域,2.5～3 为Ⅲ类远景区,3～3.5 为Ⅱ类远景区,3.5～4.2 为Ⅰ类远景区。共获得面积大于 10km² 的远景区 82 个,其中Ⅰ类远景区 8 个、Ⅱ类远景区 23 个、Ⅲ类远景区 51 个(图 6-81)。通过将上述远景区与研究区全部 19 个斑岩型大、中、小型铜矿床进行空间邻近分析,分析结果中 19 个矿床中有 14 个矿床位于远景区内,有 3 个矿床位于距离远景区 500m 内,有 4 个在距离最近远景区 0.024～2.6km 范围内,仅有两个矿床距最

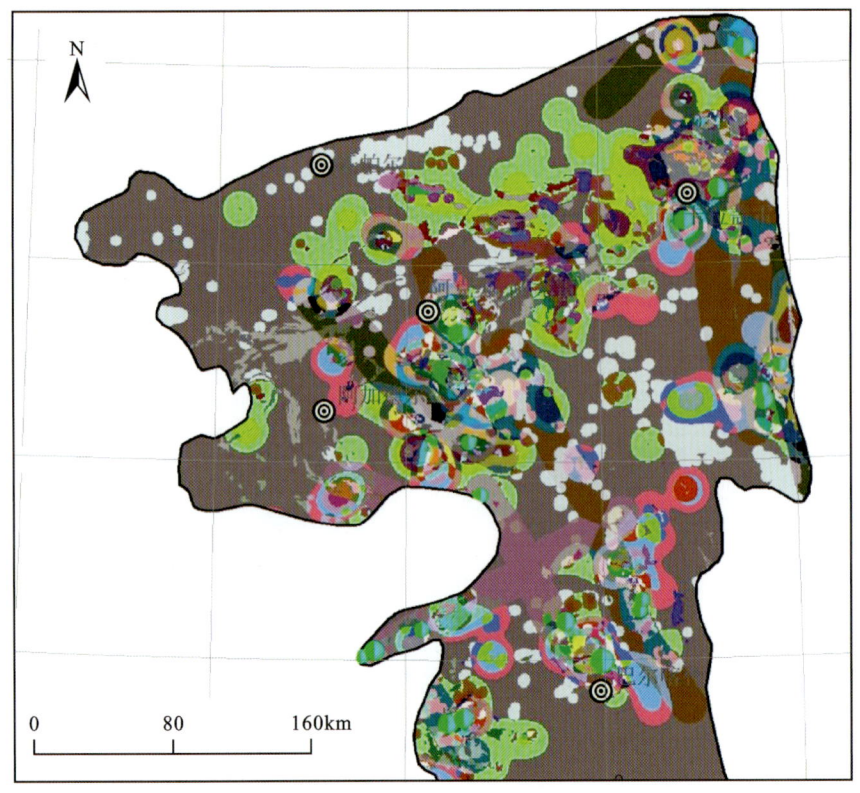

图 6-79　依据矿床模型及应用要点对研究区数据进行组合分类(563 168个像元,470类)

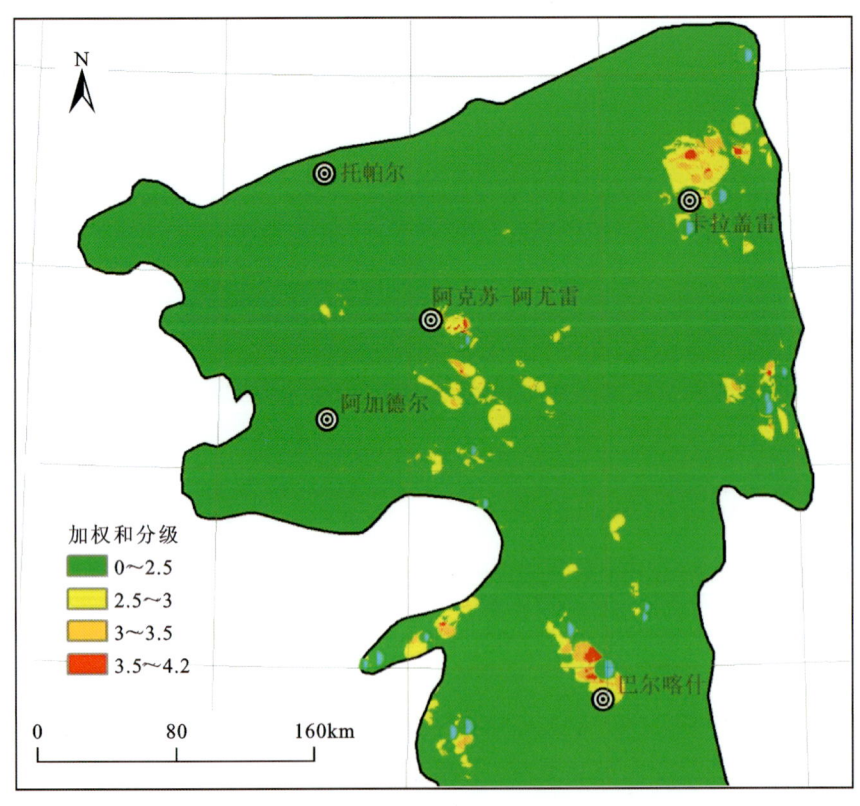

图 6-80　依据加权求和字段实现定量化战略远景区表达

近的远景区(面积大于 $10km^2$)分别为 5.23km 和 34.4km,最可能的原因是空间数据库比例尺和数据精度所限,另一种可能是这两个矿床实际类别与所建矿床描述模型有出入。远景区圈定结果可信。

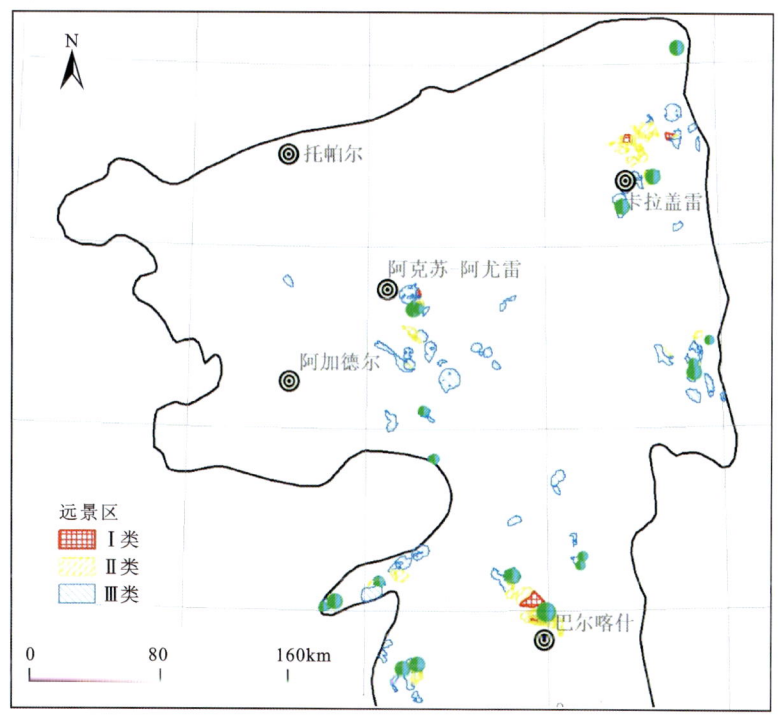

图 6-81　托克拉乌斯成矿带斑岩型铜矿床战略远景区圈定结果

此外,根据上述分析结果,卡拉盖雷东北和阿克苏-阿尤雷东南均有很好的找矿远景(图 6-82 未知大、中型矿床勘查重要战略远景区圈定结果),对于勘探尚待发现的大、中型矿床意义巨大。

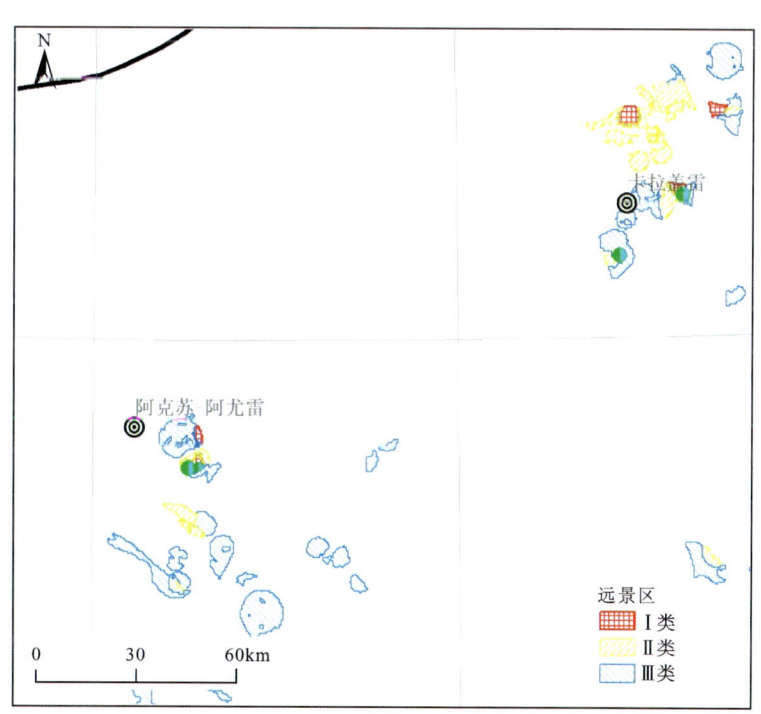

图 6-82　未知大、中型矿床勘查重要战略远景区圈定结果

5)远景区资源量初步估算

在托克拉乌斯成矿带,斑岩型铜矿床密度可对 19 个矿床以及距离矿床 5km 之内的 31 含矿远景区(2 521.75km²)直接进行估计。根据估计结果再进一步估算剩余 51 个远景区(1 846.75 km²)待发现矿床的数量。经计算,在已有矿床相关的 31 远景区内,大型矿床的分布密度为 0.000 397 个/km²,中型矿床的分布密度为 0.003 57 个/km²,小型矿床分布密度为 0.003 57 个/km²。估算待发现矿床的可能数量约为大型矿床 1 个,中型矿床 7 个,小型矿床 7 个。根据中哈萨克斯坦斑岩型铜矿床每矿床平均资源量:大型矿床平均每矿床 371 万 t Cu;中型矿床平均每矿床 31 万 t Cu;小型矿床无系统资源量数据,但根据小型矿床划分标准,可取平均每矿床 5 万 t。

根据以上分析,可初步估算托克拉乌斯成矿带斑岩型铜矿床资源量:$371\times2+31\times16+5\times16=1318$(万 t)。

此外,在上述远景区内还有望发现中型的矽卡岩型铜矿床。

(二)阿塔苏-扎莱尔奈曼 Pb-Zn-Fe-Mn-Au-W-Mo-Cu-U 成矿带

阿塔苏-扎莱尔奈曼 Pb-Zn-Fe-Mn-Au-W-Mo-Cu-U 成矿带共包括大、中、小型矿床 113 个,其中大型—超大型矿床 10 个、中型矿床 20 个、小型矿床 83 个。矿床类型共 15 类,从矿床数量上看,主要包括 SEDEX 型、与辉长/花岗岩类有关中温热液脉型、火山岩有关热液脉型、与花岗岩类有关高温热液脉型、斑岩型、矽卡岩型 6 类,其余矿床类型数量较少(表 6-27,图 6-83),各矿床类型-数量分布直方图见图 6-84,分析结果表明托托克拉乌斯 W-Cu-Mo-Pb-Zn-U 成矿带中对我国资源战略具有重要意义的目标矿床类型为 SEDEX 型。

表 6-27 阿塔苏-扎莱尔奈曼成矿带矿床类型-规模-数量对比表   单位:个

序号	矿床类型	合计	大型—超大型矿床	中型矿床	小型矿床
1	SEDEX 型	30	9	7	14
2	与辉长岩/花岗岩有关的中温热液脉型	21	0	3	18
3	斑岩型	9	0	2	7
4	矽卡岩型	12	0	2	10
5	与火山活动有关的热液脉型	15	0	4	11
6	与花岗岩有关的低温脉型	12	1	0	11
7	与花岗伟晶岩有关的矿床	1	0	0	1
8	北哈萨克斯坦型铀矿	2	0	0	2
9	碱性岩相关的矿床	1	0	0	1
10	砂岩型铀矿	1	0	0	1
11	与超镁有关的矿床	4	0	0	4
12	未分类	1	0	0	1
13	VHMS 型	2	0	0	2
14	北哈萨克斯坦型铀矿	1	0	1	0
15	与沉积地层有关的矿床	1	0	1	0

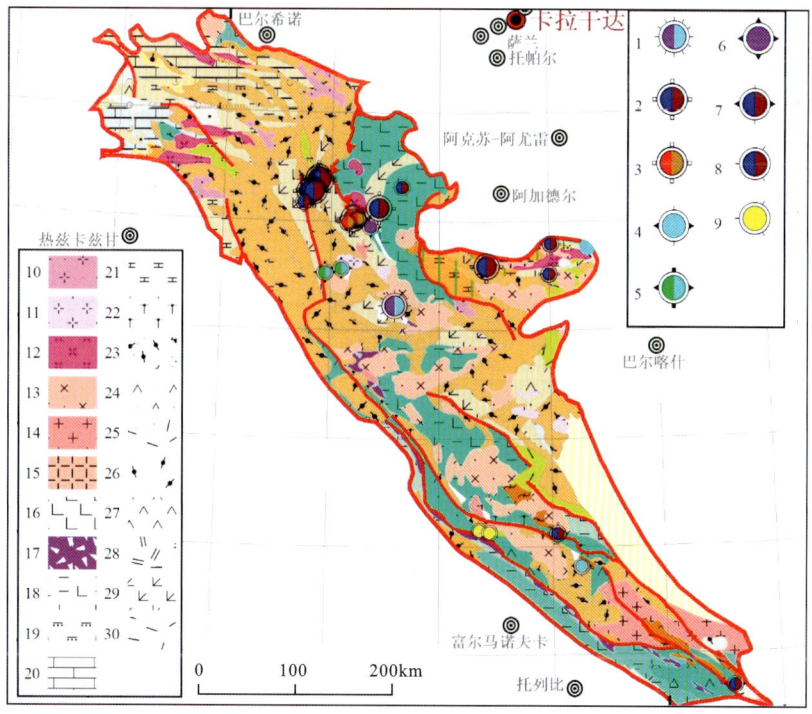

图 6-83 阿塔苏-扎莱尔奈曼成矿带大、中型矿床成矿略图（底图参考 Dong Shuwen, et al., 2007）

1-与花岗岩类有关高温热液脉型 W/M 矿床；2-SEDEX 型 Pb/Zn 矿床；3-SEDEX 型 Fe/Mn 矿床；4-火山热液型 Mo 矿床；5-斑岩型 Cu/Mo 矿床；6-矽卡岩型 W 矿床；7-火山热液型铅锌矿床；8-辉长/花岗岩类相关中温热液脉型 Pb/Zn 矿床；9-辉长/花岗岩类相关中温热液脉型 Au 矿床；10-火山-深成带的 A 型花岗岩；11-后碰撞环境 A 型花岗岩；12-Ⅰ型花岗岩；13-岛弧或火山-深成带的 Ⅰ型花岗岩；14-碰撞带的 S 型花岗岩；15-奥环斑花岗岩；16-古洋壳的第一和第二层硅质玄武岩；17-蛇绿混杂岩；18-古洋壳沉积覆盖层的碎屑硅质沉积物；19-大陆坡和大陆隆、边缘槽、弧后盆地的陆生复理石、类复理石、陆生碎屑岩石组合；20-被动陆架边缘、弧后盆地、裂谷和微陆块覆盖的碳酸盐和陆生-碳酸盐组合；21-被动陆源、弧后盆地、裂谷和微陆块覆盖的碳酸盐-陆生岩石组合；22-与裂谷和热点相关的火山沉积岩组合；23-安第斯型陆源火山岩和火山沉积岩；24-弧后与弧间盆地的火山沉积岩组合；25-硅镁质岛弧火山岩和火山沉积岩组合；26-安第斯型陆源火山岩和火山沉积岩；27-弧后与弧间盆地的火山岩和火山沉积岩组合；28-后碰撞火山岩和火山沉积岩组合；29-双峰式裂谷火山沉积岩组合；30-硅镁质岛弧火山岩和火山沉积岩组合

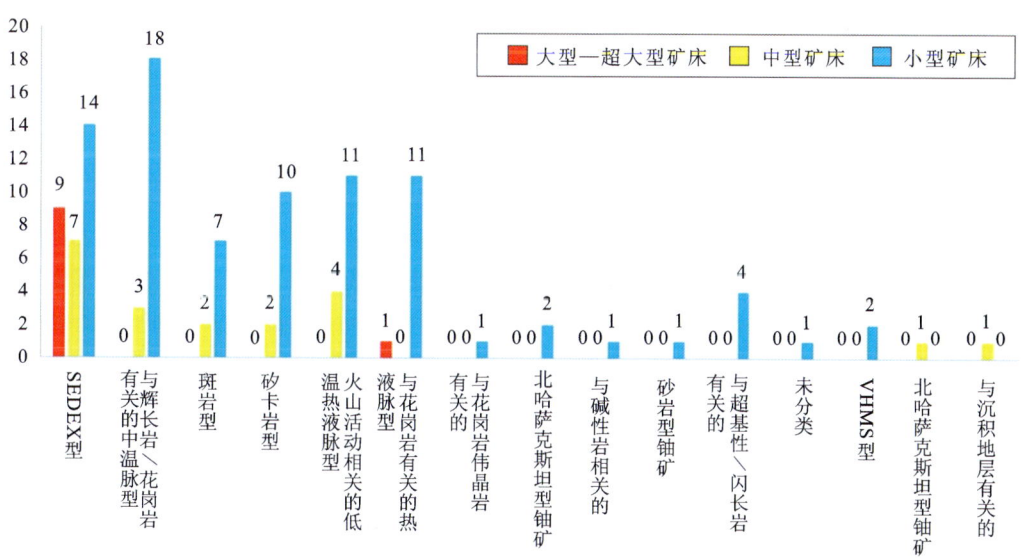

图 6-84 阿塔苏-扎莱尔奈曼成矿带矿床类型-规模-数量分布直方图

1. SEDEX 型 Pb/Zn 矿床

1)SEDEX 型 Pb/Zn 典型矿床基本特征

阿塔苏-扎莱尔奈曼成矿带 SEDEX 型矿床主要分布在成矿带中北部,成矿带内包括 9 个大型矿床、7 个中型矿床及 14 个小型矿床,其中 Pb/Zn 矿床大型 8 个、中型 4 个、小型 9 个,各 Pb/Zn 矿床的矿体主要赋存于晚泥盆世和奥陶纪砂页岩、灰岩、白云岩及硅质岩中,与该地层同沉积断层有密切时空和成因联系。各大、中型矿床描述特点见表 6-28～表 6-36。

表 6-28 Ushqatyn-I SEDEX 型 Pb/Zn 矿床基本特征

矿床名称	Ushqatyn-I
主矿种	Pb、Zn、Fe、Mn
伴生矿	Cu、Ag、fluorite、Sb
矿床类型	SEDXE 型
矿床规模	大型、超大型
区域地质及围岩	矿田由晚泥盆世火山沉积岩组成,埋藏在新生代砂土和壤土之下。该地段的底部是弗拉斯纪戴林地层(砂岩和粉砂岩,带有酸性和碱性火山岩的片状岩体)
构造分区	Zhailma
围岩蚀变	硅化、碳酸盐化和重晶石化
矿体地质	划定了 24 个片状和透镜状矿体,其范围为 20～600m,厚度为 0.4～72.6m,深度为 20～620m
主要矿物	方铅矿、闪锌矿、黄铁矿、石英、方解石
副矿物	黄铜矿、砷黄铁矿、辉绿岩、重晶石、白云石和菱铁矿
品位	Pb 3.37%、Zn 1.04%、Ba 12.55%、Cu 0.07%～3.36%、Mo 0.002%

表 6-29 Ushqatyn-Ⅲ SEDEX 型 Pb/Zn 矿床基本特征

矿床名称	Ushqatyn-Ⅲ
主矿种	Pb、Zn、Fe、Mn
伴生矿	Cu、Ag、萤石、Sb
矿床类型	SEDXE 型
矿床规模	大型、超大型
区域地质及围岩	矿化物赋存于上法门期红岩岩体中,该岩体由单调交替的条带状结核灰岩和含透镜状铁锰矿石的赤铁矿化黏土岩、含透镜状铁锰矿石的细枝状灰岩和礁状灰岩、赤铁矿化黏土岩、细枝状灰岩和礁状灰岩以及沉积角砾岩组成。矿化主要集中在礁状灰岩中,偶见在沉积角砾岩和灰岩中
构造分区	Zhailma
围岩蚀变	重晶石和萤石-重晶石蚀变岩
矿体地质	划定了 11 个片状和透镜状矿体,这些矿体向下延伸 800m,厚度 1～47m 不等;矿体的倾角为 70°～85°W,与主岩保持一致,发现了条带状、角砾岩、较少的壳状矿石,偶见条带状和块状矿石
主要矿物	方铅矿、黄铁矿、黄铜矿、辉石、闪锌矿,重晶石和萤石为煤矸石矿物
品位	Pb 2.67%、Ba 18.57%、Zn 0.02%～0.93%

表 6-30 Zhairem Dalnezapadny SEDEX 型 Pb、Zn 矿床基本特征

矿床名称	Zhairem Dalnezapadny
主矿种	Pb、Zn
伴生矿	Ba、Ag、Sb、Hg、Cu、As
矿床类型	SEDXE 型
矿床规模	大型、超大型
区域地质及围岩	灰色硅质碳酸盐、硅质灰岩、黏土质硅质碳酸盐、凝灰质岩石和粗面斑岩,赋存着斑岩辉绿岩的残岩以及玄武岩和带接触晕的斑岩侵入体
形成时代	D_3
构造分区	Zhailma
围岩蚀变	硅化、重晶石化、碳酸盐化
矿体地质	矿化与矿石沉积的 3 个阶段有关:①层状沉积铁矿和锰矿(亚经济型)、铅矿和锌矿(黄铁矿-闪锌矿-方铅矿)延伸的层状矿体,呈带状和透镜状,长 350～1200m;平均厚度 22m;②变质带状锌-铅-钡(闪锌矿-方铅矿-重晶石)矿,呈厚透镜状突起;③铜-钡(黄铜矿-重晶石)矿石为小透镜体、脉状、袋状和细脉状
主要矿物	黄铁矿、闪锌矿和方铅矿
副矿物	黄铜矿、硫化铅和硫化银、黄铜矿
品位	Pb 1.76%、Zn 3.75%、Ba 37%
吨位	资源量(A+B+C_1):Cu 8.79×10^4t,品位 0.15%;Fe 109.557×10^6t,品位 49.8%;Pb-Zn 62.989×10^6t;重晶石-铅矿 18.849×10^6t,重晶石 49.636×10^6t;Pb 品位 1.98%、Zn 4.0%、Au 3.59g/t、重晶石品位 45%～51%,Ag 62.1g/t

表 6-31 Zhairem East SEDEX 型 Pb、Zn 矿床基本特征

矿床名称	Zhairem East
主矿种	Pb、Zn
伴生矿	Ba、Ag、Sb、Hg、Cu、As
矿床类型	SEDXE 型
矿床规模	大型、超大型
区域地质及围岩	灰色硅质碳酸盐和碳质岩、硅质灰岩、黏土质硅质碳酸盐、凝灰质岩石和粗面斑岩,岩石中赋存斑岩辉绿岩的残岩以及斑岩侵入体
形成时代	D_3
构造分区	Zhailma
围岩蚀变	硅化、重晶石化、碳酸盐化
矿体地质	矿化与矿石沉积的 3 个阶段有关:①沉积层铁矿和锰矿、铅矿和锌矿(黄铁矿-方铅矿-闪锌矿)呈带状和透镜状延伸地层矿体,长 350～1200m;平均厚度 22m;②变质带状锌-铅-钡矿(闪锌矿-方铅矿-重晶石)呈厚透镜状突然夹出;侧向、下倾范围和厚度分别为 270～760m(平均 515m)、长约 1～115m(平均 30m);③Cu-Ba(黄铜矿-重晶石)矿石为小透镜体、脉状和细脉状
主要矿物	黄铁矿、闪锌矿和方铅矿

续表 6-31

矿床名称	Zhairem East
副矿物	黄铜矿、铅和银硫酸盐、黄铜矿
品位	Pb 1.76%、Zn 3.75%、Ba 37%
吨位	资源量($A+B+C_1$):Cu 为 $8.79×10^4$t,品位 0.15%;Fe $109.557×10^6$t,品位 49.8%;Pb-Zn $62.989×10^6$t;重晶石-锌 $18.849×10^6$t,重晶石 $49.636×10^6$t,平均 Pb 品位 1.98%,Zn 品位 4.0%,Au 品位 3.59g/t,重晶石品位 45%~51%、Ag 62.1g/t

表 6-32　Zhairem West SEDEX 型 Pb、Zn 矿床基本特征

矿床名称	Zhairem West
主矿种	Pb、Zn
伴生矿	Ba、Ag、Sb、Hg、Cu、As
矿床类型	SEDEX 型
矿床规模	大型、超大型
区域地质及围岩	灰色硅质碳酸盐、硅质灰岩、黏土质硅质碳酸盐、凝灰质岩石和粗面斑岩,硅质灰岩中赋存着斑岩辉绿岩的残岩、玄武岩及斑岩侵入体
形成时代	D_3
构造分区	Zhailma
围岩蚀变	硅化、重晶石化、碳酸盐化
矿体地质	矿化与矿石沉积的三个阶段有关:①沉积层铁矿和锰矿、铅矿和锌矿(黄铁矿-方铅矿-闪锌矿)呈带状和透镜状延伸地层矿体,长 350~1200m;平均厚度 22m;②变质带状锌-铅-钡矿(闪锌矿-方铅矿-重晶石)呈厚透镜状突然夹出;侧向、下倾范围和厚度分别为 270~760m(平均 515m)、长约 1~115m(平均 30m);③Cu-Ba(黄铜矿-重晶石)矿石为小透镜体、脉状、袋状和细脉状
主要矿物	黄铁矿、闪锌矿和方铅矿
副矿物	黄铜矿、硫化铅和硫化银、黄铜矿
品位	Pb 1.76%、Zn 3.75%、Ba 37%
吨位	资源量($A+B+C_1$):Cu 为 $8.79×10^4$t,品位 0.15%;Fe $109.557×10^6$t,品位 49.8%;Pb-Zn $62.989×10^6$t;重晶石-锌 $18.849×10^6$t,重晶石 $49.636×10^6$t,平均 Pb 品位 1.98%、Zn 品位 4.0%、Au 品位 3.59g/t,重晶石品位 45%~51%、Ag 品位 62.1g/t

表 6-33　Uzynjal SEDEX 型 Pb/Zn 矿床基本特征

矿床名称	Uzynjal
主矿种	Pb、Zn
矿床类型	SEDEX 型
矿床规模	大型、超大型
区域地质及围岩	矿体位于两个岩石单元,下部单元由薄层碳质灰岩组成,夹白云岩和砂岩,上部单元主要由带状和块状石灰岩和白云岩组成

续表 6-33

矿床名称	Uzynjal
形成时代	D_3
构造分区	Atasu-Mointy
围岩蚀变	重氮化、碳酸盐化、白云石化,硅化现象较少
矿体地质	划分为 3 个矿体,矿体沿走向延伸 3900m(偶尔延伸 1900～2400m),向下延伸 150～600m;厚度 4～90m(平均 40m),矿体呈层状、透镜状和带状。氧化矿石的平均厚度不到 20m
主要矿物	方铅矿、闪锌矿、重晶石和黄铁矿
副矿物	氧化矿石中的铈镧矿、角闪石和铁石棉
品位	Pb 2.73%、Zn 1.25%、Ba 9.57%
吨位	Pb $1.21×10^6$t,品位 2.73%;Zn $0.48×10^6$t,品位 0.48%;Ag 1850t,品位 41.4g/t
构造背景	阿塔苏-莫尼蒂和西莫尼蒂岩性构造带的交界处

表 6-34　Rifovoe SEDEX 型 Pb、Zn 矿床基本特征

矿床名称	Rifovoe
主矿种	Pb、Zn
矿床类型	SEDEX 型
矿床规模	中型
区域地质及围岩	该地段包括中泥盆世的安山质熔岩、凝灰岩、砂岩、粉砂岩、黏土质和珍稀碳酸盐岩、礁状和有机碎屑灰岩,在矿床的东部火山碎屑岩被一小部分早石炭世辉长岩和辉长岩侵入体所切割
形成时代	D_3
构造分区	Zhailma
矿体地质	礁状石灰岩中蕴藏着 3 个透镜状矿体,几乎与东北侧的突岩边缘一致,矿体沿走向向上延伸 260m,向下延伸 450m;厚度达 18m(平均 5m)
品位	Pb 3.74%、Zn 0.7%
吨位	Pb $511.5×10^6$t,品位 3.62%

表 6-35　Burultas SEDEX 型 Pb、Zn 矿床基本特征

矿床名称	Burultas
主矿种	Pb、Zn、Fe、Mn
伴生矿	V、Co、P、Bi、As、Ag
矿床类型	SEDEX 型
矿床规模	中型
区域地质及围岩	成矿作用局限于奥陶系布鲁尔塔斯组,含矿段由砂岩、碳质页岩、砂质页岩、灰岩、白云岩组成,岩石受扎尔孜岩体泥盆系花岗岩侵入,在岩体接触处,围岩和原生矿石变质转化,矿化部分被活化
构造分区	Bulatau-Buruntau
围岩蚀变	接触变质作用(角闪岩)、矽卡岩化、透闪石化、生物硝化和硅化作用

续表 6-35

矿床名称	Burultas
矿体地质	该矿床划定了两个次纵向矿带——北部矿带和南部矿带,铅锌矿化主要集中在南区,该区的中部勘探了5个层状和透镜状矿体。矿体倾角陡峭(70°~90°),向北倾斜,长度300~1150m不等,厚度2.8~12.2m不等,最深处达550m
主要矿物	方铅矿、闪锌矿
副矿物	黄铜矿、黄铁矿、磁黄铁矿、毒砂和黄铁矿
品位	Pb 1.23%~1.46%(平均1.37%)、Zn 0.92%~1.48%(平均1.19%)、Ag 8.2g/t、Mn 8%~34.5%、Fe 14.7%~19.7%
吨位	资源量(C_2+P_1) Pb 902.53×10^6t,Zn 758.17×10^6t

表 6-36 Aqsoran SEDEX 型 Pb、Zn 矿床基本特征

矿床名称	Aqsoran
主矿种	Pb、Zn
伴生矿	Mo
矿床类型	SEDEX 型
矿床规模	中型
区域地质及围岩	矿区发育火山沉积岩和碳酸盐岩,侵入岩为阿克索兰岩体的花岗岩和辉长岩、微花岗岩和闪长斑岩的岩脉
形成时代	D_3
构造分区	Aqzhal-Aqsoran
围岩蚀变	侵入体上方灰岩与碳质层发育硅灰石-石英、硅灰石-方解石、石榴石和辉石矽卡岩,凝灰岩砂岩被鳞片化,碳质页岩被石墨化
矿体地质	矿体呈层状、透镜状、鞍状和带状,沿走向延伸20~600m,向下延伸270~300m,厚度为1~50m,矿化受到阿克苏兰花岗岩岩顶的控制
副矿物	闪锌矿、黄铁矿、黄铜矿和黄铁矿
品位	WO_3 0.2%~1.407%,平均0.502%
吨位	WO_3 10.62×10^4t,品位0.526%,Mo 1.17×10^4t,品位0.058%

2) SEDEX 型 Pb/Zn 矿床特征总结

根据表 6-28~表 6-36 所列特征,结合国际和国内矿床模型相关研究成果(Cox and Singer,1986;毛景文等,2012)该成矿带 SEDEX 型 Pb/Zn 矿床可描述如表 6-37 所示。

3) 成矿单因素定量分析

根据上述模型,结合成矿带地质、矿产、成矿地质背景、地球化学及地球物理数据集,上述模型在托克拉乌斯成矿带应用要点如下:

(1) 构造条件。被动大陆边缘以及陆内裂谷盆地,最重要的构造条件是切穿相关地层的同沉积断裂。

(2) 容矿围岩。环状和条带状展布的下石炭统多内昔阶上亚阶(鲁萨科夫层)硅质灰岩、泥灰岩、泥板岩、层凝灰岩、砂岩;与其下伏环状和条带状展布的晚泥盆统法门阶下亚阶(梅伊斯杰洛夫层)灰岩、灰岩、硅质-泥质-碳酸盐岩石、层凝灰岩、碱性成分的凝灰岩;上述两套地层及其有限外围限定了控矿的

表 6-37 SEDEX 型 Pb/Zn 矿床描述模型

特征	特征描述	以沉积岩为容矿岩石的块状硫化物 Pb/Zn 矿床
地质环境	岩石类型	宁静海相沉积岩,包括暗色页岩、粉砂岩、砂岩、硅质岩、泥晶灰岩和浊积岩;同生陆棚相中的局部蒸发岩;火山岩通常具有双峰特点,以凝灰岩常见;滑坡角砾岩、扇状砾岩和类似沉积物,上述岩石类型相和厚度的变化常与同沉积断层伴随出现
	岩石结构	横穿(断层)转枢带的沉积厚度和沉积相明显变化;同沉积期断层附近的滑坡角砾岩和砾岩
	地质时代	主要为晚泥盆世,部分为奥陶纪
	成矿环境	被动大陆边缘和陆内裂谷盆地,伴随较小的局限盆地(第二级和第三级盆地),赋矿层位主要位于第三级盆地内
	构造背景	被动大陆边缘和陆内裂谷盆地与受同生(同沉积)断层控制的转枢带伴生。在这些盆地内准同期的垂直构造运动造成比较小的二级盆地并伴生隆起,更小的三级盆地构成层状硫化物的储矿构造
	伴生矿床类型	层状重晶石矿床
矿床特征	矿物组合	闪锌矿、方铅矿、黄铜矿、磁黄铁矿、重晶石、黄铁矿
	结构/构造	细晶和浸染状,具有典型单矿物硫化物纹层;受变质后形成粗晶质和块状
	蚀变	硅化、碳酸盐化、白云石化、重晶石化、类矽卡岩化
	控矿条件	在较大同沉积断层控制的盆地内,宁静沉积相环境
	风化	表面氧化作用可能形成大型铁帽,含有丰富的碳酸盐、硫酸盐和铅、锌、铜的硅酸盐
物化探特征	地球化学标志	横向上 Cu-Pb-Zn-Ba,垂向上 Cu-Zn-Pb-Ba

裂谷盆地,储矿围岩主要为梅伊斯杰洛夫层。

(3)元素组合异常。Pb、Zn 原生晕具有直接指示意义。

(4)其他。与 SEDEX 型 Pb/Zn 矿床相关的矿点空间展布特点。

依据上述应用要点,各类相关信息提取如下:

(1)构造条件。从空间数据库中提取阿塔苏-扎莱尔奈曼成矿带断层信息如图 6-85a 所示。根据构造条件,成矿带内 SEDEX 型 Pb/Zn 控矿构造主要是切穿环状和条带状展布的晚泥盆统法门阶地层的同沉积断层,从空间数据库中提取满足上述条件断层如图 6-85b 所示。

在空间数据库中进一步选择所有 SEDEX 型矿床和矿点,通过空间分析方法计算矿床与同沉积断层的邻近关系,获得各断裂对成矿影响的定量分析结果(图 6-85c)。

(2)容矿围岩。依据模型应用要点,阿塔苏-扎莱尔奈曼成矿带与 SEDEX 型 Pb/Zn 矿床密切相关的围岩为环状和条带状展布的下石炭统多内昔阶卜亚阶(鲁萨科夫层)和上泥盆统法门阶下亚阶(梅伊斯杰洛夫层)空间展布组合,可从空间数据库中直接提取(图 6-86a)。但不同空间展布位置的围岩对形成该类矿床的影响程度不同。通过空间数据库已有 SEDEX 型 Pb/Zn 矿床与地质体进行空间分析,得到定量分析结果,更精确地表达了围岩对矿床形成的影响程度(图 6-86b)。

(3)元素组合异常。依据模型应用要点,SEDEX 型 Pb/Zn 矿床具有直接指示意义的是 Pb、Zn、Ba 3 种元素的原生晕,此外,Cu 元素原生晕与上述 3 种元素的组合也具有一定指示意义,可直接从空间数据库勘查地球化学原生晕(图 6-87a)和组合异常(图 6-87b)两个层次进行提取。

(4)其他。前人成矿预测成果(图 6-88a);SEDEX 型 Pb/Zn 矿点的分布与矿床空间分布具有紧密的相关性(图 6-88b)。

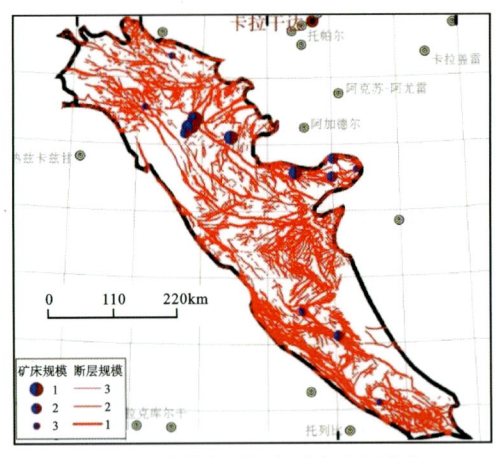
a.成矿带内断层与矿床空间分布

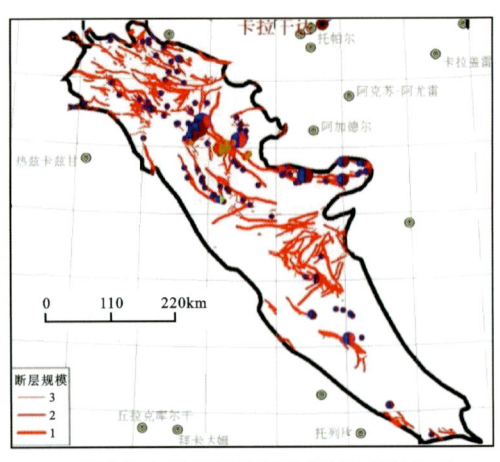
b.成矿带内同生断层与矿床(点)空间分布

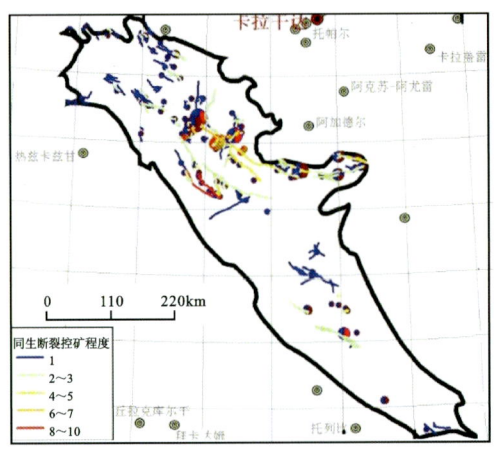
c.成矿相关同生断层-矿床(点)定量分析结果

图 6-85　阿塔苏-扎莱尔奈曼成矿带断层分布信息

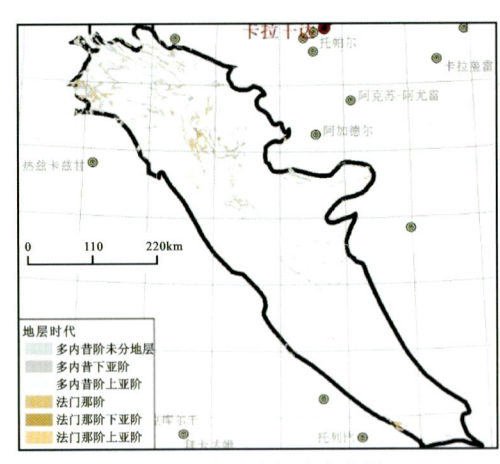
a.容矿微岩空间分布范围

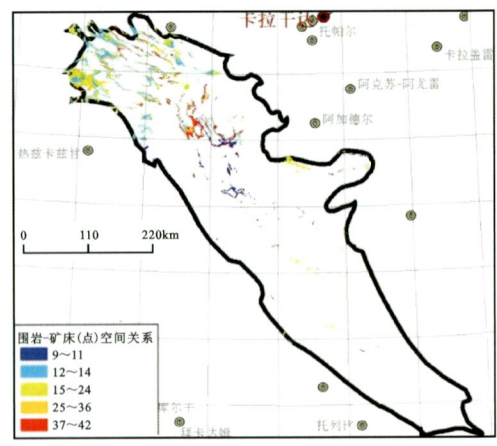
b.容矿围岩与矿床空间关系定量分析

图 6-86　阿塔苏-扎莱尔奈曼成矿带与成矿有关围岩空间分布及其对成矿的影响

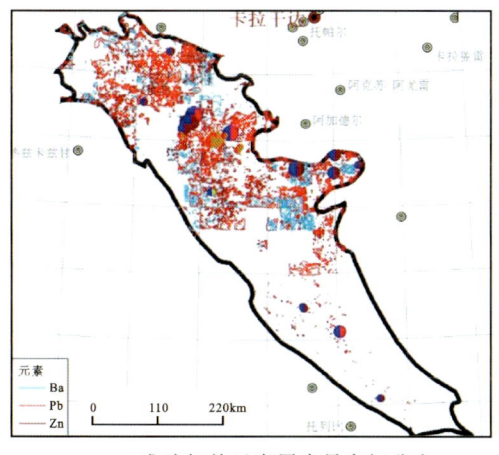
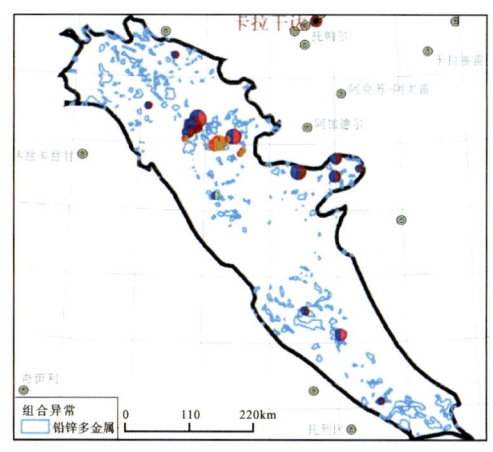

a.成矿相关元素原生晕空间分布　　　　　　　b.成矿相关元素组合异常空间分布

图6-87　阿塔苏-扎莱尔奈曼成矿带矿床-地球化学原生晕及组合异常空间分布

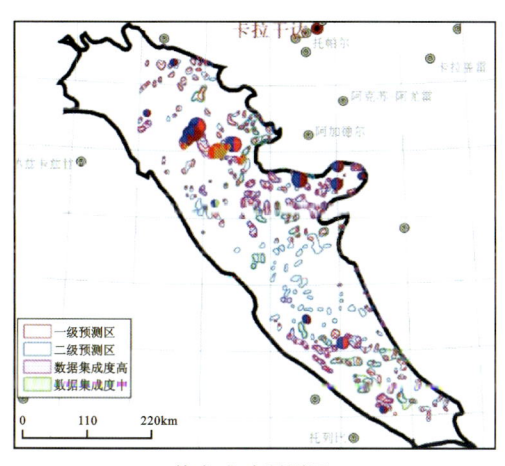
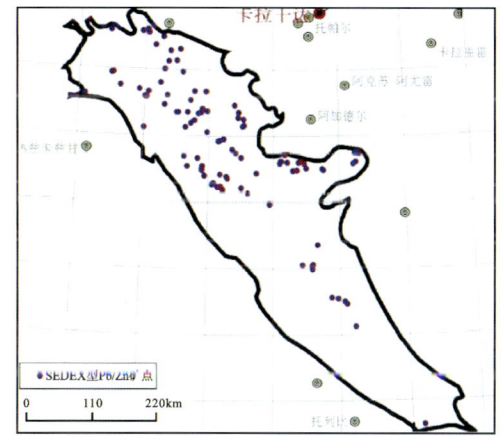

a.前人成矿预测区　　　　　　　　　　b.SEDEX型Pb/Zn矿点空间分布

图6-88　阿塔苏-扎莱尔奈曼成矿带其他因素与矿床空间分布关系

4）成矿相关空间信息综合与战略远景区圈定

依据上述模型应用所确定的成矿相关空间信息，可进行相应的空间分析，以满足战略远景区定量评价的需求。

对于构造信息，可利用图6-85c中的断层-成矿定量分析结果做分级空间配位分析备用（图6-89a）；对于容矿围岩信息，可利用图6-86b以影响程度为转换字段直接转换为整形栅格数据备用（图6-89b）；对于地球化学原生晕以及组合异常，通过分析矿床与相关元素空间分布间的关系，阿塔苏-扎莱尔奈曼成矿带原生晕分布未表现出明显的指示意义，组合异常数据与已有矿床（点）之间具有较好的对应关系，考虑到1∶50万数据误差和组合异常影响范围，可对Pb/Zn矿床相关组合异常做外围2km的空间配位分析备用（图6-89c）。在其他要点中，SEDEX型Pb/Zn矿点对SEDEX型Pb/Zn矿床在空间分布上具有具有一定指示意义，可通过密度分析反映其空间分布趋势，采用密度整型栅格数据备用（图6-89d）；此外，前人成矿预测成果中，可将一、二级远景区可直接转换为整型栅格数据备用（图6-89e）。

将上述数据中的构造、围岩、地球化学、矿点整型栅格数据、前人预测成果进行组合分析，可获得组合后的分类整型栅格数据，该整型栅格数据根据模型应用要点，将整个研究区563 168个500m×500m的像元分成822个类别，这些类别中包含符合矿床模型应用要点的类别（战略远景区），完美实现了理论模型和空间数据整合应用，同时也强调了基于空间数据库的分类方法在资源潜力评价中的重要作用。

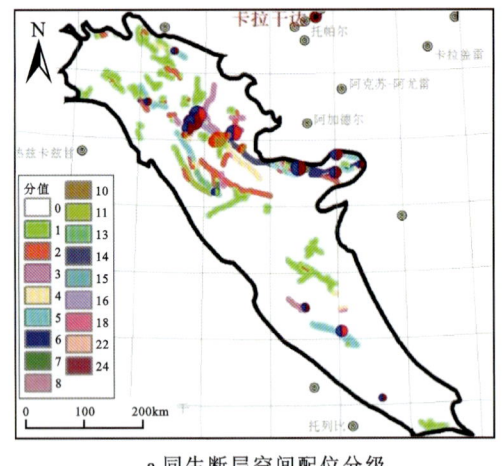
a.同生断层空间配位分级

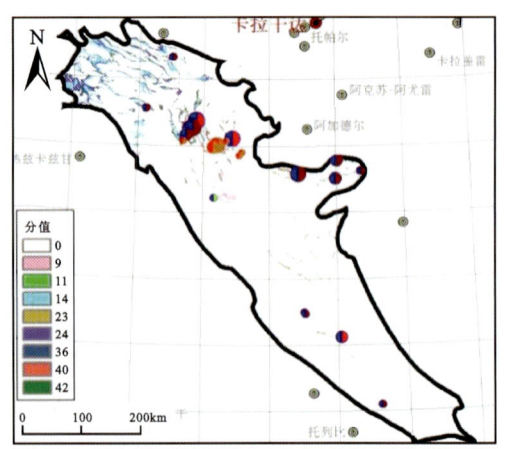
b.成矿相关围岩分级

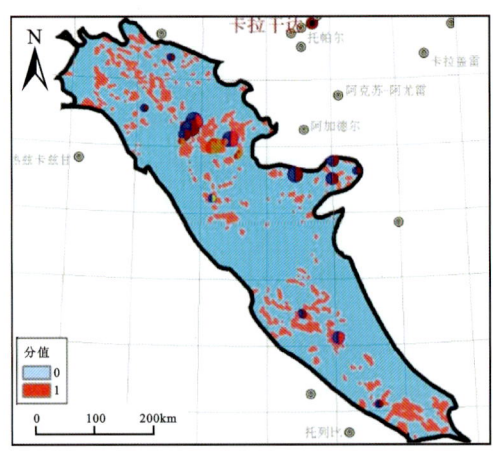
c.Pb/Zn矿相关异常分级

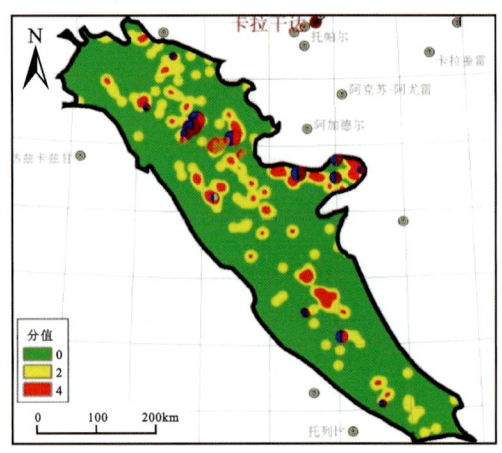
d.SEDEX型Pb/Zn矿点密度分级

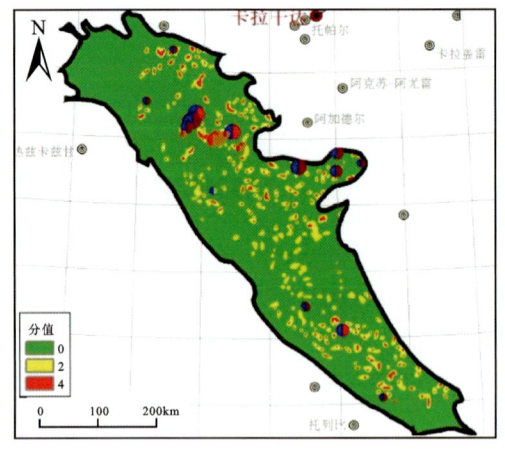
e.前人预测区分级数据

图 6-89　阿塔苏-扎莱尔奈曼成矿带矿床模型-空间数据库集成进行数据准备

要将战略远景区定量表达出来,需要对围岩数据进行极值变换统一量纲,均按5级表达。再按矿床描述模型中的各应用要点的重要性赋予相应权重,根据矿床描述模型,上述应用要点的必要条件包括构造、围岩,一般影响条件包括组合异常、矿点空间分布,前人预测成果则用于辅助补充,权值可以按0.3、0.3、0.15、0.15、0.1进行分配,再进行加权求和(图6-90),即可定量表达战略远景区空间展布及找矿有利程度(图6-91)。定量分析结果表明,圈定的远景区与已有矿床套合极好,同时依据矿床模型应用要点,基于空间数据库数据集成分析进而圈定出新的远景区。此外,代表远景区的高加权和像元与矿床模型要点的匹配较好,也反映出矿床模型指导空间数据库建设以及空间分析的重要性。

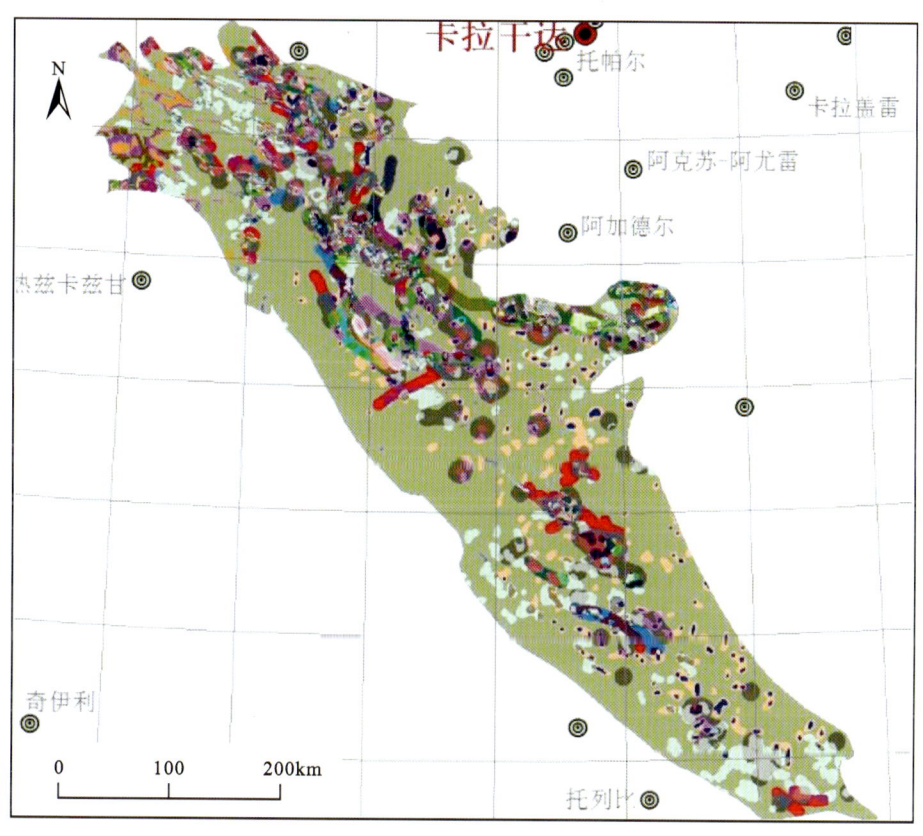

图6-90 依据矿床模型及应用要点对研究区数据进行组合分类(563 168个像元,822类)

在空间数据库中,权重值可以根据研究深入随时进行调整,应用于前述分类整型栅格数据中,即可更精确地定量表达战略远景区的有利程度。将空间数据库和具体研究及野外工作结合,极大发挥空间数据库优势,是未来一个重要的发展方向。

将组合分类产生的822类像元按照加权和进行分级:0~2.3为不利于成矿区域,2.3~2.8为Ⅲ类远景区,2.8~3.3为Ⅱ类远景区,3.3~4.7为Ⅰ类远景区。共获得远景区109个,其中Ⅰ类远景区16个(面积大于2km^2),Ⅱ类远景区33个(面积大于3km^2),Ⅲ类远景区60个(面积大于4km^2)(图6-92)。通过将上述远景区与研究区全部30个大、中、小型SEDEX型矿床进行空间邻近分析,分析结果中30个矿床中有13个矿床位于远景区内,有9个矿床位于距离远景区1000m内,有1个在距离最近远景区3.7km范围内,上述23个矿床包含了所有的大型矿床,但有2个中型矿床和5个小型矿床距最近的远景区15km以上,最可能的原因是空间数据库比例尺和数据精度所限,另一种可能是矿床实际类别与所建矿床描述模型有出入。总体上远景区圈定结果可信。

此外,根据上述分析结果,在成矿带中部,即阿加德尔和热兹卡兹甘之间(图6-93),对于待发现大、中型矿床勘查意义巨大。

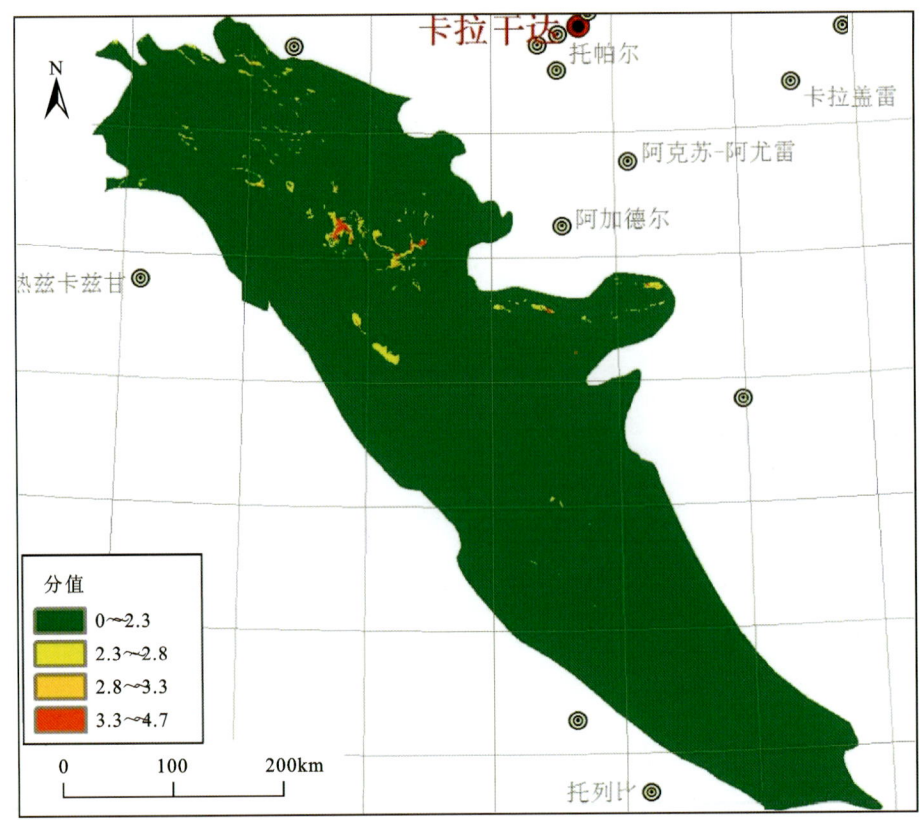

图 6-91　依据加权求和字段实现定量化战略远景区表达

5）远景区资源量初步估算

在阿塔苏-扎莱尔奈曼成矿带，SEDEX 型 Pb/Zn 矿床在远景区内分布密度可由表 6-27 中 30 个矿床以及距离上述矿床 5km 之内的 39 个含矿远景区（639.5km²）直接估计。根据估计结果再进一步估算剩余 70 个远景区（708.25km²）待发现矿床的数量。经计算，在已有矿床相关的 39 远景区内，大型 Pb/Zn 矿床的分布密度为 0.007 819 个/km²，中型 Pb/Zn 矿床的分布密度为 0.003 127 个/km²，小型矿床分布密度为 0.006 255 个/km²。估算待发现矿床的可能数量约为大型矿床约 6 个，中型矿床 2 个，小型矿床 4 个。根据阿塔苏-扎莱尔奈曼成矿带 SEDEX 型 Pb/Zn 矿床每矿床平均资源量：大型矿床平均每矿床 169 万 t Pb+Zn；中型矿床平均每矿床 81 万 t Pb+Zn；小型矿床在本成矿带对资源量贡献较小，从国家资源战略角度可忽略不计。

根据以上分析，可初步估算阿塔苏-扎莱尔奈曼成矿带 SEDEX 型 Pb/Zn 矿床资源量：169×14+81×6＝2852（万 t）。

四、小结

本次资源潜力评价以矿床描述模型为基础，以空间数据库为依托，以空间分析方法组合为主要手段，实现了研究区优势成矿带、优势矿床类型和矿种的选择与资源潜力评价。核心思想采用的是"以矿床描述模型"为基础的美国地质调查局资源潜力评价"三部法"，但又不同于"三部法"。原因在于苏联时期中亚区域矿产勘查工作已达到较高的程度，发现矿床（点）较多，已发现矿床的资源量相对客观、准确。"矿床描述模型-空间数据库-空间分析方法"一体化资源潜力评价方法，可同时获得"与已发现矿床相关远景区"和"待发现矿床相关远景区"，进而获得不同规模矿床的空间分布密度和平均资源量。最终获得

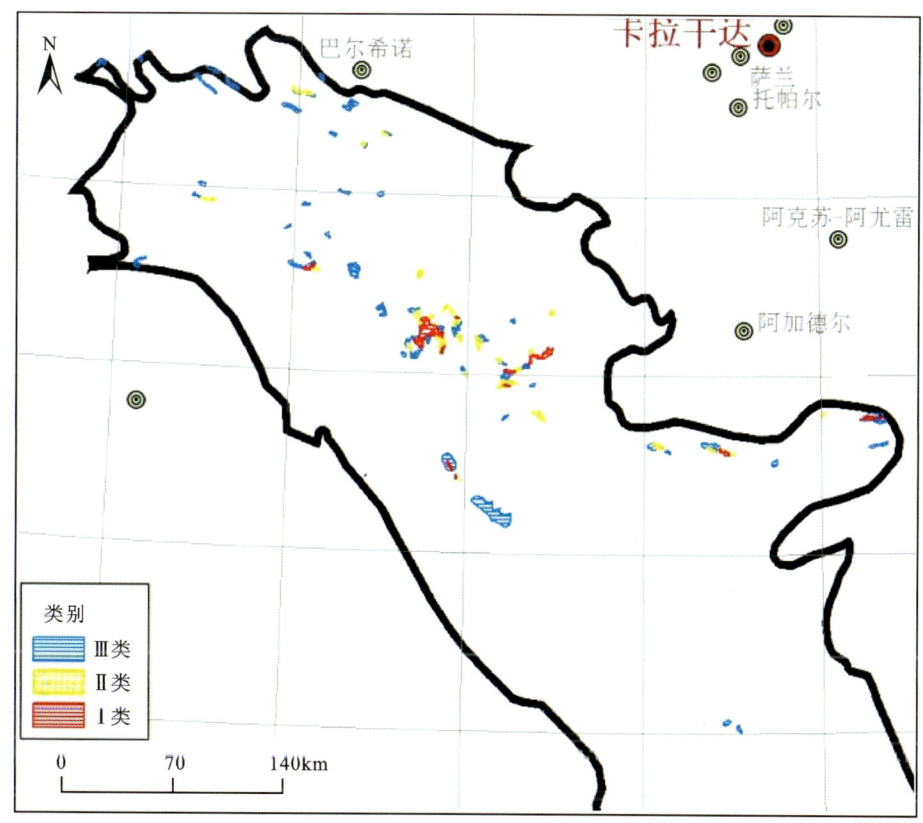

图 6-92　阿塔苏-扎莱尔奈曼成矿带 SEDEX 型 Pb/Zn 矿床战略远景区圈定结果

相应类型、相应矿种待发现矿床数量、资源量及空间分布位置(远景区)。该方法适用于具备一定勘查程度、地质数据质量较好的成矿带。

通过成矿带优选分析、资源潜力评价结果，获得了以下几点认识：

(1)基于"只有大型矿床才能对金属的供给产生明显的影响,同时大型矿床也是了解开采风险的关键"这一认识,从我国资源战略角度,通过项目实施建立的空间数据库,可以清晰优选出对我国具有资源战略意义的成矿带,以及成矿带中的优势矿床类型和矿种。

(2)在优选成矿带基础上,可以通过本项目探索的"矿床描述模型-空间数据库-空间分析方法"一体化资源潜力评价方法获得相应矿床类型和矿种的资源量和有利的空间分布位置(远景区)。

(3)由于世界范围内绝大部分矿床类型的矿床描述模型已相对成熟,因此具有准确性、完整性和逻辑一致性的空间数据库就成为资源潜力评价的关键。

(4)"矿床描述模型-空间数据库-空间分析方法"一体化资源潜力评价方法的优势在于：基于"矿床描述模型的可靠性"和"空间数据库准确性、完整性和逻辑一致性",远景区和资源量成为一种必然的客观结果,不会随主观变化而变化。即矿床描述模型和空间数据库一旦确定,远景区和资源量也就确定了,或仅在很小的范围内变化、波动。因此该方法是一种稳健的资源潜力评价方法。

(5)通过远景区圈定结果和已有矿床的邻近关系分析结果,可以反过来验证空间数据的准确性、完整性和逻辑一致性以及已有矿床分类的准确性。也就是说,当远景区与已有矿床空间分布出现较大出入时,可以认为出入较大的矿床可能分类有误,或者出入较大矿床所在区域的空间数据准确性或完整性存在问题。

(6)通过本次资源潜力评价发现,不同矿床类型所对应的远景区数量、大小、面积是不同的,即不同矿床类型对应不同矿床分布密度。因此,大—中型矿床分布密度是资源战略风险最直接的反映。以本

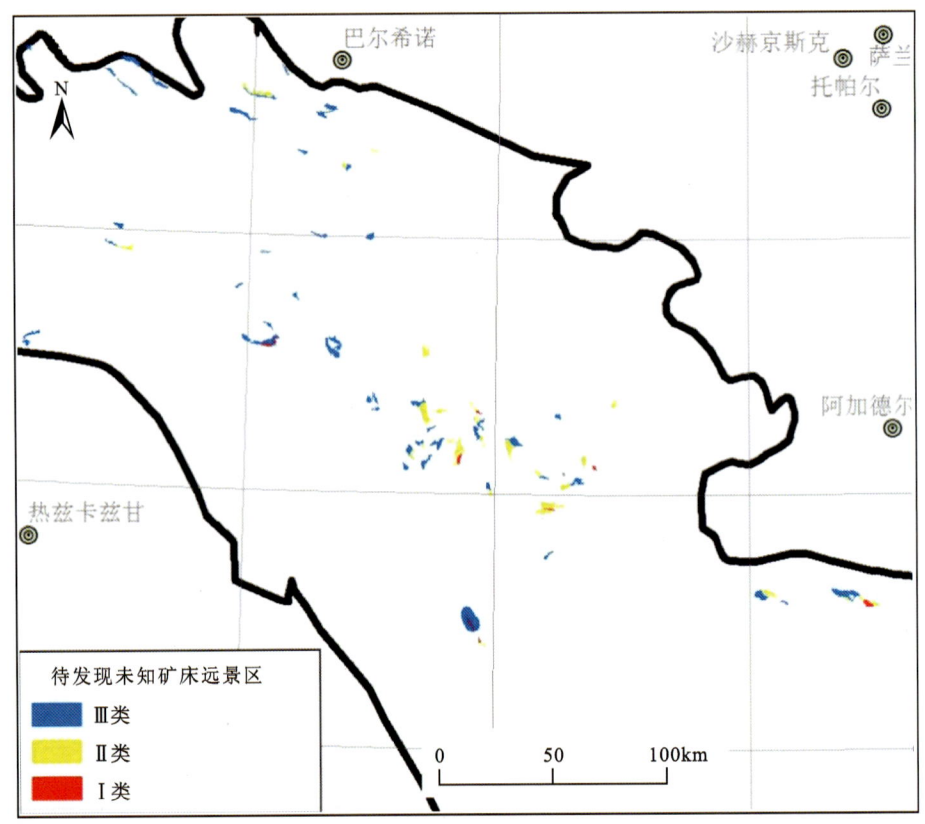

图 6-93　未知大、中型矿床勘查重要战略远景区圈定结果

次评价结果为例,托克拉乌斯成矿带与花岗岩类有关高温热液脉型 W/Mo 矿大型分布密度为 0.001 48 个/km², 中型分布密度为 0.001 98 个/km², 小型分布密度为 0.002 98/km²; 托克拉乌斯成矿带斑岩型 Cu 矿大型分布密度为 0.000 397 个/km², 中型分布密度为 0.003 57 个/km², 小型分布密度为 0.003 57 个/km²。阿塔苏-扎莱尔奈曼成矿带 SEDEX 型 Pb/Zn 矿大型分布密度为 0.007 819 个/km², 中型分布密度为 0.003 127 个/km², 小型分布密度为 0.006 255 个/km²。由此可以得出,发现大型斑岩型 Cu 矿床的风险是大型与花岗岩类有关高温热液脉型 W/Mo 矿床的 3.73 倍,是大型 SEDEX 型 Pb/Zn 矿的 19.7 倍。因此,从风险勘查角度,阿塔苏-扎莱尔奈曼成矿带 SEDEX 型 Pb/Zn 矿床是研究区内首选的矿床类型,其次为与花岗岩类有关高温热液脉型 W/Mo 矿床。

(7)通过本次空间数据数据库建设和资源潜力评价相关研究,目前已可以实现中亚五国各成矿带以资源战略为目标的资源潜力评价,并可对各成矿带相应矿床类型的技术分险做出初步评价,实现资源潜力评价的目标。

结　语

矿产资源是现代社会、特别是现代工业的"粮食"和"血液",是国家经济发展的命脉,其保障程度直接关系到国民经济可持续发展和国家安全,当今世界获得稳定可靠的战略资源对维护大国安全更为重要。我国矿产资源的需求日益增大,我国政府对矿产资源非常重视。国务院发布了《关于加强地质工作的决定》,提出了"走出去"战略。新疆周边国家矿产资源较为丰富,如何到这些国家进行有效的矿产资源勘查,尤为重要。本次研究对重点目标国塔吉克斯坦、吉尔吉斯斯坦、巴基斯坦和乌兹别克斯坦共圈定找矿靶区52个,服务于"一带一路"倡议。

本次研究主要取得以下成果:

(1)在前人研究的基础之上,结合近年来取得的研究成果,将研究区构造单元进行重新梳理和划分,共划分为3个构造域、12个一级构造单元、39个二级成矿单元,并对各成矿单元的特征进行总结。

(2)对研究区成矿带进行重新划分,本次工作分为3个一级成矿带(古亚洲域、过渡域、特提斯域)、11个二级成矿带、39个三级成矿带。

(3)在矿产资源分析的基础上,结合国家及自治区对矿产资源的需求,根据供需形势,确定金、锰、铅锌为主攻矿种。综合分析矿业环境和矿业政策,选择塔吉克斯坦、吉尔吉斯斯坦、巴基斯坦和乌兹别克斯坦为重点目标国,哈萨克斯坦、蒙古共和国为次要目标国,俄罗斯、阿富汗、印度为一般目标国。对重点目标国家以选择风险勘查区为主,开展风险勘查。次要目标国以跨境成矿带研究和资料综合分析为主,一般目标国以了解和资料收集为主。

(4)以捷克利-赛里木铅铅锌矿带、昆盖山锰铜成矿带、西南天山金矿带、火烧云铅锌矿带和中吉稀有稀土金属矿带为研究对象,开展境内外成矿条件对比研究,并选择中国哈尔达坂铅锌矿、中国托克赛铅锌矿、哈萨克斯坦捷克利铅锌矿、中国萨瓦亚尔顿金矿、中国卡特巴阿苏金矿、吉尔吉斯库姆托尔金矿、中国穆呼锰矿、中国奥尔托喀纳什锰矿、中国火烧云铅锌矿等典型矿床展开剖析,从成矿地质条件、成矿地质环境、控矿因素等方面进行分析,并建立区域找矿模型,为境外选区提供参考。

(5)完成基于ArcGIS平台的中亚及其周边国家的地学数据库,包括1∶100万地质、物探、化探、遥感数据,跨境成矿带1∶50万数据集,成矿远景区1∶20万数据集。并以资料丰富的中哈跨境成矿带为研究对象,以哈萨克斯坦优势矿产Pb-Zn、Cu为主要矿种,开展跨境成矿带优势矿产资源潜力分析,为其他目标国的潜力分析提供技术示范。

(6)在综合分析新疆周边国家成矿地质条件、成矿规律的基础上,对收集到的不同比例尺数据进行集成分析,通过地质、化探、遥感等多元信息,开展成矿远景区的划分和靶区圈定,并结合收集到的近年来完成的大比例地质、化探数据,结合矿业政策和矿业环境,开展靶区优选工作。在塔吉克斯坦、吉尔吉斯斯坦、乌兹别克斯坦、巴基斯坦4国共圈定找矿远景区54个,各类找矿靶区52个。其中塔吉克斯坦圈定找矿远景区24个,找矿靶区20个,其中A类靶区8个,B类靶区8个,C类靶区4个。吉尔吉斯斯坦圈定找矿远景区13个,找矿靶区8个,其中A类靶区2个,B类靶区6个。乌兹别克斯坦圈定找矿远景区11个,找矿靶区17个,其中A类靶区9个,B类靶区5个,C类靶区3个。

主要参考文献

车自成,刘良,罗金海,等,2002.中国及邻区大地构造学[M].北京:科学出版社.

陈超,陈正,金玺,等,2012.塔吉克斯坦共和国主要矿产资源及其矿业投资环境[J].资源与产业,14(3):6.

陈文,2009.蒙古国地质构造概况及金成矿区分布特征[J].甘肃地质,18(2):7.

陈喜峰,叶锦华,2015.印度矿产资源开发现状与启示[J].资源与产业,17(6):9.

陈毓川,1999.中国主要成矿区带矿产资源远景评价[M].北京:地质出版社.

陈哲夫,周守溎,乌统旦,1999.中亚大型金属矿床特征与成矿环境[M].乌鲁木齐:新疆科技卫生出版社.

成守德,1996.中国新疆北部及邻区贵重有色金属矿产成矿图说明书[M].武汉:中国地质大学出版社.

成守德,徐新,2001.新疆及邻区大地构造图编图研究[J].新疆地质,19(1):33-37.

戴自希,白冶,吴初国,等,2001.中国西部和毗邻国家铜金找矿潜力的对比研究[M].北京:地震出版社.

董连慧,2009.新疆地壳演化及优势矿产成矿规律研究[M].武汉:中国地质大学出版社.

董升普,舒晓峰,杜彦强,2017.塔吉克斯坦阿尔登-托普坎铅锌矿床成矿模式及找矿意义浅析[J].西部资源(4):4.

范堡程,孟广路,刘明义,等,2017.塔吉克斯坦成矿单元划分及特征[J].地质科技情报,36(2):168-175.

高俊,何国琦,李茂松,1997.西天山造山带的古生代造山过程[J].地球科学,22(1):27-32.

耿树方,刘平,王振洋,等,2010.亚洲地球动力系统的演进与东亚矿产资源效应[J].中国地质,37(4):866-880.

郭彤荔,2013.阿富汗矿产资源及管理概况[J].中国国土资源经济,26(2):4.

何国琦,刘德权,李茂松,等,1995.新疆主要造山带地壳发展的五阶段模式及成矿系列[J].新疆地质,13(2):1-181.

胡杰,鹿爱莉,2006.俄罗斯矿产资源开发利用及矿业投资环境[J].资源与产业,8(6):5.

李恒海,邱瑞照,2010.中亚五国矿产资源勘查开发指南[M].武汉:中国地质大学出版社.

李恒海,邱瑞照,谭永杰,等,2010.中亚五国矿产资源勘查开发指南[M].武汉:中国地质大学出版社.

李华,杨恺,2012.俄罗斯矿产资源现状开发[J].中国煤炭地质,24(12):4.

李久明,周可法,吴艳爽,等,2016.塔吉克斯坦东杜奥巴金矿矿床地质特征及成因探讨[J].西北地质,49(2):11.

李廷栋,董树文,耿树方,等,2008.1:250万亚洲中部及邻区地质图系[M].北京:地质出版社.

李廷栋,耿树方,范本贤,等,2006.1:250万中国西部及邻区地质图[M].北京:地质出版社.

李颖成,2019.关于中亚塔吉克斯坦的安全风险探究[J].一带一路(2):2.

李智明,薛春纪,王剑辉,等,2006.中国新疆及周边国家和地区典型矿床特征对比研究[J].中国地质,33(1):160-168.

刘德权,唐延龄,周汝洪,1996.中国新疆矿床成矿系列[M].北京:地质出版社.

刘丽萍,马世斌,2016.中亚吉尔吉斯斯坦、塔吉克斯坦遥感找矿预测[J].地质找矿论丛,31(3):409-416.

马平,马建花,2018.塔吉克斯坦标准化发展概况与分析[J].标准科学(9):4.

邱瑞照,谭永杰,朱群,等,2013.中国及邻区重要成矿带成矿规律对比研究[M].北京:地质出版社.

邱瑞照,周肃,李文渊,等,2009.中亚地区矿产资源勘查开发方向[J].地质通报,28(2-3):307-314.

屈迅,2011.新疆东准噶尔斑岩铜矿成矿规律及靶区预测[D].北京:中国地质大学(北京).

任纪舜,王作勋,陈炳蔚,等,1997.中国及邻区大地构造图[M].北京:地质出版社.

施俊法,李友枝,2006.世界矿情(亚洲卷)[M].北京:地质出版社.

宋国明,2002.吉尔吉斯斯坦矿业投资环境[J].国土资源报(11):4.

宋国明,2019.巴基斯坦金属矿产资源及开发现状[J].矿产(19):2.

孙莉,2007.中亚五国矿产资源分布域现状分析[J].新疆地质,26(1):7.

谭永杰,邱瑞照,肖庆辉,等,2014.中国及邻区印支运动特征及其意义[J].中国煤炭地质,26(8):8-14.

王核,夏斌,彭省临,等,2002.西天山北部成矿规律初探[J].大地构造与成矿,26(4):363-369.

王健,2013.哈萨克斯坦矿产资源与开发现状[J].现代矿业,29(10):83-84.

王林彬,2014.哈萨克斯坦矿产资源投资政策的变化及其对策研究:以哈国《地下资源及其利用法》的变迁为视角[J].新疆大学学报:哲学·人文社会科学版(2):5.

王晓民,2010.俄罗斯稀有金属矿产资源利用现状与发展战略[J].世界有色金属(3):4.

王晓民,2010.塔吉克斯坦矿产资源现状与开发前景[J].世界有色金属(7):4.

王亚东,2009.环新疆经济圈视角下新疆矿产资源开发问题研究[D].石河子:石河子大学.

温都苏,2009.蒙古国矿产业发展与蒙古国矿产资源政策分析[D].呼和浩特:内蒙古大学.

向运川,元春华,陈秀法,等,2015.中国大陆周边地区主要成矿带成矿规律对比及潜力评价研究进展[J].地质通报,34(4):587-598.

薛春纪,赵晓波,莫宣学,等,2014.西天山"亚洲金腰带"及其动力学背景和成矿控制与找矿[J].地学前缘,21(5):128-155.

薛春纪,赵晓波,莫宣学,等,2014.西天山巨型金铜铅锌成矿带构造成矿演化和找矿方向[J].地质学报,88(12):2490-2531.

杨恕,韩笑,2012.阿富汗矿产资源开发:历史、现状及前景[J].新疆师范大学学报:哲学·社会科学版(3):10.

姚文光,洪俊,计文化,2013.巴基斯坦和阿富汗矿产资源投资前景比较[J].矿物学报(2):8.

叶锦华,陈正,2015."一带一路"大型超大型铅锌矿主要类型与成矿地质背景[J].矿物学报(S1):1.

张海迪,吕鹏瑞,罗彦军,2019.塔吉克斯坦帕米尔地区构造单元划分及其特征[J].地质与勘探(1):10.

张鸿翔,2009.中国周边国家金属矿产资源调查与合作潜力分析[J].地球科学进展(10):14.

张磊,2006.基于可持续发展的新疆矿产资源开发利用研究[D].乌鲁木齐:新疆大学.

张作衡,王志良,左国朝,等,2008.新疆西天山地质构造演化及铜金多金属矿床成矿环境[M].北京:地质出版社.

朱志新,董连慧,王克卓,等,2013.西天山造山带构造单元划分与构造演化[J].地质通报,32(2-3):297-306.

朱志新.西天山构造演化及国际成矿对比研究[D].乌鲁木齐:新疆大学.

左国朝,张作衡,王志良,等,2008.新疆西天山地区构造单元划分、地层系统及其演化[J].地质论评,54(6):748-767.

KHASANOV BEKHRUZ,2017."一带一路"战略下中塔关系的发展与合作研究[D].长春:吉林大学.

内部参考资料

衡东纵横矿业有限公司,2015.新疆乌恰县乌拉根铅锌矿北矿带东段铅锌矿资源储量核查报告[R].衡阳:衡东纵横矿业有限公司.

新疆地矿局第二地质大队,2018.新疆阿克陶县奥尔托喀纳什-穆呼一带锰矿调查评价报告[R].喀什:新疆地矿局第二地质大队.

新疆同源矿业有限公司,2014.新疆乌恰县萨瓦亚尔顿矿区金矿详查报告[R].克孜勒苏柯尔克孜自治州:新疆同源矿业有限公司.

新疆维吾尔自治区地质调查院,2016.新疆与邻国西(南)天山1∶100万大地构造说明书[R].乌鲁木齐:新疆维吾尔自治区地质调查院.

新疆维吾尔自治区地质调查院,2016.新疆与邻国西(南)天山大地构造划分研究[R].乌鲁木齐:新疆维吾尔自治区地质调查院.

新疆维吾尔自治区地质调查院,2019.中国新疆及周边邻国毗邻地区成矿带对比研究专题报告[R].乌鲁木齐:新疆维吾尔自治区地质调查院.

新疆维吾尔自治区地质矿产勘查开发局第二地质大队,2017.新疆阿克陶县玛尔坎苏锰矿带整装勘查区成矿集成及靶区优选项目总体设计书[R].喀什:新疆维吾尔自治区地质矿产勘查开发局第二地质大队.

中国地质调查局西安地质调查中心,2019.吉尔吉斯优势矿种成矿规律研究及资源潜力评价成果报告[R].西安:中国地质调查局西安地质调查中心.

中国地质调查局西安地质调查中心、中国-上海合作组织地学合作研究中心,2019.中亚-西亚—中东欧矿产资源、矿业投资环境及地质调查合作建议[R].西安:中国地质调查局西安地质调查中心、中国-上海合作组织地学合作研究中心.

中国国土资源航空物探遥感中心、新疆维吾尔自治区有色地质勘查局七〇一队,2016.新疆西南天山南段1∶5万航空磁测成果报告[R].昌吉回族自治州:中国国土资源航空物探遥感中心、新疆维吾尔自治区有色地质勘查局七〇一队.

中国科学院新疆生态与地理研究所,2016.中国新疆周边国家矿产地质特征及成矿规律情报调查报告[R].乌鲁木齐:中国科学院新疆生态与地理研究所.

中国冶金地质总局地球物理勘查院、新疆维吾尔自治区有色地质勘查局地球物理探矿队,2017.新疆昆盖山一带1∶5万航空磁测成果报告[R].乌鲁木齐:中国冶金地质总局地球物理勘查院、新疆维吾尔自治区有色地质勘查局地球物理探矿队.